magnum
Java 2

Ralph Steyer

magnum
Java 2

Kompakt
Komplett
Kompetent

Markt+Technik-Verlag

Die Deutsche Bibliothek – CIP-Einheitsaufnahme

Ein Titeldatensatz für diese Publikation ist bei
Der Deutschen Bibliothek erhältlich.

Die Informationen in diesem Buch werden ohne Rücksicht auf einen
eventuellen Patentschutz veröffentlicht.
Warennamen werden ohne Gewährleistung der freien Verwendbarkeit benutzt.
Bei der Zusammenstellung von Texten und Abbildungen wurde mit größter
Sorgfalt vorgegangen.
Trotzdem können Fehler nicht vollständig ausgeschlossen werden.
Verlag, Herausgeber und Autoren können für fehlerhafte Angaben
und deren Folgen weder eine juristische Verantwortung noch
irgendeine Haftung übernehmen.
Für Verbesserungsvorschläge und Hinweise auf Fehler sind Verlag und
Herausgeber dankbar.

Alle Rechte vorbehalten, auch die der fotomechanischen Wiedergabe und der
Speicherung in elektronischen Medien.

Fast alle Hardware- und Softwarebezeichnungen, die in diesem Buch erwähnt werden,
sind gleichzeitig auch eingetragene Warenzeichen oder sollten als solche betrachtet werden.

Umwelthinweis:
Dieses Buch wurde auf chlorfrei gebleichtem Papier gedruckt.
Die Einschrumpffolie – zum Schutz vor Verschmutzung – ist aus
umweltverträglichem und recyclingfähigem PE-Material.

10 9 8 7 6 5 4 3 2 1

05 04 03 02

ISBN 3-8272-6242-9

© 2002 by Markt+Technik Verlag,
ein Imprint der Pearson Education Deutschland GmbH,
Martin-Kollar-Straße 10–12, D-81829 München/Germany
Alle Rechte vorbehalten
Lektorat: Jürgen Bergmoser, jbergmoser@pearson.de
Herstellung: Philipp Burkart, pburkart@pearson.de
Layout und Satz: reemers publishing services gmbh, Krefeld (www.reemers.de)
Druck und Verarbeitung: Media-Print, Paderborn
Printed in Germany

Inhaltsverzeichnis

Vorwort 13

Teil 1 How to Java – Schnelleinstieg für Ungeduldige 15

1 Was Sie unbedingt haben sollten 17
    1.1 Die notwendige Hardware.. 17
    1.2 Die notwendige Software... 19
    1.3 Die persönlichen Voraussetzungen 21

2 Was ist Java?... 23

3 Kein Problem – der schnelle Download von Java und dem JDK 29

4 Installation des JDK 39
    4.1 Installation des JDK unter Windows 40
    4.2 Installation des JDK unter Linux bzw. Unix.......................... 46

5 Anpassen der Umgebung 55
    5.1 Browser und Applets... 55
    5.2 Die Angaben CLASSPATH und classes.zip............................. 59
    5.3 Pfadangaben... 61

6 Die Java-Laufzeitumgebung JRE und das Java-Plug-In 63

7 Die Java-Dokumentation... 67
    7.1 Die Sprachspezifikation... 71

8 Erste Beispiele 73
    8.1 Erstellen einer Übungsumgebung 73
    8.2 Einige notwendige Java-Grundlagen und -Tipps 79
    8.3 Hello World 80
    8.4 Die Eingabe von Aufrufargumenten an ein Java-Programm.... 89
    8.5 Einlesen von Werten über die Tastatur................................ 90
    8.6 Ein Programm mit grafischer Oberfläche............................ 92
    8.7 Eine Erweiterung des Programms mit grafischer Oberfläche ... 95
    8.8 Ein erstes Java-Applet 96
    8.9 Eine Erweiterung des Applets mit grafischen Spielereien....... 99

Teil 2 Zum Verschnaufen – allgemeine Hintergründe und etwas Historie 101

9 Geschichte und Umfeld von Java 103
    9.1 Warum wurde Java so erfolgreich? 108

10 Das Internet 111
    10.1 Ein kurzer Abriss der Internet-Historie 111
    10.2 Das WWW, HTML und Java-Applets 113
    10.3 Ein Blick hinter die Fassaden des Internets 115

Teil 3 Das JDK und Java-Entwicklungstools 121

11 Die Basis-Tools des JDK 123
    11.1 Der Java-Compiler 124
    11.2 Der Appletviewer 126
    11.3 Der Java-Interpreter 128
    11.4 Erweiterte Basisprogramme 129

12 Die JDK-Tools für die erweiterten Funktionalitäten 135
    12.1 Internationalization Tools 135
    12.2 Die Sicherheitsprogramme 136
    12.3 Remote-Programme für die verteilte Programmierung 136
    12.4 Java-Plug-In-Tools 137

13 JDK-Tools – genügt das für eine effektive Arbeit? 139
    13.1 JCreator 139
    13.2 RealJ 142
    13.3 Forte 144
    13.4 JBuilder 146
    13.5 AnyJ 148
    13.6 Jext 150

Teil 4 Die Java-Dokumentation 153

14 Die Java-Dokumentation 155
    14.1 Die API-Spezifikation 156
    14.2 Die Tool-Dokumentation 162

15 Selbst Dokumentationen erstellen 163
    15.1 Dokumentation genial einfach mit javadoc 164

Teil 5: Jetzt geht es ans Eingemachte – Java-Grundlagen aus Sicht der Objekte ... 175

- 16 Java – nichts als Objekte ... 177
- 17 Klassen & Instanzen ... 183
  - 17.1 Klassen ... 183
  - 17.2 Konstruktoren ... 186
  - 17.3 Klassen direkt nutzen ... 189
  - 17.4 Fremde Klassen verwenden ... 194
  - 17.5 Namensregeln ... 196
  - 17.6 Innere und anonyme Klassen ... 198
  - 17.7 Das Schlüsselwort this ... 200
- 18 Methoden und Eigenschaften ... 205
  - 18.1 Eigenschaften und Methoden von Objekten verwenden ... 207
  - 18.2 Eigenschaften und Methoden selbst definieren ... 210
- 19 Vererbung, Superklassen und Subklassen ... 217
  - 19.1 Mehrfachvererbung versus Einfachvererbung ... 219
  - 19.2 Die konkrete Anwendung von Vererbung ... 221
  - 19.3 Aufbau einer Vererbungshierarchie ... 222
- 20 Polymorphismus: Überschreiben, überladen und überschatten ... 229
  - 20.1 Überladen (Overloading) ... 229
  - 20.2 Überschreiben bzw. Overriding ... 236
  - 20.3 Binden ... 242
- 21 Pakete – Verzeichnisse auf »javanaisch« ... 245
  - 21.1 Die Verwendung von Paketen ... 246
  - 21.2 Erstellung eines Paketes ... 249
- 22 Die Zugriffs- und Sichtbarkeitslevels ... 255
  - 22.1 Der Modifier public ... 255
  - 22.2 Freundlichkeit – der voreingestellte Default-Status ... 256
  - 22.3 Private Daten ... 259
  - 22.4 Geschützt ... 259
  - 22.5 Das große Finale – der Modifier final ... 261
- 23 Schnittstellen und abstrakte Elemente ... 263
  - 23.1 Schnittstellen ... 264
  - 23.2 Abstrakte Klassen ... 273
- 24 Das Speichermanagement von Java ... 277

Teil 6 Eingemachtes, Teil 2 – grundlegende Sprachelemente von Java 281

- 25 Token 283
  - 25.1 Bezeichner 284
  - 25.2 Schlüsselwörter 285
  - 25.3 Literale 286
  - 25.4 Trennzeichen und Leerzeichen 293
- 26 Operatoren 295
  - 26.1 Arithmetische Operatoren 295
  - 26.2 Zuweisungsoperatoren 298
  - 26.3 Bitweise arithmetische Operatoren 299
  - 26.4 Bitweise Verschiebungsoperatoren 304
  - 26.5 Bitweise Zuweisungsoperatoren 306
  - 26.6 Vergleichsoperatoren 306
  - 26.7 Die logischen Vergleichsoperatoren 309
  - 26.8 Weitere Operatoren 311
  - 26.9 Die Operatoren-Priorität 314
- 27 Datentypen und Typumwandlungen 315
  - 27.1 Einige Bemerkungen zu Datentypen 319
  - 27.2 Operationen mit den Datentypen 320
  - 27.3 Typkonvertierungen und der Casting-Operator 327
- 28 Ausdrücke 339
  - 28.1 Bewertung von Ausdrücken 339
- 29 Variablen und Konstanten 343
  - 29.1 Lokale Variablen 343
  - 29.2 Die Java-Konstanten 345
- 30 Anweisungen 347
  - 30.1 Blockanweisung 347
  - 30.2 Deklarationsanweisung 347
  - 30.3 Ausdrucksanweisung 348
  - 30.4 Leere Anweisung 348
  - 30.5 Bezeichnete Anweisung 349
  - 30.6 Auswahlanweisung 349
  - 30.7 Iterationsanweisung 355
  - 30.8 Sprunganweisung 363
  - 30.9 Synchronisationsanweisung 366
  - 30.10 Schutzanweisung 367
  - 30.11 Unerreichbare Anweisung 367

31 Datenfelder (Arrays) 369
  31.1 Deklarieren von Datenfeldern 370
  31.2 Erstellen von Datenfeldern 371
  31.3 Speichern und Zugreifen auf Datenfeldelemente 372
  31.4 Dynamische Arrays 374
  31.5 Multidimensionale Datenfelder und Arrays mit Objekten als Inhalt 375
  31.6 Collections 379

Teil 7 Applets versus Applikationen 381

32 Unterschiede zwischen Java-Applikationen und Applets 383
  32.1 Die technischen Unterschiede 384

33 HTML-Grundlagen 387
  33.1 HTML-Grundstrukturen 388

34 Die Krux mit der Einbindung von Applets 395
  34.1 Die <APPLET>-Syntax 395
  34.2 Der Inhalt des <APPLET>-Containers 398
  34.3 Die <EMBED>-Syntax 403
  34.4 Die <OBJECT>-Syntax 405
  34.5 Welches Tag ist sinnvoll? 408
  34.6 Das Java-Plug-In und der HTML-Konverter 408

35 Die interne Arbeitsweise eines Applets 417
  35.1 Die Applet-Klasse 417
  35.2 Ausgabe in einem Applet 418
  35.3 Behandlung der Übergabewerte an ein Applet 422
  35.4 Applet-Informationen 424

36 Applet-Spezialitäten 429
  36.1 Größe eines Applets ändern 429
  36.2 Die Position von Applet und Webseite 429
  36.3 Zugriff auf den Container und die Applet-Umgebung 429

Teil 8 Grafische Benutzeroberflächen in Java 439

37 Das AWT versus Swing 441
  37.1 Was ist das Abstract Window Toolkit? 441
  37.2 Was ist Swing? 442
  37.3 Swing und AWT im Vergleich 443

38 Das AWT 445
  38.1 Die AWT-Komponenten 448
  38.2 Container 476
  38.3 Layoutmanager 483

39	Das Eventhandling	493
39.1	Eventhandling 1.0	493
39.2	Das Eventhandling 1.1	496

40	Swing – eine AWT-Erweiterung	501
40.1	Swing und Applets	502
40.2	Swing und eigenständige Applikationen	505
40.3	Swing in der Praxis	505

Teil 9 Grafik und Animation unter Java 517

41	Zeichnen und Malen auf grafischen Oberflächen	519
41.1	Zeichnen, Update und neu zeichnen	519
41.2	Verschiedene Grafiktechniken	521

42	Treiben wir es bunt – Farben unter Java	529
42.1	Die Klasse Color	529
42.2	Hintergrundfarben und pauschale Vordergrundfarben	531
42.3	Abrufen von Farbinformationen	532

43	Die Textausgabe auf grafischen Oberflächen	535
43.1	Erstellen von Fontobjekten	535
43.2	Zur Verfügung stehende Fonts abfragen	537
43.3	Informationen über einen speziellen Font abfragen	539

44	Bilder ausgeben	541
44.1	Laden von Bildern	541
44.2	Anzeigen von Bildern	542
44.3	Der Imageobserver und der MediaTacker	545

45	Animationen	547
45.1	Aufbau eines Animationsrahmens	547
45.2	Abspielen einer Animation	547

46	Java-2D	551
46.1	Java-2D-Grundlagen	551
46.2	Zeichnen unter dem Java-2D-API	552
46.3	Transparenz	555
46.4	Transformationen	558
46.5	Text unter Java-2D	562
46.6	Bilder unter Java-2D	565
46.7	Farbmanagement unter 2D-Java	567
46.8	Allgemeine Zeichnen-Regeln unter Java-2D	567

Teil 10 Ausnahmesituationen 569

47 Fehler finden in Java-Programmen 571
47.1 Fehler finden & beseitigen 571

48 Was sind Ausnahmen? 573
48.1 Die individuell programmierte Fehlerbehandlung 573
48.2 Die Ausnahmenbehandlung von Java 574

49 Ausnahmen behandeln 577
49.1 Explizites Ausnahmen-Handling 579

50 Selbst definierte Ausnahmen 587

Teil 11 Multithreading 597

51 Die Klasse Thread 599
51.1 Threads laufen lassen 599
51.2 Threads abbrechen 600
51.3 Threads pausieren lassen 603
51.4 Die Priorität verändern 607

52 Die Schnittstelle Runnable 611
52.1 Ein Applet mit Runnable Multithreading-fähig machen 611
52.2 Animation mit Java-2D 616

53 Dämonen 621

Teil 12 Drucken, Ein- und Ausgabe 625

54 Allgemeines zur Ein- und Ausgabe in Java 627
54.1 Die Klasse InputStream 628
54.2 Die Klasse OutputStream 628
54.3 Gefilterte Ströme 629
54.4 Datenströme 630
54.5 Die PrintStream-Klasse 632

55 Dateizugriffe und andere Praxis mit Strömen 635
55.1 Die File-Klasse 635
55.2 Dateiströme – FileInputStream und FileOutputStream 640

56 Drucken unter Java 647
56.1 Drucken unter dem JDK 1.1 647
56.2 Drucken unter dem SDK 2 651

Anhang 657

- A   Die Verzeichnisstruktur des JDK 659
- B   Die Neuerungen des JDK 1.4 667
  - B.1   Die wichtigsten Neuerungen 667
  - B.2   Java Web Start 670
- C   Download-Manager 675
- D   Die API-Spezifikation der Java-2-Plattform, Standard Edition, v 1.4.0 677
-       Stichwortverzeichnis 681
-       Lizenz 693

Vorwort

Java! Wenn Sie bei diesem Begriff an Sonne und Meer bzw. an eine Insel in Indonesien denken, sind Sie bei diesem Buch wahrscheinlich nicht ganz an der richtigen Stelle. Das Buch wäre dann ja sicher auch bei Reiseberichten oder so einsortiert. Denken Sie jedoch an Kaffee, kommen Sie der Sache schon näher. Noch nicht ganz das, was Sie hier erwartet, aber immerhin ist die dampfende Kaffeetasse ja das Symbol von dem, worum es sich bei dem hier in dem Buch behandelten Java dreht – die wahrscheinlich hippste und angesagteste Technologie in der aktuellen Programmierwelt. Und heiß ist Java. Wie gerade frisch aufgebrühter Kaffee. Kaum eine Technik hat in den vergangenen Jahren für so viel Aufsehen gesorgt wie Java. Obwohl noch jung und unverbraucht, ist Java bereits ein absolut etablierter Standard für die unterschiedlichsten Aufgabenstellungen in der EDV. Java bietet als komplette Neuentwicklung der jüngsten Vergangenheit einen Extrakt der Vorteile bewährter, älterer Techniken und verzichtet dabei jedoch auf deren Nachteile.

Auch wenn Sie vielleicht noch gar nicht programmieren oder Vor- und Nachteile bestimmter Programmiertechniken einschätzen können, möchte ich Ihnen Java in einem kleinen Vergleich mit Konkurrenztechnologien vorstellen.

Stellen Sie sich einmal vor, ein Visual-Basic-Programmierer sollte einen (EDV-) Löwen fangen. Mit einem einfachen Mausklick hätte er einen optimalen Käfig für einen drei Jahre alten Löwen programmiert und jeder drei Jahre alte Löwe ließe sich mit diesem Käfig fangen, sofern er dort irgendwann einmal vorbeikommt. Leider passt aber in den Käfig kein zwei Jahre alter Löwe (die Gittermaschen sind zu groß), kein vier Jahre alter (Tor zu klein) und auch sonst keiner, der nicht optimal an den Käfig angepasst ist. Für jeden Löwen muss ein eigener spezieller Käfig gebaut werden und für manche (etwa Linux-Löwen) gibt es auch gar keinen passenden. Dazu sind die Käfige nicht gerade stabil. Zahlreiche Visual-Basic-Löwenfänger haben ihre Karriere als Mittagessen beendet.

Wenn ein C/C++-Programmierer einen Löwen fangen soll, kommt er – sofern er verschiedene Löwen fangen will – mit weniger Käfigen aus als ein Visual-Basic-Programmierer. Ein C/C++-Käfig passt für verschiedene Löwen oder aber, man kann zumindest für jeden Löwen einen passenden erstellen. Zudem sind korrekt erstellte Käfige viel effektiver, stabiler und besser als die wackeligen Visual-Basic-Käfige. Aber der Bau eines jeden Käfigs wird ungleich aufwendiger als bei einem Visual-Basic-Käfig. Ein C/C++-Käfig wird erstellt, indem zuerst alle Stangen freistehend aufgestellt werden und dann – wenn alle Käfigstangen stehen oder aneinander gelegt sind – Schnüre um alle Verbindungsstellen geknotet werden. Wehe, eine Verbindung wird nicht richtig verknotet oder gar vergessen. Rums, und der Löwe ist im Käfig und noch ein Rums, und der Löwe hat den Käfig zerstört (und den Programmierer samt dessen obligatorischer Pizza gefressen ;-)).

Wenn ein Java-Programmierer einen Löwen fangen soll, muss er überhaupt keinen Käfig erstellen. Jeder Löwe bringt selbst bereits einen Käfig mit (optimal passend natürlich und absolut sicher und stabil). Der Java-Programmierer muss dem Löwen nur noch sagen »Fang Dich selbst« und die Sache ist erledigt. Das einzige Problem ist, einen Löwen so zu dressieren, dass er auch folgsam seinen Käfig ständig dabei hat. Das muss man halt sorgfältig planen und etwas Zeit in die Dressur stecken.

Der kleine Vergleich macht Sie hoffentlich neugierig, wie Java so etwas machen kann und warum es unter Java (hat man die – zugegeben – recht hohe Anfangshürde überwunden) einfacher als in nahezu jeder anderen Technik ist, solche EDV-technischen Probleme zu lösen, die nicht nur in einer kleinen und total speziellen Sondersituation funktionieren sollen.

Mit Java können Sie nahezu alles programmieren. Und das so, dass es auf den verschiedensten Plattformen lauffähig ist. Im Internet, auf einem Windows-Rechner, auf einem Linux-System oder einem tragbaren Handheld-Computer. Oder auch auf im Prinzip beliebigen elektronischen Geräten, die irgendwie programmierbar sind. Kaffeemaschinen, Kühlschränke, Handys oder Videorekorder. Nicht nur die Hardware ist als Zielplattform für Java nahezu beliebig. Auch die Art der Programme. Von Erweiterungen einer Webseite in Form von Applets, Erweiterungen von Serverprogrammen mit Hilfe von Servlets hin zu eigenständigen Applikationen. Ob grafische Animationen, Spiele, Tools, Entwicklungsprogramme, Datenbankprogramme oder ganz Office-Programme. Gerade erleben die Kultspiele der Achtziger Jahre aus den Spielhallen im Internet in Form von Java-Applets ihre Wiederauferstehung. Alles kann mit Java erstellt werden.

Seit der ersten Version wurden Java und das zugehörige Entwicklungspaket JDK (Java Development Kit) immer weiter verbessert und man kann seit einiger Zeit davon ausgehen, dass die Kinderkrankheiten der ersten beiden Versionen 1.0/1.1 (vor allem der Version 1.0) der Vergangenheit angehören. Java ist ausgereift und die (!) Programmiertechnologie der Gegenwart und Zukunft. Viel Spaß bei Java wünscht Ihnen

Ralph Steyer

HTTP://WWW.RJS.DE

How to Java – Schnelleinstieg für Ungeduldige

Der erste Teil bietet Ihnen eine kurze Einführung in die wichtigsten Elemente, die Sie für eine Arbeit mit Java kennen sollten. Das fängt damit an, dass erst einmal geklärt wird, was Sie unbedingt zur Verfügung haben sollten, um sinnvoll mit Java arbeiten zu können. Dies betrifft auf der einen Seite die Voraussetzungen, die Sie persönlich mitbringen sollten, auf der anderen Ihre Hardware-Ausstattung und zu guter Letzt die Software-Seite.

Dabei kann die Software-Seite in zwei Rubriken unterteilt werden:

→ Software, die direkt Java betrifft. Das umfasst die so genannte »Laufzeitumgebung« von Java und den »Entwickler-Werkzeugkasten« JDK (Java Development Kit).

→ Software, die unabhängig vom eigentlichen Java vorhanden sein muss.

»Unbedingt« deutet schon an, dass dieses nur eine Auswahl dessen sein kann, was Sie sich später im Laufe der Java-Karriere nach und nach besorgen können und auch werden. Wir wollen in diesem ersten Teil aber möglichst schnell zu Java kommen. Dessen ungeachtet kann nicht ganz darauf verzichtet werden, zuerst kurz zu klären, was Java eigentlich ist. Aber dann werden wir möglichst unmittelbar dazu kommen, erste Beispiele durchzuspielen. Zwar muss man in Java für ein richtiges Verständnis der zu Grunde liegenden Prozesse einen langen Anlauf nehmen, aber das hindert uns nicht daran, in diesem ersten Abschnitt des Buches erst einmal Erfahrung und Motivation mit Praxis aufzubauen. Dass wir dennoch etwas mehr Vorlauf als bei vielen anderen Techniken benötigen, liegt an dem in Java etwas hohen Einstiegslevel und damit an unbedingt notwendigen Voraussetzungen, die auch für die ersten Beispiele schon vorhanden sein sollten.[1]

---

[1] Wir müssen den Java-Löwen zumindest ein bisschen dressieren ;-).

1 Was Sie unbedingt haben sollten

Angenommen, Sie wollten schwimmen lernen. Glauben Sie, Sie könnten das an Hand eines Buches ohne eine Gelegenheit zur praktischen Umsetzung bewerkstelligen? Sicher nicht. Wenn Sie eine Programmiersprache lernen wollen, ist die Situation vergleichbar. Ausschließlich durch Lesen eines Buches oder Zuhören bei einer Schulung können Sie so etwas kaum. Nur das praktische Nachvollziehen und Experimentieren mit gerade erworbenem Wissen erlaubt das echte Verständnis. Vor allem Fehler bei der Umsetzung und deren selbstständige Lösung festigen den Lernprozess. Kurz und gut: Sie brauchen unbedingt eine Möglichkeit, Java in der Praxis auszuprobieren. Und dazu ist in erster Linie ein Computer notwendig. Für die meisten Leser wird ein PC die bevorzugte Wahl sein, aber das ist nicht zwingend. Java kann man auch auf anderen Computern programmieren. Dennoch – am einfachsten ist es, wenn Sie über einen geeigneten PC verfügen.

1.1 Die notwendige Hardware

Java ist eine Programmiertechnologie und so etwas ist kein Spielzeug. Das soll bedeuten, je nachdem, wie intensiv Sie sich mit Java beschäftigen werden, muss Ihr Computer entsprechend leistungsfähig sein. Zwar werden Sie nicht unbedingt einen aktuellen Highend-Rechner Ihr Eigen nennen müssen, aber je leistungsfähiger Ihr Computer ist, desto besser. Aktuelle PCs sind aber mittlerweile so potent, dass die Preise nicht in astronomische Höhen schnellen. Neue Rechner mit ausreichend Leistung gibt es so ab 500 bis 600 Euro, aber das sollte nur eine Untergrenze definieren. Wenn Sie mit einem älteren Rechner versuchen, mit Java zu programmieren, werden Sie wenig Freude haben. Es ist zwar im Prinzip möglich, sogar auf einem 486er aus grauer EDV-Urzeit kleinere Java-Programme zu entwickeln. Das macht aber keinen Spaß. Es dauert alles unendlich lange und nicht immer klappt die Geschichte überhaupt.

Grundsätzlich gibt es zwei Faktoren, die die Untergrenze für eine Arbeit mit Java bestimmen:

→ Das Java Development Kit (JDK), was die grundlegende Entwicklungsumgebung zum Erstellen von Java-Applikationen ist. Das JDK, das zum Zeitpunkt der Bucherstellung in der Version 1.3.1 (Final) bzw. in einer Betaversion 1.4 vorliegt, wird als wesentlichster Bestandteil der so genannten Java-2-Plattform bzw. des »Java 2 SDK« gesehen (SDK steht für »Software Development Kit«).[1] Dessen Anforderungen müssen auf jeden Fall erfüllt werden. Wenn Sie auf dem JDK aufsetzende Entwicklungsumgebungen verwenden, werden diese dann die Anforderungen festlegen.

→ Das verwendete Betriebssystem.

---

[1] Sowohl das JDK 1.2 als auch die Version 1.3 und die Version 1.4 zählen jeweils zum SDK 2. Diese Zusammenfassung macht deutlich, dass die Unterschiede zwischen diesen drei Varianten nicht gravierend sind.

Das JDK (auf dessen Details, den Bezug und die Installation wir gleich noch eingehen) ist bezüglich der minimalen Plattformvoraussetzungen genügsam. Das Win32-Release läuft offiziell sogar schon auf einem einfachen PC mit einem Pentium-Prozessor der ersten Generation mit nur 32 Megabyte. Wenn es sein muss, sogar bei noch sparsamerer Ausstattung. Aber das macht wie gesagt keinen Spaß. Selbst auf einem Pentium I mit 64 Megabyte kann die Arbeit so lange dauern, dass man es zwischen einzelnen Schritten locker in die Küche schafft, um sich einen Kaffee zu holen. Wenn Sie sich nicht gleich die Freude an Java verderben wollen, sollten Sie nicht mit einer Minimalausstattung arbeiten. Aber eigentlich male ich gerade eine weiße Wand weiß an. Wer arbeitet in der Realität schon noch mit solchen antiken Geräten? Die Software-Hersteller haben ja erfolgreich dafür gesorgt, dass Anwender innerhalb kürzester Intervalle zum Kauf neuer Hardware gezwungen werden ;-(. Gerade die permanent ausgetauschten Betriebssysteme oder Office-Anwendungen fordern mit jeder neuen Version auch meist gleich einen neuen Rechner. Diese von Java unabhängigen Programme setzen die notwendigen Minimalanforderungen für die Hardware bei einem Anwender meist so hoch an, dass man mit diesen Rechnern vernünftig Java-Programme entwickeln kann. Was ist jetzt aber wirklich sinnvoll, wenn Sie zweckmäßig mit Java arbeiten wollen? Folgende Ausstattung wird Ihnen genügen (bei der Entwicklung mit dem JDK), damit von dieser Seite kein Frust aufkommt:

→ Prozessor: Pentium II oder neuere Modelle bzw. vergleichbare Prozessoren

→ Hauptspeicher: 64 Mbyte oder besser mehr

→ Freier Platz auf der Festplatte: Ab 200 Mbyte

Allgemein gilt natürlich, dass eine bessere Ausstattung sinnvoll ist. Dabei ist nicht der Prozessor der Knackpunkt (das ist er entgegen der Marketingaussagen der Computerhersteller in den seltensten Fällen), sondern der Hauptspeicher. Unter 256 Mbyte sollte man heutzutage keinen Rechner mehr einsetzen (nicht nur wegen Java). Auch dürfte der freie Platz auf der Festplatte kaum ein Thema sein. Festplatten unter 40 Gbyte machen nur noch in Notebooks und alten, nicht mehr zweckmäßig aufzurüstenden, Systemen Sinn. Und 40 Gbyte bekommen auch aufgeblähte Windows-Anwendungen nicht so schnell voll.

Wenn Sie als Ergänzung des JDKs darauf aufsetzende Entwicklungsprogramme einsetzen, werden die Hardware-Voraussetzungen nach oben schnellen. Das hängt aber am jeweiligen Tool. Richtigen Frust habe ich selbst erlebt, als ich gerade brandneu einen Athlon 600-PC mit 256 Mbyte und 30 Gbyte Festplatte (zum Kaufzeitpunkt durchaus im Highend-Bereich angesiedelt) gekauft hatte und mit einem professionellen Java-Tool eines Herstellers mit drei Buchstaben[2] arbeiten sollte. Aussage bezüglich meiner Ausstattung: »Ja, kann man machen, aber besser, Sie rüsten auf.« Das Ding

---

[2] Die total uncoolen Deutschenglisch-Verwustler (also diejenigen, für die jedes Volksfest zu einem »Event« wird – mich graust es) sprechen diese so pseudomodern als »eihbiehehhm« aus ;-). »Ich Beuge Mich« kennt man aber auch.

war noch nicht richtig ausgepackt und schon nicht mehr ausreichend. Gott sei Dank sind nicht alle erweiternde Java-Entwicklungstools so gefräßig.

Was sollte in Ihrer Hardware-Ausstattung noch vorhanden sein? Klar, Disketten- und CD-Laufwerk und ähnliche Selbstverständlichkeiten. Aber auch ein Internet-Zugang sollte zur Verfügung stehen. Java und Internet haben nun einmal viel miteinander zu tun. Zum anderen muss man aber permanent aus dem Internet Dinge downloaden oder dort nach Informationen suchen. Es geht zwar auch ohne Internet-Zugang, aber Sie machen sich in vielen Situationen die Sache unnötig schwer.

1.2 Die notwendige Software

Was benötigen Sie nun unbedingt an Software? Wenig, wenn man das JDK erst einmal außen vor lässt. Im Grunde langt ein geeignetes Betriebssystem. Dieses bringt alles mit, was notwendig ist. Welches Betriebssystem ist aber geeignet? Das hängt davon ab, für welche Systeme das JDK bereitsteht. Das JDK wird in der aktuellen Version 1.3.1 bzw. dessen Nachfolger für Windows 95/98/ME/NT (ab der Version 4.0)/2000 sowie deren Nachfolgern und Unix-Systeme wie das Solaris-Betriebssystem bzw. das in der letzten Zeit immer populärer werdende Linux frei zur Verfügung gestellt. Damit sind die für die meisten Leser sicher sinnvollsten Systeme genannt:

→ Windows jenseits der Version 3.x

→ Linux

Für die Windows-Versionen vor 95 gibt es keine JDK-Variante und auch keine andere Möglichkeit, Java-Programme zu erstellen. Java-Entwicklung setzt zwingend mindestens ein 32-Bit-Betriebssystem voraus.

Sicher werden die meisten Leser die Windows-Variante wählen, weil diese bei einem Großteil sowieso zur Verfügung steht. Die Anzahl der Linux-Anwender wächst aber. Und gerade, wenn man mit einer innovativen Technologie wie Java programmieren will, passt die Verbindung zu der gleichfalls sehr innovativen Technologie Linux hervorragend. Sie sollten nämlich im Auge behalten, dass die Entwicklungsplattform mit Java nicht zwingend diese auch als Zielplattform der Applikation festlegt. Mit anderen Worten – Sie können unter Linux ein Java-Programm schreiben, dass dann ohne irgendwelche Einschränkungen oder Änderungen unter Windows oder anderen Betriebssystemen läuft. Wenn man dann noch beachtet, dass Linux kostenlos ist und dazu stabiler und zuverlässiger als nahezu alle Windows-Versionen, bietet es sich als Entwicklerplattform geradezu an. Insbesondere die seit 2001 freigegebenen Linux-Distributionen beinhalten so gute Installationsroutinen, Hardware-Unterstützung, Assistenten und grafische Oberflächen mit all dem, was man aus Windows gewohnt ist, dass auch reine Windows-Anwender leicht damit klar kommen können. Ich persönlich habe mittlerweile Windows und Linux parallel auf meinen Rechnern installiert und verwende immer öfter Linux, wenn ich ein Java-Programm erstellen will.

Kapitel 1 · Was Sie unbedingt haben sollten

Bild 1.1: Linux – eine ideale Basis für die Entwicklung von Java-Applikationen

Egal, welches Betriebssystem Sie verwenden. Jedes Betriebssystem bringt meist als Standard die beiden Programmtypen mit, die Sie noch brauchen:

→ Einen Editor

→ Einen Java-fähigen Browser

Bild 1.2: Alt und schlecht, aber dennoch für den Anfang ausreichend – der Windows-eigene Minimaleditor

Streng genommen kann man sogar auf einen Browser verzichten, denn das JDK bringt ein verwandtes Tool mit. Sinnvoll ist es aber nicht. Einen Editor brauchen Sie in jedem Fall. In diesem schreiben Sie Ihren Java-Quelltext und das JDK beinhaltet keinen eigenen Editor.[3]

1.3 Die persönlichen Voraussetzungen

Das, was man kaufen oder besorgen kann, ist die eine Seite der Medaille, wenn Sie Java lernen wollen. Die andere Seite ist das, was man nicht kaufen kann. Die persönlichen Voraussetzungen. Das ist anders formuliert die Frage, ob jedermann Java lernen kann. Die ehrliche Antwort ist wahrscheinlich nein, aber fast jeder. Ein paar Bedingungen müssen schon erfüllt sein, sonst wird es sehr, sehr schwer.

Als wichtigsten Punkt würde ich eine gewisse Hartnäckigkeit, Geduld und vor allem »Frustbeständigkeit« anführen. Das soll bedeuten, Sie sollten nicht gleich alles sofort wollen oder erwarten. Java zu lernen bedeutet, sich selbst genügend Zeit zu geben. Die Überschrift mit dem Hinweis auf Ungeduld muss sehr stark relativiert werden. Im Gegensatz zu diversen anderen Sprachen sind Erfolge in Java nur in kleinen Schritten zu erzielen und dauern auch eine gewisse Zeit. Wenn Sie in Visual Basic programmieren lernen, werden Sie direkt am Beginn mit wenigen Mausklicks eine grafische Oberfläche zusammengebaut haben.[4] Vieles wird sich am Anfang als bedeutend einfacher erweisen, als es in Java sein kann. Nur – erinnern Sie sich an den Vergleich mit dem Löwen aus dem Vorwort? Wenn man in Java eine Durststrecke überwunden hat, wird Ihnen Java die Mühe mit Vorteilen lohnen, die am Anfang leichter zu erlernende Technologien nie bieten können. Sie müssen aber am Anfang Rückschläge wegstecken und damit leben können, dass viele Dinge abstrakt oder umständlich erscheinen. Das gibt sich, wenn man weiter in die Technologie hineinwächst.

Sollten Sie bereits programmieren können? Schwer zu beantworten. Auf der einen Seite ist Java als Einstiegssprache nicht ganz ohne. Auf der anderen Seite unterscheidet sich Java in einigen Details von den meisten anderen Sprachen, dass man »unverdorben« Dinge teilweise leichter aufnimmt und akzeptiert, als wenn man bestimmte Schritte aus anderen Techniken anders kennt. Wenn Sie eine konventionelle Programmiersprache gelernt haben, sind Sie bereits einen hohen Berg hinauf gekraxelt. Dumm ist nur, dass Java wahrscheinlich ein ganz anderer Berg ist. Es ist in der Tat so, dass Sie unter Umständen – um auf den Java-Berg zu kommen – wieder ins Tal runter müssen, um diesen dann zu erklimmen. Es gibt keine direkte Brücke hinüber. Das soll bedeuten, Sie müssen unter Umständen all das vergessen, was Sie schon wissen. Dafür sind Sie durch das Training beim Aufstieg auf den ersten Berg gut im Futter und kommen den Java-Berg flott hinauf. Ich gehe davon aus, dass beide Gruppen Java lernen können und werde mir im Buch Mühe geben, auf beide Fraktionen passend einzugehen.

---

3 Wozu auch? Jedes Betriebssystem beinhaltet wie gesagt mindestens einen Editor.
4 Zwar kann man mit geeigneten Tools so etwas auch mit Java machen, aber das ist nicht ungefährlich, wenn man nicht weiß, was man so genau tut.

Können Sie Schreibmaschine schreiben? Wunderbar. Das erleichtert das Erstellen von Quelltext. Ob 10-Finger-System oder Adlersuchsystem ist letztendlich aber nur eine Frage, wie lange die Erstellung eines Quelltextes dauern darf.

Müssen Sie besonders intelligent sein? Oder noch verschärfter – sind Java-Programmierer oder sonstige professionelle Programmierer hyperintelligente EDV-Halbgötter? Alles kleine Computer-Einsteins und Normalsterbliche haben keine Chance? Quatsch. Alles totaler Unsinn. Programmieren hat nur begrenzt etwas mit Intelligenz zu tun. Es ist nur ein ganz spezieller Aspekt, der in gewisser Weise ausgeprägt ist. Mir persönlich ist es schleierhaft, wie man eine fremde (menschliche) Sprache perfekt lernen kann. Mein Englisch hat sich über die Jahre zwar recht brauchbar entwickelt, aber jeder Engländer wird sofort erkennen, dass meine Muttersprache Deutsch ist. Oder meine Versuche zu zeichnen – immer abstrakte Kunst. Ob ich will oder nicht ;-). Dafür kann ich aber einigermaßen mathematisch, logisch bzw. abstrakt denken und das ist es, was Programmieren erleichtert. So ganz sollten Sie damit nicht auf Kriegsfuß stehen. Falls doch – vielleicht glauben Sie das auch nur und merken bei der Arbeit mit Java, dass alles nicht so geheimnisvoll ist.

2 Was ist Java?

Sie wollen Java lernen?! Wissen Sie aber, auf was Sie sich einlassen? Weniger, was Ihnen bevorsteht. Alles halb so wild. Mehr, was Java eigentlich ist? Sie werden vielleicht antworten, dass Java eine Programmiersprache ist. Ja. Damit haben Sie sicher Recht. Aber das langt mir so noch nicht. Java ist eine ganz besondere Programmiersprache. Und sogar noch mehr als eine Programmiersprache. Es ist sogar eine ganze Plattform zur Ausführung von stabilen, sicheren und leistungsfähigen Programmen unabhängig vom zugrunde liegenden Betriebssystem.

Erfunden hat Java die Firma Sun Microsystems. Sun (http://www.sun.com) ist nicht nur der Erfinder von Java, sondern eine allgemeine Größe in der EDV-Welt mit starken Umsätzen im Mainframe-Bereich. Ein Schwerpunkt ist das Betriebssystem Solaris – ein Unix-System. Daneben stellt Sun mit StarOffice ein auf vielen Plattformen zu findendes, erfolgreiches Office-Paket her.

Bild 2.1: Die Einstiegsseite vom Sun-Webangebot

Speziell für Java bietet Sun ein Internet-Portal, das den direkten Zugriff auf alle interessanten Informationen und Produkte rund um Java beinhaltet. Ursprünglich kam man direkt über die Internet-Adresse http://java.sun.com dort hin, aber der URL (Uniform Resource Locator – das Adressierungsschema im Internet) führt derzeit auch auf die Standardeinstiegsseite von Sun. Mit http://java.sun.com/j2se/ gelangen Sie aber direkt zu dem Java-Portal von Sun (oder genauer – dem Portal für die Java-2-Plattform) und mit http://java.sun.com/j2se/1.3/ direkt zu dem Bereich für den Download der zum Erstellungszeitpunkt des Buches gerade aktuellen JDK 1.3.1 (Final).[1]

---

[1] Während der Bucherstellung wurde gerade eine Betaversion des JDK 1.4 freigegeben, die im Rahmen der Notwendigkeit im Buch auch berücksichtigt wird.

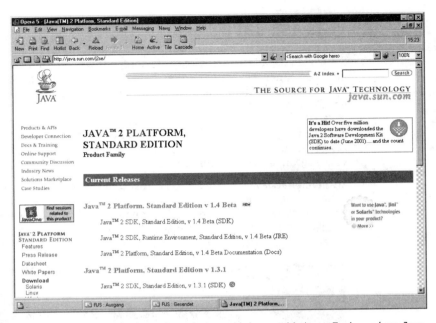

Bild 2.2: Das allgemeine Java-Portal von Sun mit Auswahl der verschiedenen Tools rund um Java

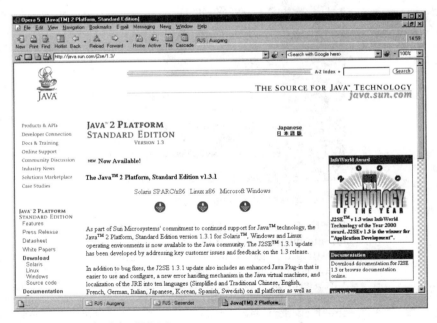

Bild 2.3: Direkt zum Download des JDK 1.3

Java ist von der Syntax her im Wesentlichen an C/C++ angelehnt, während die Objektorientiertheit eher von SmallTalk stammt. Java wurde deshalb so erfolgreich, weil die Stärken der Vorfahren genommen und deren Schwächen ausgemerzt wurden. Dazu kam die Ergänzung dann noch fehlender, sinnvoller Innovationen. Die genauen Hintergründe wollen wir später behandeln. Schauen wir uns nur kurz an, wie Sun seine geniale Erfindung selbst charakterisiert:

> Java: eine einfache, objektorientierte, dezentrale, interpretierte, stabil laufende, sichere, architekturneutrale, portierbare und dynamische Sprache, die Hochgeschwindigkeits-Anwendungen und Multithreading unterstützt.

Untersuchen wir die Details.

1. Java wird von Sun als »einfach« bezeichnet, aber das kann man nur relativ sehen. Stark beeinflusst ist Java von der ziemlich komplizierten C/C++-Syntax und diese Sprache ist wirklich alles andere als einfach. Zwar wird Java für C/C++-Progammierer bei einem Umstieg in vielen Teilen vertraut erscheinen (obgleich Sie sich in vielen Details täuschen werden, wenn Sie nicht genau die Unterschiede beachten). Programmieranfänger werden wohl trotzdem kaum zustimmen, dass Java zu lernen einfach ist. Dazu ist Java auch zu mächtig. Dennoch – im Vergleich zu C/C++ ist Java einfacher geworden. Ich versuche einmal eine (zugegeben recht subjektive) Einschätzung. Wenn man vom Lernaufwand (Komplexität, Zeitaufwand etc.) über eine längere Lernphase Java in eine Skala von 0 bis 100 einsortieren sollte, in der bei 100 C/C++ angesiedelt wird, würde ich Java ungefähr bei 75 positionieren. Zu besseren Einschätzung sortiere ich noch andere Sprachen und Techniken ein. HTML schätze ich vielleicht bei 5 bis 10 ein, JavaScript bei 20, VBScript analog, Visual Basic bei 20 bis 40 (je nachdem, wie tief man einsteigt), ASP und PHP ebenso. Komplexer wird es mit mächtigeren Techniken wie Perl oder Delphi. Diese würde ich so um 80 bis 90 eingruppieren. Aber auch SmallTalk (ein Ahn von Java) würde ich in diese Region einordnen. Also schwerer als Java zu erlernen. Dabei muss aber immer im Auge behalten werden, dass der Vorkenntnisstand diese Einsortierung massiv beeinflusst. Grob sollten aber die Relationen erhalten bleiben. Java wird auf keinen Fall schwerer zu erlernen sein als ähnlich leistungsfähige Technologien. Wenn Sie den Aufwand jedoch in Vergleich zu »Dünnbrett«-Technologien setzen, wird es am Anfang effektiv schwerer.

   Einfach kann man aber auch unabhängig vom Lernaufwand sehen. Java an sich ist klein. Die Sprache Java ist insofern einfach, als es nur wenige Elemente und vor allen wenige Axiome (Grundregeln zum Aufbau des logischen Konzepts) gibt. Wenn man wenige – wenngleich oft abstrakte – Regeln berücksichtigt, baut sich die gesamte Java-Philosophie daraus auf.

2. Java ist eine objektorientierte Technologie. Sogar eine sehr strenge. In Java gibt es nichts außer Objekten und deren Bestandteilen. Das kann man in dieser Phase noch nicht näher spezifizieren, aber das macht Java stabil, sicher und – wenn man das Konzept verinnerlicht hat – logischer als Sprachen, die nicht so streng sind. Die objektorientierte Programmierung definiert eine Umsetzung von realen Situationen in Form von zusammengefassten Daten.

3. Der Begriff »dezentral« in der Beschreibung der Eigenschaften von Java bedeutet, ein Java-Programm kann auf verschiedene Systeme verteilt werden. Teile eines Vorgangs laufen beispielsweise auf einem Rechner, andere Teile auf einem anderen. Sie werden zur Laufzeit von der Java-Laufzeitumgebung zusammengefügt.

4. Java gilt als interpretiert und kompiliert zur gleichen Zeit, was im Grunde einen Widerspruch darstellt. Ohne die Vorgänge der Interpretation und Kompilierung hier weiter zu verfolgen, wäre ein passender Vergleich, wenn man von einem schwarzen Schimmel reden würde. Was nun? Entweder, oder? Beide Vorgänge (Interpretation und Kompilierung) beschreiben den Vorgang der Übersetzung von Quelltext in lauffähigen Binärcode, der von einem Computer ausgeführt werden kann. Dies kann man auf zwei Arten machen. Entweder, der Quelltext wird auf einen Schlag mit einem geeigneten Programm übersetzt und dann dieser daraus resultierende Binärcode auf den Computer zum Laufen gebracht. Das bedeutet dann, dass der Quelltext kompiliert wurde. Man kann aber auch mit einem anderen Programmtyp den Quelltext laden und Zeile für Zeile lesen und direkt zur Laufzeit des Programms übersetzen lassen. Das ist dann der Vorgang der Interpretation. Java macht beides. Der eigentliche Quellcode wird in einen binären Zwischencode (so genannten Bytecode) kompiliert, der ein architekturneutrales und noch nicht vollständiges Object-Code-Format ist. Er ist noch nicht lauffähig und muss von einer Laufzeitumgebung interpretiert werden. Da jede Java-Laufzeitumgebung plattformspezifisch ist, arbeitet das endgültige ausgeführte Programm auf dieser spezifischen Plattform. Dort werden alle Elemente hinzugebunden, die für eine spezielle Plattform notwendig sind. Die Tatsache, dass der letzte Teil der Übersetzung des Bytecodes von einem plattformspezifischen Programm auf der Plattform des Endanwenders ausgeführt wird, nimmt dem Entwickler die Verantwortung, verschiedene Programme für verschiedene Plattformen erstellen zu müssen. Die Interpretation erlaubt zudem, Daten zur Laufzeit zu laden, was die Grundlage für das dynamische Verhalten von Java ist.

5. Java ist stabil in der Bedeutung von »zuverlässig«. Dies bedeutet, Java-Programme werden seltener abstürzen als in den meisten anderen Sprachen geschriebene Programme. Die gesamte Philosophie von Java ist darauf ausgerichtet und zahlreiche hochintelligente Details im Hintergrund (nur als Schlagworte: Datentyp-Überprüfung bereits während der Kompilierungsphase, kein direkter Zugriff auf den vollständigen Speicherbereich eines Computers bzw. grundsätzliche Plattformferne, Sicherheitsüberprüfung durch einen Linker) sorgen dafür.

6. Java ist nicht nur stabil, sondern auch sehr sicher. So ist die Unterbindung von direkten Speicherzugriffen nicht nur ein Stabilitätskriterium, sondern trägt gleichfalls zur Sicherheit bei. Dazu kommt, dass sich Bytecode-Anweisungen von in Java implementierten Sicherheitsstellen gut überprüfen lassen.

7. Java ist architekturneutral, d.h., es ist auf verschiedenen Systemen mit unterschiedlichen Prozessoren und Betriebssystemarchitekturen

lauffähig. Der kompilierte Java-Bytecode kann auf jedem System ausgeführt werden, das die so genannte virtuelle Maschine (JVM oder kurz VM) von Java implementiert.

8. Java ist portierbar, was bedeutet, durch zahlreiche Spezifikationen (etwa standardisierte Datentypen, die sich auf jeder Plattform gleich verhalten) kann Java auf alle denkbaren Plattformen übertragen und dort implementiert werden.

9. Java ist dynamisch. Das kann man nun als reine Marketingaussage auffassen, aber so ist es nur in zweiter Linie gemeint. Die Aussage beschreibt, dass sich Java an eine sich ständig weiter entwickelnde Umgebung anpassen kann. Wenn ein Java-Programm sich an veränderte Bedingungen anpassen muss, werden einfach einzelne Module ausgetauscht oder neu hinzugenommen. Sogar während der Laufzeit kann ein Java-Programm neu benötigte Funktionalitäten einfach hinzubinden.

10. Ein Charakteristikum von Java ist nach Aussage von Sun seine Leistungsfähigkeit. Hier muss man aber realistisch bleiben. In vergangenen Versionen von Java war die absolut mangelhafte Performance einer der Hauptkritikpunkte. Java kann, da es keine plattformspezifischen Optimierungen nutzen kann, nicht die Leistungsfähigkeit von solchen Programmen erreichen, die direkt alle Features eines Betriebssystems und darin integrierter Komponenten nutzen können. Allerdings beinhaltet die Java-2-Plattform diverse Techniken zur Steigerung der Performance. Es gibt einmal die schon von Anfang an vorhandene Möglichkeit, plattformspezifischen nativen Code in ein Java-Programm zu integrieren, um für bestimmte Vorgänge dessen Performance-Vorteile nutzen zu können. Damit werden diese Java-Programme aber generell plattformabhängig und verlieren den Schutz des Java-Sicherheitskonzeptes. Die meisten Experten raten deshalb grundsätzlich davon ab. Ein intelligenterer Ansatz zur Steigerung der Performance ist der Einsatz von einem Just-in-Time-Compiler (JIT), der in der Java-2-Plattform vorhanden ist. Ein JIT hat grob gesagt die Funktion, häufig benötigte Funktionalitäten eines Programms beim ersten Aufruf in Maschinenbefehle zu übersetzen und im RAM vorzuhalten. Beim erneuten Aufruf dieser Elemente wird dann der bereits kompilierte Code verwendet und muss nicht erneut übersetzt werden. Die im JDK 1.3 eingeführte HotSpot-Technologie ist ein neuer Ansatz, die Leistungsfähigkeit von Java erheblich zu steigern.

11. Java unterstützt Multithreading. Multithreading bedeutet erstmals nur, dass mehrere Aufgaben oder Prozesse quasi gleichzeitig ausgeführt werden können. Dabei sollte das nicht mit dem bekannteren Multitasking verwechselt werden, was die quasi gleichzeitige Ausführung von verschiedenen Programmen bedeutet. Bei Multithreading geht es nicht um die quasi gleichzeitige Ausführung von mehreren Programmen, sondern die gleichzeitige, parallele Ausführung von mehreren einzelnen Programmschritten (oder zusammenhängenden Prozessen). Es ist also viel mehr, denn innerhalb eines einzigen Programms können mehrere Dinge gleichzeitig laufen. Beispielsweise

kann ein Thread eines Programms eine lange und hoch komplizierte Berechnung ausführen, während sich ein anderer Thread um die Bildschirmausgabe kümmert und ein dritter Thread die User-Eingabe bearbeitet. Und dies im Sinne von Computergleichzeitigkeit. Bei Java ist das Multithreading-Konzept voll integrierter Bestandteil der Philosophie. Der hoch entwickelte Befehlssatz in Java, um Threads zu synchronisieren, ist in die Sprache integriert, macht diese stabil und einfach in der Anwendung.

3 Kein Problem – der schnelle Download von Java und dem JDK

Wenn Sie jetzt mit der Programmierung von Java-Applikationen beginnen wollen, benötigen Sie entweder ein spezielles Java-Entwicklungsprogramm oder zumindest das schon mehrfach erwähnte JDK. Wenn Sie sich ein Java-Entwicklungspaket gekauft oder ein freies Tool sonst irgendwie besorgt haben, wird das JDK selbst fast immer mit dabei oder als grundlegende Ergänzung zusätzlich zu installieren sein. Die gesamte Java-Entwicklung dreht sich also um jenes ominöse JDK bzw. dessen »Obermenge«, das SDK 2 oder – noch allgemeiner – die Java-2-Plattform. Sie finden beispielsweise das JDK (Version 1.3.1 Final) auf der Buch-CD, aber auch in diversen Computerzeitschriften immer wieder auf der CD-Beilage. Grundsätzlich wird aber das JDK regelmäßig erneuert[1] bzw. um neue Funktionalitäten erweitert. Um immer die neueste Version von Java zur Verfügung zu haben, lädt man sich die Toolsammlung und sonstige Erweiterungen am bequemsten über das Internet. Am einfachsten ist der Weg über das Webangebot von Sun selbst. Von der im letzten Kapitel angegebenen Adresse http://java.sun.com/j2se/ des Java-Portals von Sun gelangen Sie über entsprechende Links zu der von Ihnen gewünschten Java/JDK/SDK-Version und Ihrem Betriebssystem. Dazu gibt es noch diverse ergänzende Elemente, die Sie von dort laden können. Angefangen mit einer Dokumentation (auf die wir noch eingehen) über ältere Versionen des JDK, einer reinen Laufzeitumgebung (kommen wir auch noch dazu) hin zu einem Java-Plug-In (auch das spielt noch eine Rolle).

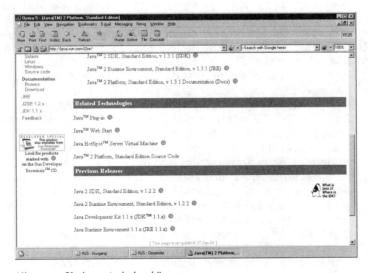

Bild 3.1: Alles, was Sie herunterladen können

---

1 Eine solche Erneuerung betrifft gerade die Erstellungsphase des Buches (wie schon an anderer Stelle erwähnt) und es ist nicht absehbar, wie lange die im Mai 2001 begonnene Betaphase sich erstreckt. Zwar gilt offiziell Dezember 2001 als geplanter Einführungszeitpunkt für das JDK 1.4 Final, aber für das JDK 1.2 war die Betaphase länger als ein Jahr.

Wenn Sie das Java 2 SDK mit der Standard Edition v 1.3.1 (bzw. auch früheren und späteren Versionen) auswählen, können Sie die Betriebssystemversion auswählen, für die Sie das SDK herunterladen wollen. Die Größen der zu übertragenden Dateien sind innerhalb einer Programmversion relativ gleich, ändern sich aber über die verschiedenen Versionen.[2] So zwischen 10 Mbyte in der ersten Version bis hin zu ca. 40 Mbyte in der kommenden JDK-Version 1.4.

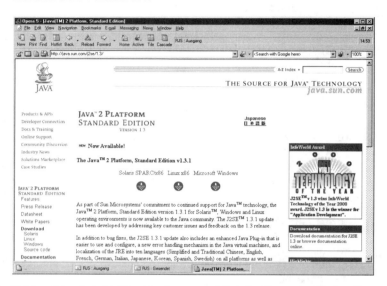

Bild 3.2: Welches Schweinderl hätten Sie denn gerne? Solaris, Linux oder Windows?

Downloads in den Größen, die beim JDK und sonstigen Java-Programmen notwendig sind, sind nicht immer reiner Spaß. Trotz Marketing-Versprechen und großmundiger Politiker und Werbebetrügern ist das Internet kein Datenhighway, sondern ein Datenfeldweg. Statt Hochgeschwindigkeit langsames Gehoppel über Schlaglöcher. Manchmal (glücklicherweise nicht immer) mit weniger als einem Kbyte/s Transferrate. Egal, ob man die letzte Meile mit Modem, ISDN, DSL oder was auch immer zurücklegt (was nutzt eine gut ausgebaute Garagenauffahrt, wenn die Straßen verstopft sind ;-/). Und oft bricht dabei die Achse (oder etwas EDV-technischer – die Verbindung) zusammen. Besonders ärgerlich ist das, wenn man bereits eine riesige Datenmenge übertragen hat und kurz vor Ende die Geschichte unterbrochen wird. Das passiert sowohl bei einem FTP-Download, aber besonders oft, wenn man per HTTP eine Datei lädt. Leider unterstützen nur wenige Browser (ein Browser, der da positiv aus dem Rahmen fällt, ist Opera) die Wiederaufnahme des Downloads an der abgebrochenen Stelle. Das bedeutet, Sie müssen den Download wieder ganz von vorne beginnen. Mit einem Download-Manager kann man da gegensteuern. Sie versprechen mehr Tempo und die Wiederaufnahme eines zusammengebrochenen Downloads an der Stelle, an der das Malheur passiert ist. Im Anhang (siehe Seite 635) finden Sie eine Liste mit einigen Download-Managern und was man dazu beachten muss.

---

2   Das heißt, sie wachsen.

Wenn Sie dem Linux-Link folgen, kommen Sie auf die entsprechende Einstiegsseite für den Beginn des Downloads.

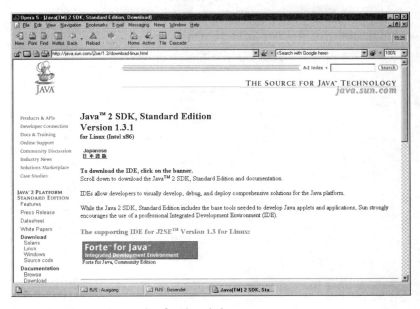

Bild 3.3: Ab hier kann man seine Version für Linux laden

Auf dem Weg zum konkreten Download müssen einige übliche Copyright- und die Readme-Dateien gelesen und bestätigt werden.

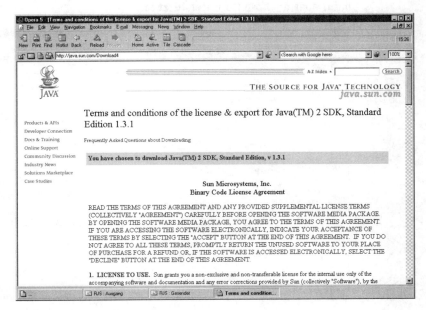

Bild 3.4: Die Linux-Lizenz zum Java-Glück

Kapitel 3 · Kein Problem – der schnelle Download von Java und dem JDK

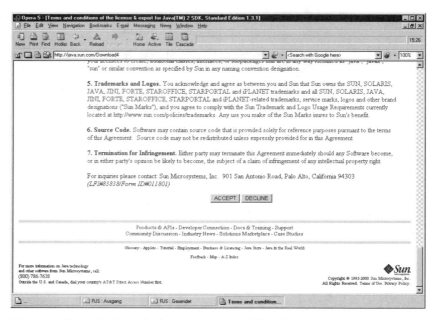

Bild 3.5: Ohne Bestätigung der Lizenzbedingungen geht es nicht weiter

Für Linux stehen nun zwei verschiedene Arten von Installationsdateien zur Verfügung. Da gibt es einmal das von RedHat erfundene RPM-Format, was auf sehr vielen Linux-Distributionen unterstützt wird. Oder aber eine SDK-Datei in Form des TAR-Formats, was zwar weniger leistungsfähig, dafür aber noch weiter unterstützt ist.

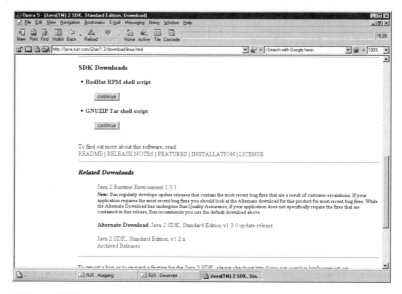

Bild 3.6: RPM oder TAR?

Wenn Sie den Download starten, werden Sie zuerst gefragt, von wo aus Sie den Download starten wollen.

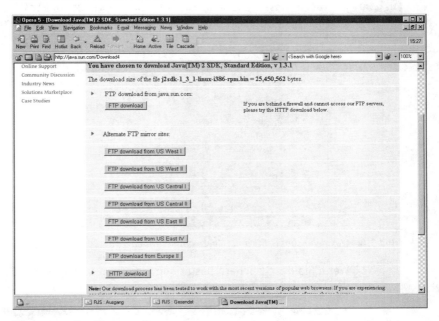

Bild 3.7: Wie lange wollen Sie warten?

Es gibt im Internet neben dem direkten Download per FTP direkt von Sun auch zahlreiche gespiegelte FTP-Server. Solche gespiegelten Server finden Sie auch so im Internet, ohne dass sie bei Sun aufgelistet sind, aber gerade diese hier nicht genannten, gespiegelten FTP-Server halten nicht immer, was diverse Quellen versprechen. Prinzipiell sollte man ob der permanenten Umstrukturierungen auf den Servern bei Fehlermeldungen auf dem Root-Verzeichnis der jeweiligen Organisation einsteigen und dann sein Glück versuchen.

Neben dem FTP-Download gibt es auch die Möglichkeit eines HTTP-Downloads, der etwa dann notwendig werden kann, wenn Sie hinter einer Firewall arbeiten, die FTP-Downloads unterbindet. Wenn es Ihnen aber möglich ist, sollten Sie einen FTP-Download durchführen. Der geht in der Regel viel schneller als ein HTTP-Download. Gerade bei solch großen Datenmengen wie der JDK-Installationsdatei macht sich das deutlich bemerkbar. Der Download von einem europäischen Server ist zudem einem Download aus den USA meist vorzuziehen, denn die Übergänge zwischen Europa und Amerika sind permanent überlastet und damit die Downloadzeiten meist recht lang. Das ist aber – wie viele Aussagen zu Internetzuständen – nicht immer der Fall und kann je nach Internet-Auslastung auch nicht gelten.

Wenn Sie den Download starten, werden Sie von Ihrem Browser (bei entsprechender Konfiguration) gefragt, ob er die ausgewählte Datei speichern soll, was Sie natürlich bestätigen müssen.

Der Download mit FTP-Clients ist beim JDK meist nicht möglich. Sie haben normalerweise keinen direkten Durchgriff bis zu der Downloadstelle. Sun möchte ja explizit, dass Sie Lizenzbedingungen akzeptieren und bestimmte Informationen einfach zu sehen bekommen, und das steuern sie mit Webseiten.

Bild 3.8: Was denn sonst? Etwa 40 Mbyte online öffnen ;-)?

Wenn Sie das Speichern bestätigen, zeigt ein Dialogfenster den Fortschritt des Downloads an.

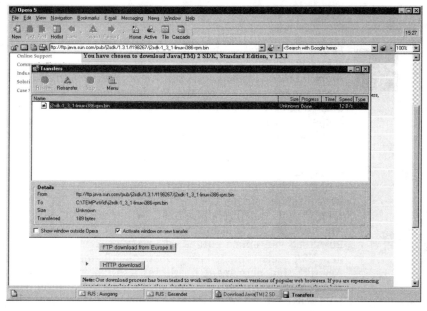

Bild 3.9: Download läuft – na, dann kann ich ja mal so Kleinigkeiten tun, wie eine Marathonstrecke zu Fuß ausmessen, bis das fertig ist

Wenn Sie die Windows-Version des JDK laden wollen, werden die Schritte nahezu gleich ablaufen.

Beachten Sie, dass mit dem JDK zwar plattformneutrale Java-Programme erstellt werden können, Sie das JDK aber für Ihre spezielle Plattform spezifisch benötigen. Falls Sie abwechselnd mit Linux und Windows arbeiten wollen, brauchen Sie zwei verschiedene JDKs.

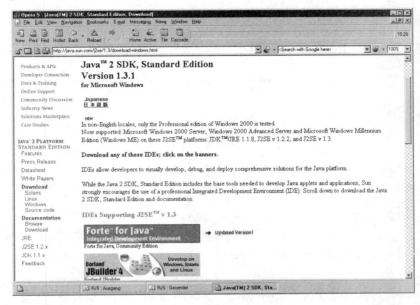

Bild 3.10: Hier geht es zum Download der Windows-Version des JDK 1.3

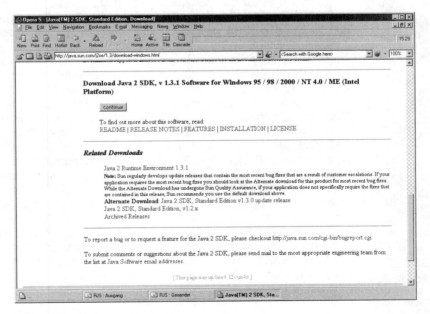

Bild 3.11: Klick auf den Button und los geht es

Kapitel 3 · Kein Problem – der schnelle Download von Java und dem JDK

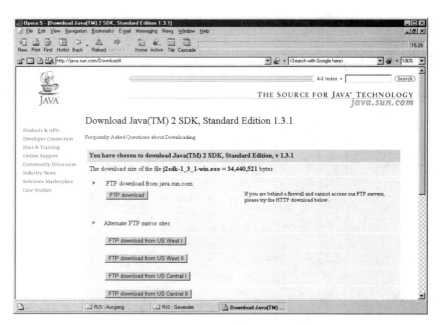

Bild 3.12: Auch für die Windows-Version gibt es diverse Server zum Download

In der Praxis ist es normalerweise nur sinnvoll, mit einer Finalversion eines JDK zu arbeiten. Zwar werden immer wieder Betaversionen zum Download bereitgestellt, aber mit diesen sollte man höchstens experimentieren. Gerade die letzten Updates des JDK (insbesondere das Update von der Version 1.1 auf 1.2) haben gezeigt, dass sich im Laufe der Betaphase (die zig Monate dauern kann) noch so viele Änderungen möglich sind, dass damit erstellte Programme später weder unter einem älteren JDK bzw. der zugehörigen Laufzeitumgebung noch unter der endgültigen Finalversion wartbar oder zumindest lauffähig sind. Mit den ersten drei Betaversionen des JDK 1.2 erstellte Programme enthielten teilweise so viele Inkompatibilitäten bezüglich der endgültig freigegebenen Finalversion, dass meist eine vollständige Neuprogrammierung leichter war, als diese Details alle anzupassen. Dennoch, um sich beizeiten auf die Neuerungen einer zukünftigen Version des JDK einstellen zu können, empfiehlt sich – bei viel Zeit und Muße – der Download einer Betaversion. Häufig wird dieser Wechsel bei Sun zum Anlass genommen, die Webseiten bis zum Download ein wenig umzustrukturieren, aber meist bleibt alles recht ähnlich. Außerdem wird aller Voraussicht nach eine solch gravierende und von vielen Anwendern als unglücklich empfundene Umstrukturierung/Veränderung wie beim 1.1/1.2-Wechsel in Zukunft unterbleiben. Bei der Einführung des JDK 1.2 hat Sun verlauten lassen, dass zukünftige Versionen nur noch echte Erweiterungen sein sollen und die Kernstrukturen erhalten bleiben. Das JDK 1.3 hat das bestätigt und auch das JDK 1.4 wird nur eine Erweiterung des JDK 1.3 werden.

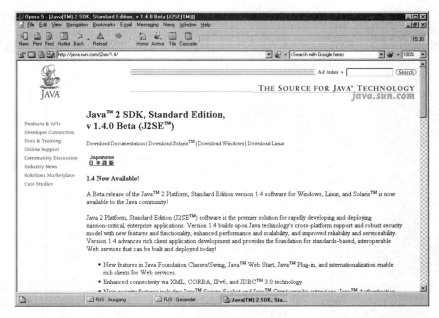

Bild 3.13: Die erste Betaversion des JDK 1.4 ist verfügbar und kann für Experimente heruntergeladen werden

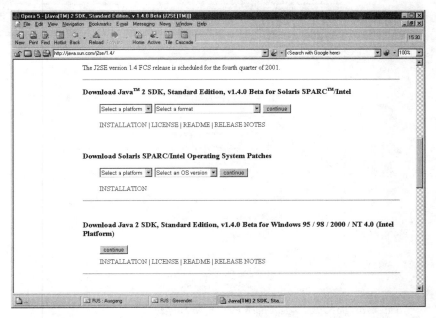

Bild 3.14: Wie auch bei den Vorgängerversionen kann man beim JDK 1.4 wieder verschiedene Zielplattformen wählen. Es sieht nur eventuell etwas anders aus

Kapitel 3 · Kein Problem – der schnelle Download von Java und dem JDK

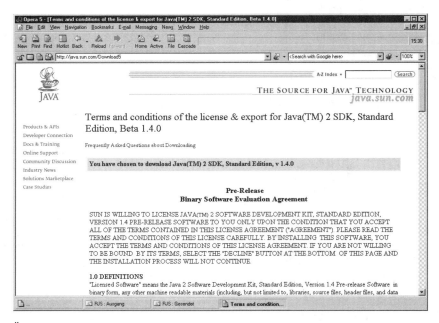

Bild 3.15: Übliche Lizenzbedingungen – auch bei einer Betaversion

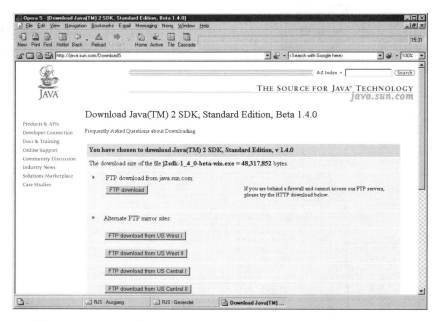

Bild 3.16: Das JDK 1.4 legt noch mal im Umfang zu

4 Installation des JDK

Installation! Was ist denn das und ist das überhaupt notwendig? Eine Installation oder ein Setup bedeutet im Fall von Software, diese so auf einen Rechner zu kopieren, dass sie danach lauffähig ist. Im Grunde muss Software nicht auf einem Computer installiert werden. Wenn beispielsweise ein lauffähiges Programm samt sämtlicher benötigter Dateien auf einer CD vorliegt, kann es sein, dass das Programm einfach durch einen Aufruf von der CD gestartet werden kann. Das ist ja genau genommen immer der Fall, wenn Sie ein Setup-Programm selbst aufrufen. Auch intelligent gemachte moderne Programme wie der Opera-Browser können direkt ohne Installation gestartet werden. Wenn Sie nun den Inhalt einer CD einfach auf den Computer kopieren, kann das Programm danach theoretisch vom neuen Ort aus aufgerufen werden. Warum also die Mühe einer Installation oder ist das nur ein einfaches Kopieren?

Leider ist es nicht ganz so einfach, ein komplexeres Programm so auf einen Rechner zu kopieren, dass es dort lauffähig ist. Das hat verschiedene Gründe. Einmal ist die Größe heutiger Programme ein Problem. Wenn Sie sich das JDK ansehen, sind Sie noch gut bedient. Andere Programme (insbesondere Office-Programme) haben Größen angenommen, die gigantisch sind. Um sie noch über Datenträger oder gar das Internet verteilen zu können, werden sie komprimiert. Damit lassen sich zumindest noch halbwegs handhabbare Größen für die Übertragung realisieren.[1] Eine Setup-Routine beinhaltet also meist eine Entpackungsfunktionalität. Aber das ist nicht alles. Obwohl die heutigen Programme exorbitante Größen angenommen haben, benötigen sie in Wirklichkeit noch viel mehr Dateien, als es im ersten Moment scheint. Die meisten Programme benötigen zur Lauffähigkeit standardisierte Dateien. Diese werden nicht unbedingt in das Verzeichnis kopiert, in dem sich das eigentliche Programm befindet, sondern vielfach in ein Standardverzeichnis des Betriebssystems. Es existieren also gewisse Abhängigkeiten zwischen Dateien auf dem Rechner. Vorteil: Verschiedene Programme können bestimmte Dateien gemeinsam verwenden und sie müssen nicht vielfach auf der Festplatte geführt werden. Dieses Standardverzeichnis muss von einer Setup-Routine (automatisch – die Zeit, in der eine Setup-Routine das den Anwender gefragt hat, sind vorbei) ermittelt und die notwendigen Dateien dorthin entpackt werden. Viele komplexere Programme benötigen dazu ganz bestimmte Verzeichnisstrukturen (meist relativ zu einem Installationshauptverzeichnis), in die Dateien nach einer festen Vorgabe hin entpackt werden müssen. Dazu muss die Routine noch gewisse Standardfunktionalitäten beachten. Etwa, keine neueren Dateien durch ältere zu ersetzen, freien Speicherplatz auf der Festplatte überprüfen und bei zu geringem Platz die Installation abbrechen, fehlende Verzeichnisse erstellen usw. Sie sehen also, dass eine Installation eines Programms in vielen Fällen keine triviale Angelegenheit ist. Allerdings nicht für den Anwender. Die modernen Setup-Routinen sind (zumindest unter

---

[1] Obwohl – wenn Sie die ca. 40 Mbyte für das JDK 1.4 mit den im Internet üblichen Übertragungsraten von wenigen Tausend Bit pro Sekunde (von wegen 64.000 Bps – ha!) übertragen, können Sie zwischen 2 und 6 Stunden warten. Wehe, in der Zeit bricht Ihre Verbindung zusammen oder der Server hängt.

Windows, aber auch neueren Versionen von Linux) einfach zu bedienen und quasi narrensicher.

Diese Aussage zu Setup-Routinen gilt auch für alle JDKs ab der Version 1.1 bzw. 1.2. In der Version 1.0.x war noch keine brauchbare Setup-Routine integriert und auch die Installation der Version 1.1 war nur oberflächlich ausgereift. Aber egal – die alten Varianten des JDK werden kaum noch zum Einsatz kommen und ab der Version 1.2 steht ein Standard-Setup zur Verfügung, das natürlich der jeweiligen Plattform angepasst ist. Wir spielen den Installationsvorgang an Hand von Windows und Linux (RPM-Format) exemplarisch durch.

4.1 Installation des JDK unter Windows

Die Installation des JDK ist unter Windows in neueren Versionen wie erwähnt kein Problem mehr. Die ersten Versionen waren da nicht so einfach zu handhaben. Es ist jedoch immer noch zu empfehlen, ein neues JDK nicht über ein altes Release zu installieren. Wenn Sie eine ältere Version ersetzen wollen, werden als Installationsorte sowieso standardmäßig verschiedene Verzeichnisstrukturen vorgeschlagen. Wollen Sie jedoch die bereits vorhandene Verzeichnisstruktur bzw. die bisherigen Namen der Verzeichnisse verwenden (etwa, um diverse Pfade und Einstellungen nicht mehr ändern zu müssen), sollten Sie vor der Installation einer neuen JDK-Version eine gegebenenfalls vorhandene Altversion vollständig beseitigen, damit die beiden Varianten sich nicht in die Quere kommen. Natürlich müssen eventuell dort gespeicherte selbst erstellte Programmierarbeiten vorher in Sicherheit gebracht werden.

Die gesamte Installation des JDK basiert auf einer EXE-Datei (eine selbstextrahierende Datei), die Sie einfach öffnen müssen, um die Installation zu starten. Die Namen der Dateien sind sprechend und werden für JDKs der Java-2-Plattform mit j2sdk begonnen, gefolgt von der konkreten Version (eventuell mit Hinweis auf eine Betaversion) und der Plattform. Also j2sdk-1_3_1-win.exe für das JDK 1.3.1 Final oder j2sdk-1_4_0-beta-win.exe für das JDK 1.4 in der ersten Betaversion.

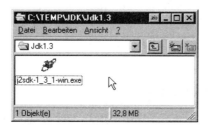

Bild 4.1: Die Installationsdatei des JDK 1.3.1

Bild 4.2: Beim JDK 1.4 (hier die Installationsdatei der Betaversion) ändert sich nichts außer dem Namen der EXE-Datei

Wenn Sie die Datei öffnen, wird sich die eigentliche Installationsdatei des JDK entpacken.

Bild 4.3: Die eigentliche Installationsdatei entpackt sich

Danach beginnt eine Installation, die jedem Windows-Anwender vertraut sein dürfte, der schon einmal ein Programm auf seinem Rechner installiert hat.

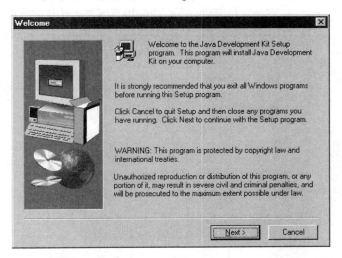

Bild 4.4: Der Beginn des Installationsvorgangs ist Windows-Anwendern meist bekannt

Im ersten Schritt müssen Sie die Lizenzbedingungen von Sun für Java akzeptieren.

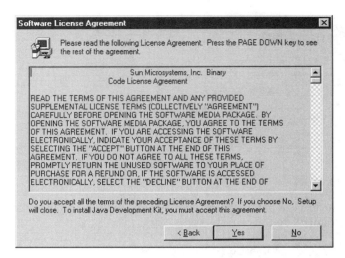

Bild 4.5: Ohne Akzeptieren den Lizenzbedingungen geht es nicht

Der InstallShield bietet alle bekannten Einstellmöglichkeiten in Bezug auf Installations-Verzeichnis und zu installierender Komponenten. Außerdem wird das Ziellaufwerk auf ausreichend Speicherplatz überprüft. Das Standard-Verzeichnis für die Installation setzt sich aus der Laufwerksangabe, JDK und der Versionsnummer durch Punkte getrennt zusammen. Zum Beispiel C:\JDK1.4 oder C:\JDK1.3.1. Dies erleichtert eine parallele Führung von mehreren Versionen erheblich (*zum Inhalt des Installationsverzeichnisses finden Sie mehr Informationen im Anhang auf Seite 659ff*).

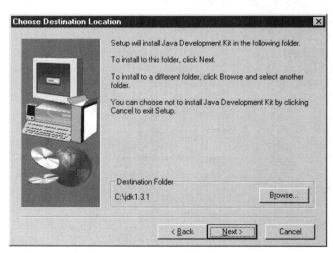

Bild 4.6: Standard-Verzeichnis für die Installation des JDK 1.3.1

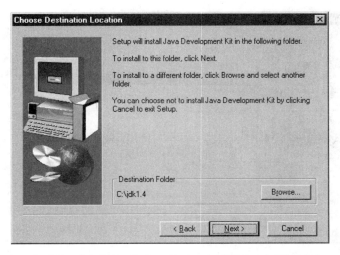

Bild 4.7: Standard-Verzeichnis für die Installation des JDK 1.4 (auch Beta)

Im nächsten Schritt können Sie die Bestandteile des JDK auswählen, die Sie installieren wollen. Hier zeigt sich ein kleiner Unterschied zwischen dem JDK 1.3 und dem JDK 1.4.[2] Die Header-Dateien für die Verbindung zu nativem Code nach dem ursprünglichen Java-Konzept sind im JDK 1.4 nicht mehr enthalten. Das ist aus verschiedenen Gründen kein Beinbruch. Erstens sind sie auch im JDK 1.3 nur noch aus Gründen der Abwärtskompatibilität der Vorvorgängerversion vorhanden. Zudem betrifft diese Thematik wahrscheinlich nur ganz wenige Experten, und die werden sowieso verschiedene Versionen des JDK gleichzeitig auf dem Rechner führen.

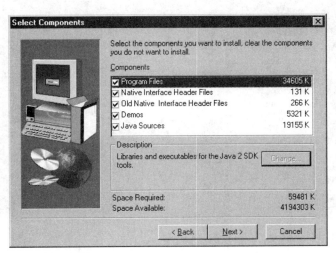

Bild 4.8: Was wollen Sie denn haben?

---

2 Zumindest in der Betaversion.

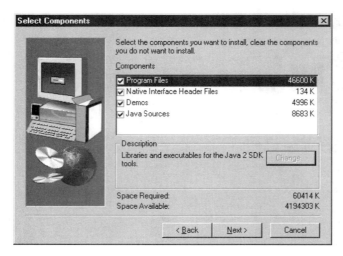

Bild 4.9: Für das JDK 1.4 ist mehr Platz notwendig, aber dafür fällt auch etwas weg

Wenn Sie nun Next > auswählen, startet die Installation und läuft ohne weitere Unterbrechung durch.

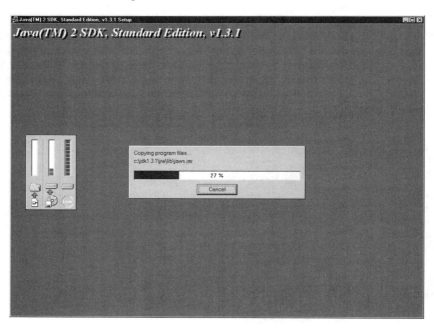

Bild 4.10: Das JDK 1.3.1 wird installiert

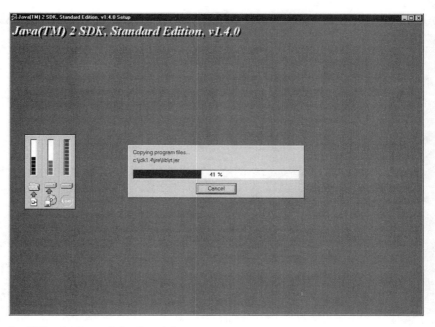

Bild 4.11: Das JDK 1.4.0 Beta wird aufgespielt

Ist die Installation beendet, erscheint ein Dialogfenster mit einer Mitteilung. Dort können Sie noch auswählen, ob Sie die README-Datei ansehen wollen. Aktivieren Sie die Checkbox, wird Ihnen die Datei angezeigt. Ansonsten ist das Setup beendet und Sie können das JDK verwenden.

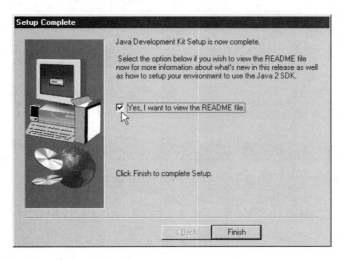

Bild 4.12: Ich habe fertig. README?

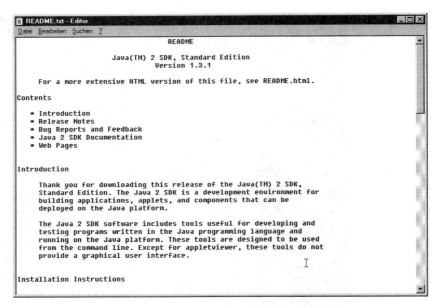

Bild 4.13: Die README-Datei

Das JDK wurde in das von Ihnen angegebene Installationsverzeichnis installiert.

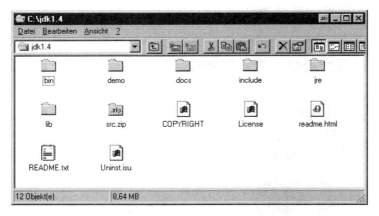

Bild 4.14: Das installierte JDK (mit zusätzlich installierter Dokumentation)

4.2 Installation des JDK unter Linux bzw. Unix

Kommen wir nun zu der Installation des JDK unter Unix und seinen Derivaten. Dabei soll Linux als Beispiel agieren, denn dieses Unix-Derivat ist auch bei Privatanwendern verbreitet und gewinnt immer mehr an Bedeutung.

Grundsätzlich ist die Installation des JDK unter neuen Linux-Versionen kein Problem mehr. Allerdings ist es dennoch nicht ganz so komfortabel wie unter Windows. Und zwar vor allem in der Hinsicht, dass man unter Linux die Qual der Wahl hat. Ist es unter Windows immer nur eine EXE-Datei, die man starten muss, um dann den einzelnen Schritten eines narrensicheren Assistenten zu folgen, kann in Linux jeder nach seiner Fasson glücklich werden. Das stellt aber wie erwähnt erst einmal die Anforderung, dass man etwas mehr Kenntnisse des Betriebssystems benötigt als unter Windows und sich vor einer Installation für bestimmte Wege entscheiden muss. Insbesondere gibt es mehr als einen Weg, wie das JDK auf Ihren Rechner gelangen kann. Das fängt bereits damit an, dass es zwei verschiedene Installationsdateien gibt (siehe beim Download). Hier soll ein Weg gezeigt werden, wie die Installation unter Linux per RPM Package Manager durchgeführt werden kann. Andere Unix-Verfahren werden aber ähnlich verlaufen.

Linux-Software ist in Form von Paketen mit diversen Abhängigkeiten untereinander organisiert (das ist aber auch bei Windows meist der Fall). RPM ist ein vom Linux-Vertreiber Red Hat eingeführtes Format zur Verwaltung dieser Paketstrukturen, das sich mittlerweile auf den meisten Linux-Distributionen durchgesetzt und als Quasistandard etabliert hat. Das Format enthält Informationen über die Version einer Software, für welchen Prozessor sie erstellt wurde sowie zahlreiche Verwaltungsinformationen (insbesondere Abhängigkeiten von anderen Paketen und Dateien).

Wenn Sie die entsprechende Installationsdatei auf Ihren Rechner geladen haben, verfügen Sie zuerst über eine ausführbare Linux-Datei, deren Name wie bei der Windows-Version mit `j2sdk` beginnt, gefolgt von der Version, eventuellen Hinweisen auf eine Betaversion, der Plattform, dem Prozessor und der Zeichenkette `rpm.bin`. Also etwa für das JDK 1.4.0 Beta **j2sdk-1_4_0-beta-linux-i386-rpm.bin**. Diese Datei ist gepackt und muss dekomprimiert werden, bevor Sie die eigentliche Installation starten.

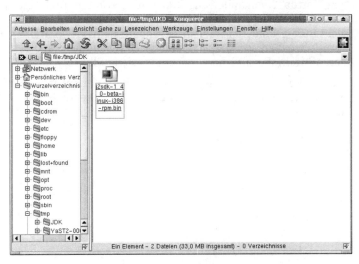

Bild 4.15: Die Linux-Installationsdatei für die Intel-Version

Das Entpacken der Datei kann auf verschiedenen Wegen erfolgen.[3] Ein – insbesondere von Experten – meist gewählter Weg führt über eine Shell, in der Sie mit dem cd-Befehl in das Verzeichnis wechseln, in dem sich die Datei befindet. Entpacken Sie die Datei einfach durch die Eingabe des Dateinamens (also ./j2sdk-1_4_0-beta-linux-i386-rpm.bin für die JDK 1.4 Beta für Intel-Prozessoren).

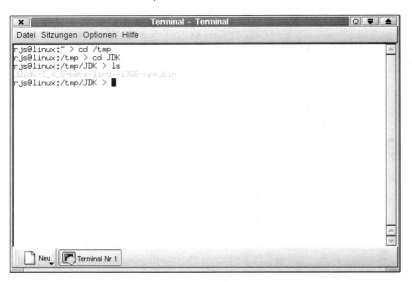

Bild 4.16: Pure Befehlszeilenaktionen

Eine für Windows-Umsteiger sehr interessante Variante der Shell ist der Midnight Commander (bei den meisten neueren Linux-Distributionen über das Menü Ihrer Shell in der Regel auszuwählen), der sehr stark an den seligen Norton Commander aus DOS-Zeiten erinnert und eine quasigrafische Oberfläche in einer Shell bereitstellt, ohne auf die Kommandozeile zu verzichten. Sie brauchen hier insbesondere nicht den Dateinamen per Tastatur einzugeben, sondern klicken die Datei einfach an. Sie entpackt sich daraufhin in das gleiche Verzeichnis (siehe Bild 4.17).

Wie auch immer Sie vorgehen – wenn die Datei entpackt wird, müssen Sie die nachfolgenden Lizenzbedingungen akzeptieren (siehe Bilder 4.18 und 4.19).

---

3   Natürlich – es ist Linux ;-).

Installation des JDK unter Linux bzw. Unix

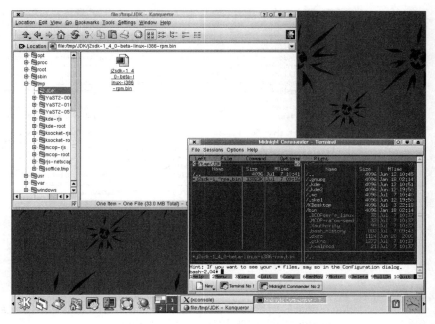

Bild 4.17: Der Midnight Commander erinnert stark an den Norton Commander

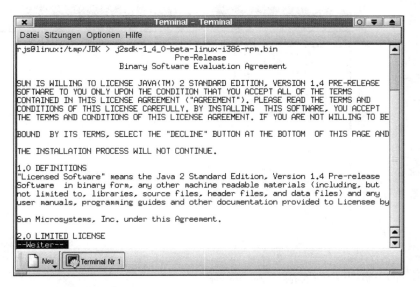

Bild 4.18: Beginn der Lizenzbedingungen

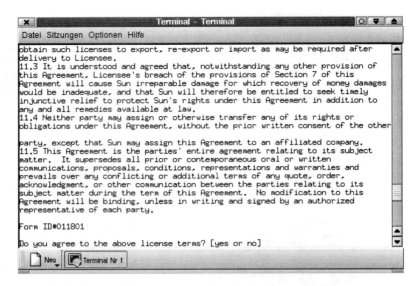

Bild 4.19: Am Ende der Lizenzbedingungen geben Sie y für Ja ein

Nach dem Entpacken finden Sie in dem Verzeichnis eine weitere Datei vor – die eigentliche RPM-Datei zum Installieren.

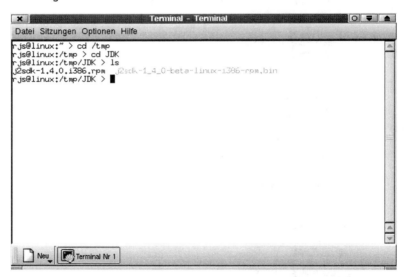

Bild 4.20: Die RPM-Datei wurde entpackt

Diese neue Datei (etwa j2sdk-1.4.0.i386.rpm) können Sie jetzt zur endgültigen Installation beispielsweise direkt im Konqueror oder Midnight Commander anklicken oder auf Befehlszeilenebene mit der Anweisung

```
rpm -i j2sdk-1.4.0.i386.rpm
```

aufrufen (i steht für Installation).

Installation des JDK unter Linux bzw. Unix

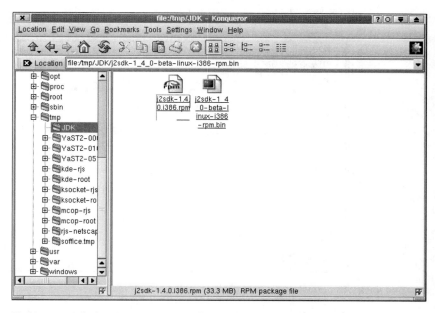

Bild 4.21: Sie können auch den Konqueror verwenden

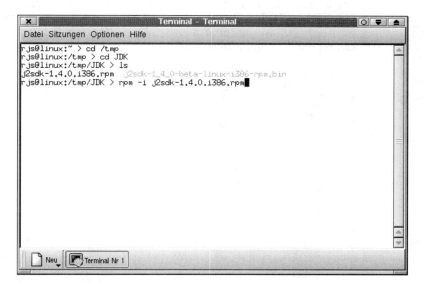

Bild 4.22: Arbeit auf Befehlszeile für die Hardcore-Fraktion

Sollten Sie als normaler User unter Linux eingeloggt sein, dürfen Sie normalerweise keine Software installieren. Linux macht Sie darauf aufmerksam. Sie müssen sich also entweder als root einloggen oder in einem aufgeblendeten Dialogfenster bzw. mit dem Kommando su und dem Passwort des root (in einer Shell) den Status wechseln.

Bild 4.23: Als normaler User geht nix – neuer Versuch als root

Haben Sie root-Rechte, können Sie die Installation starten. Auf Shell-Ebene sehen Sie nicht sonderlich viel, aber wenn Sie unter der grafischen Oberfläche mit dem RPM-Management-Programm kpackage arbeiten, kann man sich fast wie unter Windows fühlen. Man erhält nur mehr Informationen und Konfigurationsmöglichkeiten.

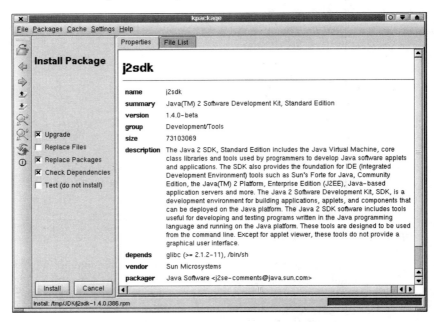

Bild 4.24: kpackage *verwaltet die RPM-Datenbank*

Installation des JDK unter Linux bzw. Unix

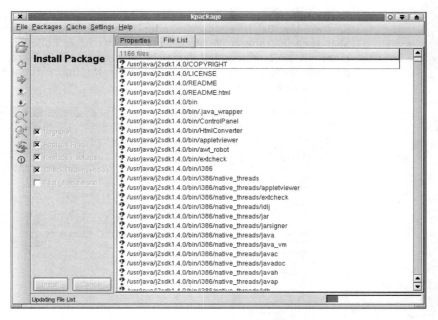

Bild 4.25: *Auf dem zweiten Registerblatt von* kpackage *sehen Sie die installierten Dateien*

Wenn die Installation abgeschlossen ist, könn die Sie in kpackage die installierte Paketstruktur ansehen. Das JDK 1.4 finden Sie normalerweise unter Tools.

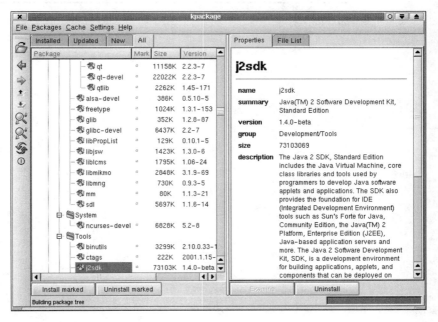

Bild 4.26: *Die Paketstruktur*

In Ihrer Verzeichnisstruktur ist das JDK 1.4 in /usr/java/j2sdk1.4.0 installiert worden. Das ist ein gravierender Unterschied zu der Windows-Version, aber auch in früheren Versionen unter Linux ist es üblich gewesen, unter einer mit jdk beginnenden Verzeichnisstruktur zu installieren (*zum Inhalt des Installationsverzeichnisses finden Sie mehr Informationen im Anhang auf Seite 659 ff*).

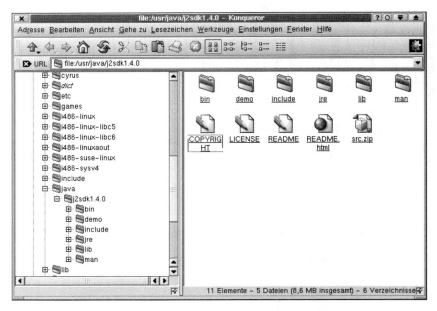

Bild 4.27: Das JDK 1.4

5 Anpassen der Umgebung

Wenn das JDK auf Ihrem Rechner installiert ist, können Sie unter normalen bzw. günstigen Umständen sofort anfangen, Java-Programme zu erstellen, zu kompilieren und laufen zu lassen. Sollten aber Probleme auftauchen, kann es sein, dass Sie gewisse Anpassungen der Entwicklungsumgebung bzw. der Programme auf Ihrem Rechner vornehmen müssen. Wenn alles zu Ihrer Zufriedenheit läuft, können Sie dieses Kapitel gerne überspringen und im Problemfall darauf zurückkommen.

5.1 Browser und Applets

Für den Fall, dass Sie Applets in Ihrem Browser laufen lassen wollen, muss dieser natürlich Java-fähig sein. Bei neueren Browsern ist das so gut wie immer der Fall. Ältere Browser können aber unter Umständen keine Java-Applets ausführen. Falls Sie wirklich noch einen so alten Browser haben – versuchen Sie, in einem Museum richtig Geld dafür zu bekommen.[1] Aber im Ernst, um ein Update oder einen Java-fähigen Zweitbrowser kommen Sie nicht herum. Dafür ist es wirklich Zeit.

Nun kann es aber sein, dass auch neuere Browser keine Java-Applets ausführen. Das kann einmal mit dem Applet selbst und der Art der Einbindung zusammenhängen. Darauf werden wir an anderer Stelle eingehen. Der zweite Grund ist, dass die Ausführung von Java-Applets in Browsern deaktiviert oder eingeschränkt werden kann. Sie müssen unter Umständen Java erst aktivieren, bevor die Applets laufen. Wir wollen das bei ein paar wichtigen Vertretern kurz zeigen.

5.1.1 Opera 5

Die Einstellungen von Opera 5 finden Sie unter dem Datei-Menü.

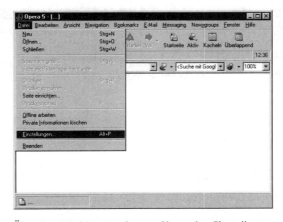

Bild 5.1: Über das Datei-Menü gelangen Sie zu den Einstellungen

---

1 :)))

Der Abschnitt Java im Konfigurationsdialogfenster zu Plug-Ins enthält ein Kontrollkästchen Java benutzen, mit dem Sie Java ein- und ausschalten können.

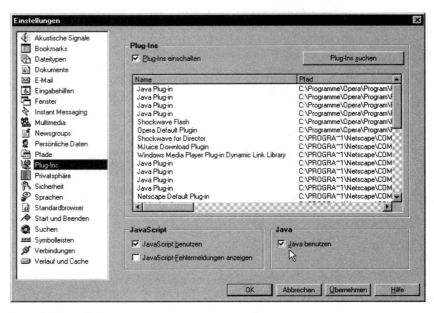

Bild 5.2: Java aktivieren in Opera

5.1.2 Der Internet Explorer 5.5

Beim Internet Explorer 5.x finden Sie die Aktivierungs- und Deaktivierungsmöglichkeiten von Java unter dem Menü Extras (in alten Versionen war es da nicht).

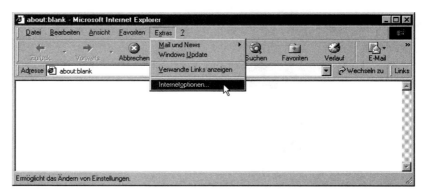

Bild 5.3: Hier geht es zum Aktivieren und Deaktivieren von Java

Zum Aktivieren und Deaktivieren von Java gehen Sie beim Internet Explorer ins Registerblatt Sicherheit.

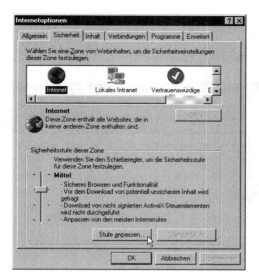

Bild 5.4: Java wird über Sicherheit *angepasst*

Der Internet Explorer gilt allgemein als ein auf der einen Seite sehr unsicherer Browser, der auf der anderen Seite Anwender weit von einer optimalen Anpassung fernhält und zudem (marktpolitisch bedingt) eine sichere Technik wie Java in einen ähnlichen Kontext wie die extrem gefährlichen ActiveX-Controls setzt. Der primitive Schieberegler, mit dem pauschal Sicherheitsstufen für verschiedene Zonen (vom offenen Internet bis hin zu lokalen und so genannten vertrauenswürdigen Zonen) eingestellt werden, ist für Einsteiger und reine Anwender noch halbwegs tolerierbar, kann aber Poweruser und einigermaßen kundige Anwender kaum zufrieden stellen. Die Einstellungsmöglichkeit zu Java verbirgt sich hinter der Schaltfläche Stufe anpassen.

Bild 5.5: Scripting von Java-Applets lässt sich hier aktivieren oder deaktivieren

Kapitel 5 · Anpassen der Umgebung

5.1.3 Netscape Navigator 4.x ff

Im Navigator finden Sie die Aktivierung bzw. Deaktivierung von Java unter dem Menüpunkt Bearbeiten und dort Einstellungen.

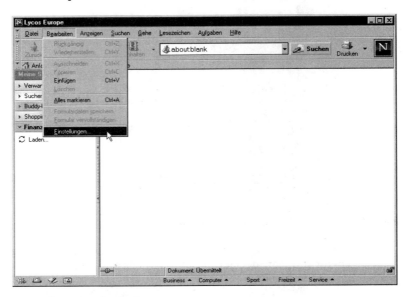

Bild 5.6: Die Konfiguration des Navigators

Unter Erweitert finden Sie ein Kontrollkästchen Java aktivieren, mit dem Java an- und ausgeschaltet werden kann.

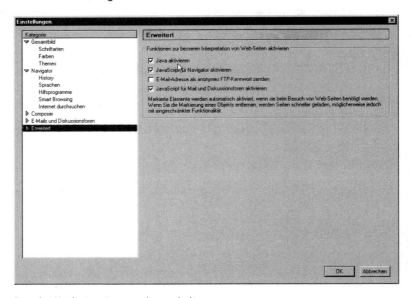

Bild 5.7: Java im Navigator 6 an- und ausschalten

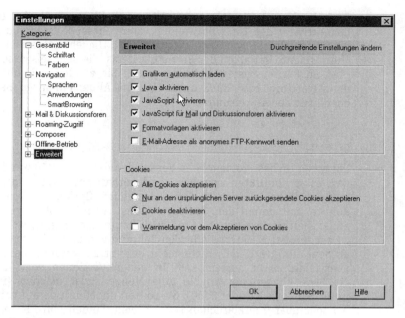

Bild 5.8: Optisch etwas verschieden, aber das An- und Ausschalten von Java im Navigator 4.7 und 6.0 ist eines der wenigen Dinge, die in beiden Versionen noch gleich sind ;-)

5.2 Die Angaben CLASSPATH und classes.zip

Insbesondere beim Wechsel vom JDK 1.1 auf die Finalversion 1.2, aber auch den folgenden Wechseln haben sich in der Struktur des JDK zahlreiche Veränderungen ergeben, die die interne Arbeitsweise der JDK-Tools und die Voraussetzungen für deren Aufruf betreffen. Dies ist in den letzten Abschnitten schon angesprochen worden. Alle Details sollen hier nicht behandelt werden, nur eine besonders wichtige Einzelheit: Die Datei classes.zip und die Angabe CLASSPATH. Es dreht sich um die Art und Weise, wie JDK-Tools die Klassen finden, die sie für ihre Arbeit brauchen. Die Datei classes.zip, die am Anfang die Systemklassen von Java enthalten hatte, ist während des 1.1/1.2-Wechsels im Wesentlichen durch die Datei rt.jar (rt steht für RunTime) ersetzt worden und damit sind auch die Klassen, die etwa der Compiler benötigt, unter einem anderen Suchkonzept verfügbar. Ursprünglich basierte das Suchverfahren auf der Verwendung eines Klassenpfads, der in dem Betriebssystem bekannt gegeben werden musste. Über CLASSPATH.

Bei der Angabe CLASSPATH handelt es sich um einen Suchpfad, über den Java (genau genommen bestimmte Tools von Java, aber wir wollen der Einfachheit halber von Java reden) Klassen sucht, die es zur Laufzeit benötigt. Dabei muss wie gesagt ganz massiv zwischen dem JDK ab der Version 1.2 (Final) und seinen Vorgängerversionen (inklusive der meisten Betaversionen des JDK 1.2) unterschieden werden. Mit der Finalversion des JDK 1.2 wurde ein neues Suchpfad-Konzept für Klassen eingeführt. Ursprünglich wurde von den Tools des JDK über eine so genannte Umgebungsvariable (besagte Angabe `CLASSPATH`) nach Klassen gesucht, die während der Aktivität des Tools notwendig waren. Dieser Klassenpfad gibt an, wo die Systemklassen von Java installiert sind. Umgebungsvariablen sind speicherresidente Variablen des Betriebssystems, die beispielsweise solch einen Pfad im Betriebssystem bekannt geben. Sie werden z.B. unter der Windows-Plattform bzw. auch unter Unix im Allgemeinen auf Befehlszeilenebene mit der Anweisung

```
set [Umgebungsvariable] = ...
```

gesetzt.

Ein wesentliches Problem beim Verwenden des `CLASSPATH` war die Tatsache, dass es zu Konflikten zwischen der dauerhaft gesetzten Angabe und einer individuell bei einigen Tools zu setzenden Option `-classpath` kommen konnte, mit denen den Tools bei einem Aufruf explizit ein Verzeichnis angegeben werden konnte (und auch heute noch kann), wo nach Klassen zu suchen ist. Nach offizieller Empfehlung von Sun braucht der `CLASSPATH` ab dem JDK 1.2 (Final) nicht mehr gesetzt zu werden. Diese Aussage ist aber leider nicht ausreichend. In neuen Versionen vom JDK kann die `CLASSPATH`-Umgebungsvariable eine Menge Ärger machen (insbesondere unter Windows NT oder 2000). Sie sollten unbedingt darauf verzichten und bei scheinbar unerklärlichen Fehlern beim Finden von Klassen die Umgebungsvariablen überprüfen. Denn dummerweise setzen auch heute noch einige Tools mit Java-Unterstützung den `CLASSPATH` oder von einem alten JDK ist er noch gesetzt. Meist dann aber auf das falsche Verzeichnis. Setzen Sie die Umgebungsvariable explizit auf leer (`set CLASSPATH=`).

Ohne die `CLASSPATH`-Angabe werden in neueren Versionen des JDK die Systemklassen nach einer erfolgreich durchgeführten Installation des JDK automatisch gefunden, wenn sie im `lib`-Verzeichnis von `jre` (die Laufzeitumgebung) vorhanden sind.[2] Dabei ist es belanglos, ob es sich um das `jre`-Verzeichnis innerhalb des JDK-Verzeichnisses handelt oder das eigenständige `jre`-Verzeichnis einer Installation durch andere Programme. Ab dem JDK 1.2 gibt es nun ein Konzept mit drei Suchpfaden, die zum Auffinden von Klassen verwendet werden. Die Suche erfolgt streng hierarchisch nach folgendem Ablauf:

1. Die erste Stelle, an der Java nach Klassen schaut, ist der »bootstrap Classpath« – der Standardpfad zu den Systemklassen, der bereits nach der erfolgreichen Installation des JDK festlegt. Insbesondere ist das aktuelle Verzeichnis immer darin enthalten.

2. Die zweite Stelle, an der Java nach Klassen schaut, sind die optionalen Java-Erweiterungsverzeichnisse.

3. Die dritte und letzte Stelle, an der Java nach Klassen sucht, ist das Verzeichnis, das bei dem Aufruf der Applikation individuell durch eine Option gesetzt wird (optional).

---

[2] Unter Windows werden die entsprechenden Pfade in die Registry eingetragen.

5.3 Pfadangaben

Das JDK besteht überwiegend aus befehlszeilenorientierten Tools. Es wird dementsprechend in einer Shell bzw. DOS-Eingabeaufforderung verwendet (ein Aufruf über eine grafische Oberfläche ist zwar mit Einschränkungen möglich, aber so gut wie niemals sinnvoll). Nur wird nach der Installation im Betriebssystem kein Pfad zum JDK bereitstehen. Das erledigt die Installationsroutine nicht. Genaueres dazu soll aber beim Durchspielen der ersten Beispiele besprochen werden.

6 Die Java-Laufzeitumgebung JRE und das Java-Plug-In

Hinter dem Begriff Java Runtime Environment (JRE) verbirgt sich die Java-Laufzeitumgebung, der Minimalstandard, um Java-Programme laufen lassen zu können. Das Java Runtime Environment besteht aus der Java Virtual Machine, Java Core Classes und auf Seiten der Tools hauptsächlich aus dem Java-Interpreter, ein paar ergänzenden Programmen sowie einigen dazu gehörenden DLLs (Windows) bzw. sonstigem lauffähigen Code. Insbesondere sind keinerlei Entwicklungstools enthalten und kein Tool zum Starten und Ansehen von Applets.

Laden können Sie das Java Runtime Environment separat von den gleichen Quellen, in denen auch das JDK zu finden ist. Sie können (und müssen!!) es aber auch in der Setup-Routine des JDK mit installieren. Das JRE wird dann wie oben beschrieben im Unterverzeichnis jre installiert.

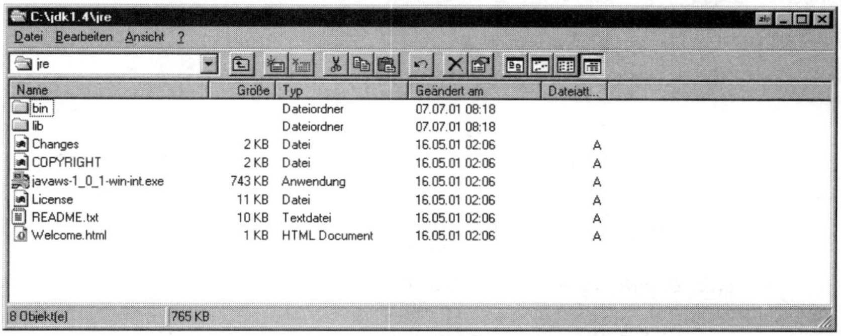

Bild 6.1: Das jre-*Unterverzeichnis des JDK 1.4*

Sie werden in der Regel auf Ihrem Rechner diverse Java-Laufzeitumgebungen finden. Das ist einmal diejenige, die vom JDK in dessen Installationsverzeichnis angelegt wird, aber auch an unterschiedlichsten anderen Stellen werden Sie – teils differierende Versionen – finden. Die verschiedensten Programme installieren eine solche Umgebung – in den unterschiedlichsten Versionen. Insbesondere Browser verwenden normalerweise ihre eigenen Laufzeitumgebungen für Java. Daraus resultieren die zahlreichen Probleme mit Java-Applets, wenn diese Anweisungen einer Java-Version verwenden, die die Laufzeitumgebung des Browsers nicht unterstützt. Es gibt selbst heute noch viele Browser im Web, die nur eine Java-Laufzeitumgebung der Version 1.0.2 (!) integriert haben.

In der Java-2-Plattform beugt Sun – im Gegensatz zu den Vorgängerversionen – Inkompatibilitäten zwischen Applets und Browsern vor und beinhaltet ein Java-Plug-In für Webbrowser (ehemals bekannt als »Activator«), das automatisch von der Installationsroutine des JDK bzw. der Laufzeitumgebung mit installiert wird. Sie finden beispielsweise unter Windows nach einer solchen Installation in der Systemsteuerung ein (oder mehrere) entsprechendes Icon(s), über das sie dessen Konfigurationsdialogfenster aufrufen können.[1]

 Ziemlich ärgerlich ist, dass jede Installation einer JDK-Variante ein neues Java-Plug-In samt Icon erzeugt. Da sich das Plug-In nicht ganz so einfach deinstallieren lässt, hat man – wenn man mehrere Versionen des JDK oder einer Laufzeitumgebung installiert – eine ziemlich überflüssige Plug-In-Sammlung auf dem Rechner.

Bild 6.2: Überflüssig – viermal ein Java-Plug-In-Icon

Wenn Sie das Konfigurationsdialogfenster öffnen, sehen Sie in dem als Laufzeitmanager konzipierten Tool verschiedene Registerblätter. Am wichtigsten ist wohl, dass man in dem Registerblatt »Advanced« bzw. »Erweitert« verschiedene Java-Laufzeitumgebungen (alle auf Ihrem Rechner vorhandenen) einstellen kann, die als Java-Plug-In für Browser fungieren. Es ist also nicht nur möglich, zwischen verschiedenen bei Ihnen aktuell auf dem Rechner installierten Java-Laufzeitumgebungen zu wechseln. Sie können jederzeit die neuste Java-Laufzeitumgebung auf Ihrem Rechner installieren und diese steht dann theoretisch denjenigen Browsern zur Verfügung, die eine externe Java-Laufzeitumgebung verwenden können.

---

1   Die Konfiguration des Java-Plug-Ins im JDK 1.2 bzw. der zugehörigen Laufzeitumgebung JRE 1.2 unter Windows befand sich im Startmenü direkt.

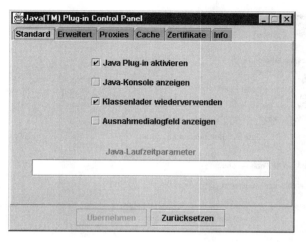

Bild 6.3: Das Konfigurationsdialogfenster des Plug-In 1.3.1

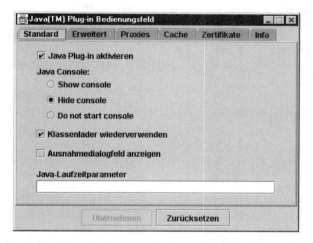

Bild 6.4: Optisch leicht geändert – das Konfigurationsdialogfenster des Plug-In 1.4.0

Mittels dieses Tools kann die Java-Laufzeitumgebung eines Browsers durch eine beliebige andere Java-Laufzeitumgebung ersetzt werden. Entweder durch den Anwender, der dieses Plug-In konfiguriert, oder auch aus der Webseite heraus mit den entsprechenden Anweisungen beim Einbinden des Java-Applets. Damit ist im Prinzip immer eine vollständig zu einer beliebigen JVM kompatible Laufzeitumgebung für Applets vorhanden.

Mehr dazu, wie das funktioniert und welche Probleme damit zusammenhängen, werden wir später im Buch beschreiben.

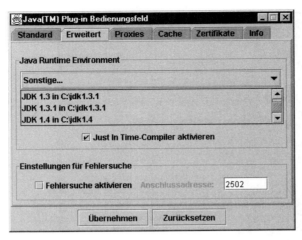

Bild 6.5: In der Regel steht auf einem Rechner mehr als eine Laufzeitumgebung zur Verfügung

7 Die Java-Dokumentation

Für das JDK und die Java-Plattform wird von Sun eine umfangreiche (wenngleich oft recht verzweigte und daher unübersichtliche) Dokumentation zur Verfügung gestellt. Die Java-Dokumentation beinhaltet eine vollständige Beschreibung aller Pakete, Klassen, Schnittstellen, Methoden, Eigenschaften, Konstanten usw., die zur Java-Plattform einer bestimmten Version zählen. Dazu kommen Beschreibungen der JDK-Tools und noch diverser weiterer Techniken. Das JDK-Installationsfile alleine enthält diese Dokumentation jedoch nicht. Sie müssen sie separat von den Sun-Servern laden. Dazu gibt es auf den Downloadseiten des JDK Hyperlinks, die zu der Downloadseite (http://java.sun.com/j2se) für die Dokumentationen der einzelnen JDKs führen. Sie finden dort diverse Formate der Dokumentation für die unterschiedlichen Plattformen. Insgesamt ist der Aufbau der Sun-Seiten etwas verwirrend, weil man über Kreuz- und Querverbindungen an die einzelnen Stellen zum Download eines bestimmten Produktes kommt, aber wenn man da ist, landet man über die Auswahl der jeweiligen Version und der Zielplattform auf der konkreten Downloadseite. Auf dem Weg dahin müssen Sie – wie beim JDK selbst – Lizenzvereinbarungen bestätigen.

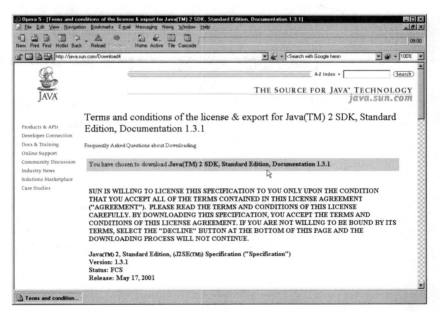

Bild 7.1: Lizenzvereinbarungen

Über einige Zwischenschritte werden Sie dann zum Download geleitet.

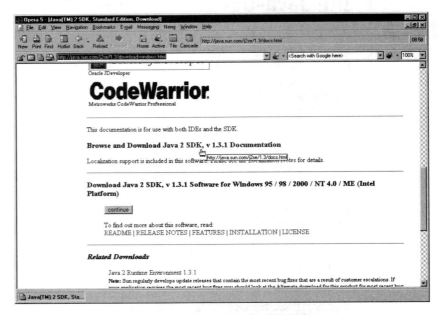

Bild 7.2: Auswahl der konkreten Version – Dokumentation des JDK 1.3.1

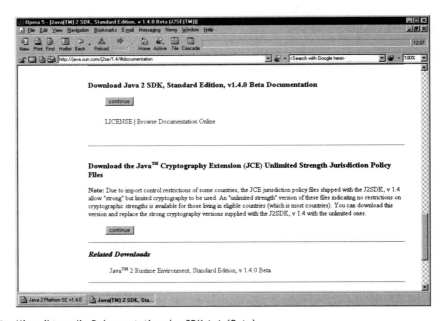

Bild 7.3: Hier gibt es die Dokumentation des JDK 1.4 (Beta)

Die Java-Dokumentation

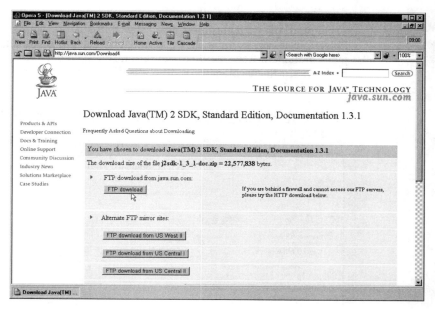

Bild 7.4: Art des Downloads

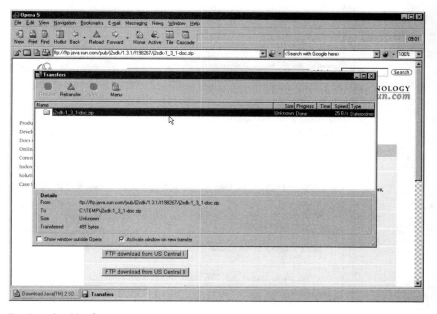

Bild 7.5: Der Download läuft

Zum Entpacken benötigen Sie beim JDK 1.3 ca. 110 Mbyte freien Platz auf dem Ziellaufwerk. In der Version 1.4 werden es gar unglaubliche 154 Mbyte. Aber die Dokumentation ist für eine effektive Arbeit mit Java unumgänglich und ein vorzügliches Hilfsmittel. Die Dokumentation ist zwar für Einsteiger erst einmal verwirrend und als Lernmittel ungeeignet. Dazu sind die meisten Beispiele, die mitgeliefert werden, auf einem Niveau, dass sie nur die Leute verstehen, die die Dokumentation nicht mehr brauchen. Aber die Dokumentation soll auch gar kein Tutorium sein, sondern ein Nachschlagewerk. Und aus dieser Sicht ist sie – hat man sich ein wenig daran gewöhnt – genial.

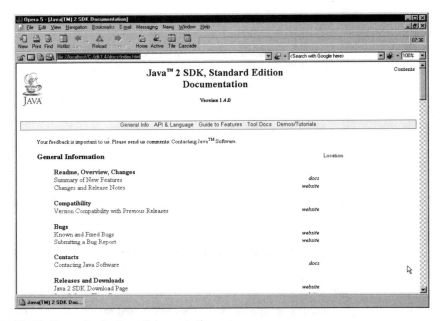

Bild 7.6: Die Einstiegsseite der Java-Dokumentation

Besonders interessant ist der relativ weit unten in der Einstiegsseite positionierte Link Java 2 Platform API Specification[1] unter der Rubrik API & Language Documentation. Darüber kommen Sie an die Beschreibung aller Pakete, Klassen usw. der Java-2-Plattform.

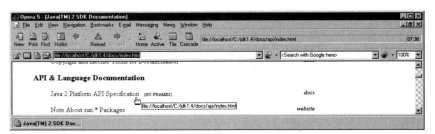

Bild 7.7: Hier geht es zu der Dokumentation der API

---

1 API ist die Abkürzung für Application Programming Interface.

Die Sprachspezifikation

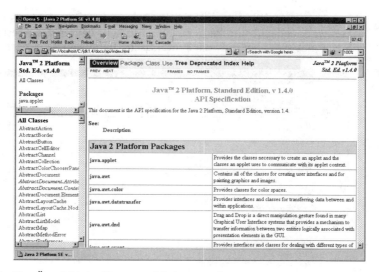

Bild 7.8: Eine Übersicht der Klassen und Pakete von Java

Mehr zu der Dokumentation wollen wir an anderer Stelle erläutern (*siehe Seite 155*).

7.1 Die Sprachspezifikation

Ebenfalls von den Sun-Seiten können Sie unter http://java.sun.com/docs/books/jls/index.html eine freie, englischsprachige Spezifikation der Sprache Java selbst laden. Diese Spezifikation beschreibt keine Pakete oder Klassen von Java, sondern die syntaktischen Elemente. Es gibt sie sowohl als HTML- als auch als PDF-Datei und sie ist – je nach Wahl – zwischen ca. 400 Kbyte bis zu ca. 4.400 Kbyte groß.

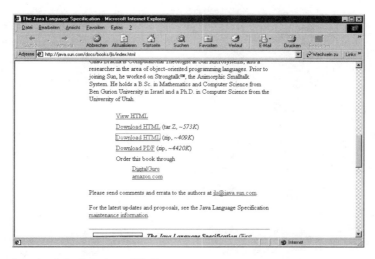

Bild 7.9: Download der Sprachspezifikation

Die Sprachspezifikation ist wie die Dokumentation nicht als didaktisches Lehrwerk gedacht und kann so auch nur sehr begrenzt eingesetzt werden. Sie eignet sich aber gut, um syntaktische Details zu Java nachzuschlagen.

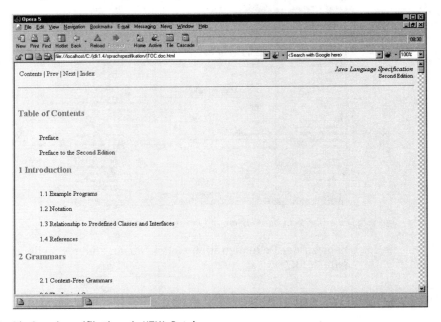

Bild 7.10: Die Sprachspezifikation als HTML-Datei

8 Erste Beispiele

Wir sind nun endlich soweit und wollen an dieser Stelle erste Beispielanwendungen erstellen und dabei nebenbei den Umgang mit dem JDK allgemein üben. Ohne systematischen Aufbau der Syntax und der Java-Konzepte. Natürlich werden die folgenden Beispiele sehr einfach sein, aber wenn Sie den Erklärungen genau folgen, kann normalerweise nichts schief gehen. Praxis fördert vor allem die Motivation für die dann folgende Theorie, die beim Lernen von Java unumgänglich ist.

8.1 Erstellen einer Übungsumgebung

Grundsätzlich ist es zu empfehlen, eine eigene Verzeichnisstruktur als Übungsumgebung für die praktischen Java-Beispiele zu erstellen. Das ist in der späteren Praxis analog. Dabei kann man verschiedene Strategien verfolgen. Etwa die Folgenden (ohne Anspruch auf Vollständigkeit):

→ Allgemein gibt es die Möglichkeit, auf dem Rechner einen zentralen Hauptordner zu wählen, in dem alle selbst erstellten Dateien gespeichert werden. Das ist etwa der Ordner Eigene Dateien, wie er unter Windows standardmäßig bereitgestellt wird. Oder unter Linux das home-Verzeichnis jedes Anwenders. Dort kann dann einfach jede Datei mit einem charakteristischen Dateinamen und – zumindest unter Windows – einer Dateityp-bezogenen Dateierweiterung gespeichert werden. Ohne weitere Unterstruktur. Von dieser Variante ist bei der Programmierung abzuraten. Einmal eignen sich Verzeichnisnamen mit Leerzeichen (wie bei Eigene Dateien) nicht sonderlich, denn Leerzeichen werden bei einer Pfadangabe auf Befehlszeilenebene (das ist der Regelfall bei der Arbeit mit dem JDK) als Trennung zwischen Argumenten verstanden. Das kann man zwar umgehen, indem man zusammengehörige Passagen in Hochkommata einschließt, aber das ist sehr lästig und oft wird es vergessen. Dann hat man mit unnötigen Fehlern zu kämpfen. Dazu kommt gerade bei Eigene Dateien unter Windows das Problem, dass dieses Verzeichnis physisch ziemlich tief in der Windows-Struktur angesiedelt ist, was die Übersicht der Befehlszeile gewaltig reduziert (dort sieht man die gesamte Verzeichnisstruktur im Unterschied zu Linux explizit im Prompt). Schlimmer ist jedoch bei nur einem Verzeichnis für alle Dateien die fehlende Übersicht, wenn die Anzahl der Dateien zunimmt. Dennoch kann man am Anfang mit einem Hauptordner für alle Beispiele halbwegs vernünftig üben, wenn man nicht gerade Eigene Dateien verwendet[1] (sondern einen möglichst direkt unter der Verzeichniswurzel angelegten Ordner mit einem Namen ohne Leerzeichen). Das größte Problem ist aber bei nur einem Ordner für alle Beispiele, dass bei gleichen Dateinamen ältere Dateien aus Versehen überschrieben werden können, obwohl diese noch notwendig sind. Im Allgemeinen ist das weniger ein Problem, denn die meisten Programme warnen, bevor sie

---

[1] Den Ordner Eigene Dateien sollte man sowieso überhaupt nicht verwenden oder zumindest umbenennen. Diverse Viren greifen explizit auf diesen Ordnernamen zu und natürlich wird auch die Spionage per Internet erleichtert, wenn alle interessanten Dateien auf einem immer gleichen Platz zu finden sind.

eine bestehende Datei überschreiben. Auch Editoren beim Speichern des Quelltextes. Nicht so aber das JDK selbst. Der Compiler überschreibt vorhandene Klassen-Dateien ohne Warnung.

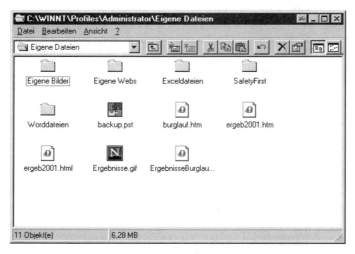

Bild 8.1: Wenig brauchbar zur Programmierung unter Windows – alles unter »Eigene Dateien« zu sammeln

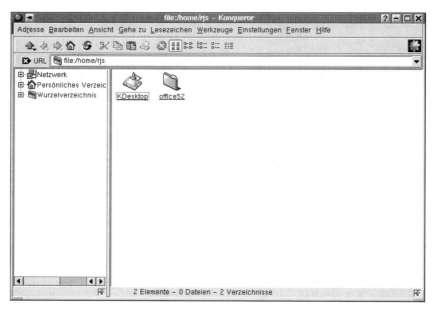

Bild 8.2: Unter Linux ist das home-Verzeichnis schon besser geeignet, aber auch hier sollte ein darunter angeordneter Ordner für die Beispiele verwendet werden

Bild 8.3: Ein neuer Hauptordner für die Java-Übungen sollte mindestens vorhanden sein

→ Variante zwei einer Verzeichnisstruktur für selbst erstellte Dateien nimmt zwar auch einen Hauptordner, strukturiert ihn aber nach Dateitypen. Also ein Ordner für Textdateien, einen für Bilder, einen für Quelltext und so fort. Der Phantasie ist da keine Grenze gesetzt.

→ Version drei arbeitet ohne feste Struktur und speichert mal so, mal so. Indiskutabel, wenn man später noch irgendwie ein Projekt warten möchte.

→ In der Programmierung spricht man gerne von Projekten. Ein Projekt beinhaltet auf Dateiebene alle Dateien, die von einem damit realisierten Programm benötigt werden. Zusätzlich kommen Dokumentationen und was sonst noch so notwendig ist dazu, damit man die Übersicht behält und eventuell auch jemand Fremdes das Programm übernehmen und warten kann. Die vierte Variante einer Strukturierung fasst alle zu einem Projekt (im weitesten Sinn) gehörenden Dateien in einem Hauptordner zusammen. Oft wird diese Struktur noch in einen übergeordneten Hauptordner eingegliedert und ein Projektordner nach Dateitypen weiter untergliedert. Diese Version der Strukturierung ist in fast allen professionellen Programmierprojekten zu finden und wir wollen im Buch auch so vorgehen. Das betrifft einmal die Beispiele, die Sie auf der CD finden. Diese sind in einem Ordner für die Beispiele untergebracht, in dem Sie eine Kapiteluntergliederung finden. Innerhalb dieser Kapitelordner wird für jedes Programmierprojekt ein eigener Ordner mit sprechendem Namen zu finden sein. Diese Strukturierung empfehle ich aber auch für Ihre Übungsumgebung. Erstellen Sie einen Hauptordner (etwa JavaUebungen) und erstellen Sie dort dann für jedes Beispiel einen eigenen Ordner, in den alle Dateien kommen, die zu dem Beispiel gehören. Also die Quelltext-Dateien, aber auch diejenigen Klassendateien, die der Compiler generiert. Letzteres ist in der Praxis nicht immer gängig. Dort trennt man oft Quelltext und resultierende ausführbare Dateien (das ist dann eine Abart der Variante 2, die die Form der Unterstrukturierung eines Projektordners weiter gliedert), aber so weit wollen wir hier nicht gehen. Wenn Sie später Ihre Übungen schneller wiederfinden wollen, legen Sie für jedes Kapitel einen eigenen Überordner an, aber das muss nicht unbedingt sein.

Das Anlegen eines Verzeichnisses unter Windows, aber (mittlerweile) auch Linux, ist mittels Kontextmenüs (rechter Mausklick) kein Problem. Öffnen Sie unter Windows beispielsweise den Arbeitsplatz und klicken Sie dann auf das Laufwerk, in dem das Übungsverzeichnis für Java erstellt werden soll.

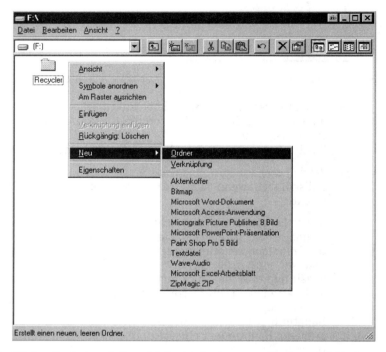

Bild 8.4: Mit dem Kontextmenü lässt sich im Arbeitsplatz unter Windows einfach ein neues Verzeichnis erstellen

Dem Ordner können Sie beim Anlegen oder aber auch nachträglich mit dem Kontextmenü den passenden Namen geben.

Bild 8.5: Nennen Sie das Verzeichnis so, dass Sie die Übungen gut wiederfinden

Analog machen Sie es mit den Unterverzeichnissen. Beachten Sie aber, dass Sie möglichst nicht auf dem Desktop direkt das Verzeichnis anlegen. Wenn Sie sich auf Befehlzeilenebene bewegen, müssen Sie wieder viel zu tief in die Verzeichnisstruktur einsteigen.

Unter Linux geht das Anlegen von Verzeichnissen analog, wenn Sie beispielsweise mit der KDE (der am meisten verbreiteten grafischen Oberfläche) arbeiten. Dort erfüllt der Konqueror die Funktion, die der Arbeitsplatz unter Windows hat.[2]

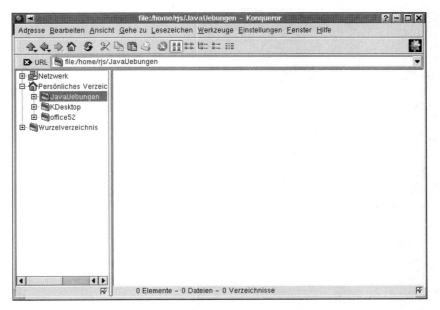

Bild 8.6: *Der Konqueror – eine Art bessere Obermenge vom Internet Explorer, dem Windows Arbeitsplatz und einem Webbrowser*

 Ihnen fällt sicher auf, dass ich immer wieder Linux rühme. Aber ich verspreche, Linux in der Folge nicht mehr so zu loben. Nur, damit Sie meine Freudenausbrüche verstehen: Ich arbeite schon ewig mit Windows, kenne das Betriebssystem – würde ich behaupten – ziemlich gut, verfüge über gute Hardware und habe dennoch permanent irgendwelche Probleme. Abstürze, nicht funktionierende Soft- und Hardware, andauernd zu wenig Ressourcen und so fort. Außerdem wird das Betriebssystem mit jeder neuen Version teurer und bietet dafür immer mehr Zeug, was ich nicht brauche. Dafür fehlt das, was für mich wirklich notwendig ist. Fast zwangsläufig habe ich die letzten Jahre zaghafte Experimente mit alternativen Betriebssystemen (OS/2, Linux, BeOS, ...) durchgeführt, die mehr oder weniger erfolgreich verlaufen sind. Aber leider ergab sich für mich nie eine wirklich ernsthafte Alternative zu Windows. Bis Anfang 2001. Plötzlich waren Linux-Versionen dar, die wirklich einfach (und ohne Schwierigkeiten parallel zu Windows) zu installieren waren (selbst auf Notebooks), auch für Windows-Anwender intuitiv zu bedie-

---

2 Und kann – selbstverständlich – mehr.

nen, natürlich umsonst waren und einen solchen Umfang an kostenlosen Programmen bereitstellten, dass eine echte Wahlmöglichkeit da war. Dazu kommt natürlich auch noch, dass Java-Quelltexte und -Programme ja neutral sind, und man damit problemlos zwischen Linux und Windows hin- und herwechseln kann. Zurzeit bin ich in der kindlichen Experimentier- und Spielphase[3] und entdecke laufend etwas Neues in Linux, was mich begeistert (das erklärt vielleicht meine Lobhudelei). Das wird sich aber sicher auch bald abschleifen.

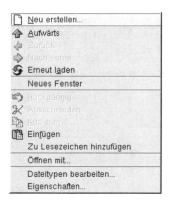

Bild 8.7: Das Kontextmenü im Konqueror beinhaltet einen Befehl zum Anlegen von neuen Objekten

Bild 8.8: Wählen Sie einfach »Verzeichnis« aus

Bild 8.9: Der Name des Verzeichnisses kann in einem Dialogfenster vergeben und später wieder verändert werden

---

3 ;-). Das färbt wohl von meinen Zwillingen ab. Die sind gerade dabei, die Welt auf eigenen Füßen zu erkunden.

8.2 Einige notwendige Java-Grundlagen und -Tipps

Wir wollen jetzt noch nicht auf die näheren Details eingehen, aber vorab sollen doch schon einige Java-Grundbegriffe erläutert bzw. zusammengefasst und einige Tipps gegeben werden, damit die nachfolgenden Quelltexte nicht unnötige Rätsel aufgeben:

→ Jede Java-Anweisung endet mit einem Semikolon.

→ Jede Java-Anweisung kann sich über mehrere Zeilen erstrecken.

→ Strings (in Hochkommata eingeschlossene Zeichen) dürfen nicht auf mehrere Zeilen verteilt werden. Das gilt auch für Bezeichner und andere Schlüsselbegriffe. Beachten Sie das auch in abgedruckten Beispielen, wenn diese einen String oder Bezeichner aus satztechnischen Gründen auf mehr als eine Zeile aufteilen müssen.

→ Groß- und Kleinschreibung ist relevant. Das kann nicht oft genug betont werden. Im Quelltext, aber auch beim Aufruf der JDK-Tools.

→ Die geschweiften Klammern umschließen einen Block von Anweisung.
{
öffnet einen Block und
}
schließt ihn wieder.

→ Quelltexte werden in der Programmierung meist eingerückt, um die Lesbarkeit zu erhöhen. Ineinander geschachtelte Strukturen sind so bezüglich ihres Beginns und Endes besser zu erkennen. Das hat in Java keinen negativen Einfluss auf die Effizienz und Größe des kompilierten Bytecodes. Überflüssige Leerzeichen, Tabulatoren und Zeilenumbrüche werden vom Compiler wegoptimiert.

→ Keine Nachrichten sind gute Nachrichten. Wenn Sie einen Quelltext kompilieren und der Compiler des JDK liefern keine Rückmeldung, ist das ein gutes Zeichen. Dann hat normalerweise alles geklappt. Nur im Fehlerfall erhalten Sie eine Rückmeldung.

→ Meldet der Compiler bei der Übersetzung von Quellcode einen Fehler, erhalten Sie eine Beschreibung des Fehlers und eine Zeilennummer, wo der Fehler aufgetreten ist. Das kann, muss aber nicht die Stelle sein, an der Sie den Fehler gemacht haben. Es ist aber immer die Stelle, an der sich ein Fehler im Programm auswirkt. Das muss durchaus nicht identisch sein. Wenn Sie aus einem Flugzeug springen und haben den Fallschirm vergessen, machen Sie zum Zeitpunkt des Absprungs den Fehler. Auswirken wird es sich aber später. Finden Sie bei der angegebenen Zeilennummer den Fehler nicht, gehen Sie Schritt für Schritt im Quelltext zurück. Ebenso ist die Anzahl der angegebenen Fehler nicht zuverlässig. Entweder werden Folgefehler mit angegeben oder bereits der erste Fehler verhindert, dass weitere Fehler vom Compiler zur Kenntnis genommen werden. Beseitigen Sie am besten immer nur einen Fehler oder solche, die offensichtlich sind, und kompilieren Sie erneut.

→ Die meisten Warnungen des Compilers beim Übersetzen von Quelltext können Sie am Anfang ignorieren. Insbesondere diejenigen, wo der Begriff »deprecated« auftaucht.

→ Verwenden Sie auf keinen Fall eine Textverarbeitung zum Eingeben von Quelltext. Diese könnte unter Umständen statt ASCII-Code ein eigenes Format speichern, mit dem der Compiler nicht klar kommt. Zwar können Textverarbeitungen ASCII-Format speichern, aber das ist meist umständlich. Und außerdem brauchen Sie nichts von dem, was eine Textverarbeitung einem (guten) Editor voraus hat.

→ Java benutzt auf Quelltextebene keinen 8-Bit-ASCII-Code, sondern den 16-Bit-Unicode-Zeichensatz. Damit können zusätzliche Zeichen kodiert werden, die nicht im lateinischen/englischen Alphabet enthalten sind. Zeichenketten nehmen zwar doppelt so viel Platz wie im ASCII-Format ein, jedoch wird die Internationalisierung leichter. Die Unicode-Spezifikation ist ein zweibändiger Listensatz mit Zigtausenden von Zeichen. Da jedoch die ersten 256 Zeichen dem normalen ASCII-Zeichensatz entsprechen (Byte eins ist auf 0 gesetzt), brauchen Sie sowieso normalerweise darauf kaum Rücksicht nehmen. Sie können einfach wie bisher die Zahlen und Buchstaben für Variablen-, Methoden- oder Klassennamen verwenden. Eine ASCII-Codierung wird einfach durch eine kanonische Übersetzung (d.h., Reihenfolge und Anordnung der ASCII-Codierung ist auch in der neuen Codierung als Block wiederzufinden) mit Voranstellen der Zeichenfolge \u00 und folgender Hexadezimalzahl in das dazu passende Unicode-Zeichen übersetzt. Dies definiert in Java eine Escape-Sequenz, mit der alle Unicode-Zeichen verschlüsselt werden können. Sobald die Unicode-Sequenz beendet ist, werden die folgenden Zeichen nahtlos angefügt. Speichern Sie in einem ASCII-Editor aber explizit keinen Unicode, denn sonst wird der Compiler – falls er nicht durch entsprechende Optionen instruiert wird – den Unicode noch einmal kanonisch »aufblasen«, was zu zahlreichen Fehlern führt.

→ Durch die mögliche Unicode-Escape-Darstellung von Zeichen im Quelltext ist es in Java im Gegensatz zu anderen Programmiersprachen erlaubt, Umlaute und andere Sonderzeichen in Bezeichnern zu verwenden. Dabei kann die Angabe dieser Sonderzeichen (und natürlich auch gewöhnlicher Zeichen) sowohl direkt als auch über Angabe der Escape-Sequenz erfolgen. Ich würde aber raten, davon weitgehend Abstand zu nehmen. Das mag einerseits traditionelle Gründe haben, aber es würde auch bei erfahrenen Programmierern überflüssige Irritationen auslösen.

8.3 Hello World

Wir haben keine Wahl. Das klassische »Hello world«-Programm (oder etwas sehr Ähnliches) muss (!) einfach das erste Programm sein. Rein aus Tradition muss das sein. Das war in der Programmierung schon fast immer so und gehört sich einfach ;-). Zwar versuchen einige Programmier-Bücher besonders innovativ zu sein und betonen, dass sie mit dieser Tradition brechen, um zu zeigen, wie besonders anders das Buch und vor allem genial ihr Autor ist. Ich bin zwar nicht abergläubisch, aber (!)[4] das bringt Unglück. Abstürzende Computer, brechende Tastaturen und schmelzende CDs. Wozu also mit der Tradition brechen und den großen EDV-Geist verärgern?!

Die einzelnen Schritte sollten unbedingt exakt nachvollzogen werden. Ganz wichtig ist, dass Groß- und Kleinschreibung eingehalten wird. Auch bei den Namen der Dateien! Das mag Windows-Anwendern ungewöhnlich erscheinen, spielt aber unter Java eine ganz wichtige Rolle. Und in Linux ist in der besten Unix-Tradition Groß- und Kleinschreibung sowieso immer relevant.

Zur Erstellung des ersten Programms genügt ein einfacher Editor, wie er unter Windows bei einer Standardinstallation beispielsweise unter `Start/Programme/Zubehör` zu finden ist.

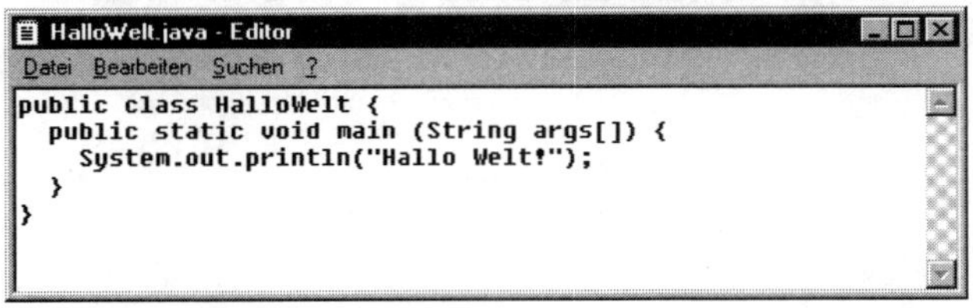

Bild 8.10:   Zur Not geht sogar der Windows-Einfachst-Editor, um Java-Quelltext zu erstellen

Auch unter neuen Linux-Versionen mit grafischer Oberfläche sind zahlreiche Editoren vorhanden, die dem Windows-Editor von der Einfachheit der Bedienung in nichts nachstehen und dabei bedeutend mehr leisten.[5]

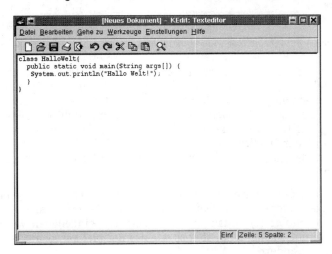

Bild 8.11:   KEdit – einer der vielen unter Linux verfügbaren Editoren, mit denen Java-Programme erstellt werden können

---

4   ;-)
5   natürlich ;-)

In dem Editor geben Sie einfach den folgenden Quelltext ein:

```
public class HalloWelt {
  public static void main (String args[]) {
    System.out.println("Hallo Welt!");
  }
}
```

Listing 8.1: Das erste Beispielprogramm

Wie geht es weiter? Der Quelltext muss gespeichert werden. Da wir unter dem JDK zur Übersetzung des ASCII-Textes im Folgeschritt den Compiler aufrufen müssen, der eine Datei auf einem (beschreibbaren) Datenträger erwartet, muss unbedingt gespeichert werden. Jeder Editor bietet im Datei-Menü einen entsprechenden Eintrag zum Speichern.

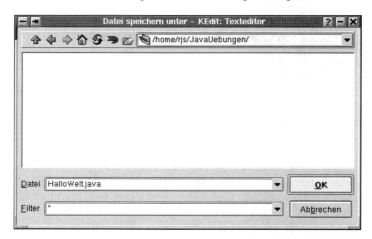

Bild 8.12: Speichern mit einem Linux-Programm ist heutzutage genauso leicht wie unter Windows

Wenn wir davon ausgehen, dass Sie Ihre Pfadangaben entsprechend den Empfehlungen von oben gesetzt haben, können Sie für Ihr erstes Programm einen Ordner mit Namen HalloWelt (eventuell im Unterverzeichnis Kap08, zum späteren Nachvollziehen) anlegen und dort das Programm speichern. Stellt sich nur die Frage, wie das Kind denn heißen soll? Das heißt, wie soll der Quelltext gespeichert werden? Sind wir da frei? Nein. Java besitzt da ein paar Eigenheiten, die Sie nicht früh genug kennen lernen können.

Der Name des Quelltextes muss zwingend HalloWelt.java lauten. Und zwar mit exakt dieser Schreibweise. Auch die Groß- und Kleinbuchstaben müssen unbedingt (!) genau so beim Speichern eingegeben werden. Es gibt zwar einige Ausnahmen, aber so wie das Beispiel aufgebaut ist, können Sie das nicht ändern.

Wenn Ihnen der Editor Probleme macht und immer eine zusätzliche Dateierweiterung anhängt (unter Windows will Notepad das bei manchen Einstellungen unbedingt machen), notieren Sie die gesamte Dateiangabe in Hochkommata.

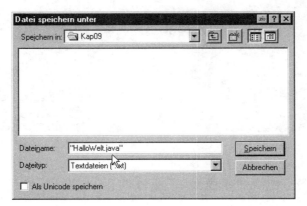

Bild 8.13: Den gesamten Dateinamen in Hochkommata einschließen hilft, wenn der Editor eine nichtgenehme Dateierweiterung anhängen will

Im nächsten Schritt wird der gespeicherte Java-Source kompiliert. Das heißt, Sie müssen nun ran an die JDK-Tools. Öffnen Sie dazu ein Befehlzeilenfenster. Entweder unter Windows eine Eingabeaufforderung[6] (etwa die MS-DOS-Eingabeaufforderung), die Sie unter Start/Programme finden, oder bei Linux eine Shell, für deren Aufruf es zahlreiche Möglichkeiten gibt.

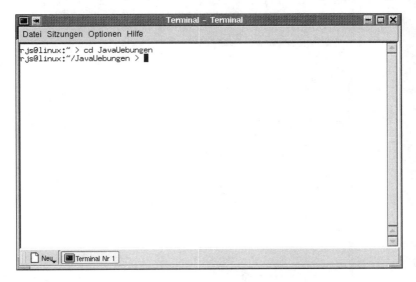

Bild 8.14: Eine Linux-Shell

---

6 Einer der vielen EDV-Fachbegriffe, wo man sich nur fragen kann, wer die deutsche Begriffsbildung zu verantworten hat ;-(.

Bild 8.15: Die Eingabeaufforderung unter Windows

Nun muss man erst einmal beachten, dass man nach dem Starten der Eingabeaufforderung/Shell in der Regel an einer Stelle im Verzeichnisbaum des Betriebssystems steht, an der entweder die Java-Datei oder die JDK-Tools nicht direkt zu finden sind. Meist ist beides der Fall. Sie stehen etwa auf C:\ unter Windows bzw. in Ihrem home-Verzeichnis unter Linux, Ihr Java-Quelltext befindet sich (entsprechend meinem Vorschlag für eine Übungsumgebung) in C:\JavaUebungen\Kap08\HalloWelt (Windows) bzw. JavaUebungen/Kap08 (Linux) und die JDK-Tools (nach einer Standardinstallation des JDK 1.3) in C:\JDK1.3\BIN (Windows) bzw. /usr/lib/jdk1.3/bin (Linux). Rufen Sie nun einfach den JDK-Compiler mit javac (oder auch ein anderen Tool des JDK[7]) auf, wird das nicht klappen. Der Kommando-Interpreter des Betriebssystems wird das Programm normalerweise nicht finden.

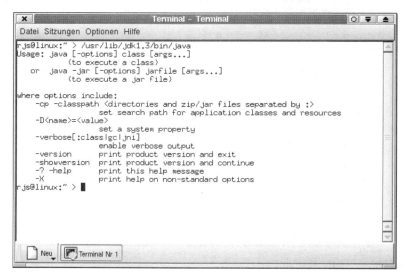

Bild 8.16: Unter Linux finden Sie das JDK im Standardfall unter /usr/lib

---

7 Eine Ausnahme ist u. U. der Java-Interpreter. Darauf kommen wir gleich noch.

Sie können als Lösung des Problems das Verzeichnis der JDK-Tools zum Suchpfad Ihres Betriebssystems hinzufügen (das ist eine Auflistung von Verzeichnissen, die der Programminterpreter des Betriebssystems durchsucht, wenn er einen Befehl erhält und das angeforderte Programm nicht unmittelbar im aktuellen Verzeichnis finden kann). Dann sind die in der JDK-Umgebung verfügbaren Werkzeuge von allen Verzeichnissen auf Ihrem System aus zugänglich. Für Windows-Anwender wird dies am sinnvollsten erreicht, indem man das Verzeichnis, das die JDK-Programme enthält, in die Pfadangaben mit Set path einträgt. Die Pfadangabe sollte ungefähr so aussehen:

SET PATH= C:\;D:\;C:\JDK1.3\BIN;C:\WINDOWS;C:\WINDOWS\COMMAND

In unserem Beispiel ist C:\JDK1.3\BIN das Verzeichnis der JDK-Umgebung. Sie können auch unter Windows einfach den aktuellen Pfad mit der folgenden Anweisung erweitern:

path=%path%;C:\JDK1.3\BIN

Wenn Sie diese Anweisung mit einer entsprechend konfigurierten, eigenen Eingabeaufforderung für Java koppeln (eine Batch-Datei oder etwas Ähnliches), sparen Sie sich die jeweils neue notwendige Eingabe bei einem neuen Öffnen der DOS-Box bzw. Shell.

Aktivieren Sie in einer Eingabeaufforderung unter Windows bei Bedarf (etwa Windows 95 oder 98 – Windows NT ff und natürlich Linux haben einen solchen Tastaturpuffer standardmäßig integriert) den Tastaturpuffer DOSKEY. *Damit brauchen Sie nicht jeden Befehl wieder neu einzugeben, wenn Sie ihn erneut brauchen. Das als Hintergrundprozess laufende Programm kann normalerweise einfach ohne Optionen installiert werden. Die anschließende Bedienung von* DOSKEY *erfolgt im Wesentlichen mit den Pfeiltasten, ESC und den Funktionstasten.*

Auch unter Unix-Systemen können Sie mit set die Pfad-Angabe setzen. Unix verwendet den normalen Slash zum Trennen der Verzeichnisebenen (was ja so auch im Internet oder eigentlich überall, außer den Microsoft-Sümpfen, üblich ist). Etwa so:

set PATH=$PATH:/usr/local/jdk1.3/bin

Das Setzen des Suchpfades ist nicht immer sinnvoll. Vor allem, wenn man verschiedene Versionen des JDK gleichzeitig auf dem Rechner verwenden möchte. In diesem Fall sollten Sie jedoch unbedingt mit verschiedenen Umgebungen (z.B. DOS-Fenster unter Windows oder Shell-Fenster unter Solaris/Linux) arbeiten, die mit unterschiedlichen Pfadangaben konfiguriert sind. Es langt definitiv nicht, sämtliche parallel vorhandenen JDK-Verzeichnisse für die unterschiedlichen JDK-Versionen in den Suchpfad aufzunehmen. Der Kommando-Interpreter wird immer zuerst im aktuellen Verzeichnis und dann entsprechend der Reihenfolge der eingetragenen Verzeichnisse nach einem Programm suchen. Er wird immer die erste gefundene Version eines Tools verwenden. Es wird also immer nur die Tool-Version ausgeführt, die im aktuellen Verzeichnis vorhanden ist oder zuerst in der Pfadangabe aufgelistet wird. Dies kann auch insbesondere für den Java-Interpreter ein Problem werden, denn man hat in vielen Fällen mehr als einen Java-Interpreter auf seinem Rechner. Viele Programme mit Java-

Unterstützung bringen ihre eigene Java-Laufzeitumgebung mit. Dann wird unter Umständen bei einem Aufruf ohne qualifizierten Pfad nur der zuerst gefundene Java-Interpreter verwendet. Wenn dieser veraltet oder inkompatibel zu gewissen Standards ist, kann das zu Problemen führen.

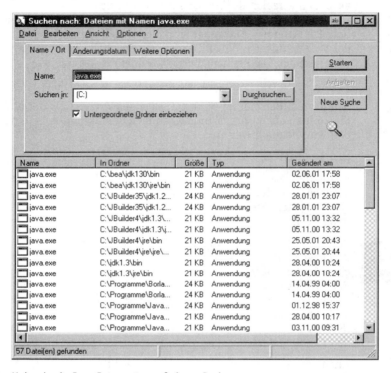

Bild 8.17: Mehr als ein Java-Interpreter auf einem Rechner

Aber auch wenn Sie den Suchpfad setzen, haben Sie damit noch nicht das Problem gelöst, dass sich die zu kompilierende Quelltextdatei in einem anderen Verzeichnis befindet. Sie müssen dann beim gleich folgenden Aufruf des Compilers qualifizierte Pfadangaben verwenden. Ich persönlich ziehe es aber vor, nicht mit Pfadangaben beim Aufruf des Compilers zu arbeiten, sondern wechsle in das Verzeichnis, in dem der Java-Source abgelegt ist (etwa mit CD \JavaUebungen\Kap09\HalloWelt unter Windows, wenn Sie bereits auf dem gleichen Laufwerk stehen, oder – fast analog mit cd JavaUebungen/Kap09 unter Linux, wenn die Übungsumgebung als Unterverzeichnis des home-Verzeichnisses angelegt ist). Von dort kann der Java-Compiler entweder direkt (Eintrag im Suchpfad – das soll in Zukunft vorausgesetzt werden) oder mit Pfadangabe aufgerufen werden:

```
javac HalloWelt.java
```

Beachten Sie, dass die Dateierweiterung eingegeben werden muss (und Groß- und Kleinschreibung beim Dateinamen und der Dateiendung genau so eingehalten werden muss!).

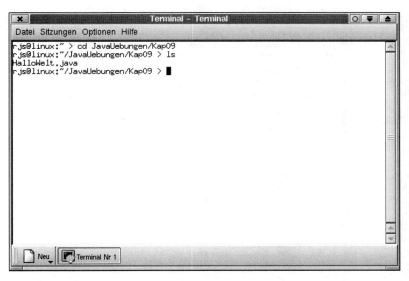

Bild 8.18: In einer Linux-Shell in das passende Verzeichnis gewechselt und zur Kontrolle den Inhalt ausgegeben

Der Compiler hat – falls der Quelltext in Ordnung war und alle anderen besprochenen Voraussetzungen passen – eine neue Datei angelegt. Diese hat den Namen HalloWelt.class. Der Name ist aus dem Namen entstanden, der im Quelltext hinter dem Schlüsselwort class stand. Dies ist zwar in unserem Beispiel identisch mit dem Namen der Quelltextdatei, aber Sie sollten schon jetzt beachten, dass es der Bezeichner im Inneren ist, der den Namen der Bytecodedatei (also der Datei mit der Erweiterung class) festlegt.

Ansonsten ist es Zeit, das in Bytecode übersetzte Programm auszuführen. Dazu wird der Java-Interpreter aufgerufen und die auszuführende Klasse als Parameter übergeben. Geben Sie auf Befehlszeilenebene den nachfolgenden Aufruf ein.

```
java HalloWelt
```

Beachten Sie, dass die Angabe der Dateierweiterung unbedingt zu unterbleiben hat! Als Ergebnis des Aufrufs bekommen Sie Hallo Welt! auf dem Bildschirm angezeigt.

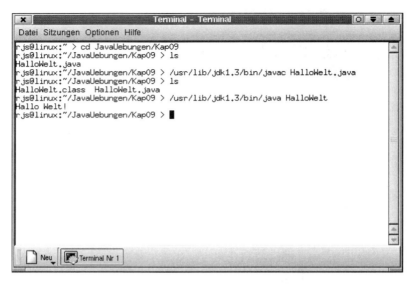

Bild 8.19: Das HalloWelt-Programm erfolgreich kompiliert und ausgeführt

8.3.1 Zusammenfassung der wesentlichen Schritte

Am Ende des ersten Beispiels soll die prinzipielle Vorgehensweise der Erstellung eines Java-Programms noch einmal zusammengefasst werden (alle zukünftigen Beispiele können so durchgespielt werden, es sei denn, es wird explizit eine Abweichung angemerkt):

1. Zuerst erstellen Sie einen Ordner, in dem Ihr Projekt gespeichert werden soll.

2. Starten Sie einen Editor und erstellen Sie den Quelltext.

3. Speichern Sie den Quelltext unter einem Namen, der sich aus dem Namen der Klasse (der Bezeichner, der im Quelltext dem Schlüsselwort class folgt) und der Dateierweiterung java zusammensetzt. Dabei muss streng auf Klein- und Großschreibung geachtet werden.

4. Öffnen Sie eine Eingabeaufforderung und wechseln Sie in das Projektverzeichnis.

5. Rufen Sie den Compiler javac auf. Dabei übergeben Sie den Namen der Quelltextdatei mit Dateierweiterung (!) als Parameter. Beim Aufruf des Compilers müssen Sie unter Umständen den Pfad mit angeben.

6. Rufen Sie den Interpreter java zum Start des Programms auf. Dabei übergeben Sie den Namen der vom Compiler generieren Klassendatei (der Name ergibt sich aus dem Namen der Klasse im Quelltext plus der Dateierweiterung class) ohne (!) Dateierweiterung als Parameter. Beim Aufruf den Interpreters müssen Sie wieder unter Umständen den Pfad mit angeben.

8.4 Die Eingabe von Aufrufargumenten an ein Java-Programm

Man kann an ein Programm beim Aufruf Parameter übergeben, die das Programm dann verwenden kann. Solche Parameter werden bei einem Aufruf des Programms auf Befehlszeilenebene einfach an den Programmaufruf – mit Leerzeichen abgetrennt – angehängt. Verändern wir doch unser erstes Programm ein wenig, so dass es Argumente auswerten kann.

```
class NimmEntgegen {
  public static void main (String args[]) {
    System.out.println("Der Uebergabewert war: " + args[0]);
  }
}
```

Listing 8.2: Ein Programm, das Übergabeparameter entgegennimmt und verwendet

Wenn Sie das Programm unter `NimmEntgegen.java` gespeichert und kompiliert haben, können Sie beim Aufruf einen Programmparameter anfügen. Etwa so:

```
java NimmEntgegen abc
```

Oder so:

```
java NimmEntgegen "Mehrere Worte muessen in Hochkommata gesetzt werden."
```

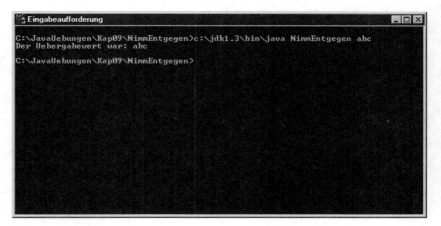

Bild 8.20: Übergabewerte an das Programm

Beachten Sie bitte, dass das Programm nicht gegen das Fehlen von Übergabewerten geschützt ist. Falls Sie das Programm ohne einen Übergabewert aufrufen, wird eine Ausnahme erzeugt und Sie sehen eine entsprechende Meldung auf dem Bildschirm.

Bild 8.21: Der Übergabewert fehlt – eine Exception wird ausgeworfen

Der Übergabewert steht über das Zeichenketten-Array `args` (oder den sonst in der `main()`-Methode angegebenen Namen) zur Verfügung. Dabei sollte von denjenigen, die bereits Arrays kennen, beachtet werden, dass der Index eines Arrays in Java mit 0 beginnt. Da die Argumentenliste eines Programms immer ein Zeichenketten-Array ist, werden alle Übergabeparameter an ein Java-Programm als Zeichenketten übergeben.

8.5 Einlesen von Werten über die Tastatur

Im Rahmen einer meiner letzten Java-Schulungen wurde ich gefragt, wie man direkt von der Tastatur während der Laufzeit eines Programms Werte entgegennehmen könnte. Ganz einfach, war meine erste, vorlaute Antwort. Ohne groß nachzudenken. Als der (schon recht fortgeschrittene) Teilnehmer dann aber verlauten ließ, dass diese Angelegenheit Teil einer Abschlussprüfung gewesen war und doch einige Probleme gemacht hatte, begannen meine grauen Zellen zu arbeiten. Währenddessen kam die weitere Information, dass er in keinem ihm zur Verfügung stehenden Java-Buch oder einer sonstigen Quelle Genaueres dazu gefunden hätte. Geschweige denn ein einfaches und nachvollziehbares Beispiel. Mein Gehirnjogging brachte schnell ein paar Folgerungen zusammen.

→ Es ist wirklich nicht schwer, setzt aber doch etwas mehr voraus, als es im ersten Moment scheint. Das übersieht man, wenn man schon länger mit Java arbeitet und sich vorschnell über die Gedankengänge von Einsteigern hinwegsetzt.

→ Wenn es für die meisten Java-Bücher zu einfach oder unwichtig erscheint, als dass es dort noch durchgespielt wird, dann ist es etwas für dieses Java-Buch hier. Es ist wohl doch ein Bedarf da, obwohl das direkte Auslesen der Tastatur in Zeiten von grafischen Oberflächen etwas exotisch ist.

Prinzipiell besteht die Ein- und Ausgabe in Java aus so genannten Strömen. Die Standardausgabe von Java kann über System.out angesprochen werden. So, wie wir das in den letzten Beispielen gemacht haben. Die Standardeingabe erfolgt über System.in. Soweit einfach und kaum weiter der Hammer. Deshalb brechen die meisten Quellen hier auch ab. Aber was einem Einsteiger System.in nutzt, wird dabei nicht beachtet. System.in liefert Ihnen ein Objekt vom Typ InputStream zurück. Klasse, was?! Können Sie damit etwas anfangen? Ich vermute, erst einmal noch nicht. Denn wie kann man damit wirklich Zeichen entgegennehmen? Das ist zwar einem fortgeschrittenen Java-Programmierer klar, aber scheinbar können sich viele Autoren von Java-Tutorien oder -Referenzen nicht mehr in die Problematik hineindenken, die jetzt noch zu lösen ist. Ohne die Hintergründe weiter zu erklären, spielen wir ein ganz einfaches Beispiel durch, das Zeichen der Tastatur entgegennimmt und dann einfach im nächsten Schritt (nach Betätigen der Datenfreigabetaste – diese wird am Ende als leerer Zeilenvorschub angezeigt) wieder in der Standardausgabe ausgibt. Wir brauchen dazu eine Schleife, die so lange Tastatureingaben entgegennimmt, bis sie unterbrochen wird. In dem folgenden und absolut auf das Notwendigste reduzierten Beispiel müssen Sie die Schleife (eine so genannte Endlosschleife) manuell abbrechen. Entweder schließen Sie die Eingabeaufforderung oder drücken [STRG]+[C].

```java
import java.io.*;
public class TastaturEingabe {
int i;
public void leseTastatur(){
// Erstellen eines Eingabestroms
try{
  DataInput quelle = new DataInputStream(System.in);
  while(true){
// Einlesen eines Byte aus der Quelle
  byte zeichen = quelle.readByte();
  System.out.println("Eingelesen wurde: " + (char)zeichen);
  i++;
  }
}
catch (IOException e) // allgemeiner IO-Fehler
{
System.out.println(e.getMessage());   }
}
  public static void main(String[] args) {
  TastaturEingabe a = new TastaturEingabe ();
  a.leseTastatur();
  }
}
```

Listing 8.3: Einlesen von Tastatureingaben

Bild 8.22: Ein- und Ausgabe der Tastaturwerte

Mehr dazu finden Sie bei der Behandlung zu Strömen auf Seite 627 ff.

8.6 Ein Programm mit grafischer Oberfläche

Das nächste Beispiel soll zeigen, wie einfach man unter Java ein Programm mit grafischer Oberfläche erstellen kann. Zwar wird das Miniprogramm nicht allzu viel leisten, aber die vollständigen Grundlagen einer grafischen Oberfläche werden realisiert. Das bedeutet also neben der Bereitstellung eines Fensters die Möglichkeit, das Fenster zu vergrößern, auf der Taskleiste abzulegen, zum Vollbild und zum Fenster per Button zu wechseln und es auf dem Bildschirm zu verschieben. Ein Systemmenü wird ebenso vorhanden sein. Dazu kann das Fenster per Schließbutton geschlossen und damit das Programm beendet werden. Letzteres ist nicht ganz trivial, worauf wir noch eingehen werden.

Warum ist das alles überhaupt erwähnenswert? Nun, es funktioniert unter allen Betriebssystemen, die Java unterstützen. Ein und dasselbe kleine Programm. Gleicher Quelltext, aber auch gleicher Bytecode. Klar, es wurde schon mehrfach erwähnt, dass Java plattformneutral ist. Aber wie einfach so etwas zu realisieren ist, würde Ihnen sicher klar, wenn Sie das einmal mit anderen Techniken versuchen würden.[8]

Die einzelnen Schritte sollten wieder unbedingt exakt nachvollzogen werden (Groß- und Kleinschreibung – auch bei den Namen der Dateien). Legen Sie zuerst ein Verzeichnis an (MeinErstesGrafischesProgramm). Zur Erstellung starten Sie wieder einen Editor und geben den folgenden Quelltext ein:

```
public class MeinErstesGrafischesProgramm extends java.awt.Frame {
  public MeinErstesGrafischesProgramm() {
    initComponents ();
```

---

[8] Okay. Unter Visual Basic funktioniert das per Mausklick, was auf den ersten Blick noch einfacher ist. Aber dann sind Sie auf Windows beschränkt und es gibt noch einige Feinheiten, wo diese Lösung nicht an die Java-Lösung heran kann (Sicherheit, Stabilität etc.).

```
        }
        private void initComponents() {
            addWindowListener(new java.awt.event.WindowAdapter() {
                public void windowClosing(java.awt.event.WindowEvent evt) {
                    System.exit (0);
                }
            }
            );
        }
        public static void main (String args[]) {
            MeinErstesGrafischesProgramm u =
            new MeinErstesGrafischesProgramm();
            u.setSize(300,200);
            u.show();
        }
}
```

Listing 8.4: Das erste Beispielprogramm mit grafischer Oberfläche

Der Quelltext muss wieder gespeichert werden. Der Name der Quelltextdatei muss zwingend MeinErstesGrafischesProgramm.java lauten. Nächster Schritt ist wieder die Kompilierung. Sie öffnen dazu ein Befehlzeilenfenster und wechseln in das Verzeichnis, in dem der Java-Source abgelegt ist (es sei denn, es ist schon offen und Sie stehen da oder Sie wollen mit vollqualifizierten Pfadangaben arbeiten). Von dort kann der Java-Compiler entweder direkt (Eintrag im Suchpfad) oder mit Pfadangabe aufgerufen werden:

javac MeinErstesGrafischesProgramm.java

Der Compiler hat – falls kein Fehler aufgetreten ist – eine neue Datei mit Namen MeinErstesGrafischesProgramm.class angelegt.

Zum Programmstart wird der Java-Interpreter und die auszuführende Klasse als Parameter aufgerufen: Geben Sie auf Befehlszeilenebene den nachfolgenden Aufruf ein.

java MeinErstesGrafischesProgramm

Als Ergebnis des Aufrufs startet ein grafisches Fenster auf dem Bildschirm.

Bild 8.23: Ein Java-Programm mit grafischer Oberfläche

Sie können das Programm »normal« mit der Maus verändern. Wenn Sie links oben das Symbol anklicken, klappt das Systemmenü auf. Klick auf den entsprechenden Menü-Eintrag oder den Schließbutton ganz rechts beendet das Programm. Besonders bemerkenswert ist – am Anfang – immer wieder, dass die Oberfläche unter allen Betriebssystemen gleich aussieht.

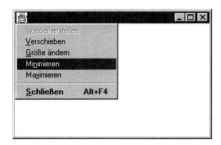

Bild 8.24: Das Systemmenü

Ich hatte angedeutet, dass eine grafische Oberfläche in Java ganz einfach zu erstellen ist, und vielleicht erscheint Ihnen das auf Grund der »Länge« des Quelltextes doch recht aufwendig. Nur – in anderen Techniken ist da noch viel mehr notwendig und außerdem nimmt die Funktionalität, das Programm überhaupt beenden zu können, den Großteil des Quelltextes ein. Wenn ich das Beispiel auf die minimal möglichen Zeilen reduziere, sieht das so aus:

```
public class A extends java.awt.Frame {
  public static void main (String args[]) {
    (new A()).show();
    }
}
```

Listing 8.5: Auch das ist ein Programm mit grafischer Oberfläche

Der Quelltext kann natürlich nicht ohne Preis verkürzt werden. Es startet ohne vorgegebene Fenstergröße. Schlimmer ist: Dieses Programm werden Sie nicht mit dem Schließbutton oder sonst wie »von innen heraus« beenden können (es ist kein Eventhandling integriert). Es muss auf Befehlszeilenebene etwa mit ⌐STRG⌐+⌐C⌐ oder dem Schließen der Eingabeaufforderung beendet werden.

Bild 8.25: Nicht wundern – das ist erst einmal alles, wenn man den Quelltext auf das Minimum reduziert

Beachten Sie, dass – um den Quelltext wirklich kurz zu bekommen – der Name der Klasse auf einen einzigen Buchstaben gekürzt wurde (A). Damit ist auch der Name der Quelltextdatei auf A.java festgelegt. Allgemein werden Namen von Klassen bzw. Quelltextdatei irgendwo zwischen den beiden Extremen liegen, die wir hier eingesetzt haben. MeinErstesGrafischesProgramm ist effektiv zu lang, aber nur A ist zu nichtssagend.

8.7 Eine Erweiterung des Programms mit grafischer Oberfläche

Nun ist es ja ganz nett, ein grafisches Fenster für ein Programm zur Verfügung zu haben. Selbstzweck ist es aber nicht. Es sollte schon etwas passieren. Für anspruchsvollere Aktionen fehlen jetzt zwar zu viele Grundlagen, aber eine Textausgabe in dem Fenster können wir schon zaubern.

Nehmen Sie sich das Beispiel `MeinErstesGrafischesProgramm.java` vor und verändern es wie folgt (beachten Sie, dass die Klasse `MGP` heißt und die Datei entsprechend `MGP.java`):

```java
public class MGP extends java.awt.Frame {
  public MGP() {
      initComponents ();
    }
  private void initComponents() {
      addWindowListener(new java.awt.event.WindowAdapter() {
         public void windowClosing(java.awt.event.WindowEvent evt) {
             System.exit (0);
           }
        }
      );
   }
  public static void main (String args[]) {
      MGP u = new MGP();
      u.setSize(325,150);
      u.show();
  }
  public void paint(java.awt.Graphics g)    {
    g.setFont(new java.awt.Font("TimesRoman",java.awt.Font.BOLD,24));
    g.drawString("Mein Java-Programm", 50, 75);
  }
}
```

Listing 8.6: In dem Programm wird auf der grafischen Oberfläche Text ausgegeben

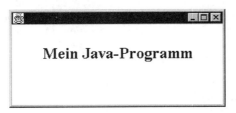

Bild 8.26: Textausgabe auf einer grafischen Oberfläche

Die zentrale Ergänzung ist die Methode `paint()`, in der ein Schrifttyp festgelegt und dann der spezifizierte Text ausgegeben wird.

8.8 Ein erstes Java-Applet

Neben eigenständigen Java-Applikationen spielen wahrscheinlich Java-Applets für die meisten Leser die wichtigste Rolle. Obwohl deren Hintergründe hier noch nicht weiter ergründet werden (wie auch bei den ersten eigenständigen Applikationen), dürfen sie natürlich nicht bei den ersten Beispielen fehlen.

Applets weisen einige charakteristische Unterschiede zu eigenständigen Applikationen auf. Ein oft gemachter Fehler bei Java-Laien besteht darin, Java-Applikationen und Java-Applets gleichzusetzen. Applets können jedoch nur innerhalb eines Webbrowsers oder des Appletviewers als umgebenden Container ausgeführt werden. Dazu müssen Applets zwingend in einer HTML-Seite referenziert werden. Sie brauchen also neben der Java-Quelltextdatei noch eine Webseite, in der ein spezieller Befehl (in HTML »Tag« genannt) die Einbettung erledigt.

Da Java-Applets innerhalb eines Containers laufen, haben sie auf der einen Seite direkten Zugang zu den meisten Fähigkeiten, die auch der Container hat. Dazu zählen unter anderem Zugriffe auf Grafiken und Elemente der Benutzeroberfläche, aber auch Netzwerkfähigkeiten. Allerdings werden Sie auf der anderen Seite durch den Container in Ihren Möglichkeiten stark beschränkt. Das beinhaltet z.B. die normalerweise fehlenden Möglichkeiten, das Dateisystem des Rechners zu lesen und dort Schreibvorgänge durchzuführen. Es sei denn, der Anwender erlaubt es, indem die Sicherheitseinstellungen des Containers entsprechend gelockert werden. Weiter können Applets gewöhnlich nur zu dem Host Verbindung aufnehmen, von dem sie geladen wurden, und sie können auf dem Client-System keine Programme starten oder native Programme und Bibliotheken der lokalen Plattform laden. Applets ist insbesondere die Unterbrechung der Ausführung des Java-Interpreters nicht erlaubt. Sie können also sich nicht selbst oder dem umgebenden Container beenden. Trotz des nun vielleicht entstehenden Eindrucks, das wären Nachteile von Applets, ist genau das Gegenteil der Fall. Immerhin soll ein Anwender ja ein Programm auf seinen Rechner lassen, dessen Funktionalität er nicht kennen kann. Wenn man als Anwender jedoch sicher sein kann, dass der das Programm ladende Container (also der Webbrowser) das Programm so weit beschränkt, dass es keinen Schaden anrichten kann, wird das die Akzeptanz erheblich erhöhen. Applets erlauben nur solche Aktionen, die einen Anwender so gut wie nicht schädigen können, und bieten dennoch all das, was im Rahmen einer Webseite als Ergänzung sinnvoll ist.

Um nun ein Applet zu erstellen, gehen Sie wieder genau so vor, wie bei einer eigenständigen Applikation. Zumindest, bis es zum konkreten Start des Applets kommt. Da wird sich ein Unterschied zeigen.

Legen Sie zuerst ein Verzeichnis an (`ErstesApplet`) und starten Sie einen Editor zur Eingabe von folgendem Quelltext:

```
import java.awt.*;
import java.applet.*;
public class ErstesApplet extends Applet {
```

```
  public void paint(Graphics g)    {
    for(int i=0;i<200;i++)
    {
      g.setColor(new java.awt.Color(0+i,0,50));
      g.drawOval((10 + i),(10 + i),(40 + i),(10+ (2*i)));
    }
  }
}
```

Listing 8.7: Ein erstes Applet

Das Beispiel setzt schon einige weitergehende Java-Techniken ein. Einmal wird eine Schleife verwendet, die in einer bestimmten Anzahl von Durchläufen die nachfolgend notierten Befehle wiederholt. Zum anderen werden einige Methoden zur Farbwahl und zum Zeichnen verwendet und vor allen Dingen wird mit einer Zählvariablen gearbeitet, die für Veränderungen von Farben, Größen und Positionen von Ellipsen verwendet wird.

Der Quelltext muss wieder gespeichert werden. Der Name der Quelltextdatei muss zwingend `ErstesApplet.java` lauten. Nächster Schritt ist wieder die Kompilierung. Sie öffnen dazu ein Befehlszeilenfenster und wechseln in das Verzeichnis, in dem der Java-Source abgelegt ist (es sei denn, es ist schon offen und Sie stehen da oder Sie wollen mit vollqualifizierten Pfadangaben arbeiten). Von dort kann der Java-Compiler entweder direkt (Eintrag im Suchpfad) oder mit Pfadangabe aufgerufen werden:

```
javac ErstesApplet.java
```

Der Compiler hat – falls kein Fehler aufgetreten ist – eine neue Datei mit **Namen** `ErstesApplet.class` angelegt.

Zum Programmstart wird aber jetzt einiges neu sein. Sie können die erzeugte `class`-Datei nicht direkt mit dem Java-Interpreter als Parameter aufrufen. Stattdessen werden Sie den Appletviewer oder einen Java-fähigen Browser einsetzen. Dieser benötigt jedoch eine HTML-Datei, die noch erstellt werden muss. Starten Sie wieder einen Editor zur Eingabe von folgendem Quelltext (pures HTML):

```
<HTML>
<HEAD>
<TITLE>
Die Referenzierung des ersten Applets
</TITLE>
</HEAD>
<BODY>
Das Applet "ErstesApplet" erscheint in einem Java-fähigen
Browser.<BR>
<APPLET
   CODE    = ErstesApplet
   WIDTH   = 400
   HEIGHT  = 500>
```

```
            </APPLET>
        </BODY>
    </HTML>
```

Listing 8.8: Eine Webseite mit der Referenz auf das erste Applet

Der HTML-Quelltext muss auch gespeichert werden. Und zwar in dem gleichen Verzeichnis, in dem sich auch das Applet befindet. Der Name der HTML-Datei ist aber frei. Ich empfehle dennoch, die Webseite analog dem referenzierten Applet ErstesApplet.html zu nennen. Der nächste Schritt ist auf Befehlszeilenebene der nachfolgende Aufruf:

```
appletviewer ErstesApplet.html
```

Als Ergebnis des Aufrufs startet der Appletviewer und zeigt das an, was in dem ersten Applet gezeichnet wird – im Rotbereich angesiedelte Kreise, die sich von links oben nach rechts unten im Fenster aufbauen.

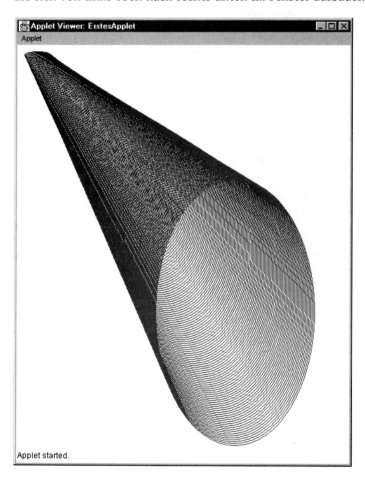

Bild 8.27: Das erste Applet im Appletviewer

Wenn Sie die gleiche HTML-Datei in einen Java-fähigen Browser laden, werden Sie leichte Unterschiede in der Darstellung erkennen. In einem Browser werden auch die Titelzeile der Webseite und darin enthaltene HTML-Ausgaben (natürlich) dargestellt.

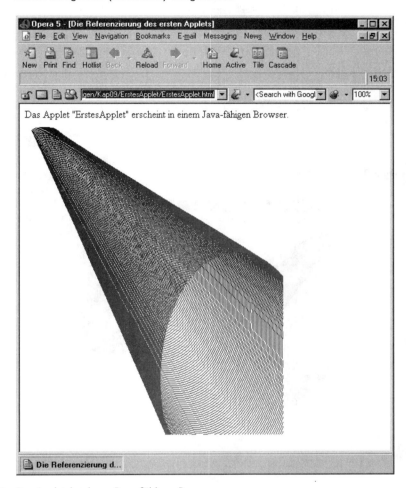

Bild 8.28: Das Applet in einem Java-fähigen Browser

8.9 Eine Erweiterung des Applets mit grafischen Spielereien

Das letzte Beispiel soll noch ein wenig für Grafikspielereien ausgebaut werden. Nennen Sie das Applet ZweitesApplet.java und passen Sie in der HTML-Datei einfach die Zeile

```
CODE     = ErstesApplet
```

an (CODE = ZweitesApplet).

```
import java.awt.*;
import java.applet.*;
public class ZweitesApplet extends Applet {
   public void paint(Graphics g)     {
   for(int i=0;i<100;i++)
   {
   g.setColor(new java.awt.Color(0+i,0+(2*i),(int)(50 + (i/3))));
   g.drawOval((10 + 2*i),(10 + i),40 ,(10+ (2*i)));
   g.setColor(new java.awt.Color(255-i,0+(2*i),0));
   g.drawRect((10 + 2*i),200,40 ,(10+ (2*i)));
   g.setColor(new java.awt.Color(255-(2*i),0,0));
   g.drawRect((300),0+i,100 ,100);
   }
  }
 }
```

Listing 8.9: *Grafikspielereien im zweiten Applet*

Bild 8.29: *In Natura wirken die geometrischen Figuren durch die Farbverläufe mehr*

Zum Verschnaufen – allgemeine Hintergründe und etwas Historie

Der zweite (und recht kurze) Teil des Buches soll ein bisschen die Historie aufarbeiten. Sowohl von Java selbst, aber auch dessen Umfeld. Viel von den Eigenheiten von Java erschließt sich, wenn man dessen geschichtliche Entwicklung und die allgemeinen Hintergründe des Umfelds von Java zu verschiedenen Zeitpunkten betrachtet.

9 Geschichte und Umfeld von Java

Wir haben schon geklärt, dass hinter Java die amerikanische Firma Sun Microsystem steht. Die Geschichte von Java geht bis ins Jahr 1990 zurück. Zu diesem Zeitpunkt versuchte Sun, im Rahmen eines Projekts mit Namen »Green« den zukünftigen Bedarf an EDV zu analysieren, um einen zukunftsträchtigen Markt zu lokalisieren. Haupterkenntnis des Green-Projektes war, dass die Computerzukunft weder im Bereich der Großrechner noch bei PCs oder Kleincomputern in der damals aktuellen Form zu sehen war. Der Consumerbereich der allgemeinen Elektronik (Telefone, Videorecorder, Waschmaschinen, Kaffeemaschinen und eigentlich alle elektrischen Maschinen, die Daten benötigten) wurde als der (!) Zukunftsmarkt der EDV prognostiziert. Ein extrem heterogenes Umfeld mit den unterschiedlichsten Prozessoren bzw. grundverschiedenen Kombinationen von Hard- und Software-Komponenten. Dafür eine gemeinsame Plattform zu schaffen und damit frühzeitig einen Standard festzulegen, wurde als die Zukunftschance der EDV schlechthin vorausgesagt. Wichtigste Forderungen an eine solche auf allen denkbaren Systemen lauffähige Plattform waren eine erheblich größere Fehlertoleranz, eine leichtere Bedienbarkeit und eine bedeutend bessere Stabilität, als bei allen bis dahin vorhandenen Plattformen realisiert war. Die Plattform musste deshalb sowohl ein neues Betriebssystem oder zumindest eine neue Betriebssystemergänzung für alle populären Betriebssysteme bereitstellen als auch möglichst eine neue Programmiersprache, denn alle bis dahin vorhandenen Programmiersprachen wiesen zu große Schwächen in Hinblick auf die Stabilität auf. Gerade bei Bedienerfehlern – und diese gestand man beim Green-Projekt der potenziellen Zielgruppe, Consumer, im Gegensatz zur gängigen Praxis bei Computeranwendern einfach zu – waren bisherige Techniken und Programme einfach zu intolerant.

Ab Frühjahr 1991 gingen die Planungen in die Generierung eines Prototyps für eine solche universale Plattform über. Als Name für dieses neue System wurde Oak (Eiche) gewählt. Dem Gerücht nach geht der Name auf eine imposante Eiche vor den Sun-Büros zurück. Eine etwas andere Variante verlegt die Eiche in ein an der Wand hängendes Bild. Eine seriöse Erklärung für Oak ist, dass es die Abkürzung für »Object Application Kernel« war. 1992 präsentierte das Green-Team mit Duke, einer kleinen Trickfigur in einem virtuellen Haus, das erste Ergebnis. Und obwohl Duke überzeugte und in der Folge im Rahmen eines Sun-Tochterunternehmen namens »First Person« vorangetrieben wurde, konnte aus dem Projekt keine konkrete Anwendung etabliert werden. Die Zeit war noch nicht reif für die neue Technik, die ersten Kontakte verliefen im Sand und First Person und Oak verschwanden in der Versenkung. Dann aber erleuchtete ein Geistesblitz die Sun-Büros: Das Internet und insbesondere das WWW wurde als Zielplattform für ein weiterentwickeltes Oak erkannt. Ende 1994 begann die Weiterentwicklung für das schon ad acta gelegte Oak in Richtung Internet-Kompatibilität. 1995 war es soweit – Oak war zum großen Auftritt im Internet bereit. Allerdings musste ein neuer Name her. Einmal aus Marketinggründen. Oak war auf Grund seiner Geschichte zu negativ belastet, aber es gab desgleichen juristische Schwierigkeiten. Die Namengebung war eine schwierige Geburt. Lange konnte man sich bei Sun nicht auf einen

Namen einigen. Dem Gerücht nach wurde der Name dann außerhalb des eigentlichen Brainstormings in der Cafeteria gefunden. JAVA! Der Name Java steht in Amerika (eigentlich altenglisch) für Kaffee, heißen, sehr heißen Kaffee (und ist natürlich ebenfalls eine Insel in Indonesien). Deshalb auch das Logo von Java – eine dampfende Kaffeetasse.

Bild 9.1: Das Java-Logo ist nicht umsonst eine dampfende Kaffeetasse

Im März 1995 präsentierte Sun das für das Internet aufbereitete Java auf Basis der Java-Applets. Dazu wurde das zugehörige, kostenlose Paket von Entwicklungs-Tools (das JDK 1.0) vorgestellt. Java schlug bekanntlich wie eine Bombe ein. Als Plattform der Java-Applets lieferte Sun mit HotJava gleich auch eine erste komplexe und vollständig in Java geschriebene Anwendung, die auf allen Betriebssystemen lauffähig war, für die unverändert eine virtuelle Maschine verfügbar war. Mit anderen Worten – HotJava war der erste Java-fähige Browser und demonstrierte auf der anderen Seite, dass auch außerhalb von Webseiten Programme mit Java erstellt werden konnten. Diesen Browser gibt es auch heute noch, obwohl er sich nicht so verbreitet hat, wie es Sun sicher gerne gesehen hätte.

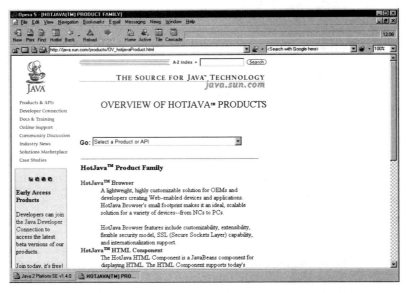

Bild 9.2: Unter http://java.sun.com/products/OV_hotjavaProduct.html *gibt es den HotJava-Browser zum Download*

Alles in allem eine geniale Strategie (revolutionäre Erweiterung des bis dato statischen Webs, die Demonstration der Leistungsfähigkeit eigenständiger Anwendungen auf im Prinzip beliebigen Plattformen und kostenlose Entwicklungstools), die Java schlagartig populär machte.

Kurz nach Präsentation des JDK 1.0 wurden diverse kommerzielle Entwicklungspakete mit integrierten Programmiertechniken unter einer gemeinsamen Oberfläche nachgeschoben. Also eine grafische Benutzerumgebung (GUI, was die Abkürzung für Graphical User Interface ist). Sowohl von Sun bzw. deren Sunsoft selbst (der Java-Workshop), aber auch von zahlreichen Fremdfirmen. Obwohl dies allesamt integrierte Java-Entwicklungsumgebungen (IDE, was die Abkürzung für Integrated Development Environment ist) waren (und heute natürlich immer noch sind), sind es einfach Aufsätze auf dem JDK. Meist direkt, indem sie die Tools des JDK einfach aufrufen. Natürlich gab es in Java und im ersten JDK diverse kleinere Kinderkrankheiten. Einige betrafen die Sicherheit, andere fehlende Funktionalitäten. Dies ist für ein vollkommen neues Produkt verständlich. 1997 folgte deshalb nach einigen kleinen Zwischenversionen das erste bedeutende Update mit der Version 1.1 des JDK, der diverse kleinere Verbesserungen folgen sollten. Neben den für Updates üblichen Fehlerbereinigungen enthielten die Versionen 1.1.x einige entscheidende Neuerungen. Diese machten eine ganze Reihe von neuen Tools für das Java-SDK (Software Development Kit) nötig. Bestehende Tools wurden vielfach überarbeitet und sowohl im Layout als auch im Funktionsumfang verändert. Wichtigste Umstrukturierung der zweiten Java-Version war ein neues Modell, wie auf Ereignisse in einem Programm reagiert werden kann, plus die Erweiterung der Oberflächenprogrammierung.

Bereits Ende 1997 gab es dann die erste Betaversion des JDK 1.2 und Java 1.2, wie nach den damaligen Veröffentlichungen die komplette Plattform heißen sollte. Das Final wurde für das erste, spätestens aber das zweite Quartal 1998 angekündigt. Daraus wurde jedoch nichts. Die Einführung von Java 1.2 und dem JDK 1.2 wurde immer wieder verschoben. Insgesamt vier Betaversionen fanden den Weg in die Öffentlichkeit und streckten die Betaphase vom JDK 1.2 auf über ein Jahr, obwohl ab Mitte 1998 fast täglich die Freigabe der Finalversion erwartet wurde. Aber erst im Dezember 1998 ließ Sun eine Bombe platzen. Am 4.12.98 hatte Sun endlich die Finalversion des JDK 1.2 freigegeben, aber kurz danach auf der Java Business Expo folgte die Nachricht, dass es nicht nur ein neues JDK, sondern ein vollständiges Plattform-Update unter dem Namen Java 2.0 geben sollte. Entgegen der allgemeinen Erwartung wurde das vollständige Update nicht als Java 1.2 in Umlauf gebracht. Der Name »Java 2« bzw. »SDK 2« überraschte doch ziemlich. Zumal wie erwähnt das JDK unter der Versionsbezeichnung 1.2 freigeben wurde, obwohl es zu Java 2 gezählt wurde. Die Veränderungen des Java-APIs (API ist die Abkürzung für »Application Programmer's Interface« oder »Application Programming Interface« – auf Deutsch »Programmier- und Anwendungsschnittstelle«), die sich noch zwischen den Betaversionen des JDK 1.2 und der als Final freigegebenen Version ergeben haben, erzwangen eine solche Namenpolitik jedoch fast unweigerlich. Es war leider so, dass beispielsweise das API der dritten Betaversion 1.2 und das 1.2/2.0-Final-API extrem viele Unterschiede aufwiesen. Der Oberbegriff »Java 2« macht den Break zu den Vorgängerversionen (insbesondere den inkompatiblen Beta-Versionen) deutlich. Mit der Einführung des JDK 1.2 und der Java-2-Plattform hatte Sun endlich einen Stand geschaffen, von dem aus es weitgehend um die Verbesserung der Stabilität (ein rigoroses Qualitätssicherungsprogramm) und Performance (Vervollkommnung der virtuellen Maschine) ging. Davor lag der Hauptfokus auf dem Ausbau und der Entwicklung von neuen Features und der Beseitigung von Schwachstellen. Zwischen dem JDK 1.2 und dem im Mai 2000 eingeführten JDK 1.3 (Codename Kestrel) hingegen sind die Unterschiede nicht mehr so gravierend, weshalb Java 2 ohne gravierende Probleme als Obermenge für beide JDK-Welten fungieren kann. Vor allem sind die Veränderungen des JDK 1.3 fast nur als echte Erweiterungen und Verbesserungen zu sehen, die keine gravierenden Inkompatibilitäten zum JDK 1.2 nach sich ziehen. Dementsprechend wird das JDK 1.3 wie auch das JDK 1.2 und die dazwischen liegenden Versionen JDK 1.2.1 und 1.2.2 zur Java-2-Plattform gezählt. Die vielleicht bedeutendste Erweiterung des JDK 1.3 ist die Einführung der HotSpot-Technologie. Diese beinhaltet im Wesentlichen eine so genannte adaptive Compiler-Technologie, bei der interpretierte Programmteile bei Bedarf zur Ausführungszeit des Programms in Maschinencode übersetzt werden können. Dazu zählt ebenso eine geschwindigkeitsoptimierte virtuelle Maschine für den Client und die zugehörigen, mit dem JDK 1.3 neu eingeführten, Optionen bei einigen Programmen des JDK. Das JDK 1.3 wurde mit dem JDK 1.3.1 geringfügig überarbeitet und ab Mai 2001 wurde die erste Betaversion des künftigen JDK 1.4 zum Download bereitgestellt. Wenn man die Versprechungen von Sun ernst nimmt, will Sun ca. alle 18 Monate eine neue Version des JDK bereitstellen. Entsprechend ist die Finalversion des JDK 1.4 für Dezember 2001 zu erwarten, was auch den offiziellen Ankündigungen entspricht. Allerdings ist nichts so unzuverlässig wie Ankündigungen in der EDV.[1] Und in der Branche redet man sogar von der sprichwörtlichen Unzuverlässigkeit von Terminankündigungen.

Wenn Sie mit einem älteren JDK erstellte Programme unter einer neueren Umgebung laufen lassen wollen, sollte das meist problemlos funktionieren. Umgekehrt ist das aber nicht der Fall. Bei Elementen, die erst in einer neueren Java-Version eingeführt wurden (etwa die im JDK 1.4 eingeführten Farbkonstanten Color.RED *oder* Color.BLUE *– bisher mussten sie kleingeschrieben werden), ist das trivial. Aber leider kann es auch Probleme mit Quelltext geben, der nur etablierte Syntax früherer Versionen enthält und mit einem neuen Compiler übersetzt wurde. Der resultierende Bytecode ist unter Umständen nicht mehr in einem alten System lauffähig. Zumindest ist mir bei der Kompilierung von im Grunde recht primitivem Quelltext für Applets mit dem Compiler des JDK 1.4 Beta mehrfach Code erzeugt worden, der nicht unter der virtuellen Maschine des JDK 1.3.1 lauffähig war – ohne besondere Befehle der Version 1.4 zu verwenden. Eine Neukompilierung mit dem Compiler des JDK 1.3.1 hat das Problem jeweils beseitigt.*

Auf den Download-Seiten von Sun gibt es nicht nur die neuen Varianten vom JRE, JDK oder auch HotJava. Sie können dort auch die meisten Altversionen zum Download finden oder zumindest allgemeine Informationen.

---

1 Mit Ausnahme der Wettervorhersage oder Politikerversprechen vielleicht ;-).

Geschichte und Umfeld von Java

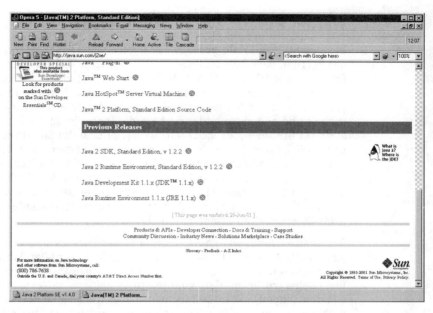

Bild 9.3: Nicht nur neue JDKs und JREs sind von den Sun-Seiten zu laden – es gibt auch noch die älteren Varianten zum Download

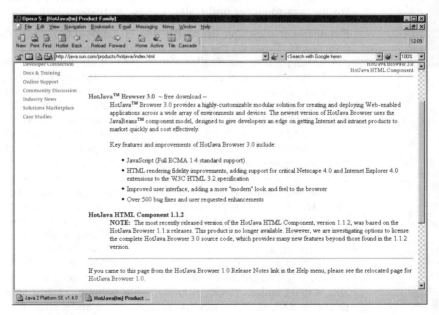

Bild 9.4: Auch den alten HotJava-Browser 1.0 gibt es noch

107

9.1 Warum wurde Java so erfolgreich?

Der gigantische Erfolg von Java hat verschiedene Ursachen. Da ist zuerst das Faktum, dass Java im Gegensatz zu anderen Techniken im Rahmen des Internets wie HTML, XML oder VRML das Produkt einer einzelnen Organisation ist, nicht eines Konsortiums von unterschiedlichsten Interessengruppen. Ein weiterer Baustein des Erfolgs ist der Zeitpunkt, wann Java entwickelt und endgültig präsentiert wurde. Dieser ist im Nachhinein gesehen aus zwei Gründen ideal gewesen. Da war einmal die Situation im Internet. Dem WWW (von den anderen Diensten im Internet ganz zu schweigen) fehlten bis zum Auftreten von Java sowohl echte multimediale Darstellungs- und Animationsmöglichkeiten als auch die Möglichkeit einer vernünftigen Interaktion mit dem Anwender. Aber der Bedarf war einfach da und Java rannte mit seinen Applets und deren Multimedia- und Interaktions-Eigenschaften offene Türen ein.

Der zweite Grund, warum der Zeitpunkt der Entwicklung von Java wie die Faust auf's Auge passte, war, dass man Anfang der 90er-Jahre bereits auf einen großen Fundus an ausgereiften und bewährten Technologien als Ideengeber zurückgreifen konnte. Insbesondere hatte man Erfahrungen mit den Dingen, die diese Ideengeber falsch gemacht hatten bzw. welche Probleme unter gewissen Konstellationen auftreten. Java schuf alles neu (inklusive einer eigenen Laufzeitumgebung) und konnte so mit diesen Erfahrungen im Rücken vollkommen neu entwickelt werden. Als Resultat wurde Java so sicher und stabil, wie es heute geschätzt wird.

Ein nächster wichtiger Grund für den Triumph von Java ist die Plattformneutralität. Dabei ist die Bedeutung diese Aspektes zyklisch zu bewerten. Am Anfang war es ein Knaller. Jeder war erst einmal hellauf begeistert von der These »Develop once – run anywhere«. Dann aber zeigte sich der Preis – die am Anfang schwache Performance und teilweise unübliche Bedien- und Layoutfaktoren. Kritiker meldeten sich zu Wort. Hauptsächliches Argument: »Was brauche ich denn Plattformunabhängigkeit, wenn doch 95 % aller Anwender Windows einsetzen. Lieber ein schnelles Programm als eins, dass die restlichen 5 % aller Anwender noch abdeckt, aber die Masse nicht zufrieden stellt.« Das hat sich aber in der letzten Zeit wieder geändert. Zum einen kommen die Customer-Geräte so langsam in Fahrt. Damit ist eine plattformunabhängige Basis gefordert. Zum anderen kommt, dass die Hardware insgesamt immer schneller wird und damit die merkbaren Geschwindigkeitsunterschiede von Java-Applikationen zu nativen Applikationen immer geringer werden (Java selbst wurde aber auch schneller – insbesondere mit der HotSpot-Technologie, die mit dem JDK 1.3 eingeführt wurde, und auch das JDK 1.4 beinhaltet wieder weitere Features zur Steigerung der Performance). Aber die Bedeutung der Plattformunabhängigkeit wächst zudem wegen Microsoft. Das Schicksal treibt schon manchmal seltsame Blüten. Microsoft ist auf der einen Seite einer der mächtigsten Gegner von Java, treibt aber immer mehr Leute in dessen Arme. Ich möchte eine kleine Anekdote aus einer Java-Firmenschulung berichten, die ich vor nicht allzu langer Zeit gehalten habe. Dort wurde mir von dem EDV-Verantwortlichen unter der Hand erzählt, dass das Unternehmen zwar Windows und zugehörige Software einsetzt, aber nicht überall legal.

Gerade in Afrika besaß das Unternehmen Zweigstellen, wo einfach nicht für jeden Rechner eine Lizenz vorhanden war. Das ist sicher nicht legitim, aber – sind wir ehrlich – weit verbreitete Praxis. Microsoft fordert mit seinen XP-Programmen nun die Registrierung von Software, die dann einem spezifischen Rechner zugeordnet wird. Auf einem anderen Rechner kann eine so freigeschaltete Software nicht mehr (vernünftig) eingesetzt werden. Damit möchte Microsoft (zumindest offiziell) Raubkopien vorbeugen. So weit, so gut. Aber die Konsequenz, die man in dem besagten Unternehmen, in dem ich die Schulung gehalten hatte, gezogen hat, war nicht die, die sich Microsoft sicher verspricht. Einmal wird in der Zukunft der Umstieg auf XP-Programme so weit hinausgezögert wie möglich und dann nur auf wenigen Rechnern vollzogen. Der Rest soll so lange wie vertretbar mit alten Betriebssystemen und Programmen auskommen. Und: Experimente mit Linux werden durchgespielt. Die XP-Zwangsregistrierung scheint sich als ein Turboanschub für Linux zu erweisen. Fast jede größere Firma experimentiert damit herum. Die Zukunft wird mehr und mehr (mindestens) zweigleisig. Was hat das aber mit Java zu tun? Wenn man das Szenario zu Ende denkt, Folgendes: Wenn eine Firma selbst individuelle Software entwickelt, wird sie das in absehbarer Zukunft nicht nur für Windows tun müssen (wobei da wahrscheinlich lange Zeit verschiedene Versionen zu unterstützen sind), sondern zumindest auch für Linux. Das betrifft auch Software-Firmen, die einen Kunden mit mehreren Plattformen betreuen. Zwei oder mehr unterschiedliche Programme für den gleichen Zweck sind viel zu aufwendig. Dazu kommt, dass zwischen unterschiedlichen Plattformen Daten ausgetauscht werden und Rechner unterschiedlicher Basis zusammenspielen müssen. Mit welcher Technik werden solche Programme und Lösungen wohl erstellt? Dank Microsoft scheint auch im PC-Bereich kein Weg an Java vorbei zu führen :-)).

By the way: Microsoft spielt in vielen Fällen bei der Karriere von Software eine Rolle. Auf der einen Seite beherrscht Microsoft den PC- und Server-Markt in vielen Bereichen. Auf der anderen Seite treibt diese Dominanz und die von vielen als arrogant empfundene Politik des Molochs immer mehr Personen in die Opposition. Für diese Microsoft-Gegner ist erst einmal alles, was von B. Gates & Co. kommt, schlecht und das, was andere auf den Markt werfen, wird hoffnungsvoll angenommen. Vielleicht könnte es ja ein Gegengewicht zu einem Microsoft-Produkt werden. Teilweise steckt dahinter sicher auch der psychologische Aspekt, dass man in einem Kampf zu dem Schwächeren hält. Auch wenn der Schwächere – wie im Fall von Sun – selbst ein Moloch ist. Aber auch rationale Gründe lässt immer mehr Leute nach Alternativen zu Windows, MS Office, Visual Basic oder Internet Explorer suchen. Innovative Entwicklungen wie Linux, Opera oder Java finden schnell Fans, die teils sehr emotional hinter den Entwicklungen stehen.

Aber zurück zu den Erfolgsfaktoren von Java: Die Java-Eigenschaften strenge Objektorientiertheit und die Stabilität waren die weiteren und wohl wichtigsten Gründe für den Erfolg.

Na ja, und nicht zuletzt ist das JDK kostenlos und auch das mit Java verbundene Lizenzmodell zur Weitergabe von Java-Programmen hat die Verbreitung von Java gewaltig gepushed.

10 Das Internet

Bei einem Buch zu Java steht ein Autor vor der Gretchenfrage, ob auf das Internet eingegangen werden soll oder nicht. Einerseits kennt fast jeder mittlerweile das Internet, viele nutzen es und überhaupt geht es in dem Buch ja um Java-Programmierung. Andererseits gibt es viele ungenaue und falsche Informationen rund um das Internet, man muss es als Java-Programmierer aus diversen Gründen häufig verwenden und vor allem ist es Grundlage für zahlreiche Prozesse in der Java-Programmierung. Da ist natürlich das große Gebiet der Applets, aber auch der Servlets. Dazu kommen Netzwerkzugriffe, die in Java allgemein auf dem im Internet zugrunde liegendem TCP/IP-Protokoll basieren. Das Internet war nicht zuletzt – wie wir gerade gesehen haben – der entscheidende Geburtshelfer für die Erfolgsstory von Java. Ich bin der Meinung, um einen kurzen Abriss kommen wir nicht herum.

Zuerst soll die Betonung darauf liegen, das so genannte World Wide Web oder WWW nicht mit dem Internet gleichzusetzen. Nicht der, der am lautesten schreit, hat Recht. Genauso wenig ist das schrille WWW alles, was mit Internet gemeint ist. Die weniger bunten und lauten Dienste des Internets sind in vielen Fällen bedeutend interessanter und nutzbringender.[1] Elektronische Post, Diskussionsforen, das Ausführen von Programmen auf entfernten Computern oder das Laden von Dateien und Programmen von – über die ganze Welt verteilten – Rechnern auf den eigenen Computer und wieder zurück. All das sind Dienste im Internet, die erst einmal jenseits des WWW anzusiedeln sind. Zumal sie fast alle viel älter als das WWW sind. Außerdem kann man dort der fürchterlichen Kommerzialisierung des WWW (noch) entgehen. Viel von der Struktur des Internets wird über dessen Geschichte deutlich.

10.1 Ein kurzer Abriss der Internet-Historie

Die Geschichte des Internets geht bis in die Zeit des Kalten Kriegs Anfang der 60er-Jahre des letzten Jahrhunderts zurück. Die Invasion in der Schweinebucht in Kuba, die geplante Stationierung von Atomwaffen auf Kuba durch die damalige UdSSR, diverse Aktionen in Süd- und Mittelamerika durch unterschiedliche Geheimdienste. Die gesamte angespannte Situation dieser Jahre veranlasste die USA, ein Netzwerksystem mit, über ein möglichst großes Gebiet verteilten, Rechnern zu entwickeln, das selbst nach einem atomaren Erstschlag der UdSSR noch funktionieren und den Gegenschlag organisieren sollte. Die Abstände zwischen den einzelnen militärischen Rechnersystemen sollten nicht zuletzt deshalb so groß wie möglich sein, damit sie nicht gleichzeitig außer Gefecht gesetzt werden konnten. Das erste greifbare Resultat war ein aus vier Großrechnersystemen bestehendes Netzwerk namens ARPANET, das im Jahre 1969 zusammengeschlossen wurde.

---

[1] Nur, weil es die Masse im Urlaub nach Ballermann zieht, heißt das nicht, Urlaub lässt sich nur als Brathähnchen auf dem Teutonengrill machen ;). Die nicht so überlaufenen und meist unbekannteren Lokalitäten beinhalten Urlaubsqualitäten, die Ballermänner nicht einmal erahnen. So ist das auch mit den Internet-Diensten jenseits des WWW.

Bei der Konzeption des ARPANET war von vornherein davon ausgegangen worden, dass inhomogene Rechnersysteme zusammenarbeiten mussten. Insbesondere bei der Verbindung sollten heterogene Wege möglich sein. Genau genommen kam der Verbindung zwischen diesen unabhängigen Rechnersystemen die zentrale Bedeutung zu. Diese Koppelung zwischen den einzelnen Systemen sollte unter allen Umständen funktionieren – sogar beim Ausfall eines beliebigen Rechners im Netz oder der Unterbrechung von einer Anzahl von Leitungswegen. Dies erzwang neben festen Standleitungen zur Verbindung der beteiligten Rechner die Möglichkeit der Koppelung über flexible Leitungen. Etwa über Telefonleitungen, die durch ihre Verflechtung über den gesamten Kontinent quasi unzerstörbar waren (und sind). Bei der Nutzung eines solchen Netzes muss beachtet werden, dass eine Verbindung zwischen zwei Teilnehmern einer Kommunikation in der Regel aus einzelnen Teilstrecken zusammengesetzt wird. Die Zusammensetzung der Teilstrecken erfolgt an Knotenpunkten. Da für eine maximale Fehlertoleranz und Sicherheit des Netzes immer mehrere Wege zum Austausch von Daten zwischen sämtlichen Computern im Netzwerk möglich sein mussten, erzwang dies ein Konzept, in dem zu übertragende Informationen in der Lage sein mussten, quasi selbstständig den Weg zum Adressaten zu finden. Genau genommen entwickelte man ein System, in dem Daten so gekennzeichnet werden, dass auf Knotenpunkte in den Verbindungslinien die Daten so ausgewertet werden konnten, dass sie auf dem optimalen freien Weg zum nächsten Knotenpunkt geschickt werden konnten. Dies erzwang als Konsequenz die Zerlegung von Informationen in kleinere Datenpakete, die unabhängig voneinander verschickt werden konnten. Auf dieser Idee basiert auch heute noch die wesentliche Kernfunktionalität des Internets. Um diese Zerlegung von Informationen überhaupt bewerkstelligen zu können, wurden verschiedene neue Techniken im Bereich der Hardware, aber vor allem Protokolle entwickelt, über die sich die Rechner verständigen konnten und die unabhängig von der eigentlichen Rechnerarchitektur und dem normalen Befehlssatz des jeweiligen Betriebssystems waren. Ein Protokoll ist dabei einfach als eine Vereinbarung zu verstehen, wie bestimmte Prozesse abzulaufen haben und die alle an dem Prozess beteiligten Partner kennen und befolgen. Viele im Internet gebräuchliche Protokolle basieren auf Unix-Protokollen, denn das ursprünglich im ARPANET hauptsächlich verwendete Betriebssystem war Unix (ein Hauptgrund, warum sich heute Linux so hervorragend für die Arbeit im Internet eignet).

1973 wurde mit IP (Internet Protocol) ein plattformneutrales Transportprotokoll präsentiert, das die Daten in kleine Pakete zerlegt und jedes dieser Pakete mit einer Adresse versieht, an die es weitergeleitet werden soll (das impliziert, dass in einem IP-basierenden Netzwerk jeder Rechner eine eindeutige Adresse hat). Anfang 1974 wurde eine darauf aufsetzende Verbesserung eingeführt – das Erweiterungsprotokoll TCP (Transmission Control Protocol), das eine noch fehlerfreiere Übertragung gewährleistete. Beide treten in der Regel zusammen auf (TCP/IP).

Das ARPANET bestand 1972 aus ungefähr 50 miteinander verbundenen Rechnersystemen. Insbesondere zwang zu dieser Zeit der Kostendruck die Militärs, das Netz für zivile Zwecke zu öffnen. Damit konnten lange Verbindungsstrecken zwischen militärischen Rechnern durch zivil finanzierte Teilstrecken ergänzt werden. Besonders die National Science Foundation (NSF), eine Dachorganisation verschiedener Bildungs- und Forschungseinrichtungen in den USA, zeigte schnell Interesse am Internet und sorgte dafür, dass über die Zeit zahlreiche Universitäten und andere Forschungseinrichtungen an das Internet angeschlossen wurden und die Verflechtung immer komplexer wurde. Mit allen Vor- und Nachteilen. Einmal wurde das Netz immer größer und damit immer weniger zerstörbar, anderseits erlangten damit immer mehr Personen Zugang zum Netz, die nicht unbedingt als militärisch zuverlässig zu betrachten waren. Schüler und Studenten hauptsächlich, die im Netz ihren Spiel- und Forschungstrieb auslebten. Um militärische Geheimnisse und Systeme zu schützen, wurde Anfang der achtziger Jahre das ARPANET aufgespalten. Der militärische Bereich bekam den Namen MILNET, der zivile Teil wurde Internet genannt.

Das im Internet hauptsächlich zur Übertragung verwendete TCP/IP ist ein sehr leistungsfähiges Transportprotokoll, aber eben nur ein reines Transportprotokoll. Man kann noch keine konkrete Anwendung damit realisieren. Dies erfolgt, indem man Protokolle vereinbart, die auf dieser Transportschicht aufsetzen und als Dienstprotokolle oder Internet-Dienste bezeichnet werden. Dies sind unter anderem die bekannten Internet-Dienste Telnet, FTP, E-Mail oder auch das WWW.

Das WWW ist der heute wahrscheinlich populärste Dienst, aber auch ein ganz junger Dienst. Erst 1991 wurde er eingeführt. Der Grund für das Entstehen des WWW war, dass Ende der achtziger Jahre immer mehr Anwender das Internet nutzen wollten oder mussten und nicht in der Lage oder gewillt waren, sich mit der relativ komplizierten Befehlsstruktur der bis dahin vorhandenen Internet-Dienste auseinander zu setzen. Die Zeit war für ein System reif, das es erlaubte, auf einfachste Weise Daten und Informationen über das Internet auszutauschen und in weltweiten Datenbeständen zu recherchieren. Resultat dieser Forderungen war ein Konzept, in dem im Internet verteilte Inhalte über ein vernetztes Hypertext-System in einer grafischen und vor allem einfach zu bedienenden Oberfläche (also mit der Maus anklickbare Texte, die als aktive Querverweise zu anderen Inhalten führen) verbunden werden. Für dieses Hyertextsystem musste vor allem ein neues Protokoll entwickelt werden – HTTP (Hyper Text Transfer Protocol). Eigens für die Umsetzung des Projekts wurde eine Organisation namens W3C (World Wide Web Consortium) (http://www.w3.org) gegründet. Das WWW ist der Dienst im Internet, der letztendlich die beste Integrationsplattform für Java darstellt.

10.2 Das WWW, HTML und Java-Applets

Ich nehme an, es ist mittlerweile bekannt, dass das WWW aus HTML (Hyper Text Markup Language) aufgebaut ist. HTML wurde aus der in der ISO-Norm 8779:1986 festgelegten Sprache SGML (Standard Generalized Markup Language) entwickelt und ist eine so genannte Dokument-Beschreibungssprache, mit der die logischen Strukturen eines Dokuments in plattformunabhängigen Klartext beschrieben werden. Sie ist keine (!) Programmiersprache wie Java und mit HTML wird streng genommen auch nicht programmiert (obwohl es häufig so genannt wird[2]). HTML fehlen sowohl Variablen als auch Programmfluss-Anweisungen, die zentrale Bestandteile einer Programmiersprache sind. Stattdessen gibt es so genannte »Tags« zum Bezeichnen von Strukturen wie Absätzen oder Formaten. Im Grunde gibt ein Dokumentenformat nur unverbindliche Empfehlungen an eine interpretierende Darstellungs-Software (ein Browser wie Opera), wie eine bestimmte Dokumentenstruktur darzustellen ist, damit sie dem geplanten Layout und der vorgesehenen Funktionalität so weit wie möglich entspricht. Es gibt in reinem HTML keine absolute Darstellungsvorschrift, weswegen sich Darstellungen von HTML-Seiten in verschiedenen Browsern oft erheblich unterscheiden können. Das war von Anfang an eines der wichtigsten Konzepte des WWW, Layout nur zweitrangig zu behandeln und damit die plattformunabhängige Beschreibung einer grafischen Dokumentenseite mit einem äußerst geringen Aufwand und einer extrem kleinen Menge an zu übertragenden Daten zu erlauben.

Zu einer durch HTML beschriebenen logischen Dokumentenstruktur gehören Verweise, aber auch Kapitel, Unterkapitel, Absätze usw. Da von Anfang an ein in HTML geschriebenes Dokument mit den Texten Grafiken sowie einige weitere multimediale Elemente (Sound, Video usw.) verknüpfen sollte, mussten entsprechende Techniken zur Verbindung mit einer Webseite entwickelt werden. Elemente, die jenseits von Textanweisungen zu sehen sind, werden in einer Webseite als Referenz auf eine entsprechende externe Datei notiert. Wenn diese in einer Webseite dargestellt werden soll, muss natürlich die Präsentations-Software entsprechende Software-Module und die Hardware die zugehörigen Komponenten (beispielsweise eine Soundkarte für akustische Daten) verfügbar haben. Eine weitere wichtige Eigenschaft von HTML ist, Verbindungen zu anderen Internet-Diensten in eine Webseite integrieren zu können. Diese werden wie die Einbindung von Multimedia-Elementen als Referenz in einer Webseite notiert, weshalb unter der Oberfläche des WWW viele Dienste wie E-Mail oder FTP verfügbar gemacht werden können.

HTML beinhaltete in der Version 1.0 nur wenige der heute im Web zu findenden Möglichkeiten. Da bereits der erste populäre Browser Mosaic diverse eigene Features implementiert hatte, die vom einfachen HTML-1.0-Standard stark abwichen, und sich der Browser rasend schnell verbreitete, entwickelten sich von Anfang an das offizielle HTML und das in der Praxis realisierte HTML in verschiedene Richtungen. Die Versuche des W3C, HTML wirklich zu standardisieren, scheiterten teils kläglich. So dauerte es bis September 1995, bis endlich die offizielle HTML-Version 2.0 verabschiedet werden konnte, die einen halbwegs im Web unterstützten Standard repräsentierte. Dennoch – von einem echten Standard zu sprechen, würde den Begriff ad absurdum führen. Durch die lange Zeit zwischen den HTML-Versionen 1.0 und 2.0 hatten sich verschiedenste Browser-spezifische Dialekte gebildet, unter denen eine Standardisierung des WWW auch heute noch krankt. Dazu kamen immer mehr neue Elemente, die in Webseiten inte-

---

[2] Das ist irgendwo aber ein Streit um des Kaisers Bart. Anfänger sagen, dass sie in HTML programmieren, Fortgeschrittene lachen Anfänger aus und behaupten, HTML sei keine Programmiersprache (was ja stimmt) und Profis lachen diese Fortgeschrittenen wieder aus, weil man mit HTML doch Dinge machen kann, die eigentlich nur als Programmierung bezeichnet werden können.

griert werden mussten und neue HTML-Anweisungen erforderten. Preisfrage: Was fällt Ihnen als wichtige Webseitenerweiterung ein? Sie wurde 1995 vorgestellt. Ich hoffe nicht, dass Sie lange überlegen müssen ;-). Java-Applets.

Die Leidensgeschichte von HTML setzte sich auch nach der Version 2.0 fort. Der nächste Versuch einer Standardisierung in der HTML-Version 3.0 war ein totaler Flop. Sie wurde wegen der mangelnden Konsensfähigkeit der am W3C beteiligten Organisationen und Unternehmen nie offiziell verabschiedet. Erst Ende 1996 gab es einen neuen, offiziellen Standard – die Version 3.2. Es ist bezeichnend für das Chaos rund um HTML, dass eine Zwischenversion als Standard dargestellt wird. Wichtig ist diese Version dennoch, denn darin war die Integration von Java-Applets erstmals offiziell bezeichnet. Das HTML-Tag <APPLET> wurde dafür eingeführt. HTML 3.2 hatte ungefähr ein Jahr Bestand. Ende 1997 fand die offizielle Verabschiedung eines neuen HTML-4.0-Standards statt, der auch heute immer noch aktuell ist (mit nur marginalen Erweiterungen). Als aus Java-Sicht bedeutendste Erweiterung von HTML 4 ist eine neue Anweisung (<OBJECT>) zu nennen, die offiziell zur Referenzierung aller externen Dateien in einer Webseite (und damit auch Java-Applets) verwendet werden soll und damit auch das erst in HTML 3.2 offiziell eingeführte HTML-Tag <APPLET> wieder ablöst. Bei dem Abschnitt zur Einbindung von Java-Applets in Webseiten werden wir aber sehen, dass das alles aber nicht so einfach ist und offizielle Verabschiedungen bezüglich HTML oft dem Versuch eines Lehrers gleichen, eine Klasse mit pubertierenden Halbstarken zur Ruhe zu veranlassen.[3] Um das zu verstehen, sollte man betrachten, wer hinter dem Internet und dem WWW steht.

10.3 Ein Blick hinter die Fassaden des Internets

Das Internet wurde zwar ursprünglich als militärisches System konzipiert, aber es gibt schon lange mehr keine oberste Instanz, kein Kontrollorgan, keine Organisation zur Zensur und keine Organisation mit verbindlicher Gewalt. Zwar gehören einzelne Teile des Internets (Hosts, WANs, LANs, der private Rechner, Teile der Leitungen, ...) irgendwelchen Besitzern, jedoch das Netz als Ganzes gehört niemandem. Es gibt auch keine zentrale Gesellschaft, die das Internet (legal und vor allem vollständig) überwacht und lenkt. Es ist auch technisch unmöglich. Das Netz war ja genau so konzipiert worden, dass es weder zerstörbar noch ausspionierbar oder kontrollierbar ist.

Es existieren jedoch einige Gruppen und Organisationen, die sich mit Entwicklungen im Internet befassen, und versuchen, Standards zu definieren, Absprachen zur Kontrolle zu treffen, und das Internet (in gewissen Grenzen) lenken.

Organisationen, die sich um die Standards im Internet kümmern (etwa das W3C für Normen im WWW), sind allerdings auf relativ freiwillige Kooperation der Internet-Teilnehmer (vor allem der einflussreichen kommerziellen Unternehmen) angewiesen. So eine freiwillige Kooperation funktioniert

---

[3] Niemand kümmert sich drum (außer ein paar Strebern) ;-).

leider nur selten, denn in Organisationen wie dem W3C sind Konkurrenten der Branche zusammengeschlossen, die sich normalerweise bis auf das Blut bekämpfen. Im W3C finden Sie Firmen wie Microsoft, Netscape, Sun und viele andere Hauptdarsteller des WWW. Und jeder versucht, seine Vorstellungen und Ziele durchzusetzen.[4]

Es gibt eigentlich nur einen einzigen Bereich, in dem im Internet echter Zwang herrscht. Die Verwaltung der Adressierungskonzepte im Internet muss zentral gehandhabt werden, denn Adressen in einem Netzwerk müssen eindeutig sein. Die Adressierung im Internet basiert auf einer eindeutigen, numerischen Adresse. Diese ist (zurzeit – es sind Überlegung im Gange, sie zu erweitern) vier Byte lang und wird als IP-Nummer bezeichnet (IP steht wieder für Internet Protocol). Gewöhnlich werden die IP-Nummern im Dezimalsystem dargestellt und jedes Byte mit einem Punkt abgetrennt (zur besseren Lesbarkeit). Eine fiktive IP-Nummer wäre also so darstellbar:

123.132.133.178

Für viele Rechner gibt es zudem im Internet einen eindeutigen Alias-Namen, der alternativ zur unmissverständlichen Adressierung verwendet werden kann. Diese alternativen Adressnamen bilden ein System von logisch und inhaltlich zusammengehörigen Rechnergruppen, das hierarchisch geordnet ist. Logisch zusammengehörende Bereiche werden Domain genannt, woraus sich der Name für dieses Namensystem ableiten lässt: DNS. Das ist die Abkürzung für »Domain Name Service«, »Domain Name Server« oder »Domain Name System« (da gibt es drei offizielle Varianten – wichtig sind aber die ersten beiden Wörter).

Die einzelnen Bestandteile eines DNS-Namens werden wie IP-Nummern mit Punkten getrennt, die hierarchische Wertigkeit der Stufen ist jedoch von hinten nach vorne zu lesen. Der hinterste Teil eines solchen Alias-Namens stellt die gröbste logische beziehungsweise inhaltliche Einteilung da (die so genannte Top Level Domain), etwa eine Nation oder eine Organisationsform.

Für Rechner, die in Deutschland für das Internet registriert sind, werden Sie dort beispielsweise DE finden, für Österreich AT und die Schweiz CH.

Nach Organisationen aufgedröselte DNS-Namen kommen nur für Organisationen vor, die ihren DNS-Namen in den USA registriert haben. Das bedeutet nicht, dass der Rechner dort steht. Ein DNS-Name kann man sich eher als Autonummernschild vorstellen. Der Rechner wird irgendwo angemeldet, aber wo er sich physisch befindet, ist damit nicht festgelegt. Bestimmte Toplevels können auch nicht frei gewählt werden. Dies sind edu für Rechner von Ausbildungsinstitutionen (Universitäten, Schulen usw. und nur in den USA), gov für Regierungsrechner in den USA und mil für militärische Computer der Vereinigten Staaten von Amerika. Andere sind aber frei. Der Toplevel com kann für alle von kommerziellen Unternehmen betriebene Rechner, org für Rechner von nicht kommerziellen Organisationen und net für Organisationen verwendet werden, die ein eigenes Netzwerk betreiben.

---

4 Zwietracht und Intrige – dein Name sei W3C :))).

Ende 2000 wurde eine Erweiterung der Top-Level-Domains beschlossen, um Raum für neue DNS-Namen zu schaffen. Neu hinzugenommen wurden info *(einzig offene neue Erweiterung. Markennamen werden bevorzugt),* name *(Domain-Erweiterung für Namen von privaten Personen. Nur in Verbindung von Vor- und Nachname),* pro *(Freiberufler),* biz *(Kommerzielle Unternehmen. Alternative zu* com*),* museum *(Museen),* aero *(Unternehmen der Luftfahrt) und* coop *(Genossenschaftliche Unternehmen). Die technische Umsetzung des neuen Toplevels ist aber zur Zeit der Bucherstellung noch nicht weit gediehen (erste Umsetzungen sind aber absehbar).*

Ein DNS-Name besteht mindestens noch aus einem dem Toplevel vorangestellten zweiten Teil. Der – unter Umständen mehrteilige – Mittelteil (der Second-Level) ist eine genaue Beschreibung des Rechnerverbandes bzw. des Rechners selbst. Er wird vom Eigner einer Domain in der Regel möglichst sprechend gewählt. Der (oft optionale) vorderste Teil des DNS-Namens bezeichnet direkt den einzelnen Server auf einem Rechner bzw. Rechnerverband. Meist wird dafür WWW genommen, aber das ist in keiner Weise zwingend (nur sinnvoll, weil viele Internet-Anwender das auf gut Glück ausprobieren und man weniger Besucher hat, wenn man davon abweicht). Beispiele für gültige DNS-Namen sind folgende:

→ java.sun.com
→ www.sun.com
→ rjs.de

Vergeben werden diese Namen von der Organisation NIC (http://www.internic.net). Dabei kann jedermann oder jede Organisation einen solchen DNS-Namen eintragen, sofern dieser noch nicht von jemand anderes reserviert wurde.

10.3.1 Uniform Resource Locator

Computer sind über IP-Nummern beziehungsweise ihre Alias-Namen eindeutig adressiert. Auf einem Computer und erst recht innerhalb des Internets müssen aber auch alle Daten und Programme in Form von eindeutigen Angaben adressiert werden. Damit werden neben der Rechneradresse zusätzlich einige andere Angaben notwendig. Im Wesentlichen Pfadangaben (also Verzeichnisse) und Dateinamen.

Der Name dieser vollständigen Adressangabe für Dokumente (im weitesten Sinn) im Internet lautet URL und steht für Uniform Resource Locator, was übersetzt ins Deutsche ungefähr einheitliches Adressierungsschema für Objekte im Internet bedeutet. Einheitlich deshalb, weil mit einem URL sowohl verschiedenen Dienste, wie WWW, FTP, Gopher usw. als auch Rechner selbst oder direkt Dokumente (selbst auf dem eigenen Rechner – sogar ohne irgendwelche Netzwerkverbindung – über das Protokoll FILE oder relative Pfadangaben) beschrieben werden können. Der Begriff Objekt steht in diesem Zusammenhang für so ziemlich alles, was Sie im Netz oder dem eigenen Rechner finden. Der URL ist letztendlich das, was Sie in der Adresszeile des Browsers eintragen, um eine bestimmte Webseite angezeigt zu bekommen. Er ist aber auch die Angabe einer Datei, die Sie downloaden wollen, die lokale Datei, die im Browser angezeigt werden soll oder auch der Aufruf des E-Mail-Programms mit einer vorbelegten E-Mail-Adresse. Das kann natürlich auch mit HTML aus einer Webseite per HTML-Steueranweisung geschehen. Ein URL ist auch vollkommen analog zu der Angabe, die bei einem Zugriff aus Java heraus auf eine andere Datei die Referenz darauf beschreibt. Insbesondere sind mit dem Begriff URL auch relative Pfadangaben abgedeckt, die von der Position der aktuellen Webseite oder der Java-Applikation zu sehen sind.

Die exakte Schreibweise eines absoluten URL ist je nach Dienstprotokoll leicht unterschiedlich, sieht jedoch in der Regel folgendermaßen aus:

`<Dienstprotokoll>://<host:port></pfad></datei>`

- → Die Angabe `Dienstprotokoll` steht beispielsweise für `http`, `ftp`, `gopher`, `file`, `news` oder `mailto`. Danach folgen ein Doppelpunkt und meist zwei Schrägstriche zur Abtrennung.

- → Mit `host` wird ein Server im Internet adressiert. Dabei kann direkt die IP-Nummer oder der DNS-Namen eingegeben werden.

- → Die Angabe `port` ist als Kanal zu verstehen. Auf einem Internet-Rechner bzw. Rechnersystem kann eine ganze Reihe von verschiedenen Diensten parallel betrieben werden. Das bedeutet, auf einem Rechner laufen mehrere Serverprogramme. Üblich sind z.B. ein FTP-Server und ein HTTP-Server. Dazu vielleicht noch ein POP3-Server für den E-Mail-Empfang und ein SMTP-Server für den Versand. Um auf einem ausgewählten Rechner den gewünschten Dienst zu erreichen, benötigt man also noch eine weitere Information. Dafür gibt es den so genannten Port bzw. Kanal. Im Rahmen von TCP sind 65.536 numerische Werte für einen Port möglich. Die Port-Adressen 0 bis 1023 sind dabei reserviert. Sie sind vordefinierten Diensten zugewiesen (»well-known ports«). Port-Adressen über 1023 sind aber durchaus möglich. Welcher Dienst darüber angesprochen werden soll, liegt in der Verantwortung des Anbieters. Das bedeutet, nahezu jeder Internet-Dienst hat einen Default-Wert, der immer dann verwendet wird, wenn man in einem URL keinen Port notiert. In der Regel braucht deshalb der Port nicht explizit angegeben zu werden. Der Default-Port für zum Beispiel einen HTTP-Server ist 80, ein FTP-Server hat den Port 21. Es ist allerdings möglich, die Ports für bestimmte Zwecke zu manipulieren, d.h., es ist optional möglich, in dem URL mit `:port` festzulegen, auf welchem Kanal dieser Server angesprochen werden soll.

- → Das genaue Objekt, das mit einer DNS-Angabe referenziert werden soll, verbirgt sich hinter der Angabe `</pfad></datei>`. Dies ist eine übliche Pfad- und Dateiangabe im Rahmen der Verzeichnisstrukturen eines Rechners. Beachten Sie, dass diese gesamten Angaben von Unix abstammen und deshalb als Trennzeichen kein Backslash (wie unter DOS oder Windows), sondern ein Slash (also ein Schrägstrich in die andere Richtung) verwendet werden. Auch wenn bestimmte Browser eine fehlerhafte Eingabe eines Backslashs erlauben und entsprechend im Hintergrund umsetzen, ist das rein auf die Adresseingabe in diesem speziellen Browser beschränkt. Innerhalb von anderen Browsern oder URLs in Quelltext ist das ein Fehler.[5]

Relative URL-Angaben arbeiten ohne Protokoll oder Host und bedeuten reine Pfad- und Dateiangaben.

---

[5] Der Internet Explorer in neueren Versionen macht so etwas. Es ist fraglich, ob Anwendern vom Internet Explorer ein Gefallen getan wird, wenn sie nicht auf ihren Fehler aufmerksam gemacht werden. Solange sie nicht anfangen zu programmieren oder andere Browser verwenden, geht das ja gut. Aber wehe, ein Anwender bricht aus dem Internet-Explorer-Käfig aus. Dann bekommt er was auf die Finger.

Das JDK und Java-Entwicklungstools

In den bisherigen Beispielen wurde das JDK schon mehrfach verwendet, ohne die Tools im Detail zu beleuchten. Das soll nun nachgeholt werden. Der Abschnitt hier beschäftigt ich genauer mit dem JDK und ergänzenden Programmen, denn rein mit dem JDK zu arbeiten ist nur als didaktische Maßnahme sinnvoll. Praxiorientiert weniger, weshalb auf die Dauer jeder Java-Programmierer weitere Programme zur Entwicklung benötigt. Diese setzen aber fast alle auf dem JDK auf. Das bedeutet, sie nutzen es direkt als Basis. Es muss also irgendwo auf dem Rechner installiert sein.

3

11 Die Basis-Tools des JDK

Das JDK besteht aus einer ganzen Reihe von Tools, die sich im JDK-Unterverzeichnis `bin` befinden sollten. Die wichtigsten Tools waren schon in den ersten Versionen dabei, aber über die Entwicklung des JDK kamen immer neue dazu. Aber nicht nur das. Es wurden auch immer wieder Tools in neuen Versionen beseitigt, weil sie nicht so funktioniert hatten, wie geplant oder weil sie nicht mehr benötigt wurden. Grundsätzlich werden die meisten Anwender die folgenden Programme benötigen (sie werden Basis-Programme des JDK im engeren Sinn genannt und sind diejenigen, die Sie zum Erstellen von Java-Applets und -Applikationen brauchen):

→ Der `appletviewer`, um Java-Applets stand-alone zu betrachten

→ Der Java-Compiler `javac`

→ Der Java-Interpreter `java`

Bei der Arbeit mit den JDK-Programmen gibt es ein paar Punkte zu beachten. Es wurde schon darauf hingewiesen, dass das JDK überwiegend aus befehlszeilenorientierten Tools besteht und für die eigentlichen Programmaufrufe eine Arbeit auf Befehlszeilenebene auf jeden Fall zu empfehlen ist (solange man ohne IDE arbeitet). Wenn man einen Programmaufruf eines Tools ohne irgendwelche Parameter durchführt, bewirkt das manchmal die Ausgabe der notwendigen Angaben für die korrekte Syntax in Kurzform. Die JDK-Programme erweisen sich in der Handhabung leider nicht vollständig aufeinander abgestimmt. Auch die Option `-help` funktioniert in einigen JDK-Versionen nicht überall. Dennoch – ein Aufruf eines Tools ohne Parameter ist eine gute Idee, wenn man die genaue Aufrufsyntax nicht weiß, und in den neueren Versionen ist es besser geworden. Ansonsten ist die Dokumentation des JDK erste Wahl, um die ausführliche Syntax zum jeweiligen Programmaufruf nachzuschauen. Wir werden deshalb in diesem Buch nicht alle Optionen aufführen.

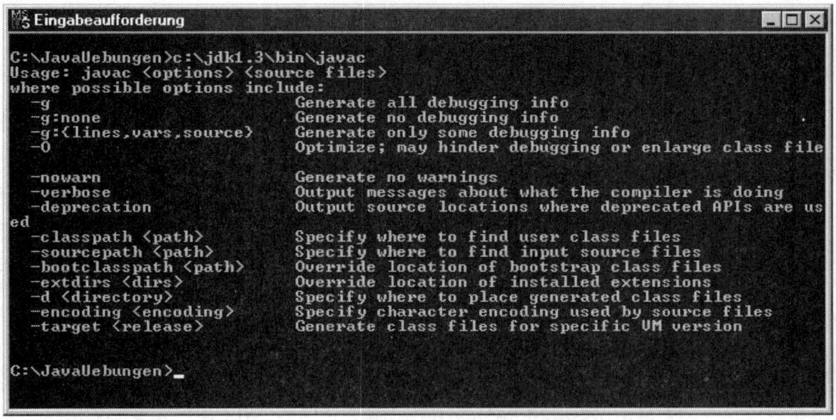

Bild 11.1: Ein Aufruf ohne Parameter gibt bei den meisten Tools eine Hilfe aus

Kapitel 11 · Die Basis-Tools des JDK

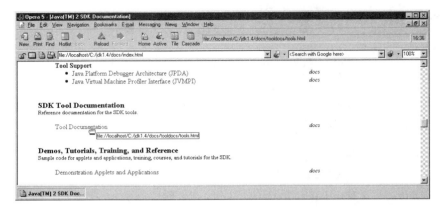

Bild 11.2: Hier gibt es detaillierte Informationen zu den Tools und genauen Optionen

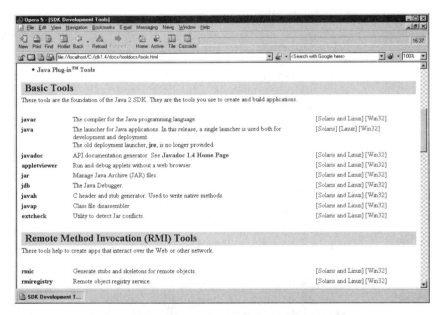

Bild 11.3: Querverweise zu den einzelnen Tools – für jede Version aufgeschlüsselt

11.1 Der Java-Compiler

Der Java-Compiler kompiliert die als Parameter angegebene(n) Datei(en) mit der Dateierweiterung .java in den Java-Bytecode mit der Erweiterung .class. Der Namensstamm der Datei wird für die Klassendatei (nicht den Dateinamen) übernommen. Es können sowohl Applets als auch Anwendungen kompiliert werden.

Es können im Prinzip beliebig viele Dateien als Parameter für die Übersetzung angegeben werden, die jedoch alle mit der Erweiterung .java enden müssen. javac produziert für jede Datei eine Bytecode-Datei mit gleichem

Namen wie die darin enthaltenen Klassen und der Erweiterung .class. Es allerdings ist zu beachten, dass javac nur eine public-Klasse pro Quelldatei erlaubt. Außerdem muss eine Quelltextdatei mit dem Namensstamm gespeichert sein, der sich aus dem Namen der öffentlichen Klasse ergibt.

Ohne entsprechende Option erzeugt der Compiler das oder die .class-Datei(en) in dem gleichen Verzeichnis, in dem sich auch die Quelldateien befinden. Falls innerhalb einer Quelldatei auf eine Klasse verwiesen wird, die nicht in der Kommandozeile mit angegeben wurde, so durchsucht der Compiler alle Verzeichnisse oder die Systemklassen auf Grund seines Suchkonzeptes. Individuell können Sie den Parameter -classpath angegeben, um weitere Verzeichnisse zu spezifizieren.

Allgemeine Aufruf-Syntax:

javac [Optionen] [Dateiname] [@files]

Der Dateiname muss zwingend mit der Erweiterung .java eingegeben werden!

Bei neueren Versionen des Compilers kann über das Zeichen @ eine Klartextdatei angegeben werden, die selbst in jeder Zeile den Namen einer .java-Datei enthält. Damit kann verhindert werden, dass die maximale Länge der Kommandozeile überschritten wird.

Die Optionen für den Compiler werden mit einem Minuszeichen eingeleitet und können beliebig kombiniert und angeordnet werden. Ein Aufruf des Compilers ohne Optionen generiert eine Auflistung der erlaubten Optionen. Mehr Informationen finden Sie in der Hilfe.

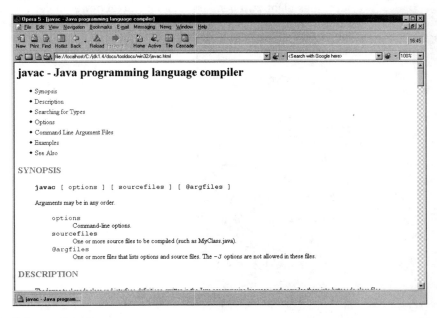

Bild 11.4: Mehr zum Compiler

Im JDK 1.3 gibt es übrigens noch das Tool oldjavac, *das für einige ältere Optionen eingesetzt werden kann. Im JDK 1.4 (Beta) fehlt es wieder.*

11.2 Der Appletviewer

Der Appletviewer ist eines der wenigen Programme des JDK mit grafischer Oberfläche. Er ermöglicht es, ein Applet während der Laufzeit zu betrachten. Er benötigt dazu nur eine rudimentäre HTML-Datei, die ausschließlich ein Tag mit Angabe des anzuschauenden Applets sowie eventuell benötigten Parametern enthalten muss. Er lädt alle Applets innerhalb der Webseite und führt sie – sofern es mehrere Applets gibt – jeweils in einem separaten Fenster aus. Wenn eine HTML-Datei kein Tag mit Angabe eines Applets enthält, bewirkt der Aufruf des Appletviewers nichts. In den neuen Varianten versteht der Appletviewer sowohl das ursprünglich ausschließlich zu verwendende <APPLET>-Tag als auch die Tags <OBJECT> und <EMBED> zum Einbinden. Der Appletviewer hat nur wenige Aufrufoptionen. Es gibt nur die folgende, einfache Syntax:

```
appletviewer [Optionen] [URL HTML-Datei]
```

[URL HTML-Datei] wird in der Regel einfach die HTML-Datei ohne irgendwelche Pfadangaben (wenn man in dem entsprechenden Verzeichnis steht) oder nur einfacher Pfadangaben auf dem lokalen Rechner (absolut oder relativ) sein. Die allgemeine Formulierung soll jedoch darauf hinweisen, dass dies nicht zwingend ist und der Appletviewer in der Lage ist, bei einer Online-Verbindung eine HTML-Datei samt Applet von einem beliebigen Server zu laden. Beachten Sie bitte, dass die HTML-Datei mit der Endung einzugeben ist!

Bild 11.5: Der Appletviewer

In den neuen Versionen des Appletviewers gibt es eine sehr interessante Option: `-classic`. Das Java 2 SDK beinhaltet zwei Implementationen der virtuellen Maschine. Die so genannte Java HotSpot Client VM ist die defaultmäßig verwendete virtuelle Maschine. Sie verwendet die Java-Hot-Spot-Technologie, die für eine bessere Performance im Vergleich zu der klassischen JVM sorgt, die in den älteren Versionen von Java verwendet wurde. Um aber die klassische JVM zu verwenden (was im Fall von Problemen mit einem Applet und allgemein bei Inkompatibilitäten mit der Hot-Spot-Technologie eine Lösung sein könnte), muss man den Appletviewer mit der genannten Option aufrufen. Etwa so:

```
appletviewer -classic MeinApplet.html
```

Im JDK 1.4 wird die klassische virtuelle Maschine nicht mehr mit ausgeliefert (Stand der Betaversion).

Auch zum Appletviewer gibt es weitergehende Hilfe in der Online-Dokumentation.

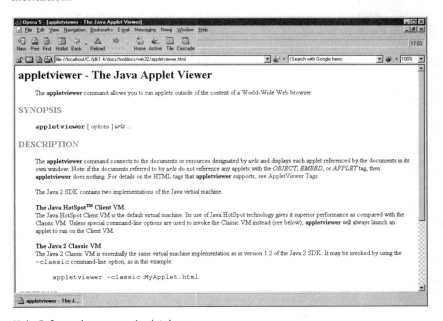

Bild 11.6: Mehr Informationen zum Appletviewer

11.3 Der Java-Interpreter

Der Java-Interpreter `java` ist ein Kommandozeilen-Interpreter zur Ausführung von eigenständigen Java-Anwendungen. Die das Programm repräsentierende Klassendatei wird dem Interpreter als Parameter übergeben. Dabei darf auf keinen Fall die Dateierweiterung `.class` angegeben werden. Applets können damit nicht ausgeführt werden.

Syntax für den Interpreter (den es in mehreren Versionen gibt):

```
java [Optionen] [Klassenname] [Argumente]
java [Optionen] -jar file.jar [ argument ... ]
```

In den meisten Fällen kann man auf die Optionen verzichten. Die optionale Angabe `file.jar` ist der Name der `.jar`-Datei, die ausgeführt werden soll. Diese Anweisung kann nur in Verbindung mit der vorangestellten Angabe `-jar` verwendet werden. `Argumente` bezeichnet eventuell an das Programm weitergegebene Übergabewerte beim Aufruf.

In einigen JDK-Versionen gibt es spezielle Varianten des Interpreters. Etwa `javaw` *und* `oldjava`. *Deren Funktionalität wird aber selten benötigt. Im JDK 1.4 entfallen sie.*

Die Option `-hotspot` gibt es auch beim Interpreter (wie beim Appletviewer), um die Java HotSpot Client VM für die Ausführung eines Java-Programms aufzurufen, um damit eine bessere Performance zu erreichen. Beachten Sie aber, dass die klassische JVM im JDK 1.4 sowieso entfällt.

Mehr Informationen finden Sie – wie bei allen Tools – in der Online-Hilfe. Auch ein Aufruf ohne Parameter gibt einige Hilfestellung.

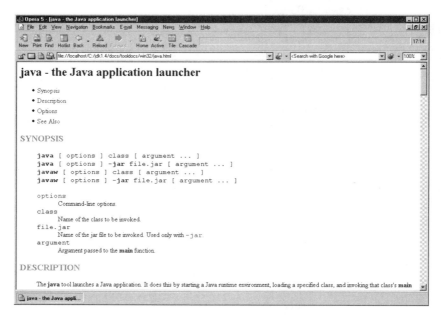

Bild 11.7: Das sagt die Online-Hilfe zum Interpreter

```
Eingabeaufforderung
09.07.01  10:57        <DIR>              TastaturEingabe
               7 Datei(en)              0 Bytes
                              5.787.149.312 Bytes frei
C:\JavaUebungen\Kap09>cd hallowelt

C:\JavaUebungen\Kap09\HalloWelt>c:\jdk1.3\bin\java
Usage: java [-options] class [args...]
           (to execute a class)
    or java -jar [-options] jarfile [args...]
           (to execute a jar file)

where options include:
    -cp -classpath <directories and zip/jar files separated by ;>
                  set search path for application classes and resources
    -D<name>=<value>
                  set a system property
    -verbose[:class|gc|jni]
                  enable verbose output
    -version      print product version and exit
    -showversion  print product version and continue
    -? -help      print this help message
    -X            print help on non-standard options

C:\JavaUebungen\Kap09\HalloWelt>
```

Bild 11.8: Ein Aufruf des Interpreters ohne Parameter generiert eine rudimentäre Hilfeausgabe

11.4 Erweiterte Basisprogramme

Neben den gerade behandelten Tools zählen noch einige weitere Programme zu den Basistools. Diese Programme, die ich erweiterte Basistools nennen möchte, werden für Einsteiger kaum interessant sein und auch später nur in speziellen Situationen verwendet. Nichtsdestotrotz sind da echte Schmankerl dabei, die wir teilweise noch genauer betrachten. Hier ist erst einmal eine Zusammenfassung. Auf einige Programme gehen wir an anderer Stelle auch noch intensiver ein. Eine vollständige Abhandlung finden Sie in der offiziellen Dokumentation des JDK. Zu den erweiterten Basisprogrammen werden offiziell nachfolgende gezählt:

11.4.1 Der Java-Disassembler javap

Es ist bei Java-Bytecode möglich, daraus den Quellcode wieder weitgehend zu reproduzieren. Diesen Vorgang nennt man Disassembilierung. Unter Java übernimmt diesen Prozess der Java-Disassembler javap. Bei der Reproduktion werden zwar nicht alle Details wiederhergestellt, aber die wichtigsten Bestandteile des Quellcodes. Nach der Disassembilierung des Codes werden diverse Informationen über den Quelltext ausgegeben. In der Standardeinstellung des Java-Disassemblers werden Informationen über Deklarationen von Definitionen, Methoden, Konstruktoren und statischen Initialisierern ausgegeben, sofern diese nicht private oder protected sind. Mit diversen Optionen kann man diesen Vorgang erweitern und genauer spezifizieren.

Die Syntax für den Aufruf des Java-Disassemblers lautet wie folgt:

```
javap [Optionen] [Klassenname(n)]
```

Die Angabe der Erweiterung muss unbedingt unterbleiben. In einem Schritt können mehrere Klassen disassembliert werden. Die Klassen werden alle, durch jeweils ein Leerzeichen getrennt, hintereinander aufgelistet.

Disassembilierung ist grundsätzlich von Interesse, wenn man den Aufbau von interessanten Programmen nachvollziehen will und nur der Bytecode zur Verfügung steht. Wir wollen deshalb ein kleines Beispiel praktisch durchspielen.

Wenn man beispielsweise das in Kapitel 9 bereits verwendete Programm zur Entgegennahme von Benutzereingaben kompiliert und dann per javap disassembiliert, erhält man aus dem ursprünglichen Source

```
public class NimmEntgegen {
    public static void main (String args[]) {
        System.out.println("Der Uebergabewert war: " + args[0]);
    }
}
```

folgende Source-Datei zurück generiert:

```
Compiled from NimmEntgegen.java
public class NimmEntgegen extends java.lang.Object {
    public NimmEntgegen();
    public static void main(java.lang.String[]);
}
```

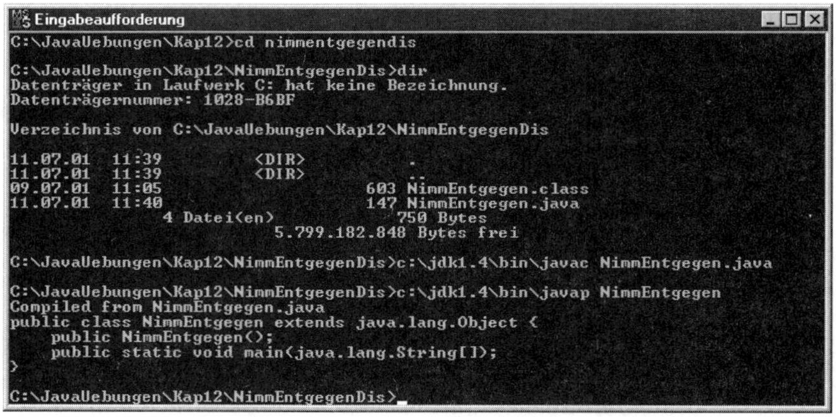

Bild 11.9: Rückübersetzung per javap

Es wird auffallen, dass bereits ohne besondere Optionen ausführliche Angaben über die Superklasse (extends java.lang.Object) sowie die Methodenargumente (java.lang.String []) explizit aufgeführt werden. Mit geeigneten Optionen, die Sie in der Online-Hilfe finden, können Sie auch weitergehende Informationen rückübersetzen.

Wenn Sie die Ausgabe der Disassembilierung nicht auf dem Bildschirm haben wollen, können Sie den generierten Code auch in eine neue Datei ausgeben. Dazu nutzt man die Umleitungsmöglichkeiten, die das Betriebssystem bereitstellt. So können Sie unter der DOS/Windows-Eingabeaufforderung mit dem Umleitungszeichen > die Ausgabe eines Befehls in eine beliebige Datei umleiten. Die Datei mit dem rechtsseitig angegebenen Namen wird dabei erstellt.

Beispiel:

```
javap NimmEntgegen > Reproduziert.txt
```

11.4.2 Der Header-Generator javah

Für das Zusammenspiel zwischen Java und C gibt es das Programm `javah`. Das ist ein Generator, um C-Header-Dateien und Stub-Dateien für eine Verbindung zu C zu erstellen. Diese so generierten Dateien enthalten alle notwendigen Informationen zur Implementierung von nativen Methoden. Das Programm generiert standardmäßig eine C-Datei in dem aktuellen Verzeichnis, deren Name identisch mit dem im Aufruf spezifizierten Klassennamen ist. Wenn dieser Klassenname ein Paket enthält, so enthalten die C-Dateien sämtliche Komponenten des Paketnamens. Allerdings werden diese nicht durch Punkte, sondern durch Unterstriche getrennt.

Die Aufrufsyntax von `javah` lautet wie folgt:

```
javah [Optionen] [Klassenname]
```

wobei `Klassenname` der Name der Java-Klassendatei ohne die Dateinamenerweiterung ist.

11.4.3 Das Dokumentations-Tool javadoc

Das Dokumentations-Tool `javadoc` ist ein Programm, das auf der Basis von speziellen Kommentar-Tags innerhalb einer Java-Quelldatei eine HTML-Datei als API-Dokumentation der angegebenen Datei oder des Pakets erzeugt. Dieses Programm soll im Rahmen des Kapitels über Dokumentation noch genauer betrachtet werden *(siehe ab Seite 155)*.

11.4.4 Der Java-Debugger jdb

Der Java-Debugger `jdb` bzw. seine Vorgängerversion, die im JDK 1.3 als `oldjdb` geführt wird (im JDK 1.4 nicht mehr vorhanden), ist ein über Befehlszeileneingaben zu steuerndes Tool zur Fehlerlokalisierung. Im JDK 1.3 wurde der Debugger erheblich überarbeitet, so dass er in vielen Details nicht mehr mit seinem Vorgänger des JDK 1.2 übereinstimmt. Dafür kam im JDK 1.3 das Debugging-Tool `oldjdb` hinzu, was im Wesentlichen dem Vorgänger des aktuellen `jdb` entspricht. Dieses ist – wie alle mit `old` beginnenden Tools – für die Arbeit mit Quellcode vorhanden, der bestimmte Kriterien älterer Java-Versionen nutzt, die mit dem neuen Standard nicht vereinbar sind. Der Debugger `jdb` wurde gegenüber seinem Vorgänger bezüglich seiner erlaubten Optionen erheblich erweitert.

Die grundsätzliche Vorgehensweise beim Suchen von Fehlern unter Java wollen wir in einem eigenen Kapitel durchsprechen. Der Java-Debugger `jdb` ist im Prinzip ein sehr mächtiges Tool, aber mehr als unkomfortabel und ziemlich kompliziert. Es handelt sich nicht um einen integrierten Debugger, wie er mittlerweile in den meisten Entwicklungsumgebungen üblich ist, sondern er wird über Befehlszeileneingaben gesteuert. Wenn Sie sich in die aufwendige Syntax und Logik des Tools eingearbeitet haben, zeigt es seine Zähne. Der Debugger kann sowohl lokale Dateien als auch Dateien auf entfernten Systemen auf Fehler überprüfen, beliebig Haltepunkte setzen und die Werte der Variablen ausgeben lassen, durch den Source steppen usw.

Wie erwähnt ist aber die Bedienung von jdb so unkomfortabel, dass Debuggen unter Java mittels eines Tools nur im Rahmen einer IDE sinnvoll ist. Diese ruft implizit jdb oder einen eigenen Debugger auf. Das SDK 2 stellt diverse Hilfstechnologien bereit, damit IDEs den integrierten Debugger problemlos integrieren bzw. einen eigenen Debugger auf Java-Code loslassen können (das JDK 1.4 bringt dahingehend einige weitere Neuerungen). Wir wollen deshalb nur knapp die direkte Arbeit mit dem jdb anreißen.

Allgemein wird eine Debugger-Sitzung vorbereitet, indem die zu untersuchenden Klassen entsprechend kompiliert werden. Dazu müssen Sie den Java-Compiler mit der Option -g ausführen.

```
javac -g [Name der Datei].java
```

Das Ergebnis dieser Kompilierung sollte ein nicht optimierter Bytecode sein, den jdb benötigt. Dabei kann jdb dann auf verschiedene Arten mit dem Bytecode umgehen. Die üblichste Methode ist der direkte Aufruf des Debuggers mit der zu untersuchenden Klasse (die eine main()-Methode enthalten muss). Die eigentliche Syntax für den direkten Aufruf des Debuggers ist nicht sonderlich umfangreich.

```
jdb [Optionen] [KlassenName]
```

Wenn Sie jdb direkt im Befehlszeilenmodus mit der Angabe einer Klasse gestartet haben, wird eine Eingabeaufforderung des Debuggers auf die Befehle von Ihnen warten. Diese Befehlssyntax ist nicht trivial und dafür und auch für die Optionen sei explizit auf die Online-Hilfe verwiesen. Aber wie erwähnt, direkt mit dem Debugger arbeitet sowieso kaum noch ein Programmierer.

11.4.5 Das Java Archive Tool jar.

Das Archivierungsprogramm des JDK kann eine beliebige Anzahl von Dateien zu einem einzigen und von Java direkt nutzbaren komprimierten Java-Archiv mit der Erweiterung jar (»jar« steht für Java Archive) packen. Bereits ab der JDK-Version 1.1.1 können Java-Programme JAR-Dateien nutzen. JAR-Archive basieren auf der ZIP-Technologie und dem ZLIP-Format. Zum Erstellen der Java-Archive wird das Java Archive Tool jar genutzt. Man kann damit beliebig viele Java-Klassen und andere Ressourcen zu einer einzigen JAR-Datei zusammenfassen.

Die Aufrufsyntax für jar sieht so aus:

```
jar [Optionen] [manifest] [JAR-Datei] [Eingabedatei(en)]
```

Die Syntax besteht aus vier Bestandteilen nach dem Programmaufruf:

→ Den diversen Optionen. Dafür sei wieder auf die Online-Hilfe verwiesen, denn sowohl die Bedeutung und Anzahl der Optionen als auch deren Verwendung ist nicht ganz trivial. Optionen werden immer gekoppelt. Dies bedeutet, es wird eine Kombination aus verschiedenen Optionen notwendig sein, um Dateien zu komprimieren und zu dekomprimieren.[1]

→ Der mit `manifest` bezeichnete Teil der Syntax gibt eine Datei an, die sämtliche Meta-Informationen über das Archiv enthält. Eine Manifest-Datei wird immer automatisch vom `jar`-Tool generiert und ist immer der erste Eintrag in der `jar`-Datei. Sie müssen diese Angabe nur dann machen, wenn Sie eine vom Default-Wert abweichende Datei als Meta-Informationsdatei des Archivs verwenden wollen. Andernfalls wird diese Meta-Informationsdatei mit Namen `META-INF/MANIFEST.MF` erstellt.

→ Die Angabe `JAR-Datei` ist der Name des zu erstellenden oder zu dekomprimierenden Java-Archivs.

→ `Eingabedatei(en)` bezeichnet die Datei(en), die komprimiert werden sollen. Dabei kann mit Wildcards gearbeitet werden (z.B. `*.class` für die Komprimierung aller Klassendateien im Verzeichnis in der angegebenen `JAR`-Datei). Die Dateien müssen beim Entkomprimieren nicht unbedingt angegeben werden.

Beispiel:

Das Kommando

```
jar -fc meineKlassen.jar *.class
```

erstellt aus sämtlichen in dem Verzeichnis vorhandenen Dateien mit der Erweiterung `class` ein JAR-Archiv `meineKlassen.jar`.

Wenn in der Angabe der Dateien ein Verzeichnis auftaucht, wird dieses Verzeichnis rekursiv verarbeitet (siehe Bild 11.10).

Das Kommando

```
jar -xf meineKlassen.jar *.class
```

extrahiert wieder alle Dateien mit der Erweiterung `class` aus dem JAR-Archiv `meineKlassen.jar`.

Das Kommando

```
jar -tf meineKlassen.jar *.class
```

listet eine Tabelle mit dem Inhalt einer angegebenen `jar`-Datei auf dem Standard-Ausgabegerät auf. (siehe Bild 11.11)

---

[1] Ein konkretes Beispiel zeigt gleich die Verwendung im allgemeinen Fall.

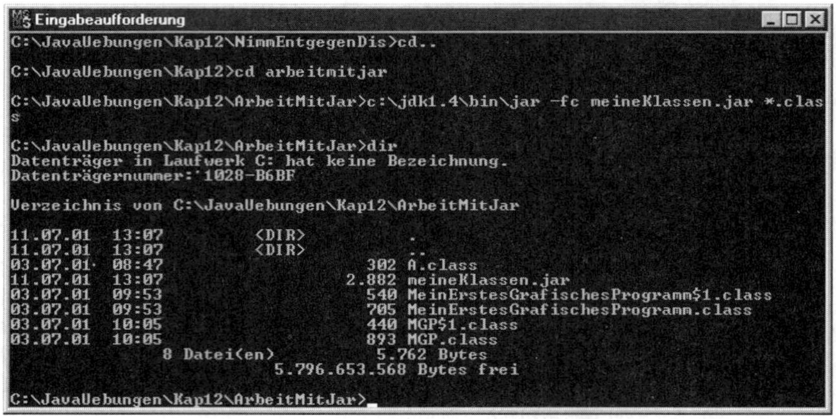

Bild 11.10: Alle class-*Dateien sind in das* jar-*Archiv zusammengefasst worden*

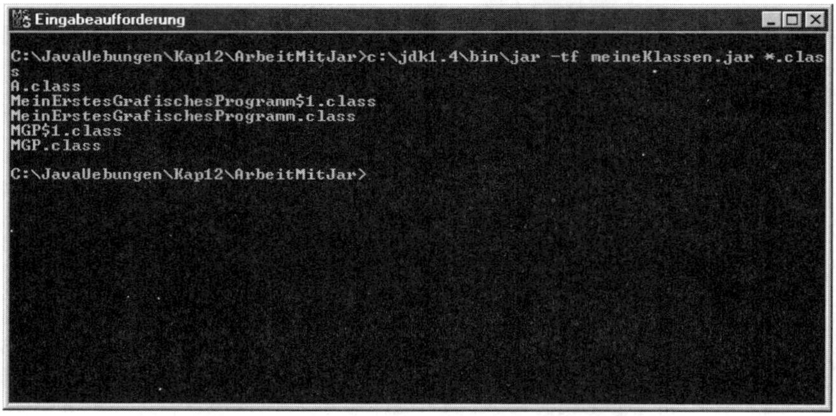

Bild 11.11: Auflistung des Inhalts der jar-Datei

jar *unterscheidet bei den Optionen zwischen Groß- und Kleinschreibung.*

11.4.6 Das Diagnose-Tool extcheck

Das Diagnose-Tool extcheck kann Probleme bei JAR-Files aufdecken. Das Programm wollen wir hier nicht weiter verfolgen.

12 Die JDK-Tools für die erweiterten Funktionalitäten

Neben den Basistools beinhaltet das JDK eine ganze Reihe von weiteren Programmen für ganz spezielle Aufgaben, die oft über das hinausgehen, was man mit »normaler« Java-Programmierung bezeichnen kann. Diese Tools werden fast nur professionelle Java-Programmierer interessieren und auch nur von solchen Cracks zu nutzen sein, denn die Tools setzen ein erhebliches Hintergrundwissen der beteiligten Prozesse voraus. Wir wollen diese Spezialprogramme des JDK nur knapp anreißen. Eine vollständige Abhandlung finden Sie in der offiziellen Dokumentation des JDK.

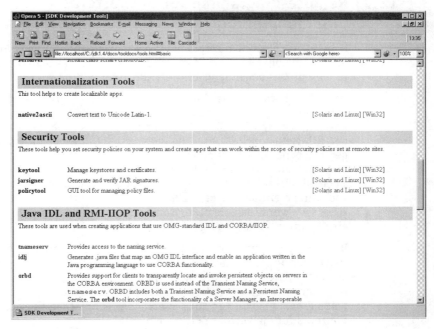

Bild 12.1: Für Details zu den weitergehenden JDK-Tools sei auf die Online-Dokumentation und weitergehende Literatur verwiesen

Die Tools für die erweiternden Funktionalitäten von Java lassen sich in verschiedene Gruppen unterteilen.

12.1 Internationalization Tools

Unter der Rubrik »Internationalization Tools« führen die offiziellen Sun-Quellen nur ein Programm: native2ascii. Es handelt sich um ein Tool, das Text in Unicode nach der Norm Latin-1 konvertiert.

12.2 Die Sicherheitsprogramme

Das JDK beinhaltet diverse Sicherheitsprogramme. Diese Programme sind zum Setzen und Verwalten von Sicherheitspolicen auf Ihrem System gedacht. Sie können damit Applikationen entwickeln, die mit anderen Sicherheitspolicen zusammenarbeiten. Dazu kommen Möglichkeiten, Java-Programme mit digitalen Signaturen zu versehen. Im Einzelnen sind bzw. waren das keytool, jarsigner, policytool und javakey. Das letztgenannte Tool ist in der JDK-Version 1.2 durch die Programme keytool und jarsigner sowie policytool ersetzt worden, die auch in den Folgeversionen des JDK noch so vorhanden sind.

12.3 Remote-Programme für die verteilte Programmierung

Das JDK verfügt über Programme, die zum Generieren von Applikationen dienen, die über das Web oder andere Netzwerke interagieren. Schlagworte in diesem Zusammenhang sind IDL, RMI oder CORBA.

Im JDK 1.2 wurden die Programme tnameserv (Zugriff auf die benannten Services) und idltojava eingeführt. Das letztgenannte Tool generiert java-Dateien, die ein OMG-IDL-Interface mappen. Das bedeutet, es generiert aus der IDL-Metasprache Java-Schablonen für CORBA. Damit können in Java geschriebene Applikationen CORBA-Funktionalität nutzen. Dieses Tool war ursprünglich nicht direkt Bestandteil des JDK, sondern konnte von der Java-IDL-Webseite geladen werden. Im JDK 1.3 bzw. 1.4 ist ein solches Tool direkt enthalten. Es wurde aber in idlj umbenannt. Aber auch für tnameserv wurde mit dem Programmpaar orbd und servertool im JDK 1.4 eine leistungsfähigere Alternative eingeführt.

Der Java RMI Stub Converter (rmic) generiert Stub-Dateien und Gerüststrukturen für so genannte remote objects, und rmiregistry (Java Remote Object Registry) ist dafür da, auf dem angegebenen Port eines Hosts eine so genannte »Remote object registry« zu generieren und dann zu starten. Beide Programme dienen zur programmiertechnischen Umsetzung des RMI-Konzepts für die verteilte Programmierung.

Das Tool rmid (Java RMI Activation System Daemon) ist in das RMI-Konzept integriert und startet den so genannten »activation system daemon«, mit dessen Hilfe Objekte in einer JVM registriert und aktiviert werden können. Das dahinter liegende Konzept wird Activation-Framework genannt und erlaubt es beispielsweise, eine GIF-Datei als solche zu erkennen und ein passendes Objekt zu deren Bearbeitung zur Verfügung zu stellen.

Für den Bereich der verteilten Programmierung (RMI) benötigt Java das Konzept der so genannten Object Serialization, auf dem das Tool serialver (Serial Version Command) aufbaut. Es ermöglicht das Abspeichern der Inhalte eines Objekts in einen Stream. Hauptanwendung hierfür ist das Versenden von Objekten über das Netzwerk im Zusammenhang mit dem RMI. Das Serialization-API wird benutzt, um die Daten eines Objekts in einen Datenstrom zu packen und anschließend, an anderer Stelle, wieder auszupacken. Dies kann aber auch im Prinzip eine beliebige Datei sein. Ein Objekt kann in einem Stream zwischengespeichert und zu einem späteren Zeitpunkt daraus wieder aufgebaut werden. Die Lebensdauer eines Objekts kann also über die eigentliche Laufzeit eines Programms hinaus verlängert werden.

12.4 Java-Plug-In-Tools

Neu im JDK 1.4 wurde eine Rubrik eingeführt, die wieder nur ein Programm beinhaltet. Es handelt sich um unregbean, was für die Arbeit mit dem Java-Plug-In eingeführt wurde.

13 JDK-Tools – genügt das für eine effektive Arbeit?

Grundsätzlich ist die Arbeit mit dem JDK ziemlich mühsam und unkomfortabel. Zwar wird das JDK kostenlos zur Verfügung gestellt und ein einfacher Texteditor genügt als Ergänzung (wir beschränken uns in dem Buch auch auf diese Konfiguration). Das ist aber eine reine Lern- und Übungskonfiguration. In der Praxis wird man sich jedoch kaum damit zufrieden geben (können). Die Arbeit dauert einfach zu lange, ist zu fehleranfällig und vor allem muss man bei Standardvorgängen zu viele Dinge von Hand erledigen, die eine Entwicklungsumgebung per wenigen Klicks auch kann. Es gibt mittlerweile zahlreiche kommerzielle IDEs (Integrated Development Environment – integrierte Entwicklungsumgebung) für Java, die von wenigen Euro bis hin zu tief vierstelligen Beträgen kosten. Das ist vom Produkt und dem Hersteller, vor allem aber der Version des jeweiligen Tools abhängig. Die meisten IDEs gibt es in einer Grundversion sowie darauf aufbauenden umfangreicheren Versionen. Die Grundversionen helfen bei der Erstellung von Grundstrukturen eines Java-Programms und vielfach bei der Generierung einer grafischen Oberfläche. Diese kostenlosen bzw. sehr billigen Varianten unterstützen meist aber keine weitergehenden Techniken wie Datenbankanbindungen, Java Beans, Servlets oder Netzwerktechniken.

Viele Hersteller von professionellen Java-Entwicklungsumgebungen stellen eine kostenlose Einfachvariante bereit, um Entwickler an sich zu binden. Die offensichtliche Hoffnung ist, dass diese mit dem kostenlosen Programm ein gewisses Know-how aufbauen und deshalb – falls sie weitergehende Programme schreiben wollen/sollen – dann auf die kostenpflichtige Variante upgraden. Ein durchaus legitimes Verfahren, von dem beide Seiten profitieren können. Denn selbst eine solche Einfachvariante als Basis ist in der Praxis für die Arbeit mit Java bedeutend komfortabler als die Arbeit mit dem JDK direkt und einem einfachen Texteditor. Wir wollen hier eine kleine (und in keiner Weise vollständige) Auswahl von kostenlosen Tools vorstellen und wie Sie diese bekommen können.

13.1 JCreator

Ein sehr brauchbarer, kompakter, nicht-visueller Freeware-Editor (unter Windows) für Java, den ich auch gerne in fortgeschrittenen Phasen einer Java-Schulung einsetze, ist der JCreator von Xinox-Software (http://www.jcreator.com). Er setzt unmittelbar auf einem vorhandenen JDK auf und hat den wesentlichen Vorteil, dass er auch auf relativ schwachen Rechnern noch läuft und ziemlich klein ist (ca. 2 Mbyte gezippt). Man kann ihn also schnell aus dem Internet laden.

Kapitel 13 · JDK-Tools – genügt das für eine effektive Arbeit?

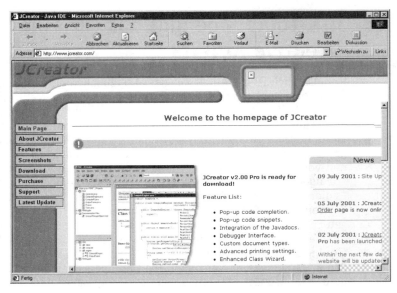

Bild 13.1: Hier gibt es den JCreator zum Download

Zum Zeitpunkt der Bucherstellung gibt es von dem Programm zwei aktuelle Varianten[1], die Sie sich aus dem Internet laden können. Eine Shareware-Version zum 30-Tage-Test und eine Freeware-Version, die dieser gegenüber natürlich eingeschränkt ist (auf den ersten Blick sieht man die Unterschiede aber kaum und auch die Download-Dateien sind gleich groß).

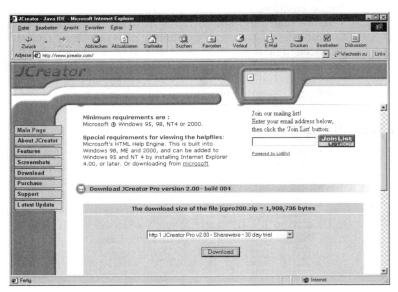

Bild 13.2: Download der Shareware-Version

---

1   Plus Vorgängerversionen.

JCreator

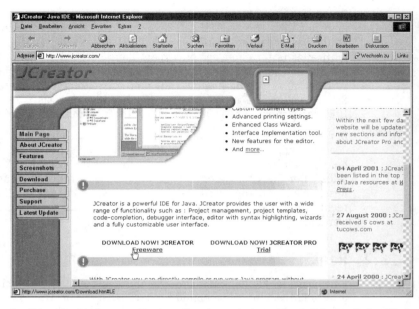

Bild 13.3: Es gibt auch eine Freeware-Version, die schon sehr brauchbar mit Java arbeiten lässt.

Bild 13.4: Die Arbeitsoberfläche des JCreators

Das Programm besticht mit einem recht intuitiv bedienbaren Userinterface sowie diversen weiteren Features, die die Arbeit mit Java erheblich erleichtern. So gibt es neben einigen Assistenten zu Erstellen von Grundstrukturen ein Projektmanagement mit Projekttemplates (Vorlagen), Klassenbrowser oder Syntax-Highlighting.

Besonders interessant für geplagte JDK-Anwender dürfte aber sein, dass man mit dem `JCreator` direkt Java-Quelltext kompilieren und ausführen kann. Das bedeutet, man muss nicht in eine Shell wechseln, sondern es läuft alles unter einer gemeinsamen Oberfläche ab. Auch für die Ausgabe auf Systemebene stellt das Tool ein eigenes Fenster bereit. Im Hintergrund ruft der `JCreator` die Befehle (mit den notwendigen Parametern) auf, die Sie normalerweise in der Shell manuell eingeben. Das ist auch das, was IDEs den Namen geben. Die folgenden Tools bieten das deshalb auch.

Der `JCreator` ist – wie schon angedeutet – kein visuelles Tool. Mit dem `JCreator` können also nicht per Mausklick Teile einer Anwendung bereits erstellt werden. Aber sogar solche Tools gibt es kostenlos. Sogar bei Sun selbst. Der Preis für deren Verwendung ist jedoch der immense Bedarf an Ressourcen und die meist recht große Installationsdatei. Dazu kann es recht unübersichtlich ob der vielen Fenster und des Funktionsumfangs werden.

13.2 RealJ

Eine weitere kleine, einfache (nicht-visuelle) und sehr schnelle, integrierte Entwicklungsumgebung für Java ist `RealJ` für Windows, was von der Seite http://www.realj.com geladen werden kann. Die Installationsdatei ist nicht einmal ein halbes Mbyte groß. Das Tool nutzt direkt ein JDK ab der Version 1.x.x (besser aber ein JDK der Java-Plattform 2) und läuft auch auf schwachen Rechnern. Sie können im Rahmen der Oberfläche einen Quelltext erstellen, kompilieren und ausführen sowie diverse weitere Aktionen durchführen, ohne das Programm verlassen zu müssen.

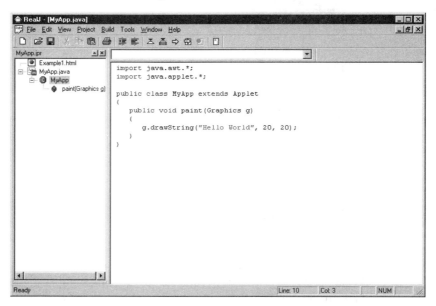

Bild 13.5: Die Oberfläche von `RealJ`

Das Programm stellt einen Klassen- und Funktionsbrowser zur Navigation bereit sowie integrierte Fenster, die den Kompilierungsstatus sowie die Ausgabe eines Programms zeigen. Syntax-Highlighting und Fehlerunterstützung runden die Fähigkeiten ab. Auch wenn die reine Unterstützung der Programmierung nicht mit aufwendigeren Tools mithalten kann, bietet RealJ ein paar nette weitere Features. Über die Menüs ist Zugriff auch auf andere wichtige Tools des JDK möglich.

Bild 13.6: Zugriff auf jar *oder* javadoc *direkt aus* RealJ

Schön ist auch die umfangreiche und sehr professionell gemachte Hilfe.

Bild 13.7: Standardhilfestrukturen erleichtern den Umgang mit RealJ

Kapitel 13 · JDK-Tools – genügt das für eine effektive Arbeit?

Bild 13.8: Die Hilfe hat alles, was man von einer Windows-Hilfe erwartet, und erweitert das auch auf Fragen zu Java selbst

13.3 Forte

Eine visuelle IDE für das JDK, die in einer Grundversion von Sun frei zur Verfügung gestellt wird, ist Forte for Java (http://www.sun.com/forte/) (siehe Bild 13.9).

Forte gibt es in Versionen für Linux, Solaris und Windows sowie eine universelle Version für alle Plattformen, auf denen eine passende virtuelle Maschine vorhanden ist. Das Entwicklungspaket ist selbst in Java geschrieben und funktioniert mit dem JDK ab der Version 1.3, das zusätzlich auf dem Rechner vorhanden sein muss. Sie können die so genannte Community Edition kostenlos in Form einer ca. 10 Mbyte[2] großen Installationsdatei (nur die IDE) in verschiedenen Versionen von den Sun-Servern laden. Grundsätzlich müssen Sie sich aber vor einem Download registrieren lassen. Auch für die kostenlose Community-Version. Wenn Sie sich registriert haben, können Sie einen Download-Ort und die gewünschte Version auswählen.

Wenn Sie die Version für alle Plattformen laden, wird eine Java-class-Datei übertragen. Die Windows-Version stellt dagegen eine Standard-Setupdatei bereit. Im Rahmen der Installation sucht das Setup nach einem passenden JDK.

---

2 Je nach Version gibt es verschiedene Größen.

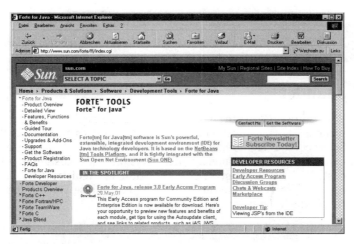

Bild 13.9: Bei Sun gibt es Forte

Die IDE bietet eine visuelle Entwicklungsumgebung mit diversen frei auf dem Bildschirm platzierbaren Fenstern. Von besonderer Bedeutung ist die Leiste mit Komponenten, mit der Sie per Mausklick AWT- und Swing-Elemente in einem grafischen Modus in ein Programm integrieren und mit passendem Eventhandling versehen können. Das wirkt sich natürlich auch in dem textbasierenden Modus aus, der synchron verwaltet wird und entsprechende Programmierung auf Quelltextebene erlaubt. Dazu finden Sie Debug-Unterstützung, Projektmanagement, einen Komponenteninspektor, Klassen- und Objektbrowser und zahlreiche weitere Möglichkeiten.

Allerdings zeigt sich an Forte, dass solche IDEs keine Spielzeuge sind. Selbst einen Athlon 600 mit 384 Mbyte Hauptspeicher kann die Arbeit mit dem Programm schon ziemlich fordern.

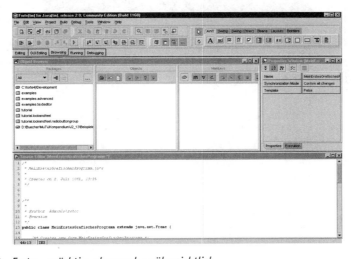

Bild 13.10: Forte – mächtig, aber auch unübersichtlich

Kapitel 13 · JDK-Tools – genügt das für eine effektive Arbeit?

Bild 13.11: Die einzelnen Fenster von Forte erscheinen jeweils als eigene Tasks in der Taskleiste von Windows – eine mittlerweile immer öfter zu findende Unart

13.4 JBuilder

Von Inprise (Borland) gibt es ein kommerzielles Java-Entwicklungstool namens JBuilder. Das Entwicklungstool gibt es für Linux, Windows und Solaris. Eine Lightversion (die Version JBuilder Foundation) von jeder gerade aktuellen kommerziellen Version wird kostenlos zur Verfügung gestellt, wenn man sich bei Inprise registrieren lässt (http://www.borland.com). Allerdings wird die kostenlose Version meist etwas später als die Vollversion bereitgestellt.

Bild 13.12: Hier gibt es den JBuilder

JBuilder

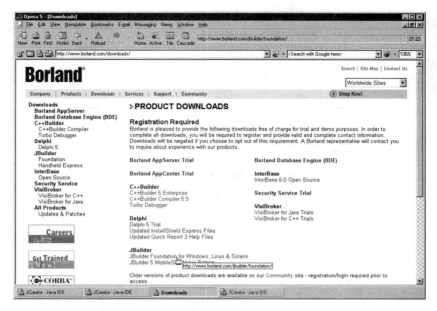

Bild 13.13: Unter http://www.borland.com/downloads/ gibt es die Foundation-Version zum kostenlosen Download

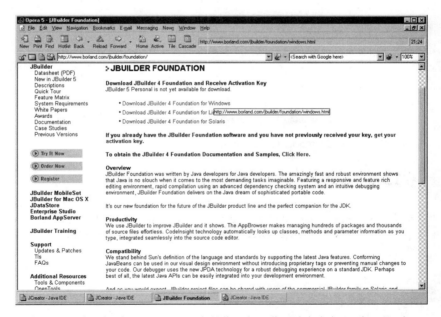

Bild 13.14: Auch wenn es bereits den JBuilder 5 als Vollversion gibt, wird als kostenlose Version »nur« die Version 4 angeboten

147

Nach dem Download der Setup-Datei wird ein unkompliziertes Standard-Setup durchgeführt. Beim ersten Aufruf startet der JBuilder aber nur, wenn der bei der Registrierung angeforderte Freischaltcode eingegeben wird.

Der JBuilder bietet wie die meisten Konkurrenten die Verknüpfung von grafischem und textbasierendem Programmiermodus. Änderungen im Textmodus wirken sich sofort – sofern davon berührt – im grafischen Modus und umgekehrt aus. Dazu gibt es einen so genannten Inspektor, mit dem Eigenschaften und Ereignisse von einzelnen Komponenten eines Programms individuell konfiguriert werden können. Auch diverse Schablonen und Wizards machen das Leben leichter.

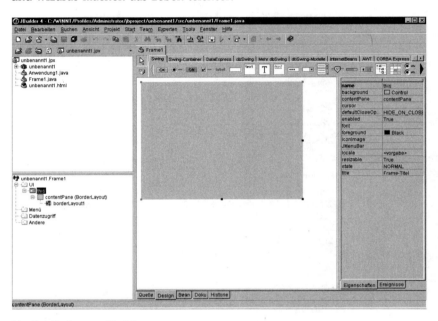

Bild 13.15: Die Oberfläche vom JBuilder

13.5 AnyJ

Sehr beliebt ist auch das Tool AnyJ, das unter http://www.netcomputing.de/html/main.html zu laden ist. Für Windows gibt es eine 90-Tage-Testversion zum Herunterladen. Die Linux-Variante ist generell kostenlos.

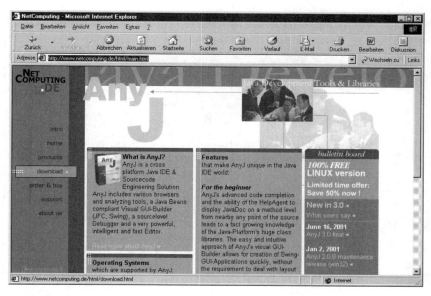

Bild 13.16: Hier gibt es AnyJ *zum Download*

AnyJ setzt mindestens ein JDK 1.3 als Grundlage voraus und ist fast 20 Mbyte groß. Bemerkenswert ist, dass die Setupdatei ein JAR-File ist.

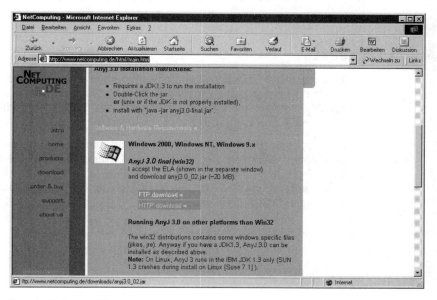

Bild 13.17: Download des JAR-*Files*

Vor dem Download müssen Sie die Lizenzbedingungen akzeptieren.

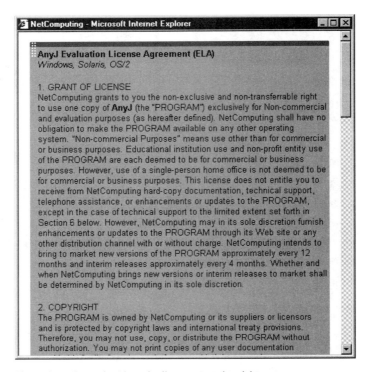

Bild 13.18: Ohne Akzeptieren der Lizenzbedingungen geht nichts

13.6 Jext

Zum Abschluss soll mit Jext noch ein reiner Freeware-Editor vorgestellt werden. Besonderheit ist, dass er selbst in Java geschrieben ist und sowohl für Windows als auch Linux bereitsteht. Die Installationsdatei ist bald 9 Mbyte groß und kann unter http://www.jext.org/ geladen werden.

Das Programm bietet diverse Templates und Assistenten zur Generierung von Schablonen, aber sonst keinerlei große Unterstützung. Seine Besonderheit ist – abgesehen davon, dass es wie erwähnt in Java geschrieben ist –, dass neben purem Java-Quelltext auch die Erstellung von Java Server Pages und Plug-Ins unterstützt werden.

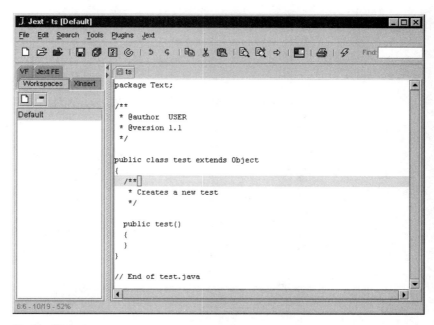

Bild 13.19: Die Oberfläche von Jext

IDEs für Java sind kein Allheilmittel. Im Gegenteil. Zum Lernen von Java sollten Sie sie nur sparsam oder gar nicht einsetzen. Diese Programme generieren zu viel selbsttätig. Etwas, was man in der Praxis ja in vielen Situationen gerade schätzt, verhindert eine sinnvolle Didaktik. Sie helfen Ihnen damit aber über Hürden hinweg, die Sie aus Übungszwecken einige Male ohne Hilfe bewältigen sollten. Nur so kann man seine grauen Gehirnzellen so trainieren, dass dies wirklich klar wird und man in Zukunft bei verwandten Situationen nicht ins Schleudern kommt. Aber nicht nur das. Viele gestandene Java-Programmierer verlassen sich bei der Erstellung von Quelltext nur auf einen Editor, um den Code besser unter Kontrolle zu haben.

Oft möchten sie nicht in Abhängigkeit von aufgezwungenen Strukturen arbeiten, die viele IDEs durch automatische Vorgänge aufzwingen. Und bei »echter« Programmierung (also kein Zusammenklicken von vorgefertigten Komponenten) hilft Ihnen keine IDE, wenn Sie nicht wissen, was Sie tun. Eine IDE (gerade mit visueller Arbeitsweise) erlaubt Ihnen vielleicht, sich mit wenigen Klicks eine Oberfläche zusammenzuflicken. Aber Sie kommen damit über einen gewissen Punkt einfach nicht hinaus. Sie benötigen einfach ein Grundverständnis von Java.

Die Java-Dokumentation

In diesem Teil des Buches wollen wir zu einem vielfach sehr stiefmütterlich behandelten Aspekt der Programmierung kommen. Der Dokumentation.

Dabei sollen zwei Blickwinkel verfolgt werden:

→ Was ist die Java-Dokumentation und wie kann ich aus ihr einen Nutzen ziehen?

→ Was macht es für einen Sinn, selbst Dokumentationen zu erstellen, und wie kann ich selbst meine Java-Programme dokumentieren?

Dieser nicht direkt zum Erlernen eine Programmiersprache unabdingbare Zwischenteil resultiert aus meinen eigenen Praxiserfahrungen, aber auch Rückmeldungen aus Schulungen von Programmierprofis, die mit viel Projekterfahrung ausgestattet waren und nun Java lernten. Diesen war sofort klar, was da mit den Möglichkeiten von Java und dem JDK an Erleichterung im täglichen Programmieralltag geboten wurde. Sowohl, was die Online-Dokumentation des JDKs als auch die Leistungsfähigkeit des Java-Dokumentationstool angeht. Denn – das sollte klar sein – die Erstellung eines Programms ist nur der eine, leichtere Teil einer Programmierung. Die hauptsächliche Arbeit wird normalerweise die Wartung und Fehlersuche sein. Und da ist man ohne gute Dokumentation ziemlich aufgeschmissen.

14 Die Java-Dokumentation

Sun stellt mit der Java-Dokumentation ein geniales Hilfsmittel zur Arbeit mit dem Java-API bereit. Wenn Sie die Dokumentation von Java und dem JDK auf Ihrem Rechner installiert haben, wird innerhalb des Unterverzeichnisses doc eine Verzeichnisstruktur aufgebaut, die Sie aber normalerweise nie direkt verwenden müssen. Die gesamte Dokumentation ist als ein verlinktes System aufgebaut, das Sie über einen Browser vollständig bedienen können.

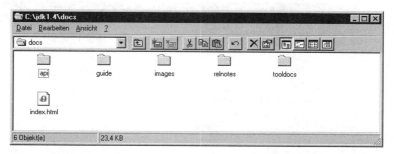

Bild 14.1: Die Verzeichnisstruktur der Java-Dokumentation

Nur die Datei index.html ist von Bedeutung. Wenn Sie diese öffnen, gelangen Sie zu der Hauptübersicht der Dokumentation.

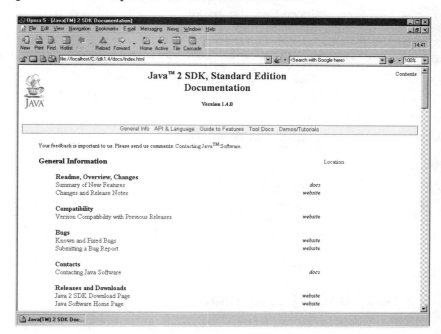

Bild 14.2: Die Einstiegsseite der Dokumentation

Unter der Hauptübersicht der Dokumentation sind sowohl lokale Verweise als auch URLs zu Internet-Quellen zu finden. Der Schwerpunkt der interessanten Informationen ist lokal.

Die Dokumentation ist in verschiedene Rubriken unterteilt. Es gibt am Anfang eine Rubrik mit allgemeinen Informationen zu Neuigkeiten, Bugs usw. Interessant wird es direkt darunter, denn dort finden Sie unter der Rubrik API & Language Documentation die Java 2 Platform API Specification als Link. Das ist die Dokumentation der gesamten Java-Sprache.

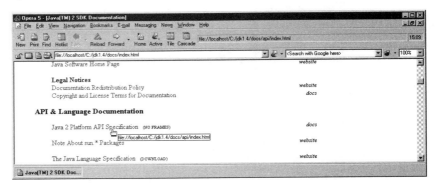

Bild 14.3: *Der Link dürfte einer der interessantesten sein*

Etwas weiter unten (unterhalb der Rubrik Guide to Features - Java Platform) finden Sie unter der Rubrik SDK Tool Documentation die Referenzdokumentation sämtlicher SDK-Tools.

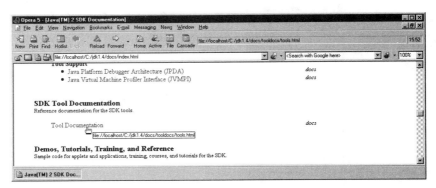

Bild 14.4: *Hier geht es zu der Dokumentation aller Tools des JDK*

Den Abschluss bildet eine Rubrik Demos, Tutorials, Training, and Reference.

14.1 Die API-Spezifikation

Wenn Sie die API-Spezifikation auswählen, gelangen Sie (bei Wahl der Frame-Variante) zu einem dreigeteilten Browserfenster. Links oben sehen Sie alle Pakete der Java-2-Plattform. Im Frame darunter wird Ihnen der

Inhalt des jeweils aktivierten Pakets angezeigt. Durch Anklicken eines Pakets im linken oberen Frame bekommen Sie alle enthaltenen Klassen, Schnittstellen, Ausnahmen und Errors im linken unteren Frame angezeigt. Klicken Sie im linken unteren Frame ein Element an, werden dessen Details im rechten Frame angezeigt.

Das Frame rechts zeigt ansonsten – je nach Auswahl im oberen Navigationsmenü – eine Übersicht über alle Klassen und Pakete sowie ihre Verwendung, eine Hierarchie aller Klassen und Pakete, eine Auflistung aller in einer jeweiligen Variante des JDK als deprecated (veraltet) erklärten Elemente, einen Index sowie eine Hilfe zu der Online-Dokumentation.

14.1.1 Die Übersicht – Overview

Wenn der Navigationslink Overview angewählt ist, wird Ihnen erst einmal eine Übersicht über alle Pakete der Java-2-Plattform angezeigt. Die zugehörigen Links Package, Class und Use sind erst einmal nicht auswählbar. Das erkennen Sie auch daran, dass sie nicht-fett dargestellt sind.

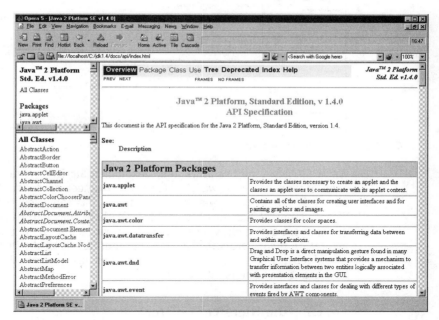

Bild 14.5: Die Übersicht über alle Pakete

Wenn Sie ein Element auswählen (entweder in den linken Frames oder im rechten Frame), wird entsprechend in die Beschreibung zu diesem Element verzweigt. Dabei sehen Sie im oberen Navigationsmenü, ob ein Paket, eine Klasse oder die Verwendung eines jeweiligen Elements ausgewählt wurde. Die zugehörigen Links Package, Class und Use sind jetzt auswählbar. Jedoch nur aufwärts. Das bedeutet, wenn Sie sich die Details zu einer Klasse ansehen, ist der Link zum zugehörigen Paket aktivierbar. Umgekehrt funktionieren die Links (natürlich) nicht. Beachten Sie, dass sowohl

Klassen, aber auch Schnittstellen, Exceptions und Errors unter Class fallen. Das ist verständlich, wenn man beachtet, dass diese nur als besondere Klassen zu verstehen sind. Sie sehen dann alle Konstruktoren, Methoden und Variablen, die zu der Klasse zählen. Wenn Sie dort ein einzelnes Element anklicken, bekommen Sie dessen Details angezeigt.

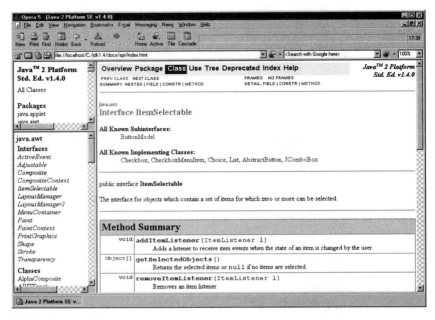

Bild 14.6: Die Details einer Klasse

Wenn Sie den Link Use anwählen, bekommen Sie Informationen, an welchen Stellen das ausgewählte Element verwendet wird. Das funktioniert natürlich nur so weit, wie das bekannt ist. Das soll bedeuten, wenn ein Verwendungsort hier nicht angegeben ist, heißt das natürlich nicht, dass das Element dort nicht verwendet wird. Es wurde nur im Rahmen der Dokumentation nicht berücksichtigt. Aber grundsätzlich ist die Dokumentation so aufgebaut, dass diese Informationen über die gesamte Java-Plattform konsistent sind (siehe Bild 14.7).

14.1.2 Die Hierarchie – Tree

Java ist in Form von Klassen organisiert, die über eine Vererbungshierarchie in Beziehung zueinander stehen. In diesem Teil der Hilfe (der Link Tree) kann man sich die jeweilige Vererbungsgeschichte aller Elemente von Java ansehen. Wenn Sie – ohne ein Element konkret selektiert zu haben – diesen Link auswählen, sehen Sie alle Elemente der Java-Plattform in ihrer Vererbungsgeschichte von java.lang.object (der obersten Klasse aller Java-Elemente) aus gesehen (siehe Bild 14.8).

Die API-Spezifikation

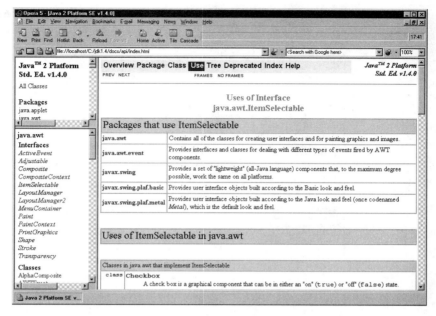

Bild 14.7: Alle Stellen, an denen ein Element in der Java-Plattform verwendet wird

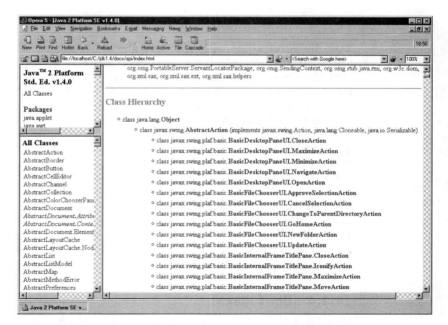

Bild 14.8: Die Hierarchieansicht global

Wählen Sie nur ein Element aus (Paket oder Klasse) auswählen, sehen Sie nur dessen Vererbungshierarchie (siehe Bild 14.9).

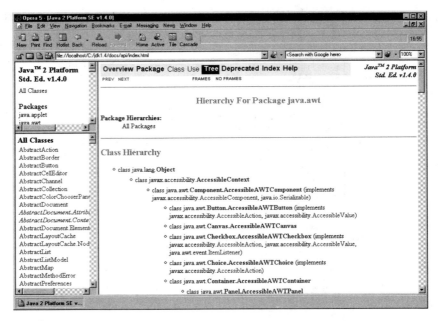

Bild 14.9: Eine konkrete Klassenhierarchie

14.1.3 Deprecated

Über die Entwicklung von Java wurden von Sun immer wieder Java-Elemente als »deprecated« bezeichnet, was übersetzt in etwa »missbilligt«, »veraltet« oder »verworfen« bedeutet. Dies bedeutet aber nicht, dass diese Elemente nicht mehr verwendet werden dürfen. Im Gegenteil – es gibt Situationen, in denen zwingend als deprecated gekennzeichnete Techniken verwendet werden müssen! Insbesondere bei der Entwicklung von Java-Applets werden Sie gelegentlich gezwungen sein, das als veraltet gekennzeichnete Event-Modell 1.0 zu verwenden. Veraltetete Elemente lassen sich durchaus noch anwenden und sogar mit neueren Techniken – mit der nötigen Vorsicht – mischen. Wenn Sie allerdings solche als deprecated erklärten Elemente verwenden, werden Sie beim Kompilieren des Codes eine Warnung erhalten. Das ist aber kein Problem, sondern wirklich nur als Hinweis zu verstehen, dass es für diese Elemente neuere Varianten gibt, die statt der veralteten Elemente verwendet werden sollten. In der Dokumentation finden Sie alle in einem jeweiligen Release der Java-Plattform als deprecated erklärten Elemente (siehe Bild 14.10).

14.1.4 Der Index

Eine der nützlichsten Bereiche der Dokumentation ist der Index. Dort finden Sie alphabetisch alle Elemente der Java-Plattform aufgelistet. Der Index hilft vor allen Dingen dann, wenn man ein Element (etwa eine Methode) mit Namen kennt, aber keine Ahnung hat, in welchem Paket oder in welcher Klasse es zu finden ist (siehe Bild 14.11).

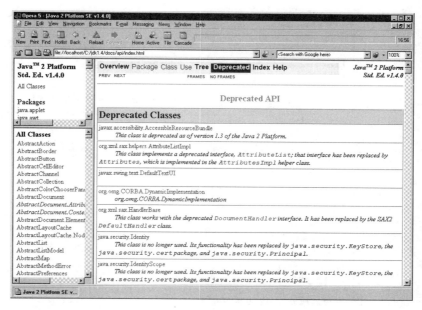

Bild 14.10: Die als veraltet erklärten Elemente

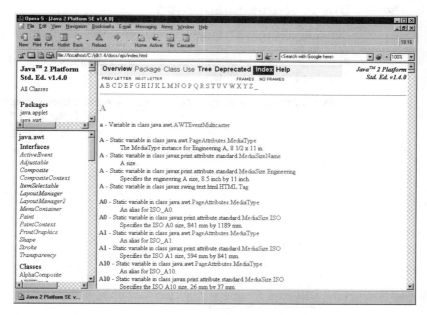

Bild 14.11: Der Index

14.1.5 Die Hilfe zur Online-Dokumentation

Unter dem Link Help finden Sie eine Anleitung, wie man mit der Online-Dokumentation umgehen kann.

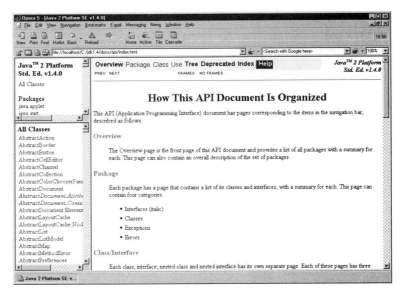

Bild 14.12: Hilfe zur Online-Dokumentation

14.2 Die Tool-Dokumentation

Hinter dem Link zur Tool-Dokumentation finden Sie einen Verweis zu einer vollständigen Beschreibung aller Programme des Java-2-SDK. Für welche Betriebssysteme sie bereitstehen bis hin zu allen Optionen, die es für jedes einzelne Programm gibt.

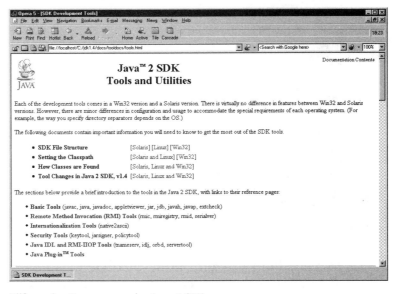

Bild 14.13: Hilfe zu den Programmen des Java-2-SDK

15 Selbst Dokumentationen erstellen

Dokumentation! So etwas Langweiliges und Überflüssiges! Das werden viele Leser sicher denken und (leider) hat es sich auch bei vielen Programmierern so durchgesetzt. Über das Thema Langeweile kann man geteilter Meinung sein[1], aber überflüssig ist eine Dokumentation nie. Das gilt im professionellen Umfeld sowieso, ist aber auch im privaten Bereich sinnvoll. Kaum ein Programmierer schätzt es, wenn er ein Programm übernehmen und erst Stunden oder gar Tage damit verbringen muss, dessen Strukturen halbwegs zu verstehen. Es gibt Untersuchungen, wonach die Wartung von Programmen um ein Vielfaches aufwendiger als die Erstellung ist. Etwa wie in dem kleinen Beispiel – Sie programmieren in einem Monat ein Programm und wollen es ein Jahr später an veränderte Bedingungen anpassen. Um Ihr eigenes Programm wieder zu verstehen (angenommen, Sie haben ein Jahr nichts daran gemacht), werden Sie erst einmal drei bis vier Tage am Schaffen sein. So richtig kommen Sie damit erst wieder klar, wenn Sie fast fertig sind ;-). Und dann werden die Änderungen – falls nicht nur ein paar Trivialitäten – unter Umständen länger als ein Neuprogrammieren dauern. Das ist keine Phantasie, sondern ein bestätigter Wert. Dabei muss auch beachtet werden, dass ein Programm über eine gewisse Zeit normalerweise mehrfach angepackt wird, um es immer wieder anzupassen. Und immer wieder muss sich ein Programmierer in das Programm hinein arbeiten. Wenn mehrere Leute daran arbeiten, wird es noch um ein Vielfaches aufwendiger. Aber wie gesagt – es macht dabei wenig Unterschied, ob es derselbe oder ein anderer Programmierer ist, wenn genügend Zeit verstrichen ist. Diesen immer wieder notwendigen Aufwand, sich in eine Programmstruktur hineinzudenken und die Strukturen zu verstehen, kann man nur mit einer umfangreichen, intelligenten Dokumentation minimieren. Und Java und das JDK helfen Ihnen, so etwas zu automatisieren. Das bedeutet, es ist kaum Aufwand für einen Java-Programmierer, ein Programm so zu dokumentieren, dass er oder ein anderer Programmierer relativ einfach damit klarkommt.

Aber wie geht das? Die Antwort möchte ich mit einer anderen Frage einleiten. Vielleicht haben Sie sich gefragt, wie eine solch mächtige und nützliche Dokumentation wie die der Java-API entstanden ist. Von Hand? Nein. Das wäre viel zu aufwendig und könnte nicht die ständig vollzogenen Änderungen nachvollziehen. Vor allem, wenn unzählige Personen an diesem Projekt arbeiten. Die Java-Dokumentation selbst ist mit einem Verfahren weitgehend automatisiert entstanden, das Sie ohne Einschränkung auf Ihre eigenen Projekte anwenden können – das Dokumentationstool `javadoc`.

Die Leistungsfähigkeit dieses Tools wird besonders deutlich, wenn man Anspruch und Wirklichkeit bezüglich der Dokumentation in Software-Projekten gegenüberstellt. In der professionellen Software-Entwicklung ist zwar die Bedeutung der Dokumentation unumstritten und sollte über die Projektrealisierungszeit mit einkalkuliert werden. Etwa so, dass für Planung

---

[1] Im Allgemeinen würde ich Dokumentation auch nicht als sonderlich spannend bezeichnen. Aber warten Sie mal ab, was Ihnen da Java und das JDK vorsetzen. Damit wird selbst eine Dokumentation kurzweilig.

bzw. Konzeption eines Projekts ca. 30 % oder mehr einkalkuliert werden (das kommt stark auf die Rahmenbedingungen an, aber die Größenordnungen stimmen ungefähr). Die Realisierung wird auf 50 % der zur Verfügung stehenden Zeit kalkuliert und der Rest (also ca. 20 %) sollte für die Dokumentation zur Verfügung stehen. Die Praxis sieht dann meist so aus, dass nach 30 % der Zeit mit der Realisierung zwar begonnen wird, die Planung und Konzeption aber noch nicht abgeschlossen ist und ständig Veränderungen in der Realisierungsphase bewirkt. Die benötigt dann so viel Zeit, dass man Zielzeitpunkte sowieso nicht halten kann. Die Dokumentation fällt dann ganz hinten runter. Je mehr Schritte der Dokumentation automatisiert mit einem Tool erfolgen können, desto besser.

15.1 Dokumentation genial einfach mit javadoc

Grundlage der API-Dokumentation von Java ist das Dokumentations-Tool javadoc, das eigens für diesen Zweck entwickelt wurde. Es ist dem JDK nur deshalb beigefügt, weil man dessen geniale Möglichkeiten für Programmierer irgendwann erkannt hat. Das Programm erzeugt auf der Basis von speziellen Kommentaren innerhalb einer Java-Quelldatei eine Anzahl von HTML-Dateien als API-Dokumentation der angegebenen Datei oder des Paketes.

Vereinfacht ausgedrückt, schreibt javadoc die innerhalb der Datei in speziellen Kommentaren eingeschlossenen Texte in eine HTML-Datei. Darin können sich beliebige Informationen befinden. Die Kommentare lassen sich auch mit Steueranweisungen zur Erzeugung von Hyperlinks und speziellen Tags erweitern. Darüber hinaus kann das Tool automatische Informationen über die Klassen, Interfaces, Vererbungshierarchien, Methoden, Variablen und Hyperlinks aufführen, die mit dem Java-Programm in Verbindung stehen können.

Die zu dokumentierende Datei muss mindestens eine public *oder* protected *deklarierte Klasse enthalten. Grundsätzlich werden nur öffentlich gemachte Elemente dokumentiert, wenn nicht entsprechend eine erweiternde Option (*-package *oder* -private*) bei der Generierung der Dokumentation gewählt wird.*

15.1.1 Kommentare in Java

Jetzt ist schon mehrfach der Begriff »Kommentar« gefallen. Wir sollten klären, was das eigentlich so genau ist und wie man sie unter Java einsetzt. Kommentare sind – analog der Dokumentation im Allgemeinen – ein sehr oft vernachlässigter Bestandteil eines Programms. Und dies, obwohl sie äußerst wichtig sind.

Grundsätzlich ist ein Kommentar ein Bestandteil eines Quelltextes, der vom ausführenden Programm (Interpreter-Fall) oder dem übersetzenden Programm (Compiler-Fall) ignoriert wird. Er kann in der Regel an jeder Stelle innerhalb eines Quelltextes stehen und wird bei der Abarbeitung des Quelltextes nicht beachtet. Im Fall von einer Kompilierung heißt dies, ein resultierender Code wird in keinerlei Weise größer oder ineffizienter. Es gibt deshalb keinen Grund (zumindest im Compiler-Fall), auf Kommentare zu verzichten, aber verschiedenste Gründe für deren ausführliche Verwendung:

→ Kommentare sorgen für eine bessere Lesbarkeit des Quelltextes. Gerade bei größeren Projekten geht die Wartbarkeit gegen null, wenn der Quelltext nicht ausreichend mit qualitativ guten Kommentaren versehen ist und man sich später nur auf Grund des Quelltextes die Struktur und Arbeitsweise eines Programms (wieder) verdeutlichen soll.

→ Kommentare sind eine vernünftige Möglichkeit, um bei Interpreter-Sprachen Hintergrundinformationen in den Text einzufügen. Dieser soll dann zwar nicht während der Abarbeitung des Programms oder Dokuments sichtbar sein, aber Interpreter-Text (zum Beispiel eine Webseite) ist schließlich als Klartext zu lesen. So lassen sich Copyright-Informationen oder Werbung unterbringen, ohne das Layout eines Programms oder Dokuments (sprich Webseite in unserem Fall) zu stören.

→ Zeitweise lassen sich über Kommentare bestimmte Teile eines Programms oder Dokuments ausblenden. Wenn Sie diese Teile wieder benötigen, entfernen Sie einfach die Zeichen für den Kommentar wieder.

→ Bestimmte Kommentare können für Tools, die den Quelltext verwenden, die Basis sein. Sie können diese für uns wichtige Aussage schon im Hinterkopf behalten.

Java unterstützt drei verschiedene Kommentararten, von denen zwei direkt von C/C++ übernommen wurden. Man nennt diese die so genannten traditionellen Kommentare. Den dritten Kommentartyp, der vom Dokumentationstool javadoc verwendet wird, nennt man dementsprechend auch javadoc-Kommentar.

Traditionelle Kommentare

Einer der traditionellen Kommentare in Java beginnt mit einem Slash, gefolgt von einem Stern (/*), schließt beliebigen Text ein und endet mit den gleichen Zeichen in umgekehrter Reihenfolge – einem Stern gefolgt von einem Slash (*/). Diese Form von Kommentar kann überall beginnen und aufhören, mit Ausnahme innerhalb eines Zeichenkettenliterals (das ist ein Text in Hochkommata eingeschlossen), eines Zeichenliterals (eine kodierte Darstellung eines Zeichens) und eines anderen Kommentars gleichen Typs. Letzteres bedeutet vor allem, dass Kommentare gleichen Typs nicht verschachtelt werden können. Diese Form eines Kommentars kann sich über mehrere Zeilen erstrecken oder nur in einer einzigen Zeile enthalten sein. Man nutzt sie gerne, um ganze Teile eines Programms auszukommentieren und sie bei Bedarf wieder zur Verfügung zu haben, indem man einfach Anfang- und Endzeichen des Kommentars löscht.

Beispiel:

```
/* Das ist ein Kommentar, der sich über mehr als eine Zeile
erstreckt.
Er steht vor der Klassendefinition
*/
class Test{
  ...
}
```

Der zweite der traditionellen Kommentare beginnt mit einem Doppel-Slash (//) und endet mit dem Zeilenende. Das bedeutet, alle Zeichen in einer Zeile hinter dem Doppel-Slash werden vom Compiler ignoriert. Man nutzt diese Kommentarform gerne, wenn nur eine Zeile eines Programms stört und man sie bei Bedarf wieder zur Verfügung haben möchte, indem man einfach die Kommentarzeichen löscht.

Beispiel:

```
class Test // Kommentar zu der Klasse
{
  ...
}
```

javadoc-Kommentare

Dieser Spezialfall der ersten Form des traditionellen Kommentars hat die gleichen Eigenschaften dieser Kommentarart, allerdings kann der Inhalt dieses Kommentars noch in einer vom javadoc-Werkzeug automatisch generierten Dokumentation verwendet werden. Er beginnt mit

```
/**
```

und endet mit

```
*/.
```

javadoc-Kommentare stehen immer außerhalb der zu dokumentierenden Klasse oder Methode (unmittelbar davor). Dies ist wichtig, denn sonst reagiert der Generator mit Ignoranz des Kommentars.

Innerhalb des Containers befindet sich der Kommentar. Dieser kann neben reinem Text spezielle Steuerbefehle beinhalten, die von javadoc automatisiert zur Erstellung bestimmter Standardelemente in der Dokumentation verwendet werden (so genannte javadoc-Tags). Sie werden dort innerhalb des Kommentarcontainers mit dem speziellen Zeichen @ eingeleitet und sollten immer in einer einzelnen Zeile innerhalb des javadoc-Containers am Beginn stehen. Einige der javadoc-Tags werden nur dann verwendet, wenn javadoc beim Aufruf zugehörige Optionen übergeben werden. Die nachfolgende Tabelle enthält eine Auswahl der wichtigsten Anweisungen:

Tag	Beschreibung
@author	Dieses Tag fügt den Namen des Autors in der HTML-Datei ein.
@deprecated	Das Tag markiert eine Klasse, ein Interface, ein Feld, oder eine Methode als nicht zu verwenden. So gekennzeichneter Code wird dennoch weiter kompiliert und laufen, aber der Compiler – natürlich nur einer neueren Generation – wird eine Warnung generieren, dass Sie Ihren Code bzgl. dieses Ausdrucks updaten sollten.
@exception	Dieses Tag erzeugt eine Rubrik mit Ausnahmen, die von der Klasse erzeugt werden.
@link	Setzt einen In-line-Link an diesem Punkt.
@param	Dieses Tag dient zu Dokumentation der Parameter.
@return	Mit diesem Tag kann der Wert beschrieben werden, der von einer Methode zurückgegeben wird.
@see	Dieses Tag erzeugt einen Verweis (»See also«-Link) in der HTML-Datei.
@since	Spezifiziert, wann das Release erstellt wurde.
@throws	Wie @exception
@version	Mit diesem Tag kann die Version des Programms spezifiziert werden.

Tabelle 15.1: javadoc-*Tags*

Wir wollen uns das gleich mit einem vollständigen Beispiel ansehen. Zuerst soll noch genauer auf die konkrete Arbeit mit javadoc eingegangen werden.

15.1.2 Konkrete Arbeit mit javadoc

Die Aufrufsyntax von javadoc lautet so:

javadoc [Optionen] [Dateiname] [Paketname] [@files]

wobei Dateiname die java-Datei bzw. der Paketname ist. Die Datei kann in alten Versionen des Programms sowohl ohne die Dateinamenerweiterung als auch mit Erweiterung angegeben werden. In neuen Versionen müssen Sie die Erweiterung angeben. Wenn ein Paketname angegeben worden ist, dann dokumentiert javadoc alle Java-Quelldateien innerhalb des aktuellen Verzeichnisses und anschließend das dazugehörige Paketverzeichnis (als Paketname zu verstehen und nicht etwa als ein physisches Verzeichnis). Für jede Klasse wird ein eigenes HTML-Dokument erzeugt und für die Klassen innerhalb des Paketes wird ein HTML-Index generiert. Standardmäßig werden unter anderem die vier HTML-Dateien generiert:

→ eine Index-Datei
→ [Name der Datei].html
→ packages.html für die Paketstruktur
→ tree.html für die Vererbung

Wenn sich Änderungen in den zu dokumentierenden Dateien ergeben, werden die überarbeiteten Stellen einfach aktualisiert.

Mittlerweile sind die Optionen des Dokumentationstools so umfangreich geworden, dass auf die Online-Dokumentation verwiesen werden soll. Nur so weit der Hinweis, dass insbesondere für die gezielte Verwendung der javadoc-Tags oft zugehörige Optionen beim Aufruf notwendig sind (das wird in dem folgenden Beispiel teilweise gezeigt).

15.1.3 Dokumentation eines konkretes Beispiels

Das nachfolgende Beispiel ist umfangreich mit javadoc-Kommentaren und javadoc-Tags versehen. Es handelt sich einfach um ein Programm, das ein Swing-Fenster öffnet, das mit einem Button wieder geschlossen werden kann (damit wird dann auch das Programm beendet). Beachten Sie die Kommentare (man kann natürlich auch den Quelltext lesen, nicht nur das, was javadoc daraus erzeugen wird).

Bild 15.1: Das Programm wird dokumentiert

```
import javax.swing.*;
import java.awt.event.*;
import java.awt.*;
/**
* Das Programm stellt ein Swing-Fenster bereit,
* das per Button geschlossen werden kann
* @version   1.03
* @author Ralph Steyer
*/
public class MeinFenster extends JFrame {
   FlowLayout flowLayout1 = new FlowLayout();
   JButton endeButton = new JButton();
/** Der Konstruktor ruft die öffentliche Methode init() auf.
Im Fall von Problemen wird eine Ausnahme ausgeworfen
@exception Exception (allgemein Ausnahme)
 */
public MeinFenster() {
   try {
```

Dokumentation genial einfach mit javadoc

```
      init();
    }
    catch(Exception e) {
      e.printStackTrace();
    }
  }
/** Die main()-Methode. Sie konstruiert ein Fenster, setzt dessen
Größe und zeigt es an. */
  public static void main(String[] args) {
    MeinFenster meinFenster = new MeinFenster();
    meinFenster.setSize(200,100);
    meinFenster.show();
  }
/** Die init()-Methode
@throws Exception (allgemeine Ausnahme)
 */
  public void init() throws Exception {
    endeButton.setText("Ende");
    endeButton.addActionListener(new java.awt.event.ActionListener()
{
      public void actionPerformed(ActionEvent e) {
        endeButton_actionPerformed(e);
      }
    });
    this.getContentPane().setLayout(flowLayout1);
    this.getContentPane().add(endeButton, null);
  }
/**
Die Methode endeButton_actionPerformed() beendet das Programm mit
System.exit(). Der Kommentar wird aber von javadoc nicht verwendet,
denn die Methode ist nicht public
*/
  void endeButton_actionPerformed(ActionEvent e) {
    System.exit(0);
  }
}
```

Listing 15.1: Das Beispielprogramm mit javadoc-*Kommentaren und enthaltenen* -Tags

Die Kommentare sind wirklich nicht umfangreich, aber Sie werden überrascht sein, was javadoc aus diesem Quelltext rausholen kann. Wenn Sie jetzt javadoc aufrufen, sollten die Optionen -author und -version angegeben werden, damit die bei der Klasse notierten javadoc-Tags berücksichtigt werden. Das sieht dann so aus:

javadoc -author -version MeinFenster.java

Als Resultat erhalten Sie eine ganze Latte an HTML-Dateien sowie eine Stylesheet-Datei für das Layout.

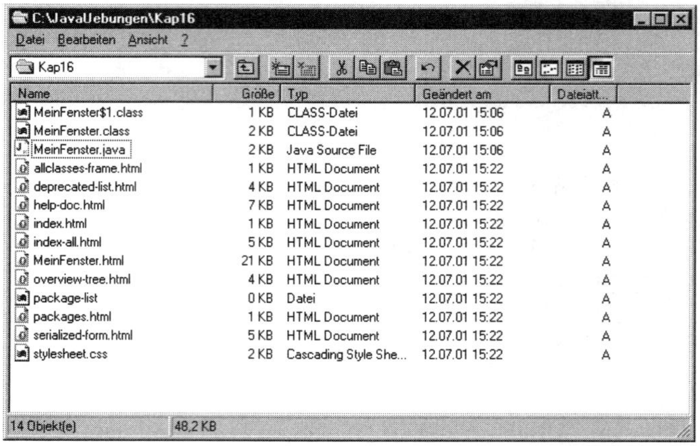

Kapitel 15 · Selbst Dokumentationen erstellen

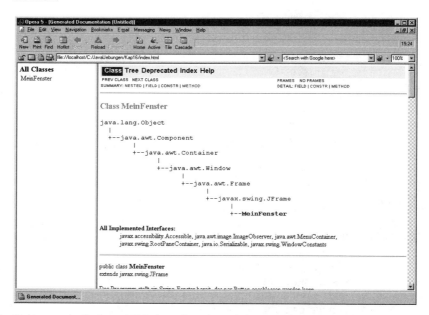

Bild 15.2: Eine ganze Reihe von HTML-Dateien sind zur Dokumentation entstanden

Über die Datei `index.html` lässt sich die erzeugte Dokumentation ansehen. Sie erwartet etwas, was Sie aus der Online-Dokumentation des Java-API kennen.

Bild 15.3: Sieht aus wie die Java-API-Doku, schmeckt und riecht so. Ist aber die Dokumentation des eigenen Programms – halt nur eine Klasse

In der erzeugten Dokumentation finden Sie alle relevanten Elemente Ihres Programms wieder, soweit sie öffentlich gemacht wurden (also Modifier `public` oder `protected`). Daneben aber auch alle jeweils davor notierten `javadoc`-Kommentare und die darin enthaltenen `javadoc`-Tag-Informationen. Dazu kommen alle automatisch zu generierenden Informationen aus der Java-Standardumgebung, die über Vererbung und Verwendung von Klassen relevant sind. Ein riesiger Fundus an Details zu der erzeugten Klasse.

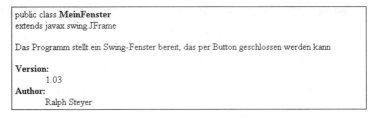

Bild 15.4: Die Klasse samt der javadoc-Kommentare und javadoc-Tag-Infos

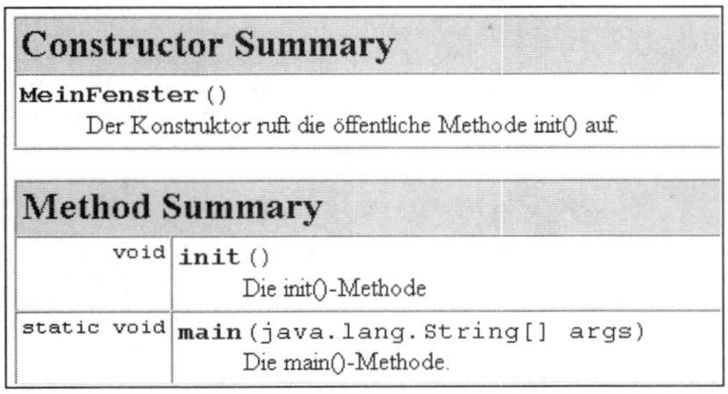

Constructor Summary	
	MeinFenster() Der Konstruktor ruft die öffentliche Methode init() auf.

Method Summary	
`void`	`init()` Die init()-Methode
`static void`	`main(java.lang.String[] args)` Die main()-Methode.

Bild 15.5: Die Zusammenfassung aller Konstruktoren und Methoden

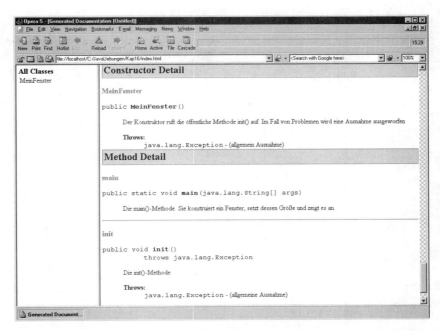

Bild 15.6: Konstruktor und alle in der dokumentierten Klasse vorhandenen öffentliche Methoden im Detail – samt Exceptions

Wenn Sie sich die anderen Passagen der erzeugten Online-Dokumentation ansehen, werden Sie alle relevanten Informationen zu veralteten Elementen, zur Vererbung usw. entdecken.

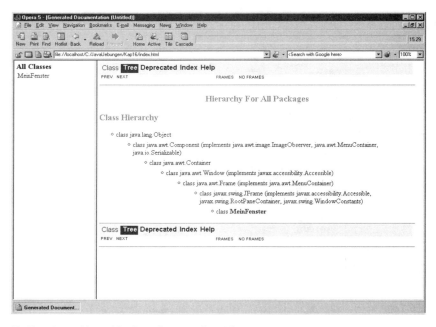

Bild 15.7: Die Vererbungshierarchie der selbst erstellten Klasse

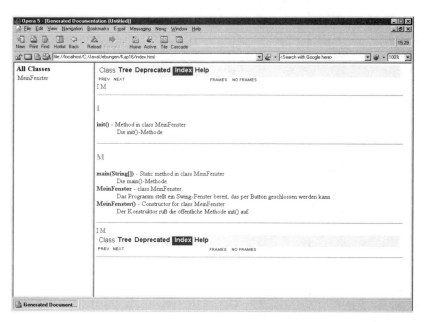

Bild 15.8: Auch ein Index mit den definierten Elementen wird automatisch erstellt

Wenn Sie bei der Generierung der Dokumentation neben den Optionen -author und -version auch -private angeben, werden auch die Felder (der Zugriffmodifier ist im Beispiel nicht explizit angegeben, d.h. package – paketweit) und die nicht als öffentlich privat deklarierte Methode dokumentiert. Der Aufruf sieht so aus:

```
javadoc -author -version -private MeinFenster.java
```

Als Resultat erhalten Sie die zusätzlich dokumentierten Elemente:

---

endeButton_actionPerformed

void **endeButton_actionPerformed**(java.awt.event.ActionEvent e)

Die Methode endeButton_actionPerformed() beendet das Programm mit System.exit(). Der Kommentar wird aber von javadoc nicht verwendet, denn die Methode ist nicht public

---

Bild 15.9: Die nur paketweit erreichbare Methode wird jetzt auch dokumentiert

Field Detail

flowLayout1

java.awt.FlowLayout **flowLayout1**

---

endeButton

javax.swing.JButton **endeButton**

Bild 15.10: Ebenso die Felder

Method Summary

(package private) void	**endeButton_actionPerformed**(java.awt.event.ActionEvent e) Die Methode endeButton_actionPerformed() beendet das Programm mit System.exit().

Bild 15.11: Die Details zu der nicht-öffentlichen Methode

Jetzt geht es ans Eingemachte – Java-Grundlagen aus Sicht der Objekte

So langsam kommen wir an die zentralen Aspekte von Java. Sprich – es geht an das Eingemachte, wie schon die Überschrift verlauten lässt. Allerdings wird hier noch nicht detailliert auf die Grundlagen der Sprache Java und ihre Syntaxdetails eingegangen. Diesen bei vielen Java-Büchern am Beginn stehenden Punkt halte ich persönlich für das Erlernen von Java erst einmal für zweitrangig. Er wird in diesem Part des Buches quasi nebenher laufen. Hier soll zuerst der objektorientierte Blickwinkel im Vordergrund stehen. Also die Hintergründe, was es mit Objektorientierung auf sich hat und wie Java das Konzept umsetzt. Das Verständnis dafür ist der … stand wichtigste Punkt, der für das Erlernen von Java zu erar… nn man nur dann programmieren, wenn man mit dessen … ng auf Du und Du steht. Weder die Syntax der Sprache, … API von Java oder der Umgang mit dem JDK oder gar … gebung mit vorgefertigten Schablonen und visueller … nur annähernd diesen Stellenwert. Das können Sie – … recht gut nachschauen oder mit »Try-and-Error«-Verfahren ausprobieren.

5

Wenn Sie aber das objektorientierte Konzept nicht verstanden haben, fehlt Ihnen die Grundlage zu all dem und das ist – mit Verlaub – »tödlich«. Grundsätzlich werde ich verstärkt die logischen Vorgänge bei Java betonen, weniger das, was man so landläufig an Wissen über Java als Ganzes braucht. Ich möchte es mit einem gerne verwendeten Zitat von Schülern beschreiben: »Wissen ist Macht. Weiß nix, macht nix«. Das Zitat beinhaltet mehr als ein Körnchen Wahrheit. Was nützt alles Wissen, wenn man nicht damit umgehen kann? Was nützt es, chemische oder mathematische Formeln auswendig zu wissen, ohne sie zu verstehen? Man kann vielleicht eine Prüfung bestehen, in der genau die Situation abgefragt wird, in der die Formeln zufällig passen. Aber in einer veränderten Situation nutzt dieses (zwangsläufig immer punktuelle) Wissen nichts.

Wozu müssen Sie dann alle Schlüsselwörter einer Computersprache wissen? Kann man bei Bedarf nachlesen. Wozu alle Syntaxstrukturen auswendig lernen? Kann man bei Bedarf nachlesen. Wozu braucht man einen genauen Überblick über den Aufbau des Java-API? Kann man bei Bedarf nachlesen. Wissen kann ein Computer speichern, steht in Büchern oder Datenbanken. Wissen ist in der heutigen Zeit jedermann zugänglich und verliert durch die Allzeitverfügbarkeit an Bedeutung.[1] Verstehen ist das Problem. Ein Professor hatte uns Studenten im Grundstudium erzählt, dass ein Kollege von ihm seinen Studenten verboten hatte, irgendwelche Fachliteratur zu lesen oder gar irgendwelche Formeln auswendig zu pauken. Er forderte seine Studenten auf, mit einem Minimum an Wissen – nur durch grundsätzliches Verstehen und Nachdenken – Probleme zu lösen.

Diese radikale Ansicht ist zwar wahrlich nicht auf alle Gebiete anzuwenden. Aber immer, wenn strenge Logik im Spiel ist und das ist beim Erlernen von Java der Fall. Nicht das Lernen von Schlüsselwörtern, Syntaxstrukturen oder speziellen Anwendungen des Java-API führt zum grundsätzlichen (!) Erfolg. Wenn Sie das Konzept verstanden haben, können Sie zu jeder Aufgabenstellung das notwendige Wissen nachlesen (ich möchte dabei nochmals die Online-Dokumentation erwähnen, die dann – und nur dann – wirklich ein geniales Hilfsmittel ist) und sich – weil Sie die Grundidee verstanden haben – in kürzester Zeit in die Zusammenhänge einarbeiten. Umgekehrt wird jemand, der beispielsweise eine grafische Oberfläche unter Java erstellen kann, die Grundvorgänge aber nicht verstanden hat, bei der Erstellung einer Datenbankanbindung scheitern. Er muss sich das wieder anhand von festen Vorgaben schablonenhaft erarbeiten und wird beim nächsten – davon abweichenden Problem – erneut aufgeschmissen sein.

Abschließend möchte ich festhalten, dass Wissen natürlich nicht schadet! Solange Wissen (oder scheinbares Wissen) nicht Denken im Weg steht oder das System mit zu viel Wissensballast überlastet ist.[2] Und ganz ohne ein Grundwissen geht es garantiert nicht. Wissen über Java erarbeiten Sie sich jedoch – wenn Sie einen Vorgang verstehen – ganz nebenbei. Es wird besser sitzen, schneller abrufbar sein und mittelfristig auch umfangreicher werden, als wenn Sie gezielt auf reinen Wissensaufbau abzielen und damit anfangen, die Schlüsselwörter und Syntaxstrukturen von Java zu lernen.

---

[1] Ich werde deshalb auch nie verstehen, wie manche Studien- und Ausbildungsgänge auf Auswendiglernen ausgerichtet sein können ;-|.

[2] ;-)

16 Java – nichts als Objekte

In Java gibt es nicht anderes als Objekte! Eigentlich könnten wir jetzt aufhören. Das ist eine Einleitung, die bereits alles sagt, Ihnen aber sicher nichts nutzt.[1] Bringen wir also »Butter bei die Fische«.

Alles, was Sie jemals in Java sehen werden, lässt sich als Objekt oder ein Objektbestandteil beschreiben. Selbst viele in anderen Programmiersprachen zusätzlich zu Objekten existente Elemente und Strukturen werden in Java in das Konzept eingebunden. Damit bleibt Java schlüssiger und logischer als die meisten anderen Techniken. Aber Java ist damit auch am Anfang etwas schwieriger, denn Java ist mehr als streng in den Regeln, die Sie zur Umsetzung der Objektorientierung (und der gesamten Java-Syntax) einhalten müssen. Aber versuchen wir erst einmal zu klären, was Objekte sind.

Wenn Sie eine (reale) Thermosflasche in die Hand nehmen, können Sie die Eigenschaften dieses (realen) Objekts beschreiben. Seine Form, die Größe, die Farbe. Alle Eigenschaften können Sie aufführen, soweit es notwendig ist. Und Sie können die aktiven Elemente der Thermosflasche beschreiben. Etwa, dass sie aufgeschraubt und zugeschraubt werden kann (im Sinn der Methoden `aufschrauben()` und `zuschrauben()`). Dabei ist es offensichtlich, dass eine Thermosflasche nur aufgeschraubt werden kann, wenn sie zugeschraubt ist und umgekehrt. In der Programmierung setzt man so etwas bei einer Anwendungsoberfläche für ein Objekt dadurch um, dass man zu einem bestimmten Zeitpunkt nicht verwendbare Methoden in einem Menü deaktiviert und grau darstellt. Die aktivierbaren Methoden werden normal dargestellt. Die Objektorientierung versucht diese aus der realen Welt so natürlichen Vorgänge in die Programmierung zu übertragen.

Unter einem Objekt stellt man sich in der EDV ein Software-Modell vor, das ein Ding aus der realen Welt mit all seinen Eigenschaften und Verhaltensweise beschreiben soll. Etwa das Objekt Drucker, Bildschirm oder Tastatur. Oder ein Objekt aus der realen Welt, das EDV-technisch abgebildet werden soll. Etwa eine Thermosflasche, ein Auto, ein Haus, ein Mensch. Aber auch Teile der Software selbst können ein Objekt sein. Ein Browser beispielsweise oder ein Teil davon – etwa ein Frame. Oder Teile der Verzeichnisstruktur eines Rechners. Etwa ein Ordner. Eigentlich ist in dem objektorientierten Denkansatz alles als Objekt zu verstehen, was sich eigenständig erfassen und ansprechen lässt. Wenn Sie sich den Desktop einer grafischen Betriebssystemoberfläche ansehen, sind alle dort zu findende Symbole Objekte.

Aber nicht nur auf Anwendungsebene kann man Objektorientierung umsetzen. Auch in der Programmierung. Früher hatte man allerdings anders programmiert – prozedural. Dieses bedeutet die Umsetzung eines Problems in

---

[1] Also eine für Mathematiker typische Antwort (kann ich beurteilen – bin ja selbst einer). Kennen Sie den Witz mit den zwei Ballonfahrern, die sich mit ihrem Ballon im Nebel verirrt haben und unter sich einen Mann sehen? Sie rufen ihm zu, ob er wüsste, wo sie sich befinden. Der Mann denkt lange, lange nach. Dann die Antwort: »Sie befinden sich in der Gondel eines Ballons.« Danach ist er im Nebel verschwunden. Daraufhin ein Ballonfahrer zum anderen: »Das war ein Mathematiker.« Der andere: »Wieso?« Der erste Ballonfahrer wieder: »Na ja. Erstens hat er sehr lange nachgedacht. Zweitens war seine Antwort hundertprozentig richtig. Und drittens war sie absolut nutzlos.«

ein Programm durch eine Folge von Anweisungen, die in einer vorher festgelegten Reihenfolge auszuführen sind. Einzelne zusammengehörende Anweisungen werden dabei maximal in kleinere Einheiten von Befehlsschritten zusammengefasst, die Funktionen oder Prozeduren genannt werden. Solche Arbeitsweise ist recht gefährlich, denn Änderungen in der Datenebene können Auswirkungen auf die unterschiedlichsten Programmsegmente haben. Außerdem entspricht ein solches Denkkonzept nicht dem Abbild der realen Natur. Objektorientierte Programmierung lässt sich darüber definieren, dass zusammengehörende Anweisungen und Daten eine zusammengehörende, abgeschlossene und eigenständige Einheit bilden – Objekte!

EDV-technisch sind Objekte bestimmte Bereiche im Hauptspeicher des Rechners, in denen zusammengehörige Informationen gespeichert oder zugänglich gemacht werden. Objekte bestehen normalerweise aus zwei Bestandteilen, den so genannten Objektdaten – das sind die Attribute bzw. Eigenschaften – und aus Objektmethoden. Man kann sagen, dass Attribute die einzelnen Dinge sind, durch die sich ein Objekt von einem anderen unterscheidet. Etwa die Form, die Farbe, das Material, die Größe, das Alter, der Wert usw. Objektmethoden stellen das dar, was diese Objekte tun können. Sie realisieren die Funktionalität der Objekte. Das ist genau das, was wir gerade bei Beschreibung der (realen) Thermosflasche getan haben.

Ein kleines Beispiel soll die programmtechnische Kopplung von Methoden und Eigenschaften an ein Objekt deutlich machen. Wenn man prozedural eine Band abbilden wollte, könnte man beispielsweise einen Schlagzeuger, einen Gitarristen, einen Bassisten und einen Keyboarder programmieren. Zusätzlich erstellt man Funktionen oder Prozeduren, die das Trommeln, das Gitarrespielen, das Bassspielen und das Keyboardspielen realisieren. Da diese jedoch nicht an den jeweiligen Musiker gekoppelt sind, könnte man das Trommeln so aufrufen, dass es der Gitarrist versucht, der Bassist würde am Keyboard Lärm machen, der Schlagzeuger das Keyboard misshandeln und der Keyboarder die Gitarrensaiten quälen. Ein wahrscheinlich gar grausiges Konzert, gegenüber dem selbst die vielen Boybands fast nach Musik klingen ;-). Bei einer objektorientierten Umsetzung einer Band ist so ein Instrumententausch nicht möglich, denn die Realisierung der Objekte Schlagzeuger, Gitarrist, Bassist und Keyboarder beinhaltet bereits deren Funktionalitäten in Form von Methoden, die auch nur über das jeweilige Objekt anzusprechen sind. Es gibt keine »freien« Funktionalitäten und Eigenschaften, die falsch angewandt werden können.

Ein Objekt ist nach außen nur durch seine offen gelegten Methoden und Attribute definiert, es ist gekapselt, versteckt seine innere Struktur vollständig vor andern Objekten. Man nennt dies Information Hiding und Datenkapselung.

Ein ganz entscheidender Vorteil dieses Verfahrens ist (neben der eindeutigen Zuordnung von Methoden und Eigenschaften), dass sich ein Objekt im Inneren, d.h. bezüglich seiner nicht offen gelegten Struktur, vollständig verändern kann. So lange es sich nur nach außen unverändert zeigt, wird das veränderte Objekt problemlos in ein System integriert, in dem es in seiner alten Form funktioniert hatte.

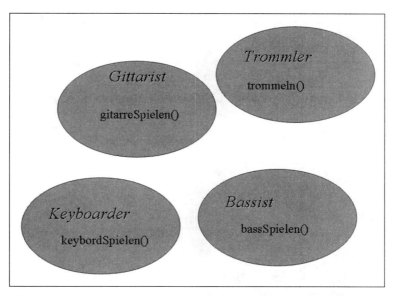

Bild 16.1: Objektorientierte Umsetzung einer Band mit jeweils den speziellen Objekten zugeordneten Methoden

Diese gesamte objektorientierte Philosophie entspricht viel mehr der realen Natur als der prozedurale Denkansatz, der von der Struktur des Computers definiert wird. Ein Objekt ist im Sinne der objektorientierten Philosophie eine Abstraktion eines in sich geschlossenen Elements der realen Welt. Dabei spricht man von Abstraktion, weil zur Lösung eines Problems normalerweise weder sämtliche Aspekte eines realen Elements benötigt werden, noch überhaupt darstellbar sind. Irgendwo muss immer abstrahiert werden.

Ein Mensch bedient sich eines Objekts, um eine Aufgabe zu erledigen. Man weiß in der Regel nicht genau, wie das Objekt im Inneren funktioniert, aber man kann es bedienen (weiß also um die Methoden, um es verwenden zu können) und weiß um die Eigenschaften des Objekts (seine Attribute). Die Reihe von Beispielen kann man beliebig lang ausdehnen, wir wollen es beim Auto, der Waschmaschine oder – natürlich – der Kaffeemaschine (es geht ja in dem Buch um Java) belassen. Aus programmiertechnischer Sicht ist es in Java nun so, dass nicht nur der Programmierer weiß, was ein Objekt leistet. Auch das Objekt weiß es selbst[2] und kann es nach außen dokumentieren. Das äußert sich darin, dass der Compiler beim Übersetzen bereits alles abfangen kann, was nicht erlaubt ist (etwa, dass der Trommler die Gitarre anzustimmen versucht). Aber sogar bereits vor der Kompilierung kann man diese Information nutzen. In geeigneten Entwicklungsumgebungen kann man im Editor bereits Hilfe anbieten, indem man dem Programmierer bei einem Objekt alles anzeigt, was das Objekt leisten kann. Was da dann nicht auftaucht, kann auch nicht von einem Objekt gefordert

---

2 Erinnern Sie sich an das Vorwort? Dort gab es den Hinweis, dass ein Java-Löwe seinen eigenen Käfig mitbringt.

werden. Es ist also eine Hilfe in zwei Richtungen. Der Programmierer sieht sämtliche Eigenschaften und Methoden eines Objekts und wird auf der anderen Seite sofort darauf hingewiesen, wenn er etwas vom Objekt anfordert, was dieses nicht bietet (etwa, falls ein Schreibfehler bei einer Methode oder Eigenschaft gemacht wurde).

Die Verwendung von Objekten in einer Anwendungsoberfläche erfolgt in der Regel über Menüs. Etwa, indem mit der rechten Maustaste auf ein Objekt geklickt wird und im Kontextmenü alle erlaubten Methoden und Eigenschaften angezeigt werden.

Bild 16.2: Das Objekt Papierkorb mit seinen Methoden und Eigenschaften im Rahmen des Desktop-Oberfläche von Windows

Im Rahmen eines Quelltextes muss ein Zugriff auf Objekte natürlich anderes erfolgen. Man braucht einen Namen für das Objekt oder zumindest einen Stellvertreterbegriff, der ein Objekt repräsentiert. Unabhängig davon, ob die Funktionalität des Objekts von einem selbst oder jemand anderes geschrieben wurde. Besonders wichtig ist in diesem Zusammenhang der Begriff der Botschaften. Damit man Objekte im Rahmen eines Quelltextes verwenden kann, tauschen sie so genannte Botschaften (oder Nachrichten bzw. Messages) aus, die ausschließlich für die Kommunikation von Objekten verwendet werden. Andere Kommunikationswege gibt es nicht. Das Objekt, von dem man etwas will, erhält eine Aufforderung, eine bestimmte Methode auszuführen oder den Wert einer Eigenschaft zurückzugeben oder zu setzen. Das Zielobjekt versteht (hoffentlich) diese Aufforderung und reagiert entsprechend. Die genaue formale Schreibweise solcher Botschaften ist in den meisten OO-Programmiersprachen nach dem folgenden Schema aufgebaut:

`Empfängerobjekt [Methoden- oder Eigenschaftenname] Argument`

Punkt und Klammer trennen dabei meist die drei Bestandteile der Botschaft (die so genannte Punkt-Notation bzw. DOT-Notation). Eine Botschaft, dass ein Objekt eine bestimmte Methode bereitstellen soll, sieht also meist so aus:

`Empfänger.Methodenname(Argument)`

Das Argument stellt in dem Botschafts-Ausdruck einen Übergabeparameter für die Methode dar.

Eine ähnliche Form wird auch für die Verwendung von Objektattributen gewählt. In der Regel sieht das dann so aus:

Empfänger.Attributname

Im Rahmen einer den Programmierer mit Objektinformationen unterstützenden Entwicklungsumgebung[3] kann diese, sobald der Name des Objekts und ein Punkt notiert ist, eine für das Objekt zur Verfügung stehende Liste mit Methoden und Eigenschaften anzeigen.

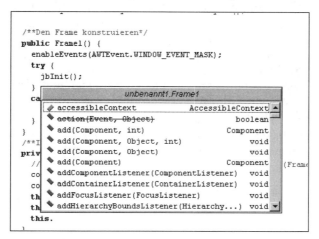

Bild 16.3: Name eines Objekts bzw. eines Stellvertreters, dann ein Punkt und schon erscheint in einer geeigneten Java-Entwicklungsumgebung, was das Objekt kann

Java setzt nun den objektorientierten Ansatz konsequenter um als nahezu alle vergleichbaren Techniken. Java nennt man deshalb streng objektorientiert. Wenn man dagegen etwa C/C++ betrachtet, hat man dort nur eine hybride Lösung realisiert. Das heißt, man kann darin zwar objektorientiert arbeiten, es aber auch umgehen und – im schlimmsten Fall – sogar mischen. Programme können so erstellt werden, dass sie nicht mehr wartbar sind. Visual Basic ist sogar noch viel tiefer in der prozeduralen Ecke positioniert. Dort kann man zwar Objekte nutzen und auch erstellen. Die gesamte Programmierlogik ist aber nicht objektorientiert. Scriptsprachen wie JavaScript oder VBScript reduzieren das objektorientierte Konzept darauf, Objekte bei Bedarf zu verwenden und – mit erheblichen Einschränkungen – selbst zu erstellen. Java dagegen ist bis in die tiefste Philosophie objektorientiert. Das hat massive Konsequenzen, die in dem eingangs genannten Satz gipfeln, dass es in Java nichts außer Objekten gibt. Das soll nun mit ein paar Tatsachen gewürzt werden, obwohl deren Hindergründe erst später genauer erläutert werden.

→ Es gibt in Java keine globalen Variablen. Diese würden außerhalb von Objekten existieren und das ist explizit unmöglich.

---

[3] Hier ist ein wichtiger Punkt, wo sich kostenlose IDEs von den kostenpflichtigen Varianten unterscheiden können. So ist es etwa beim JCreator. Während die Freeware-Version keine Hilfe in Form eines aufpopenden Menüs mit dem möglichen Elementen eines Objekts zur Verfügung stellt, aktiviert die Shareware-Version ein solches.

→ Alle Objekte stehen in Vererbungsbeziehung zueinander. Das bedeutet, alle Objekte gehen auf ein einziges oberstes Objekt zurück.

→ Strings und Arrays sind Objekte. Ebenso Ereignisse, Ausnahmen und Fehler. Es gibt nichts anderes.

→ Primitive Datentypen erscheinen in gewisser Weise eine Ausnahme davon zu sein, dass es nur Objekte gibt. Aber auch diese sind mittels so genannter Wrapper-Klassen in das Konzept eingebunden. Damit werden für jeden primitiven Datentyp zugehörige Objekte bereitgestellt.

→ Klassen sind im Java-Konzept auch Objekte. Nur besondere. Sie werden über so genannte Metaklassen erzeugt, die eine abstrakte, nicht greifbare Konstruktion sind, die aber das gesamte Konzept schlüssig hält.[4] Insbesondere kann damit vollkommen konsistent die Punktnotation auf den Fall von Klassen und deren Methoden und Variablen (die entsprechend auch Klassenmethoden und Klassenvariablen heißen) angewandt werden.

→ Auch ein Java-Programm selbst ist als Objekt zu verstehen. Es existiert im Hauptspeicher des Computers, solange das Programm läuft.

---

[4] Nichts außer Objekte.

17 Klassen & Instanzen

Wenn nun Objekte so genial für die Programmierung sind und man auch ohne Objekte nichts in Java machen kann – wie entstehen Objekte und was muss man konkret tun? Denn wenn Sie ein Java-Programm schreiben wollen, schreiben Sie Objekte. Nichts als Objekte. Die Lösung heißt Klassen und darin enthaltene Konstruktoren.

17.1 Klassen

Klassen sind das, was Sie brauchen, um Objekte zu erzeugen. Sämtlicher Java-Code wird aus Klassen erzeugt. Eine Klasse kann man sich einmal als eine Gruppierung von ähnlichen Objekten vorstellen, die deren Klassifizierung ermöglicht. Die Eigenschaften und Funktionalität der Objekte werden also in der Gruppierung gesammelt und für eine spätere Erzeugung von realen Objekten verwendet. Mit anderen Worten – Klassen sind so etwas wie Baupläne oder Rezepte, um mit deren Anleitung ein konkretes Objekt zu erzeugen. Ein aus einer bestimmten Klasse erzeugtes Objekt nennt man deren Instanz.

In Java kann man deutlich erkennen, dass man mit Klassen arbeitet. Das Schlüsselwort `class` tauchte ja bei jedem Beispiel auf. Verdeutlichen wir uns das mit einem weiteren Beispiel.

```
class EineKlasse{
}
```

Listing 17.1: Eine einfachste Klasse

Das Beispiel zeigt die absolut einfachste Möglichkeit, in Java eine Klasse zu erstellen. Es gibt nur das Schlüsselwort `class` und einen Namen der Klasse (der so genannte Bezeichner). Allerdings wird diese Klasse nicht viel Funktionalität bereitstellen. Nutzlos oder gar ganz ohne Funktionalität ist sie aber nicht. Das sehen Sie, wenn Sie sie kompilieren.

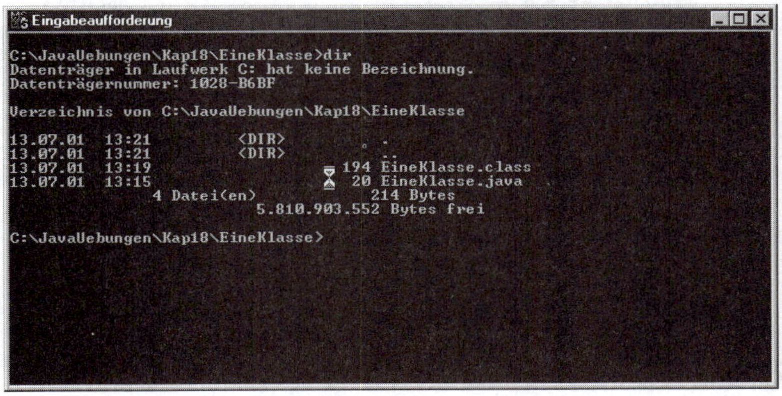

Bild 17.1: Scheinbar nix drin, aber 194 Byte groß

Die Klasse stellt die Funktionalität bereit, die sie von ihrer so genannten Superklasse vererbt bekommt. Gleich mehr dazu. Nur so viel vorab: Jede Java-Klasse wird von einer obersten Klasse abgeleitet und hat mindestens die Funktionalität, die diese bereitstellt.

Wir wollen jetzt das Spiel mit dem Schreiben von (weitgehend nutzlosen) Klassen etwas weiter treiben. Schauen Sie sich einmal den nachfolgenden Quelltext an:

```
class Felix {
}
class Florian {
}
```

Listing 17.2: Zwei einfachste Klassen

Frage: Wie heißt die Java-Datei? Felix.java oder Florian.java? Oder sonst irgendwie? Es ist egal. Der Compiler erzeugt aus einer Quelltextdatei zwei Bytecode-Dateien, die die beiden Klassen repräsentieren.

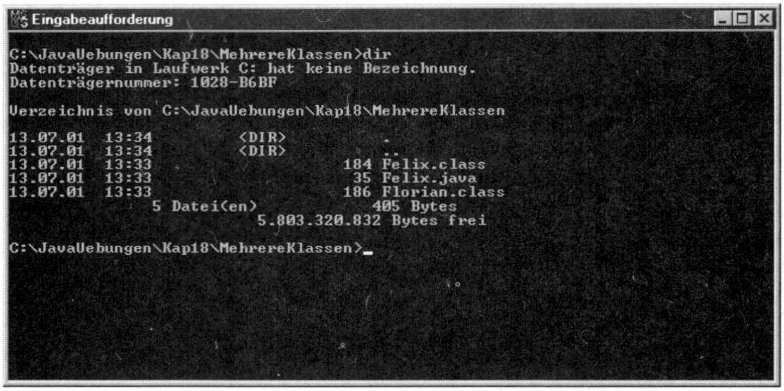

Bild 17.2: Das ist der Beweis – aus 1 mach 2 ;-)

Vielleicht haben Sie jetzt ein ungutes Gefühl, weil da doch etwas von wegen Namen der java-Datei und dem Klassennamen war. Stimmt schon – wenn eine Klasse als öffentlich (was auch immer das heißt) deklariert wird (mit dem vor dem Schlüsselwort class platzierten Schlüsselwort public), muss die java-Datei einen Namensstamm haben, der identisch mit dem Bezeichner der Klasse ist. Da in unserem Beispiel das aber nicht der Fall ist, ist die Wahl des Namens der java-Datei wirklich frei. Ändern wir das Beispiel aber wie folgt ab, ist der Name festgelegt:

```
public class Felix {
}
class Florian {
}
```

Listing 17.3: Zwei einfachste Klassen

Klassen

Die `java`-Datei muss `Felix.java` heißen. Eine unmittelbar zwingende Folge ist, dass in einer einzigen `java`-Datei zwar beliebig viele Klassen definiert werden dürfen, aber nur eine Klasse öffentlich sein darf!

Jetzt steht schon weitgehend fest, dass die beiden letzten Beispiele ziemlich nutzlose Klassen erzeugt haben. Außerdem ist immer noch nicht klar, wie aus den Klassen Objekte entstehen. Aber wir kommen voran. Definieren wir erst einmal eine Klasse, die einen gewissen Nutzen hat.

```java
class ErsteKlasseMitNutzen {
    int dieAntwort = 42;
}
```

Listing 17.4: Eine Klasse, die etwas bereitstellt

Die Klasse stellt über eine Variable eine ganz wichtige Information bereit.[1] Wie können wir die Klasse jetzt nutzen? Man muss daraus ein Objekt erzeugen oder zumindest sonst irgendwie ein Objekt ins Spiel bringen. Genau genommen fehlt aber sogar mehr. Wir brauchen erst einmal ein Programm oder ein Applet, das gestartet werden muss, damit überhaupt etwas passieren kann. Die letzten Klassen waren nämlich keine Programme oder Applets. Nicht jede Klasse ist ein Programm. Ganz im Gegenteil. Die meisten Klassen werden nur Hilfsmittel sein, die im Rahmen eines Programms verwendet werden. Umgekehrt gilt aber, dass jedes Java-Programm eine Klasse ist. Nur halt eine besondere. Ein Java-Programm benötigt zwingend eine `main()`-Methode, die genau so aussehen muss wie in unseren bisherigen Beispielen bzw. dem nachfolgenden Quelltext:

```java
class NutzeKlasse {
    public static void main(String args[]){
    }
}
```

Listing 17.5: Eine Klasse, die als vollständiges Programm zu verstehen ist

Gehen wir einmal den Ablauf eines (normalen) Programms unter Java durch:

→ Der Interpreter wird mit dem Namen der Klasse als Parameter gestartet.

→ Der Interpreter sucht in der Klassen nach `public static void main(String args[])`. Findet er diese Signatur nicht, bricht der Interpreter mit einer Fehlermeldung ab. Findet er sie, wird das Programm mit dem ersten Befehl innerhalb der `main()`-Methode gestartet.

→ Alle Anweisungen in der `main()`-Methode werden der Reihe nach abgearbeitet.

→ Nach der letzten Anweisung in der `main()`-Methode wird das Programm beendet.

---

[1] Die Antwort auf alle Fragen des Universums ;-).

Objektorientiert kann man das so ausdrücken: Der Interpreter erzeugt aus der das Programm repräsentierenden Klasse ein Objekt im Hauptspeicher des Rechners, von dem aus alle anderen Objekte erzeugt und dann verwendet werden. Ist das Programm zu Ende, wird das das Programm repräsentierende Objekt wieder aus dem Hauptspeicher entfernt. Bei Applets läuft der Vorgang zwar etwas anders, aber dennoch verwandt ab.

Sie haben also hier bereits einen Weg, wie aus einer Klasse (wenngleich einer sehr besonderen) ein Objekt (dasjenige, das das Programm selbst repräsentiert) entstehen kann. Im Allgemeinen langt das nicht, denn wie gesagt – das ist nur das Verfahren, wie ein Programmlauf und das zugehörige Objekt in Beziehung gebracht werden.

17.2 Konstruktoren

Allgemein erzeugt man Objekte mittels so genannter Konstruktoren, von denen es in jeder (!) Klasse mindestens einen gibt. Auch Methoden, die ein Objekt als Rückgabewert liefern, benutzen im Inneren einen Konstruktor. Bei Konstruktoren (engl. Constructors) handelt es sich um sehr spezielle Methoden (deshalb wird auch oft von Konstruktormethoden gesprochen – zu Methoden kommen wir selbstverständlich noch), deren einzige Aufgabe die Erstellung einer Instanz einer Klasse ist. Dabei wird ein Objekt initialisiert, bestimmte Eigenschaften der Instanz festgelegt, bei Bedarf notwendige Aufgaben ausgeführt und vor allem Speicher für die Instanz allokiert.

In sehr vielen Fällen werden Sie den Konstruktor einer Klasse gar nicht sehen oder explizit anlegen. Jede Klasse besitzt immer einen Default-Konstruktor, der jedes Mal dann zum Einsatz kommt, wenn Sie nicht selbst einen solchen in einer Klasse definieren (wir werden uns vorerst darauf zurückziehen). Dieser wird – wenn Sie damit ein Objekt erzeugen – das Objekt initialisieren und notwendigen Hauptspeicher allokieren.

Konstruktoren müssen immer den gleichen Namen wie die Klasse selbst haben! Diese Regel muss ausdrücklich betont werden und die müssen Sie sich unbedingt (!) merken. Weiterhin dürfen Konstruktoren (obwohl sie Methoden sind) keine Rückgabeparameter haben (dazu kommen wir noch), weil sie ausschließlich dazu benutzt werden, die Instanz der Klasse zurückzugeben. Meist sind Konstruktoren public *(d.h. öffentlich).*

Aber wie werden nun Konstruktoren konkret eingesetzt? Sie werden in Verbindung mit einem Schlüsselwort new eingesetzt. Um ein Objekt der Klasse ErsteKlasseMitNutzen zu erzeugen, schreiben Sie Folgendes:

new ErsteKlasseMitNutzen();

Beachten Sie die Klammern. ErsteKlasseMitNutzen() bezeichnet nicht den Namen der Klasse, sondern den Namen der Konstruktormethode. Eine Klasse oder eine Variable kann nie ein Klammernpaar hinter dem Bezeichner stehen haben, eine Methode dagegen muss in Java immer (!) ein solches Klammernpaar dort stehen haben. Es ist damit ein eindeutiges Unterscheidungskriterium (unabhängig von der Position im Quelltext, die meist ebenso eindeutig ist), ob es sich um den Klassenbezeichner oder den Konstruktor handelt. Wenn Sie nun das so erzeugte Objekt auch nutzen wollen, wird es meist einer Variablen zugewiesen, über deren Namen Sie dann an den Speicherplatz kommen, in dem das Objekt abgelegt wird. Diese Variable muss für die Aufnahme eines ganz bestimmten Objekts eingerichtet werden. Sie bekommt einen passenden Datentyp (dazu wird noch mehr folgen). In Java wird eine Variable so eingerichtet, dass zuerst der Datentyp genannt wird und dann der Bezeichner für die Variable. Auch auf Variablen gehen wir natürlich noch ein. Aber auch hier ein Vorgriff, soweit er notwendig ist. Eine Variable ist ein benannter Speicherplatz im Hauptspeicher des Computers, der frei mit (passenden) Werten gefüllt werden kann. Diese Werte können über den Namen wieder ausgelesen werden. Wenn also eine Variable ein Objekt vom Typ der Klasse `ErsteKlasseMitNutzen` aufnehmen soll, muss die Variablendeklaration (das ist die Einführung der Variablen im Programm) so erfolgen:

```
ErsteKlasseMitNutzen a;
```

Der Bezeichner `a` ist der Name der Variablen, der das Objekt zugewiesen werden soll.

Der gesamte Vorgang sieht also so aus:

```
ErsteKlasseMitNutzen a;
a = new ErsteKlasseMitNutzen();
```

Nun kann man die Erzeugung des Objekts und die Variablendeklaration zu einer Quellcodezeile zusammenfassen. Diese macht vielen Einsteigern zwar Schwierigkeiten. Sie ist aber gängige Java-Praxis und es ist wichtig, dass Sie sich daran gewöhnen:

```
ErsteKlasseMitNutzen a = new ErsteKlasseMitNutzen();
```

Einsteiger monieren jetzt oft, da würde ja auf beiden Seiten der Gleichung das Gleiche stehen. Das wären jetzt aber zwei Denkfehler. Es handelt sich erst einmal nicht um eine Gleichung, sondern eine Zuweisung, in der das, was auf der rechten Seite steht, dem, was auf der linken Seite steht, zugewiesen wird. Dazu kommen wir noch. Wichtiger im Moment ist aber, dass natürlich nicht das Gleiche auf beiden Seiten steht. `ErsteKlasseMitNutzen` ist grundverschieden von `ErsteKlasseMitNutzen()`. So verschieden, wie Äpfel und Raumschiffe ungleich sind. Wir haben es ja gerade besprochen, dass mit den Klammern die Konstruktormethode bezeichnet wird und ohne die Klammern die Klasse. Klar, beide Ausdrücke haben schon mehr miteinander zu tun als Äpfel und Raumschiffe. Das eine ist der Konstruktor der gleichnamigen Klasse. Aber der krasse Vergleich soll deutlich machen, dass alleine die Klammern ein deutliches Unterscheidungskriterium sind. Das wird von Einsteigern viel zu oft ignoriert.

Bevor wir das Ganze nutzen, um unser Beispiel zu vervollständigen, fassen wir die Zusammenhänge mit Klassen, Instanzen davon und den Konstruktormethoden noch einmal abstrakter zusammen:

Wenn eine Instanz einer Klasse erstellt wird, ist es nötig, dass ein Speicherbereich für verschiedene Informationen reserviert wird. Wenn Sie nun eine Variable für eine Instanz am Anfang einer Klasse deklarieren, dann sagen Sie dem Compiler damit lediglich, dass eine Variable eines bestimmten Namens in dieser Klasse verwendet wird. Daher ist es notwendig, dass Sie der Variablen zusätzlich unter Verwendung des Operators new ein konkretes Objekt zuweisen.

Die Deklaration der Variablen ist eine gewöhnliche Variablendeklaration. Der Typ der Variablen ist vom Typ des Objekts, das darin gespeichert werden soll. Die Syntax sieht folgendermaßen aus:

```
<KlassenName> <instanzderKlasse>;
```

Die Zuweisung der konkreten Klasseninstanz mit dem Konstruktor erfolgt dann so:

```
<instanzderKlasse>; =
    new <KlassenName>(<optionale_parameter>);
```

Die beiden Schritte werden oft zusammen erledigt. Das sieht dann folgendermaßen aus:

```
<KlassenName> <instanzderKlasse> =
    new <KlassenName>(<optionale_parameter>);
```

instanzderKlasse ist die Variable, die die Instanz der Klasse KlassenName aufnimmt. Der Name der Klasse taucht zwar zweimal auf, aber nur auf der linken Seite ist es in der Tat die Klasse selbst. Rechts ist es der Name der Konstruktormethode, was die Klammern deutlich machen. Diese müssen auf jeden Fall vorhanden sein (ein Konstruktor ist wie gesagt eine Methode!), während die Parameter darin optional sind.

Wenden wir uns der Vervollständigung des Beispiels zu. Die Klasse, die das Programm repräsentieren soll, wird so erweitert:

```
class NutzeKlasse {
    public static void main(String args[]){
    ErsteKlasseMitNutzen a = new ErsteKlasseMitNutzen();
    }
}
```

Listing 17.6: In der main()*-Methode wird ein Objekt der Klasse* ErsteKlasseMitNutzen *erzeugt*

Das Programm bringt uns jetzt aber noch nicht viel. Der Programmablauf wird so aussehen.

→ Der Interpreter wird mit dem Namen der Klasse als Parameter gestartet.

→ Der Interpreter sucht in der Klasse nach public static void main(String args[]) und findet sie.

→ Das Programm wird mit dem ersten Befehl innerhalb der main()-Methode gestartet. Dieser erzeugt ein Objekt des Typs ErsteKlasseMit-Nutzen.

→ Die nächste Anweisung in der main()-Methode wird gesucht. Es gibt aber keine mehr und das Programm wird beendet. Dabei wird zuerst der Speicherplatz freigegeben, der vom Objekt a belegt wird, und dann das Objekt aus dem Speicher entfernt, das das Programm selbst repräsentiert.

So ist das zwar ein funktionstüchtiges, aber wenig nutzvolles Programm. Aber der Sinn und Zweck von Objekten ist ja, dass mit ihnen nach ihrer Erzeugung etwas angefangen wird. Das wollen wir jetzt tun. Das Objekt a erlaubt uns den Zugriff auf die in seiner Klasse vorhandenen Variablen und diese Information werden wir jetzt verwenden. Erstellen Sie die folgende Datei NutzeKlasse.java:

```
class NutzeKlasse {
    public static void main(String args[]){
    ErsteKlasseMitNutzen a = new ErsteKlasseMitNutzen();
    System.out.println(
"Die Antwort auf alle Fragen ist " + a.dieAntwort + "." );
    }
}
```

Listing 17.7: *In der* main()*-Methode wird ein Objekt der Klasse* ErsteKlasseMitNutzen *erzeugt und dann über die Variable* a *auf dessen Eigenschaft zugegriffen*

Bild 17.3: *Die Klasse* ErsteKlasseMitNutzen *wurde verwendet, wie die Ausgabe beweist*

In diesem Programm erzeugen wir ein Objekt, weisen es einer Variablen a zu und greifen über diese Variable auf die in dem Objekt zur Verfügung stehende Eigenschaft dieAntwort zu. Dabei sollte Ihnen auffallen, dass die zweite Klasse ErsteKlasseMitNutzen in einer anderen java-Datei notiert ist. Sie kann dennoch verwendet werden, denn sie befindet sich in dem gleichen Verzeichnis. Ist die java-Datei noch nicht kompiliert, wird sie beim Kompilieren der Datei NutzeKlasse.java automatisch mitkompiliert. Ebenso wird sie neu kompiliert, wenn sich Änderungen ergeben haben.

17.3 Klassen direkt nutzen

Wir haben jetzt gesehen, dass Sie zwei oder mehr Klassen definieren und in einer davon eine der anderen nutzen können (wenn sie von der aktuellen Klasse aus gefunden wird, was beispielsweise bei Klassen im gleichen Verzeichnis immer der Fall ist). Sie erzeugen über deren Konstruktor ein Objekt und greifen darüber auf die Instanz zu. Das ist aber beileibe nicht der einzige Weg, Klassen zu nutzen. Sie können auch direkt Klassen und deren Bestandteile nutzen. Klassen sind ja in der Java-Philosophie nur besondere Objekte. Deshalb kann das Verfahren vollkommen konsistent vom Fall allgemeiner Objekte darauf übertragen werden.

Wie greifen Sie auf ein Objekt zu? In der Regel über eine Variable, in der das Objekt gespeichert ist.[2] Genau genommen über deren Namen. Eine Klasse hat ja auch einen Namen und aus der objektorientierten Sicht ist das eine Variable, über die auf die Klasse selbst direkt zugegriffen werden kann. Allerdings kann man dort dann nur die Elemente nutzen, die ausdrücklich als Klassenelemente gekennzeichnet sind. Was das heißt, werden Sie gleich sehen. Von der Syntax her kennzeichnet Java Klassenelemente (Variablen bzw. Eigenschaften oder Methoden, die zur Klasse gehören) mit einem vorangestellten Schlüsselwort `static`. Spielen wir ein Beispiel durch:

```
class MitKlassenElementen{
    static int a = 1;
    static int b = 2;
}

class KlassenElemente {
    public static void main(String args[]) {
        System.out.println("Das Ergebnis von " +
            MitKlassenElementen.a +
            " + " + MitKlassenElementen.b +
            " ist " +
            (MitKlassenElementen.a + MitKlassenElementen.b));
    }
}
```

Listing 17.8: In der `main()`-Methode wird direkt über den Klassennamen auf die beiden Klassenvariablen a und b zugegriffen

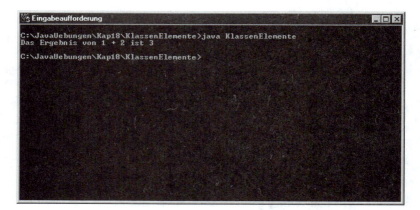

Bild 17.4: Direkter Zugriff auf Elemente anderer Klassen

---

2   Wir werden noch sehen, dass man auch ohne eine Variable auf Objekte zugreifen kann. Anonym sozusagen.

Wenn Sie versuchen, auf ein Element einer Klasse zuzugreifen, das nicht explizit dafür vorgesehen ist, wird der Compiler dies nicht übersetzen. Testen wir es auch, indem eine weitere Klasse in das Beispiel integriert wird und da eine Variable als Klassenvariable definiert ist, die andere jedoch nicht (das nennt man dann Instanzvariable). Erstellen Sie in dem gleichen Verzeichnis, in dem sich die Datei MitKlassenElementen.class befindet, das nachfolgende Beispiel:

```java
class MitKlassenElementen2{
    static int a = 1;
    int b = 2;
}

class KlassenElemente2 {
    public static void main(String args[]) {
        System.out.println("Das Ergebnis von " +
            MitKlassenElementen.a +
            " + " + MitKlassenElementen2.a +
            " ist " +
            (MitKlassenElementen.a + MitKlassenElementen2.a));
        System.out.println("Das Ergebnis von " +
            MitKlassenElementen.b +
            " + " + MitKlassenElementen2.a +
            " ist " +
            (MitKlassenElementen.b + MitKlassenElementen2.a));
/*      System.out.println("Das Ergebnis von " +
            MitKlassenElementen2.a +
            " + " + MitKlassenElementen2.b +
            " ist " +
            (MitKlassenElementen2.a + MitKlassenElementen2.b)); */
    }
}
```

Listing 17.9: Zugriff auf Klassenvariablen in verschiedenen Klassen

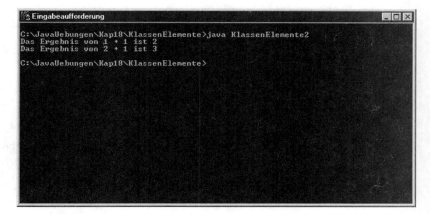

Bild 17.5: Zugriff auf verschiedene Klassenvariablen

Beachten Sie, dass in der `main()`-Methode nicht nur auf die Elemente der neuen Klasse `MitKlassenElementen2.class` zugegriffen wird, sondern auch auf `MitKlassenElementen.class` aus dem vorherigen Beispiel (die Datei soll sich ausdrücklich im gleichen Verzeichnis befinden und dann ist das so möglich).

Am Ende des Beispiels ist ein Teil auskommentiert. Wenn Sie die Kommentierung aufheben und versuchen, das Beispiel zu kompilieren, wird der Compiler einen Fehler melden. In diesem Teil versuchen Sie auf eine Variable `b` aus der Klasse `MitKlassenElementen2.class` zuzugreifen und die ist nicht für den Zugriff über die Klasse freigegeben.

Bild 17.6: Das geht nicht

Wie können Sie dennoch auf die Variable `b` aus der Klasse `MitKlassenElementen2.class` zugreifen? Ganz einfach. Sie bilden ein Objekt der Klasse `MitKlassenElementen2.class` und greifen darüber auf `b` zu.

Ich nehme an, Sie fragen sich jetzt, warum man Klassenvariablen und Instanzvariablen überhaupt hat. Also, was diese Unterscheidung überhaupt soll. Vor einer Antwort ein neues Beispiel, das diese Unterschiede ausnutzt:

```
class KlassenUndInstanzVar{
    String farbe1="Rot";
    static String farbe2="Blau";
}

class KlasseInstanz {
    public static void main(String[] args) {
    KlassenUndInstanzVar ball1 = new KlassenUndInstanzVar();
    KlassenUndInstanzVar ball2 = new KlassenUndInstanzVar();
    KlassenUndInstanzVar ball3 = new KlassenUndInstanzVar();
    System.out.println("Welche Grundfarbe hat Ball 1? " +
ball1.farbe1);
    System.out.println("Welche Zweitfarbe hat Ball 1? " +
```

```
            ball1.farbe2);
        System.out.println("Welche Grundfarbe hat Ball 2? " +
            ball2.farbe1);
        System.out.println("Welche Zweitfarbe hat Ball 2? " +
            ball2.farbe2);
        System.out.println("Welche Grundfarbe hat Ball 3? " +
            ball3.farbe1);
        System.out.println("Welche Zweitfarbe hat Ball 3? " +
            ball2.farbe2);
        System.out.println("---------------------------");
        System.out.println("Wir faerben Ball 1 um");
        System.out.println("---------------------------");
        ball1.farbe1="Gelb";
        ball1.farbe2="Cyan";
        System.out.println("Welche Grundfarbe hat Ball 1? " +
            ball1.farbe1);
        System.out.println("Welche Zweitfarbe hat Ball 1? " +
            ball1.farbe2);
        System.out.println("Welche Grundfarbe hat Ball 2? " +
            ball2.farbe1);
        System.out.println("Welche Zweitfarbe hat Ball 2? " +
            ball2.farbe2);
        System.out.println("Welche Grundfarbe hat Ball 3? " +
            ball3.farbe1);
        System.out.println("Welche Zweitfarbe hat Ball 3? " +
            ball2.farbe2);
    }
}
```

Listing 17.10: Der Unterschied von Klassen- und Instanzvariablen

Das Beispiel soll die Umsetzung eines Balls skizzieren. Ein typischer Fußball ist zweifarbig. In der Klasse `KlassenUndInstanzVar` werden die beiden Farben festgelegt. Einmal als Klassenvariable, einmal als Instanzvariable. Dann werden drei Bälle als Objekte in der Klasse `KlasseInstanz` erstellt. In den nachfolgenden Kontrollausgaben werden die beiden Farben der drei Bälle jeweils ausgegeben, indem über die jeweiligen Objektvariablen `ball1`, `ball2` und `ball3` auf die Werte zugegriffen wird. Dann werden bei dem Objekt `ball1` beide Farben geändert und anschließend erneut jeweils beide Farben aller drei Bälle ausgegeben. Was ist passiert? Ball 1 hat logischerweise die gesetzten Farben, aber auch bei den beiden anderen Bällen hat sich eine der Farben geändert. Und zwar diejenige, die als Klassenvariable definiert war! Diejenige, die als Instanzvariable definiert war, ist unverändert geblieben!

Damit haben wir den Unterschied zwischen Instanz- und Klassenvariablen und bei genauerem Überlegen auch den Grund für beide Varianten. Klassenvariablen können einmal an beliebigen Stellen genutzt werden, unabhängig davon, ob eine konkrete Instanz der Klasse existiert oder nicht. Mit anderen Worten – eine Klassenvariable ist über die Klasse oder eine Instanz davon zugänglich.

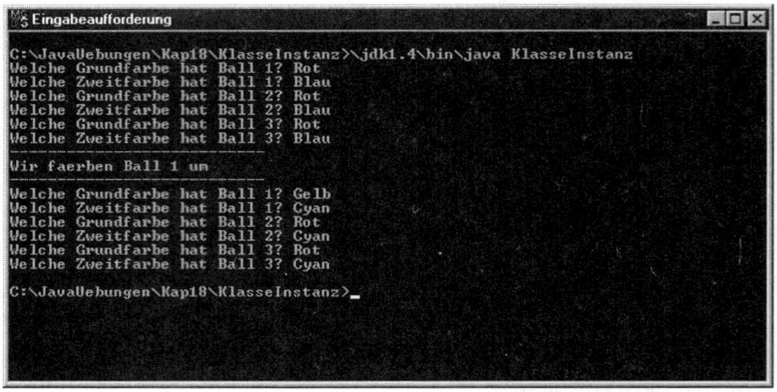

Bild 17.7: Instanz- versus Klassenvariablen

Eine Instanzvariable ist dagegen nur über ein Objekt verwendbar. Die konkrete Anwendung erfolgt immer über ein Objekt. Das haben wir bereits vor diesem Beispiel gesehen. Dieses letzte Beispiel hat aber deutlich gemacht, dass eine Änderung einer Klassenvariablen (egal, wie und wo sie erfolgt), sich in der Klasse und allen Instanzen auswirkt, während die Änderung einer Instanzvariablen für die Schwesterinstanzen der gleichen Klasse verborgen bleibt. Klassenvariablen sind so eine Art klassenglobale Variablen, die einer Klasse samt sämtlicher daraus erzeugten Instanzen als gemeinsames Pinboard dient, worüber Informationen ausgetauscht werden können.

17.4 Fremde Klassen verwenden

Bisher haben wir in diesem Kapitel nur selbst definierte Klassen verwendet. Das wird in Zukunft natürlich nicht so bleiben. Objektorientierung bezieht viel von seiner Leistungsfähigkeit, dass man Klassen verwendet, die andere jemandem bereitstellen. In Java haben Sie explizit eine extrem umfangreiche Sammlung von Klassen mit vorgefertigten Funktionalitäten, die Sie natürlich ausführlich nutzen. Sie werden diese Klassen übrigens in der Regel nicht direkt in Form von class-Dateien auf Ihrem Rechner finden. Sie sind gepackt in komprimierten Dateien. Der Einstiegspunkt für die JDK-Tools ist das Verzeichnis, das bei der Installation erstellt und entsprechend in die Suchstrukturen des Betriebssystems eingetragen wurde. Bei den JDK-Tools haben wir zudem gesehen, dass es eine Aufrufoption - classpath gibt, mit der ein bestimmtes Verzeichnis zum Durchsuchen nach notwendigen Klassen angegeben werden kann. Wir wollen uns hier erst einmal auf die Klassen beschränken, die zum Standard-API gehören. Diese werden (weitgehend[3]) direkt gefunden.

```
class FremdeKlassen {
    public static void main(String[] args) {
        java.util.Date d = new java.util.Date();
        System.out.println("Tag: " + d.getDay());
        System.out.println("Monat: " + d.getMonth());
```

---

[3] Das soll auf die Einsortierung in Pakete hinweisen – darauf kommen wir gleich.

```
            System.out.println("Jahr: " + d.getYear());
            System.out.println("Stunden: " + d.getHours());
            System.out.println("Minuten: " + d.getMinutes());
            System.out.println("Sekunden: " + d.getSeconds());
        }
    }
```
Listing 17.11: Die Verwendung von fremden Klassen

In dem Beispiel wird über eine vom Java-API bereitgestellte Klasse Date das Systemdatum des Rechners abgegriffen. Das erzeugte Datumsobjekt stellt diverse Methoden bereit, die in dem Beispiel über das Objekt d genutzt werden. Beachten Sie, dass die zurückgegebenen Werte etwas von der deutschen Standardnotation abweichen, was aber hier keine Rolle spielen soll. Wichtiger ist, dass über eine Pfadangabe java.util auf die Klasse Date zugegriffen wird. Das soll aber an späterer Stelle genauer erläutert werden *(siehe Seite 245)*.

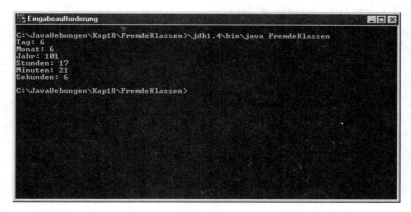

Bild 17.8: Verwendung der Java-Standardklasse Date

Spielen wir noch ein weiteres Beispiel durch:

```
class VerwendeFrame {
    public static void main(String[] args) {
        java.awt.Frame f = new java.awt.Frame();
        f.setSize(200,200);
        f.setTitle("Mein Fenster");
        f.setVisible(true);
    }
}
```
Listing 17.12: Die Verwendung von fremden Klassen Teil 2

Das Beispiel kennen Sie so ähnlich. Das Beispiel startet ein grafisches Fenster auf dem Bildschirm. Das Fenster wird erzeugt, indem wir aus der Java-Standardklasse Frame ein Objekt f erzeugen und dessen Methoden zum Setzen der Größe, der Titelzeile und zum Anzeigen verwenden.

Bild 17.9: Ein Java-Programm mit grafischer Oberfläche

Das Programm ist allerdings sehr einfach gehalten und kann nur mit STRG+C beendet werden.

17.5 Namensregeln

Wenn Sie Klassen und Objekte konstruieren oder auf fremde Klassen und Objekte zugreifen wollen, ist der Schlüssel für den Zugriff (meist) der Klassenname bzw. der Bezeichner eines Objekts. Die Namen sind in Java relativ frei zu wählen. Es gibt in Java einige wenige Regeln, die die Vergabe von Klassennamen und Objektbezeichnern beschränken (diese Regeln gelten auch für Bezeichner anderer Elemente wie Variablen und Methoden):

→ Bezeichner dürfen im Prinzip eine unbeschränkte Länge haben (bis auf technische Einschränkungen durch das Computersystem).

→ Bezeichner dürfen nicht getrennt werden.

→ Bezeichner in Java müssen mit einem Buchstaben oder einem der beiden Zeichen _ oder $ beginnen. Es dürfen weiter nur Unicode-Zeichen oberhalb des Hexadezimalwerts 00C0 (Grundbuchstaben und Zahlen, sowie einige andere Sonderzeichen) verwendet werden. Das bedeutet mit anderen Worten, jeder (!) Buchstabe eines beliebigen (!) im Unicode abgebildeten Alphabetes kann verwendet werden.

→ Zwei Bezeichner sind nur dann identisch, wenn sie dieselbe Länge haben und jedes Zeichen bezüglich des Unicode-Werts identisch ist. Java unterscheidet deshalb Groß- und Kleinschreibung. Die beiden Klassennamen HelloJava und helloJava sind nicht identisch.

→ Selbst definierte Bezeichner dürfen keinem Java-Schlüsselwort gleichen und sie sollten nicht mit Namen von Java-Paketen identisch sein. Letzteres ist dann zu umgehen, wenn das Paket nicht verwendet wird. Es ist aber dringend (!!) von einer solchen (in der Regel schlampigen, selten sinnvoll geplanten) Vorgehensweise abzuraten.

Es gibt nun in Java neben den zwingenden Regeln für Bezeichner ein paar unverbindliche, aber gängige Konventionen für Klassennamen, Objektnamen und andere Elementen.

→ Man sollte möglichst sprechende Namen verwenden. Wenn Sie eine Klasse erstellen, die ein Fenster generiert, wäre `MeinFenster` ein sprechender Name für die Klasse und `mF1, mF2` und `mF3` sprechende Namen für daraus erzeugte Objekte.

→ Die Bezeichner von Klassen (und Schnittstellen, was eine ganz besondere Form von Klassen ist) sollten mit einem Großbuchstaben beginnen und anschließend kleingeschrieben werden. Die Bezeichner von Objekten (oder Variablen allgemein – das gilt aber auch für Methoden) sollten mit einem Kleinbuchstaben beginnen und anschließend weiter kleingeschrieben werden. Wenn sich ein Bezeichner aus mehreren Wörtern zusammensetzt, dürfen diese nicht getrennt werden (das haben wir bei den verbindlichen Regeln gerade gesehen). Die jeweiligen Anfangsbuchstaben werden jedoch innerhalb des Gesamtbezeichners großgeschrieben.

Sie müssen sich nicht an diese freiwilligen Konventionen halten. Ich möchte es aber dringend, dringend (!!) anraten. Ganz dringend! Nur so kann jeder, der Ihren Quellcode liest, bereits über die Bezeichner Syntaxstrukturen eindeutig identifizieren. Außerdem passt dann die Logik Ihrer Bezeichner zu der überall sonst (in dem Java-API, aber auch anderen Projekten) durchgezogenen Logik. Wenn Sie diese Konventionen einhalten, ist unmittelbar klar, ob es sich bei den – vollkommen aus dem Syntaxzusammenhang gerissenen – Bezeichnern um eine Klasse oder ein Objekt oder auch ein anderes Strukturelement handelt:

1. a
2. A
3. amAnfang
4. AmAnfang
5. AmEnde
6. dieAntwort
7. DieAntwort

Klassen sind 2, 4, 5 und 7. Der Rest sind Objektbezeichner.

In vielen professionellen Projekten werden zusätzlich zu den zwingenden Regeln und den offiziellen Konventionen ergänzende, projektverbindliche[4] Regeln für Bezeichner aufgestellt. Etwa wie die folgenden für Objekte.[5]

---

[4] Ohne Übertreibung – wenn sich in einem umfangreichen Programmierprojekt ein Programmierer an Konventionen für Bezeichner nicht hält, kann er (bei einem professionellen Projektmanagement) seinen Hut nehmen. Selbst wenn sein Programm läuft, kann ein Nichteinhalten der Regeln als Sabotage ausgelegt werden. Der daraus resultierende erhöhte Wartungsaufwand kann je nach Projekt einige Tage betragen oder gar eine Neuprogrammierung erzwingen, wenn der Programmierer extremes Kauderwelsch erstellt hat. Wenn man einen Manntag (das ist eine in der Projektarbeit übliche Bezeichnung, eine Recheneinheit) in einem Programmierprojekt mit ca. 1.000 Euro rechnet (ein durchaus realistischer Wert in einem Software-Projekt), können bereits fünf Tage erhöhter Wartungsaufwand (über einen gewissen Wartungszeitraum gesehen) einen Schaden von 5.000 Euro bedeuten. Ob der Programmierer das Geld aus der Kasse gestohlen hat oder nur durch die Nichteinhaltung von Regeln den Schaden verursacht hat, ist im Endeffekt gleich.

[5] Diese werden ungefähr so von Borland, dem Hersteller des JBuilders, empfohlen.

→ Der Typ eines Objekts soll den Beginn des Bezeichners bilden. Vokale sollen dabei weggelassen werden und doppelte Konsonanten nur einfach auftauchen.

→ Der zweite Bestandteil des Bezeichners wird groß begonnen und charakterisiert die Bedeutung des Objekts.

Wenn etwa ein Button zum Beenden eines Programms erstellt wird (Beschriftung `Ende`), wäre der Bezeichner zwingend `btnEnde` (erzeugt aus der Klasse Button, also `btn` und `Ende` beschreibt die Funktionalität). Ein Label, das als Headline eines Applets dient, könnte `lblHeadLine` genannt werden. Obwohl diese Strenge in privaten Projekten sicher nicht notwendig ist, erleichtert es die Zusammenarbeit mit anderen Programmierern, wenn man sich beizeiten daran gewöhnt. Außerdem lässt sich so Quelltext wirklich besser lesen.

17.6 Innere und anonyme Klassen

Eine innere Klasse (darunter ist auch eine Schnittstelle zu verstehen, die als – besondere – Klasse zu sehen ist) ist innerhalb einer anderen Klasse definiert. Sonst gibt es eigentlich keinen Unterschied zu »normalen« Klassen. Klassen und Schnittstellen können damit innerhalb anderer Klassen eingebettet werden. Solche inneren Klassen können ausschließlich die Klassen unterstützen, in die sie integriert sind. Die Verwendung von inneren Klassen ist seit Java 1.1 möglich. Es gibt dafür im Wesentlichen die folgenden Gründe:

1. Ein Objekt einer inneren Klasse kann auf die Implementation des Objekts zugreifen, das es kreiert hat. Auch auf Daten, die dort als privat deklariert wurden!

2. Innere Klassen können vor den anderen Klassen des gleichen Pakets versteckt werden.

3. Die Verwendung von inneren Klassen ist bei der Erstellung von ereignisbezogenen Anwendungen sehr bequem.

Das Gerüst einer solchen Struktur sieht ungefähr so aus:

```
public class SchreibeDatei {
    public class UeberpruefeLaufwerk {
        // Rest von UeberpruefeLaufwerk
    }
    // Rest von SchreibeDatei
}
```

Der Name einer inneren Klasse (oder genauer – der Zugriff darauf) wird durch die umschließende Klasse bestimmt. Es gilt die Punktnotation. In unserem skizzierten Beispiel erfolgt der Zugriff auf die innere Klasse wie folgt:

`SchreibeDatei.UeberpruefeLaufwerk`

»Anonymous Classes« steht für eine Abart der inneren Klassen. Es handelt sich um eine Kurzform von inneren Klassen. Sie bekommen keinen Namen, sondern nur eine Implementation mit new.

Der Compiler generiert bei anonymen Klassen eine namenlose (anonymous) Klasse, die wie spezifiziert eine bestehende Klasse dann überschreibt. Das Ende einer anonymen Klasse wird durch das Ende des mit new eingeleiteten Ausdrucks festgelegt. Skizziert sieht das so aus:

```
private Vector history = new Vector();
 public void watch(Ueberwache o) {
  o.addObserver(new Observer() {
  public void update(Ueberwache o, Object arg) {
   history.addElement(arg);
   }
};
}
```

Wie Anmerkung drei bei inneren Klassen schon andeutet, werden innere bzw. anonyme Klassen gerne im Zusammenhang mit der Behandlung von Ereignissen verwendet (siehe dazu auch Seite 499). Wir wollen deshalb auf die Erstellung von interaktiven grafischen Oberflächen vorgreifen und eine solche innere (oder genau genommen anonyme) Klasse in Aktion sehen.

```
import java.awt.*;
import java.awt.event.*;
class Anonym extends Frame {
    public Anonym() {
      addWindowListener(new WindowAdapter() {
      public void windowClosing(WindowEvent e)   {
           System.exit(0);
          }
     }); }
    public static void main(String args[]) {
       Anonym mainFrame = new Anonym();
       mainFrame.setSize(400, 400);
       mainFrame.setTitle("Test");
       mainFrame.setVisible(true);
     }
 }
```

Listing 17.13: Die Anwendung einer anonymen Klasse beim Behandeln von Ereignissen

Das Beispiel erzeugt ein Fenster. Die Anwendung der anonymen Klasse besteht darin, dass in der Methode addWindowListener() ein Adapter (*siehe dazu Seite 205*) erzeugt wird, in dem die Reaktion auf den Klick verarbeitet wird.

17.7 Das Schlüsselwort this

Ein für viele Einsteiger recht geheimnisvolles Schlüsselwort von Java ist this. Um was geht es dabei? Über die Punktnotation kann man auf andere Klassen bzw. Objekte zugreifen. Wie aber kann eine Klasse bzw. ein Objekt auf sich selbst zugreifen? Klassenelemente stehen überall bereit und sind damit trivialerweise zugänglich. Das hilft aber nichts bei Instanzelementen. Dafür stellt Java dieses Schlüsselwort this zur Verfügung, das es schon in C/C++ gab. Das Schlüsselwort this kann nur im Körper einer nicht-statischen Methode verwendet werden, denn wir greifen damit auf Instanzelemente zu und das geht ja nur aus einer Instanzmethode heraus. Es gibt im Allgemeinen zwei bzw. drei[6] Situationen, die den Gebrauch dieser Variablen rechtfertigen:

1. Es gibt in einer Klasse zwei Variablen mit gleichem Namen – eine gehört als Instanzvariable zu der Klasse, die andere zu einer spezifischen Methode in der Klasse. Die Benutzung der Syntax this.<VariablenName> ermöglicht es, auf diejenige Variable zuzugreifen, die zu der Klasse gehört.

2. Eine Klasse muss sich selbst als Parameter für eine Methode weiterreichen bzw. der Rückgabetyp einer Methode ist eine Objektinstanz der Klasse.

3. Es soll explizit eine Instanzmethode der aktuellen Klasse aus einer anderen Methode heraus verwendet werden. Das funktioniert in der Regel auch ohne vorangestelltes this. Mit dem Schlüsselwort ist die Sache aber eindeutiger und zudem helfen bessere Java-Editoren mit einer Auswahlliste der erlaubten Methoden und Eigenschaften des über this referenzierten Objekts. Sie schreiben einfach this und dann einen Punkt und der Editor bietet die gleiche Hilfe an, die bei Hinschreiben eines expliziten Namens und einem Punkt angeboten würde. Das hängt aber vom Tool ab.

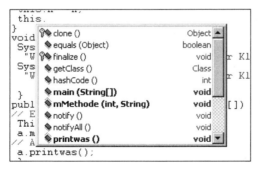

Bild 17.10: Die Notation von this und einem Punkt bewirkt in besseren Editoren, dass eine Liste mit erlaubten Methoden und Eigenschaften des referenzierten Objekts angezeigt wird

---

6   Die dritte Situation dient nur der besseren Lesbarkeit, ist aber nicht zwingend.

Das Schlüsselwort this kann aber noch allgemeiner verstanden werden. Es kann an jeder Stelle verwendet werden, an der das Objekt erscheinen kann, dessen Methode gerade aktiv ist. Etwa als Argument einer Methode, als Ausgabewert oder in Form der Punktnotation zum Zugriff auf eine Instanzvariable. In vielen Anweisungen steckt das Schlüsselwort wie gesagt (Punkt 3) implizit drin, denn man kann oft darauf verzichten, wenn die Situation eindeutig ist.

Die nachfolgenden Beispiele zeigen die Verwendung von this in verschiedenen Varianten. Das Beispiel This1 zeigt, wie Sie innerhalb einer Methode auf eine Variable der Klasse zugreifen können. Beachten Sie, dass die Instanzvariable in der Klasse den gleichen Namen hat wie die als Parameter übergebene Variable. Ohne das vorangestellte this wäre die Zuweisung in der Methode meinemethode(int x) eine Selbstzuweisung. So bedeutet die Zeile

```
this.x = x;
```

dass der Instanzvariablen x der Wert zugewiesen wird, der als Parameter der Methode übergeben wird. Dass der Name des Parameters identisch ist, stört nicht. Java stellt dafür die Namensräume bereit, die eine Eindeutigkeit gewährleisten.

```
class This1 {
int x = 0;
String y = "";
void mMethode(int x, String y) {
// Zuweisung der Variablen in der Klasse mit dem
// Wert des Parameters
 this.x = x;
 this.y = y;
}
void printwas() {
 System.out.println(
  "Wert der Instanzvariable x  in der Klasse: " + x );
 System.out.println(
  "Wert der Instanzvariable y  in der Klasse: " + y );
 }
public static void main (String args[]) {
// Erzeugen einer Instanz
 This1 a = new This1();
 a.mMethode(42,"Die Antwort");
// Ausgabe der Variablen der Klasse
 a.printwas();
 }
 }
```

Listing 17.14: Einsatz von this, *um auf eine Instanzvariable der Klasse zuzugreifen*

Bild 17.11: Der Wert der Instanzvariablen wurde aus der Methode heraus geändert

In der Methode meinemethode(int x, String y) setzen Sie den Wert der Variablen x in der Klasse auf 42 und die Instanzvariable y bekommt den Wert "Die Antwort". Diese geben Sie dann in der Methode printwas() aus. Die Ausgabe wird

```
Wert der Instanzvariable x  in der Klasse: 42
Wert der Instanzvariable y  in der Klasse: Die Antwort
```

sein.

Erstellen wir noch ein (relativ) einfaches Beispiel, das this verwendet. Allerdings setzen wir dort nicht den Wert der Variablen in der Klasse – wir fragen ihn nur ab. Dabei werden wir zwei Variablen gleichen Namens benutzen. Eine ist in der Klasse als Instanzvariable definiert, die andere als lokale Variable in der Methode, in der wir beide Werte ausgeben wollen.

```
class This2 {
  int x = 42;
  void mMethode() {
    int x = 24;
    System.out.println(
      "Wert der Variable in der Klasse: " + this.x );
    System.out.println(
      "Wert der Variable in der Methode: " + x );
  }
  public static void main (String args[])  {
// Erzeugen einer Instanz
    This2 a = new This2();
    a.mMethode();
  }
}
```

Listing 17.15: Zugriff per this *auf die Instanzvariable*

Die Ausgabe wird

```
Wert der Variable in der Klasse: 42
Wert der Variable in der Methode: 24
```

sein.

Da das Schlüsselwort this so wichtig ist und gerade Einsteigern oft Schwierigkeiten macht, behandeln wir noch ein weiteres Beispiel. Hier nutzen wir this wieder, um aus einem Konstruktor auf das erst zur Laufzeit erzeugte Objekt (ein Frame) zugreifen zu können. Auf »diesem« Frame-Objekt fügen wir Schaltflächen hinzu, legen von »diesem« Frame-Objekt das Layout und die Größe fest und zeigen »dieses« Frame-Objekt dann an.[7]

```
import java.awt.*;
public class This3 extends Frame {
  Button mBnt1 = new Button();
  FlowLayout flwLt = new FlowLayout();
  Button mBnt2 = new Button();
  public This3() {
    this.setLayout(flwLt);
    this.mBnt1.setLabel("OK");
    this.mBnt2.setLabel("Abbruch");
      this.add(mBnt1);
      this.add(mBnt2);
      this.setSize(300,200);
      this.show();
  }
  public static void main(String[] args) {
    This3 mFrm = new This3();
  }
}
```

Listing 17.16: *Die grafische Oberfläche des Programms wird mit* this *angesprochen*

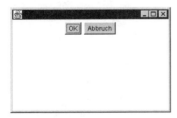

Bild 17.12: *Das Programm greift per* this *auf die Oberfläche als Objekt zu*

 Beachten Sie, dass Sie das Programm nicht mit dem Schließbutton beenden können (es ist kein Eventhandling integriert). In der DOS-Box können Sie es mit [STRG]+[C] *beenden.*

Da das Frame im Konstruktor eindeutig identifizierbar ist, könnte auch durchgängig auf this verzichtet werden.

---

7   Die Betonung von »diesem« soll die Übersetzung von this verdeutlichen, was eigentlich auch ganz gut die Bedeutung des Schlüsselworts charakterisiert.

18 Methoden und Eigenschaften

Wir haben Klassen und Objekte in den Grundzügen zusammen. Nun ist es an der Zeit, die Bestandteile von Objekten zu analysieren. Diese sind entweder Methoden oder Eigenschaften. Dazu ist schon einiges bekannt:

→ Eigenschaften sind genau das, was der Begriff aussagt – die Eigenschaften eines Objekts. Etwa die Farbe, Form, Größe usw. Sie werden als Variablen in einem Objekt bereitgestellt.

→ Methoden sind das, was ein Objekt an Aktivitäten entwickeln kann. Etwa eine Ausgabe erzeugen, eine Netzwerkverbindung aufbauen, eine Datei auslesen usw.

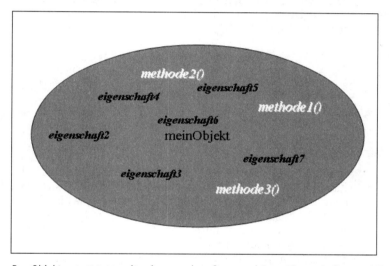

Bild 18.1: Das Objekt meinObjekt *mit seinen nach außen gegebenen Eigenschaften und Methoden*

Grundsätzlich hat jedes Objekt bestimmte Eigenschaften und Methoden, die es bereitstellt. Es gibt kein Objekt in Java, das keinerlei Eigenschaften oder Methoden besitzt. Diese Aussage ist bei näherer Überlegung natürlich logisch. Ein solches Objekt wäre sinnlos. Aber auch wenn Sie diesen streng von der Nützlichkeit bestimmten Schluss nicht ziehen, lässt Java solche (wie gesagt nutzlosen) Objekte auf Grund seiner Konzeption nicht zu. Jedes Objekt in Java geht auf die Klasse java.lang.Object zurück und diese besitzt bereits diverse Methoden und Eigenschaften, die über den Mechanismus der Vererbung allen Objekten in Java zur Verfügung stehen. Wir kommen im nächsten Kapitel zum Thema der Vererbung und dort wird sich das genauer aufklären.

Grundsätzlich greift man über ein Objekt auf eine Eigenschaft oder Methode zu. Dabei ist in diesem Satz auch der Fall von Klassen eingeschlossen, denn diese werden – wie schon mehrfach erwähnt – in Java als (besondere) Objekte in die Logik integriert (über Metaklassen). Die

Namensregeln von Eigenschaften und Methoden sind identisch und von den Objekten bekannt. Im Prinzip keine Beschränkung der Bezeichnerlänge, keine Trennung, Beginn mit einem Buchstaben oder einem der beiden Zeichen _ oder $ und nur Unicode-Zeichen oberhalb des Hexadezimalwerts 00C0. Dazu keine Übereinstimmung mit einem Java-Schlüsselwort oder sonst einem Standardzeichen oder -wort aus Java sowie die gleichen gängige Konventionen wie bei Objektnamen.

Von den Bezeichnern her kann man Eigenschaften und Methoden nicht unterscheiden. Von der Syntax her kann man sie in Java jedoch auf den ersten Blick auseinander halten. Und das sogar ohne irgendwelche Freiheiten, wie es bei den Bezeichnern alleine möglich wäre, wenn man sich nicht an die Konventionen hält.[1] Egal, was Sie sonst noch über Eigenschaften oder Methoden von Java wissen oder auch nicht wissen – bei den nächsten sechs wieder vollkommen aus dem Syntaxzusammenhang gerissenen Beispielen ist es unmittelbar klar, ob es sich um eine Methode oder Eigenschaft handelt:

1. a.test
2. a.zwei()
3. a.drei(int b)
4. a.test()
5. a.mitMethode
6. a.konstant()

Sie wissen, was eine Eigenschaft und was eine Methode des Objekts a ist? Punkt 1 und 5 müssen (!) Eigenschaften sein, der Rest Methoden. Ist Ihnen klar, warum? Die Klammern sind der Knackpunkt. Es wurde schon erwähnt – in Java haben Eigenschaften nie Klammern (das ist in nahezu allen Programmiertechniken der Fall), aber Methoden müssen (!!) dagegen immer (!!) Klammern hinter dem Bezeichner stehen haben. Dieser Zwang ist in einigen anderen Programmiertechniken (bei nicht-objektorientierten Sprachen in Verbindung mit Funktionen und Prozeduren) nicht gegeben (etwa Visual Basic oder Scriptsprachen wie VBScript), weshalb dort viel mehr Fehler möglich sind und Quelltext bedeutend schlechter lesbar ist, wenn der Programmierer nicht selbst konsequent und diszipliniert arbeitet. Man kann es nicht oft genug betonen, dass Java eine extrem strenge Programmiertechnik ist. Diese Strenge aber ist es, was die Sicherheit und Stabilität von Java-Programmen ausmacht und – wenn man sich daran gewöhnt hat – sogar die Programmierung außerordentlich vereinfacht, weil es einfach systematisch ist und keine zig Sondersituationen oder Widersprüche und Ausnahmen im Logikkonzept beachtet werden müssen.

Ich möchte noch einmal zwei Beispiele in den Raum stellen:

1. a.TEST
2. a.Zwei()

---

[1] Warum auch immer. Etwa, um Kollegen einen Streich zu spielen, Quelltextdieben oder sich selbst die Arbeit schwer zu machen oder dem Chef einen Kündigungsgrund zu geben, um nach einem Rausschmiss Arbeitslosengeld kassieren zu können ;-)).

Handelt es sich hier um gültige Bezeichner nach den Java-Konventionen? Offensichtlich ist in Fall 1 ein Bezeichner rein in Großbuchstaben vorhanden. Das kann also keine Klasse sein, denn das ist der (bisher) einzige Bezeichner, der mit einem Großbuchstaben beginnt. Klassen werden aber – es sei denn, es handelt sich um ein Kurzwort aus Anfangsbuchstaben, ein Akronym – immer klein weiter geschrieben. Es ist dennoch ein gültiger Bezeichner. Konstanten werden in Java vollständig großgeschrieben. Es muss sich also um eine Konstante handeln, auf die über das Objekt a zugegriffen wird.

Was ist aber mit Fall zwei? Auch das ist eine gültige Konvention. Der Großbuchstabe am Beginn des Bezeichners weist auf eine Klasse hin, die Klammern jedoch erzwingen (!), dass es eine Methode sein muss. Ein Widerspruch? Nein. Und Sie wissen die Antwort. Es muss eine Konstruktormethode sein. Ich habe eben ein bisschen (aber nicht viel) geschwindelt, als ich behauptet habe, nur Klassenbezeichner würden mit einem Großbuchstaben beginnen. Wir hatten schon die Regel, dass eine Konstruktormethode immer den gleichen Bezeichner wie die zugehörige Klasse haben muss. Das erzwingt natürlich, dass auch der erste Buchstabe einer Konstruktormethode groß sein muss, wenn der Klassenbezeichner sich an die Konventionen hält.

Sie sehen aber auch hier wieder, dass die Zwangsläufigkeit durch die verbindlichen Regeln bzw. Konventionen so messerscharf eine Situation entschlüsseln lässt, dass kaum ein Fehler gemacht werden kann.[2] Java stellt ein widerspruchsfreies System dar und kann mit (relativ) geringem Wissen[3] fehlerfrei verwendet werden.

Um jetzt aus Eigenschaften und Methoden von Objekten einen Nutzen ziehen zu können, muss man zwei Situationen unterscheiden:

1. Eigenschaften und Methoden von Objekten verwenden
2. Eigenschaften und Methoden selbst definieren

18.1 Eigenschaften und Methoden von Objekten verwenden

Wenn in einer Klasse Variablen und/oder Methoden definiert sind, können diese entweder nach außen zugänglich gemacht oder versteckt werden. Letzteres ist dann sinnvoll, wenn diese Informationen nur für die interne Arbeit der Klasse bzw. des Objekts benötigt werden und es entweder nicht notwendig ist, sie nach außen bekannt zu geben oder gar schädlich. Nach außen unsichtbare Variablen sind streng genommen keine Eigenschaften eines Objekts. Sie sehen also, dass es (etwas spitzfindige) Unterschiede zwischen Variablen und Eigenschaften eines Objekts gibt. Jede Eigenschaft

---

[2] Sie brauchen nur logisch wie Spock zu denken ;-). Beam me up.
[3] Sie merken, dass ich ein gespaltenes Verhältnis zu so genanntem »Wissen« habe. Früher »wusste« man, dass die Erde eine Scheibe war. Dann, dass Atome unteilbar sind und etwas später, dass es keinen Bedarf für Computer für den privaten Gebrauch gibt und je geben wird. Je weniger man sich auf Wissen und Halbwissen verlassen muss und je mehr man aus einem widerspruchsfreien Grundsystem schließen kann, desto sicherer macht man keine Fehler. Bei Computersprachen ist Java im Vergleich zu anderen Konzepten wie Delphi oder VBScript da wirklich so durchdacht, dass man nur mit den Ohren schlackern kann.

ist eine Variable, aber nicht jede Variable muss eine Eigenschaft im engeren Sinn sein. Wir kommen noch auf Variablen allgemein zurück. Aber auch hier schon ein kleiner Vorgriff, der diesen Unterschied verdeutlichen soll. Angenommen, in einer Klasse bzw. einem Objekt soll die Eingabe eines Anwenders bezüglich einer Zugangsberechtigung überprüft werden. Die gültigen Passwörter sind in Variablen gespeichert. Sie werden einsehen, dass diese nicht nach außen dokumentiert werden dürfen. Sonst könnte jeder ein Objekt der Klasse mit der Überprüfung erzeugen und über die Punktnotation einfach die gültigen Passwörter auslesen.

Es kann auch sinnvoll sein, Methoden nicht nach außen zu geben, wenn sie nur für die interne Arbeit in einer Klasse bzw. einem Objekt verwendet werden. Das macht man sowieso so oft wie möglich, um eine spätere Umstrukturierung leichter zu machen. Realisiert wird das ganze Verstecken von Elementen in Java mit dem Schlüsselwort `private`. Allerdings »sind Methoden immer Methoden«, gleichgültig, ob nach außen sichtbar sind oder nicht. Wir kommen darauf bei der Sichtbarkeit bzw. Zugänglichkeit von Java-Elementen zurück. Beschäftigen wir uns mit den sichtbaren Variablen einer Klasse bzw. eines Objekts (eben den Eigenschaften) und den sichtbaren Methoden.

Zugang zu allen diesen sichtbaren Elementen erhalten Sie – wie schon oft angewandt – über die Punktnotation, in der links vom Punkt das Objekt[4] steht und rechts davon das Element, auf das man zugreifen will. Also so, wie in den nachfolgenden Beispielen:

1. `a.a`
2. `b.meineMethode()`
3. `meinObjekt.dieMethodeZumSchreiben()`

Das waren jetzt alles Objekte auf der linken Seite im engeren Sinn. Das bedeutet, keine Klassen. Warum? Na ja, die Konventionen. Eine Klasse würde mit einem Großbuchstaben beginnen (es sei denn, ich wollte bewusst Trouble suchen). Aber wie schon mehrfach erwähnt ... Außer dieser Einschränkung sieht der Zugriff auf eine Klasse und die dort vorhandenen Klassenelemente vollkommen analog aus.

Etwa, wenn man in der Klasse `System` das Element `out` ansprechen möchte:

`System.out`

Kommt Ihnen das bekannt vor? Wir nutzen das Verfahren bei `System.out.println();`. Der Bezeichner `out` gibt eine Eigenschaft der Klasse `System` an. Das können Sie auf Grund der Namensregeln und der Kenntnis der Punktnotation und der Regel, dass Eigenschaften keine Klammern haben dürfen und Methoden unbedingt Klammern haben müssen, ohne irgendwelche Vertrautheit der weiteren Zusammenhänge absolut zuverlässig schließen.

---

4 Oder die Klasse, aber das ist ja klar, denn – ein letztes Mal – Klassen sind in Java besondere Objekte. Wieder ein Detail, wo die Strenge und absolute Logik von Java sich – nachdem man es verstanden hat – in der Einfachheit einer Aussage bzw. der Anwendung einer Regel niederschlägt und die Programmierung erleichtert.

Das Beispiel `System.out.println();` zeigt aber noch mehr. Über die Punktnotation kann verschachtelt werden. Wenn etwa die aufgerufene Methode selbst ein Objekt zurückgibt oder die Eigenschaft selbst ein Objekt ist, so kann darauf die Punktnotation weiter angewandt werden. Die Punktnotation wird dabei von links nach rechts bewertet. Das Beispiel ist also so zu verstehen:

→ Das Objekt `out` stellt die Methode `println()` bereit.

→ Das Objekt `out` ist auf der anderen Seite eine Eigenschaft der Klasse `System`.

Sie können jede Eigenschaft und Methode eines Objekts verwenden, solange sie im Syntaxzusammenhang Sinn macht. Spielen wir aus dieser Sicht ein Beispiel durch, in dem wir – ohne groß den Sinn der Aktionen zu beleuchten – einfach drei Objekte von verschiedenen Klassen bilden und deren Methoden (genau genommen deren Rückgabewerte) und Eigenschaften auf dem Bildschirm ausgeben.

```
class ObjekteVerwenden {
 public static void main(String args[]) {
// Erzeuge ein Zufallsobjekt
   java.util.Random zufall = new java.util.Random();
// Erzeuge ein Datumsobjekt
   java.util.Date datum = new java.util.Date();
// Erzeuge ein Datumsobjekt über eine andere Klasse
   java.util.GregorianCalendar datum2 =
   new java.util.GregorianCalendar();
// 3 Methoden des Objekts zufall
   System.out.println(zufall.nextInt());
   System.out.println(zufall.nextDouble());
   System.out.println(zufall.toString());
// 3 Methoden des Objekts datum
   System.out.println(datum.getDate());
   System.out.println(datum.getDay());
   System.out.println(datum.getHours());
   System.out.println(datum.getMinutes());
// 4 Eigenschaften des Objekts datum2
   System.out.println(datum2.DATE);
   System.out.println(datum2.DAY_OF_MONTH);
   System.out.println(datum2.DAY_OF_WEEK);
   System.out.println(datum2.DAY_OF_YEAR);
  }
}
```

Listing 18.1: Die Verwendung von Methoden und Eigenschaften

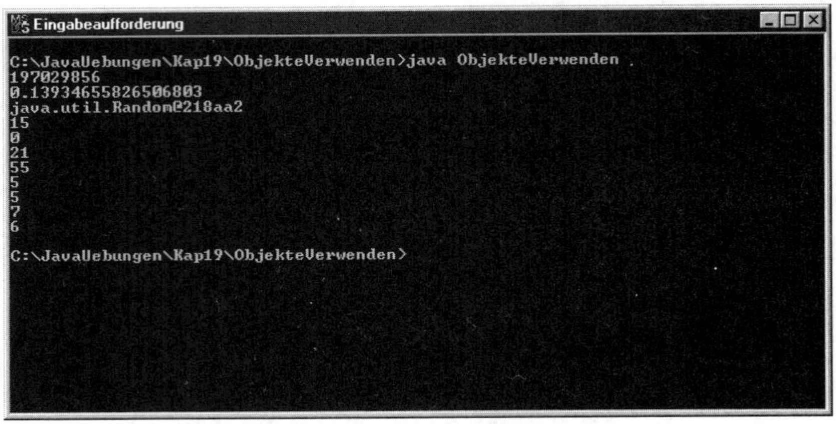

```
Eingabeaufforderung
C:\JavaUebungen\Kap19\ObjekteVerwenden>java ObjekteVerwenden
197029856
0.13934655826506803
java.util.Random@218aa2
15
0
21
55
5
5
7
6
C:\JavaUebungen\Kap19\ObjekteVerwenden>
```

Bild 18.2: Das Resultat der Verwendung von Eigenschaften und Methoden verschiedener Objekte

18.2 Eigenschaften und Methoden selbst definieren

Selbstverständlich können Sie in Java nicht nur Methoden und Eigenschaften anderer Klassen bzw. Objekte verwenden. Sie können auch eigene Methoden und Eigenschaften definieren. Das ist sogar viel zu defensiv formuliert. Wenn man es genau betrachtet, besteht die gesamte Java-Programmierung daraus, Methoden und Eigenschaften zu definieren. Was macht man denn, wenn man Klassen schreibt? Innerhalb des Klassenkörpers stehen Variablen und Methoden. Nichts anderes. Und das ist ja genau das, um was es geht. Wir werden hier in diesem Abschnitt das Definieren von Eigenschaften und Methoden aus objektorientierter und etwas abstrakter Sichtweise verfolgen. Die Feinheiten der Syntax mit den vollständigen Details folgen an späterer Stelle.

Allgemein wird eine Eigenschaft eines Objekts einfach darüber definiert, dass in einer Klasse ein Typ der Eigenschaft festgelegt und dann ein Name vergeben wird. Das ist also eine Variablendefinition. Etwa so:

→ `int a;`
→ `Integer b;`
→ `String meinText;`

In der Regel weist man der Eigenschaft dann noch einen Wert zu.

Inwieweit die so definierte Variable eine Objekteigenschaft in dem Sinn ist, dass sie nach außen sichtbar wird, hängt von den Zugriffs- und Sichtbarkeitsmodifiern ab, die wir an anderer Stelle genauer behandeln. Abstrahiert kann man sagen, dass es sich um eine Eigenschaft eines Objekts handelt, wenn man von außen über den Klassennamen (im Fall von Klassenvariablen – also vorangestelltes `static`) bzw. ein aus der Klasse erzeugtes Objekt diese Variable sehen und darauf zugreifen kann.

Die Aussagen gelten vollkommen analog für Methoden. Sie definieren in einer Klasse eine Methode. Der Definition bzw. Deklaration ist allerdings kömplizierter als die Deklaration einer Variablen bzw. Eigenschaft. Die Deklarationen von Methoden sehen generell folgendermaßen aus:

```
[<Modifier>] <ReturnWert> <NameMethode> ([<Parameter>])
    [throws] [<ExceptionListe>]
```

Dabei ist alles in eckigen Klammern optional. Die konkret verwendete Kombination aus diesen Teilen der Deklaration nennt man die Methodenunterschrift oder Methodensignatur. Diese besteht also aus mindestens dem Namen der Methode, dem Rückgabetyp (dem Ergebnis, das die Methode dem Aufrufer zurückgibt), und den Klammern sowie dort für eventuell enthaltene Parameter.

Die Rückgabewerte von Methoden sind wichtige Informationen einer Methode, ob sie korrekt abgearbeitet wurde oder was sie genau ausgeführt hat. Rückgabewerte von Java-Methoden können von jedem erlaubten Datentyp sein. Nicht nur primitive Datentypen, sondern auch komplexe Objekte (beispielsweise Zeichenketten oder Arrays).

Eine Methode muss immer einen Wert zurückgeben (und zwar genau den Datentyp, der in der Deklaration angegeben wurde), es sei denn, sie ist mit dem Schlüsselwort void deklariert worden. Das Schlüsselwort void bedeutet gerade, dass sie explizit keinen Rückgabewert hat.

Rückgabewerte werden mit der Anweisung return() zurückgegeben. Innerhalb der Klammer steht der gewünschte Rückgabewert. Bei als void deklarierten Methoden kann die return-Anweisung auch ohne Klammern notiert werden. Das ist etwa dann sinnvoll, wenn ein Rücksprung aus einer solchen Methode mit bestimmten Bedingungen gekoppelt wird.

Die optionalen Parameter einer Methode sind Variablen, die in einer Methodendeklaration eingeführt werden und dann über diesen Namen im Inneren der Methode zur Verfügung stehen. Bei der Deklaration werden in der Methodenunterschrift der Typ und ein Bezeichner für jeden Parameter angegeben. Mehrere Parameter werden durch Kommata getrennt. Beim Aufruf werden die Bezeichnernamen durch Werte des entsprechenden Typs ersetzt. Aufrufen kann man eine Methode (Zugriffsbeschränkungen einmal außer Acht) über den Bezeichner samt Klammern und Werten der Parameter. In der eigenen Klasse teilweise sogar direkt, wenn es sich um eine Klassenmethode handelt.

Beachten Sie, dass die Klammern unbedingt bei einer Methode auftauchen müssen. Auch wenn keine Parameter an die Methode übergeben werden. Dann bleiben die Klammern leer.

Es ist Zeit für einige Beispiele. Das erste ist etwas umfangreicher, aber nicht besonders kompliziert. Es spielt die gerade besprochenen Varianten bei der Erstellung und Verwendung von Eigenschaften und Methoden durch.

```
class MeineKlasseMitEigenschaften{
    int a = 42;
    static String b = "Das ist eine Klassenvariable";
}
```

```
class MeineKlasseMitMethoden{
   void ausgabe1(){
   System.out.println("Die Methode ausgabe1() schreibt das");
   }
   void ausgabe2(String a){
   System.out.println(
    "Die Methode ausgabe2() schreibt das, was man ihr sagt: " + a);
   }
   static int rechne(int a, int b){
      return(a+b);
   }
}

class MeineKlasseMitMethodenUndEigenschaften{
   private int b = 1;
   String c = "Sichtbar";
   void ausgabe1(int a){
   System.out.println("Methode ausgabe1() bekommt den Wert " + a +
      " uebergeben und addiert " + b + " dazu: " + (a+b));
   }
}

class MethodenEigenschaften {
   public static void main(String[] args) {
   MeineKlasseMitEigenschaften o1 =
      new MeineKlasseMitEigenschaften();
   MeineKlasseMitMethoden o2 =
      new MeineKlasseMitMethoden();
   MeineKlasseMitMethodenUndEigenschaften o3 =
      new MeineKlasseMitMethodenUndEigenschaften();
   System.out.println("Die Antwort: " + o1.a);
   System.out.println("Zugang ueber das Objekt o1: " + o1.b);
   System.out.println("Zugang ueber die Klasse selbst: " +
MeineKlasseMitEigenschaften.b);
   o2.ausgabe1();
   o2.ausgabe2("Die braucht einen Text beim Aufruf");
   System.out.println("Das Rechnen geht ueber das Objekt o2: " +
o2.rechne(3,4));
   System.out.println(
      "Das Rechnen geht auch ueber die Klasse selbst: " +
MeineKlasseMitMethoden.rechne(4,77));;
   o3.ausgabe1(17463);
   System.out.println(o3.c);
   }
}
```

Listing 18.2: Die Deklaration von eigenen Methoden und Eigenschaften

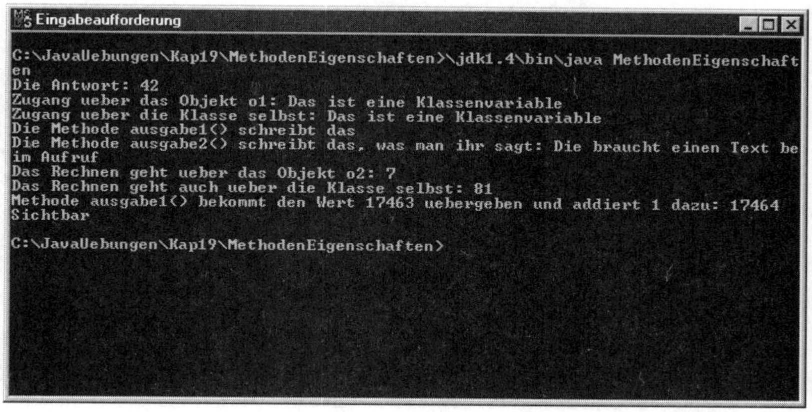

Eigenschaften und Methoden selbst definieren

Bild 18.3: Eigene Methoden und Eigenschaften

Ein zweites Beispiel soll einfacher werden, aber dennoch wahrscheinlich einige Überraschungen bringen. Wir arbeiten nur mit einer einzigen Klasse.

```
class NurEineKlasse {
    void ausgabe1(){
        System.out.println("Das ist eine Instanzmethode");
    }
    static void ausgabe2(){
        System.out.println("Das ist eine Klassenmethode");
    }
    public static void main(String[] args) {
        NurEineKlasse a = new NurEineKlasse();
        ausgabe2();
        a.ausgabe1();
    }
}
```

Listing 18.3: Nur eine einzige Klasse mit mehreren Methoden

Das Beispiel sollte aus mehreren Gründen überraschen.

In einer Klasse werden mehrere Methoden definiert. Das hatten wir bisher auch schon. Aber noch nicht in der Klasse, in der sich die main()-Methode befindet. Also das eigentliche Programm. Aber warum eigentlich nicht? Das Vorhandensein der main()-Methode bedeutet nur, dass die Klasse – falls sie als Parameter an den Interpreter übergeben wird – als Programm gestartet werden kann.

Was die Klasse sonst noch bietet, ist dadurch in keinster Weise eingeschränkt. Im Prinzip hätte jede Klasse, die wir bisher erstellt haben, eine main()-Methode besitzen können. Solange wir sie nicht verwendet hätten, wäre keinerlei Unterschied zu alle bisherigen Beispielen zu sehen gewesen. Diese Formulierung soll darauf hinweisen, dass Sie in einer Klasse natürlich so viele Methoden definieren können, wie Sie wollen.

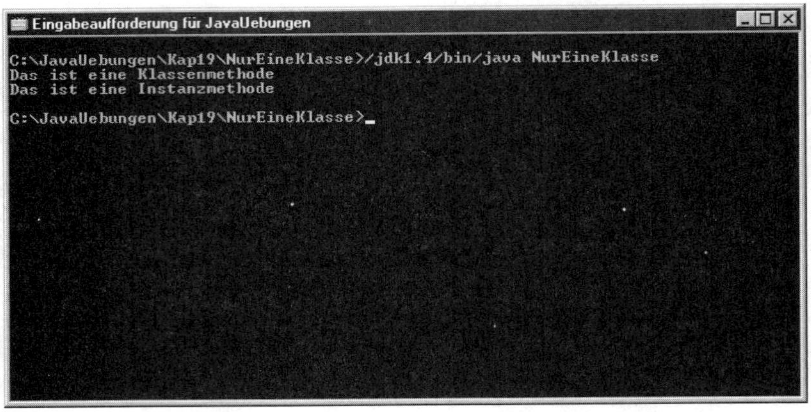

Bild 18.4: Die Ausgabe des Beispiels

Wer die Klasse verwenden will, ist aber nicht gezwungen, alle Methoden anzuwenden (zumindest nicht bei einer »normalen« Klasse – so einen Zwang gibt es bei Bedarf aber doch für besondere Klassen). Der Bytecode wird in keiner Weise größer, wenn man eine Methode aus einer Klasse verwendet, die mehrere Methoden definiert und den Code mit dem Fall vergleicht, in dem die Klasse nur die verwendete Methode definiert hätte. Es wird immer nur das herangezogen, was auch wirklich verwendet wird.

Was bedeutet die Zeile NurEineKlasse a = new NurEineKlasse();? Ist das klar? Müsste es eigentlich sein. Es wird ein Objekt a aus der Klasse NurEineKlasse erzeugt. Nach den letzten Abschnitten ist es ganz einfach. Warum ist es dennoch eine Erwähnung wert? Sie befinden sich innerhalb der Klasse NurEineKlasse! Als ich Java gelernt und diese Situation vorgefunden habe, ist mir da erst einmal Münchhausen eingefallen, wie er sich am eigenen Schopf aus dem Sumpf zieht. Das war aber ein Schluss in die falsche Richtung. Noch einmal die Beschreibung, was da getan wird: Es wird eine Variable vom Typ einer Klasse erzeugt und ihr dann über die Konstruktormethode der Klasse ein Objekt zugewiesen. Bums! Das ist alles. Nicht mehr und nicht weniger. So reicht die Formulierung exakt aus. Und darin taucht nirgendwo der Name der Klasse explizit auf, was genau der springende Punkt ist. Ob es eine fremde, zugängliche Klasse oder die Klasse ist, in der man sich gerade befindet, ist vollkommen egal.

Wozu muss man aber überhaupt ein Objekt der eigenen Klasse erzeugen? Sie sehen, dass in dem Beispiel über das erzeugte Objekt a auf die Methode ausgabe1() zugegriffen wird. Aber warum das? Die Frage wird nur verlagert. Lassen wir uns vom Compiler die Antwort geben. Lassen Sie im Quelltext das Objekt a einfach mal weg und versuchen Sie, direkt auf ausgabe1() zuzugreifen. Also so:

```
public static void main(String[] args) {
    NurEineKlasse a = new NurEineKlasse();
    ausgabe2();
    ausgabe1();
}
```

Bild 18.5: *Die Methode* ausgabe1() *kann nicht ohne ein Objekt verwendet werden*

Beim Kompilieren erhalten Sie den folgenden Fehler (oder so ähnlich):

```
NurEineKlasse.java:13: non-static method ausgabe1() cannot be
referenced from a static context
                ausgabe1();
                ^
1 error
```

Die Methode ausgabe1() ist keine Klassenmethode (es steht kein static davor und handelt sich um eine Instanzmethode), die Methode ausgabe2() dagegen schon. Aus einer Klassenmethode heraus kann nur auf andere Klassenmethoden direkt zugegriffen werden. Instanzmethoden müssen (wie der Namen schon sagt) immer über eine Instanz verwendet werden. Da die main()-Methode aber eine Klassenmethode ist, gibt es keinen anderen Weg, die Methode ausgabe1() zu verwenden, als ein Objekt der eigenen Klasse zu erstellen.

Vielleicht fragen Sie sich, warum man überhaupt Instanzmethoden braucht? Kann man nicht ausschließlich mit Klassenmethoden arbeiten und damit diesem Problem aus dem Weg gehen? Nein. Die Lösung liegt in den Instanzvariablen. Diese haben wir ja vor kurzem behandelt. Sie unterscheiden sich von Klassenvariablen darin, dass sie im Inneren einer Instanz Werte verändern können, ohne dass es die erzeugende Klasse oder andere Instanzen dieser Klasse mitbekommen. Instanzmethoden sind wie Instanzvariablen nur innerhalb einer Instanz verwendbar. Allgemein gilt die Regel, dass man Klassenvariablen und Klassenmethoden von überall (also auch aus Instanzmethoden heraus) verwenden kann, Instanzmethoden und Instanzvariablen nur aus anderen Instanzmethoden heraus direkt. Aus Klassenmethoden heraus muss man über eine Instanz zugreifen.

 Auf die Modifier (einen kennen wir bereits – static*) und die Exceptions in der Methodenunterschrift werden wir an späterer Stelle eingehen.*

19 Vererbung, Superklassen und Subklassen

Der nächste Begriff ist von elementarer Wichtigkeit, wenn man in Java oder einer anderen OO-Sprache programmieren möchte. Es dreht sich um das Verfahren der Vererbung. Natürlich möchte man in Java nicht jedes Mal das Rad neu erfinden, sondern bereits bestehende Funktionalitäten immer wieder nutzen und nur für eigene Zwecke anpassen. Dazu müssen wir wieder auf Klassen zurückkommen. In der OOP werden ähnliche Objekte bekanntlich zu Gruppierungen zusammengefasst, die eine leichtere Klassifizierung der Objekte ermöglicht. Die Eigenschaften und Methoden der Objekte werden also in den Gruppierungen gesammelt und für eine spätere Erzeugung von realen Objekten verwendet. Zentrale Bedeutung hat dabei die hierarchische Struktur der Gruppierungen. Von allgemein bis fein (zumindest bei der Einfachvererbung, auf deren genau Bedeutung wir noch zu sprechen kommen).

Beispiel: Ein Objekt Ente als konkrete Instanz gehört zu der Klasse Citroen. Diese Klasse wiederum gehört zu einer höheren Klasse Automobile und diese wieder zu der Klasse Fortbewegungsmittel.

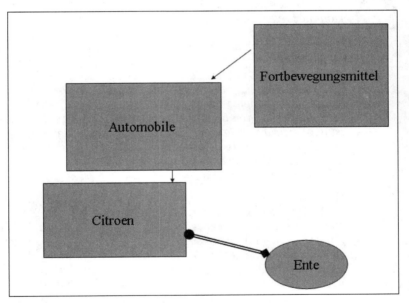

Bild 19.1: Hierarchie-Beziehungen von Klassen mit letztendlicher Erzeugung einer konkreten Instanz

Gemeinsame Erscheinungsbilder sollten also in der objektorientierten Philosophie in einer möglichst hohen Klasse zusammengefasst werden. Erst wenn Unterscheidungen möglich bzw. notwendig sind, die nicht für alle Mitglieder einer Klasse gelten, werden Untergruppierungen – untergeordnete Klassen – gebildet. Eine übergeordnete Klasse wird »Superklasse«, eine untergeordnete Klasse »Subklasse« genannt. Die ineinander geschachtelten Klassen bilden einen so genannten »Klassenbaum«. Dieser kann im Prinzip beliebig tief werden. Eben so tief, wie es notwendig ist, um eine Problemstellung detailliert zu beschreiben.

Super- und Subklassen stehen miteinander über den Mechanismus der Vererbung in Beziehung. Die Beziehung der ursprünglichen Klasse, der Superklasse zur abgeleiteten, der Subklasse, ist immer streng hierarchisch. Jede Subklasse erbt alle Eigenschaften und Methoden ihrer Superklasse. Sie beinhaltet also immer mindestens die gleichen Eigenschaften und Methoden wie die Superklasse. Daher sollte dort sinnvollerweise mindestens eine Eigenschaft oder Methode hinzugefügt werden, die die Superklasse nicht beinhaltet (sonst sind Sub- und Superklasse ja identisch).

Abgeleitete Klassen übernehmen die Eigenschaften und Methoden aller übergeordneten Klassen, wobei Übernehmen nicht heißt, dass eine Subklasse die Befehle und Eigenschaften der Superklasse in ihre eigene Deklaration kopiert. Stattdessen gibt es nur eine formale Verknüpfung zwischen den Klassen. Dies wird in Java mit einer Art von Zeiger realisiert, obwohl Java nicht explizit mit Zeigern arbeitet.

Ein Zeiger oder Pointer ist technisch gesehen ein Verweis auf eine bestimmte Stelle im Hauptspeicher. Er enthält die Adresse dieses Speicherbereichs und kann dazu verwendet werden, den dort gespeicherten Inhalt zu verwenden. Unter C/C++ wird sehr viel direkt mit Pointern gearbeitet. In Java geht das nur indirekt durch das System selbst. Deshalb gelten C/C++-Programme dann als effektiver, wenn ein direkter Speicherzugriff durch den Programmierer Vorteile bringt. Der Preis dafür ist aber immens hoch. Fehlgeleitete Pointer sind einer der Hauptabsturzursachen von C/C++-Programmen. Denken Sie nur an die ständigen Abstürze von Windows selbst oder Windows-Programmen. Abgesehen von geringen Einschränkungen bzgl. der Leistungsfähigkeit ist der Verzicht von Java auf direkte Pointer einer der Hauptvorteile gegenüber C/C++ und anderen Techniken, die direkt mit Pointern arbeiten. Der Verzicht sorgt für Sicherheit und Stabilität von Java-Programmen, da keine fehlgeleiteten Pointer möglich sind.

Mit anderen Worten: Die abgeleitete Klasse verwendet bei Bedarf die Methoden oder Eigenschaften der Superklasse. Den Mechanismus kann man sich analog dem Verwenden von Bibliotheken und dort implementierten Funktionalitäten vorstellen. Die Methoden- bzw. Eigenschaftenauswahl in einer Klassenhierarchie muss natürlich geregelt sein. Sie erfolgt nach einer einfachen Regel. Ist der Nachrichtenselektor (der Methodenname einer Botschaft) in der Objektklasse des Empfängers nicht vorhanden, so wird die gewünschte Methode oder Eigenschaft in der nächsthöheren Superklasse des Nachrichtenselektors gesucht. Ist sie dort nicht vorhanden, erfolgt die Suche in der nächsthöheren Klasse, bis die oberste Superklasse des Klassenbaums erreicht ist. Dies ist bei Java die Klasse `java.lang.Object`. Die Ausführung der Methode bzw. der Zugriff auf die Eigenschaft erfolgt also in der ersten Klasse, in der sie gefunden wird (von der aktuellen Klasse in der Hierarchie aufwärts gesehen). Gibt es im Klassenbaum keine Methode bzw. Eigenschaft des spezifizierten Namens, so kommt es zu einer Fehlermeldung. Klassen auf derselben Ebene oder in anderen Zweigen werden nicht durchsucht.

Subklassen werden ihre Erbschaft in der Regel nicht unverändert lassen (sie wären sonst ja identisch mit der Superklasse). Subklassen können Attribute hinzufügen oder deren Werte verändern, neue Methoden hinzufügen oder vorhandene Methoden überladen bzw. überschreiben. Die beiden letzten Techniken haben wir noch nicht gehabt, werden wir aber gleich bekommen.

19.1 Mehrfachvererbung versus Einfachvererbung

Java verwendet explizit eine hierarchische Einfachvererbung. In der Theorie der Objektorientierung gibt es aber auch so genannte Mehrfachvererbung. C/C++ etwa verwendet diese Mehrfachvererbung.

In der in Java verwendeten Einfachvererbung (englisch »Single Inheritance«) gilt für die Klassenhierarchie in einer baumartigen Struktur die Voraussetzung, dass eine Subklasse immer nur genau eine Superklasse hat. Wenn jedoch die Möglichkeit besteht, eine einzige Klasse direkt mit mehreren (bzw. beliebig vielen) Superklassen durch die Vererbung zu verknüpfen, nennt man dies »Mehrfachvererbung« (englisch »Multiple Inheritance«). Objekte der Subklasse erben Eigenschaften aus verschiedenen Superklassen.

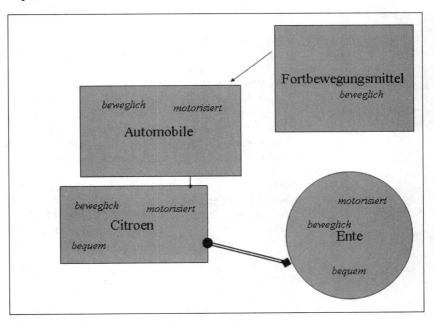

Bild 19.2: Einfachvererbung

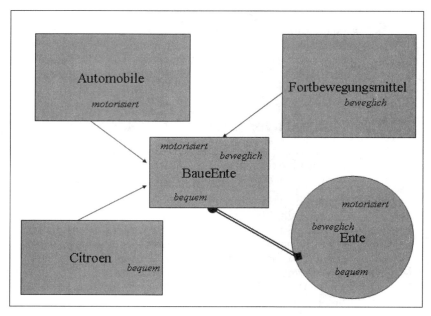

Bild 19.3: Mehrfachvererbung

Es gibt unbestritten einige gute Gründe für die Mehrfachvererbung. Der entscheidende Vorteil der mehrfachen Vererbung liegt in der Möglichkeit, die Probleme der realen Welt einfacher beschreiben zu können, denn auch dort hat ein Objekt Eigenschaften und Fähigkeiten aus verschiedenen übergeordneten logischen Bereichen. Eine Ente gehört nicht nur zu der Klasse Automobile und diese wiederum zu der Klasse Fortbewegungsmittel. Eine Ente kann man aber ebenso zur Klasse der RollendenVerkehrshindernisse und zusätzlich in gleicher Weise zur Klasse der Kultobjekte zählen. Es erbt seine Eigenschaften aus den diversen Superklassen. Damit lässt sich das Beziehungsgeflecht des realen Objekts durch die Sammlung der Superklassen (relativ) vollständig beschreiben. Ein weiterer Vorteil ist ebenso, dass man leicht Dinge ergänzen kann, die man bei der ersten Realisierung einer Klasse vergessen hat. Wenn bestimmte Eigenschaften und Methoden in einer Subklasse vergessen wurden, nimmt man einfach eine weitere Superklasse hinzu, die die fehlenden Elemente vererben kann.

Dieser Vorteil einer relativ vollständigen und einfachen Abbildung der Natur steht dahingegen in keinem Verhältnis zu den damit eingekauften Nachteilen. Die schlimmsten Nachteile sind sicher die kaum nachvollziehbaren Beziehungsgeflechte in komplexeren Programmen. C/C++-Programmierer (vor allem diejenigen, die ein Programm übernehmen mussten) wissen davon ein Lied zu singen. Wartbarkeit wird bei exzessivem Einsatz der Mehrfachvererbung zum Fremdwort. Java arbeitet deshalb ohne Mehrfachvererbung. Dafür bietet Java über so genannte abstrakte Klassen und Schnittstellen ein Verfahren, was vieles kompensiert, was Mehrfachvererbung bietet. Diese Techniken werden im späteren Verlauf des Buches noch ausführlich erläutert.

19.2 Die konkrete Anwendung von Vererbung

Kommen wir zur konkreten Anwendung von Vererbung in Java. Erst einmal möchte ich nochmals festhalten, dass alle Klassen in Java java.lang.Object als oberste Superklasse haben und damit alle dort vorhandenen Eigenschaften und Methoden verwenden können. Dies muss niemals explizit notiert werden. Alleine dadurch, dass eine Klassendefinition hingeschrieben wird, steht diese Superklasse bereit. Wenn man eine weitere Superklasse »dazwischen schieben« möchte, wird das mit dem Schlüsselwort extends erfolgen, das hinter dem Bezeichner der Klasse notiert wird und dem die Klasse folgt, die als Superklasse dienen soll. Das sieht so aus:

```
class [NameDerNeuenKlasse] extends [NameDerSuperKlasse]
```

Damit spezifizieren Sie die Klasse, auf die ihre neue Klasse aufbaut (die Superklasse). Durch die Erweiterung einer Superklasse machen Sie aus Ihrer Klasse zuerst eine Art Kopie dieser Klasse und ermöglichen gleichzeitig Veränderungen an dieser neuen Kopie. Ziehen wir wieder einmal ein Beispiel heran, in dem wir eine Klasse als Ableitung einer Superklasse schon verwendet haben.

```java
import java.awt.Graphics;
public class HelloJavaApplet extends java.applet.Applet {
    public void paint(Graphics g) {
        g.drawString("Schreibe das auf die Appletoberfläche", 5, 25);
    }
}
```

Listing 19.1: Ein Applet, das von java.applet.Applet *abgeleitet wurde*

Jedes Applet ist als Subklasse der Klasse java.applet.Applet definiert. So können Sie jede Klasse als Erweiterung einer zur Verfügung stehenden Klasse definieren. Das Java-API bietet dazu eine kaum noch zählbare Anzahl von Möglichkeiten. Erstellen wir noch einmal ein weiteres Beispiel. Es soll eine Java-Applikation zeigen, die direkt von java.awt.Frame abgeleitet wird:

```java
import java.awt.*;
import java.awt.event.*;
class Vererbung1 extends Frame {
    public Vererbung1() {
        addWindowListener(new WindowAdapter() {
            public void windowClosing(WindowEvent e) {
                System.exit(0);
            }
        });
    }
    public static void main(String args[]) {
        Vererbung1 mainFrame = new Vererbung1();
        mainFrame.setSize(400, 400);
        mainFrame.setTitle("Vererbung1");
```

```
        mainFrame.setVisible(true);
    }
}
```

Listing 19.2: *Eine Java-Applikation mit grafischer Oberfläche, die von* `java.awt.Frame` *abgeleitet wurde*

19.3 Aufbau einer Vererbungshierarchie

Wir wollen nun einmal in einem praktischen Beispiel eine etwas aufwendigere Vererbungshierarchie aufbauen. Wir starten mit einer obersten Klasse `Fortbewegungsmittel`, die unmittelbar von `java.lang.Object` abgeleitet ist.

```
class Fortbewegungsmittel {
    static boolean beweglich = true;
    static boolean gefahrFuerLeibUndLeben = true;
}
```

Listing 19.3: *Die Klasse* `Fortbewegungsmittel`

Die Klasse `Fortbewegungsmittel` beinhaltet zwei Eigenschaften `beweglich` und `gefahrFuerLeibUndLeben`, die in Form von Klassenvariablen zur Verfügung stehen. Diese sind bereits mit Werten initialisiert.

Die nächste Klasse `Automobile` ist von `Fortbewegungsmittel` abgeleitet.

```
class Automobile extends Fortbewegungsmittel {
    static boolean motorisiert = true;
    static int faktorUmweltSchaedlichkeit;
    static int unfallGefahr;
    static int bequemFaktor;
    static int anzahlSitze;
    static boolean guterFahrer;
    static void fahren(String laut) {
        System.out.println(laut);
    }
}
```

Listing 19.4: *Die Klasse* `Automobile`

Die Klasse stellt die Klassenvariablen `motorisiert`, `faktorUmweltSchaedlichkeit`, `unfallGefahr`, `bequemFaktor`, `anzahlSitze` und `guterFahrer` als Eigenschaften bereit. Nur die Eigenschaft `motorisiert` ist explizit initialisiert. Dazu kommt eine Methode `fahren()`, die den als Übergabewert übergebenen String auf dem Bildschirm ausgibt. Auch diese Methode ist für den Klassenzugriff vorgesehen, ist also eine Klassenmethode.

Die nächsten beiden Klassen basieren beide auf `Automobile`.

```
class Citroen extends Automobile {
    static String herstellerLand="Frankreich";
}
```

Listing 19.5: *Die Klasse* `Citroen`

Die Klasse `Citroen` fügt die Eigenschaft `herstellerLand` als Klassenvariable hinzu und initialisiert sie mit `"Frankreich"`.

```
class Ferrari extends Automobile {
   static String herstellerLand="Italien";
   static int angeberFaktor;
}
```

Listing 19.6: *Die Klasse* `Ferrari`

Die Klasse `Ferrari` fügt ebenso die Eigenschaft `herstellerLand` als Klassenvariable hinzu, initialisiert sie aber mit einem anderen Wert (`"Italien"`). Dazu stellt diese Klasse eine weitere Eigenschaft in Form einer Klassenvariablen `angeberFaktor` bereit (ohne Wertzuweisung).

In der nächsten Klasse `BaueFerrariSpider` wird nun eine weitere Eigenschaft hinzugefügt. Beachten Sie, dass es sich hier um eine Instanzvariable handelt. Die Klasse soll beim Erzeugen eines Objektes verschiedene Initialisierungen durchführen. Das macht man in der Konstruktormethode. Dort wird den aus den Superklassen vererbten Eigenschaften jeweils ein spezifischer Wert zugewiesen.

```
class BaueFerrariSpider extends Ferrari {
   boolean spiessig = true;
   BaueFerrariSpider(){
   anzahlSitze=2;
   bequemFaktor=1;
   faktorUmweltSchaedlichkeit=10;
   unfallGefahr=10;
   guterFahrer=false;
   angeberFaktor=10;
   }
}
```

Listing 19.7: *Die Klasse* `BaueFerrariSpider`

Die letzte Klasse `BaueEnte` ist unser eigentliches Programm, das von `Citroen` abgeleitet wird und eine `main()`-Methode enthält.

```
class BaueEnte extends Citroen {
   boolean originell = true;
   public static void main(String[] args) {
   anzahlSitze=4;
   bequemFaktor=10;
   faktorUmweltSchaedlichkeit=3;
   unfallGefahr=2;
   guterFahrer=true;
   System.out.println("Fragen zur Ente".toUpperCase());
   System.out.println("Ist eine Ente motorisiert? " +
motorisiert);
      System.out.println(
"Kann man mit einer Ente am Strassenverkehr teilnehmen? "+beweglich);
```

```
        System.out.println("Ist eine Ente originell? "
+ (new BaueEnte()).originell);
        System.out.println("Anzahl der Sitze? " + anzahlSitze);
        System.out.println("Bequemlichkeitsfaktor (1 - 10)? " +
bequemFaktor);
        System.out.println(
"Faktor der Umweltschaedlichkeit zwischen 1 und 10? " +
faktorUmweltSchaedlichkeit);
        System.out.println(
"Kann eine Ente bei einem Unfall einen Schaden verursachen? " +
gefahrFuerLeibUndLeben);
        System.out.println("Hoehe der Unfallgefahr (1 bis 10)? " +
unfallGefahr);
        System.out.println("Sind Entenfahrer gute Autofahrer? " +
guterFahrer);
        System.out.println("Herstellerland: " + herstellerLand);
        System.out.print("Und los geht es: ");
        fahren("BBrrrrrrrrrrrrrrrrrrrrrrrrrr..................");
        BaueFerrariSpider looser = new BaueFerrariSpider();
        System.out.println("Fragen zum Ferrari-Spider".toUpperCase());
        System.out.println("Ist ein Ferrari-Spider motorisiert? " +
motorisiert);
        System.out.println(
"Kann man mit einem Ferrari-Spider am Strassenverkehr teilnehmen? "
+beweglich);
        System.out.println("Ist ein Ferrari-Spider ein Spiesserwagen? "
+ looser.spiessig);
        System.out.println("Wie hoch ist der Angeberfaktor (1 - 10)? " +
looser.angeberFaktor);
        System.out.println("Anzahl der Sitze? " + anzahlSitze);
        System.out.println("Bequemlichkeitsfaktor (1 - 10)? " +
bequemFaktor);
        System.out.println(
"Faktor der Umweltschaedlichkeit zwischen 1 und 10? " +
faktorUmweltSchaedlichkeit);
        System.out.println(
"Kann ein Ferrari-Spider bei einem Unfall einen Schaden verursachen?
"
+ gefahrFuerLeibUndLeben);
        System.out.println("Hoehe der Unfallgefahr (1 bis 10)? " +
unfallGefahr);
        System.out.println("Sind Ferrari-Spiderfahrer gute Autofahrer? "
+ guterFahrer);
        System.out.println("Herstellerland: " + looser.herstellerLand);
        System.out.print("Und los geht es: ");
        fahren(
"Toeff Toeff Toeefff Tooooooeeeeeeeeeeffff Kraaaaaach....");
    }
}
```

Listing 19.8: Die Klasse BaueEnte *– das eigentliche Programm*

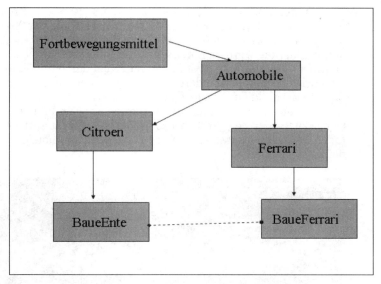

Bild 19.4: Die Vererbungshierarchie sowie die skizzierte Verwendung von BaueFerrari *in* BaueEnte

In der Klasse wird eine Instanzvariable (!) originell hinzugefügt und initialisiert. In dem ersten Teil der main()-Methode werden die vererbten Eigenschaften initialisiert. Beachten Sie, dass das ohne vorangestelltes Objekt oder eine Klasse geschieht. Ein Objekt ist nicht notwendig, denn es handelt sich um Klassenvariablen. Eine Klasse muss auch nicht explizit vorangestellt werden, denn alle Eigenschaften wurden in die aktuelle Klasse BaueEnte vererbt. Die so vorbelegten Werte werden dann im Rahmen verschiedener Ausgabe verwendet. Beachten Sie die beiden folgenden Feinheiten:

System.out.println("Fragen zur Ente".toUpperCase());

Hier wird auf einen String eine Methode angewandt, die alle Buchstaben in Großbuchstaben konvertiert. Das ist nur deshalb möglich, weil Strings in Java Objekte sind.[1]

Die zweite Feinheit ist folgende:

System.out.println("Ist eine Ente originell? " +
(new BaueEnte()).originell);

Die Eigenschaft originell ist eine Instanzvariable. Auf diese kann im Rahmen der main()-Methode nur über ein Objekt zugegriffen werden. Hier wird ein solches Objekt anonym erzeugt (das bedeutet, ohne es in einer Variablen zu speichern) und direkt darauf die Punktnotation angewandt. Ein Verfahren, das man in Java sehr oft findet.

Am Ende der Behandlung der Ente wird mit einem String als Übergabewert die vererbte Klassenmethode fahren() aufgerufen. Danach beginnt das Spiel mit den Ausgaben für einen Ferrari Spider. Allerdings muss man hier

---

1 Sie wissen noch: »Es gibt in Java nur Objekte.«

einen anderen Weg gehen, denn unsere Klasse ist nicht von `Ferrari` abgeleitet. Also wird der konventionelle Weg gewählt und ein Objekt der Klasse `BaueFerrari` erstellt (`looser`). Dabei wird der Konstruktor dieser Klasse ausgeführt, der die Werte von Klassenvariablen ändert. Beachten Sie, dass der Zugriff im Fall der Klassenvariablen im Folgenden ohne Objekt erfolgt und dennoch die Werte verändert sind. Es gibt dann aber natürlich über das Objekt `looser` keinen Zugriff auf die Eigenschaften, die in `Citroen` und `BaueEnte` eingeführt wurden. Dafür gibt es ein paar andere Eigenschaften, wobei auch hier gelegentlich das Objekt für den Zugriff verwendet wird (auch bei Klassenvariablen, wo es immer geht, wenngleich nicht notwendig ist).

```
Eingabeaufforderung für JavaUebungen
Kann man mit einer Ente am Strassenverkehr teilnehmen? true
Ist eine Ente originell? true
Anzahl der Sitze? 4
Bequemlichkeitsfaktor (1 - 10)? 10
Faktor der Umweltschaedlichkeit zwischen 1 und 10? 3
Kann eine Ente bei einem Unfall einen Schaden verursachen? true
Hoehe der Unfallgefahr (1 bis 10)? 2
Sind Entenfahrer gute Autofahrer? true
Herstellerland: Frankreich
Und los geht es: BBrrrrrrrrrrrrrrrrrrrrrrrr....................
FRAGEN ZUM FERRARI-SPIDER
Ist ein Ferrari-Spider motorisiert? true
Kann man mit einem  Ferrari-Spider am Strassenverkehr teilnehmen? true
Ist ein Ferrari-Spider ein Spieserwagen? true
Wie hoch ist der Angeberfaktor (1 - 10)? 10
Anzahl der Sitze? 2
Bequemlichkeitsfaktor (1 - 10)? 1
Faktor der Umweltschaedlichkeit zwischen 1 und 10? 10
Kann ein Ferrari-Spider bei einem Unfall einen Schaden verursachen? true
Hoehe der Unfallgefahr (1 bis 10)? 10
Sind Ferrari-Spiderfahrer gute Autofahrer? false
Herstellerland: Italien
Und los geht es: Toeff Toeff Toeefff Toooooooeeeeeeeeeeeeeffff Kraaaaaach....

C:\JavaUebungen\Kap20\Ente>
```

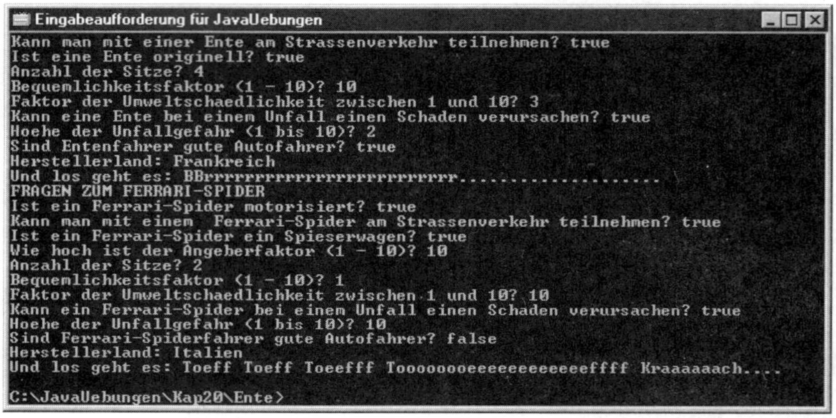

Bild 19.5: Die Ausgabe des Programms

Ihnen fällt vielleicht bei verschiedenen Beispielen auf, dass mit Objekten gearbeitet wird, die nicht vorher einer Variablen zugewiesen wurden. Etwa so:

```
(new MeineKlasse()).meineMethode()
```

oder

```
(new MeineKlasse()).meineVariable
```

Das ist ein anonymes Arbeiten, was man in Java sehr gerne macht. Das wird immer dann verwendet, wenn ein Objekt nur einmal verwendet werden soll. Es wird erzeugt und direkt eine Methode oder eine Variable verwendet oder aber das anonyme Objekt als Parameter an eine Methode weitergereicht, die ein Objekt dieses Typs fordert. Vorteil dieses Verfahrens ist, dass der Quelltext kürzer wird und ein Objekt schneller aus dem Hauptspeicher beseitigt werden kann, wenn es seine Aufgabe erfüllt hat.

So ein anonymes Arbeiten kann man in Java auch in anderen Fällen finden. Etwa, wenn man einen Methodenaufruf mit Rückgabewert durchführt und den Rückgabewert nicht in einer Variablen speichert, sondern die Methode innerhalb der Parameter einer anderen Methode notiert, die einen Parameter des Typs verlangt, den die erste Methode zurückliefert. Etwa so:

```
String m1()
{
return("Hau weg");
}
void m2()
{
    System.out.println(m1());
}
```

20 Polymorphismus: Überschreiben, überladen und überschatten

Ein großer Teil der Leistungsfähigkeit von Objektorientierung basiert darauf, dass Operationen in der OOP den gleichen Namen haben können, ja sogar wenn sie auf dasselbe Objekt angewandt werden bzw. sich in der gleichen Klasse befinden. Dies nennt man ein polymorphes Verhalten und das gesamte Konzept Polymorphismus. Dabei kommen zwei grundlegende Java-Techniken zum Tragen – das Überladen und das Überschreiben von Methoden.

20.1 Überladen (Overloading)

Java erlaubt ein so genanntes Überladen (engl. Overloading) von Methoden, jedoch kein Überladen von Operatoren. Das Methoden-Overloading ist ein Teil der Realisierung des polymorphen Verhaltens von Java. Überladen einer Methoden bedeutet, dass bei Gleichheit von Methodenbezeichnern in Superklasse und abgeleiteter Klasse bzw. einer einzigen Klasse einfach mehrere Methoden parallel vorhanden sind, sofern sich die Parameter signifikant unterscheiden. Signifikant für die Unterscheidung kann die Anzahl der Parameter sein, aber auch bei gleicher Anzahl von Parametern alleine der Parametertyp. Andere Faktoren wie die Namen der Parameter, Modifier oder der Rückgabewert sind irrelevant. Das Verfahren muss man immer vom Standpunkt des Aufrufers einer Methode sehen. Dort muss eindeutig zu erkennen sein, welche Methode gemeint ist. Und beim Aufruf der Methode sind weder Rückgabewert noch Parametername oder Modifier unmittelbar (mittelbar teilweise auf Grund der Syntaxregeln schon, aber das spielt hier keine Rolle) zu erkennen. Das Verfahren ist insbesondere bei Konstruktormethoden extrem wichtig, denn diese sind ja im Bezeichner auf den Namen der Klasse festgelegt. Gäbe es kein Überladen, könnte jede Klasse nur genau eine Konstruktormethode besitzen. So aber sind beliebig viele möglich, was auch im Java-API ausgiebig verwendet wird. Das folgende Beispiel zeigt, wie Methoden überladen werden. Sowohl Methoden der Superklasse als auch der gleichen Klasse.

```
class MeineSuperKlasse {
  public static void meineMethode(int i) {
    System.out.println("Das stammt aus der Superklasse: " + i);
  }
}

class UeberLaden extends MeineSuperKlasse {
  public static void meineMethode(int i, int j) {
    System.out.println(
      "Das ist aus der Subklasse mit zwei int-Parametern: " + (i + j));
  }
  public static void meineMethode(float i) {
    System.out.println(
```

```
        "Das ist aus der Subklasse mit einem float-Parameter: " + i);
    }
    public static void meineMethode(String i) {
      System.out.println(
        "Das ist aus der Subklasse mit einem String-Parameter: " + i);
    }
    public static void main (String args[]) {
  /* Aufruf der Methode mit zwei Parametern in der Subklasse */
      meineMethode(2,2);
  /* Aufruf der Methode in der Superklasse auf Grund des int-Parameters
  */
      meineMethode(1);
  /* Aufruf der Methode mit einem float-Parameter in der Subklasse */
      meineMethode(1.2f);
  /* Aufruf der Methode mit einem String-Parameter in der Subklasse */
      meineMethode("Ei der Daus");
    }
  }
```

Listing 20.1: Überladen

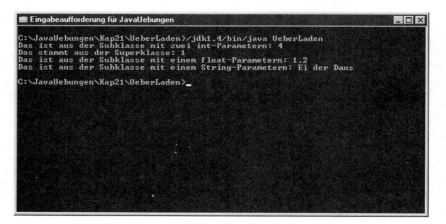

Bild 20.1: Überladen von Methoden

Die Kommentare im Source dokumentieren, wann und warum welche Methode aufgerufen wird. Zuerst wird auf Grund der zwei Parameter die passende Methode der Subklasse aufgerufen, anschließend auf Grund des einen int-Parameters die Methode in der Superklasse. Der dritte Aufruf nimmt die Methode mit einem float-Parameter in der Subklasse und der letzte Aufruf sucht auf Grund des String-Parameters die richtige Methode. Vergegenwärtigen Sie sich noch einmal, dass die Auswahl der richtigen Methode ausschließlich an der Stelle des Aufrufs erfolgt und nur die dort erkennbaren Informationen (also keine Parameternamen oder Rückgabewerte) zur Identifikation bereitstehen.

Überladen (Overloading)

 Die Parametersignatur und die Parameterliste einer Methode sind zu unterscheiden. Die Parametersignatur einer Methode ist das Merkmal, nach dem die Auswahl beim Überladen erfolgt. Also aus Sicht des Aufrufers. Sie gibt nur an, welcher Parameter-Datentyp an eine Methode weitergereicht wird und die Anzahl der Parameter, jedoch nicht den Namen des Parameters. Die Parameterliste einer Methode dagegen enthält ebenfalls noch zusätzlich den Namen des Parameters.

Der polymorphe Charakter von Java wird besonders deutlich, wenn Sie sich die Online-Dokumentation von Java und dort den Index ansehen und einmal nachschauen, wie viele Varianten es von der Methode println() bzw. print() gibt.

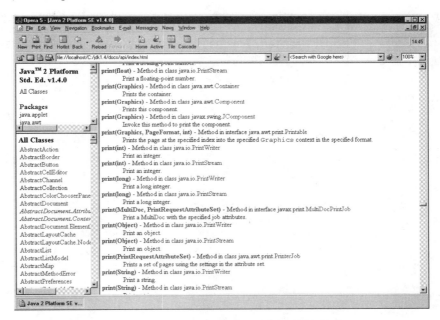

Bild 20.2: Wenn das kein Polymorphimus ist – ein Methodennamen und zig Varianten

20.1.1 Überladen von Konstruktoren

Überladen macht man sich sehr oft bei Konstruktormethoden zu Nutze. Diesen fehlt ja jegliche Freiheit bezüglich ihres Namens. Sie können aber beliebig Konstruktoren mit unterschiedlichen Parametersignaturen erzeugen. Bisher hatten wir Konstruktormethoden nur verwendet, noch nicht selbst erstellt. Konstruktoren müssen ja immer den gleichen Namen wie die Klasse selbst haben und zum Erstellen verschiedener Konstruktoren hatte das Rüstzeug des Überladens gefehlt. Das ist jetzt vorhanden und wir können daran gehen, verschiedene Konstruktoren einer Klasse zu erstellen.

Konstruktoren dürfen (obwohl sie Methoden sind) keine Rückgabeparameter (nicht einmal die Deklaration als void ist erlaubt) haben, weil sie ausschließlich dazu benutzt werden, die Instanz der Klasse zurückzugeben. Dazu sind Konstruktoren meist[1] public (öffentlich) und dürfen keine der bei »normalen« Methoden zu findenden weiteren Modifier jenseits der Sichtbarkeit (das wären `native`, `abstract`, `static`, `synchronized` oder `final`) besitzen.

Behandelt haben wir schon, dass allgemein mit einem Konstruktor der Compiler bzw. die virtuelle Maschine angewiesen wird, Speicherplatz für eine Instanz dieser Klasse zu reservieren und den Namen dieser Instanz der entsprechenden Speicheradresse zuzuordnen. In jeder Klasse gibt es eine Konstruktormethode ohne Parameter. Auch wenn sie nicht explizit deklariert wird. Dann wird sie von einer Superklasse vererbt. Das heißt, wenn in einer Klasse keine Konstruktormethode definiert wurde, dann ruft der Compiler eine Default-Konstruktormethode ohne Parameter auf.

Wenn Sie in einer Klasse mehrere Konstruktor-Methoden erstellen wollen, lässt die Methodenunterschrift wie erwähnt nur die Freiheit, unterschiedliche Parameterlisten anzugeben. Erstellen wir eine eigene Klasse mit mehreren Konstruktoren.

```java
class MeineKonst {
  int a = 1;
  int b;
  static int c;
  MeineKonst() {
  }
  public MeineKonst(int c) {
    b = c;
  }
  public MeineKonst(int c, int d) {
    b = c * d;
  }
}

public class KonstUeberladen {
 int aussen=5;
 public static void main(String args[]) {
 MeineKonst x = new MeineKonst();
 System.out.println(
 "Variable a in Klasse MeineKonst mit Objekt x "
 + "(leerer Konstruktor): " + x.a);
 x.b = 4;
 System.out.println(
 "Variable b in Klasse MeineKonst mit Objekt x "
 + "(leerer Konstruktor): " + x.b);
 MeineKonst y = new MeineKonst(42);
 System.out.println(
 "Variable b in Klasse MeineKonst mit Objekt y "
 + "(Konstruktor mit einem int): " + y.b);
 y.c = 4;
 System.out.println(
 "Klassenvariable c in Klasse MeineKonst "
```

---

1 Dieser Sichtbarkeitslevel ist aber nicht zwingend.

```
            + "(Konstruktor mit einem int): " + y.c);
        MeineKonst z = new MeineKonst(5,6);
        System.out.println(
        "Variable a in Klasse MeineKonst mit Objekt z "
            + "(Konstruktor mit zwei int): " + z.a);
        System.out.println(
        "Variable b in Klasse MeineKonst mit Objekt z "
            + "(Konstruktor mit zwei int): " + z.b);
        }
    }
```

Listing 20.2: Überladen von verschiedenen Konstruktoren

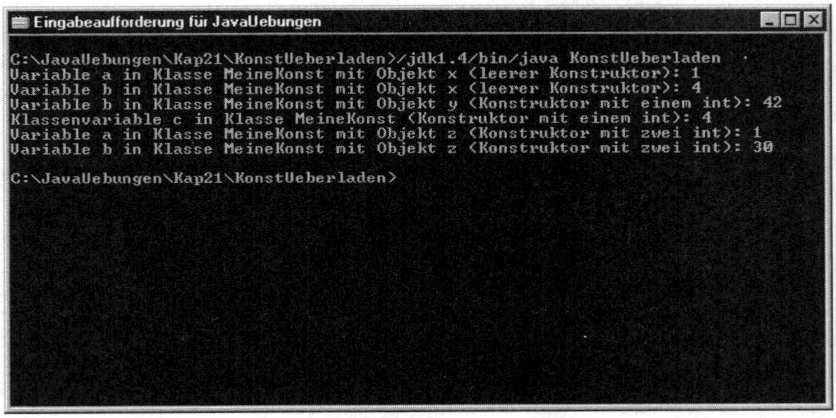

Bild 20.3: Konstruktoren überladen

Die erste Klasse beinhaltet drei Konstruktoren, in denen jeweils Variablen deklariert werden. In der Klasse KonstUeberladen werden damit drei Instanzen erzeugt und die verschiedenen Variablen über die erzeugten Objekte ausgegeben. Die Ausgabe sieht folgendermaßen aus:

```
Variable a in Klasse MeineKonst mit Objekt x (leerer Konstruktor): 1
Variable b in Klasse MeineKonst mit Objekt x (leerer Konstruktor): 4
Variable b in Klasse MeineKonst mit Objekt y (Konstruktor mit einem int): 42
Klassenvariable c in Klasse MeineKonst (Konstruktor mit einem int): 4
Variable a in Klasse MeineKonst mit Objekt z (Konstruktor mit zwei int): 1
Variable b in Klasse MeineKonst mit Objekt z (Konstruktor mit zwei int): 30
```

Die verschiedenen Konstruktoren in der Klasse MeineKonst werden überladen. Die Identifikation des richtigen Konstruktors erfolgt über den Typ und die Anzahl der Parameter, die beim Aufruf verwendet werden.

Wenn Sie selbst einen (beliebigen) Konstruktor in einer Klasse erzeugen, haben Sie keinen Zugriff auf den Default-Konstruktor (der sonst aus einer Superklasse vererbt wird) mehr. Diesen müssen Sie entweder reimplementieren (ein leerer Methodenkörper genügt bereits) oder Sie verwenden den Zugriff über das Schlüsselwort super, *um den Konstruktor der Superklasse anzusprechen. Das Problem bleibt auch bestehen, wenn in einer Superklasse ein expliziter Konstruktor definiert wurde. Auch dann kann man in der Subklasse nicht mehr auf den Default-Konstruktor zugreifen. Dies ist (zumindest nach meiner Ansicht) eine kleine Schwäche der Java-Logik.*

20.1.2 Konstruktoren von Standardklassen

Die meisten Klassen in dem Java-API besitzen mehr als einen Konstruktor. Wenn Sie sich die Dokumentation ansehen, werden Sie das bei fast jeder Klasse sehen. Manche haben zwar nur einen Konstruktor (den Default-Konstruktor), die meisten jedoch zwei und eine große Anzahl sogar viel mehr.

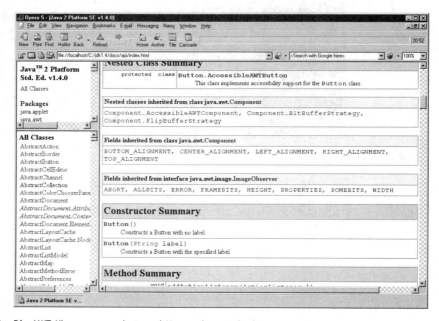

Bild 20.4: Die AWT-Klasse Button *hat zwei Konstruktormethoden*

Überladen (Overloading)

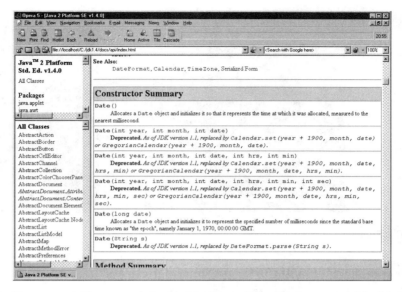

Bild 20.5: *Die* java.util-*Klasse* Date *hat zahlreiche Konstruktormethoden, wenngleich einige davon als veraltet gelten*

Das nachfolgende Programmbeispiel demonstriert die Verwendung von drei verschiedenen Konstruktoren der Klasse java.util.Date.

```
class StandardKonstruktoren {
  public static void main (String args[]) {
    java.util.Date dat1, dat2, dat3;
    dat1 = new java.util.Date();
    System.out.println("Heute ist " + dat1);
    dat2 = new java.util.Date(63, 3, 17);
    System.out.println("Ein Datum in der Vergangenheit: " + dat2);
    dat3 = new java.util.Date("April, 17, 2003, 3:24, PM");
    System.out.println("Ein Datum in der Zukunft: " + dat3);
  }
}
```

Listing 20.3: *Die Anwendung verschiedener Konstruktoren einer Java-Standardklasse*

Den drei Variablen dat1, dat2 und dat3 werden jeweils andere Konstruktoren der Klasse Date mit dem new-Operator zugewiesen (über die unterschiedlichen Parameter). Sie enthalten also drei verschiedene Instanzen der Klasse Date, die sich dann auch in unterschiedlichen Formaten in der Ausgabe äußern.

Beim Kompilieren des Beispiels werden Sie wahrscheinlich eine Warnung erhalten, dass Elemente als »deprecated« gelten. Das ist für uns hier kein Problem. Die Warnung bedeutet nur, dass es für diese Elemente neuere Varianten gibt, die statt der veralteten Elemente verwendet werden sollten. Die alten Konstruktormethoden funktionieren aber immer noch.

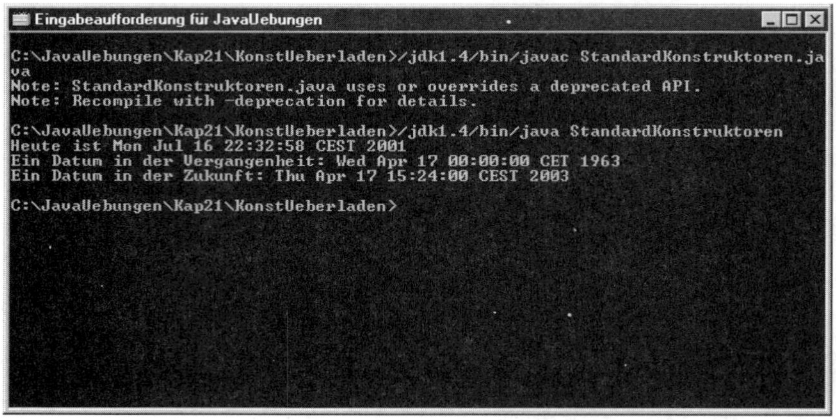

Bild 20.6: Veraltet, aber immer noch funktionstüchtig

20.2 Überschreiben bzw. Overriding

Wenn Sie versuchen, in einer Klasse mehrere Methoden zu definieren, die sich zwar in der Parameterliste, nicht jedoch in der Parametersignatur unterscheiden (das bedeutet, nur in den Namen der Parameter), wird ein Compiler-Fehler erzeugt. In unterschiedlichen Klassen können jedoch Methoden mit gleichem Namen und sogar identischer Parameterliste deklariert werden. Auch wenn diese über Vererbung in Verbindung stehen (also in einer Superklasse-Subklassen-Beziehung). Egal, über wie viele Ebenen. Dann heißt der Vorgang »Überschreiben« oder »Overriding«. Manche Quellen reden auch von »Überlagern«.

Overriding (was eigentlich genau übersetzt »Überdefinieren« bedeutet – die deutsche Definition ist wahrscheinlich nur auf Grund einer fehlerhaften Übersetzung bzw. Verwechselung mit »Overwriting« entstanden) ist dem Mechanismus des Überladens ähnlich. Überschreiben ermöglicht ebenfalls eine Spezialisierung von Objekten. Wenn Sie in einer Subklasse eine Methode mit dem gleichen Namen und der identischen Parametersignatur wie eine Methode der Superklasse definieren, wird die Methode der Superklasse überschrieben. Sie wird verdeckt. Eine Methode zu überschreiben bedeutet also, dass die Methode in der Subklasse den identischen Deklarationskopf (also neben der Namensgleichheit auch vollkommen identische Argumente) wie die Methoden der Superklasse erhält, während bei dem Überladen der Methoden wie erwähnt zwar die Namen der Methoden, aber nicht die Argumente identisch sind (auch bei über Vererbung verbundenen Klassen).

```
class MeineSuperKlasse {
//Methoden der Superklasse
 public static void gebeaus(int i) {
   System.out.println(i + 10);
 }
 public static void text() {
```

```
      System.out.println("Das ist der Text der Superklasse");
    }
  }

  class Ueberschreiben extends MeineSuperKlasse {
  /* gleicher Methodenname in der Subklasse */
  //Identische Methodendeklaration
   public static void gebeaus(int i) {
     System.out.println(i - 10);
   }
   public static void text() {
     System.out.println("Das schreibt die Methode der Subklasse");
   }
   public static void main (String args[])  {
  // Methode der Superklasse wird überschrieben
     gebeaus(20);
     text();
   }
  }
```

Listing 20.4: Überschreiben

Bild 20.7: Die Ausgabe demonstriert, dass jeweils die Methode der Subklasse aufgerufen wird

Die Ausgabe wird

```
10
Das schreibt die Methode der Subklasse
```

sein, d.h., die Methoden der Superklasse werden überschrieben. Der Compiler verwendet jeweils die Methode der Subklasse.

Methoden können sich nicht überschreiben, wenn es relevante Unterschiede in der Methodensignatur gibt. In Bezug auf Parameter haben wir das ja bereits deutlich festgehalten, aber das betrifft auch Modifier und Rückgabewerte. Eine Instanzmethode kann keine Klassenmethode überschreiben und umgekehrt. Das bedeutet, einmal ist static als Modifier dabei und einmal nicht. Falls Sie das versuchen, erhalten Sie eine Fehlermeldung wie diese:

```
Ueberschreiben.java:23: text() in Ueberschreiben cannot override
text() in MeineSuperKlasse; text() and text() are static
 public static void text() {
                 ^
1 error
```

Allgemein können aber Klassenmethoden natürlich andere Klassenmethoden überschreiben (das haben wir im letzten Beispiel explizit gemacht) und Instanzmethoden andere Instanzmethoden (machen wir gleich noch).

Aber auch wenn sich die Rückgabewerte unterscheiden, erhalten Sie beim Übersetzen Fehlermeldungen wie die folgende:

```
Ueberschreiben.java:32: text() in Ueberschreiben cannot override
text() in MeineSuperKlasse; attempting to use incompatible return
type
found    : void
required: int
 public static void text() {
                 ^
1 error
```

Bei solchen Konstellationen sind Sie in einer unzulässigen Zwittersituation, die das Java-Konzept verhindert. Weder wäre bei den unterbundenen Situationen eindeutig beim Aufruf zu erkennen, welche Methode auszuwählen wäre (falls überladen werden soll), noch wäre eine Methode exakt so überschrieben, dass alle Bedingungen der alten Methode von der neuen Methode erfüllt würden. Das erscheint erst einmal vielleicht lästig, ist aber wieder einer der vielen Aspekte von Java, wie die Stabilität und Sicherheit von Java-Programmen sichergestellt wird.

Beim Überschreiben muss man zusätzlich beachten, dass man in einer Klasse Methoden so deklarieren kann, dass sie nicht überschrieben werden können. Wenn eine Methode als `final` deklariert wird, kann sie in einer Subklasse nicht überschrieben werden. Das ist genau die Bedeutung dieses Modifiers bei Methoden.

Ein anderer Modifier, der Überschreiben im eigentlichen Sinn verhindert, ist `private`. Wenn eine Methode in einer Klasse als `private` deklariert wird, ist sie in der Subklasse nicht mehr sichtbar. Eine Redefinition einer Methode mit gleicher Signatur ist zwar möglich, aber da die Methode der Superklasse unsichtbar ist (es kann auch nicht auf sie per `super` zugegriffen werden, wie wir es im folgenden Abschnitt machen), ist das kein Überschreiben im eigentlichen Sinn.

Die nachfolgende Klasse wäre keine geeignete Superklasse für den Vorgang des Überschreibens. Die finale Methode kann nicht überschrieben werden, die private wird zwar bei identischer Methodenunterschrift redefiniert, aber nicht im Sinn von Überschreiben.

```
class MeineSuperKlasse3 {
//Methode der Superklasse
 public static final void   text() {
   System.out.println("Das ist der Text der Superklasse");
 }
 private static void gebeaus(int i) {
   System.out.println(i + 10);
 }
}
```

20.2.1 Das Schlüsselwort super

Es gibt diverse Gründe, warum man eine Methode, die bereits in einer Superklasse implementiert war, sowohl in der überschriebenen Variante als auch gleichzeitig in der Originalversion nutzen möchte. Dazu dient das Schlüsselwort super. Ein Methodenaufruf wird bei deren Verwendung in der Hierarchie nach oben zur Superklasse weitergereicht. Schauen wir ein Beispiel mit dem Schlüsselwort super an:

```
class MeineSuperKlasse2 {
//Methoden der Superklasse
 void gebeaus(int i) {
   System.out.println(i + 10);
 }
 void text() {
   System.out.println("Das ist der Text der Superklasse");
 }
}

class Ueberschreiben2 extends MeineSuperKlasse2 {
/* gleicher Methodenname, aber anderer Parameter in der Subklasse */
//Identische Methodedeklaration
 void gebeaus(int i) {
    System.out.println(i - 10); //Ausgabe
//Zugriff auf die Methode der Superklasse
    super.gebeaus(42);
   }
 void text() {
  super.text();
  System.out.println("Das schreibt die Methode der Subklasse");
 }
  public static void main (String args[]) {
    Ueberschreiben2 u = new Ueberschreiben2();
// Die Methode der Subklasse wird aufgerufen
    u.gebeaus(42);
    u.text();
   }
}
```

Listing 20.5: Der Einsatz von super

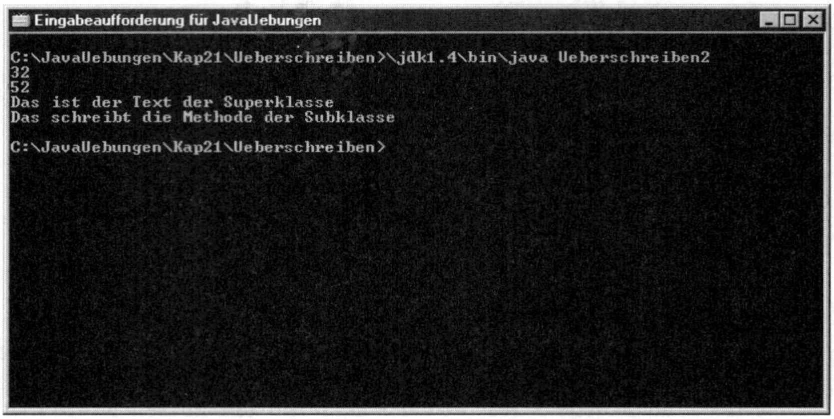

![Screenshot Eingabeaufforderung]

Bild 20.8: *Aufruf der Methoden in der Subklasse und Zugriff über* super *auf die Methoden der Superklasse*

Die Ausgabe wird

```
32
52
Das ist der Text der Superklasse
Das schreibt die Methode der Subklasse
```

sein.

Um eine Methode in einer Superklasse aufzurufen, wird also die folgende Syntax verwendet:

`super.<methodenname>(<Parameter>);`

Beachten Sie in dem Beispiel, dass wir erst ein Objekt der Klasse Ueberschreiben2 erzeugen, um auf die Methoden gebeaus() und text() in der Klasse Ueberschreiben2 zugreifen zu können. In diesen Methoden rufen wir erst die jeweilige Methode der Superklasse auf.

Wenn Sie direkt in der main()-Methode auf die Superklasse referenzieren wollen, erhalten Sie eine Meldung der folgenden Art:

`Undefined variable ...`

Sie können nur in dem Körper einer nicht-statischen Methode (also einer Klassenmethode) das Schlüsselwort super verwenden. Das ist logisch, denn wir wollen ja auf Klassenebene zugreifen und nicht auf Instanzebene.

Der Aufruf von super *kann nicht kaskadiert erfolgen. Das bedeutet, so etwas wie* super.super *ist nicht möglich.*

20.2.2 super()

Schauen wir uns die super-Technik noch in einem anderen Zusammenhang an. In der Form super() kann man sie beim Aufruf von Konstruktoren der Superklasse verwenden. Der Aufruf muss als erste Anweisung im Konstruktor der Subklasse erfolgen! Damit werden also Konstruktoren verkettet. Bei Konstruktoren wird die folgende Syntax verwendet:

```
super(<Parameter>);
```

Wenn der Konstruktor keine Parameter hat, kann man auch einfach

```
super();
```

notieren.

Der Einsatz von super() in Konstruktormethoden bewirkt den Aufruf des Konstruktors der unmittelbaren Superklasse.

```
// die Superklasse
class ErsteEbene {
// Konstruktor 1 der Superklasse ohne Parameter
 ErsteEbene() {
   System.out.println(
    "Der Konstruktor der ersten Ebene ohne Parameter.");
  }
/* Konstruktor 2 der Superklasse mit einem int-
   Parameter. Zusätzlich erledigt dieser
   Konstruktor noch einige Aufgaben. In unserem
   Fall 2 Bildschirmausgaben */
 ErsteEbene(int i) {
   System.out.println(
    "Der zweite Konstruktor der ersten Ebene mit einem Parameter");
   System.out.println(
    "Der Wert der Variablen ist "+ i);
  }
}

// Die Subklasse der Klasse ErsteEbene
class ZweiteEbene extends ErsteEbene {
 ZweiteEbene() // Der Konstruktor 1 der Subklasse
  {
// Aufruf des Konstruktors der Superklasse ohne
// Parameter
  super();
  System.out.println(
    "Ausgabe des Konstruktors der zweiten Ebene ohne Parameter.");
  }
// Der Konstruktor 2 der Subklasse
 ZweiteEbene(String a) {
// Aufruf des Konstruktors der Superklasse mit
// Parameter
  super(5);
```

```
    System.out.println(
      "Ausgabe des Konstruktors der zweiten Ebene ohne Parameter. " +
a);
  }
}

public class Ueberschreiben4 {
 public static void main (String args[]) {
/* Die Anwendung des new-Operators erstellt eine Instanz der Klasse
ZweiteEbene. Es wird Speicher zugewiesen und der Konstruktor der
Klasse ZweiteEbene aufgerufen. */
   new ZweiteEbene();
   new ZweiteEbene("Holaridiljoe");
  }
}
```

Listing 20.6: *Verkettung von Konstruktormethoden mit* super()

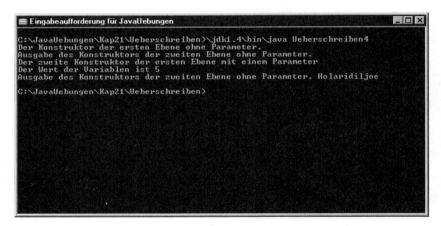

Bild 20.9: *Einsatz von* super() *in Konstruktormethoden*

Die Ausgabe sieht wie folgt aus:

Der Konstruktor der ersten Ebene ohne Parameter.
Ausgabe des Konstruktors der zweiten Ebene ohne Parameter.
Der zweite Konstruktor der ersten Ebene mit einem Parameter
Der Wert der Variablen ist 5
Ausgabe des Konstruktors der zweiten Ebene ohne Parameter. Holaridil-
joe

20.3 Binden

In der Objektorientierung treten Objekte gegenseitig per Botschaften in Kontakt. Die Möglichkeiten des Polymorphismus und der Vererbung generieren aber ein gewisses Problem. Wie soll eine Nachricht die physische Adresse eines Objekts im Speicher finden? Durch Polymorphismus und Vererbung ist der Methodennamen (oft Selektor genannt) ja meist nur eine Verknüpfung zur physischen Implementierung (dem Programmcode) der Methode und nicht die Adresse des eigentlichen Speicherbereichs. Damit eine Nachricht die Ausführung einer Methode bewirken kann, muss allerdings irgendwann einmal (vor der Ausführung der Methode zur Laufzeit) eine Zuordnung zwischen dem Selektor und dem tatsächlichen Programmcode der Methode stattfinden. Diesen Vorgang der Zuordnung nennt man Binden oder Linken. Dabei unterscheidet man in der OOP zwei Formen des Bindens, die vom Bindezeitpunkt abhängig sind. Das frühe Binden und das späte Binden.

20.3.1 Frühes Binden

Frühes Binden (englisch Early Binding oder oft statisches Binden genannt) bedeutet, dass ein Compiler schon zum Zeitpunkt der Übersetzung des Programms die tatsächliche, physische Adresse der Methode dem Methodenaufruf zuordnet. Grundsätzlicher Vorteil ist, dass schon zur Zeit der Kompilierung fehlerhafte Angaben vom Compiler gefunden werden können. Außerdem sind solche früh gelinkten Programme schnell, da die physische Zieladresse eines Methodenaufrufs zur Programmlaufzeit schon festliegt und nicht immer wieder neu berechnet werden muss.

Größter Nachteil frühen Bindens ist die mangelnde Flexibilität bei interaktiven Aktionen. Das bedeutet, wenn durch Aktionen – etwa durch einen Anwender – neue Objekte in einem Programm erzeugt und verwaltet werden müssen, ist das ziemlich umständlich.

20.3.2 Spätes Binden

Wenn das Linken nun später erfolgen würde, wäre das System bedeutend flexibler. Man nennt diesen Vorgang dann spätes Binden (engl. Late Binding oder dynamisches Binden). Java verwendet diesen Mechanismus. Hier wird erst zur Laufzeit eines Programms die tatsächliche Verknüpfung zwischen dem Selektor und dem Code hergestellt. Die richtige Verbindung übernimmt das Laufzeitsystem der Programmiersprache. So ein System ist viel leichter erweiterbar. Es muss nur bei einer Interaktion eine weitere Subklasse definiert werden. Die Implementierung ändert sich nicht, da erst zur Laufzeit die Verbindung erfolgt. Damit nimmt man allerdings eine schlechtere Performance in Kauf. Außerdem steigt bei ungesicherten Entwicklungsumgebungen mit spätem Binden die Gefahr von Fehlern, da fehlende oder falsche Methodenaufrufe erst zur Laufzeit des Programms bemerkt werden. Für Java besteht allerdings keine Gefahr, denn dort wird explizit mit diversen Sicherheitsmechanismen beim Kompilieren und Linken dieses Problem beseitigt.

21 Pakete – Verzeichnisse auf »javanaisch«

An zahlreichen Stellen ist angedeutet bzw. auch explizit verwendet worden, dass Java mit Paketen arbeitet. Das gesamte Java-API ist in Form von Paketen organisiert. Grundsätzlich benötigt jedes Java-Programm zur Laufzeit mehr Bytecode, als er in Form der eigentlichen class-Datei vorliegt. Zahlreiche class-Dateien aus der Standardlaufzeitumgebung von Java werden auf jeden Fall benötigt. Eventuell aber auch noch weitere class-Dateien, wenn Sie darüber hinaus andere Klassen verwenden.

Wenn Sie auf andere Klassen – sowohl Standardklassen des Java-API, aber auch selbst geschriebene Klassen – zugreifen, wird das JDK-Programm zuerst in dem aktuellen Verzeichnis danach suchen. Finden sich die gesuchten Klassen dort nicht, wird in dem Verzeichnis gesucht, das als Verzeichnis der Java-Klassen im Betriebssystem registriert ist. Sie können optional mit der Option -classpath ein Verzeichnis angegeben, in dem zusätzlich gesucht werden soll. Werden die class-Dateien gefunden (das kann auch in einer komprimierten Datei des Typs ZIP oder JAR sein), werden sie verwendet. Andernfalls kommt es zu einer Fehlermeldung oder genauer einer Exception (Exception in thread "main" java.lang.NoClass DefFoundError: ...), dass eine benötigte Klasse nicht gefunden wird. Dies ist eine rein physische Suche nach class-Dateien.

Bild 21.1: Eine notwendige Klasse wurde nicht gefunden

Wenn nun aber ein Verzeichnis zum Durchsuchen nach einer Klasse lokalisiert ist, werden dort eventuell vorhandene Unterverzeichnisse nicht (!) durchsucht. Zumindest nicht, wenn Sie es nicht explizit im Quelltext angegeben. Dort gibt es Möglichkeiten, das festzulegen. Und genau damit werden wir uns jetzt beschäftigen.

Pakete (engl. Packages) sind in Java Gruppierungen von Klassen und Schnittstellen eines Verzeichnisses. Sie sind das Java-Analogon zu Bibliotheken vieler anderer Computersprachen. Zugriff auf Verzeichnisse und Unterverzeichnisse erfolgt über die Punktnotation. Wenn man sich die bisherigen Beispiele ansieht, erkennt man, dass dort schon mehrfach per Punktnotation auf Paketstrukturen und darin enthaltene Klassen zugegriffen wurde.

21.1 Die Verwendung von Paketen

Jede Klasse in Java ist Bestandteil eines Pakets. Der vollqualifizierte Name einer Klasse besteht immer aus dem Namen des Pakets, gefolgt von einem Punkt, eventuellen Unterpaketen, die wieder durch Punkte getrennt werden, bis hin zum eigentlichen Klassennamen. Um nun eine Klasse verwenden zu können, muss dem Compiler gesagt werden, in welchem Paket er sie suchen soll. Das kann mit dem vollqualifizierten Namen erfolgen. Etwa so:

java.awt.Frame;

Das bedeutet, der Compiler sucht in dem Paket java (das dem gleichnamigen, eventuell komprimierten Verzeichnis entspricht und das sich im Suchpfad eines JDK-Tools befinden muss) nach dem Unterpaket awt (physisch ein Unterverzeichnis des Verzeichnisses java) und dort die Klasse Frame (die physische Datei Frame.class im Verzeichnis awt).

Ein Paket stellt also eine Abbildung eines Unterverzeichnisses im Quelltext dar, in dem nach der gewünschten Klasse vom Compiler gesucht werden soll. Wird eine Klasse also in der genannten Paketstruktur gesucht, sucht der Compiler in der Verzeichnisstruktur java/awt/ nach Frame.class.

Es gibt nun einige Namenskonventionen für Pakete. Die Standardklassen von Java sind in eine Paketstruktur eingeteilt, die an das Domain-System von Internetnamen angelehnt ist. Dabei sollte jeder Anbieter von eigenen Java-Paketen diese nach seinem DNS-Namen strukturieren. Nur in umgekehrter Reihenfolge. Wenn etwa eine Firma RJS mit der Internetadresse www.rjs.de Pakete bereitstellt, sollte die Paketstruktur de.rjs lauten. Eventuelle Unterpakete sollten darunter angeordnet werden. Selbst offiziell in dem Standard-API von Java enthaltene CORBA-Pakete halten sich daran (etwa org.omg.CORBA). Einzige (offizielle) Ausnahmen sind die Klassen, die im Standardumfang einer Java-Installation enthalten sind. Diese beginnen mit java oder javax. Das System ist aber nicht zwingend. Nur kann es bei Nichtbeachtung dazu führen, dass es in größeren Projekten zu Namenskonflikten kommt. Es gelten ansonsten nur wieder die üblichen Regeln für Token. Grundsätzlich werden Paketbezeichner kleingeschrieben bzw. nur die Anfangsbuchstaben ab dem zweiten Begriff (bei zusammengesetzten Begriffen), aber das ist nur eine Konvention. Allerdings müssen Sie beachten, dass das dann auch bei den Verzeichnisnamen so eingehalten wird. Das ist analog zu Dateinamen, wobei Groß- und Kleinschreibung natürlich auch relevant ist.

Noch einmal der Hinweis, dass Sie auf Ihrem Rechner keine explizite Verzeichnisstruktur im JDK-Verzeichnis finden werden, die mit java *oder* javax *beginnt. Das liegt daran, dass die Java-Systemklassen in gepackter Form ausgeliefert werden. Die* jar*-Datei* rt.jar *beinhaltet aber die gesamte Verzeichnisstruktur.*

Wenn Sie nun aus einer Klasse in einem bestimmten Paket eine Methode oder Variable benötigen, müssen Sie diese Pfadangabe um den Methoden- bzw. Variablennamen erweitern. Und zwar für jedes Element, das Sie aus der Klasse benötigen. Etwa, wie im folgenden Beispiel:

```
class VollQualifiziert{
    public static void main(String args[]) {
        System.out.println((new java.util.Date()).toGMTString());
        System.out.println((new java.util.Random()).toString());
    }
}
```

Listing 21.1: Vollqualifizierter Zugriff auf Konstruktormethoden im Paket java.util

Bei `java.util.Date()` und `java.util.Random()` wird der Compiler bei der Übersetzung im aktuellen Verzeichnis nach der gewünschten Verzeichnisstruktur suchen, (natürlich, wenn man sich nicht unkalkulierbare Probleme einhandeln will) nichts finden und dann im Standardverzeichnis der Java-Laufzeitumgebung im Verzeichnis `java` das Unterverzeichnis `util` suchen und dort die angegebenen Klassen.

Mit einer solchen vollqualifizierten Notation wird die Lesbarkeit des Quelltexts nicht gerade gut und vor allem der Tippaufwand sehr hoch. Insbesondere, wenn man an zahlreichen Stellen Dateien aus fremden Verzeichnisstrukturen benötigt. Dies macht eine einfachere und schnellere Technik notwendig.

Um Elemente einer anderen Klasse eines fremden Verzeichnisses respektive Pakets innerhalb von Klassen wie eine Bibliothek nutzen zu können, kann man sie vorher importieren. Das geschieht durch eine `import`-Zeile, die vor der Definition irgendeiner Klasse in der Java-Datei stehen muss. Wenn Sie in einem Paket selbst eine andere Klasse importieren wollen, muss die `import`-Anweisung nach der `package`-Anweisung stehen (darauf kommen wir gleich).

Wir können also die obige Klasse importieren, indem wir die gesamte Punktnotation (das Paket, zu dem sie gehört, und die Klasse selbst) am Anfang einer Datei mit dem Schlüsselwort `import` angeben. Danach können wir Komponenten aus der Klasse direkt ansprechen. In unserem Beispiel würde es wie folgt aussehen:

```
import java.awt.Date;
```

In diesen Fall können Sie später im Quelltext auf die Klasse `Date` einfach über ihren Namen zugreifen. Etwa so:

```
Date a = new Date();
```

Es gibt ein Java-Paket, das Sie nie explizit importieren müssen. Das ist java.lang. *Dieses Paket wird immer automatisch importiert. Darin finden Sie so wichtige Klassen wie* Object *oder* String. *Aber auch Wrapper-Klassen zu Konvertierung und die Klasse* System *sind dort zu finden.*

Eine `import`-Anweisung dient nur dazu, Java-Klassen über einen verkürzten Namen innerhalb der aktuellen Bezugsklasse zugänglich zu machen und damit den Code zu vereinfachen. Sie hat nicht den Sinn (wie die `include`-Anweisung in C) die Klassen zugänglich zu machen oder sie einzulesen. Da das Importieren von Elementen in Java kein echter Import in dem Sinn ist, dass das resultierende Programm alle angegebenen Klassen irgendwie verwalten muss, sondern nur eine Pfadangabe, kann man beliebig viele Pakete und Klassen importieren, ohne dass das resultierende Programm größer oder sonst ineffektiver wird, wenn man sie nicht verwendet. Nicht explizit benötigte Klassen werden vom Compiler wegoptimiert. Das nennt man »type import on demand«.

Es kann also (wenn man diese letzte Aussage genau liest) durchaus mehrfache `import`-Anweisung innerhalb einer Klassendefinition geben (wenn Sie mehrere Klassen oder verschiedene Pakete importieren wollen). Sie müssen hinter der optionalen Anweisung `package` (im Fall von Paketen selbst, sonst fehlt die `package`-Anweisung) stehen. Wenn Sie nun mehrere Klassen aus dem gleichen Paket verwenden wollen, können Sie diese nacheinander importieren.

Wenn Sie allerdings mehrere Klassen aus einem Paket benötigen, arbeitet man sinnvollerweise mit Platzhaltern. Mittels einer solchen Wildcard – dem Stern `*` – kann das ganze Paket auf einmal importiert werden. Das geschieht wieder durch die `import`-Zeile, wobei nur der Klassenname durch den Stern ersetzt wird. Danach können Sie alle Klassen aus dem Paket direkt über ihren Namen ansprechen.

Das Sternchen importiert keine (!) untergeordneten Pakete. Um also alle Klassen einer komplexen Pakethierarchie zu importieren, müssen Sie explizit auf jeder Hierarchie-Ebene eine `import`-Anweisung erstellen.

Der `import`-Befehl kennt im Prinzip 3 Varianten:

1. `import <package>.<Klasse>;`
2. `import <package>.*;`
3. `import <package>;`

Die erste Form wird immer dann eingesetzt, wenn man gezielt auf eine Klasse zugreifen möchte und nur diese Klasse aus einem Paket benötigt. Der Vorteil ist, dass eine Klasse innerhalb des Source-Codes direkt über ihren Namen angesprochen werden kann.

Bei Fall 2 kann eine Klasse innerhalb des Source-Codes ebenfalls direkt über ihren Namen angesprochen werden. Der Vorteil ist das Einbinden aller Klassen aus einem Paket mit einer Anweisung.

Die dritte Form dient dazu, mit möglichst wenigen Anweisungen ein Paket oder sogar mehrere Pakete zu importieren. Allerdings kommt jetzt wieder zum Tragen, dass keine untergeordneten Pakete importiert werden. Deshalb kann in dem Fall eine Klasse innerhalb des Source-Codes nicht direkt über ihren Namen angesprochen werden. Stattdessen muss vor dem Klassennamen das letzte Element aus dem Package-Namen per Punktnotation gesetzt werden. Dies ist sukzessive fortzusetzen, wenn es mehrere Paketebenen gibt, die nicht im import-Befehl angegeben wurden. In diesem Fall muss unter Umständen eine längere Pfadangabe die Klasse referenzieren. Diese Variante ist ziemlich unüblich.

Das nachfolgende Beispiel importiert am Beginn mehrere Pakete und greift dann im Quelltext mit direkten Angaben der Klassen ohne vorangestellte Paketangaben darauf zu:

```java
import java.awt.*;
import java.awt.event.*;
import java.util.*;
class MitImport extends Frame {
    public MitImport() {
        addWindowListener(new WindowAdapter() {
            public void windowClosing(WindowEvent e) {
                dispose();
                System.exit(0);
            }
        });
    }
    public static void main(String args[]) {
        MitImport mainFrame = new MitImport();
        mainFrame.setSize(150, 100);
        mainFrame.setTitle("MitImport");
        mainFrame.setVisible(true);
    }
    public void paint(Graphics g){
        g.drawString("" + (new Random()).nextBoolean(),50,80);
    }
}
```

Listing 21.2: Mehrere Imports am Beginn

Bild 21.2: Das Programm importiert am Anfang die notwendigen Pakete

21.2 Erstellung eines Paketes

Es gibt außer den am Anfang erwähnten Regeln keine Bestimmung, die einschränkt, wie ein Entwickler seine Klassen und Schnittstellen zu Paketen zusammenfasst und gruppiert. Eine Java-Datei wird ganz einfach einem Paket, bzw. einem bestehenden Paket zugeordnet. Sie müssen nur ganz am Anfang der Datei als erste gültige Anweisung (auch vor der ersten Klassendefinition, aber abgesehen von Kommentaren) das Schlüsselwort package und den Namen des Pakets, gefolgt von einem Semikolon, setzen. Es kann nur einmal eine solche Anweisung in einer java-Datei notiert werden. Anschließend können Sie wie gewohnt Ihre Klassen definieren.

Beispiel:

```
package meinErstesPaket;
public class meineErsteKlasse {
...
}

private class meineZweiteKlasse {
...
}

class meineDritteKlasse {
...
}
```

Wenn sich innerhalb einer Quelldatei mehrere Klassendefinitionen befinden, dann werden alle Klassen dem durch das Schlüsselwort package angegebenen Paket zugeordnet.

Grundsätzlich spiegelt die Paket-Struktur also eine Verzeichnisstruktur wider. Wenn Sie also ein Paket mit der Anweisung package angeben, wird ein Unterverzeichnis dieses Namens benötigt, worin die zu dem Paket gehörenden Dateien gespeichert werden. Beim Kompilieren werden dann die class-Dateien dort erstellt. Das Verfahren setzt sich mit eventuellen Unterverzeichnissen fort, wenn entsprechende Unterpakete erstellt werden sollen. Dabei wird die Paket- und damit die Verzeichnisstruktur immer von dem Verzeichnis aus gesehen, in dem die java-Datei respektive die class-Datei (falls nicht identisch) gespeichert ist. Spielen wir das Verfahren in einem effektiven Beispiel durch.

Erstellen Sie die nachfolgenden java-Dateien allesamt vom Arbeitsverzeichnis aus gesehen in einem Unterverzeichnis des Namens, der hinter der Anweisung package angegeben wird. Die Namen der java-Dateien sind identisch mit den Klassenbezeichnern, denn es handelt sich allesamt um öffentliche Klassen. Bitte kompilieren Sie erst dann, wenn alle Dateien in Quelltextform erstellt sind.

```
package de;
public class Eins {
    public static int a = 123;
}
```
Listing 21.3: Erste Datei in Paket de

```
package de;
public class Zwei {
    public static int b = 234;
}
```
Listing 21.4: Zweite Datei in Paket de

```
package de;
public class Drei {
    public static int c = 345;
}
```

Listing 21.5: Dritte Datei in Paket de

```
package de.rjs;
public class Vier {
    public static int d = 456;
}
```

Listing 21.6: Die erste Datei in Paket de.rjs

```
package de.rjs;
public class Fuenf {
    public static int e = 567;
}
```

Listing 21.7: Die zweite Datei in Paket de.rjs

```
package de.rjs.geheim;
public class Sechs {
    public static int f = 678;
}
```

Listing 21.8: Noch eine Datei in Paket de.rjs.geheim

Gehen Sie zurück ins Stammverzeichnis und erstellen Sie dort die Datei PaketTest.java.

```
import de.*;
import de.rjs.*;
import de.rjs.geheim.*;
class PaketTest {
public static void main(String args[]) {
    System.out.println(Eins.a);
    System.out.println(Zwei.b);
    System.out.println(Drei.c);
    System.out.println(Vier.d);
    System.out.println(Fuenf.e);
    System.out.println(Sechs.f);
    }
}
```

Listing 21.9: Import der selbst erstellten Pakete

Wenn die Datei `PaketTest.java` kompiliert wird, wird der Compiler die importierten Dateien automatisch mit übersetzen, wenn diese noch nicht kompiliert sind.

Bild 21.3: Die Verzeichnisstruktur, die die Paketstruktur repräsentiert

Bild 21.4: Im Stammverzeichnis befindet sich `PaketTest.java` und die zugehörige `class`-Datei

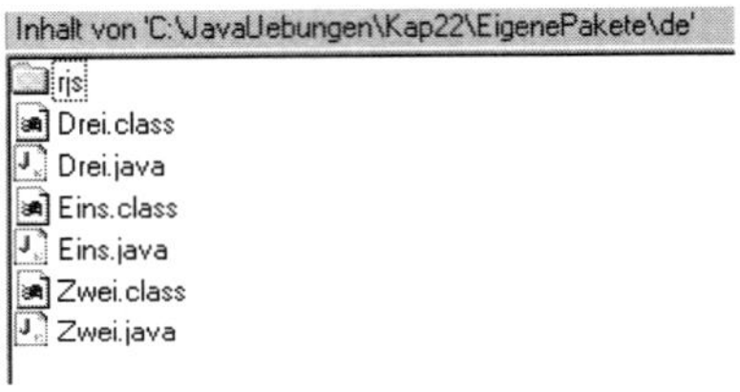

Bild 21.5: Der Inhalt von `de`

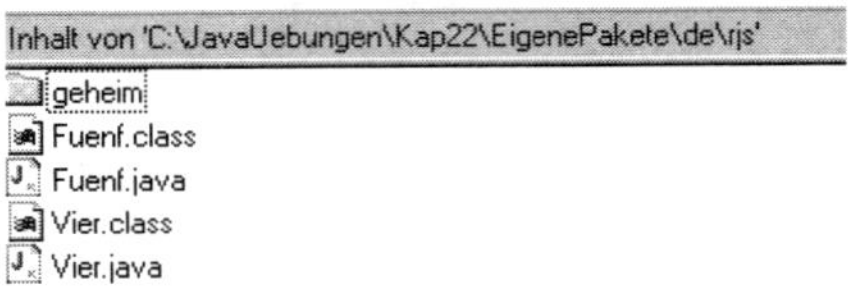

Bild 21.6: Der Inhalt von `de.rjs`

Bild 21.7: Der Inhalt von `de.rjs.geheim`

Wenn Sie nun das Programm aufrufen, werden alle notwendigen Dateien gefunden und verwendet.

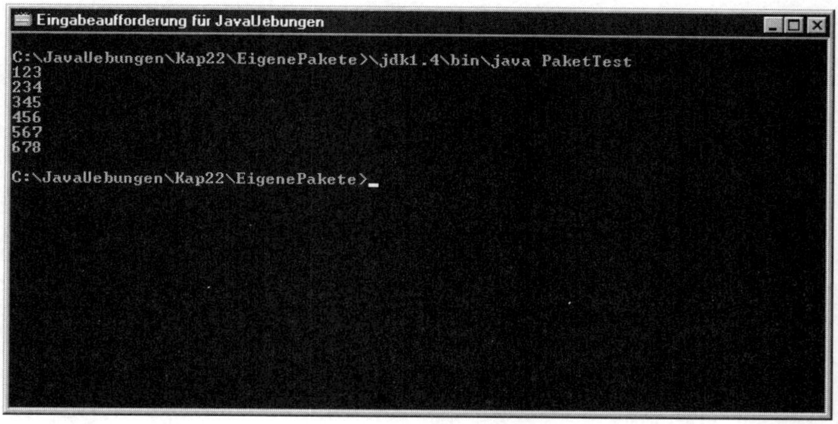

Bild 21.8: Die Verwendung der selbst erstellten Pakete

21.2.1 Das anonyme Default-Paket

Wenn die `package`-Anweisung in einer Java-Datei fehlt, wird die Klasse einem voreingestellten Paket ohne Namen (einem so genannten anonymen Paket) zugeordnet. Die Klassen dieses Pakets können dann direkt von allen Klassen importiert werden, die im gleichen Verzeichnis stehen (und nur von diesen). Hierbei wird dann die `import`-Anweisung ohne weitere Qualifizierung angegeben oder (Regelfall) ganz darauf verzichtet.

21.2.2 Zugriffslevel

Eine Klasse, die von anderen Klassen verwendet werden soll, muss eine der beiden nachfolgenden Bedingungen erfüllen:

1. Beide Klassen gehören zum selben Paket. Das ist beim anonymen Paket trivialerweise der Fall.

1. Eine Klasse aus einem fremden Paket, auf die zugegriffen werden soll, muss als `public` deklariert sein. Ausnahmen sind Klassen, die in Vererbungsbeziehung zueinander stehen. Dort genügt der Modifier `protected`. Subklassen einer Klasse haben immer den vollen Zugriff auf Elemente der Superklasse. Darauf gehen wir jetzt aber genauer ein.

22 Die Zugriffs- und Sichtbarkeitslevels

Zugriffs- und Sichtbarkeitslevels von Elementen bedeuten die Festlegung, ob und wie ein Element (eine Klasse, eine Methode oder eine Variable) von anderen Klassen aus verwendet werden darf. Dies kann in Java mit einem ausgeklügelten System an Schlüsselwörtern als Modifier exakt gesteuert werden. Diese Modifier beginnen die Deklaration eines Elements (einer Klasse, einer Variablen oder Methode) und legen fest, wie das Element von anderen Stellen aus gehandhabt werden kann. Grundsätzlich hat jedes Element einen voreingestellten Default-Status und nur wenn Sie davon abweichen wollen, müssen Sie explizit einen erlaubten Modifier verwenden.

22.1 Der Modifier public

Das Schlüsselwort public regelt als Modifier die Sichtbarkeit eines Elements. Er gibt an, dass ein Element der Klasse oder die Klasse selbst frei von allen anderen Stellen (d.h. aus anderen Paketen respektive einem anderen Verzeichnis) aus verwendet werden darf. Es ist öffentlich und das ist die freieste mögliche Zugriffsebene. Jede Klasse wird als öffentlich deklariert, wenn man den Modifier public vor die Klassendeklaration setzt. Dies bedeutet, dass von jeder Stelle aus auf eine solche Klasse zugegriffen werden kann.

Die Deklaration des Klassennamens einer öffentlichen Klasse muss immer identisch sein mit dem Namen, unter der der Source dieser Datei gespeichert wird (natürlich ohne die Erweiterung .java). Aber auch für nichtöffentliche Klassen macht es Sinn, eine Datei, in der ausschließlich diese Klasse definiert ist, mit dem Klassennamen und der Erweiterung .java zu bezeichnen. Wenn mehrere Klassen in einer Quelltextdatei gespeichert sind, hat man natürlich nicht diese Möglichkeit und muss sich gegebenenfalls für einen Klassennamen als Dateinamen entscheiden oder einen ganz anderen Namen verwenden.

Eine zwingende Folge der Tatsache, dass der Name der Quelltextdatei mit dem Namen der öffentlichen Klasse übereinstimmen muss, ist, dass es nur eine öffentliche Klasse in einer Java-Datei geben darf. Dabei sollte man auch Schnittstellen beachten (diese bekommen wir noch). Auch diese können als öffentlich deklariert werden und müssen dann in einer java-Datei des Schnittstellennamens gespeichert werden (Schnittstellen kann man sich als besondere Klassen vorstellen). Also kann auch keine öffentliche Klasse gemeinsam mit einer öffentlichen Schnittstelle in einer java-Datei gespeichert (oder genauer – kompiliert) werden.

Die in einer Klasse enthaltenen Elemente können andere Zugriffslevels besitzen als die umgebende Klasse. Grundsätzlich beschränkt aber der Zugriffslevel der Klasse die maximale Sichtbarkeit der darin enthaltenen Elemente. Mit anderen Worten: Eine Methode kann public gesetzt werden, auch wenn die Klasse dazu nicht öffentlich ist. Das bedeutet aber für den Zugriff auf die Methode, dass dieser durch die Klasse beschränkt wird. Grundsätzlich kann

ein Element in der Klasse nur weiter beschränkt werden. Nicht weiter freigegeben. Als Elemente in Klassen sind auch innere Klassen und Interfaces zu sehen (siehe Seite 198). Diese können dieselben Zugriffsmodifizierer verwenden wie die anderen Mitglieder einer Klasse.

22.1.1 Beispiel mit Konstellation public für alle beteiligten Elemente

```
package links;
public class Zwei {
   public int b = 1;
   public int c = 2;
}
```

Listing 22.1: Die Klasse Zwei *im Paket links mit den Variablen* b *und* c *– alle Zugriffslevels sind public*

```
package rechts;
public class Drei {
   public int a = 42;
   public int d = 42;
}
```

Listing 22.2: Die Klasse Drei *im Paket rechts mit den Variablen* a *und* d *– alle Zugriffslevels sind public*

```
package links;
public class Eins {
   public static void main(String[] args) {
      System.out.println((new Zwei()).b);
      System.out.println((new Zwei()).c);
      System.out.println((new rechts.Drei()).a);
      System.out.println((new rechts.Drei()).d);
   }
}
```

Listing 22.3: Die Klasse Eins *im Paket links greift auf die Datei* Zwei *im gleichen Paket und die Klasse* Drei *im Paket rechts zu*

Bei dieser Konstellation kann man uneingeschränkt auf alle Elemente der beteiligten Klassen von der Klasse Eins aus zugreifen.

22.2 Freundlichkeit – der voreingestellte Default-Status

Der voreingestellte Default-Status eines Elements in Java ist immer »freundlich« und wird immer dann verwendet, wenn Sie auf einen expliziten Modifier am Anfang einer Deklaration verzichten. Java ist halt eine sehr freundliche Technologie (ist doch nett, oder :-) ?!).

Die freundliche Grundeinstellung von Elementen bedeutet, dass diese von anderen Klassen aus benutzt werden können, solange diese sich innerhalb desselben Pakets bzw. Verzeichnisses befinden. Von außerhalb des Pakets kann nicht auf solche Elemente zugegriffen werden. »Kein Modifier« entspricht einem Modifier package, der aber in Java nicht verwendet wird. In C/C++ gibt es eine Notation zum Verbergen eines Namens, so dass nur die Funktionen innerhalb einer bestimmten Quelldatei darauf zugreifen können. Diese Schutzebene ist die besagte »freundliche« Ebene von Java. Für die Bezeichnung friendly wurde in C/C++ früher alternativ package verwendet, aber Java verzichtet wie erwähnt darauf.

22.2.1 Konstellation public für alle Klassen, aber freundlich für eine Variable des fremden Pakets

Wenn man in der Klasse Zwei eine Variable auf den Sichtbarkeitsfaktor freundlich reduziert, hat das keine negativen Auswirkungen für das in der Klasse Eins realisierte Programm. Grund: Beide befinden sich im gleichen Paket links.

```
package links;
public class Zwei {
   int b = 1;
   public int c = 2;
}
```

Listing 22.4: Die Klasse Zwei ist öffentlich, aber die Variable b nur freundlich

Wenn jedoch eine Variable aus der Klasse Drei auf freundlich gesetzt wird, kann man das Projekt nicht mehr kompilieren.

```
package rechts;
public class Drei {
   public int a = 42;
   int d = 42;
}
```

Listing 22.5: Die Klasse Drei ist öffentlich, aber die Variable d nur freundlich

Es wird vom Compiler eine Fehlermeldung der folgenden Art generiert:

```
Eins.java:7: d is not public in rechts.Drei; cannot be accessed from
outside package
        System.out.println((new rechts.Drei()).d);
                                              ^
1 error
```

22.2.2 Konstellation freundlich für alle Klassen, aber public für alle Variablen

Das folgende Beispiel zeigt, dass der Zugriffmodifier der Klasse eventuell bei einzelnen enthaltenen Elementen zusätzlich gesetzte Levels maximal einengt. Wenn man in die Klasse Zwei auf den Sichtbarkeitsfaktor freundlich reduziert, hat das keine negative Auswirkungen für das in der Klasse Eins realisierte Programm. Grund wie eben – beide befinden sich im gleichen Paket links.

```
package links;
class Zwei {
   public int b = 1;
   public int c = 2;
}
```

Listing 22.6: Die Klasse Zwei *ist freundlich, aber die Variablen sind öffentlich*

Wenn jedoch Klasse Drei auf freundlich gesetzt wird, kann man das Projekt nicht mehr kompilieren. Selbst wenn die darin enthaltenen Elemente öffentlich sind.

```
package rechts;
class Drei {
   public int a = 42;
   public int d = 42;
}
```

Listing 22.7: Die Klasse Drei *ist freundlich, aber die Variablen sind öffentlich*

Es wird vom Compiler eine Fehlermeldung der folgenden Art generiert:

```
\Eins\Links\Eins.java:6: rechts.Drei is not public in rechts; cannot
be accessed from outside package
        System.out.println((new rechts.Drei()).a);
                                ^
\Eins\Links\Eins.java:6: Drei() is not public in rechts.Drei; cannot
be accessed from outside package
        System.out.println((new rechts.Drei()).a);
                                ^
\Eins\Links\Eins.java:6: a in rechts.Drei is not defined in a public
class or interface; cannot be accessed from outside package
        System.out.println((new rechts.Drei()).a);
                                ^
\Eins\Links\Eins.java:7: rechts.Drei is not public in rechts; cannot
be accessed from outside package
        System.out.println((new rechts.Drei()).d);
                                ^
\Eins\Links\Eins.java:7: Drei() is not public in rechts.Drei; cannot
be accessed from outside package
        System.out.println((new rechts.Drei()).d);
                                ^
\Eins\Links\Eins.java:7: d in rechts.Drei is not defined in a public
class or interface; cannot be accessed from outside package
        System.out.println((new rechts.Drei()).d);
                                ^
6 errors
```

Offensichtlich hat der Klassenzugriffslevel explizit bei den Variablen gesetzte Levels eingeschränkt. Das gilt natürlich auch für Methoden.

22.3 Private Daten

Der Modifier `private` erlaubt in Java, eine Methode oder eine Variable so zu verstecken, dass sie von außerhalb der aktuellen Klasse nicht verwendet werden kann. Auch nicht für Klassen des gleichen Pakets. Ein privates Element ist nur für die anderen Methoden in derselben Klasse verfügbar. Sogar eine Subklasse dieser Klasse kann auf private Elemente der Superklasse nicht zugreifen. Eine Klasse kann nicht als `private` deklariert werden (sie wäre damit ja absolut nutzlos).

Wenn Sie eine weitere Klasse im Paket `links` hinzufügen und dort ein Element als `private` deklarieren, kann man von keiner anderen Klasse aus zugreifen.

```
package links;
public class Vier {
    private int geheim=42;
}
```

Listing 22.8: Die Klasse `Vier` ist öffentlich, aber die Variable `private`

Wenn Sie nun von der Klasse `Eins` aus versuchen, die Variable `geheim` zu nutzen, erhalten Sie eine Fehlermeldung der folgenden Art:

```
\Eins\Links\Eins.java:8: geheim has private access in links.Vier
    System.out.println((new Vier()).geheim);
                                    ^
1 error
```

22.4 Geschützt

Ein etwas unglücklich benannter Modifier in Java lautet `protected` – geschützt. Der Modifier kann auf Methoden und Variablen (keine Klassen) angewandt werden. Der Modifier ist in gewisser Weise ein Zwitter, denn er verbindet Sichtbarkeit im Rahmen von Paketstrukturen mit der Verwendung über Vererbungsebenen. Insbesondere suggeriert »geschützt«, dass es sich um einen besonders gesicherten Zugriffsmodus handelt. Das Gegenteil ist jedoch der Fall. Zwar ist der Zugriff auf Elemente gegenüber dem öffentlichen Modus eingeschränkt (das ist trivial, weil `public` keinerlei Einschränkung bedeutet), aber gegenüber der freundlichen Grundeinstellung erweitert! Geschützte Elemente sind im Wesentlichen identisch mit freundlichen Elementen (sie stehen also an allen Stellen im Paket zur Verfügung), mit Ausnahme der Tatsache, dass sie zusätzlich von allen Subklassen der Klasse verwendet werden können. Insbesondere kann sich eine solche Klasse in einem anderen Paket befinden, was ja eine erhebliche Erweiterung gegenüber dem freundlichen Zugriffslevel darstellt.

Beispiel:

Die erste öffentliche Klasse befindet sich im Paket nochEins und beinhaltet eine geschützte Variable.

```
package nochEins;
public class Geschuetzt {
    protected int z = 6;
}
```

Listing 22.9: *Eine öffentliche Klasse im Paket* nochEins *mit geschützter Variablen*

Die Klasse VerwendeGeschuetzt befindet sich im Paket undNochEins und ist als Subklasse von Geschuetzt definiert. Obwohl in einem anderen Paket, kann auf die geschützte Variable aus der Superklasse zugegriffen werden.

```
package undNochEins;
class VerwendeGeschuetzt extends nochEins.Geschuetzt{
    public static void main(String[] args) {
        System.out.println((new VerwendeGeschuetzt()).z);
    }
}
```

Listing 22.10: *Der Zugriff aus der Subklasse funktioniert über Paketgrenzen hinweg*

Ein Zugriff aus einer anderen Klasse im gleichen Verzeichnis wie Geschuetzt ist ebenso möglich. Auch wenn diese nicht in Vererbungsbeziehung stehen (vollkommen analog dem freundlichen Zustand):

```
package nochEins;
class VerwendeGeschuetzt2 {
    public static void main(String[] args) {
        System.out.println((new Geschuetzt()).z);
    }
}
```

Listing 22.11: *Der Zugriff im gleichen Paket funktioniert wie beim freundlichen Status*

Wenn Sie jedoch aus einem anderen Paket auf die geschützte Variable zugreifen wollen, erhalten Sie eine Fehlermeldung der folgenden Art:

```
\Eins\Links\Eins.java:9: z has protected access in
nochEins.Geschuetzt
        System.out.println((new nochEins.Geschuetzt()).z);
                            ^
1 error
```

In früheren Java-Versionen war es erlaubt, so genannte privat geschützte Methoden zu deklarieren, indem die Zugriffsspezifier private und protected in Kombination verwendet wurden. Methoden mit solch einer Kennzeichnung sollten sowohl für die Klasse als auch für deren Subklassen verfügbar sein, aber nicht für den Rest des Pakets oder für Klassen außerhalb des Pakets. Die Kombination ist seit dem JDK 1.2 verboten.

22.5 Das große Finale – der Modifier final

Der Modifier `final` behandelt nicht den Zugriff auf Elemente aus anderen Klassen oder Paketen, sondern beschränkt die Veränderung.

22.5.1 Klassen

Finale Klassen können nicht weiter abgeleitet werden. Mit anderen Worten: Sie dürfen keine Subklassen haben. Der Modifier `final` muss zu diesem Zweck am Beginn der Klassendeklaration gesetzt werden.

Beispiel:

```
final class Unicode
```

Testen wir in einem kleinen Beispiel, was passiert, wenn Sie eine Subklasse von einer finalen Klasse bilden wollen.

```
final class MeineFinaleKlasse {
  int a = 42;
}

class FinalTest extends MeineFinaleKlasse {
}
```

Listing 22.12: Die Ableitung einer finalen Klasse wird scheitern

Sie erhalten einen Kompilierungsfehler der folgenden Art:

```
\Eins\FinalTest.java:4: cannot inherit from final MeineFinaleKlasse
class FinalTest extends MeineFinaleKlasse {
                        ^
1 error
```

22.5.2 Methoden

Finale Methoden können hingegen nicht überschrieben werden.

Beispiel:

```
class MeineKlasseMitFinalerMethode {
  final void a(){
    }
}

class FinalTest2 extends MeineKlasseMitFinalerMethode {
    void a(){
    }
}
```

Listing 22.13: Das Überschreiben einer finalen Methode wird scheitern

Sie erhalten einen Kompilierungsfehler der folgenden Art:

```
\Eins\FinalTest2.java:6: a() in FinalTest2 cannot override a() in
MeineKlasseMitFinalerMethode; overridden method is final
    void a(){
         ^
1 error
```

22.5.3 Variablen

Finale Variablen sind die Umsetzung von Konstanten in Java. Es gibt kein anderes explizites Schlüsselwort dafür in Java. Das bedeutet, der einer finalen Variablen bei der Deklaration zugewiesene Wert kann nicht mehr geändert werden.

Beispiel:

```
class FinalTest3 {
    final int a=1;
    void a(){
        a=2;
    }
}
```

Listing 22.14: Die erneute Wertzuweisung zu einer finalen Variablen wird scheitern

Sie erhalten einen Kompilierungsfehler der folgenden Art:

```
\Eins\FinalTest3.java:5: cannot assign a value to final variable a
        a=2;
        ^
1 error
```

23 Schnittstellen und abstrakte Elemente

Obwohl Java streng objektorientiert ist, bedeutet das nicht, dass in Java alles, was in der OO-Theorie erlaubt wäre, tatsächlich realisiert ist. So unterstützt Java keine Mehrfachvererbung. Das erscheint erst einmal als eine große Einschränkung, macht Java-Programme allerdings stabil und leicht wartbar. Der Verzicht auf Mehrfachvererbung erzwingt eine gründlichere Vorbereitung, bevor man losprogrammiert.

Statt der Mehrfachvererbung gibt es unter Java einen anderen Mechanismus, der fast genauso flexibel, jedoch nicht so gefährlich ist. Es wird ein Schnittstellenkonzept bzw. die Bereitstellung von abstrakten Klassen verfolgt. Beide Techniken verfolgen ein Ziel, das ein Hauptargument für Mehrfachvererbung ist: Die Bereitstellung von unfertigem Code, der später irgendwann vervollständigt wird. Das mag eine ungewöhnliche Begründung für die Verwendung von Mehrfachvererbung sein und ist natürlich nicht deren einzige Bedeutung. Es ist aber im Wesentlichen das, was Mehrfachvererbung gegenüber Einfachvererbung auszeichnet. Unter einem Konzept mit Mehrfachvererbung hat man beispielsweise eine Klasse erstellt und stellt irgendwann fest, dass eine bestimmte Funktionalität fehlt. Diese kann man darüber bereitstellen, dass man eine weitere Superklasse hinzufügt. Genau betrachtet war also die Klasse vor der Hinzufügung der noch fehlenden Superklasse unfertig. In der Einfachvererbung kann man nicht so einfach eine weitere Superklasse hinzufügen. Sie müsste in die lineare Vererbungshierarchie eingebaut werden. Das ist aber nicht immer eine praktikable Lösung.

Java verwendet nun einmal Schnittstellen, um unfertigen Code für eine Klasse bereitzustellen, der in der Klasse vervollständigt werden muss. Dabei ist von besonderer Bedeutung, dass Klassen nicht nur von einer Superklasse erben können, sondern auch eine beliebige Anzahl an Schnittstellen implementieren können. Java-Schnittstellen sind wie die IDL (Interface Description Language)-Schnittstellen – einem Schnittstellenstandard zum Informationsaustausch verschiedener Programmiersprachen – aufgebaut.

Die andere Technik, um unfertigen Code in Java verwenden zu können, sind abstrakte Klassen. Das sind Klassen, von denen eine direkte Instanz erstellt werden kann. Sie können dafür unfertigen Code enthalten, der aber besonders gekennzeichnet werden muss.

Beide Techniken beinhalten eine Zwangsmaßnahme, die der Verwender einer Schnittstelle oder abstrakter Klassen erfüllen muss. Das verunsichert oder verärgert Einsteiger oft, aber es handelt sich um ein begnadetes Konzept. Dieser Zwang, die Leistungen einer Schnittstelle oder abstrakten Klasse nur dann nutzen zu können, wenn bestimmte Gegenleistungen erbracht werden, sind eine geniale – quasi von Innen heraus funktionierende – Java-Strategie, einen Programmierer um Fehler herumzuführen und Java-Programme so stabil und sicher zu machen, dass es fast schon sprichwörtlich ist. Es ist so, als wollten Sie in einem Sumpf bestimmte Blumen pflücken und das Schnittstellenkonzept, die abstrakten Klassen und noch einige weitere Zwangsmaßnahmen (etwa Ausnahmen) führen Sie auf todsicheren Wegen durch die Sumpfabgründe. Genau genommen führt Sie der Sumpf selbst, was aber spitzfindig ist. Wichtiger ist, dass Sie andere Techniken bei Ihrer Arbeit alleine lassen. Entweder, Sie kennen den Weg durch den Sumpf, oder Sie gehen unter.

23.1 Schnittstellen

Eine Schnittstelle ist in der Java-Sprache eine Sammlung von Methoden-Namen ohne konkrete Definition sowie einer Reihe von Konstanten. Dies charakterisiert eigentlich schon alles, wenn man den Zwang mit einbezieht, den die Verwendung einer Schnittstelle ausübt. Schnittstellen ermöglichen, ähnlich wie abstrakte Klassen, das Erstellen von Pseudoklassen, die ganz aus abstrakten Methoden zusammengesetzt sind. Neben der Eigenschaft als Alternative zu der Mehrfachvererbung werden Schnittstellen (gerade durch die Eigenschaft, keine konkrete Definition zu besitzen) dazu benutzt, eine bestimmte Funktionalität zu definieren, die in mehreren Klassen benutzt werden kann oder wenn die genaue Umsetzung einer Funktionalität noch nicht sicher ist (sie wird erst später in der auf die Schnittstelle aufbauenden Klasse realisiert). Sofern Sie derartige Methoden in einer Schnittstelle unterbringen, können Sie gemeinsame Verhaltensweisen definieren und die spezifische Implementierung dann den Klassen selbst überlassen. Daher liegt die Verantwortung für die Spezifizierung von Methoden dieser Implementierungen, ähnlich wie bei abstrakten Klassen, immer bei den Klassen, die eine Schnittstelle implementieren.

Schnittstellen beinhalten bei ihrer Verwendung wie gesagt ein Zwangsverfahren. Durch die Implementierung von Schnittstellen muss jede nicht-abstrakte Klasse alle in der Schnittstelle deklarierten Methoden überschreiben! Das ist analog der Verwendung von abstrakten Klassen, wie wir noch sehen werden. Auch sonst sind sich abstrakte Klassen und Schnittstellen sehr ähnlich. Wesentliche Unterschiede sind wie erwähnt die Implementierung in Klassen und die Tatsache, dass eine Schnittstelle keine Methoden mit Körper enthalten kann (was ja in einer abstrakten Klasse nicht verboten ist).

23.1.1 Erstellung einer Schnittstelle

Die Syntax zur Erstellung einer Schnittstelle und der konkrete Erstellungsprozess sind dem Vorgehen bei Klassen sehr ähnlich. Es gibt hauptsächlich den Unterschied, dass keine Methode in der Schnittstelle einen Körper haben darf und keine Variablen deklariert werden dürfen, die nicht als Konstanten dienen. Die Deklaration einer Schnittstelle erfolgt mit folgender Syntax:

```
[public] interface <NamederSchnittstelle>
    [extends <SchnittstellenListe>]
```

wobei alles in eckigen Klammern Geschriebene optional ist. Statt `class` finden Sie hier `interface` als Kennzeichen.

Schnittstellen können als Voreinstellung von allen Klassen im selben Paket implementiert werden (freundliche Einstellung). Damit verhalten sie sich wie freundliche Klassen und Methoden. Indem Sie Ihre Schnittstelle explizit als public deklarieren, ermöglichen Sie es – wie auch bei Klassen und Methoden – den Klassen und Objekten außerhalb eines gegebenen Pakets, diese Schnittstelle zu implementieren. Analog public-Klassen müssen öffentlich deklarierte Schnittstellen zwingend in einer Datei namens <NamederSchnittstelle>.java definiert werden. Andere Zugriffsmodifier wie public sind bei Schnittstellen nicht erlaubt! Die Regeln für die Benennung von Schnittstellen sind dieselben wie für Klassen. Das ist alles vollkommen analog zu dem Verfahren bei Klassen und macht deutlich, dass Schnittstellen nur – besondere – Klassen sind. Das wird auch nach der Übersetzung klar, denn aus jeder Schnittstellendeklaration in einer java-Datei wird ein class-File.

Eine einfachste Schnittstelle ohne irgendwelche Funktionalität sieht so aus:

```
interface MeineErsteSchnittstelle {
}
```

Listing 23.1: Eine einfachste Schnittstelle

Wenn Sie diese Schnittstelle kompilieren, erhalten Sie eine Datei MeineErsteSchnittstelle.class. Die Dateierweiterung deutet schon darauf hin, dass Schnittstellen nur – besondere – Klassen sind.

Java-Schnittstellen können gemäß dem OOP-Konzept der Vererbung auch andere Schnittstellen erweitern, um somit zuvor geschriebene Schnittstellen weiterentwickeln zu können. Die neue Sub-Schnittstelle erbt dabei auf die gleiche Art und Weise wie bei Klassen die Eigenschaften der Super-Schnittstelle(n). Vererbt werden alle Methoden und statischen Konstanten der Super-Schnittstelle.

Schnittstellen können andere Schnittstellen erweitern, indem sie per extends an eine andere Schnittstelle angehängt werden. Dabei kann im Fall von Schnittstellen sogar von Mehrfachvererbung gesprochen werden, denn per Kommata getrennt können beliebig viele Schnittstellen angehängt werden.

```
interface MS1{
  int zaehler=42;
  String str = "Test in der Schnittstelle.";
  void test();
}

interface MS2 {
  int neu=2;
  int test(int i);
}

interface InterfaceErweiterung extends MS1, MS2{
}
```

Listing 23.2: Bei Schnittstellen gibt es so etwas wie Mehrfachvererbung

Aber weil Schnittstellen allgemein keine konkreten Methoden definieren dürfen, dürfen auch Sub-Schnittstellen keine Methoden der Super-Schnittstellen definieren. Stattdessen ist dieses die Aufgabe jeder Klasse, die die abgeleitete Schnittstelle verwendet. Die Klasse muss sowohl die in der Sub-Schnittstelle deklarierten Methoden als auch alle Methoden der Super-Schnittstellen definieren! Wenn Sie also eine erweiterte Schnittstelle in einer Klasse implementieren, müssen Sie sowohl die Methoden der neuen als auch die der alten Schnittstelle überschreiben.

Schnittstellen können Klassen nicht erweitern.

23.1.2 Der Körper einer Schnittstelle

Da eine Schnittstelle nur abstrakte Methoden und Konstanten (als `final` deklarierte Variablen) enthalten darf, können im Körper einer Schnittstelle zwar keine bestimmten Implementierungen spezifiziert werden, aber ihre Eigenschaften können dennoch festgelegt werden. Ein großer Teil der Vorzüge von Schnittstellen resultiert aus der Fähigkeit, Methodenunterschriften deklarieren zu können.

Methoden in Schnittstellen

Die Hauptaufgabe von Schnittstellen ist das Deklarieren von abstrakten Methoden, die in anderen Klassen definiert werden. Bei diesem Prozess müssen ein paar wichtige Dinge beachtet werden.

Der einzig signifikante Unterschied in der Syntax der Deklaration einer Methode in einer Schnittstelle und der Syntax für die Deklaration einer Methode in einer Klasse ist der, dass im Gegensatz zu Methoden, die in Klassen deklariert werden, alle Methoden in Schnittstellen keinen Körper haben können. Eine Schnittstellen-Methode besteht nur aus einer Deklaration, die direkt mit einem Semikolon beendet wird. Eine Deklaration einer Methode legt zwar nicht fest, wie diese sich verhalten wird. Nichtsdestotrotz wird definiert, welche Informationen sie als Übergabeparameter benötigt und welche (falls überhaupt) Informationen als Rückgabewert zurückgegeben werden.

Die konkrete Syntax von Methodendeklarationen in Schnittstellen hat folgende Syntax:

```
[public] <rückgabeWert>  <nameMethode>([<Parameter>])
    [throws <ExceptionListe>];
```

wobei alles in eckigen Klammern Geschriebene optional ist.

Beispiel:

```
interface MeineErsteSchnittstelle {
    abstract void test();
    int test2();
}
```

Listing 23.3: Eine Schnittstelle mit zwei Methodendeklarationen

Die Verwendung des Schlüsselworts public bei Methodendeklarationen in Schnittstellen ist zwar bei der Deklaration einer Methode möglich, aber da alle Methoden in Schnittstellen defaultmäßig public sind, kann man diesen Modifier weglassen. Theoretisch kann man Methoden auch als abstract (dazu kommen wir gleich) kennzeichnen, aber das ist überflüssig, weil alle Methoden in Schnittstellen abstrakt sind. Es wäre wie public nur zur besseren Lesbarkeit sinnvoll. Die anderen potenziellen Methodenmodifier (native, static, synchronized, final, private oder protected) dürfen bei der Deklaration einer Methode in einer Schnittstelle nicht verwendet werden.

Auch bei Schnittstellen selbst kann bei der Deklaration vor dem Schlüsselwort interface *der Modifier* abstract *gesetzt werden. Das ist aber – genau wie bei den Methoden – nur der besseren Lesbarkeit wegen in manchen Fällen sinnvoll und im Allgemeinen überflüssig.*

Variablen in Schnittstellen

Auch wenn Schnittstellen im Allgemeinen zur abstrakten Implementierung von Methoden verwendet werden, so können sie dennoch zusätzlich einen bestimmten Typ von Variablen enthalten. Da Schnittstellenmethoden keinen Code im Körper enthalten können, müssen alle Variablen, die in einer Schnittstelle deklariert werden, außerhalb der Methodenkörper stehen. Es werden also globale Felder für die Klasse sein. Weiterhin sind alle Felder, die in einer Schnittstelle deklariert werden, unabhängig vom Modifier, der bei der Deklaration des Feldes benutzt wurde, immer public, final und static. Sie müssen das nicht explizit in der Felddeklaration angeben, obwohl es der besseren Lesbarkeit halber manchmal sinnvoll ist. Es handelt sich also immer um Klassenkonstanten, die allen Klassen zur Verfügung stehen, die diese Schnittstellen implementieren.

```
interface MeineErsteSchnittstelle {
    int a =123;
    double b = 2.0;
}
```

Listing 23.4: Eine Schnittstelle mit zwei Variablendeklarationen

Weil alle Felder final sind, müssen sie in der Schnittstelle unbedingt initialisiert werden, wenn sie von der Schnittstelle selbst deklariert werden. Wenn Sie das unterlassen, meldet der Compiler einen Fehler der folgenden Art:

```
MeineErsteSchnittstelle.java:7: = expected
    int a;
         ^
1 error
```

Selbstverständlich können Methoden und Konstanten zusammen in einer Schnittstelle deklariert werden. Viel der Leistungsfähigkeit von Schnittstellen basiert auch auf der gemeinsamen Deklaration in einer Schnittstelle. Wenn Sie Konstanten einer Schnittstelle verwenden wollen, erkaufen Sie das mit dem Zwang, alle dort vorhandenen Methoden unbedingt überschreiben zu müssen. Eine autoritäre, aber geniale Führung zum Ziel.

23.1.3 Verwenden von Schnittstellen

Grundsätzlich kann eine Klasse, die eine Schnittstelle implementiert, nicht verwendet werden, bis nicht alle in der Schnittstelle definierten Methoden überschrieben worden sind. Das ist insbesondere dann ein gewaltiger Zwang, wenn die Schnittstelle unbedingt benötigte Konstanten bereitstellt, die man sonst nicht bekommt. Eine Schnittstellenmethode selbst könnte aber sowieso nicht verwendet werden, bis sie nicht in der Klasse überschrieben worden ist, die diese Methode implementiert. Das ist zwangsläufig, da eine Schnittstellenmethode ja keinerlei Körper haben darf. Eine Funktion gibt es aber selbstverständlich dennoch. Eine Methodendeklaration in einer Schnittstelle legt das Verhalten einer Methode insoweit fest, dass der Methodenname, der Rückgabetyp und Parametersignatur definiert werden.

Die Implementierung von Schnittstellen in Klassen erfolgt über die `implements`-Anweisung, wie wir bei der Behandlung der Klassendeklaration schon einmal gesehen haben. Wenn mehrere Schnittstellen in einer Klasse implementiert werden sollen, werden sie durch Kommata getrennt angehängt.

Beispiele:

```
class Test implements MeineSchnittstelle
class Test implements MeineSchnittstelle1, MeineSchnittstelle2
```

Verwenden von Methoden einer Schnittstelle

Wenn eine Schnittstellenmethode in einer Klasse überschrieben wird, dann gibt es mehrere Aspekte, die geändert werden können. Das, was sich an der Methode nie verändern darf, ist der Methodenname. Aber auch andere Faktoren unterliegen bezüglich einer Veränderung strengen Regeln.

Wie wir schon gesehen haben, sind alle in einer Schnittstelle deklarierten Methoden als Grundeinstellung mit dem Zugriffslevel `public` ausgestattet (unabhängig von der expliziten Auszeichnung). Eine solche Methode kann nicht so überschrieben werden, dass der Zugriff auf sie noch weiter beschränkt wird. Deshalb müssen alle in einer Schnittstelle deklarierten und in einer Klasse überschriebenen Methoden mit dem Zugriffsmodifier `public` versehen werden. Von den übrigen Modifiern, die auf Methoden angewendet werden können, dürfen nur `native` und `abstract` auf solche Methoden angewendet werden, die ursprünglich in einer Schnittstelle deklariert wurden.

Schnittstellenmethoden können eine Parameterliste definieren, die an die Methode weitergegeben werden müssen. Wenn Sie in der Klasse eine neue Methode mit dem gleichen Namen, jedoch einer anderen Parameterliste deklarieren, wird wie allgemein üblich die in der Schnittstelle deklarierte Methode überladen und nicht überschrieben. Dies ist zwar nicht falsch, aber dann muss noch zusätzlich die Methode überschrieben werden, denn wir hatten ja schon festgehalten, dass jede Methode in einer Schnittstelle überschrieben werden muss, außer Sie erklären sie für abstrakt, indem Sie dieselbe Parametersignatur wie in Ihrer Schnittstelle verwenden. Das bedeutet, dass sich für eine Redefinition zwar die Namen von Variablen ändern dürfen, nicht aber deren Anordnung und Typ.

Da Körper von Schnittstellenmethoden leer sind, muss als wesentliche Aufgabe bei der Implementierung einer solchen Methode in eine Klasse ein Körper für die ursprünglich in der Schnittstelle deklarierten Methoden erstellt werden. Und zwar wie bereits mehrfach erwähnt für jede ursprünglich in Ihrer Schnittstelle deklarierte Methode, außer, die Methode soll native oder die neue Klasse abstrakt sein.

Wie Sie konkret eine Schnittstelle nur überschreiben, hängt von der Aufgabe ab, die die jeweilige Methode erfüllen soll. Eine Schnittstelle stellt zwar sicher, dass Methoden in einer nichtabstrakten Klasse definiert und entsprechende Datentypen zurückgegeben werden, ansonsten werden von ihr aber keine weiteren Restriktionen oder Begrenzungen für die Körper der Methoden in den Klassen festgelegt. Allerdings gibt es dennoch einige potenzielle Fallen. Zwar ist immer sichergestellt, dass eine nichtabstrakte Klasse, die eine Schnittstelle implementiert, jede in dieser Schnittstelle deklarierte Methode enthält. Allerdings ist damit noch lange nicht gewährleistet, dass diese Methoden von ihrer Funktionalität her auch richtig implementiert werden. Die Erstellung eines Methodenkörpers, der nur aus geöffneten und geschlossenen geschweiften Klammern besteht, reicht beispielsweise aus, um die Bedingung einer Methode zu erfüllen, deren Rückgabetyp `void` ist. Ansonsten genügt eine `return`-Anweisung, die einen geforderten Datentyp zurückliefert. Damit tricksen Sie den Compiler aus, da Sie die Bedingungen für die Implementierung einer Schnittstelle erfüllt haben. Das wird indes meist zu vielerlei Problemen führen. Der Ersteller einer Schnittstelle hat sich ja etwas dabei gedacht, eine bestimmte Behandlung von Aufgaben vorzuschreiben. Stellen Sie sich diesen Zwang so vor: Sie fliegen in einem Flugzeug, eine Tür geht auf und dort steht ein Posten, der Sie nur mit Fallschirm hinaus springen lässt. Wenn Sie sich jetzt einen Rucksack aufsetzen, der wie ein Fallschirm aussieht, wird Sie der Posten passieren lassen. Was Sie aber davon haben, das ist sicher klar ;-).

Verwenden von Feldern einer Schnittstelle

Die Felder einer Schnittstelle müssen sowohl statisch als auch final sein. Der Zugriff auf ein Feld einer Schnittstelle erfolgt entweder direkt oder über die Benutzung der standardisierten Punktschreibweise:

`<InterfaceName>.<feld>`

Schnittstellenfelder können natürlich direkt verwendet werden, ohne die Methoden der Schnittstelle zu überschreiben. Sie implementieren dabei ja die Schnittstelle nicht.

23.1.4 Beispiele mit Schnittstellen

Hier folgen ein paar Beispiele zu Schnittstellen und den Zwangsmaßnahmen, die Sie von einer fehlerhaften Verwendung abhalten. Das erste Beispiel arbeitet mit zwei Schnittstellen. Die eine Schnittstelle ist die Sub-Schnittstelle der anderen und wird von einer Klasse implementiert. Damit stehen der Klasse alle Elemente beider Schnittstellen zur Verfügung.

```
interface MeineSchnittstelle{
 int zaehler=42;
 String str = "Test in der Schnittstelle.";
 void test();
}

interface MeineSchnittstelle2 extends MeineSchnittstelle{
 int neu=2;
 int test(int i);
}

public class InterfaceTest implements MeineSchnittstelle2{
 public void test(){
   System.out.println("abc");
 }
 public int test(int i){
   return i*i;
 }
 public static void main (String args[])  {
   InterfaceTest a = new InterfaceTest();
   System.out.println(zaehler); //Ausgabe
   System.out.println(str);
   System.out.println(neu);
   a.test();
   System.out.println(a.test(3));
 }
}
```

Listing 23.5: *Vererbung von Schnittstellen und Verwendung der Sub-Schnittstelle in einer Klasse*

Die Klasse verwendet die in den Schnittstellen definierten Konstanten und überschreibt die beiden implementierten Methoden.

Bild 23.1: *Verwendung von Schnittstellen*

Das Beispiel könnte auch so realisiert werden:

```java
interface MeineSchnittstelle{
 int zaehler=42;
 String str = "Test in der Schnittstelle.";
 void test();
}

interface MeineSchnittstelle2 {
 int neu=2;
 int test(int i);
}
public class InterfaceTest
    implements MeineSchnittstelle, MeineSchnittstelle2{
 public void test(){
  System.out.println("abc");
 }
 public int test(int i){
  return i*i;
 }
 public static void main (String args[])  {
  InterfaceTest a = new InterfaceTest();
  System.out.println(zaehler); //Ausgabe
  System.out.println(str);
  System.out.println(neu);
  a.test();
  System.out.println(a.test(3));
 }
}
```

Listing 23.6: Verwendung von zwei Schnittstellen in einer Klasse

Hier wird wieder mit zwei Schnittstellen gearbeitet. Die beiden Schnittstellen sind aber unabhängig und werden beide direkt von einer Klasse implementiert. Auch damit stehen der Klasse alle Elemente beider Schnittstellen zur Verfügung.

Testen Sie das Beispiel einmal, indem Sie die Wertzuweisung der Variablen in der Schnittstelle weglassen. Sie werden folgende Fehlermeldung erhalten:

```
InterfaceTest.java:3: = expected
 int zaehler;
           ^
InterfaceTest.java:4: = expected
 String str;
          ^
```

Jedes Feld einer Schnittstelle muss zwingend eine Wertzuweisung bekommen. Es ist ja als Konstante zu verstehen.

Jetzt kommentieren Sie einmal in der Klasse eine der Methoden aus. Sie erhalten eine Fehlermeldung der folgenden Art:

```
InterfaceTest.java:11: InterfaceTest should be declared abstract; it
does not define test(int) in InterfaceTest
public class InterfaceTest implements MeineSchnittstelle2{
                ^
1 error
```

Das bedeutet genau das, was schon mehrfach angedeutet wurde – Sie können keine Klasse übersetzen, die nicht alle implementierten Methoden überschrieben hat. Einzige Alternative – sie muss abstrakt gesetzt werden. Dazu gleich mehr.

23.1.5 Ausnahmen in Schnittstellen

Auch bei Schnittstellenmethoden gibt es die Möglichkeit, Ausnahmen anzugeben. Im Allgemeinen ist eine Ausnahme eine unerwünschte Erscheinung wie ein Fehler. Deshalb ist es sinnvoll, in jedes Programm Code zur Fehlerbehandlung einzubauen, um solche Fehler abzufangen. Solche unerwünschten und undefinierten Vorkommnisse müssen behandelt werden. Java besitzt besondere Konstrukte, um mit solchen Problemen umgehen zu können. Ausnahmen in Java sind Objekte, die erzeugt werden, wenn eine Ausnahmebedingung vorliegt. Diese Objekte werden dann von der Methode an das aufrufende Objekt zurückgegeben und müssen von diesem geeignet behandelt werden. Diese Erzeugung von Ausnahmen wird mit der Anweisung throw ausgeführt. Das Auffangen von Ausnahmen (catch) wird im Allgemeinen dadurch erreicht, dass man Anweisungen, die Ausnahmen erzeugen könnten, im Inneren eines try-catch-Blocks schreibt. Mehr dazu sehen wir bei der allgemeinen Behandlung von Ausnahmen.

23.1.6 Adapterklassen

Wir kommen noch einmal auf Klassen zurück. Sie werden sich vielleicht fragen, was das hier zu suchen hat, wo doch Schnittstellen das Thema sind. Eine ganze Menge, denn die so genannten Adapterklassen helfen, die Verwendung von Schnittstellen halbwegs komfortabel zu gestalten. Eine Adapterklasse ist eine Klasse, die ein Interface mit leeren Methodenrümpfen implementiert, die bei Bedarf (also immer, wenn eine Methode nicht als void deklariert ist) nur einen Standardwert zurückgeben. Adapterklassen werden verwendet, damit eine Klasse, die eine Schnittstelle nur teilweise nutzen möchte (also etwa nur eine Methode aus einer ganzen Liste von dort deklarierten Methoden), nicht alle Methoden der Schnittstelle überschreiben muss. Das leistet ja wie erwähnt die Adapterklasse, die dann als Superklasse der eigentlichen Klasse fungiert. Nachteil – damit ist der Weg der Vererbung aufgebraucht. Adapterklassen findet man hauptsächlich bei der Eventprogrammierung (siehe Seite 499).

23.2 Abstrakte Klassen

Wir hatten schon an diversen Stellen einen Hinweis auf eine Eigenschaft bzw. einen Modifier, der abstract genannt wird. Im Zusammenhang mit Schnittstellen wurde immer wieder ein solcher Modifier ins Spiel gebracht. Jetzt behandeln wir ihn genauer.

Eine abstrakte Klasse ist im Prinzip eine gewöhnliche Klasse. Signifikante Eigenschaft ist, dass abstrakte Klassen auch Methoden enthalten dürfen, die noch nicht vollständig sind. Damit ist eine abstrakte Klasse auch nicht instanziierbar. Prinzipiell dienen abstrakte Klassen also dazu, unvollständigen Code zu deklarieren. Es ist dementsprechend in der Regel eine Klasse, in der mindestens eine Methode nicht vollständig ist. Entweder durch Implementation einer Schnittstelle, ohne alle dort deklarierten Methoden zu überschreiben oder indem Sie explizit eine Methode ohne Code in einer Klasse deklarieren. Wenn Sie dies ohne die Kennzeichnung als abstrakt machen, wird durch den Compiler ein Fehler erzeugt. Dabei muss eine Methode ohne Körper ebenso mit abstract gekennzeichnet werden wie dann auch die Klasse.

Die Deklaration einer Klasse als abstrakt bedeutet jedoch nicht, dass vollständiger Code einen Fehler erzeugt. Auch muss eine abstrakte Klasse keinen unvollständigen Code enthalten. Es ist nur wenig sinnvoll, solchen Code als abstrakt zu kennzeichnen.

Testen wir ein Beispiel für eine abstrakte Klasse und deren Vervollständigung in einer Subklasse.

```
abstract class MeineAbstrakteKlasse {
  abstract void test();
  int test2() {
    System.out.println("abc");
    return(0);
  }
}

class AbstractTest extends MeineAbstrakteKlasse {
 void test() {
    System.out.println("Das war mal abstrakt");
    test2();
 }
  public static void main(String args[]) {
    AbstractTest x = new AbstractTest();
    x.test();
    x.test2();
  }
}
```

Listing 23.7: *Die Anwendung einer abstrakten Klasse*

Die Methode `test()` in der abstrakten Klasse besteht nur aus der Methodendeklaration. Hat also keinen Methoden-Körper. Eine solche Methode muss den Modifier `abstract` vorangestellt bekommen. Sobald eine solche Methode in einer Klasse vorkommt, muss auch die Klasse so gekennzeichnet werden.

Die Methode `test2()` in der abstrakten Klasse ist vollständig. Das ist wie gesagt kein Widerspruch zur Abstraktheit der Klasse.

In der Subklasse wird die Methode `test()` überschrieben, d.h. mit einem Methodenkörper versehen.

In der `main()`-Methode erfolgt der Zugriff auf die Methoden über das aus der Klasse erzeugte Objekt.

Wenn Sie das Programm ausführen, erhalten Sie folgende Ausgabe:

```
Das war mal abstrakt
abc
abc
```

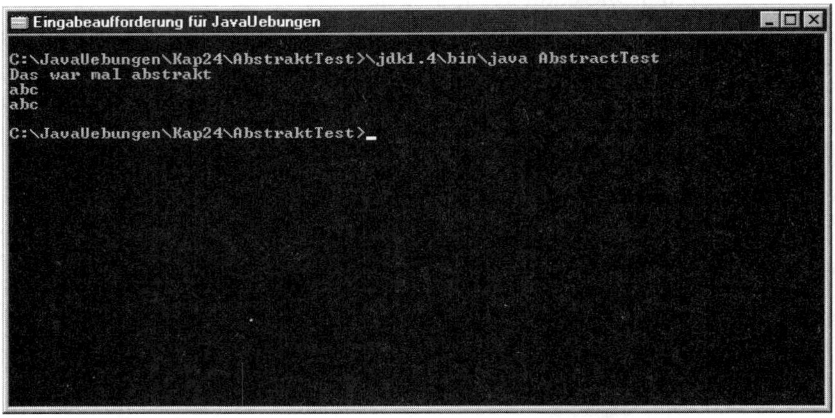

Bild 23.2: Die Verwendung und Vervollständigung einer abstrakten Klasse

Testen Sie die Wirkung einer abstrakten Klasse als Superklasse, indem Sie die Methode `test()` in der Subklasse nicht redefinieren und auch nicht anwenden. Dazu können Sie einfach die Zeilen

```
void test() {
   System.out.println("Das war mal abstrakt");
   test2();
}
```

und

```
x.test();
```

auskommentieren. Wenn Sie dann versuchen, das Beispiel zu kompilieren, erhalten Sie eine Fehlermeldung der folgenden Art:

```
AbstraktTest.java:8: AbstractTest should be declared abstract; it
does not define test() in MeineAbstrakteKlasse
class AbstractTest extends MeineAbstrakteKlasse {
^
1 error
```

Die Interpretation dieser Meldung ist folgende: In der abstrakten Superklasse bereits vollständig definierte Methoden können in der Subklasse unmittelbar verwendet werden. Die Subklasse einer abstrakten Klasse muss aber sämtliche (!!) dort abstract definierten Methoden vervollständigen. Andernfalls muss die Subklasse selbst wieder als abstrakt deklariert werden. Das ist möglich. In dem Fall kann aber von dieser Klasse natürlich auch keine Instanz gebildet werden.

Die Schlüsselwörter final *und* abstract *können nicht zusammen bei einer Klasse oder einer Methode verwendet werden. Das ist aber offensichtlich, denn eine finale Klasse kann nicht vererbt werden, eine abstrakte hingegen muss, um davon einen Nutzen zu haben. Einen analogen Widerspruch hätten Sie bei einer Methode. Sie dürfte nicht überschrieben werden und müsste es auf der anderen Seite.*

24 Das Speichermanagement von Java

Zum Abschluss dieses Buchabschnitts kommt ein Kapitel rein theoretischer Natur. Es ist aber der Vollständigkeit halber sinnvoll, wenn man den objektorientierten Ansatz von Java vollständig behandeln möchte. Es geht darum, wie Java das Management des Hauptspeichers zur Laufzeit eines Programms bewerkstelligt. Möglicherweise haben Sie sich dazu bisher keine Gedanken gemacht. Und – um gleich die Bombe platzen zu lassen – haben damit (falls Ihnen das bisher absolut egal war) sich keinerlei Probleme eingehandelt, sondern genau so gedacht, wie ein professioneller Programmierer unter Java. Das ist nicht selbstverständlich, denn in anderen Techniken wie C/C++ müssen Sie sich wohl Gedanken darum machen. Und zwar unter Umständen viele und dabei extrem vorsichtig arbeiten. Java hat da ein fast revolutionäres Konzept[1], das Programmierern sehr viel Arbeit abnimmt und Java-Programme sicher macht.

Java verfügt über ein ausgefeiltes Speichermanagement, das nicht nur die Allokierung von Speicher betrifft (bei der Erzeugung von Objekten und Variablen), sondern auch die Speicherfreigabe. So gut wie alles erfolgt automatisch oder mit einfachster Syntax. Immer, wenn Sie mit dem new-Operator und einem Konstruktor eine neue Instanz einer Klasse erstellen, belegt das Laufzeitsystem von Java einen Teil des Speichers, in dem die zu der Klasse bzw. ihrer Instanz gehörenden Informationen abgelegt werden. Sie müssen zwar damit für jedes neue Objekt eine Zuweisung von Speicherplatz vornehmen, jedoch nicht mehr die benötigte Größe des Speicherplatzes spezifizieren, sondern nur noch den Namen des benötigten Objekts oder können gar anonym arbeiten. Das bedeutet ebenfalls, dass mit der new-Anweisung bereits der richtige Datentyp zugewiesen wurde, wenn sie eine Referenz auf einen zugewiesenen Speicherbereich zurückgibt, weshalb sie keine Datentypkonvertierung wie in C benötigt.

Nun kann ein Programm nicht unbegrenzt Speicherplatz belegen. Der Hauptspeicher eines Rechners ist begrenzt und auch andere Prozesse benötigen Teile davon. Der Speicher muss also von einem Programm so verwaltet werden, dass jeder Speicherbereich, der nicht mehr notwendig ist, wieder freigegeben wird. In Techniken wie C/C++ muss sich ein Programmierer manuell darum kümmern, einen so genannten Destruktor als potenzielles Gegenstück zum Konstruktor aufzurufen. Wird das in so einer Technik vergessen, wird der Speicher nicht freigegeben und das Programm kann in einen ineffektiven oder gar instabilen Zustand laufen und sogar den Rechner mit ins Grab ziehen. Java besitzt nun aber gar keinen expliziten Destruktor. Stattdessen gibt die Java-Laufzeitumgebung Speicherplatz immer automatisch mit einer Papierkorbfunktionalität frei – die so genannte Garbage Collection –, wenn es keine Referenzen mehr auf ein Objekt gibt. Diese Funktionalität läuft bei jedem Programm automatisch im Hintergrund als Thread mit niedriger Priorität (Java ist bekanntlich Multithreading-fähig und hier ist eine konkrete Anwendung davon zu sehen).

---

[1] Es ist zwar schon älter, aber von Java perfektioniert worden.

Die explizite Speicherfreigabe ist in Java schlicht und einfach überflüssig. Zwar kann die Speicherbereinigung mit der Methode System.gc() direkt manuell aufgerufen werden. Dies ist jedoch in der Regel weder notwendig noch zu empfehlen. Insbesondere können Sie diese Methode zwar aufrufen, aber das bedeutet nicht, dass sie auch unmittelbar ausgeführt wird. Wie bei allen Multithreading-Prozessen wird der Zeitpunkt davon abhängen, ob der Prozessor gerade Zeit dafür hat. Falls höher priorisierte Prozesse CPU-Zeit brauchen, wird das dann auf keinen Fall unmittelbar erfolgen und keinerlei Vorteile gegenüber dem automatischen Speicherbereinigungsprozess bringen. Falls Sie sich bei der Speicherbereinigung um den ordnungsgemäßen Abschluss von bestimmten Prozessen (etwa dem Schließen von Netzwerkverbindungen oder dem Freigeben von Objekten in einer bestimmten Reihenfolge) gezielt selbst kümmern wollen, steht die Methode protected void finalize() throws Throwable zur Verfügung. Diese können Sie bei Bedarf überschreiben:

```
void finalize() {
    ... irgendwelche Abschlussarbeiten ...
}
```

Wenn man unter Java überhaupt von einem Gegenstück zu den Konstruktoren reden kann, dann ist es die finalize()-Methode. Im Fall der Behandlung von Ausnahmen hat man eine ähnliche Struktur, die finally heißt (darauf kommen wir bei den Ausnahmen zurück). Man nennt diesen Beendigungsvorgang Finalisierung.

Die finalize()-Methode gehört zur Klasse java.lang.Object und ist somit in allen Klassen vorhanden. Sie ist der Grundeinstellung nach leer und wird normalerweise während der automatischen Speicherbereinigung vom Runtime-System in Java aufgerufen. Sie hat die Aufgabe, laufende Prozesse ordnungsgemäß zu beenden, bevor ein Objekt zerstört wird. Beachten Sie, dass die Methode finalize()als protected deklariert ist, daher auch geschützt bleiben muss und maximal weiter eingeschränkt werden kann. Überdies ist der genaue Zeitpunkt, wann die Methode finalize() aufgerufen wird, nicht genau zu bestimmen, weil wie erwähnt der Prozess der Garbage-Collection nicht genau vorhersagbar ist. Daher ist die finalize()-Methode eigentlich nur zum Abfangen von potenziellen Fehlersituationen zu gebrauchen. Standardabschlussarbeiten sollten besser an anderen Stellen im Code durchgeführt werden.

Bei der Zerstörung von Applets sollten Sie nicht die finalize()*-Methode, sondern die* destroy()*-Methode verwenden. Die allgemeinere* finalize()*-Methode ist hier nicht sinnvoll, da diese im Gegensatz zu der* destroy()*-Methode nicht immer beim Beenden eines Browsers oder dem Neuladen eines Applets automatisch ausgeführt wird.*

Ein chronologischer Ablauf einer Speicherbereinigung in Java sieht etwa so aus:

1. Zunächst prüft der Garbage Collector, ob es noch Verweise auf ein zu löschendes Objekt gibt. Wenn es keine Verweise mehr gibt, hängt das weitere Vorgehen davon ab, ob die zugehörige Klasse einen Finalisierer besitzt. Wenn kein Finalisierer vorhanden ist, wird das Objekt direkt entfernt und der Speicher sofort freigegeben.

2. Falls das Objekt dagegen über einen Finalisierer verfügt, wird er vom Garbage Collector aufgerufen.

3. Nachdem die Methode `finalize()` aufgerufen wurde, wird erneut geprüft, ob es keine Verweise auf die Instanz mehr gibt. Diese erneute Überprüfung ist notwendig, da prinzipiell im Finalisierer wieder ein Verweis auf die Instanz erzeugt werden kann. Es wird der Speicher erst dann freigegeben, wenn die Prüfung keinen neuen Verweis gefunden hat.

Ein paar Anmerkungen zur `finalize()`-Methode.

→ Es besteht keine Garantie dafür, dass `finalize()` überhaupt ausgeführt wird. Es kann nämlich passieren, dass der Garbage Collector während der Laufzeit des Interpreters gar nicht aufgerufen wird.

→ Der Finalisierer einer Instanz wird höchstens einmal aufgerufen.

→ Falls bei der Ausführung von `finalize()` eine Exception erzeugt wird, die nicht in der Methode selbst abgefangen wird, wird die Ausführung wie sonst auch abgebrochen. Im Gegensatz zu anderen Methoden werden Exceptions im Finalisierer ignoriert und nicht an das Programm weitergeleitet.

→ Der Aufrufzeitpunkt von `finalize()` ist nicht vorhersehbar.

→ Es können keine Annahmen darüber gemacht werden, in welcher Reihenfolge Objekte entfernt werden.

Im JDK 1.4 ist das Speichermanagement von Java erheblich optimiert worden. Dies ist einer der Faktoren, die zu einer gesteigerten Performance beitragen.

Eingemachtes, Teil 2 – grundlegende Sprachelemente von Java

Wir kommen in diesem Abschnitt des Buches zu den zentralen Syntaxstrukturen von Java. Es geht also noch einmal ans Eingemachte. Hier wird jetzt detailliert auf die Grundlagen der Sprache Java und ihre Syntaxdetails eingegangen. Der objektorientierte Abschnitt zuvor ist die Grundlage, der Abschnitt hier setzt auf diesem Fundament auf und erlaubt Ihnen Techniken kennen zu lernen, mit denen man erst richtig sinnvolle Java-Programme schreiben kann. Also – ohne die objektorientierten Grundlagen verstanden zu haben, können Sie überhaupt keine Java-Programme schreiben (es sei denn, Sie bekommen es irgendwie vorgekaut). Aber ohne das, was wir jetzt machen, werden Ihre Programme sehr einfach bleiben. Beide Abschnitte zusammen bilden dann Ihre Werkzeugtasche, mit der Sie jedes Java-Programm erstellen und bearbeiten können. Sie gehören beide zur Pflicht.

6

25 Token

Token bedeutet übersetzt Zeichen oder Merkmal. Wenn ein Compiler eine lesbare Datei in Maschinenanweisungen übersetzt, muss er zunächst herausfinden, welche Token oder Symbole im Code dargestellt sind. Ein Token kann man auch als Sinnzusammenhang verstehen. So ist etwa in der menschlichen Sprache ein Wort nicht nur die Summe seiner Buchstaben oder Zeichen, sondern besitzt einen konkreten Sinnzusammenhang, den das interpretierende System (der menschliche Geist) mit einer bestimmten Bedeutung assoziiert. Allerdings muss das interpretierende System auch die Sprache verstehen, sonst bleibt ein Token einfach nur die Summe seiner Buchstaben oder Zeichen. Ich spiele in meinen Kursen fast immer mit der Summe der folgenden Zeichen:

B, e, m, b, e, l

Teilnehmer aus dem Rhein-Main-Gebiet erfassen sofort den Sinn. Zugezogene oder sonstige Teilnehmer aus anderen Regionen können damit nichts anfangen. Beide Gruppen sehen die Buchstaben, können die Summe der Zeichen als Wort aussprechen, aber nur das Rhein-Main-System erfasst den Sinn und assoziiert mit Bembel einen Steinkrug für Apfelwein und was sonst noch damit zusammenhängt.[1] Für die fremden Systeme bleibt die Summe der Zeichen einfach nur eine bedeutungslose Aneinanderreihung von Buchstaben.

Wenn vom Java-Compiler der Quellcode kompiliert werden soll, muss er ihn dabei in einzelne kleine Bestandteile (Token) zerlegen. Quelltext muss sich dabei in logisch sinnvolle Einheiten zerlegen und in gültige Arten von Token einordnen lassen. Die Sprachelemente werden auf ihre Richtigkeit geprüft. Alle Operationen mit einem Token werden mit dem spezifischen Wert durchgeführt. Also nicht mit den Buchstaben des Tokens selbst, sondern mit dem, was der Compiler mit dem Token »assoziiert«. Außerdem werden Leerzeichen und Kommentare aus dem Text entfernt. Der gesamte Teil der Assoziation mit gültigen Token von Java wird bei der Übersetzung eines Quelltextes zum Bytecode vom so genannten Parser übernommen, der eine erste Kontrolleinheit vom Sicherheits- und Stabilitätskonzept von Java darstellt.

Es gibt in Java wie in den meisten anderen Computersprachen fünf Arten von Token:

1. Bezeichner oder Identifier
2. Schlüsselwörter
3. Literale
4. Operatoren
5. Trennzeichen

---

[1] Von einer ganzen Menge »Dorscht« bis zum bösen Kater am Tag danach. Prost ;-).

Kommentare oder Leerräume (Leerzeichen, Tabulatoren und Zeilenvorschübe) bilden streng genommen keine Token (wie man beispielsweise daran erkennen kann, dass sie vom Compiler entfernt werden). Sie passen dennoch in das Gesamtkonzept, weil sie auf Quelltextebene wie Token notiert werden.

Hier in diesem Abschnitt sollen Bezeichner, Schlüsselwörter, Trennzeichen und vor allem Literale vorgestellt werden. Kommentare haben wir schon behandelt und Operatoren sollen als eigenständiges Kapitel erscheinen.

25.1 Bezeichner

Mit dem Token-Typ »Bezeichner« oder »Identifier« behandeln wir ein Thema, das bereits intensiv, wenngleich auf verschiedenste Abschnitte des Buches verteilt, betrachtet wurde. Es sind Namen für Klassen, Objekte, Variablen, Konstanten, Bezeichnungsfelder, Methoden etc. Zusammengesetzt aus alphanumerischen Unicode-Zeichen. Bezeichner müssen in Java gewissen Regeln genügen, die wir schon mehrfach vorgestellt haben. Hier folgen noch einmal komprimiert die Regeln:

→ Bezeichner dürfen nicht mit Java-Schlüsselwörtern und sollten nicht mit Namen von Java-Paketen identisch sein.

→ Bezeichner dürfen im Prinzip eine unbeschränkte Länge haben (bis auf technische Einschränkungen durch das Computersystem).

→ Das erste Zeichen eines Bezeichners muss ein Buchstabe, der Unterstrich (_) oder das Dollarzeichen ($) sein. Alle folgenden Zeichen müssen entweder Buchstaben oder Zahlen eines beliebigen Alphabets sein, das von Unicode unterstützt wird.

Neben den zwingenden Namenskonventionen gibt es einige Regeln, die man bei der Vergabe von Namen einhalten sollte. Es hat sich eingebürgert, diese Namenskonventionen in Java einzuhalten, die zwar nicht zwingend, aber für eine Lesbarkeit des Quelltexts auf Grund allgemeiner Bekanntheit sinnvoll sind. Diese sind im letzten Teil des Buches intensiv behandelt worden.

25.1.1 Namensräume

Java stellt eine Technik zur Verfügung, mit der Namenskonflikte aufgelöst werden können, wenn es zwei identische Bezeichner im Quelltext gibt. Java arbeitet mit so genannten Namensräumen. Man versteht unter einem Namensraum einen Bereich, in dem ein bestimmter Bezeichner benutzt werden kann.

Namensräume sind in Java einer Hierarchie zugeordnet. Es gilt dabei die Regel, dass ein Bezeichner einen identischen Bezeichner in einem übergeordneten Namensraum überdeckt. Außerdem trennt Java die Namensräume von lokalem und nicht-lokalem Code. Die Hierarchie der Namensräume gliedert sich wie folgt:

1. Außen (aus Sicht der Mengenlehre zu sehen) steht der Namensraum des Pakets, zu dem die Klasse gehört.

2. Danach folgt der Namensraum der Klasse.

3. Es folgen die Namensräume der einzelnen Methoden. Dabei überdecken die Bezeichner von Methodenparametern die Bezeichner von Elementen der Klasse. Sollten Elemente der Klasse überdeckt werden, können sie immer noch mit dem Verweisoperator `this` qualifiziert werden.

4. Innerhalb von Methoden gibt es unter Umständen noch weitere Namensräume in Form von geschachtelten Blöcken (etwa `try/catch`-Blöcke). Variablen, die innerhalb eines solchen geschachtelten Blocks deklariert werden, sind außerhalb des Blocks unsichtbar.

Um einen Bezeichner zuzuordnen, werden die Namensräume immer von innen nach außen aufgelöst. Wenn der Compiler einen Bezeichner vorfindet, wird er zuerst im lokalen Namensraum suchen. Sofern er dort nicht fündig wird, sucht er im übergeordneten Namensraum. Das Verfahren setzt sich analog bis zum ersten Treffer (ggf. bis zur obersten Ebene) fort. Es gelten immer nur die Vereinbarungen des Namensraums, in dem der Treffer erfolgt ist.

25.2 Schlüsselwörter

Unter dem Begriff »Schlüsselwörter« fasst man alle Wörter zusammen, die ein essenzieller Teil der Java-Sprachdefinition sind und die in Java eine besondere Bedeutung haben. Dabei sind über die verschiedenen Versionen von Java immer einige Token nur vorsorglich für spätere Versionen von Java reserviert worden, ohne dass sie bereits in der jeweils aktuellen Implementierung verwendet wurden. Die nachfolgende alphabetische Tabelle gibt alle Java-Schlüsselwörter an.

abstract	boolean	break	byte
case	cast	catch	char
class	const	continue	default
do	double	else	extends
false	final	finally	float
for	future	generic	goto
if	implements	import	inner
instanceof	int	interface	long
native	new	null	operator
outer	package	private	protected
public	rest	return	short
static	super	switch	synchronized

Tabelle 25.1: Die Java-Schlüsselwörter

this	throw	throws	transient
true	try	var	void
volatile	while		

Tabelle 25.1: *Die Java-Schlüsselwörter (Forts.)*

Im JDK 1.4 wird das Schlüsselwort assert hinzugefügt.

Die Bedeutungen der einzelnen Schlüsselwörter werden jeweils bei den Kapiteln zu ihren jeweiligen Einsatzzwecken erläutert werden, aber einige Anmerkungen sind jetzt schon notwendig:

→ Schlüsselwörter können in Java nicht als Bezeichner benutzt werden. Bitte beachten Sie jedoch, dass für Schlüsselwörter (wie auch sonst) Groß- und Kleinschreibung zu unterscheiden ist. Ein Schlüsselwort Var gibt es beispielsweise nicht und Sie könnten es z.B. im Extremfall als Namen für eine Variable nehmen. Davon ist allerdings dringend abzuraten. Java wird damit keine Probleme haben, aber Personen, die den Quelltext lesen und warten sollen. Sie können jedoch Schlüsselwörter als Teil eines längeren Tokens verwenden, um damit die Bedeutung deutlich zu machen.

→ Die Token true und false sind rein technisch betrachtet nur Werte für boolesche Variablen und Konstanten.

→ Namen von Elementen aus den Java-Standardpaketen sind zwar keine Schlüsselwörter, aber man sollte sie nicht als Bezeichner verwenden, da sonst die Lesbarkeit des Quelltextes gewaltig reduziert wird (was in der Tat denkbar wäre, wenn man die jeweiligen Pakete nicht importiert).

25.3 Literale

Ein Literal ist das, was in einem Quelltext selbst einen Wert repräsentiert. Im einfachen Fall eine Zahl oder ein Zeichen, aber auch ein Text oder ein boolescher Wert. Literale sind spezielle Token, die zu speichernde Werte in Form eines Datentyps darstellen (Java kennt byte, short, int, long, float, double, boolean und char – später mehr dazu). Darüber hinaus werden Literale dazu benutzt, Werte darzustellen, die in Zeichenketten gespeichert werden. Literale tauchen im Quelltext bei Wertzuweisungen zu Variablen oder Konstanten sowie Vergleichen und als Werte bei Operationen auf. Man unterscheidet verschiedene Typen von Literalen, die auch jeweils eine spezifische Form der Darstellung besitzen.

25.3.1 Ganzzahlliterale

Die Datentypen int und long stellen in Java ganze Zahlen dar und können dezimal, aber auch hexadezimal sowie oktal beschrieben werden. Man nennt diese beiden Datentypen Integer-Literale oder auch Ganzzahlliteral. Die Voreinstellung ist dezimal und gilt immer dann, wenn die Werte ohne weitere Angaben dargestellt werden. Hexadezimale Darstellung beginnt immer mit der Sequenz 0x oder 0X. Oktale Darstellungen beginnen mit einer führenden Null. Negativen Ganzzahlen wird einfach ein Minuszeichen vorangestellt. Integer-Literale haben per Voreinstellung den Typ int. Durch Anhängen von l oder L kann man explizit den Typ long wählen. Sofern man für einen int-Datentyp einen Wert wählt, der den zulässigen Wertebereich überschreitet, muss dies sogar erfolgen. Die nachfolgende Tabelle zeigt einige Beispiele mit Zahlen in verschiedenen Darstellungen.

Integer-Literal	Dezimalwert	Hexadezimalwert	Oktalwert	Typ
123	123	7B	173	int
0123	83	53	123	int
0x123	291	123	443	int
0x123L	291	123	443	long

Tabelle 25.2: Ganzzahlliterale

Verwechseln Sie die Literale nicht mit den Datentypen selbst, falls Sie dahingehend schon Vorkenntnisse haben. Datentypen sind Eigenschaften von Variablen, die dann ein Literal als Wert zugewiesen bekommen. So bekommen Variablen vom Typ byte, short und int ein int-Literal als Wert zugewiesen, während das long-Literal nur einer Variablen vom Datentyp long zugewiesen werden kann.

Versuchen Sie etwa so etwas, wie die nachfolgende Zuweisung, erhalten Sie eine Fehlermeldung beim Kompilieren:

```
int e = 2l;
```

Der Compiler meldet etwas der folgenden Art:

```
...: possible loss of precision
found   : long
required: int
    int e = 2l;
            ^
1 error
```

Beispiel:

```
class Ganzzahlliteral {
   static int a = 42;
   static long b = 34L;
   static byte c = 2;
   static short d = 5;
   public static void main(String[] args) {
      System.out.println(a + b - c * d - 4 + 5L);
   }
}
```

Listing 25.1: Die Anwendung von Ganzzahlliteralen

25.3.2 Gleitpunktliterale

Gleitzahlliterale oder Gleitpunktliterale dienen in Java der Darstellung von Kommazahlen. Der Dezimalpunkt trennt Vor- und Nachkommateil der Gleitzahl. Es gibt die beiden Dateitypen float und double. Standardeinstellung ist double. Wenn ein Gleitzahlliteral als float interpretiert werden soll, muss ein f oder ein F angehängt werden. Daher wird die Zuweisung

```
float gleitzahl = 1.23;
```

einen Compiler-Fehler erzeugen, während die drei folgenden Zuweisungen korrekt sind:

```
float gleitzahl = 1.23F;
float gleitzahl = 3.14f;
double gleitzahl = 0.123;
```

Negativen Gleitzahlen wird wieder ein Minuszeichen vorangestellt. Mit dem nachgestellten e oder E, gefolgt von einem Exponenten (ein negativer Exponent ist ebenso erlaubt), können für Gleitzahlliterale Exponenten verwendet werden. Allerdings nur dann, wenn kein Dezimalpunkt vorhanden ist.

```
class GleitZahlLiteral {
   static float a = 42f;
   static double b = 3.14;
   public static void main(String[] args) {
      System.out.println(a + b /3.9);
   }
}
```

Listing 25.2: Die Anwendung von Gleitzahlliteralen

25.3.3 Zeichenliterale

Zeichenliterale (Datentyp char) werden durch ein einzelnes, zwischen hochgestellten und einfachen Anführungszeichen stehendes Zeichen ausgedrückt. Das gilt für alle Zeichenwerte, egal ob es sich dabei um ein lateinisches Zeichen oder irgendein anderes Unicode-Zeichen handelt. Als einzelne Zeichen gelten alle druckbaren Zeichen mit Ausnahme des Bindestrichs (-) und des Backslash (\).

```
class ZeichenLiterale1 {
  public static void main(String argv[]) {
    char a='r';
    char b='j';
    char c='s';
    System.out.println(a + b + c);
    System.out.print(a);
    System.out.print(b);
    System.out.println(c);
    System.out.print('e');
    System.out.print('d');
```

```
        System.out.print('v');
    }
}
```

Listing 25.3: *Die Verwendung von einzelnen Zeichenliteralen*

[Screenshot einer Eingabeaufforderung mit Ausgabe:
```
C:\JavaUebungen\Kap26\Literale>\jdk1.4\bin\java ZeichenLiterale1
335
rjs
edv
C:\JavaUebungen\Kap26\Literale>
```
]

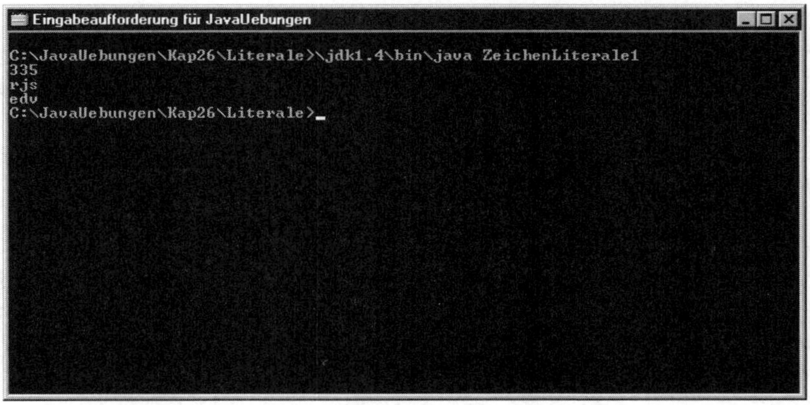

Bild 25.1: *Die Verwendung von einzelnen Zeichenliteralen*

> Beachten Sie bei dem letzten Beispiel, dass die Addition von char-*Werten eine Datenkonvertierung bewirkt.*

Zeichenliterale werden sehr oft innerhalb von Zeichenketten (s.u.) verwendet. Normalerweise werden Zeichenliterale in Unicode-Format gespeichert. Zeichenliterale lassen sich aber auch im Escape-Format darstellen. Die Escape-Zeichenliterale beginnen immer mit dem Backslash-Zeichen. Diesem folgt eines der Zeichen (b, t, n, f, r, ", ' oder \) oder eine Serie von Oktalziffern (3-stellig) oder ein u gefolgt von einer 4-stelligen Serie Hexadezimalziffern, die für ein nicht-Zeilen-beendendes Unicode-Zeichen stehen. Die 4 Stellen der hexadezimalen Unicode-Darstellung (/u0000 bis /uFFFF) stehen damit für 65.535 mögliche Kodierungen. Damit ist es insbesondere möglich, solche Zeichen innerhalb von Zeichenketten darzustellen, die ohne diese Maskierung eine besondere Funktion haben. Etwa, wenn Sie das doppelte Hochkomma innerhalb einer Zeichenkette ausgeben wollen (es dient normalerweise als Begrenzung von Zeichenketten). In der nachfolgenden Tabelle sehen Sie einige Beispiele:

Escape-Literal	Unicode-Steuersequenz	Oktal-Sequenz	Bedeutung
\"	\u0022	\042	Doppeltes Anführungszeichen
\\	\u005c	\134	Backslash
\'	\u0027	\047	Einfaches Anführungszeichen

Tabelle 25.3: *Zeichenliterale für besondere Zeichen in verschiedenen Darstellungen*

Escape-Literal	Unicode-Steuersequenz	Oktal-Sequenz	Bedeutung
\b	\u0008	\010	Rückschritt (Backspace)
\f	\u000c	\014	Formularvorschub (Formfeed)
\n	\u000a	\012	Neue Zeile
\r	\u000d	\015	Wagenrücklauf (Return)
\t	\u0009	\011	Tab

Tabelle 25.3: Zeichenliterale für besondere Zeichen in verschiedenen Darstellungen (Forts.)

Das nachfolgende kleine Beispiel zeigt die Verwendung von maskierten Sonderzeichen, die innerhalb von Zeichenketten verwendet werden. Das Beispiel macht nicht mehr, als Text auf dem Bildschirm auszugeben, der von Sonderzeichen durchsetzt ist.

```
class ZeichenLiterale {
  public static void main(String argv[]) {
    System.out.println("Vor dem Tabulator:\tNach dem Tabulator.");
    System.out.println("Einfaches Hochkommata \'");
    System.out.println(
      "Vor dem Zeilenumbruch.\nNach dem Zeilenumbruch");
    System.out.println(
"\042Die Zeile beginnt und endet mit einem doppelten Hochkommata.\"");
    System.out.println("Ein Backslash\\.");
  }
}
```

Listing 25.4: Die Anwendung von besonderen Zeichenliteralen

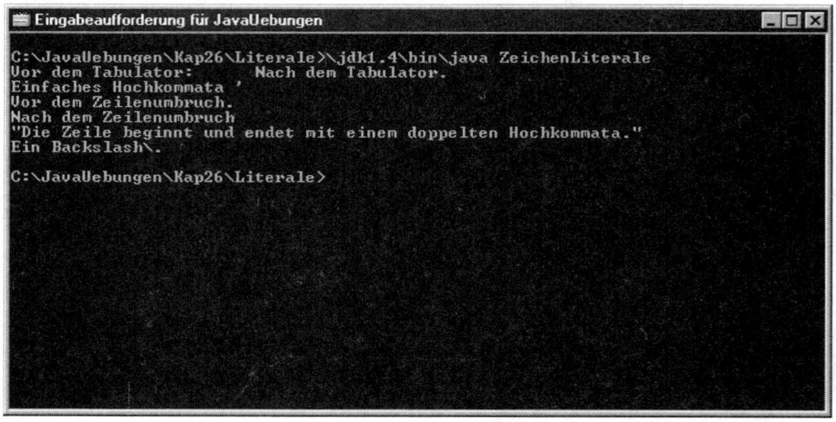

Bild 25.2: Besondere Zeichen innerhalb einer Java-Ausgabe müssen kodiert werden

Abschließend seien noch folgende Bemerkungen angeführt:

→ Die als oktale Escape-Literale bezeichneten Zeichenliterale können zur Darstellung aller Unicode-Werte von \u0000 bis \u00ff (alte ASCII-Begrenzung) benutzt werden. Bei oktaler Darstellung mit Basis 8 ist diese Darstellung auf \000 bis \377 begrenzt. Beachten Sie, dass Oktalzahlen nur von 0 bis einschließlich 7 gehen.

→ Die Unicode-Zeichenliterale werden schon zu einem sehr frühen Zeitpunkt vom Java-Compiler interpretiert. Wenn man daher die Escape-Unicode-Literale dazu verwendet, ein Zeilen-beendendes Zeichen, wie zum Beispiel Wagenrücklauf oder neue Zeile, darzustellen, wird das Zeilenendezeichen vor dem schließenden einfachen Anführungszeichen erscheinen. Das Resultat ist dann ein Kompilierfehler. Benutzen Sie also nicht das \u-Format, um ein Zeilenendezeichen darzustellen. Verwenden Sie stattdessen die Zeichen \n oder \r.

25.3.4 Zeichenkettenliterale

Zeichenkettenliterale sind aus mehreren Zeichenliteralen zusammengesetzte Ketten (Strings). Bei Zeichenkettenliteralen werden null oder mehr Zeichen in doppelten (!) Anführungszeichen dargestellt. Java erzeugt Zeichenketten als Instanz der Klasse String. Es sind also Objekte![2] Oder genauer – Referenztypen. Damit stehen alle Methoden der Klasse String zur Manipulation einer Zeichenkette zur Verfügung. Diese Methoden können zum Vergleichen oder Durchsuchen von Zeichenketten verwendet werden, oder dienen zum Extrahieren von einzelnen Zeichen. Wichtige Methoden sind equals(), die Zeichenketten auf Gleichheit überprüft, oder length(), die die Länge eines Strings zurückgibt. Viele Merkmale von Zeichenketten sind identisch mit den Merkmalen von Zeichenarrays, dennoch sind sie im Unterschied zu C/C++ keine einfachen Zeichenarrays.

Zeichenkettenliterale können Steuerzeichen wie Tabulatoren, Zeilenvorschübe, nichtdruckbare Unicode-Zeichen oder druckbare Unicode-Spezialzeichen in Form von allen Zeichenliteralkodierungen enthalten.

Beide Anführungszeichen eines Zeichenkettenliterals müssen in derselben Zeile des Quellcodes stehen! Mit anderen Worten – Strings dürfen nicht über mehrere Zeilen verteilt werden. Das muss beachtet werden, wenn in abgedruckten Listings aus satztechnischen Gründen so etwas notwendig ist.

Einige Anmerkungen zu Zeichenketten:

→ Zeichenketten können in Java mit dem Verknüpfungsoperator (+) zusammengesetzt werden.

→ Wenn ein Wert, der keine Zeichenkette ist, mit einer Zeichenkette über den Verknüpfungsoperator (+) verbunden wird, so wird er vor dem Verbinden automatisch zu einer Zeichenkette konvertiert. Das bedeutet, dass beispielsweise auch ein numerischer Wert einer Zei-

---

2 Sie erinnern sich? Es gibt nichts außer Objekten ;-).

chenkette hinzugefügt werden kann. Der numerische Wert wird zu einer entsprechenden Ziffernzeichenfolge konvertiert, die der ursprünglichen Zeichenkette dann hinzugefügt wird.

```
class ZeichenKettenLiterale {
    public static void main(String[] args) {
        String a = "Hau wech den Sch...";
        String b = new String("Beinhart");
        String c = "Boelk" + "stoff";
        int d = 42;
        System.out.println(a);
        System.out.println(a.length());
        System.out.println(b);
        System.out.println(b.length());
        System.out.println("Das geht auch".length());
        System.out.println("Wo gibt es genug " + c + "?");
        System.out.println("Hier haste " + d + " Flaschen.");
    }
}
```

Listing 25.5: Die Anwendung von Zeichenkettenliteralen

Bild 25.3: Zeichenkettenliterale

25.3.5 Boolesche Literale

Es gibt in Java, wie schon mehrfach erwähnt, nur zwei boolesche Literale: true und false. Es gibt keinen Nullwert und kein numerisches Äquivalent. Boolesche Literale spielen vor allem in Vergleichen eine wichtige Rolle (das werden wir noch sehen), können aber auch anders verwendet werden (etwa, indem man sie direkt ausgibt).

25.4 Trennzeichen und Leerzeichen

Unter Trennzeichen versteht man alle einzelnen Symbole, die dazu benutzt werden, andere Token zu trennen und Zusammenfassungen von Code anzuzeigen. Java kennt neun Trennzeichen:

Token	Beschreibung
(	Der Token »KlammerAuf« wird sowohl zum Öffnen einer Parameterliste für eine Methode als auch zur Festlegung eines Vorrangs für Operationen in einem Ausdruck benutzt.
)	Der Token »KlammerZu« wird sowohl zum Schließen einer mit dem Token »KlammerAuf« geöffneten Parameterliste für eine Methode als auch zur Beendigung eines mit dem Token »KlammerAuf« festgelegten Vorrangs für Operationen in einem Ausdruck benutzt.
{	Der Token »GeschweifteKlammerAuf« wird zu Beginn eines Blocks mit Anweisungen oder einer Initialisierungsliste gesetzt.
}	Der Token »GeschweifteKlammerZu« wird an das Ende eines mit dem Token »GeschweifteKlammerAuf« geöffneten Blocks mit Anweisungen oder einer Initialisierungsliste gesetzt und schließt den Block wieder.
[	Der Token »EckigeKlammerAuf« steht vor einem Ausdruck, der als Index für ein Datenfeld dient.
]	Der Token »EckigeKlammerZu« folgt einem Ausdruck, der als Index für ein Datenfeld dient und beschließt den Index.
;	Der Token »Semikolon« dient sowohl zum Beenden einer Ausdrucksanweisung als auch zum Trennen der Teile bei einer `for`-Anweisung.
,	Der Token »Komma« ist multifunktional und wird in vielen Zusammenhängen als Begrenzer verwendet.
.	Der Token »Punkt« wird zum einen als Dezimalpunkt, zum anderen als Trennzeichen von Paketnamen, Klassennamen oder Methoden- und Variablennamen benutzt.

Tabelle 25.4: Die Java-Trennzeichen

Leerräume sind eng verwandt mit Trennzeichen. Es handelt sich um alle Zeichen, die in beliebiger Anzahl und an jedem Ort zwischen allen Token mit Funktion platziert werden können und keinerlei andere Bedeutung haben, als den Quellcode übersichtlich zu gestalten. Java kennt die folgenden Leerräume:

→ [Space]

→ [Tab]

→ [Zeilenende]

→ [Formularvorschub]

26 Operatoren

Operatoren sind Zeichen oder Zeichenkombinationen (also eine besondere Art von Token), die eine auszuführende Operation mit einer oder mehreren Operanden durchführen. Sie sind der Schlüssel für jegliche Art von halbwegs aufwendigeren Programmstrukturen. In Java (wie auch den meisten anderen Programmiersprachen) werden die Operatoren in mehrere Kategorien eingeteilt.

26.1 Arithmetische Operatoren

Arithmetische Operatoren werden für mathematische Berechnungen verwendet und benutzen ein oder zwei Operanden.

26.1.1 Arithmetische Operatoren mit zwei Operanden

Im Falle von zwei Operanden sind diese entweder ganzzahlige Werte oder Fließkommazahlen. Als Rückgabe einer arithmetischen Operation erhalten Sie einen neuen Wert, dessen Datentyp sich auf Grund der Datentypen der Operanden wie folgt ergibt:

→ Zwei ganzzahlige Datentypen (byte, short, int oder long) als Operanden ergeben immer einen ganzzahligen Datentyp als Ergebnis. Dabei kann als Datentyp des Ergebnisses immer nur ein Datentyp int oder long entstehen. byte und short sind nicht möglich und der Datentyp long entsteht dann und nur dann, wenn einer der beiden Operanden bereits vom Datentyp long war oder das Ergebnis von der Größe her nur als long dargestellt werden kann.

→ Zwei Fließkommatypen als Operanden ergeben immer einen Fließkommatyp als Ergebnis. Die Anzahl der Stellen des Ergebnisses ist immer das Maximum der Stellenanzahl der beiden Operanden.

→ Wenn die Operanden ein ganzzahliger Typ und ein Fließkommatyp sind, ist das Ergebnis immer ein Fließkommatyp.

Java kennt die folgenden arithmetischen Operatoren mit zwei Operanden:

Operator	Bedeutung
+	Additionsoperator
-	Subtraktionsoperator
*	Multiplikationsoperator
/	Divisionsoperator
%	Modulo-Operator (gibt den Rest einer Division zurück)

Tabelle 26.1: *Die arithmetischen Java-Operatoren mit zwei Operanden*

```
class Arithmetisch {
   public static void main(String[] args) {
      System.out.println(1+1); // Addition
      System.out.println( 5-1); // Subtraktion
      System.out.println(2*2); // Multiplikation
      System.out.println(1+1); // Summe
      System.out.println(7%3); // Modulo
      System.out.println(111111/11123); // Division
   }
}
```

Listing 26.1: Arithmetische Operatoren mit zwei Operanden

Die Ausgabe des Beispiels sieht so aus:

2
4
4
2
1
9

Die meisten Ergebnisse sind sicher klar. Eine Ausnahme ist möglicherweise der Modulo-Operator oder Rest-Operator, der im Beispiel einmal verwendet wird. Dieser unter anderem bei Verschlüsselungs- und Komprimierungsverfahren sehr wichtige Operator gibt den Rest einer Division zurück. Wenn der Ausdruck x%y ausgewertet wird, ist der Rückgabewert der Operation der Rest der Division. In Java ist der Modulooperator besonders bemerkenswert, denn er ist nicht nur für Ganzzahlen definiert (wie etwa in C/C++ oder den meisten anderen Techniken), sondern auch für Fließkommazahlen! Es ist einfach die natürliche Fortsetzung der Operation auf die Menge der Fließkommazahlen. Der ausgegebene Wert ist immer noch der »Rest nach der Division«.

```
class Modulo {
   public static void main(String[] args) {
      System.out.println(7%3);
      System.out.println(7%3.1);
      System.out.println(7.5%3.1);
      System.out.println(7.7%3);
   }
}
```

Listing 26.2: Modulo mit Gleitkommazahlen

Die Ausgabe des Beispiels sieht so aus:

1
0.7999999999999998
1.2999999999999998
1.7000000000000002

Beachten Sie die Rundungsprobleme.

26.1.2 Arithmetische Operatoren mit einem Operanden

Java kennt verschiedene einstellige arithmetische Operatoren. So gibt es zwei einstellige (d.h. mit nur einem Operanden) arithmetische Operatoren in Java, die eine recht offensichtliche Bedeutung haben und dem Operanden einfach vorangestellt werden:

→ Die einstellige arithmetische Negierung: −

→ Das Gegenteil der arithmetischen Negierung: +

Die einstellige Negierung ergibt die arithmetische Vorzeichenumdrehung ihres numerischen Operanden. Der einstellige Operator + ist aus Symmetriegründen vorhanden und tut gar nichts!

Zu den einstelligen arithmetischen Operatoren werden auch die Inkrement-/Dekrement-Operatoren gezählt. Sie werden nur in Verbindung mit einem ganzzahligen oder einem Fließkomma-Operanden benutzt. Inkrement- und Dekrement-Operatoren sind typische C-Operatoren und werden zum Auf- und Abwerten eines einzelnen Wertes verwendet. Der Inkrement-Operator ++ erhöht den Wert des Operanden um 1. Die Reihenfolge von Operand und Operator ist wichtig. Wenn der Operator vor dem Operanden steht, erfolgt die Erhöhung des Wertes, bevor (!) der Wert dem Operanden zugewiesen wird. Wenn er hinter dem Operanden steht, erfolgt die Erhöhung, nachdem (!) der Wert bereits zugewiesen wurde.

Der Dekrement-Operator -- arbeitet analog. Er erniedrigt den Wert des Operanden um 1. Die Reihenfolge von Operand und Operator ist auch hier von Bedeutung. Wenn der Operator vor dem Operanden steht, erfolgt die Erniedrigung des Wertes, bevor der Wert dem Operanden zugewiesen wird. Wenn er hinter dem Operanden steht, erfolgt die Erniedrigung, nachdem der Wert bereits zugewiesen wurde.

Testen wir insbesondere die Inkrement-/Dekrement-Operatoren in einem kleinen Beispiel.

```
class DeIn {
 public static void main(String args[]) {
  int i=1;
  int j=3;
  double k =5.5;
  System.out.println("Startwert von i: " + i);
  System.out.println("i++:" + i++);
  System.out.println("++i:" + ++i);
  System.out.println("Startwert von j: " + j);
  System.out.println("j--:" + j--);
  System.out.println("--j:" + --j);
  System.out.println("Startwert von k: " + k);
  System.out.println("++k:" + ++k);
  System.out.println("k++:" + k++);
  System.out.println("Wert von k: " + k);
  System.out.println("--k:" + --k);
```

```
    System.out.println("k--:" + k--);
    System.out.println("Wert von k: " + k);
  }
}
```

Listing 26.3: Inkrement-/Dekrement-Operatoren

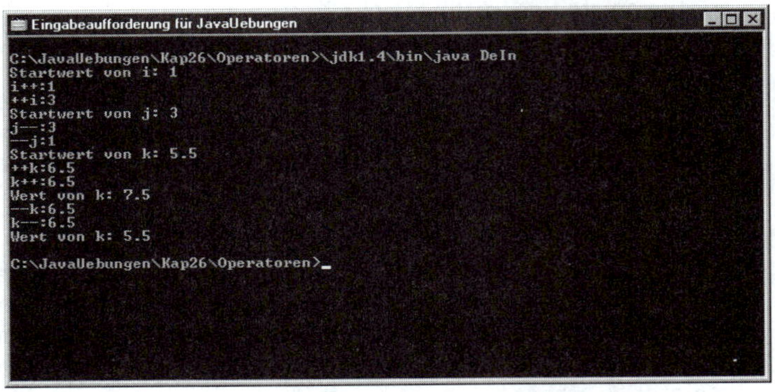
Eingabeaufforderung für JavaUebungen
C:\JavaUebungen\Kap26\Operatoren>\jdk1.4\bin\java DeIn
Startwert von i: 1
i++:1
++i:3
Startwert von j: 3
j--:3
--j:1
Startwert von k: 5.5
++k:6.5
k++:6.5
Wert von k: 7.5
--k:6.5
k--:6.5
Wert von k: 5.5
C:\JavaUebungen\Kap26\Operatoren>_

Bild 26.1: Die Wirkung von vor- und nachgestellten De- und Inkrement-Operatoren

Beachten Sie die Stellen, an denen mit ++ und -- der Wert verändert, aber noch der nicht geänderte Wert ausgegeben wird.

26.2 Zuweisungsoperatoren

In Java gibt es neben dem direkten Zuweisungsoperator = die arithmetischen Zuweisungsoperatoren. Diese sind als Abkürzung für arithmetische Operationen zu verstehen. Wie auch die arithmetischen Operatoren können sie sowohl mit ganzen Zahlen als auch mit Fließkommazahlen verwendet werden. Das Ergebnis einer Zuweisung über einen arithmetischen Zuweisungsoperator steht immer auf der linken Seite.

Operator	**Bedeutung**	**Beispiel**	**Entspricht**
+=	Additions- und Zuweisungsoperator	x += 5	x = x + 5
-=	Subtraktions- und Zuweisungsoperator	x -= 3	x = x - 3
*=	Multiplikations- und Zuweisungsoperator	x *= 10	x = x * 10
/=	Divisions- und Zuweisungsoperator	x /= 3	x = x / 3
%=	Modulo- und Zuweisungsoperator	x %= 7	x = x % 7
=	direkter Zuweisungsoperator	x = 3	

Tabelle 26.2: Der einfache und die arithmetischen Zuweisungsoperatoren

```
class Zuweisung {
 public static void main(String args[])  {
  int i=10;
  int j=20;
  i+=5;
  j-=2;
  System.out.println("Wert von i: " + i);
  System.out.println("Wert von j: " + j);
  i*=3;
  j/=2;
  System.out.println("Wert von i: " + i);
  System.out.println("Wert von j: " + j);
  i%=7;
  j%=3;
  System.out.println("Wert von i: " + i);
  System.out.println("Wert von j: " + j);
 }
}
```

Listing 26.4: *Zuweisungsoperatoren*

Die Ausgabe sieht wie folgt aus:

```
Wert von i: 15
Wert von j: 18
Wert von i: 45
Wert von j: 9
Wert von i: 3
Wert von j: 0
```

26.3 Bitweise arithmetische Operatoren

Bitweise Arithmetik wird im Wesentlichen zum Setzen und Testen einzelner Bits und Kombinationen einzelner Bits innerhalb einer Variablen benutzt und ist in Java nur für die vier Integer-Typen und für Zeichentypen definiert, nicht aber für boolesche Typen und Fließkommatypen. Es gibt eigentlich wenig triftige Gründe, unter Java solch eine bitweise Arithmetik anzuwenden. Ein Kernaspekt von Java ist ja, so weit wie möglich von der Plattform und damit aber auch der Binärebene weg zu arbeiten. In der Regel sind die wichtigsten Gründe zur Benutzung bitweiser Operatoren die direkte Kommunikation mit Hardware-Komponenten (in Java nicht), die Arbeit mit Komprimierungsprozessen bzw. Verschlüsselungsoperationen und die Verbesserung der Performance bei bestimmten Vorgängen.

26.3.1 Bitweiser And-Operator (&)

Der bitweise AND-Operator & verknüpft über die Operation x & y alle korrespondierenden Bits von x und y per UND. Das resultierende Ergebnis hat nur für die Bits den Wert 1, wenn alle beide Operanden an der gleichen Stelle Bits mit dem Wert 1 hatten.

Beispiele:

```
00101010 & 00101010 = 00101010
00101010 & 00001000 = 00001000
00101010 & 10000000 = 00000000
11110000 & 00001111 = 00000000
10101010 & 01010101 = 00000000
11100011 & 11101100 = 11100000
```

Die Benutzung von AND hat immer das Resultat, dass maximal die gleichen oder weniger Bits auf 1 gesetzt werden. Das Resultat ist also immer die gleiche oder eine kleinere Zahl als das Maximum der beiden Zahlen vorher. Das nachfolgende Beispiel zeigt die Anwendung mit einigen Datentypen. Im Quelltext ist die jeweilige Binärdarstellung als Kommentar notiert. Darüber kann das Ergebnis leicht nachgeprüft werden. Gute Hilfe bietet da etwa der Taschenrechner im Windows-Zubehör, der eine Zahl in verschiedene Darstellungen umrechnen kann. Ansonsten verwendet das Beispiel einen Casting-Operator (char). Dieser wandelt den nachstehenden Ausdruck in ein Unicode-Zeichen. Darauf kommen wir gleich noch zurück.

```
class BitUnd {
 public static void main(String args[]) {
  int a = 111; // binär 1101111
  int b = 112; // binär 1110000
  long c = 1000; // binär 1111101000
  long d = 1111; // binär 10001010111
  byte e = 50; // binär 110010
  char f = 'a'; // binär 1100001
  char g = 'z'; // binär 1111010
  System.out.println(
    "Wert von a & b - " + a + " " + b + " : " + (a & b));
  System.out.println(
    "Wert von a & c - " + a + " " + c + " : " + (a & c));
  System.out.println(
    "Wert von a & d - " + a + " " + d + " : " + (a & d));
  System.out.println(
    "Wert von a & e - " + a + " " + e + " : " + (a & e));
  System.out.println(
    "Wert von a & f - " + a + " " + f + " : " + (a & f) + ", "
    + (char)(a & f) );
  System.out.println(
    "Wert von a & g - " + a + " " + g + " : " + (a & g) + ", "
    + (char)(a & g));
  System.out.println(
    "----------------------------");
  System.out.println(
    "Wert von b & c - " + b + " " + c + " : " + (b & c));
  System.out.println(
    "Wert von b & d - " + b + " " + d + " : " + (b & d));
  System.out.println(
    "Wert von b & e - " + b + " " + e + " : " + (b & e));
  System.out.println(
```

```
        "Wert von b & f - " + b + " + " + f + " : " + (b & f) + ", "
   + (char)(b & f) );
   System.out.println(
    "Wert von b & g - " + b + " + " + g + " : " + (b & g) + ", "
   + (char)(b & g));
   System.out.println(
    "----------------------------");
   System.out.println(
    "Wert von c & d - " + c + " + " + d + " : " + (c & d));
   System.out.println(
    "Wert von c & e - " + c + " + " + e + " : " + (c & e));
   System.out.println(
    "Wert von c & f - " + c + " + " + f + " : " + (c & f) + ", "
   + (char)(c & f) );
   System.out.println(
    "Wert von c & g - " + c + " + " + g + " : " + (c & g) + ", "
   + (char)(c & g));
   System.out.println(
    "----------------------------");
   System.out.println(
    "Wert von d & e - " + d + " + " + e + " : " + (d & e));
   System.out.println(
    "Wert von d & f - " + d + " + " + f + " : " + (d & f) + ", "
   + (char)(d & f) );
   System.out.println(
    "Wert von d & g - " + d + " + " + g + " : " + (d & g) + ", "
   + (char)(d & g));
   System.out.println(
    "----------------------------");
   System.out.println(
    "Wert von e & f - " + e + " + " + f + " : " + (e & f) + ", "
   + (char)(e & f) );
   System.out.println(
    "Wert von e & g - " + e + " + " + g + " : " + (e & g) + ", "
   + (char)(e & g));
   System.out.println(
    "----------------------------");
   System.out.println(
    "Wert von f & g - " + f + " + " + g + " : " + (f & g) + ", "
   + (char)(f & g));
  }
}
```

Listing 26.5: *Verschiedene Aktionen mit bitweisem* Und

Die Ausgabe sieht wie folgt aus:

```
Wert von a & b - 111 + 112 : 96
Wert von a & c - 111 + 1000 : 104
Wert von a & d - 111 + 1111 : 71
Wert von a & e - 111 + 50 : 34
Wert von a & f - 111 + a : 97, a
```

```
Wert von a & g - 111 + z : 106, j
----------------------------
Wert von b & c - 112 + 1000 : 96
Wert von b & d - 112 + 1111 : 80
Wert von b & e - 112 + 50 : 48
Wert von b & f - 112 + a : 96, `
Wert von b & g - 112 + z : 112, p
----------------------------
Wert von c & d - 1000 + 1111 : 64
Wert von c & e - 1000 + 50 : 32
Wert von c & f - 1000 + a : 96, `
Wert von c & g - 1000 + z : 104, h
----------------------------
Wert von d & e - 1111 + 50 : 18
Wert von d & f - 1111 + a : 65, A
Wert von d & g - 1111 + z : 82, R
----------------------------
Wert von e & f - 50 + a : 32,
Wert von e & g - 50 + z : 50, 2
----------------------------
Wert von f & g - a + z : 96,
```

26.3.2 Bitweiser OR-Operator (|)

Der bitweise OR-Operator | verknüpft bei der Operation x | y alle korrespondierenden Bits von x und y per ODER. Wenn Sie den OR-Operator mit zwei Bytes benutzen und das Ergebnis in einem dritten Byte ablegen, dann hat das resultierende Byte nur für die Bits den Wert 1, wenn mindestens einer der Operanden ein Bit an dieser Position mit dem Wert 1 hatte. Nehmen wir die oben angeführten Beispiele zur Hand:

```
00101010 | 00101010 = 00101010
00101010 | 00001000 = 00101010
00101010 | 10000000 = 10101010
11110000 | 00001111 = 11111111
10101010 | 01010101 = 11111111
11100011 | 11101100 = 11101111
```

Die Benutzung des OR-Operators resultiert immer darin, dass die gleichen oder mehr Bits auf 1 gesetzt werden.

```java
class BitOder {
 public static void main(String args[]) {
  int a = 111; // binär 1101111
  long c = 1000; // binär 1111101000
  long d = 1111; // binär 10001010111
  byte e = 50; // binär 110010
  char f = 'a'; // binär 1100001
  System.out.println(
   "Wert von a | c - " + a + " " + " + c + " : " + (a | c));
  System.out.println(
   "Wert von a | d - " + a + " " + " + d + " : " + (a | d));
```

```
      System.out.println(
        "Wert von a | e - " + a + " + " + e + " : "  + (a | e));
      System.out.println(
        "Wert von a | f - " + a + " + " + f + " : "  + (a | f) + ", "
        + (char)(a | f) );
      System.out.println("----------------------------");
      System.out.println(
        "Wert von c | d - " + c + " + " + d + " : "  + (c | d));
      System.out.println(
        "Wert von c | e - " + c + " + " + e + " : "  + (c | e));
      System.out.println(
        "Wert von c | f - " + c + " + " + f + " : "  + (c | f) + ", "
        + (char)(c | f) );
      System.out.println("----------------------------");
      System.out.println(
        "Wert von d | e - " + d + " + " + e + " : "  + (d | e));
      System.out.println(
        "Wert von d | f - " + d + " + " + f + " : "  + (d | f) + ", "
        + (char)(d | f) );
      System.out.println("----------------------------");
      System.out.println(
        "Wert von e | f - " + e + " + " + f + " : "  + (e | f) + ", "
        + (char)(e | f) );
    }
}
```

Listing 26.6: Verschiedene Aktionen mit bitweisem Oder

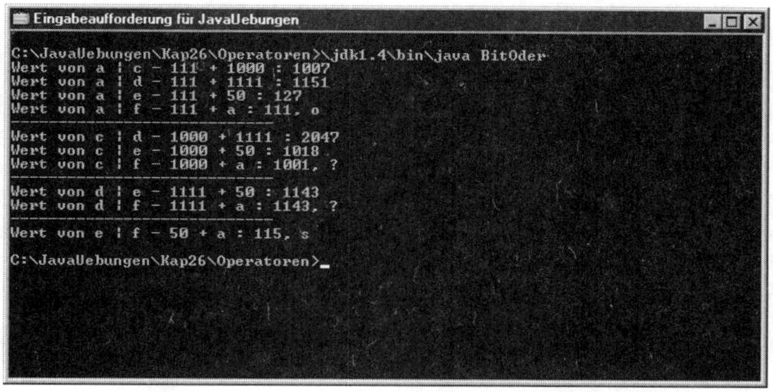

Bild 26.2: Bitweises Oder

26.3.3 Bitweiser XOR-Operator (^)

Der bitweise XOR-Operator ^ verknüpft bei der Operation x ^ y alle korrespondierenden Bits von x und y per EXKLUSIV-ODER. Das bedeutet, wenn Sie den XOR-Operator mit zwei Operanden benutzen, dann hat das resultierende Ergebnis für ein Bit nur dann den Wert 1, wenn das dazugehörige Bit in genau einem der beiden Operanden-Bytes gesetzt wird. Wenn beide dort eine 1 oder eine 0 stehen haben, wird 0 gesetzt.

Bei der Eingabe von ^ ist zu beachten, dass nach der Betätigung der ^-Taste erst eine weitere Taste (etwa die Leertaste) gedrückt werden muss, bevor das ^-Zeichen auf dem Bildschirm erscheint.

Nehmen wir wieder die oben angeführten Beispiele zur Hand:

```
00101010 ^ 00101010 = 00000000
00101010 ^ 00001000 = 00100010
00101010 ^ 10000000 = 10101010
11110000 ^ 00001111 = 11111111
10101010 ^ 01010101 = 11111111
11100011 ^ 11101100 = 00001111
```

26.3.4 Der bitweise Komplement-Operator (~)

Der bitweise Komplement-Operator ~ ist ein einstelliger Operator, der dem Operanden vorangestellt wird und alle Bits des Operanden invertiert. Auch hier wollen wir zur Verdeutlichung ein paar Beispiele heranziehen:

```
~ 00101010 = 11010101
~ 00001000 = 11110111
~ 10000000 = 01111111
~ 00001111 = 11110000
~ 01010101 = 10101010
~ 11101100 = 00010011
```

26.4 Bitweise Verschiebungsoperatoren

Bitweise Verschiebungsoperatoren verschieben die Bits in der Darstellung einer ganzen Zahl. Die Bits des ersten Operanden werden um die Anzahl an Positionen verschoben, die im zweiten Operanden angegeben wird. Im Fall der Verschiebung nach links ist es immer eine Null, mit der die rechte Seite aufgefüllt wird. Dieser Vorgang entspricht dem Multiplizieren mit 2 hoch der Zahl, die durch den zweiten Operanden definiert wird. Der normale Verschiebungsoperator nach rechts vervielfacht das Vorzeichenbit. Dieser Vorgang entspricht der Division durch 2 hoch der Zahl, die durch den zweiten Operanden definiert wird. Die Verschiebung nach rechts mit Füllnullen vervielfacht eine Null von der linken Seite.

Operator	Beschreibung	Bedeutung
<<	Operator für bitweise Verschiebung nach links.	Die Operation x << y bedeutet, dass alle Bits von x um y Positionen nach links verschoben werden. Die rechte Seite der Darstellung von x wird mit Nullen aufgefüllt.
>>	Operator für bitweise Verschiebung nach rechts.	Die Operation x >> y bedeutet, dass alle Bits von x um y Positionen nach rechts verschoben werden.

Tabelle 26.3: Die bitweisen Verschiebungsoperatoren

Operator	Beschreibung	Bedeutung
>>>	Operator für bitweise Verschiebung nach rechts mit Füllnullen.	Die Operation x >>> y bedeutet, dass alle Bits von x um y Positionen nach rechts verschoben werden. Die linke Seite der Darstellung von x wird mit Nullen aufgefüllt.

Tabelle 26.3: Die bitweisen Verschiebungsoperatoren (Forts.)

Beispiele:

```
01001111 << 1  = 10011110
00111100 << 2  = 11110000
01001111 >> 1  = 00100111
11110000 >> 2  = 11111100
01001111 >>>1  = 00100111
11110000 >>>2  = 00111100
```

Hier ein vollständiges Beispiel mit verschiedenen Datentypen:

```
class BitVerschieb {
 public static void main(String argv[]) {
  int a = 42;
  int b;
  char buchstabe = 'h';
  b = a >> 1;
  System.out.println(b);
  System.out.println(b << 2);
  System.out.println(b >>> 1);
  System.out.println((buchstabe >>2) + " : " + (char)(buchstabe >>2));
  System.out.println((buchstabe >>>2) + " : " +
    (char)(buchstabe >>>2));
  System.out.println((buchstabe <<1) + " : " + (char)(buchstabe <<1));
 }
}
```

Listing 26.7: Die Arbeit mit binären Verschiebungen

Das Beispiel arbeitet mit zwei int- und einer char-Variablen. Die Variable a bekommt den Startwert 42 zugewiesen und b den Wert, der aus der Operation a >> 1 entsteht. Da dies der Division durch 2 entspricht, muss das Ergebnis 21 sein (was die erste Ausgabe demonstriert). Binär wird aus der Darstellung 0010 1010 für 42 jedes Bit um den Faktor 1 nach rechts verschoben (0001 0101), was dem Wert 21 in der Unicodedarstellung entspricht.

Die zweite Operation ist das Verschieben der Bits um zwei Stellen nach links (0101 0100), was dezimal der Multiplikation mit dem Faktor 4 entspricht.

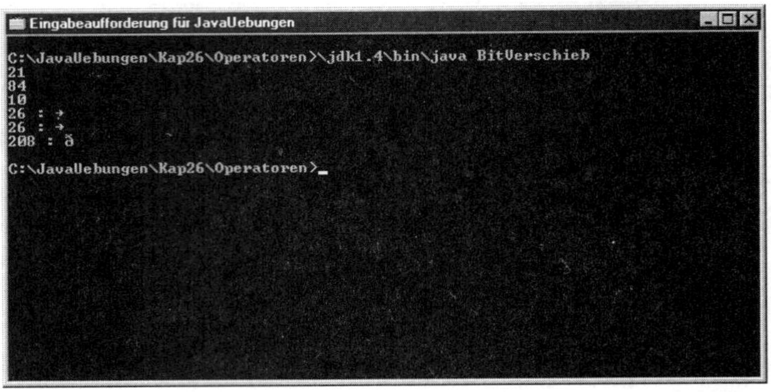

Bild 26.3: Bitweise Verschiebung

Die dritte Operation verschiebt die Binärdarstellung 0001 0101 (den Wert von b) mit Füllnullen um eine Stelle nach links. Das ergibt 0000 1010, was dezimal dem Wert 10 entspricht.

Mit dem char-Zeichen wird analog verfahren. Beachten Sie wieder das Casting per (char), um nach der Verschiebung das Unicode-Zeichen anzuzeigen.

26.5 Bitweise Zuweisungsoperatoren

Bitweise Zuweisungsoperatoren sind vollkommen analog den arithmetischen Zuweisungsoperatoren zu verstehen. Nur halt mit binären Operationen.

Operator	Beschreibung
&=	Bitweiser AND-Zuweisungsoperator
|=	Bitweiser OR-Zuweisungsoperator
^=	Bitweiser XOR-Zuweisungsoperator
<<=	Zuweisungsoperator für die bitweise Verschiebung nach links
>>=	Zuweisungsoperator für die bitweise Verschiebung nach rechts
>>>=	Zuweisungsoperator für die bitweise Verschiebung nach rechts mit Füllnullen

Tabelle 26.4: Bitweise Zuweisungsoperatoren

26.6 Vergleichsoperatoren

Vergleichsoperatoren werden meist in Schleifen verwendet, die auf einen booleschen Wert abprüfen. Sie haben zwei Operanden gleichen Typs und vergleichen diese. Als Rückgabewert der Operation entsteht immer (!) ein boolescher Wert (true oder false). Es ist in Java nicht möglich, einen numerischen Rückgabewert zu erhalten (wie etwa in C/C++, wo man auf Gleichheit mit 0 oder Ungleichheit testen kann). Die Vergleichsoperatoren lassen sich in Bezug der Vergleichslogik wie folgt einteilen:

→ Relationale Operatoren

→ Logische Gleichheitsoperatoren

26.6.1 Relationale Operatoren

Relationale Operatoren sind zum Ordnen von Größen bestimmt. Ob etwa ein Wert größer oder kleiner als ein anderer Wert ist.

Operator	Beschreibung
==	Gleichheitsoperator
!=	Ungleichheitsoperator
<	Kleiner-als-Operator
>	Größer-als-Operator
<=	Kleiner-als-oder-gleich-Operator
>=	Größer-als-oder-gleich-Operator

Tabelle 26.5: Relationale Vergleichsoperatoren

Der Gleichheitsoperator (zwei hintereinander folgende Gleichheitszeichen) darf nicht mit dem Zuweisungsoperator (ein einzelnes Gleichheitszeichen) verwechselt werden. Einige andere Programmiersprachen (etwa Visual Basic) unterscheiden dahingehend übrigens nicht und verwenden das einfache Gleichzeichen für beide Fälle (Vergleich und Zuweisung). Eine extrem gefährliche Freiheit, die Java glücklicherweise nicht lässt. So wird in der Regel der Compiler eine falsche Verwendung bemerken. Aber es gibt auch in Java wenige, spezielle Situationen, in denen eine logisch falsche Anwendung syntaktisch funktioniert. Etwa, wenn in einer Bedingung ein Wahrheitswert auf true *oder* false *verglichen werden soll und aus Versehen der Zuweisungsoperator notiert wird. Dann erfolgt die Zuweisung mit dem booleschen Literal und diese liefert als erfolgreiche Aktion den Wahrheitswert* true *zurück. Syntaktisch ist damit alles korrekt und die überprüfte Bedingung liefert* true. *Das ist natürlich nicht das, was man überprüfen will, und das Programm tut nicht das, was geplant ist. Deshalb ist immer große Sorgfalt notwendig.*

Wir wollen an der Stelle wieder ein weiteres kleines Java-Programm schreiben. Da uns bisher allerdings noch keine Schleifen zur Verfügung stehen, werden nur die Rückgabewerte von Vergleichen (true oder false) auf Systemebene ausgegeben.

```
class VergleichOp {
  public static void main(String argv[]) {
    int a = 1;
```

```
    int b = 2;
    System.out.println("Wert von a: " + a + " - Wert von b: " + b);
    System.out.println("Ist a == b? " + (a==b));
    System.out.println("Ist a != b? " + (a!=b));
    System.out.println("Ist a >= b? " + (a>=b));
    System.out.println("Ist a <= b? " + (a<=b));
    System.out.println("Ist a > b? " + (a>b));
    System.out.println("Ist a < b? " + (a<b));
  }
}
```

Listing 26.8: Die Arbeit mit binären Verschiebungen

Bild 26.4: Die Rückgabewerte der Vergleiche werden nur ausgegeben

Die Werte zweier Variablen vom Typ `char` *können ebenfalls verglichen werden und sind in der allgemeinen Beschreibung bereits enthalten. Es werden die Variablen vom Typ* `char` *bei der Verwendung eines Vergleichsoperators wie ganze 16-Bit-Zahlen (Werte* 0 *bis* 65535*) entsprechend ihrer Unicode-Kodierung behandelt.*

Interessant ist die Anwendung von Vergleichsoperatoren, wenn die Operanden Objekte sind. In diesem Fall muss man massiv zwischen den Objekten und den darin gespeicherten Werten unterscheiden. Zwar bedeutet eine Objektgleichheit immer die Gleichheit der Werte (das ist trivial, denn in dem Fall liegt die Referenz auf den gleichen Speicherplatz vor), jedoch gilt die Umkehrung nicht. Zwei verschiedene Objekte können selbstverständlich gleiche Werte beinhalten. Der Vergleich mittels der Vergleichsoperatoren liefert dann Ungleichheit, obwohl der Inhalt unter Umständen gleich ist (die Vergleichsoperatoren prüfen nur darauf, ob die Objekte gleich sind). Um die Gleichheit des Inhalts zu überprüfen, gibt es die in allen Objekten verfügbare Methode `equals()` (vererbt von `Object`). Ziehen wir zur Verdeutlichung das folgende Beispiel heran, in dem Vergleiche zwischen zwei `Integer`-Objekten durchgeführt werden.

```
class ObjektVergleich {
  public static void main(String args[]) {
    Integer a = new Integer(42);
    Integer b = a;
```

```
        Integer c = new Integer(42);
        System.out.println(
            "Sind a und b das gleiche Objekt? " + (a==b));
        System.out.println(
            "Haben a und b den gleichen Inhalt? " + a.equals(b));
        System.out.println(
            "Sind a und c das gleiche Objekt? " + (a==c));
        System.out.println(
            "Haben a und c den gleichen Inhalt? " + a.equals(c));
        System.out.println(
            "Sind b und c das gleiche Objekt? " + (b==c));
        System.out.println(
            "Haben b und c den gleichen Inhalt? " + b.equals(c));
    }
}
```

Listing 26.9: *Unterschied von Objektgleichheit und Gleichheit des Inhalts*

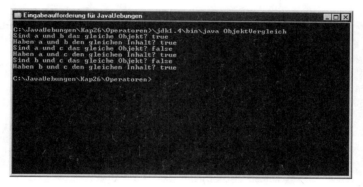

Bild 26.5: *Der Unterschied von Objektgleichheit und Gleichheit des Inhalts*

Das Programm arbeitet mit drei Variablen, die jeweils ein Integer-Objekt aufnehmen. Die Objekte a und b sind dabei explizit identisch, denn b bekommt mit dem Zuweisungsoperator das Objekt a zugewiesen. Das ist nichts anderes als ein Pointer auf den gleichen Speicherbereich. Das heißt, die Objekte müssen identisch sein. Das Objekt c wird neu erzeugt (der Inhalt ist identisch) und ist damit ein anderes Objekt. Es wird in einem anderen Speicherbereich erzeugt. Schauen Sie sich die Ausgabe des Programms zur Verdeutlichung an.

26.7 Die logischen Vergleichsoperatoren

Die logischen Gleichheitsoperatoren sind nicht zum Ordnen gedacht, sondern sie sagen nur aus, ob zwei Werte gleich sind oder nicht. Die logischen Vergleichsoperatoren können mit Operanden jeden Typs verwendet werden. Im Fall primitiver Datentypen werden die Werte der Operanden einfach verglichen. Diese Vergleiche erzeugen auf jeden Fall nur boolesche Ergebnisse (Letzteres ist jedoch identisch mit gewöhnlichen Vergleichsoperatoren). Dabei stellt Java – im Gegensatz zu vielen anderen Programmiersprachen – die UND- und ODER-Verknüpfung in zwei verschiedenen Varianten zur Verfügung. Es gibt einmal die so genannte Short-Circuit-Evaluation, zum anderen die Bewertung ohne diese Technik.

Bei der Short-Circuit-Evaluation eines logischen Ausdrucks wird von links nach rechts ausgewertet und eine Bewertung abgebrochen, wenn bereits ein ausgewerteter Teilausdruck die Erfüllung des gesamten Ausdrucks unmöglich macht. Mit anderen Worten: Eine Bewertung wird abgebrochen, wenn die weitere Auswertung eines Ausdrucks keine Rolle mehr spielt. Damit kann beispielsweise bei umfangreicheren Konstrukten eine Steigerung der Performance erreicht werden.

Operator	Beschreibung	Bedeutung
&&	Logischer AND-Operator mit Short-Circuit-Evaluation.	Die Operation x && y liefert true, wenn sowohl x als auch y true sind. Ist bereits x false, wird y nicht mehr bewertet.
||	Logischer OR-Operator mit Short-Circuit-Evaluation.	Die Operation x || y liefert true, wenn mindestens einer der beiden Operanden true ist. Ist bereits x true, wird y nicht mehr bewertet.
!	Logischer NOT-Operator	Vorangestellter Operator mit einem Operanden. Umdrehung des Wahrheitswerts.
&	Logischer AND-Operator ohne Short-Circuit-Evaluation.	Die Operation x & y liefert true, wenn sowohl x als auch y true sind. Beide Operanden werden bewertet.
|	Logischer OR-Operator ohne Short-Circuit-Evaluation.	Die Operation x | y liefert true, wenn mindestens einer der beiden Operanden true ist. Beide Operanden werden bewertet
^	EXKLUSIV-ODER	Die Operation x ^ y liefert true, wenn beide Operanden verschiedene Wahrheitswerte haben.

Tabelle 26.6: Die logischen Vergleichsoperatoren

 Ein Teil der logischen Operatoren sind schon bei den bitweisen Operatoren aufgetaucht. Im Prinzip beinhaltet die bitweise Betrachtungsweise bereits die logische, wenn man beachtet, dass der boolesche Datentyp nur ein Bit groß ist.

Das nachfolgende Beispiel zeigt die Verwendung der logischen Operatoren (auch in Hinblick auf die binäre Anwendung bei der bitweisen Betrachtungsweise).

```
class LogischOp {
 public static void main (String args[]) {
  boolean a=true;
```

```
        boolean b=false;
        int i=1;
        int j=2;
        System.out.println("Wert von a: " + a + " - Wert von b: " + b);
        System.out.println("!a: " + !a);
        System.out.println("a&&b: " + (a&&b));
        System.out.println("a||b: " + (a||b));
        System.out.println("a&b: " + (a&b));
        System.out.println("a|b: " + (a|b));
        System.out.println("a^b: " + (a^b));
        System.out.println("Wert von i: " + i + " - Wert von j: " + j);
        System.out.println("i&j: " + (i&j));
        System.out.println("i|j: " + (i|j));
        System.out.println("i^j: " + (i^j));
    }
}
```

Listing 26.10: Logische Operatoren

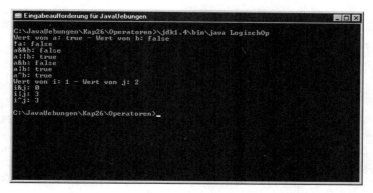

Bild 26.6: Die Anwendung von logischen Operatoren

26.8 Weitere Operatoren

26.8.1 Komma-Operator

Der Komma-Operator , wird nur zur Trennung verwendet – etwa im Rahmen von for-Schleifen zur Trennung von mehreren Zählvariablen. Viele Quellen zu Java geben das Komma gar nicht als eigenen Operator an. Wir kommen darauf zurück, wenn er verwendet wird.

26.8.2 Der new-Operator

Das Schlüsselwort new wird bei der Erstellung von Objekten in Zusammenhang mit Konstruktoren verwendet. Streng genommen handelt es sich dabei um einen Operator, der in der Literatur oft als new-Operator auftaucht.

26.8.3 Der triadische Operator

Es gibt in Java einen Operator mit drei Operanden – den Bedingungsoperator zur Abkürzung der if-Struktur. Er wird als if-else-Operator bzw. tenärer oder triadischer Operator bezeichnet. Dieser aus C kommende Operator ist eine Abkürzung für die ausgeschriebene if-else-Anweisung. Er besteht aus folgendem Konstrukt:

```
[ergebnis] = [bed1][Vergloperator][bed2] ? [erg1] : [erg2]
```

Der Wert [ergebnis] bekommt den Wert [erg1] zugeordnet, wenn der Vergleich (der boolesche Ausdruck vor dem Fragezeichen) zwischen [bed1] und [bed2] das Ergebnis true gebracht hat, ansonsten bekommt [ergebnis] den Wert [erg2] zugeordnet. Ziehen wir ein praktisches Beispiel zur Verdeutlichung heran.

```java
import java.util.*;
class Triadisch {
 public static void main (String args[]) {
  Random zufall = new Random();
  System.out.println(
    zufall.nextDouble() > 0.5? "Zufallszahl ist groesser 0.5" :
     "Zufallszahl ist kleiner 0.5");
 }
}
```

Listing 26.11: *Der triadische Operator*

Das Programmierbeispiel arbeitet mit einem Zufallsobjekt, dessen Wert bei jedem Aufruf des Programms neu ermittelt wird. Der Wert wird von der Methode nextDouble() zwischen 0.0 und 1.0 zurückgegeben. Ist der Wert größer 0.5, ist die überprüfte Bedingung wahr und der Text "Zufallszahl ist groesser 0.5" wird auf dem Bildschirm ausgeben. Andernfalls der **Alternativtext** "Zufallszahl ist kleiner 0.5".

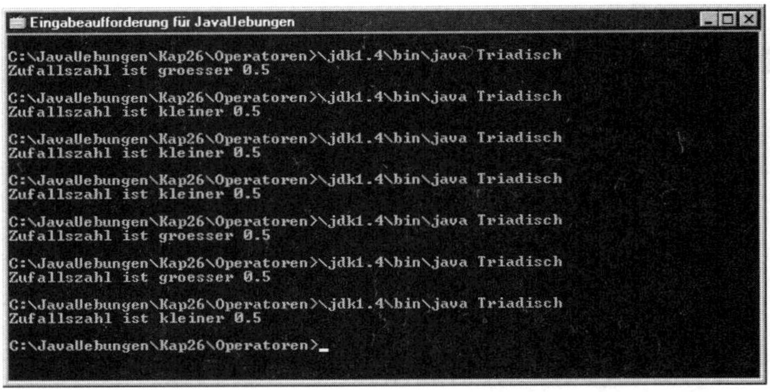

Bild 26.7: *Mal so, mal so*

Man nennt diesen Vorgang mit dem triadischen Operator eine bedingte Bewertung. Trotz der weiten Verbreitung in C-Welten sollte dieses Konstrukt wegen der Lesbarkeit des Quelltextes gar nicht oder möglichst nur sehr sparsam verwendet werden. Eine saubere if-else-Struktur ist fast genauso schnell getippt und bedeutend besser zu lesen.

26.8.4 Der Casting-Operator

Im Rahmen der Typumwandlung von primitiven Datentypen und Objekten gibt es einen so genannte Casting- oder Type-Cast-Operator.[1] Er sieht immer so aus, dass in runden Klammern der Zieltyp steht und er vor seinem Operanden notiert wird. Etwa so:

```
(char) a;
(int) b;
```

Wir haben ihn schon einige Male angewandt, werden aber bei der Typkonvertierung noch einmal genauer darauf zurückkommen.

26.8.5 Der String-Verkettungs-Operator

Wenn der Operator + auf mindestens einen String-Operanden angewandt wird, verkettet er die beiden Operanden so, dass ein neuer String herauskommt, in dem beide Operanden als Verkettung der Zeichen auftauchen.

Beispiele:

→ "Hans" + "Dampf" wird zu "HansDampf"

→ "Hans" + " Dampf" wird zu "Hans Dampf"

→ "Hans " + "Dampf" wird zu "Hans Dampf"

→ "Hans" + 5 wird zu "Hans5"

→ "" + 5 + 5 wird zu "55"

Auch auf diesen Operator werden wir bei der Typkonvertierung zurückkommen.

26.8.6 Der Member-Operator

Zugriffe auf Klassen und Objekt-Elemente erfolgen über die Punktnotation. Das haben wir schon ausgeprägt behandelt. Zu bemerken ist nur noch, dass der Punkt dabei in der Literatur gelegentlich Punkt-Operator oder Member-Operator genannt wird.

26.8.7 Der instanceof-Operator

Der instanceof-Operator ist ein binärer Operator mit zwei Operanden: einem Objekt auf der linken und einem Klassennamen auf der rechten Seite. Wenn das Objekt auf der linken Seite des Operators tatsächlich eine Instanz der Klasse auf der rechten Seite des Operators ist (ohne einer ihrer

---

1 Manchmal wird er auch Festlegungsoperator genannt.

Subklassen), dann gibt dieser Operator den booleschen Wert true zurück. Ansonsten wird false zurückgegeben.

Beispiel:

nObjt instanceof MKlasse

Dieser Operator wurde in früheren Java-Versionen oft genutzt, um im dort genutzten Ereignisbehandlungsmodell (Version 1.0) zu überprüfen, von welcher Komponente ein Ereignis ausging. Etwa von einem Button oder einem Menü-Eintrag. Wir werden bei der Diskussion der Ereignisbehandlungsmodelle darauf zurückkommen (*siehe Seite 450*).

26.9 Die Operatoren-Priorität

Wie jede Programmiersprache muss auch Java Operatoren nach Prioritäten gewichten. In der folgenden Tabelle sollen sämtliche Operatoren von Java aufgelistet werden, wobei der Operator mit höchstem Vorrang ganz oben steht. Operatoren in der gleichen Zeile haben gleiche Priorität. Sämtliche Java-Operatoren bewerten mit Ausnahme der einstelligen Operatoren von links nach rechts.

Beschreibung	Operatoren
Hochvorrangig	. [] ()
Einstellig	+ - ~ ! ++ -- (type)
Multiplikativ	* / %
Additiv	+ -
Binäre Verschiebung	<< >> >>>
Relational	< <= >= > instanceof
Gleichheit	== !=
Bitweises And	&
Bitweises Xor	^
Bitweises Or	|
Short-turn And	&&
Short-turn Or	||
Bedingung	?:
Zuweisung	= und alle Zuweisungsoperatoren mit verbundener Operation

Tabelle 26.7: Die Java-Operatoren nach Priorität geordnet

27 Datentypen und Typumwandlungen

Schon mehrfach sind wir in Java-Programmen mit der Tatsache in Berührung gekommen, dass eine Variable von einem bestimmten Typ sein muss, damit darin ein bestimmtes Literal gespeichert werden kann. Ober, dass eine Methode einen Rückgabewert eines bestimmten Typs hat. Ein Typ bzw. Datentyp gibt in einer Computersprache an, wie ein einfaches Objekt (wie zum Beispiel eine Variable) im Speicher des Computers dargestellt wird. Er enthält normalerweise ebenfalls Hinweise darüber, welche Operationen mit und an ihm ausgeführt werden können. Viele Computersprachen lassen es beispielsweise nicht zu, dass mit einer alphanumerischen Zeichenfolge direkte arithmetische Operationen durchgeführt werden, außer es besteht eine explizite Anweisung, diese Zeichenfolge zuerst in eine Zahl umzuwandeln.

Java besitzt acht primitive Datentypen, die explizit plattformunabhängig sind und – mit Ausnahme der Situation bei lokalen Variablen – immer einen wohldefinierten Default-Anfangswert haben:

→ Vier Ganzzahltypen mit unterschiedlichen Wertebereichen

→ Einen logischen Datentyp

→ Zwei Gleitzahltypen mit unterschiedlichen Wertebereichen nach der internationalen Norm IEEE Standard for Binary Floating-Point Arithmetic, ANSI/IEEE Std. 754-1985 (IEEE, New York) zur Definition von Gleitpunktzahlen und Arithmetik

→ Einen Zeichentyp

Der Begriff »primitiv« ist so zu verstehen, dass diese Datentypen im System integriert und nicht als Objekte zu verstehen sind.

Typ	Länge	Default	Kurzbeschreibung
byte	8 Bits	0	Kleinster Wertebereich mit Vorzeichen zur Darstellung von Ganzzahlwerten (ganzzahliges Zweierkomplement) von (-2 hoch 7 = -128) bis (+2 hoch 7 - 1 = 127) verwendet.
short	16 Bits	0	Kurze Darstellung von Ganzzahlwerten mit Vorzeichen als ganzzahliges Zweierkomplement von (-2 hoch 15 = -32.768) bis (+2 hoch 15 - 1 = 32.767).
int	32 Bits	0	Standardwertebereich mit Vorzeichen zur Darstellung von Ganzzahlwerten (ganzzahliges Zweierkomplement). Bereich von (-2 hoch 31 = -2.147.483.648) bis (+2 hoch 31 - 1 = 2.147.483.647).

Tabelle 27.1: Primitive Datentypen der Java-Sprache

Typ	Länge	Default	Kurzbeschreibung
long	64 Bits	0	Größter Wertebereich mit Vorzeichen zur Darstellung von Ganzzahlwerten (ganzzahliges Zweierkomplement). Wertebereich von -9.223.372.036.854.775.808 (-2 hoch 63) bis 9.223.372.036.854.775.807 (+2 hoch 63 - 1).
float	32 Bits	0.0	Kürzester Wertebereich mit Vorzeichen zur Darstellung von Gleitkommazahlwerten. Dies entspricht Fließkommazahlen mit einfacher Genauigkeit, die den IEEE-754-1985-Standard benutzen. Der Wertebereich liegt ungefähr zwischen +/- 3,4E+38. Es existiert ein Literal zur Darstellung von plus/minus Unendlich, sowie der Wert NaN (Not a Number) zur Darstellung von nicht definierten Ergebnissen.
double	64 Bits	0.0	Größter Wertebereich mit Vorzeichen zur Darstellung von Gleitkommazahlwerten. Der Wertebereich liegt ungefähr zwischen +/- 1,8E+308. Auch diese Fließkommazahlen benutzen den IEEE-754-1985-Standard. Es existiert ein Literal zur Darstellung von plus/minus Unendlich, sowie der Wert NaN (Not a Number) zur Darstellung von nicht definierten Ergebnissen.
char	16 Bits	\u0000	Darstellung eines Zeichens des Unicode-Zeichensatzes. Zur Darstellung von alphanumerischen Zeichen wird dieselbe Kodierung wie beim ASCII-Zeichensatz verwendet, aber das höchste Byte ist auf 0 gesetzt. Der Datentyp ist als einziger primitiver Java-Datentyp vorzeichenlos! Der Maximalwert, den char annehmen kann, ist \uFFFF.
boolean	1 Bit	false	Diese können die Werte true (wahr) oder false (falsch) annehmen. Alle logischen Vergleiche in Java liefern den Typ boolean.

Tabelle 27.1: Primitive Datentypen der Java-Sprache (Forts.)

Die Darstellung von Datentypen nach Zweierkomplement mit Vorzeichen bedeutet die Aufteilung des Wertebereichs eines Datentyps in einen negativen und einen positiven Anteil. Die Angabe erfolgt, dass bei der Darstellung einer negativen Zahl von der analogen positiven Zahl (dem positiven Komplement) die Zahl 1 abgezogen und dann sämtliche Bits umgedreht werden müssen. Die Null zählt noch zum positiven Anteil. In Java hat dies die zwangsläufige Folge, dass das am weitesten links stehende Bit als Vorzeichenbit dient. Wenn das Vorzeichenbit den Wert 1 hat, dann ist der Wert negativ, sonst positiv.

Ein Literal besitzt – sozusagen von Natur aus – einen Datentyp (*siehe Seite 286*). Variablen erhalten den Datentyp bei der Deklaration, indem er einfach dem Bezeichner vorangestellt wird.

Beispiele:

```
int a;
double b;
char c;
```

Spielen wir einige Beispiele durch, denn es werden vielleicht Aktionen passieren, die etwas überraschend sind. Nicht beim ersten Beispiel. Das zeigt nur die Anwendung der numerischen Datentypen. Beachten Sie nur, dass man bei long und float explizit das Literal angeben muss und beim double-Typ mit Exponenzialschreibweise gearbeitet wird.

```java
class PrimitiveTypen {
    byte a = 42;
    short b = 300;
    int c = 33000;
    long d = 2147483700L;
    float e = 9223372036854775808.2f;
    double f = 3.56780E300;
    public static void main(String[] args) {
        PrimitiveTypen m0 = new PrimitiveTypen();
        System.out.println("Wert von a: " + m0.a);
        System.out.println("Wert von b: " + m0.b);
        System.out.println("Wert von c: " + m0.c);
        System.out.println("Wert von d: " + m0.d);
        System.out.println("Wert von e: " + m0.e);
        System.out.println("Wert von f: " + m0.f);
    }
}
```

Listing 27.1: Anwendung von primitiven Datentypen

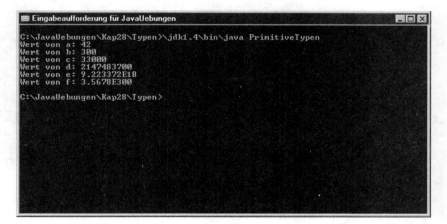

Bild 27.1: Die Ausgabe von primitiven Datentypen

Interessant wird es, wenn man den Wertebereich der primitiven Datentypen bei einer Wertzuweisung überschreitet. Sie erhalten beim Kompilieren eine Fehlermeldung der folgenden Art:

```
...: possible loss of precision
found   : int
required: short
    short b = 33000;
```

oder

```
...: floating point number too large
    float e = 3.56780E300f;
                   ^
1 error
```

Das zweite Beispiel arbeitet mit dem char-Datentyp, der bei der Anwendung einige Überraschungen bereithält.

```
class PrimitiveTypen2 {
    char z1 = 'a';
    char z2 = 'b';
    public static void main(String[] args) {
        PrimitiveTypen2 m0 = new PrimitiveTypen2();
        System.out.println("Wert von a + b: " + m0.z1 + m0.z2);
        System.out.println("Wert von (a + b): " + (m0.z1 + m0.z2));
        System.out.println("Wert von (char)(a + b): "
            + (char)(m0.z1 + m0.z2));
    }
}
```

Listing 27.2: Anwendung vom primitiven Datentyp char

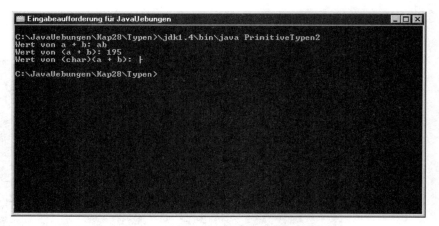

Bild 27.2: Bei char muss man bezüglich Operationen aufpassen

Wenn man mit dem Datentyp char Operationen ausführt, tritt dabei oft eine Typkonvertierung auf. Darauf gehen wir gleich genau ein.

Bei Methoden spielen Datentypen sowohl bei den Parametern als auch bei den Rückgabewerten eine Rolle. Eine Deklaration einer Methode sieht generell folgendermaßen aus:

```
[<modifiers>] <Returnwert> <namedermethode> ([<Parameter>])
   [throws] [<ExceptionListe>]
```

Der Rückgabewert einer Methode ist die Angabe, welchen Datentyp sie zurückgibt. Rückgabewerte werden mit der Anweisung `return()` zurückgegeben. Innerhalb der Klammer steht der gewünschte Rückgabewert. Rückgabewerte von Java-Methoden können von jedem in Java erlaubten Datentyp sein. Nicht nur primitive Datentypen, sondern auch komplexe Objekte (beispielsweise Zeichenketten oder Arrays). Der Aufruf einer Methode kann dann an jeder Stelle stehen, an der ein solcher Datentyp gefordert wird. Wenn eine Methode keinen Wert zurückgeben soll, muss sie mit dem Schlüsselwort `void` deklariert werden.

In der Parameterliste taucht – falls die Methode Parameter besitzt – der Datentyp so auf, dass jeder Parameter der Methode als Variablendeklaration in Klammern notiert wird. Jeder Parameter besteht also aus der Angabe des Datentyps und des Variablennamens, wie er innerhalb der Methode verwendet werden soll. Wenn mehr als ein Parameter angegeben wird, werden die Parameter durch Kommata getrennt.

Beispiele:

```
void mM1(int para1, int para2, float para3, boolean para4)
int mM1(double para1)
```

27.1 Einige Bemerkungen zu Datentypen

→ Boolesche Variablen sind dem Java-Typ `boolean` zugeordnet und können nur die Werte `true` oder `false` annehmen. Die Zuordnung eines booleschen Datentyps mit einer Zahl (egal ob Null oder UngleichNull) erzeugt einen Fehler durch den Compiler. Zahlenoperationen können mit diesem Typ explizit nicht durchgeführt werden. Werte vom Typ `boolean` sind zu allen anderen primitiven Datentypen inkompatibel und lassen sich nicht durch Casting in andere Typen überführen.

→ Einer `char`-Variable kann, da sie 2 Byte lang ist, eine Ganzzahl zwischen 0 und 65.535 zugewiesen werden. Ohne Konvertierung! Es wird bei einer evtl. Ausgabe dann das zugeordnete Unicode-Zeichen dargestellt. Die Umkehrung – also die Zuweisung von `char`-Zeichen an andere Datentypen – funktioniert nur für den Typ `int` ohne Probleme. Für die anderen Datentypen ist keine direkte Zuweisung möglich. Hier müssen Cast-Konstrukte helfen (Ausnahme Datentyp `boolean` – hier geht keinerlei Konvertierung).

→ Boolesche Literale sind nur die Schlüsselwörter `true` und `false`. Diese Schlüsselwörter können in einem Java-Quelltext überall da verwendet werden, wo es Sinn macht.

→ Es gibt nicht nur die virtuelle Maschine von Sun. Einige andere virtuelle Maschinen besitzen noch weitere Datentypen, aber das ist kein offizieller Java-Standard.

27.2 Operationen mit den Datentypen

Die meisten Operationen, die sich mit den unterschiedlichen Datentypen ausführen lassen, sind für alle Datentypen recht ähnlich. Es gibt jedoch einige wichtige Abweichungen, die man kennen muss. Lassen Sie uns die Operationen mit den Datentypen nach den Datentypen aufschlüsseln.

27.2.1 Operationen mit booleschen Variablen

Operationen mit booleschen Variablen sind in Java etwas Besonderes, denn der Datentyp ist nicht numerisch. Dennoch – viele der gleichen Operator-Symbole werden genauso wie bei anderen Ausdrücken verwendet. In den meisten Fällen handelt es sich bei diesen Bedeutungen um eine natürliche Erweiterung der Operationen, die mit ganzzahligen Typen durchgeführt werden.

Operation	Name	Bedeutung
=	Zuweisung	Einer booleschen Variablen wird der Wert true oder false zugewiesen.
==	Gleichheit	Innerhalb einer Kontrollstruktur wird ein Vergleich durchgeführt. Es wird nur dann true zurückgegeben, wenn beide boolesche Operanden denselben Wert (true oder false) haben. Ansonsten wird false zurückgegeben (entspricht dem nicht-exklusiven Oder NXOR).
!=	Ungleichheit	Innerhalb einer Kontrollstruktur wird ein Vergleich durchgeführt. Es wird nur dann true zurückgegeben, wenn beide boolesche Operanden unterschiedliche Werte (true oder false) haben. Ansonsten wird false zurückgegeben (entspricht dem exklusiven Oder XOR).
!	Logisches NOT	Wenn der Operand false ist, wird true zurückgegeben und umgekehrt.
&	AND	Es wird dann und nur dann true zurückgegeben, wenn beide Operanden true sind.
|	OR	Es wird dann und nur dann false zurückgegeben, wenn beide Operanden false sind.
^	XOR	Es wird true zurückgegeben, wenn genau ein Operand true ist. Man nennt dies ein exklusives Oder, weil der Wert eines Operanden für das Ergebnis true ausschließt, dass der Wert des anderen Operanden identisch ist.

Tabelle 27.2: Operationen mit booleschen Variablen

Operation	Name	Bedeutung
&&	Logisches AND	Für boolesche Variablen ist das logische AND das Gleiche wie AND (&): Es wird dann und nur dann true zurückgegeben, wenn beide Operanden true sind.
||	Logisches OR	Für boolesche Variablen ist das logische OR das Gleiche wie OR (|): Es wird dann und nur dann false zurückgegeben, wenn beide Operanden false sind.
? :	if-else	Diese Operation benötigt einen booleschen Ausdruck vor dem Fragezeichen. Wenn er true ist, wird der Wert vor dem Doppelpunkt zurückgegeben, ansonsten der Wert hinter dem Doppelpunkt.

Tabelle 27.2: Operationen mit booleschen Variablen (Forts.)

27.2.2 Operationen mit Zeichenvariablen

In Java werden Unicode-Zeichenvariablen konsequent als Operanden in jeder ganzzahligen Operation betrachtet, indem sie wie ganze 16-Bit-Zahlen ohne Vorzeichen behandelt werden. Beachten Sie aber, dass das Resultat einer solchen Operation entweder vom Datentyp int oder long ist. Nur, wenn beide Operanden char-Zeichen sind, ist auch der resultierende Datentyp immer ein Zeichen. Falls man ein numerisches Ergebnis als Zeichen ausdrücken will, muss eine explizite Umwandlung in den Datentyp char erfolgen. Wenn Sie Zeichen in einen kleineren Typ umwandeln, werden Sie unter Umständen Informationen verlieren. Operationen mit nur einer Zeichenvariablen als Operand (beispielsweise Zuweisungsoperationen, logische Verneinungen oder Inkrement- und Dekrementoperationen) bedürfen keiner besonderen Konvertierung. Die einstelligen Vorzeichenoperatoren (+ und -) haben keinerlei Bedeutung für Operanden vom Typ char, da diese keine Vorzeichen haben.

Operation	Name	Bedeutung
=	Zuweisung	Wertzuweisung.
==	Gleichheit	Innerhalb einer Kontrollstruktur wird ein Vergleich durchgeführt. Es wird nur dann der boolesche Wert true zurückgegeben, wenn beide Operanden denselben Wert (im Sinne von gleichem Unicode-Wert) haben. Ansonsten wird false zurückgegeben.
!=	Ungleichheit	Innerhalb einer Kontrollstruktur wird ein Vergleich durchgeführt. Es wird nur dann der boolesche Wert true zurückgegeben, wenn beide Operanden unterschiedliche Werte (im Sinne von gleichem Unicode-Wert) haben. Ansonsten wird false zurückgegeben.

Tabelle 27.3: Operationen mit Zeichen-Variablen (mindestens einer der Operanden ist vom Typ char)

Operation	Name	Bedeutung
<, <=, >, >=	Relational	Weitere Operatoren zum Vergleich innerhalb einer Kontrollstruktur. Mit diesen Operatoren wird auf Ungleichheit im Sinn »kleiner«, »kleinergleich«, »größer«, »größergleich« der Werte (im Sinne von gleichem Unicode-Wert) abgeprüft.
+, -	Vorzeichen	Vorzeichenoperatoren bei einem Operanden.
+, -, *, /	binäre Arithmetik	Additions-, Subtraktions-, Multiplikations- und Divisionsoperatoren zur Arithmetik mit Zeichenvariablen. Die Zeichenvariablen gehen in die Berechnung mit ihrem Unicode-Wert ein.
+=, -=, *=, /=	Zuweisung	Additions-, Subtraktions-, Multiplikations- und Divisions-Zuweisungen.
++, --	binäre Arithmetik	Inkrement- und Dekrement-Operatoren für den Unicode-Wert der Zeichenvariablen.
<<, >>, >>>	Verschiebung	Bitweise Verschiebungsoperatoren. Operatoren für bitweise Verschiebung nach links, für bitweise Verschiebung nach rechts und für bitweise Verschiebung nach rechts mit Füllnullen.
<<=, >>=, >>>=	Verschiebung und Zuweisung	Bitweise Verschiebungs- und Zuweisungsoperatoren (nach links, nach rechts und nach rechts mit Füllnullen).
~	Bitweises NOT	Bitweiser logischer Verneinungsoperator (Komplementieren). Eine einstellige bitweise Operation. Wenn ein Zeichen komplementiert wird, werden alle seine Bits invertiert.
&	Bitweises AND	Wenn Sie den AND-Operator (&) mit zwei Zeichen benutzen und das Ergebnis in einem dritten Zeichen ablegen, dann hat das resultierende Zeichen nur für die Bits den Eintrag 1, wenn alle beide Operanden an der gleichen Stelle Bits mit dem Wert 1 hatten.
|	Bitweises OR	Wenn Sie den OR-Operator (|) mit zwei Zeichenvariablen benutzen und das Ergebnis in einem dritten Zeichen ablegen, dann hat das resultierende Zeichen nur für die Bits den Eintrag 1, wenn einer der Operanden ein Bit an dieser Position mit dem Wert 1 hatte.

Tabelle 27.3: Operationen mit Zeichen-Variablen (mindestens einer der Operanden ist vom Typ char*) (Forts.)*

Operation	Name	Bedeutung
^	Bitweises exklusives OR	Wenn Sie den XOR-Operator (^) (exklusiv or) mit zwei Zeichenvariablen benutzen und das Ergebnis in einem dritten Zeichen ablegen, dann hat das resultierende Zeichen nur für die Bits den Eintrag 1, wenn das dazugehörige Bit in genau einem der beiden Operanden-Bytes gesetzt wird. Es muss und darf genau einer der Operanden ein Bit an dieser Position auf 1 gesetzt haben.
&=, |=, ^=	Bitweise Zuweisung	Bitweise AND-, OR-, exklusive Or (XOR)- und Zuweisungsoperatoren.

Tabelle 27.3: Operationen mit Zeichen-Variablen (mindestens einer der Operanden ist vom Typ char*) (Forts.)*

```
class CharOp {
 public static void main (String args[]) {
  char z1='a';
  char z2='b';
  int b=5;
  System.out.println("Vergleich zwischen z1 und z2: " + (z1==z2));
  System.out.println("Wert von 'a' + 5 (z1 + b): " + (z1+b));
  System.out.println("Wert von z1 + z2: " +  (z1+z2));
  System.out.println("Wert von z1 + z2: " + (char)(z1+z2));
  System.out.println("Gecasteter Wert von z1 + b: " + (char)( z1+b));
  System.out.println("Wert von z2 >>2: " + ( z2>>2));
  System.out.println("Wert von (char)(z2 >>2): " + (char)( z2>>2));
  System.out.println("Wert von z2 <<1: " + ( z2<<1));
  System.out.println("Wert von (char)(z2 <<1): " + (char)( z2<<1));
 }
}
```

Listing 27.3: Operationen mit char*-Variablen*

Die Ausgabe sieht so aus:

```
Vergleich zwischen z1 und z2: false
Wert von 'a' + 5 (z1 + b): 102
Wert von z1 + z2: 195
Wert von z1 + z2: +
Gecasteter Wert von z1 + b: f
Wert von z2 >>2: 24
Wert von (char)(z2 >>2): ?
Wert von z2 <<1: 196
Wert von (char)(z2 <<1): -
```

27.2.3 Operationen mit Gleitkommazahlen

Gleitkommazahlen oder Fließkommazahlen bestehen in Java immer (d.h. auf jeder Plattform) aus einer so genannten Zweierkomplement-Repräsentation der ganzen Zahlen. Der eine Teil der Darstellung wird für den Nachkomma-Anteil und das Vorzeichen verwendet, der zweite Teil ist die Darstellung eines Exponenten zur Basis 2 mit einer Ausgleichszahl. Daneben existieren einige spezielle Bitkonfigurationen mit besonderer Bedeutung:

→ negative Unendlichkeit

→ null

→ positive Unendlichkeit

→ keine Zahl

Die Fließkomma-Operationen selbst sind in Java für alle Plattformen gültig, was in vielen anderen Programmiersprachen nicht zutrifft. Die meisten Fließkomma-Operationen und Ganzzahl-Operationen sind identisch. Wichtigste Ausnahmen sind die Fließkomma-Operationen, die den Nachkommateil betreffen und bei Ganzzahl-Operationen natürlich keinen Sinn machen. Damit sind binäre Verschiebungen gemeint, die insofern unsinnig sind, dass damit eine kaum kontrollierbare Verschiebung vom Nachkommateil in den Exponenten-Anteil und umgekehrt erfolgen könnte.

Operation	Name	Bedeutung
=, +=, -=, *=, /=	Zuweisung	Einer Gleitzahl-Variablen wird ein Wert zugewiesen, wobei bei einer arithmetischen Zuweisung die entsprechende arithmetische Operation vorher durchgeführt wird.
==	Gleichheit	Innerhalb einer Kontrollstruktur wird ein Vergleich durchgeführt. Es wird nur dann der boolesche Wert true zurückgegeben, wenn beide Operanden denselben Wert haben. Ansonsten wird false zurückgegeben.
!=	Ungleichheit	Innerhalb einer Kontrollstruktur wird ein Vergleich durchgeführt. Es wird nur dann der boolesche Wert true zurückgegeben, wenn beide Operanden unterschiedliche Werte haben. Ansonsten wird false zurückgegeben.
<, <=, >, >=	relational	Weitere Operatoren zum Vergleich innerhalb einer Kontrollstruktur. Mit diesen Operatoren wird auf Ungleichheit im Sinn »kleiner«, »kleinergleich«, »größer«, »größergleich« der Werte geprüft. Auch hier wird, unabhängig vom Typ der Operanden, immer ein boolesches Ergebnis zurückgegeben.
+, -	Vorzeichen	Vorzeichen-Operatoren bei einem Operanden
+, -, *, /	binäre Arithmetik	Additions-, Subtraktions-, Multiplikations- und Divisions-Operatoren

Tabelle 27.4: Operationen mit den Typen float *und* double

Operation	Name	Bedeutung
+=, -=, *=, /=	Zuweisung	Additions-, Subtraktions-, Multiplikations- und Divisions-Zuweisungen
++, --	binäre Arithmetik	Inkrement- und Dekrement-Operatoren für den Wert der Variablen
%	Modulo	In Java ist auch Modulo für Kommazahlen definiert.

Tabelle 27.4: Operationen mit den Typen `float` *und* `double` *(Forts.)*

Wenn eine Operation mit zwei Operanden des Typs `float` durchgeführt wird, ist das Ergebnis auch immer eine Variable vom Datentyp `float`. Analog verhält es sich mit dem Datentyp `double`. Wenn eine binäre Operation mindestens einen Operanden des Typs `double` enthält, ist das Ergebnis auch vom Datentyp `double`. Wenn eine Operation zwischen einem Ganzzahl-Datentyp und einem Gleitzahl-Datentyp durchgeführt wird, bestimmt der Gleitzahl-Datentyp den Datentyp des Ergebnisses.

Gleitzahl-Datentypen können im Prinzip in jeden anderen Datentyp außer `boolean` konvertiert werden. Die Festlegung auf einen kleineren Typen kann wie immer zu Informationsverlust führen. Fließkommazahlen werden in Java nach dem IEEE-754-Rundungsmodus »Runden auf den nächsten Wert« gerundet. Wenn ein Gleitzahl-Datentyp in eine ganze Zahl konvertiert wird, werden Nachkommastellen abgeschnitten.

Java erzeugt keinerlei Ausnahmen bei Benutzung der Fließkomma-Arithmetik. Ein Overflow oder Überlauf (d.h. ein größeres Ergebnis durch eine Operation, als durch den Wertebereich des jeweiligen Typs ausgedrückt werden kann) oder das Teilen aller möglichen Zahlen außer null durch null und ähnliche Operationen, resultieren in der Ausgabe von positiven bzw. negativen unendlichen Werten. Dies ist durchaus ein sinnvoller Wert, denn man kann ihn mit Vergleichsoperatoren auswerten. Ein Unterlauf (d.h. ein kleineres Ergebnis – außer null – durch eine Operation, als durch den Wertebereich des jeweiligen Typs ausgedrückt werden kann) gibt einen speziellen Wert aus, der positiv oder negativ null genannt wird. Das Teilen von null durch null ergibt den Wert `NaN` (keine Zahl). Auch dies ist durchaus ein sinnvoller Wert, denn man kann ihn mit Vergleichsoperatoren auswerten. Er wird den Wert `false` bewirken.

27.2.4 Operationen mit ganzzahligen Variablen

Ganzzahlige Variablen werden in Java allesamt als Zweierkomplement-Zahlen mit Vorzeichen verwendet.

Operation	Name	Bedeutung
=, +=, -=, *=, /=	Zuweisung	Einer Ganzzahl-Variablen wird ein Wert zugewiesen.

Tabelle 27.5: Operationen mit ganzzahligen Operanden

Operation	Name	Bedeutung
==	Gleichheit	Innerhalb einer Kontrollstruktur wird ein Vergleich durchgeführt. Es wird nur dann der boolesche Wert true zurückgegeben, wenn beide Operanden denselben Wert haben. Ansonsten wird false zurückgegeben.
!=	Ungleichheit	Innerhalb einer Kontrollstruktur wird ein Vergleich durchgeführt. Es wird nur dann der boolesche Wert true zurückgegeben, wenn beide Operanden unterschiedliche Werte haben. Ansonsten wird false zurückgegeben.
<, <=, >, >=	relational	Weitere Operatoren zum Vergleich innerhalb einer Kontrollstruktur. Mit diesen Operatoren wird auf Ungleichheit im Sinn »kleiner«, »kleinergleich«, »größer«, »größergleich« der Werte geprüft. Auch hier wird, unabhängig vom Typ der Operanden, immer ein boolesches Ergebnis zurückgegeben.
+, -	Vorzeichen	Vorzeichenoperatoren bei einem Operanden
+, -, *, /	binäre Arithmetik	Additions-, Subtraktions-, Multiplikations- und Divisionsoperatoren
+=, -=, *=, /=	Zuweisung	Additions-, Subtraktions-, Multiplikations- und Divisions-Zuweisungen
++, --	binäre Arithmetik	Inkrement- und Dekrement-Operatoren für den Wert der Variablen
<<, >>, >>>	Verschiebung	Bitweise Verschiebungsoperatoren. Operatoren für bitweise Verschiebung nach links, für bitweise Verschiebung nach rechts und für bitweise Verschiebung nach rechts mit Füllnullen.
<<=, >>=, >>>=	Verschiebung und Zuweisung	Bitweise Verschiebungs- und Zuweisungsoperatoren (nach links, nach rechts und nach rechts mit Füllnullen).
~	Bitweises NOT	Bitweiser logischer Verneinungsoperator (Komplementieren). Eine einstellige bitweise Operation. Wenn ein Zeichen komplementiert wird, werden alle seine Bits invertiert.
&	Bitweises AND	Wenn Sie den AND-Operator (&) mit zwei Ganzzahlen benutzen und das Ergebnis in einer dritten Ganzzahl ablegen, dann hat die resultierende Ganzzahl nur für die Bits den Eintrag 1, wenn alle beide Operanden an der gleichen Stelle Bits mit dem Wert 1 hatten.

Tabelle 27.5: Operationen mit ganzzahligen Operanden

Operation	Name	Bedeutung
|	Bitweises OR	Wenn Sie den OR-Operator (|) mit zwei Ganzzahlen benutzen und das Ergebnis in einer dritten Ganzzahl ablegen, dann hat die resultierende Ganzzahl nur für die Bits den Eintrag 1, wenn einer der Operanden ein Bit an dieser Position mit dem Wert 1 hatte.
^	Bitweises exklusives OR	Wenn Sie den XOR-Operator (^) (exklusiv or) mit zwei Ganzzahlen benutzen und das Ergebnis in einer dritten Ganzzahl ablegen, dann hat die resultierende Ganzzahl nur für die Bits den Eintrag 1, wenn das dazugehörige Bit in genau einem der beiden Operanden-Bytes gesetzt wird. Es muss und darf genau einer der Operanden ein Bit an dieser Position auf 1 gesetzt haben.
&=, |=, ^=	Bitweise Zuweisung	Bitweise AND-, OR-, ausschließliche Or (XOR)- und Zuweisungsoperatoren
%	Modulo	Moduloberechnung

Tabelle 27.5: Operationen mit ganzzahligen Operanden

Wenn eine Operation mit zwei Ganzzahl-Operanden durchgeführt wird, ist das Ergebnis immer vom Datentyp `int` oder `long`. Das Ergebnis wird nur dann als `long` dargestellt, wenn einer der Operanden vom Datentyp `long` war oder das Ergebnis nicht ohne Überlauf in einer Variablen vom Datentyp `int` darzustellen ist. Die Datentypen `byte` oder `short` können als Ergebnis nur vorkommen, wenn es explizit festgelegt wird. Wenn eine Operation zwischen einem Ganzzahl-Datentyp und einem Gleitzahl-Datentyp durchgeführt wird, bestimmt der Gleitzahl-Datentyp den Datentyp des Ergebnisses.

Die vier ganzzahligen Typen können im Prinzip in jeden anderen Datentyp außer `boolean` konvertiert werden. Die Festlegung auf einen kleineren Typ kann wie immer zu Informationsverlusten führen. Die Konvertierung in eine Fließkommazahl (`float` oder `double`) führt normalerweise zu Ungenauigkeiten, außer die ganze Zahl ist eine Zweierpotenz.

Wenn irgendeine Operation eine Zahl erzeugt, die den erlaubten Wertebereich eines Datentyps überschreitet, wird die Ausnahme oder der Überlauf nicht angezeigt. Als Ergebnis werden die unteren Bits, die noch hineinpassen, zurückgegeben. Nur wenn der rechte Operand beim Teilen einer ganzen Zahl oder bei einer Modulus-Operation null ist, wird eine arithmetische Ausnahme erzeugt.

27.3 Typkonvertierungen und der Casting-Operator

Unter Casting versteht man die Umwandlung von einem Datentyp in einen anderen Datentyp. Java ist eine streng typisierte Sprache, weil sehr intensive Typüberprüfungen stattfinden. An verschiedenen Stellen des gesamten Prozesses. Sowohl bereits bei der Kompilierung als auch zur Laufzeit. Außerdem gelten strikte Beschränkungen für die Umwandlung (Konvertierung) von Werten eines Datentyps zu einem anderen.

Java unterstützt zwei unterschiedliche Arten von Konvertierungen:

→ Explizite Konvertierungen, um absichtlich den Datentyp eines Wertes zu verändern

→ Ad-hoc-Konvertierungen ohne Zutun des Programmierers

27.3.1 Ad-hoc-Typkonvertierung

Java führt bei der Bewertung von Ausdrücken einige Typkonvertierungen ad hoc durch, ja sogar ohne dass es ein Programmierer überhaupt mitbekommt. Insbesondere wird er nicht ausdrücklich aktiv. Die Umwandlung erfolgt dann, wenn die Situation es erfordert. Eine solche Situation tritt ein, wenn

→ bei einer Zuweisung der Typ der Variablen und der Typ des zugewiesenen Ausdruck nicht identisch sind

→ der Wertebereich der Zuweisung eines Ausdrucks nicht ausreicht

→ verschiedene Datentypen in einem Ausdruck verknüpft werden

→ die an einem Methodenaufruf übergebenen Parameter vom Datentyp nicht mit den geforderten Datentypen übereinstimmen

Die Regeln für eine dann durchgeführte automatische Konvertierung sind für numerische Datentypen untereinander allerdings sehr einfach.

→ Wenn nur Ganzzahltypen miteinander kombiniert werden, legt der größte Datentyp den Ergebnis-Datentyp fest. Wenn also einer der beiden Operanden den Datentyp `long` hat, wird der andere gleichfalls zu `long` konvertiert und das Ergebnis vom Typ `long` sein. Aus der Kombination `short` und `int` wird `int`, `byte` und `short` wird zu `short`, und `byte` und `int` wird zu `int`. Wenn das Ergebnis einer Verknüpfung vom Wert her so groß ist, dass es im so vorgesehenen Wertebereich nicht mehr dargestellt werden kann, wird der nächstgrößere Datentyp genommen. So kann es vorkommen, dass aus der Verknüpfung von zwei `int`-Werten der Typ `long` entsteht.

→ Bei Operationen mit Fließkommazahlen gelten weitgehend die analogen Regeln. Wenn mindestens einer der Operanden den Datentyp `double` hat, wird der andere ebenso zu `double` konvertiert, und das Ergebnis ist dann ebenfalls vom Typ `double`. Aus zwei `float`-Datentypen wird allerdings nicht (!) der Typ `double`, wenn der Wertebereich nicht ausreicht (also keine Ad-hoc-Konvertierung). Stattdessen wird der wohldefinierte Wert `Infinity` zurückgegeben.

Es ist also offensichtlich so, dass, wenn der entstehende Datentyp größer als der zu konvertierende Datentyp ist, die Konvertierung ohne Probleme ad hoc funktioniert, da keine Informationen verloren gehen können.

Wenn in Ausdrücken Verbindungen zwischen verschiedenen Familien von Datentypen (etwa char mit int oder byte mit double) durchgeführt werden, gilt Folgendes:

→ Der Datentyp char wird auf int gecastet.

→ Ganzzahlen werden bei Verbindung mit Fließkommazahlen auf float oder double konvertiert (je nach Größe des beteiligten Fließkomma-Operanden).

Also gilt es festzuhalten, dass Java nur dann ad hoc konvertiert, wenn keine Information verloren gehen kann.[1] Das ist ein großer Vorteil von Java gegenüber vielen anderen Techniken, in denen das unter Umständen doch passieren kann. Wir haben dieses Verhalten bereits in vielen Beispielen gesehen. Hier folgt noch einmal ein kleines Muster:

```
class CastingAdHoc {
 public static void main (String args[]) {
   byte a = 125;
   byte b = 125;
   System.out.println(a + b);
   System.out.println(a + 3);
   System.out.println("Text und Zahl wird zu Text" + 5);
   System.out.println(10.0f + 1.0);
 }
}
```

Listing 27.4: Beispiele für Ad-hoc-Konvertierungen

Die Ausgabe sieht so aus:

```
250
128
Text und Zahl wird zu Text5
11.0
```

Grundsätzlich kann man mit dem +-Operator primitive Werte mit einem String verbinden. In diesem Fall wird immer ein String erzeugt. Bei booleschen Werten ist die Situation etwas komplizierter. Diese lassen sich in Java grundsätzlich nicht in andere primitive Datentypen konvertieren (weder ad hoc, noch explizit). Man muss bei Bedarf eine Hilfskonstruktion (etwa mit einer if-Struktur) verwenden.

---

1 Bis auf ganz wenige, sehr konstruierte Sonderfälle.

27.3.2 Explizite Typkonvertierung

Eine explizite Konvertierung ist immer dann notwendig, wenn Sie eine Umwandlung in einen anderen Datentyp wünschen und diese nicht ad hoc auf Grund der oben beschriebenen Situationen eintritt. Oft ist es auch notwendig, eine ad hoc durchgeführte Typkonvertierung wieder rückgängig zu machen, wenn diese nicht gewünscht wird. Bei Java ist das auch so gut wie nie ein Problem, denn bei Ad-hoc-Aktionen bleiben alle relevanten Daten ja erhalten.

Um beispielsweise einen, in einem großen Datentyp gespeicherten, Wert in einen kleineren Datentyp umzuwandeln, müssen Sie explizites Casting anwenden. Dazu müssen Sie in der Regel den Casting-Operator verwenden. Alternativ gibt es in manchen Situationen Methoden, die eine gewünschte Typkonvertierung durchführen.

Konvertieren von primitiven Datentypen

Der Casting-Operator besteht bei Casting auf einen primitiven Datentyp nur aus einem Datentypnamen in runden Klammern. Er ist ein einstelliger Operator mit hoher Priorität und steht vor seinem Operanden. Er ist also immer von der folgenden Form:

```
(<Datentyp>) <Wert>
```

Beispiele:

```
(byte) (x/y)
(float) x
```

Der Operator liefert den Datentyp zurück, wie er in dem in den Klammern bezeichneten Typ festgelegt wird. Es gibt für alle primitiven Datentypen außer `boolean` einen Casting-Operator.

Da Casting eine höhere Priorität als Arithmetik hat, müssen arithmetische Operationen in Verbindung mit Casting in Klammern gesetzt werden.

Konvertieren von Objekten

Mit Einschränkungen lassen sich sogar Klasseninstanzen in Instanzen anderer Klassen konvertieren (sowohl ad hoc als auch explizit). Die wesentliche Einschränkung ist, dass die Klassen durch Vererbung miteinander verbunden sein müssen. Allgemein gilt, dass ein Objekt einer Klasse auf seine Superklasse festgelegt werden kann. So kann beispielsweise ein `Graphics2D`-Objekt auf ein `Graphics`-Objekt konvertiert werden (`Graphics` ist die Superklasse von `Graphics2D`). Beispiel:

```
Graphics a = (Graphics) g2d;
```

Weil eine Festlegung immer eine unbedingte Typkonvertierung beinhaltet (sofern überhaupt eine möglich ist), ist sie als Typenzwang bekannt. Beim Konvertieren von einer Instanz auf eine Instanz seiner Superklasse gehen die spezifischen Informationen, die nur in der zu konvertierenden Subklasse vorhanden sind, natürlich verloren. Bezüglich des umgekehrten Wegs mit Casting der Superklasse auf eine Subklasse (die ja in der Regel mehr Informationen enthält) gibt es im Allgemeinen ebenfalls Probleme.

Die Subklasse beinhaltet mehr Information als die Superklasse und diese können nicht einfach durch Casting generiert werden. Dennoch gibt es diverse Situationen, in denen eine Konvertierung eines Objekts auf die Subklasse sinnvoll ist. Etwa, wenn man im Rahmen der `paint()`-Standardmethode Java2D verwenden will. In diesem Fall castet man das `Graphics`-Objekt auf ein `Graphics2D`-Objekt, dessen fehlende Informationen dann default belegt werden. Etwa so:

```
public void paint(Graphics g) {
Graphics2D g2d = (Graphics2D) g;
...// tue etwas Sinnvolles
}
```

Die Technik zum expliziten Konvertieren mit dem Casting-Operator ist analog dem Fall des Casting bei primitiven Datentypen. Er ist also immer von der folgenden Form:

`(<Klassenname>) <Objekt>`

Der `<Klassenname>` ist der Name der Klasse, in die das Objekt konvertiert werden soll. `<Objekt>` ist eine Referenz auf das konvertierte Objekt. Casting erstellt eine neue Instanz der neuen Klasse. Das alte Objekt existiert unverändert weiter.

Konvertieren von Objekten in Schnittstellen

Mit Einschränkungen lassen sich Klasseninstanzen in Schnittstellen konvertieren. Dabei ist allerdings zwingend, dass die Klasse selbst oder eine Superklasse des Objekts die jeweilige Schnittstelle implementiert. Durch Casting eines Objekts in eine Schnittstelle kann dann eine Methode dieser Schnittstelle verwendet werden, obwohl die Klasse des Objekts diese Schnittstelle unter Umständen nicht direkt implementiert hat.

Konvertierung von primitiven Datentypen in Objekte und umgekehrt

Ein erhebliches Problem ist die Konvertierung von primitiven Datentypen in Objekte und umgekehrt. Oder auch nicht – es geht nämlich nicht. Weder ad hoc noch durch explizites Casting. Das hat sehr weit reichende Konsequenzen, denn ein String ist ja beispielsweise in Java kein primitiver Datentyp. Aber dass Casting für solche Fälle nicht funktionieren kann, ist auf Grund der strengen Logik von Java auch zwingend. Andere Sprachen erlauben so etwas schon, aber das ist nichts als Bequemlichkeit, für die man ein logisches Konzept aufgibt. Was hieße es denn, wenn man die Konvertierung von primitiven Datentypen in Objekte zuließe? Spielen wir ein paar Situationen durch:

→ Sie würden ein Objekt vom Typ »Schwein« erstellen und dann durch den primitiven Typ 5 teilen. Was sollten Sie erhalten? Steaks?

→ Was gibt `"Müller"` * 5?

→ Wie soll mit einem URL-Objekt verfahren werden, wenn davon 3 abgezogen wird?

→ Was resultiert aus einem Datenbankobjekt, wenn 42 dazu addiert wird?

Stellen wir uns die Fragen etwas anders. Welche Werte kann man aus einem der folgenden Objekte extrahieren:

→ Wie groß ist der numerische Wert, der in dem Schwein-Objekt gespeichert ist?

→ Was ist eigentlich die Zahl, die Müller darstellt?

→ Welchen Wert repräsentiert eine Netzwerkverbindung?

→ Enthält ein Datenbankobjekt eine Ganzzahl oder eine Gleitkommazahl?

Das sind alles unsinnige Konstellationen, die aber für eine Lösung eine Typkonvertierung erzwingen würden. Es handelt sich jeweils um die Verbindung eines Objekts und eines primitiven Datentyps. Es gibt aber auch diverse Situationen, in denen eine Verbindung Sinn macht. Einen Fall kennen wir schon, wobei das in gewisser Weise eine Sonderlösung ist. Es handelt sich um den Fall, in dem mit dem Verknüpfungsoperator + zu einem String ein primitiver Wert hinzugezogen wird. Es gibt aber mehr Situationen, in denen die Geschichte nicht so unsinnig ist. Etwa, wenn in einem String ein numerischer Wert enthalten ist. Dann ist es sinnvoll, ihn daraus zu extrahieren und ihn weiter zu verwenden. Wenn man nun Casting zulassen würde, müsste man ein riesiges Geflecht an Situationen festlegen, wann es geht und wann nicht. Das könnte man nicht mit einem einfachen Konzept realisieren und es passt einfach nicht zu Java, zig Ausnahmen und Sondersituationen zu postulieren.

Die Konvertierung geht in Java deshalb nicht direkt per Casting. Stattdessen gibt es im Java-Paket java.lang als Ersatz dafür Sonderklassen, die primitiven Datentypen entsprechen und perfekt in das Objektkonzept von Java passen. Man nennt sie Wrapper-Klassen oder kurz Wrapper.² Mit den in den Klassen definierten Klassenmethoden können Sie mit Hilfe des new-Operators jeweils ein Objekt-Gegenstück zu jedem primitiven Datentyp erstellen.

Das Wrapper-Verfahren eignet sich sowohl dafür, aus einem primitiven Datentyp ein Objekt zu erstellen, das diesen in der Welt der Objekte repräsentiert, als auch umgekehrt aus einem Objekt einen solchen zu extrahieren.

Es soll noch einmal ausdrücklich die Bedeutung dieses Wegs der Extrahierung von primitiven Werten aus Objekten betont werden. Es ist in vielen Fällen der einzig mögliche Weg. Wrapper sind ganz wichtig.

Beispiele:

```
Integer Objekt_vomTyp_int = new Integer(1);
```

---

2 Von to wrap – einhüllen.

Typkonvertierungen und der Casting-Operator

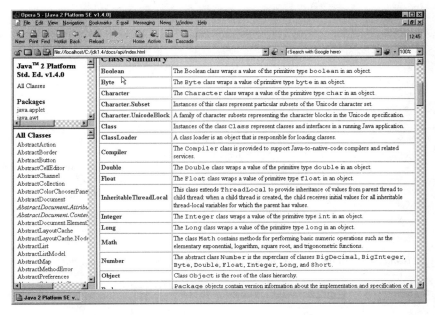

Bild 27.3: In `java.lang` *finden Sie alle Wrapper*

Das Objekt `Objekt_vomTyp_int` ist eine Instanz der Klasse `Integer` und bekommt direkt den primitiven `int`-Wert 1 übergeben. Sie werden sich wahrscheinlich fragen, wo das Sinn macht. Ich greife auf ein Beispiel zurück, das wir schon verwendet haben – ein Java-Programm mit grafischer Oberfläche, in dem das Ergebnis einer Multiplikation ausgegeben werden soll. Dort haben wir immer zur Ausgabe von Text eine Methode `drawString()` verwendet. Das Ergebnis einer Multiplikation von numerischen Werten ergibt aber keinen String. Die Methode `drawString()` kann nicht (direkt) zur Ausgabe verwendet werden, denn sie benötigt als Parameter einen String. Sie können jetzt in der Dokumentation von Java auf die Suche gehen, ob Sie etwas wie `drawInt()` oder so finden. Viel Spaß. Ich verrate Ihnen das Geheimnis, bevor Sie gefrustet die Suche abbrechen. Sie werden so etwas nicht finden. Es gibt zwar Alternativen zu `drawString()`, aber nicht so, wie wir das brauchen. Sie müssen das Ergebnis der Multiplikation in ein Objekt einpacken und daraus einen String extrahieren. Letzteres ist für jedes Objekt möglich, denn jedes Objekt beinhaltet die Methode `toString()`. Damit kann man im Prinzip aus jedem beliebigen Objekt einen String extrahieren.

```
public class Wrap1 extends java.awt.Frame {
  public Wrap1() {
     initComponents ();
  }
  private void initComponents() {
     addWindowListener(new java.awt.event.WindowAdapter() {
        public void windowClosing(java.awt.event.WindowEvent evt) {
           System.exit (0);
```

```
            }
          }
        );
      }
      public static void main (String args[]) {
        Wrap1 u = new Wrap1();
        u.setSize(325,150);
        u.show();
      }
      public void paint(java.awt.Graphics g)    {
        Integer erg = new Integer(3*3);
        g.setFont(new java.awt.Font("TimesRoman",java.awt.Font.BOLD,48));
        g.drawString(erg.toString(), 50, 75);
// Kleiner Trick als Alternative
//      g.drawString("" + (3*3), 50, 75);
      }
    }
```

Listing 27.5: *In dem Programm wird auf der grafischen Oberfläche ein numerischer Wert ausgegeben*

Bild 27.4: *Ausgabe von numerischen Werten erzwingt eine Konvertierung*

 Alternativ funktioniert für den Spezialfall in dem letzten Beispiel ein kleiner Trick. Indem Sie als ersten Wert der Ausgabe einen String notieren (der kann auch leer sein) und dann per + das Ergebnis der Multiplikation anhängen, wird in der Ausgabe zuerst ein Resultat vom Typ String *erzwungen. Etwa so:*

```
g.drawString("" + (3*3), 50, 75);
```

Das kann man direkt ausgeben. Das funktioniert zwar gut, aber nicht in allen Situationen. Wrapper gehen immer und sind sauberer.

Es gibt für jeden primitiven Datentyp ein Wrapper-Äquivalent.

Wrapper	Beschreibung
Boolean	Wrappt einen primitiven boolean-Wert in ein Objekt
Byte	Wrappt einen primitiven byte-Wert in ein Objekt
Character	Wrappt einen primitiven char-Wert in ein Objekt
Double	Wrappt einen primitiven double-Wert in ein Objekt

Tabelle 27.6: *Wrapper für primitive Datentypen*

Wrapper	Beschreibung
Float	Wrappt einen primitiven float-Wert in ein Objekt
Integer	Wrappt einen primitiven int-Wert in ein Objekt
Long	Wrappt einen primitiven long-Wert in ein Objekt
Short	Wrappt einen primitiven short-Wert in ein Objekt

Tabelle 27.6: Wrapper für primitive Datentypen (Forts.)

In den gleichen Zusammenhang sind die Klassen Number (die abstrakte Superklasse von Byte, Double, Float, Integer, Long und Short) und Void (eine nicht-instanziierbare Platzhalterklasse zum Bereitstellen einer Referenz auf das Klassen-Objekt, das den primitiven Java-Typ void repräsentiert) zu setzen.

Wir haben in dem letzten Beispiel gesehen, wie aus einem primitiven Wert ein Objekt generiert wird, das diesen repräsentiert. Gehen wir jetzt den umgekehrten Weg an, in dem aus einem Objekt ein primitiver Wert extrahiert werden muss.

Die Extrahierung aus einem per Wrapper erzeugten Objekt funktioniert mit den über die Wrapper-Klasse bereitgestellten Methoden. So stellt die Klasse Integer beispielsweise folgende Methoden bereit (Auswahl):

Methode	Beschreibung
byte byteValue()	Rückgabe des Werts von einem Integer als byte
int compareTo(Integer anotherInteger)	Numerischer Vergleich zweier Integer
int compareTo(Object o)	Vergleich des Integer mit einem anderen Objekt
static Integer decode(String nm)	Dekodierung eines String in ein Integer
double doubleValue()	Rückgabe des Werts von einem Integer als double
boolean equals(Object obj)	Objektvergleich
float floatValue()	Rückgabe des Werts von einem Integer als float
static Integer getInteger(String nm)	Rückgabe eines Integer-Objekts auf Grund verschiedener Übergabewerte

Tabelle 27.7: Auswahl von Methoden der Integer-Klasse

Methode	Beschreibung
`static Integer getInteger(String nm, int val)`	
`static Integer getInteger(String nm, Integer val)`	
`int hashCode()`	Rückgabe eines Hashcodes für diesen Integer
`int intValue()`	Rückgabe des Werts von einem Integer als int
`long longValue()`	Rückgabe des Werts von einem Integer als long
`static int parseInt(String s)`	Parsed das Stringargument und gibt den gefundenen Integerwert dezimal zurück
`short shortValue()`	Rückgabe des Werts von einem Integer als short

Tabelle 27.7: Auswahl von Methoden der Integer-Klasse (Forts.)

Die anderen Wrapper-Klassen stellen die gleichen oder verwandte Methoden bereit.

Insbesondere die Klasse `String`, auf der sämtliche String-Repräsentationen von Java basieren, ist für den Fall der Extrahierung eines primitiven Werts aus einem Objekt zu erwähnen. Einmal kann jedes Objekt den enthaltenen Wert als String über `toString()` extrahieren. Die Konstruktoren der Wrapper-Klassen erlauben es zudem immer, einen String als Übergabewert anzugeben. Über diesen Weg führt dann am sinnvollsten die Extrahierung einer Zahl aus einem String.

Das nachfolgende Beispiel extrahiert den Wert des Objekts als primitiven Datentyp `int` aus dem `Integer`-Objekt. Die verwendete Methode ist `intValue()`.

```java
class Wrap2 {
  public static void main(String args[]) {
    Integer a = new Integer(args[0]);
    Integer b = new Integer(args[1]);
    System.out.println(a.intValue()*b.intValue());
  }
}
```

Listing 27.6: Multiplikation von zwei an ein Programm übergebenen Werten

Wenn Sie das Programm mit zwei Integerwerten als Übergabewerte aufrufen (also z.B.: `java Wrap2 3 4`), werden diese miteinander multipliziert und ausgegeben. Da in Java Übergabewerte an ein Programm immer als Strings übergeben werden (ein dynamisches String-Array), muss man eventuell dort zu übergebende primitive Werte mit geeignetem Wrapper behandeln und dann mit passenden Methoden die primitiven Werte extrahieren.

Beachten Sie, dass das Programm nicht gegen Falscheingaben (falsches Format der Übergabewerte oder gar fehlende Parameter) gesichert ist.

28 Ausdrücke

Ausdrücke sind das, was einen Wert in einer Programmierung repräsentiert. Sie drücken einen Wert entweder direkt (durch ein Literal) oder durch eine Berechnung (eine Operation) aus. Es kann sich aber auch um Kontrollfluss-Ausdrücke handeln, die den Ablauf der Programmausführungen festlegen. Ausdrücke können Konstanten, Variablen, Schlüsselwörter, Operatoren und andere Ausdrücke beinhalten. Wir haben in unseren bisherigen Beispielen natürlich schon diverse Java-Ausdrücke verwendet. Man kann Ausdrücke am einfachsten folgendermaßen definieren:

Ausdrücke sind das Ergebnis der Verbindung von Operanden und Operatoren über die syntaktischen Regeln der Sprache.

Ausdrücke werden also für die Durchführung von Operationen (Manipulationen) an Variablen oder Werten verwendet. Dabei sind Spezialfälle wie arithmetische Konstanten bzw. Literale kein Widerspruch, sondern nur die leere Operation.

28.1 Bewertung von Ausdrücken

Ausdrücke kommen selbstverständlich auch über komplizierte Kombinationen von Operatoren und Operanden vor. Deshalb muss Java diese Kombinationen bewerten. Also eine Reihenfolge festlegen, wie diese komplexeren Ausdrücke auszuwerten sind. Das ist in der menschlichen Logik nicht anders. Etwa die Punkt-vor-Strich-Rechnung in der Mathematik. Überhaupt ist die Bewertung von Ausdrücken in Java meistens durch die Bewertung von Ausdrücken in der Mathematik intuitiv herleitbar. Eine Bewertung basiert auf drei Grundbegriffen:

1. Operatorassoziativität
2. Operatorvorrang
3. Bewertungsreihenfolge

28.1.1 Operatorassoziativität

Die so genannte Operatorassoziativität ist die einfachste der Bewertungsregeln. Es geht darum, dass alle arithmetischen Operatoren Ausdrücke defaultmäßig von links nach rechts bewerten (assoziieren). Das heißt, wenn derselbe Operator oder Operatoren gleicher Priorität in einem Ausdruck mehr als einmal auftaucht – wie beispielsweise der +-Operator bei dem Ausdruck 1 + 2 + 3 + 4 + 5 – dann wird der am weitesten links erscheinende zuerst bewertet, gefolgt von dem rechts daneben und so weiter. Unterziehen wir folgende arithmetische Zuweisung einer näheren Betrachtung:

x=1 + 2 + 3 + 4 + 5;

In diesem Beispiel wird der Wert des Ausdrucks auf der rechten Seite des Gleichheitszeichens zusammengerechnet und der Variablen x auf der linken Seite zugeordnet. Für das Zusammenrechnen des Werts auf der rechten Seite bedeutet die Tatsache, dass der Operator + von links nach rechts assoziiert, dass der Wert von 1 + 2 zuerst berechnet wird. Erst im nächsten Schritt wird zu diesem Ergebnis dann der Wert 3 addiert und so fort, bis zuletzt die 5 addiert wird. Anschließend wird das Resultat dann der Variablen x zugewiesen. Immer, wenn derselbe Operator mehrfach benutzt wird, können Sie die Assoziativitätsregel anwenden.

Diese Regel ist nicht ganz so trivial, wie sie im ersten Moment erscheint. Darüber lässt sich bewusst das Prinzip des Castings beeinflussen. Beachten Sie das nachfolgende kleine Beispiel.

```
class Ausdruecke {
  public static void main (String args[])  {
     System.out.println("" + 1 + 2 + 3);
     System.out.println(1 + 2 + 3 + "");
  }
}
```

Listing 28.1: *Operatorassoziativität*

Die erste Ausgabe wird 123 sein, die zweite jedoch 6. Warum?

→ In der ersten Ausgabe wird zuerst "" + 1 bewertet. Das erzwingt ein Resultat vom Typ String. Danach wird "1" + 2 bewertet ("1" ist ein String!) und es ergibt den String "12". Dann folgt das Spiel erneut.

→ In der zweiten Version wird zuerst 1 + 2 bewertet und es entsteht die Zahl 3. Erst im letzten Schritt wird mit 6 + "" eine Konvertierung in einen String erzwungen.

Die Operatorassoziativität ist auch der Grund, warum ++i und i++ in einem Ausdruck so unterschiedliche Effekte haben. Im Fall ++i wird zuerst erhöht und dann dem Wert zugewiesen. Im Fall i++ wird zuerst der Wert zugewiesen und dann erhöht.

28.1.2 Operatorvorrang

Operatorvorrang bedeutet die Beachtung der Priorität von Java-Operatoren *(siehe dazu Seite 314)*. Wenn Sie einen Ausdruck mit unterschiedlichen Operatoren haben, muss Java entscheiden, wie Ausdrücke bewertet werden. Dazu wird zuerst der gesamte Ausdruck analysiert. Hier ist das Beispiel von Punkt-vor-Strich-Rechnung aus der Mathematik wieder sinnvoll. Java hält sich strikt an Regeln der Operatorvorrangigkeit. Je höher ein Operator priorisiert ist, desto eher wird er bewertet. Die multiplikativen Operatoren (*, / und %) haben Vorrang vor den additiven Operatoren (+ und -). Mit anderen Worten: In einem zusammengesetzten Ausdruck, der sowohl multiplikative als auch additive Operatoren enthält, werden die multiplikativen Operatoren zuerst bewertet. Dies ist übrigens einfach die Punkt-vor-Strich-Rechnung.

Beispiel:

```
a = b-c*d/e;
```

Weil die Operatoren * und / Vorrang haben, wird der Unterausdruck zuerst berechnet. Erst danach wird die Subtraktion ausgeführt. Immer wenn Sie die Bewertungsreihenfolge von Operatoren in einem Ausdruck ändern wollen, müssen Sie Klammern benutzen. Klammern haben eine höhere Priorität als arithmetische Operatoren. Jeder Ausdruck in Klammern wird zuerst bewertet.

Beispiel:

```
a = (b-c)*d/e;
```

Hier würde zuerst die Subtraktion von b und c durchgeführt.

```
class Operatorvorrang {
  public static void main (String args[])  {
     System.out.println(1 + 2 * 3);
     System.out.println((1 + 2) * 3);
  }
}
```

Listing 28.2: *Operatorvorrang*

Die erste Ausgabe wird 7 sein, die zweite jedoch 9.

28.1.3 Bewertungsreihenfolge

Die dritte Regel bei der Bewertung von Ausdrücken ist die Bewertungsreihenfolge. Der Unterschied von Bewertungsreihenfolge und Operatorvorrang ist der, dass bei der Bewertungsreihenfolge die Operanden bewertet werden.

Die Bewertungsreihenfolge legt fest, welche Operatoren in einem Ausdruck zuerst benutzt werden und welche Operanden zu welchen Operatoren gehören. Außerdem dienen die Regeln für die Bewertungsreihenfolge dazu, festzulegen, wann Operanden bewertet werden.

Es gibt drei plattformunabhängige Grundregeln in Java, wie ein Ausdruck bewertet wird:

1. Bei allen binären Operatoren wird der linke Operand vor dem rechten bewertet.
2. Zuerst werden immer die Operanden, danach erst die Operatoren bewertet.
3. Wenn mehrere Parameter, die durch Kommata voneinander getrennt sind, durch einen Methodenaufruf zur Verfügung gestellt werden, werden diese Parameter immer von links nach rechts bewertet.

29 Variablen und Konstanten

Variablen und Konstanten sind bisher schon sehr intensiv benutzt und auch wichtige Aspekte geklärt worden (*siehe Seite 205 ff*). Deshalb wird dieser kompakte Abschnitt hauptsächlich (aber beileibe nicht ausschließlich) die zentralen Details zusammentragen, die bisher verstreut in verschiedenen Passagen des Buches behandelt wurden.

Variablen sind Adressen im Hauptspeicher, in denen irgendwelche Werte gespeichert werden können. Dazu haben diese Adressen einen Namen, einen der in Java erlaubten Datentypen (entweder primitiv oder der Typ einer Klasse) und einen Wert, der im Fall von Variablen geändert werden kann. Java ist bezüglich Variablen sehr streng. Insbesondere muss jede Variable vor einer Verwendung deklariert werden.

Beispiele:

```
int a;
float b;
Frame c;
```

Java kennt nur drei unterschiedliche Arten von Variablen:

→ Instanzvariablen

→ Klassenvariablen

→ Lokale Variablen

29.1 Lokale Variablen

Instanzvariablen und Klassenvariablen haben wir schon ausführlich behandelt (*siehe Seite 189 ff*). Neu sind jedoch lokale Variablen. Lokale Variablen werden innerhalb von Methodendefinitionen deklariert und können auch nur dort benutzt werden. Diese Aussage umfasst auch solche Variablendeklarationen, die innerhalb der Parameterliste einer Methodendeklaration durchgeführt werden. Temporäre Variablen dieser Art machen Sinn, wenn Werte nur innerhalb der Methodendefinitionen Verwendung finden. Sogar innerhalb einzelner, besonderer Blockstrukturen können Indexvariablen von Schleifen (so genannte schleifenlokale Variablen) definiert werden. Lokale Variablen existieren nur so lange im Speicher, wie die Methode, die Schleife oder der Block existiert. Damit haben wir auch schon einen der Hauptgründe, warum man – sofern es irgend möglich ist – lokale Variablen einsetzt: Das Programm wird genügsamer bezüglich des Speichers, den es zur Laufzeit braucht. Unbenutzter Speicher kann schneller freigegeben werden. Das macht ein Programm schlanker und letztendlich auch schneller. Nur, wenn eine Variable sehr oft erzeugt werden muss, kann die jeweilige Neuerzeugung ineffektiver sein.

```
class LokaleVar1 {
   void meth1(){
      int a=42;
```

```
            System.out.println(a);
        }
        void meth2(int a){
            int b=a;
            System.out.println(b);
        }
        public static void main(String[] args) {
            LokaleVar1 u = new LokaleVar1();
            u.meth1();
            u.meth2(5);
        }
    }
```
Listing 29.1: Lokale Variablen

Die in den beiden Methoden deklarierten Variablen a sowie a und b sind jeweils lokal.

Um ein weiteres sinnvolles Beispiel zu demonstrieren, müssen wir auf eine Schleifenkonstruktion zurückgreifen, die im Folgenden noch genauer erklärt wird. Sie dürfte jedoch jedem bekannt sein, der schon einmal programmiert hat – die for-Schleife.

```
class LokalVar2 {
    void meth1(){
        for(int i=0;i<500;i++)
            System.out.print((char)i);
    }
    public static void main(String[] args) {
        LokalVar2 u = new LokalVar2();
        u.meth1();
    }
}
```
Listing 29.2: Eine schleifenlokale Variable

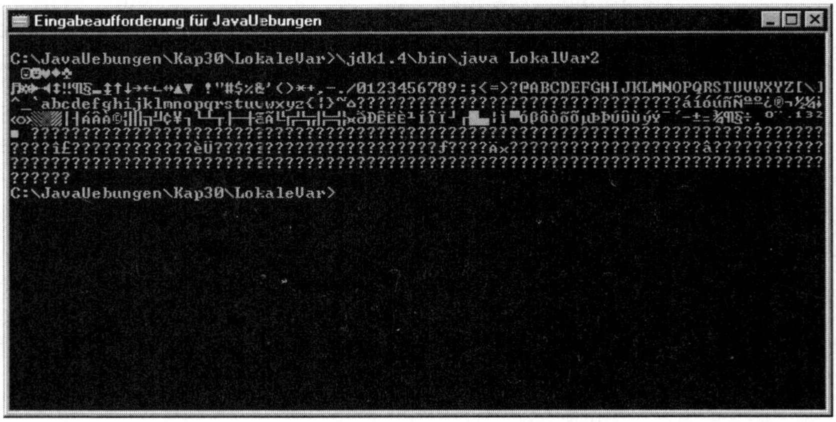

Bild 29.1: Die Verwendung einer lokalen Variablen in einer for-Schleife

Wesentlicher Unterschied von lokalen Variablen zu Instanz- und Klassenvariablen ist, dass sie unbedingt einen Wert zugewiesen bekommen müssen, bevor sie benutzt werden können. Instanz- und Klassenvariablen haben einen typspezifischen Default-Wert. Es gibt einen Compiler-Fehler der folgenden Art, wenn lokale Variablen nicht vor der ersten Verwendung initialisiert wurden:

```
...: variable a might not have been initialized
     System.out.println(a);
                       ^
1 error
```

Ein weiterer Unterschied von lokalen Variablen zu Instanz- und Klassenvariablen ist, dass man auf sie immer direkt und nicht über die Punktnotation zugreifen kann. Der Bereich Konstanten ist in Java sowieso eine Besonderheit. Im Fall von lokalen Variablen beinhaltet dies, dass sie nicht als Konstanten gesetzt werden können. Das bedeutet, das Schlüsselwort final ist bei lokalen Variablen nicht erlaubt.

29.2 Die Java-Konstanten

Wie gerade noch einmal erwähnt, kennt Java keine Konstanten im üblichen Sinn und realisiert diese über das Schlüsselwort final bei ansonsten weitgehend normalen Variablen. Zusätzlich müssen Sie dieser Variablen einen Anfangswert zuweisen (der sich dann auch nie mehr ändert – sonst hätten wir ja keine Konstante). Wie angedeutet, können in Java solche Konstanten ausschließlich für Instanz- und Klassenvariablen, aber nie für lokale Variablen erstellt werden.

In dem Java-API wird eine große Anzahl von Konstanten für die unterschiedlichsten Einsatzgebiete zur Verfügung gestellt.

Variablendeklarationen in Schnittstellen bedeuten immer die Erstellung von Konstanten. Unabhängig davon, ob final *vorangestellt wird oder nicht.*

30 Anweisungen

Anweisungen bedeuten eine Syntaxstruktur, die bestimmte Dinge ausführt. Anweisungen werden einfach der Reihe nach ausgeführt. Ausnahmen sind Kontrollfluss-Anweisungen oder Ausnahmeanweisungen. Sie werden aufgrund ihres Effektes ausgeführt und haben selbst keine Werte. Man unterteilt Anweisungen nach ihrer Art.

30.1 Blockanweisung

Es gibt beispielsweise »Blockanweisungen«, die eine Zusammenfassung von größeren Source-Teilen zu Blockstrukturen erlaubt. In Java erledigen das die geschweiften Klammern

```
{
    ...// irgendwelche Anweisungen
}
```

wie wir schon mehrfach erwähnt und natürlich umfangreich verwendet haben. In einem Anweisungsblock stehen eine Reihe von anderen Anweisungen. Wenn die Form einer Anweisung eine Anweisung oder eine Unteranweisung verlangt, kann jeder sinnvolle Block anstelle der Unteranweisung eingefügt werden. Ein Anweisungsblock hat seinen eigenen Geltungsbereich für die in ihm enthaltenen Anweisungen. Das bedeutet, dass lokale Variablen in diesem Block deklariert werden können, die außerhalb dieses Blocks nicht verfügbar sind und deren Existenz erlischt, wenn der Block ausgeführt wurde.

Blöcke können beliebig ineinander geschachtelt werden. Sie müssen allerdings die Schachtelung wieder sauber schließen. Viele Fehler beruhen auf geöffneten und nicht korrekt geschlossenen Blöcken. Der Java-Compiler überprüft natürlich solche Blockstrukturen. Die im Fehlerfall zurückgegebene Meldung kann jedoch oft in die Irre führen, da der endgültige Fehler sich erst an einer anderen Stelle auswirkt.

30.2 Deklarationsanweisung

Deklarationen zur Einführung eines primitiven Datentyps, eines Datenfelds, einer Klasse, einer Schnittstelle oder eines Objekts sind Anweisungen. Bis auf die Deklaration eines Datenfelds sind diese bereits vollständig behandelt worden und werden hier nicht mehr weiter verfolgt. Auf Datenfelder kommen wir im nächsten Kapitel zurück.

30.3 Ausdrucksanweisung

Ein weiterer Fall von uns schon bekannten Anweisungen sind Ausdrucksanweisungen (obwohl sie nicht unter dem Namen aufgetaucht sind). Ausdrucksanweisungen werden in Programmiersprachen in der Regel am häufigsten verwendet. Java verwendet sieben verschiedene Ausdrucksanweisungsarten:

1. Zuordnung
2. Pre-Inkrement
3. Pre-Dekrement
4. Post-Inkrement
5. Post-Dekrement
6. Methodenaufruf
7. Zuweisungsausdruck

Diese Anweisungsart kennen wir bereits vollständig. Was aber noch nachzutragen ist, sind die allgemeinen Regeln für Ausdrucksanweisungen unter Java:

→ Alle Ausdrucksanweisungen müssen mit einem Semikolon beendet werden.

→ Eine Ausdrucksanweisung wird immer vollständig durchgeführt, bevor die nächste Anweisung ausgeführt wird.

→ Eine Zuweisungsanweisung kann einen Ausdruck rechts vom Gleichheitszeichen (dem Zuweisungsoperator =) stehen haben. Dieser Ausdruck kann jeder der sieben Ausdrucksanweisungen sein. Es darf in Java immer nur die rechte Seite einer solchen Zuweisung festgelegt werden.

→ Unter Umständen kann der Rückgabewert einer Methode, die nicht leer ist, ohne Zuweisung aufgerufen werden. Dazu muss der Rückgabewert explizit als void festgelegt werden.

→ Eine Ausdrucksanweisung kann natürlich aus komplexen Verschachtelungen bestehen. Klammern können zur Festlegung der Reihenfolge dienen, in der die einzelnen Unteranweisungen bewertet werden.

30.4 Leere Anweisung

Es gibt in Java auch eine leere Anweisung. Diese tut nichts und dient als Platzhalter. Sie ist gar nicht so unsinnig, wie es vielleicht im ersten Moment erscheint. Es gibt beispielsweise folgende sinnvolle Anwendungen:

→ Man kann Kennzeichen setzen.

→ Man kann eine leere Anweisung bei Bedarf mit Debugging-Befehlen füllen. Wenn die Debugging-Befehle nicht gebraucht werden, kommentiert man sie aus und lässt die leere Anweisung stehen.

→ Man kann eine leere Anweisung schon einmal prophylaktisch in einen Source einfügen und erst dann mit Befehlen füllen, wenn man sich richtig an die Programmstelle macht. Das hilft erheblich gegen Vergesslichkeit.

Für den Compiler sieht eine leere Anweisung nur wie ein zusätzliches Semikolon aus.

30.5 Bezeichnete Anweisung

Jede Anweisung kann mit einer Bezeichnung beginnen. Diese Bezeichnungen dürfen keine Schlüsselwörter, bereits festgelegte lokale Variablen oder schon in diesem Modul verwendeten Bezeichnungen sein. Die eigentliche Benennung hat die gleichen Eigenschaften wie jeder andere Bezeichner; sie darf nicht den gleichen Namen wie ein Schlüsselwort oder ein anderer, bereits deklarierter lokaler Bezeichner haben. Wenn sie aber den gleichen Namen wie eine Variable, eine Methode oder ein Typ hat, die für diesen Block verfügbar sind, dann erhält die neue Benennung innerhalb dieses Blocks Vorrang, und die außenstehende Variable, die Methode oder der Typ wird versteckt. Die Reichweite der Benennung erstreckt sich über den ganzen Block. Der Benennung folgt immer ein Doppelpunkt. Diese Technik ist uralt. Man kennt sie sogar schon von der Batch-Programmierung unter DOS. Die Benennungen werden nur von den Sprunganweisungen `break` und `continue` benutzt. Wir kommen bei der Behandlung der beiden Anweisungen darauf zurück.

30.6 Auswahlanweisung

Mit den Auswahlanweisungen gelangen wir nun zu der Syntaxstruktur, über die in Java einer von mehreren möglichen Kontrollflüssen eines Programms ausgesucht werden kann Diese gehören zu den wichtigsten Anweisungen in einer jeden Programmiersprache. Java unterstützt drei verschiedene Arten von Auswahlanweisungen:

→ `if`

→ `if-else`

→ `switch-case-default`

Dies ist identisch mit C und C++.

30.6.1 Die if- und die if-else-Anweisung

Eine if-Anweisung testet eine boolesche Variable oder einen Ausdruck. Wenn die boolesche Variable oder der Ausdruck den Wert true hat, wird die nachstehende Anweisung oder der nachstehende Anweisungsblock ausgeführt. Wenn die boolesche Variable oder der Ausdruck den Wert false hat, wird die nachstehende Anweisung oder der nachstehende Anweisungsblock ignoriert und mit dem folgenden Block bzw. der folgenden Anweisung fortgefahren.

Eng verwandt ist die if-else-Anweisung, die genau genommen nur eine Erweiterung der if-Anweisung ist. Sie hat nur noch einen zusätzlichen else-Teil. Dieser else-Teil – eine Anweisung oder ein Block – wird dann ausgeführt, wenn der boolesche Test im if-Teil der Anweisung den Wert false ergibt. Ein kleines Beispiel zeigt die Verwendung.

```
import java.util.*;
public class IfTest {
  Random a = new Random();
  String spiel(){
    if(a.nextFloat()<0.5) return("Gewonnen hat die Heimmannschaft.");
    else return("Gewonnen hat die Gastmannschaft.");
  }
  public static void main(String args[]) {
    IfTest u = new IfTest();
    System.out.println("Der aktuelle Spieltag!");
    System.out.println("Spiel 1: " + u.spiel() );
    System.out.println("Spiel 2: " + u.spiel() );
    System.out.println("Spiel 3: " + u.spiel() );
    System.out.println("Spiel 4: " + u.spiel() );
    System.out.println("Spiel 5: " + u.spiel() );
    System.out.println("Spiel 6: " + u.spiel() );
    System.out.println("Spiel 7: " + u.spiel() );
    System.out.println("Spiel 8: " + u.spiel() );
    System.out.println("Spiel 9: " + u.spiel() );
    System.out.println("Spiel 10: " + u.spiel() );
    System.out.println("Spiel 11: " + u.spiel() );
    System.out.println("Spiel 12: " + u.spiel() );
  }
}
```

Listing 30.1: Die Anwendung von if-else

In dem Beispiel wird mit einem Zufalls-Objekt gearbeitet. Die Methode nextFloat() extrahiert daraus den Zufallswert, der zwischen 0.0 und 1.0 liegt. Die in der Methode spiel() verwendete if-else-Anweisung wird je nach Wert den ersten oder den zweiten Zweig auswählen.

Wenn Sie innerhalb des else-Zweigs eine neue if-Anweisung notieren, haben Sie mit der resultierenden if-else-if-Anweisung einen Spezialfall der if-else-Anweisung. Schreiben wir unser Beispiel entsprechend um.

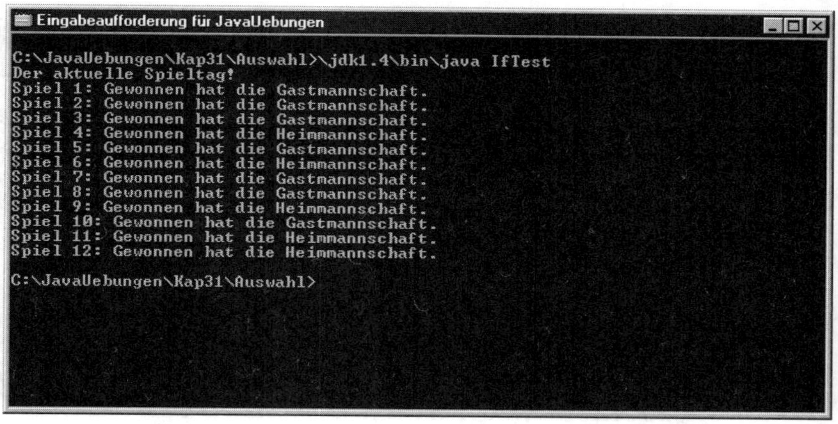

Auswahlanweisung

Bild 30.1: if-else *im Einsatz*

```
import java.util.*;
  public class IfTest2 {
  Random a = new Random();
  String spiel(){
    if(a.nextFloat()<0.3) return("Gewonnen hat die Heimmannschaft.");
    else if (a.nextFloat()<0.7) return("Unentschieden.");
    else return("Gewonnen hat die Gastmannschaft.");
  }
  public static void main(String args[]) {
    IfTest2 u = new IfTest2();
    System.out.println("Der aktuelle Spieltag!");
    System.out.println("Spiel 1: " + u.spiel() );
    System.out.println("Spiel 2: " + u.spiel() );
    System.out.println("Spiel 3: " + u.spiel() );
    System.out.println("Spiel 4: " + u.spiel() );
    System.out.println("Spiel 5: " + u.spiel() );
    System.out.println("Spiel 6: " + u.spiel() );
    System.out.println("Spiel 7: " + u.spiel() );
    System.out.println("Spiel 8: " + u.spiel() );
    System.out.println("Spiel 9: " + u.spiel() );
    System.out.println("Spiel 10: " + u.spiel() );
    System.out.println("Spiel 11: " + u.spiel() );
    System.out.println("Spiel 12: " + u.spiel() );
  }
}
```

Listing 30.2: Die Anwendung von if-else-if

Ein solches Konstrukt kann für eine etwas größere Auswahl von Möglichkeiten durchaus Sinn machen. Es gibt jedoch eine dann meist noch etwas besser geeignete Auswahlanweisung – die switch-Anweisung.

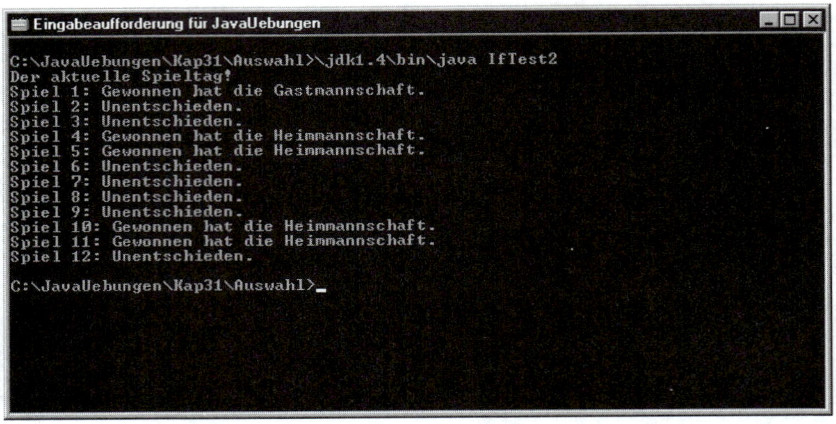

Bild 30.2: Mehr als zwei Möglichkeiten des Programmflusses

30.6.2 Die switch-Anweisung

Eine `switch`-Anweisung ermöglicht das Weitergeben des Kontrollflusses an eine von mehreren Anweisungen in ihrem Block mit Unteranweisungen. Sie tritt nur in Verbindung mit einem zweiten Schlüsselwort `case` auf, weshalb sie auch oft `switch-case`-Anweisung genannt wird. An welche Anweisung innerhalb der `switch`-Anweisung der Kontrollfluss weitergereicht wird, hängt vom Wert des Ausdrucks in der Anweisung ab. Es wird die erste Anweisung nach einer `case`-Bezeichnung ausgeführt, die denselben Wert wie der Ausdruck hat. Wenn es keine entsprechenden Werte gibt, wird die erste Anweisung hinter dem mit dem Schlüsselwort `default` bezeichneten Label ausgeführt. Wenn auch die nicht vorhanden ist, wird die erste Anweisung nach dem `switch`-Block ausgeführt. Die zu testenden `switch`-Ausdrücke und `case`-Bezeichnungskonstanten müssen alle vom Typ `byte`, `short`, `char` oder `int` sein. Mit dieser Auswahlanweisung haben Sie eine handlichere Auswahlanweisung, die oft die gleichen Möglichkeiten wie die Erweiterung der `if-else`-Anweisung bietet. Einschränkung gegenüber dieser ist jedoch, dass nur diskrete Werte getestet werden können (also Gleichheit) und keine Vergleiche auf »Kleiner« oder »Größer« möglich sind. Auch dürfen keine zwei `case`-Bezeichnungen im gleichen Block denselben Wert haben. So etwas ist in der `if-else-if`-Anweisung im Prinzip denkbar (mehrfacher Vergleich in verschiedenen Zweigen auf den gleichen Wert), wenn auch nicht sonderlich sinnvoll, denn nach dem ersten Treffer werden folgende Treffer nicht mehr entdeckt, weil der Kontrollfluss aus der `if-else-if`-Anweisung herausspringt. Bezeichnungen beeinflussen den Kontrollfluss nicht. Die Kontrolle behandelt diese Bezeichnungen so, als wenn sie nicht vorhanden wären. Daher können beliebig viele Bezeichnungen vor derselben Codezeile stehen.

Schreiben wir unser Beispiel für die `if-else-if`-Anweisung um (beachten Sie, dass wir wegen der Datentypen mit dem Faktor 5 multiplizieren und casten).

```java
import java.util.*;
public class SwitchTest {
  Random a = new Random();
  String spiel(){
    switch((byte)(a.nextFloat()*5)) {
     case 1: return("Gewonnen hat die Heimmannschaft.");
     case 2: return("Abbruch wegen Regen.");
     case 3: return("Unentschieden.");
     case 4: return("Abbruch wegen verpruegeltem Schiedsrichter.");
     default: return("Gewonnen hat die Gastmannschaft.");
    }
  }
  public static void main(String args[]) {
    SwitchTest u = new SwitchTest();
    System.out.println("Der aktuelle Spieltag!");
    System.out.println("Spiel 1: " + u.spiel() );
    System.out.println("Spiel 2: " + u.spiel() );
    System.out.println("Spiel 3: " + u.spiel() );
    System.out.println("Spiel 4: " + u.spiel() );
    System.out.println("Spiel 5: " + u.spiel() );
    System.out.println("Spiel 6: " + u.spiel() );
    System.out.println("Spiel 7: " + u.spiel() );
    System.out.println("Spiel 8: " + u.spiel() );
    System.out.println("Spiel 9: " + u.spiel() );
    System.out.println("Spiel 10: " + u.spiel() );
    System.out.println("Spiel 11: " + u.spiel() );
    System.out.println("Spiel 12: " + u.spiel() );
  }
}
```

Listing 30.3: *Die Anwendung von* switch-case

Bild 30.3: *Über* switch-case *kann man leichter mehrere Varianten realisieren*

Diese Kontrollflussanweisung beinhaltet eine gefährliche Eigenheit, die bei der Art des letzten Beispiels nicht deutlich wurde (was aber natürlich das Beispiel nicht entwertet – es umgeht diese nur auf eine sehr sinnvolle Weise, die Sie schon einmal im Hinterkopf behalten können). Deshalb hier noch ein weiteres Beispiel.

```java
import java.util.*;
public class SwitchTest2 {
  public static void main(String args[]) {
    Random a = new Random();
    switch((byte)(a.nextFloat()*5)) {
      case 1: System.out.println("Gewonnen hat die Heimmannschaft.");
      case 2: System.out.println("Abbruch wegen Regen.");
      case 3: System.out.println("Unentschieden.");
      case 4: System.out.println(
         "Abbruch wegen verpruegeltem Schiedsrichter.");
      default: System.out.println("Gewonnen hat die Gastmannschaft.");
    }
  }
}
```

Listing 30.4: Eine etwas andere Anwendung von `switch-case`

Was wird die Ausgabe sein? Vielleicht werden Sie überrascht. Im Gegensatz zu der `if-else-if`-Anweisung springt der Kontrollfluss nach einem Treffer nicht automatisch aus der Struktur, sondern es wird vom ersten Treffer an die Struktur bis zum Ende ausführen! Das heißt, alle nachfolgend notierten Anweisungen werden explizit ausgeführt.

Bild 30.4: Alle Anweisungen ab dem ersten Treffer werden ausgeführt

Dies ist in diversen anderen Sprachen nicht so und damit lauert hier eine gefährliche Fehlerquelle. Natürlich ist das Verfahren nicht sinnlos und Sie können dies auch gezielt einsetzen, um den Durchlauf von mehreren Blöcken zu erreichen. Etwa bei einer angeordneten Auswahl, in der ab einer gewissen Größe alle Folgeanweisungen Sinn machen.

Wenn dieses Verhalten jedoch unterbunden werden soll, hat man (mindestens) zwei Möglichkeiten. Die eine Variante war das, was im ersten Beispiel gemacht wurde. Ein Aufruf der Konstruktion über eine Methode, in der in jedem case-Zweig der Sprungbefehl return steht. Das ist aber nicht immer sinnvoll oder gewünscht. Die zweite Variante ist aber sehr ähnlich. Man setzt in jedem Block hinter einem Label eine break-Anweisung. Dies ist eine weitere Sprunganweisung, die im Gegensatz zu return nicht auf das Verlassen einer Methode, sondern einer Blockstruktur ausgerichtet ist. Damit vermeiden Sie die Ausführung von mehr als einem Block. Die gesamte switch-case-Struktur wird nach einem Treffer über break beendet. Unser Beispiel sieht dann so aus (beachten Sie, dass beim default-Block kein break erfolgen muss):

```
import java.util.*;
public class SwitchTest3 {
  public static void main(String args[]) {
   Random a = new Random();
   switch((byte)(a.nextFloat()*5)) {
    case 1:
     System.out.println("Gewonnen hat die Heimmannschaft.");
     break;
    case 2:
     System.out.println("Abbruch wegen Regen.");
     break;
    case 3:
     System.out.println("Unentschieden.");
     break;
    case 4:
     System.out.println(
     "Abbruch wegen verpruegeltem Schiedsrichter.");
     break;
    default: System.out.println("Gewonnen hat die Gastmannschaft.");
   }
  }
}
```

Listing 30.5: Die Anwendung von switch-case *in Verbindung mit* break

Ein case-*Block kann in geschweifte Klammern gesetzt werden, muss es aber nicht.*

30.7 Iterationsanweisung

Iterationsanweisungen werden auch Wiederholungsanweisungen genannt und dieser Name macht deutlich, um was es geht: die kontrollierte Wiederholung von Anweisungsfolgen zur Laufzeit. Sie sind neben den Auswahlanweisungen wahrscheinlich die wichtigsten Anweisungsarten überhaupt. Es gibt in Java drei Arten von Iterationsanweisungen:

→ while
→ do
→ for

30.7.1 Die while-Anweisung

Die while-Anweisung testet eine boolesche Variable oder einen Ausdruck. Solange der Test den Wert true hat, wird die Unteranweisung oder der Block ausgeführt. Erst wenn die boolesche Variable oder der Ausdruck den Wert false ausweist, wird die Wiederholung eingestellt und die Kontrolle an die nächste Anweisung nach dem while-Konstrukt weitergegeben.

Die Syntax sieht so aus:

while(<Bedingung>) <Unteranweisung oder Block>

Erstellen wir wieder ein kleines Testprogramm.

```java
import java.awt.*;
import java.awt.event.*;
public class WhileTest1 extends Frame {
  public WhileTest1() {
     initComponents ();
   }
  private void initComponents() {
      addWindowListener(new WindowAdapter() {
        public void windowClosing(WindowEvent evt) {
            System.exit (0);
         }
       }
      );
   }
   public static void main (String args[]) {
      WhileTest1 u = new WhileTest1();
      u.setSize(200,300);
      u.show();
   }
   public void paint(java.awt.Graphics g)    {
     int i=0;
     while(i<100){
       g.drawOval(10,10+i,20+i,20+i);
       i++;
     }
   }
}
```

Listing 30.6: *Eine* while-*Schleife*

Die Ausgabe wird in jedem Schleifendurchgang einen Kreis zeichnen, dessen Position und Größe dynamisch mit Hilfe der Variablen i verändert wird. Diese Variable i wird innerhalb der Schleife bei jedem Durchlauf um 1 erhöht und dient auch als Abbruchkriterium, um die while-Schleife zu verlassen (Test auf i<100).

Bild 30.5: Nur eine Anweisung, die aber mit while mehrfach wiederholt wurde

Wenn der in der Struktur überprüfte Ausdruck nicht von Anfang an true ist, wird der Block in der Unteranweisung niemals ausgeführt. Wenn er dahingegen true ist, dann wird dieser Code-Block so lange wiederholt, bis er nicht mehr true ist, oder eine Sprung-Anweisung ausgeführt wird, und er die Kontrolle an eine Anweisung außerhalb der Schleife weitergibt.

Eine while-Schleife ist ein guter Kandidat für so genannte Endlosschleifen. Lassen Sie in unserem Beispiel einfach mal die Zeile i++; weg. Die Bedingung zum Durchlaufen der Schleife wird immer erfüllt sein und Sie hängen in einer Endlosschleife. Mit ein bisschen Glück lässt sich das Programm noch vom Betriebssystem beenden, mit Pech müssen Sie den Rechner ausschalten.

30.7.2 Die do-Anweisung

Auch die do-Anweisung (oder auch do-while-Anweisung genannt) testet eine boolesche Variable oder einen Ausdruck. Solange dieser Test den Wert true hat, wird die Unteranweisung oder der Block ausgeführt. Erst wenn die boolesche Variable oder der Ausdruck den Wert false ausweist, wird die Wiederholung eingestellt und die Schleife verlassen. Es gibt aber einen ganz wichtigen Unterschied zur while-Schleife: Der Code-Block innerhalb der do-Anweisung wird auf jeden Fall mindestens einmal ausgeführt. Dies geschieht immer, ob die Bedingung erfüllt ist oder nicht. Rein von der Syntax her kann man es sich dadurch verdeutlichen, dass die Überprüfung am Ende der Struktur steht. Sie sieht immer so aus:

```
do <Unteranweisung oder Block> while(<Bedingung>)
```

Beispiel:

```
import java.awt.*;
import java.awt.event.*;
public class DoTest1 extends Frame {
  public DoTest1() {
```

```
        initComponents ();
    }
    private void initComponents() {
        addWindowListener(new WindowAdapter() {
            public void windowClosing(WindowEvent evt) {
                System.exit (0);
            }
        }
        );
    }
    public static void main (String args[]) {
        DoTest1 u = new DoTest1();
        u.setSize(450,350);
        u.show();
    }
    public void paint(java.awt.Graphics g)    {
     int i=0;
     do{
       g.setColor(new java.awt.Color(255-(2*i),0,0));
       g.fillOval(10+(i*3),10+(2*i),20,20);
       g.setColor(new java.awt.Color(0,2*i,0));
       g.fillOval(10+(i*4),150,30,20);
       g.setColor(new java.awt.Color(0,100,i*2));
       g.fillOval(200,i*3,30,40);
       i++;
     }
     while(i<100);
  }
}
```

Listing 30.7: Eine do-*Schleife*

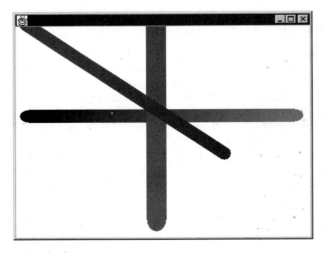

Bild 30.6: Farbverläufe

Das Beispiel wiederholt so lange die Schleife, bis die Testvariable größer als 99 ist. Innerhalb der Schleife werden jeweils drei Farbobjekte erzeugt, in deren jeweiligen Rot-, Grün und Blau-Anteil die Testvariable eingeht. Dazu wird die jeweilige Position abhängig vom Wert der Variablen i gesetzt (siehe Bild 30.6).

Die do-Schleife wird ja auf jeden Fall einmal durchlaufen. Das soll in dem nachfolgenden kleinen Beispiel gezeigt werden:

```
class DoTest2 {
  public static void main (String args[]) {
    int i=100;
    do{
      System.out.print(
        "Testvariable ist zu gross, aber das kommt dennoch");
      i++;
    }
    while(i<10);
  }
}
```

Listing 30.8: Eine do-Schleife, in der beim Erreichen die Bedingung nicht erfüllt ist (siehe Bild 30.7)

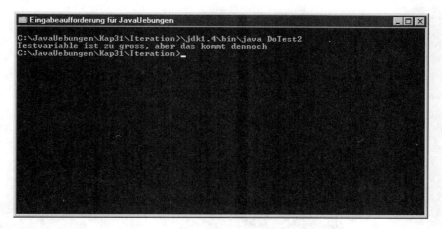

Bild 30.7: Bedingung nicht erfüllt, aber die Schleife wird dennoch einmal durchlaufen

30.7.3 Die for-Anweisung

Die for-Anweisungen sind die komplexesten der drei Iterationsanweisungen. Eine for-Anweisung sieht wie folgt aus:

```
for (<Initialisierung>; <Test>;<In- oder Dekrement>)
<Unteranweisung oder Block>
```

Einige Erklärungen zu der Syntax:

→ Hinter for kann optional ein Leerzeichen folgen.

→ Der Initialisierungsteil kann eine durch Kommata getrennte Reihe von Deklarations- und Zuweisungsanweisungen enthalten. Erst durch ein Semikolon wird der Initialisierungsteil beendet. Diese Deklarationen haben nur Gültigkeit für den Bereich der `for`-Anweisung und ihrer Unteranweisungen. Es kann nur entweder ausschließlich mit schleifenlokalen oder ohne schleifenlokale Variablen gearbeitet werden, wenn mehrere Variablen im Initialisierungsteil verwendet werden.

→ Der Testteil enthält eine boolesche Variable oder einen Ausdruck, der einmal pro Schleifendurchlauf neu bewertet wird. Wenn der Vergleich den Wert `false` ergibt, wird die `for`-Schleife verlassen. Auch dieser Teil wird wieder durch ein Semikolon beendet.

→ Auch der In- oder Dekrementteil kann eine durch Kommata getrennte Reihe von Ausdrücken sein, die einmal pro Durchlauf der Schleife bewertet werden. Diese mehrfachen Ausdrücke in diesem Teil der `for`-Schleife machen nur dann Sinn, wenn sie bereits im Initialisierungsteil deklariert wurden. Dieser Teil wird für gewöhnlich dazu verwendet, einen Index, der im Testteil überprüft wird, zu inkrementieren (hochzuzählen) oder zu dekrementieren (herabzuzählen).

Nutzen wir zur praktischen Veranschaulichung der `for`-Schleife eine Reihe von Beispielen. Das erste Beispiel gibt die ersten 256 Zeichen des Unicode-Zeichensatzes auf dem Bildschirm aus. Dazu wird explizites Casting verwendet.

```
class ForTest1 {
  public static void main(String argv[]) {
    for (int i=1;i<=256;i++)
      System.out.println(
        "Zeichencode " + i + " entspricht dem Zeichen " + (char)i);
  }
}
```

Listing 30.9: Eine for-Schleife

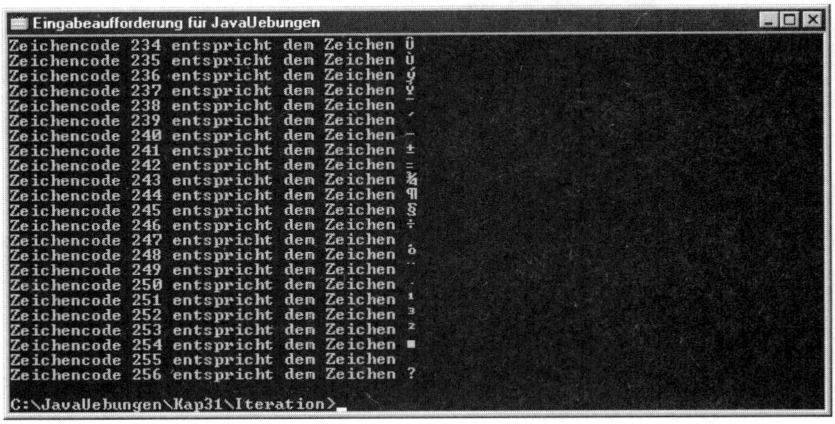

Bild 30.8: Die Schleife wurde 256 Mal durchlaufen

Das Beispiel arbeitet in der Schleife mit schleifenlokalen Variablen. Das bedeutet in unserem Fall, dass die Zählvariablen in for-Schleifen nicht unbedingt außerhalb der Schleife vereinbart werden müssen, sondern ebenso im Initialisierungsteil der for-Schleife direkt vereinbart werden können. Sie sind dann auch nur dort bekannt. Diese im Initialisierungsteil der for-Schleife direkt vereinbarten Zählvariablen sind ein Sonderfall von normalen lokalen Variablen und überdecken ggf. gleichnamige Variablen im übergeordneten Programmblock. Die Variablen im übergeordneten Programmblock bleiben hierdurch unverändert.

Das nächste Beispiel zählt drei Variablen gleichzeitig durch. Dabei werden zwei Variablen hoch- und eine runtergezählt. Beachten Sie aber, dass es nur eine einzige Abbruchbedingung gibt bzw. geben darf. Sollen mehr als eine der Variablen in die Abbruchbedingung eingehen, muss man diese über eine Formel entsprechend aufbauen oder im Inneren der Schleife mit einer Sprunganweisung (dazu kommen wir unmittelbar) arbeiten. Ansonsten arbeitet das Beispiel wieder mit schleifenlokalen deklarierten Variablen. Beachten Sie, dass der Datentyp nur einmal im Initialisierungteil notiert wird. Er gilt dann einheitlich für alle drei schleifenlokalen Variablen.

```
class ForTest2 {
  public static void main(String argv[]) {
    for (int i=1,j=255, z=9;i<=20;i++,z++,j--)
      System.out.println(""+i+j+z);
  }
}
```

Listing 30.10: *Eine* for-*Schleife mit mehreren Variablen im Initialisierungsteil*

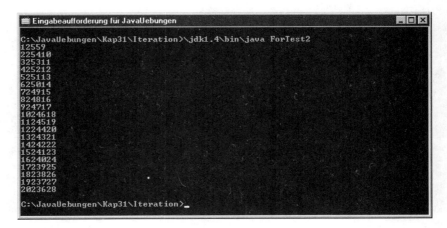

Bild 30.9: *Drei Variablen werden gleichzeitig verändert*

Das dritte und abschließende Beispiel arbeitet mit Variablen, die außerhalb der Schleifen eingeführt werden und die nicht um den Wert 1 erhöht werden. Dazu kommt ein Gleitkomma-Datentyp. Beachten Sie auch die zusammengesetzte Abbruchbedingung.

```
class ForTest3 {
  public static void main(String argv[]) {
    double i,j;
    for (i=1.1,j=3.11;i+j<5;i=i+0.1,j=j-0.05)
      System.out.println(i+j);
  }
}
```

Listing 30.11: *Eine* for-*Schleife mit Gleitkomma-Variablen im Initialisierungsteil*

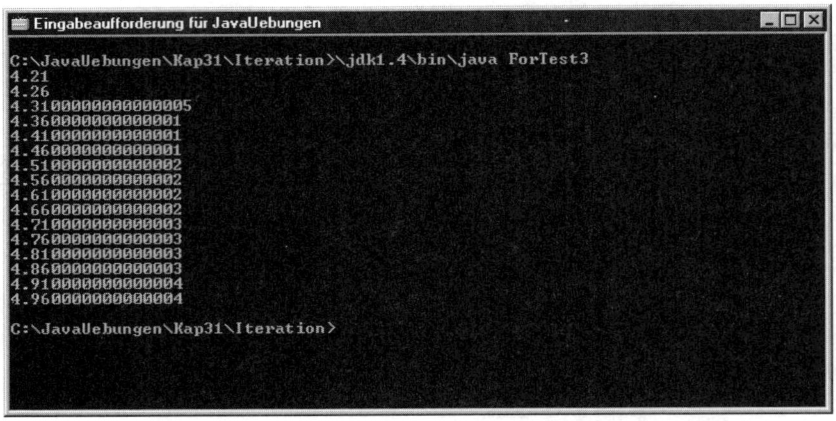

```
Eingabeaufforderung für JavaUebungen
C:\JavaUebungen\Kap31\Iteration>\jdk1.4\bin\java ForTest3
4.21
4.26
4.3100000000000005
4.360000000000001
4.410000000000001
4.460000000000001
4.510000000000002
4.560000000000002
4.610000000000002
4.660000000000002
4.710000000000003
4.760000000000003
4.810000000000003
4.860000000000003
4.910000000000004
4.960000000000004

C:\JavaUebungen\Kap31\Iteration>
```

Bild 30.10: *Eine zusammengesetzte Bedingung und Gleitkommazahlen*

Zum Abschluss soll eine verschachtelte Struktur mit for-Schleifen gezeigt werden.

```
class ForTest4 {
  public static void main(String argv[]) {
    for (int i=1;i<5;i++){
      System.out.println("i = " + i);
      for (int j=1;j<3;j++){
        System.out.println("j = " + j + ", i + j = " + (i+j));
      }
    }
  }
}
```

Listing 30.12: *Zwei verschachtelte* for-*Schleifen*

Die Ausgabe sieht wie folgt aus:

```
i = 1
j = 1, i + j = 2
j = 2, i + j = 3
i = 2
j = 1, i + j = 3
j = 2, i + j = 4
i = 3
```

```
j = 1, i + j = 4
j = 2, i + j = 5
i = 4
j = 1, i + j = 5
j = 2, i + j = 6
```

 Die for*-Schleife* for(;;), *d.h. ohne explizite Parameter, wird keinen Compiler-Fehler erzeugen, denn syntaktisch ist sie völlig korrekt. Analog der Syntax* while(true) *wird sie eine Endlosschleife erzeugen.*

30.8 Sprunganweisung

Sprunganweisungen geben die Steuerung bei ihrem Aufruf unmittelbar entweder an den Anfang oder das Ende des derzeitigen Blocks, oder aber an bezeichnete Anweisungen weiter. Beachten Sie, dass es in Java keine goto-Anweisung gibt, mit der in der Vergangenheit in diversen Programmiersprachen so genannter Spagetticode erzeugt werden konnte, der nicht mehr wartbar war.[1] Das optionale Bezeichnungsargument muss im selben Block stehen. Bei den vier Arten von Sprunganweisungen in Java handelt es sich um folgende Token:

→ break
→ continue
→ return
→ throw

30.8.1 Die break-Anweisung

Unteranweisungsblöcke von Schleifen und switch-Anweisungen können durch die Verwendung der break-Anweisung verlassen werden (wir haben es im Beispiel der switch-Anweisungen ja schon gesehen). Eine unbezeichnete break-Anweisung springt zu der nächsten Zeile nach der derzeitigen (innersten) Wiederholungs- oder Switch-Anweisung. Als Beispiel soll hier auf das Beispiel bei der Behandlung von switch-case verwiesen werden.

Mit einer bezeichneten break-Anweisung am Anfang einer Schleife kann an eine Anweisung mit dieser Bezeichnung in der derzeitigen Methode gesprungen werden. Dazu müssen Sie vor dem Anfangsteil der Schleife ein Label (eine Beschriftung) mit einem Doppelpunkt eingeben. Sofern Sie ein falsch gesetztes oder nicht vorhandenes Label in einer Sprunganweisung angeben, wird der Compiler eine Fehlermeldung der folgenden Art ausgeben:

```
...: undefined label: meinLabel
    if((i+j)==5) break meinLabel;
                 ^
1 error
```

---

1 Einige Sprachen stellen das Programmier(un)wort immer noch bereit. Java hat diesen Schandfleck ;-) der strukturierten Programmierung zwar reserviert, aber wahrscheinlich nur, damit niemand dieses Ding jemals verwendet (etwa für eine eigene Methode als Bezeichner).

Wenn es beim Auslösen der break-*Anweisung eine umgebende Ausnahmebehandlungsroutine mit* finally-*Teil gibt, wird immer dieser Teil zuerst ausgeführt, bevor die Kontrolle weitergegeben wird.*

Richtig interessant werden die benannten Schleifen aber eigentlich erst in Verbindung mit verschachtelten Schleifen. Es wird vielleicht auffallen, dass diese bezeichneten Anweisungen ziemlich an das goto-return-Konstrukt aus alten Programmiererzeiten erinnern. Diese Assoziation ist leider nicht ganz von der Hand zu weisen, denn für ein solches Verfahren lässt sie sich missbrauchen. Glücklicherweise sind mit diesen Konstrukten keine beliebigen Sprünge innerhalb des Programms erlaubt, sondern es lassen sich in Java immer nur Sprünge über mehrere Blöcke innerhalb einer Schleife durchführen. Insgesamt sind die Anwendungen von benannten Sprüngen nur sehr begrenzt. Das nachfolgende Beispiel demonstriert in einer in drei Ebenen verschachtelten for-Struktur, wie unter gewissen Bedingungen gezielt zu einem benannten Label gesprungen werden kann.

```java
class ForTest5 {
  public static void main(String argv[]) {
    meinLabel1:
    for (int i=1;i<5;i++){
      System.out.println("Schleife ganz Aussen");
      System.out.println("Schleife in der Mitte");
      meinLabel2:
      for (int j=1;j<3;j++){
        for (int k=0;k<3;k++) {
          System.out.println("Schleife ganz Innen");
          if((i+j)==3) break meinLabel2;
          if((i+j)==5) break meinLabel1;
          System.out.println("Hinter dem break");
        }
      }
    }
  }
}
```

Listing 30.13: Zwei Labels mit benannten breaks *und einer über drei Ebenen verschachtelten* for-*Struktur*

Die Ausgabe sieht wie folgt aus:

```
Schleife ganz Aussen
Schleife in der Mitte
Schleife ganz Innen
Hinter dem break
Schleife ganz Innen
Hinter dem break
Schleife ganz Innen
Hinter dem break
Schleife ganz Innen
Schleife ganz Aussen
Schleife in der Mitte
```

```
Schleife ganz Innen
Schleife ganz Aussen
Schleife in der Mitte
Schleife ganz Innen
Hinter dem break
Schleife ganz Innen
Hinter dem break
Schleife ganz Innen
Hinter dem break
Schleife ganz Innen
```

30.8.2 Die continue-Anweisung

Die Anweisung continue kann in Zusammenhang mit Iterationsanweisungen (while, do oder for) angewandt werden und darf auch nur dort stehen. Durch die Anweisung continue wird im Gegensatz zu break nicht die gesamte Schleife abgebrochen, sondern nur der aktuelle Schleifendurchlauf wird unterbrochen. Es wird zum Anfang der Schleife zurückgekehrt, falls hinter continue kein Bezeichner steht. Ansonsten wird zu einer äußeren Schleife zurückgekehrt, die eine Markierung gleichen Namens enthält.

Bei einer unbezeichneten continue-Anweisung werden die restlichen Anweisungen im innersten Block der Wiederholungsanweisung übersprungen und die Schleife wieder von vorne durchlaufen. Beispielsweise um Fehler abzufangen. Ein Beispiel ist die Verhinderung einer Division durch null (obwohl das besser mit einer Ausnahmebehandlung abgefangen werden kann). Der nachfolgende Quellcode skizziert die Technik:

```
float zuteilender, ergebnis;
int teiler;
...
for (teiler = -42; teiler < 42; teiler++) {
    if (teiler ==0) continue;
    ergebnis= zuteilender / teiler;
    ...
}
```

Auch bei der continue*-Anweisung gibt es die Möglichkeit, die Schleife mit einem Bezeichnungsparameter zu versehen. Dies ermöglicht eine Kontrolle darüber, mit welcher Ebene der verschachtelten Iterationsanweisungen fortgefahren werden soll. Auch für die* continue*-Anweisung gilt, dass ein evtl. vorhandener* finally*-Teil einer derzeit aktiven* try*-Anweisung in der angezeigten verschachtelten Ebene immer zuerst ausgeführt wird.*

Ein vollständiges Beispiel sieht so aus:

```
class ContinueTest {
  public static void main (String args[]) {
    int x=0;
    while (x<50) {
      x++;
      if (x%2 ==0) continue;
```

```
        System.out.println(x);
      }
    }
  }
```

Listing 30.14: Anwendung von `continue`

Die Ausgabe sind alle ungeraden Zahlen kleiner 50. Jedes Mal, wenn ein Wert gerade ist (Überprüfung mit dem Modulo-Operator), wird wieder zum Schleifenursprung zurückgekehrt. Das Programm ist nicht ganz ungefährlich. Wenn Sie die Erhöhung der Zählvariablen hinter der `Continue`-Anweisung durchführen würden, würden Sie eine Endlosschleife erzeugen.

30.8.3 Die return-Anweisung

Eine `return`-Anweisung gibt die Kontrolle an den Aufrufer einer Methode zurück. Wenn sich die `return`-Anweisung in einer Methode befindet, die nicht als `void` deklariert wurde und kein Konstruktor ist, kann und muss sie einen Parameter (den so genannten Rückgabewert) des Typs zurückgeben, wie in der Deklaration der Methode angegeben. Diese Rückgabewerte können dann vom aufrufenden Programm weiter verarbeitet werden.

Auch bei dieser Sprunganweisung gilt wieder, dass ein eventueller `finally`-*Teil einer umgebenden Ausnahmebehandlung zuerst ausgeführt wird, bevor die Kontrolle weitergegeben wird.*

Die `return`-Anweisung kann ohne Klammern verwendet werden, wenn kein Wert zurückgegeben wird.

Auf Beispiele zur `return`-Anweisung soll an dieser Stelle verzichtet werden, denn wir haben die Anweisung schon häufig eingesetzt.

30.8.4 Die throw-Anweisung

In Java ist es möglich, durch die `throw`-Anweisung eine Laufzeitausnahme des Programms zu erzeugen. Dies bedeutet, dass der normale Programmablauf durch eine Ausnahme unterbrochen wird, die zuerst vom Programm behandelt werden muss, bevor der normale Programmablauf weitergeht. Die Laufzeitausnahme verwendet ein Objekt als Argument. Mehr zur `throw`-Anweisung folgt bei der Behandlung von Ausnahmen.

30.9 Synchronisationsanweisung

Synchronisationsanweisungen werden für den sicheren Umgang mit Multithreading benutzt. Die Schlüsselwörter `synchronized` und `threadsafe` werden zum Markieren von Methoden und Blöcken benutzt, die eventuell vor gleichzeitiger Verwendung geschützt werden sollen. Der umfangreiche Themenkomplex »Multithreading« wird in einem eigenen Kapitel behandelt, wobei aber vorausgeschickt werden soll, dass auf Synchronisationsanweisungen nur am Rande eingegangen werden kann.

30.10 Schutzanweisung

Schutzanweisungen werden zur sicheren Handhabung von Code, der Ausnahmen auslösen könnte (beispielsweise das Teilen durch null), gebraucht. Diese Anweisungen benutzen die Schlüsselwörter try, catch und finally. Java verfolgt zum Abfangen von Laufzeitfehlern ein Konzept, das mit so genannten Ausnahmen arbeitet. Wir werden diesem Ausnahmekonzept ein eigenes Kapitel (zusammen mit dem Debugging von Sourcecode) widmen.

30.11 Unerreichbare Anweisung

Es ist leider leicht möglich, eine Methode zu schreiben, die Codezeilen enthält, die nie erreicht werden können. Eine so genannte unerreichbare Anweisung. Sie ist zwar eigentlich nicht schädlich in dem Sinn, dass sie etwas Falsches tut, aber wenn man sich darauf verlässt, dass bestimmte Codezeilen ausgeführt werden, und sie werden einfach nicht erreicht, kann der Schaden mindestens genauso groß sein. Der Java-Compiler bemerkt dies glücklicherweise (meist – es gibt auch Situationen, in denen er das nicht moniert) rechtzeitig und erzeugt einen Fehler zur Kompilierzeit, der ungefähr so aussieht:

```
...: unreachable statement
    if (x%2 ==0) continue;
    ^
1 error
```

31 Datenfelder (Arrays)

In diesem Kapitel setzen wir uns mit einem sehr spannenden Thema auseinander: Arrays bzw. Datenfelder. Ein Array ist eine Sammlung von Variablen, die alle über einen gemeinsamen Bezeichner und einen in eckigen Klammern notierten Index (bei 0 beginnend) angesprochen werden können. Arrays sind immer dann von großem Nutzen, wenn eine Reihe von gleichartigen oder logisch zusammenfassbaren Informationen gespeichert werden soll. Das könnten beispielsweise die Monate des Jahres oder die zu einer Person gehörenden Daten sein. Wenn Sie für jede einzelne Information eine eigene Variable definieren, müssen Sie viele sinnvolle Namen vergeben und man hat viel Schreibarbeit. Außerdem steigt die Fehlerwahrscheinlichkeit. Ein Name und ein Index sind viel effektiver. Der Hauptvorteil ist aber, dass der Zugriff auf die einzelnen Einträge im Array über den numerischen Index erfolgen kann. Das kann man in Programmkontrollfluss-Anweisungen und sonstigen automatisierten Vorgängen nutzen.

Datenfelder (engl. Arrays) gehören nicht zu den primitiven Datentypen, sondern neben Klassen und Schnittstellen zu den Referenzvariablen, die Sie sich recht gut als (besondere) Objekte vorstellen können. Arrays sind in Java gegenüber vielen anderen Programmiersprachen wie C/C++ oder PASCAL anders konzipiert. Ein Datenfeld ist eine Ansammlung von Objekten eines bestimmten Typs (es sind keine verschiedenen Typen innerhalb eines Arrays erlaubt, allerdings kann ein Array selbst wieder Arrays enthalten und damit ist das keinerlei Einschränkung), die über einen laufenden Index adressierbar sind. Arrays sind als Sammlung von anderen Objekten selbst nichts anderes als (besondere) Objekte. Sie werden wie normale Objekte dynamisch angelegt und am Ende ihrer Verwendung vom Garbage Collector beseitigt. Weiterhin stehen in Arrays als Ableitung von Object alle Methoden dieser obersten Klasse zur Verfügung. Array-Bezeichner haben wie normale Objektvariablen einen Datentyp. Es kann sich bei Arrays um Datenfelder bestehend aus sämtlichen primitiven Variablentypen (byte, char, short, int, long, float, double, boolean), aber auch anderen Datenfeldern oder Objekten handeln. Letzteres ist besonders deshalb wichtig, da Java keine multidimensionalen Arrays im herkömmlichen Sinn unterstützt, sondern für so einen Fall ein Array mit Arrays (und die können wiederum weitere Datenfelder enthalten – im Prinzip beliebig viele Ebenen) erwartet. Verschachtelte Arrays wäre also eine korrektere Bezeichnung.

Gegenüber normalen Objekten haben Arrays zwei wesentliche Einschränkungen:

1. Arrays haben keine Konstruktoren. Stattdessen wird der new-Operator mit spezieller Syntax aufgerufen.

2. Es können keine Subklassen eines Arrays definiert werden.

Um ein Datenfeld in Java zu erstellen, muss man drei Schritte durchführen:

1. Deklarieren des Datenfelds
2. Zuweisen von Speicherplatz
3. Füllen des Datenfelds

Einige Anmerkungen zu Datenfeldern

→ Es ist möglich, mehrere Schritte zur Erstellung eines Datenfelds mit einer Anweisung zu erledigen.

→ Die Indizierung von Datenfeldern beginnt mit 0 (wie bei C und C++).

→ Sie können ein Datenfeld bei der Initialisierung nur teilweise füllen.

→ Datenfeldindizes müssen entweder vom Typ `int` (ganze 32-Bit-Zahl) sein oder als `int` festgesetzt werden. Daher ist die größtmögliche Datenfeldgröße 2.147.483.647.

Datenfelder können in Java durch die Verwendung des `new`-Operators dynamisch erstellt werden. Ein Datenfeld ist in Java – wie schon angedeutet – eine Variable, kein Zeiger. Oder genauer, ein Array ist ein so genannter Referenztyp, ein besonderer Typ von Objekt. Die Besonderheit beruht darauf, dass Arrays »klassenlose« Objekte sind. Sie werden vom Compiler erzeugt, besitzen aber keine explizite Klassendefinition. Vom Java-Laufzeitsystem werden Arrays wie gewöhnliche Objekte behandelt. Das hat weitreichende (positive) Konsequenzen. So kann auf kein Datenfeld-Element in Java zugegriffen werden, das noch nicht erstellt worden ist; dadurch wird das Programm vor Abstürzen und nicht initialisierten Zeigern (Pointern) bewahrt. Des Weiteren besitzen Arrays Methoden und Instanzvariablen, die den Umgang mit ihnen stark vereinfachen. Gerade bei Arrays passt wieder der Vergleich aus dem Vorwort, wonach ein Java-Löwe immer seinen eigenen Käfig mitbringt (*siehe Seite 13*).

31.1 Deklarieren von Datenfeldern

Im ersten Schritt beim Anlegen eines Datenfelds muss immer eine Variable erstellt werden, in der das Datenfeld gespeichert werden soll.[1]

Die Technik ist in weiten Teilen identisch mit anderen Variablen. Es muss der Datentyp der Variablen (`byte`, `char`, `short`, `int`, `long`, `float`, `double`, `boolean` oder ein Objekttyp) und der Name der Variablen festgelegt werden. Im Unterschied zu normalen Variablen muss jedoch mit eckigen Klammern die Variable als Datenfeld gekennzeichnet werden. Es sind im Prinzip zwei Positionen denkbar, in denen diese eckigen Klammern die Variable als Datenfeld kennzeichnen können – nach der Variablen oder nach dem Datentyp der Variablen.

---

[1] Anonymes Arbeiten einmal außen vor.

Beispiele:

```
int a[];
int[] a;
```

Java unterstützt beide Syntaxtechniken! Sie können sich die Syntax auswählen, die Ihnen am besten zusagt.

Arrays mit anderen Arrays als Inhalt müssen natürlich auch deklariert werden können. Dazu wird pro Dimension einfach ein weiteres Paar an eckigen Klammern angefügt. Ein Datenfeld mit einem Datenfeld als Inhalt der Elemente wird z.B. wie folgt deklariert:

Beispiele:

```
int a [] [];
int[] [] a;
int[] [] [] a;
```

31.2 Erstellen von Datenfeldern

Datenfelder können auf verschiedene Arten erstellt werden. Einmal mittels des new-Operators. Dies ist die direkte Erzeugung eines Datenfeld-Objekts (und eines anderen Objekts). Daneben gibt es die Möglichkeit, durch direktes Initialisieren des Array-Inhalts ein Datenfeld-Objekt zu erzeugen.

31.2.1 Erzeugung mit dem new-Operator

Bei der direkten Erzeugung eines Datenfeld-Objekts wird eine neue Instanz eines Arrays erstellt. Das erfolgt schematisch so:

```
new <Datentyp>[<Größe und Dimension>]
```

Also etwa wie in den folgenden Beispielen:

```
new int[5]
new double[5] [7]
```

In der Regel wird das Array direkt einer Variablen zugewiesen. Das sieht dann schematisch so aus:

```
<Variable> = new <Datentyp>[<Größe und Dimension>]
```

Beispiele:

```
a = new int[5]
b = new double[5] [7]
```

Diese Variablen, denen das Array zugewiesen werden soll, müssen vorher entsprechend (also mit der passenden Dimensionsangabe) deklariert worden sein. In der Regel fasst man diese Deklaration und die Zuweisung des Arrays in einen Schritt zusammen. Etwa wie im folgenden Beispiel:

```
int[] a = new int[5];
```

Es entsteht ein neues Array vom Datentyp `int` mit fünf Elementen. Die Anzahl der Elemente muss bei der direkten Erzeugung eines Datenfeld-Objekts angegeben werden.

Beim Erzeugen eines Datenfeld-Objekts mit `new` werden alle Elemente des Arrays automatisch initialisiert. Dabei gelten die Default-Werte des jeweiligen Datentyps (`false` für boolesche, `\0` für Zeichen-Arrays und 0 bzw. 0.0 für alle numerischen Datenfelder).

31.2.2 Erzeugung mit direktem Initialisieren des Array-Inhalts

Für diese Technik der Erzeugung eines Datenfeld-Objekts müssen Sie nach dem Gleichheitszeichen die Elemente des Arrays in geschweiften Klammern und mit Komma getrennt angeben. Etwa wie in dem nachfolgenden Beispiel:

```
int[] a = {41, 42, 43, 44};
```

Ein Array mit der Anzahl der angegebenen Elemente wird automatisch erzeugt.

Ein Datenfeld mit einem Datenfeld als Inhalt der Elemente wird z.B. wie folgt erzeugt (2x2-Array):

```
int[][] a = {{41,42},{43,44}};
```

Diese Technik der Erzeugung und Initialisierung von Arrays nennt man auch »Literale Initialisierung«.

31.3 Speichern und Zugreifen auf Datenfeldelemente

Einen Weg, um Elemente von Arrays mit Inhalt zu versehen, haben wir gerade gesehen. Die literale Initialisierung. Dies ist aber nur für die anfängliche Bestückung zu verwenden und hilft im Fall der direkten Erzeugung eines Datenfeld-Objekts nicht weiter.

Wir benötigen eine Technik, um auf die Werte sämtlicher Elemente eines Arrays zugreifen, sie testen und manipulieren zu können. Also Zugreifen auf Datenfeldelemente im allgemeinen Sinn.

31.3.1 Zugreifen auf Elemente von Datenfeldern mit primitiven Datentypen

Wenn Sie schon mit Arrays gearbeitet haben, wird Ihnen bei normalen Arrays mit primitiven Datentypen keine Überraschung bevorstehen – Sie geben einfach den Namen der Datenfeldvariablen und in eckigen Klammern den Index an. Um auf das zweiten Element des Datenfelds

```
int[] antwort = {41, 42, 43, 44};
```

zugreifen zu können, werden wir einfach

```
antwort [1];
```

angeben. Der Index 1 für das zweite (!) Element unseres Datenfelds ist kein Fehler. Der Index eines Arrays beginnt mit 0.

Es wird Zeit für praktische Beispiele:

```
class ArrayTest1 {
  public static void main(String[] args) {
    int a[] = {1 , 2, 3, 5, 7, 11, 13, 17};
    for(int i=0;i<8;i++)
      System.out.println(a[i]);
  }
}
```

Listing 31.1: *Erzeugung mit direktem Initialisieren des Array-Inhalts und Zugreifen auf Elemente mit einer* for-*Schleife*

Das Programm gibt den Inhalt des Arrays zeilenweise aus.

Wenn Sie bei einem Array versuchen, auf Elemente zuzugreifen, die sich außerhalb der Array-Grenzen befinden, wird entweder ein Kompilierungsfehler oder ein Laufzeitfehler (genauer: eine Ausnahme) erzeugt. Ein Kompilierungsfehler tritt ein, wenn innerhalb des Quelltexts eine falsche Zuweisung vom Compiler bereits erkennbar ist, der zweite Fall, wenn das Array-Element erst zur Laufzeit berechnet wird. Eine solche Ausnahme ist dann von der Form ArrayIndexOutOfBoundsException.

31.3.2 Ändern von Elementen in Datenfeldern mit primitiven Datentypen

Die Änderung von Werten in Datenfeldern mit primitiven Datentypen ist identisch mit der Änderung von Werten normaler Variablen. Geben Sie einfach den Namen an und weisen Sie einen Wert zu.

Beispiel:

```
a [2] = 42;
```

Das nächste Beispiel erzeugt ein Array mit dem new-Operator. Über eine for-Schleife wird jedem Feld ein Zufallswert zugewiesen, der dann über eine zweite Schleife wieder ausgegeben wird.

```
import java.util.*;
class ArrayTest2 {
  public static void main(String[] args) {
    Random r = new Random();
    int a[] = new int[8];
    for(int i=0;i<8;i++)
      a[i] = r.nextInt();
    for(int i=0;i<8;i++)
      System.out.println("Zufallswert " + i + " : " + a[i]);
  }
}
```

Listing 31.2: *Erzeugung mit dem* new-*Operator, Füllen und Zugreifen auf Elemente mit zwei* for-*Schleifen*

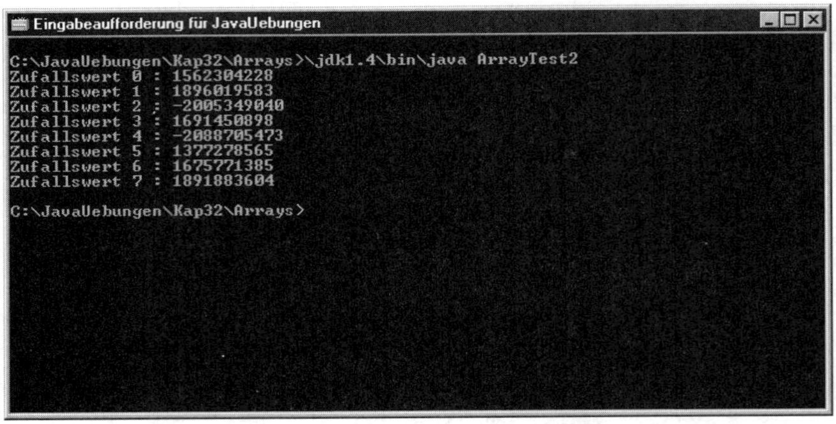

Bild 31.1: Zufallswerte in einem Array gespeichert und ausgegeben

31.4 Dynamische Arrays

Es ist in Java extrem leicht, dynamische Arrays zu erstellen. Genau genommen ist es quasi »natürlich«, denn Arrays werden unter Java grundsätzlich erst zur Laufzeit erzeugt. Arrays unter Java werden als semidynamisch bezeichnet. Das bedeutet, die Größe eines Arrays kann bei Bedarf erst zur Laufzeit festgelegt werden. Nach der Festlegung kann die Größe des Arrays jedoch nicht mehr geändert werden.

Dieses dynamische Verhalten der Java-Arrays beruht darauf, dass zum Zeitpunkt der Deklaration noch nicht festgelegt wird, wie viele Elemente das Array hat. Dies geschieht erst bei der Initialisierung. Nur wenn man Deklaration und Initialisierung in einem Schritt erledigt, hat man das Array quasi statisch erzeugt.

Einen wichtigen Fall der dynamischen Festlegung der Array-Größe kennen Sie bereits. Die Übergabewerte an ein Java-Programm, die in der main()-Methode angegeben werden, sind ein Array (String[] args bzw. String args[]), dessen Größe erst zur Laufzeit dynamisch bestimmt wird (einfach aus der Tatsache, wie viele Übergabewerte vom Aufrufer mitgegeben werden). Der Programmcode legt die Größe nicht fest.

```java
class ArrayTest3 {
  public static void main(String[] args) {
    System.out.println("Anzahl der Uebergabewerte: "
      + args.length);
    for(int i=0;i<args.length;i++)
      System.out.println("Uebergabewert " + (i+1) + " : "
      + args[i]);
  }
}
```

Listing 31.3: Das Array wird durch Bedingungen zur Laufzeit erst in der Größe festgelegt

Das Beispiel bestimmt zur Laufzeit, wie viele Übergabewerte an das Programm übergeben werden und gibt diese dann mit einer Schleife aus. Beachten Sie den Ausdruck `args.length`. Dieser ist einer der großen Highlights von Java-Arrays. Da ein Array ein Objekt ist, weiß (!!) es natürlich, wie groß es ist.[2] Das bedeutet, Sie können einfach über diese Eigenschaft abfragen, aus wie vielen Elementen ein Array besteht. Das ist bei dynamisch erzeugten Arrays eine zwingend notwendige Information, die über genial einfache Technik in Java auf dem Silbertablett präsentiert wird.

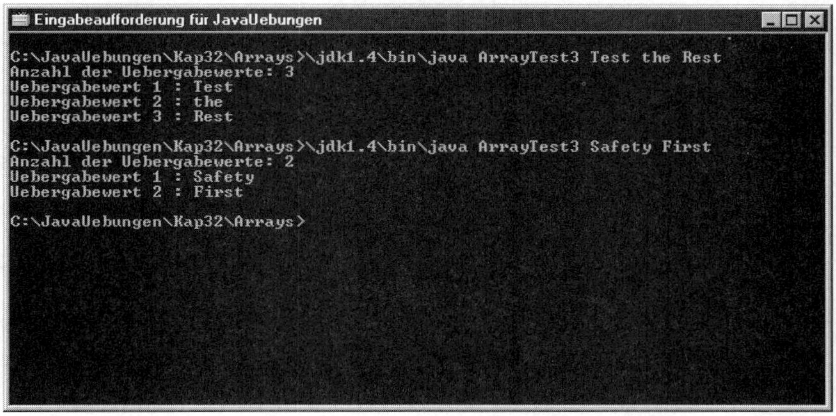

Bild 31.2: Dynamische Arrays – die Anzahl der Übergabewerte legt die Größe des Arrays zur Laufzeit fest

31.5 Multidimensionale Datenfelder und Arrays mit Objekten als Inhalt

Wir hatten bereits festgehalten, dass Java keine multidimensionalen Arrays im herkömmlichen Sinn unterstützt, sondern für so einen Fall ein Array mit Arrays (und die können wiederum weitere Datenfelder enthalten – im Prinzip beliebig viele Ebenen) erwartet. Wir wollen der Einfachheit halber dennoch von multidimensionalen Arrays reden (obwohl verschachtelte Arrays eigentlich besser passt). Das ist in Java sowieso als Spezialfall von Arrays zu verstehen, deren Inhalt aus anderen Objekten (das können eben auch andere Arrays sein) besteht.

Die Deklaration und Erzeugung haben wir schon gesehen, aber wie erfolgt der Zugriff? Hier ist tatsächlich eine Umstellung gegenüber Arrays in anderen Programmiersprachen notwendig. Ein Zugriff auf das zweite Element in der zweiten Spalte erfolgt beispielsweise über

```
a [2][2];
```

Eine Zuweisung analog über

```
a [2][2] = 42;.
```

---

2   Der Java-Löwe und sein Käfig ;-).

Der Unterschied gegenüber Arrays in anderen Programmiersprachen ist, dass die eckigen Klammern in der beschriebenen Weise angegeben werden müssen. Ein Zugriff in der Form a[2, 2] oder ähnlich wird einen Fehler erzeugen.

Das nachfolgende kleine Beispiel arbeitet mit multidimensionalen Arrays.

```java
class ArrayTest4 {
  public static void main(String args[]) {
    int a[][] = new int[2][3];
    a[0][0] = 1;
    a[0][1] = 2;
    a[0][2] = 3;
    a[1][0] = 4;
    a[1][1] = 5;
    a[1][2] = 6;
    System.out.println(
      "Stringverkettung der Zeile 1: " + a[0][0] + a[0][1] + a[0][2]);
    System.out.println(
      "Stringverkettung der Zeile 2: " + a[1][0] + a[1][1] + a[1][2]);
    System.out.println(
      "Addition der Zeile 1: " + (a[0][0] + a[0][1] + a[0][2]));
    System.out.println(
      "Addition der Zeile 2: " +(a[1][0] + a[1][1] + a[1][2]));
  }
}
```

Listing 31.4: Multidimensionales Array

Bild 31.3: Multidimensionales Array

31.5.1 Arrays mit allgemeinen Objekten als Inhalt der Elemente

Multidimensionale Arrays sind ein spezieller Fall von Arrays mit Objekten als Inhalt der Elemente. Darin kann sich allerdings ebenso jegliche andere Form von Objekten befinden.

Ein Array mit Objekten als Inhalt der Elemente enthält Referenzen auf diese Objekte. Wenn einem Datenfeldelement ein Wert zugewiesen wird, erstellen Sie eine Referenz auf das betreffende Objekt. Verschieben Sie die Werte in den Arrays, weisen Sie die Referenz neu zu. Es wird also nicht der Wert von einem Element in ein anderes Element kopiert, wie es bei einem Array mit primitiven Datentypen der Fall wäre.

Arrays mit Objekten als Inhalt sind eine einfache Möglichkeit, innerhalb eines Arrays verschiedene Arten von Informationen unterzubringen. Es gibt zwar in Java keine direkte Möglichkeit, ein Array mit verschiedenen Datentypen zu deklarieren, aber wenn man einfach Objekte mit unterschiedlichen Datentypen als Inhalt verwendet, ist das kein Problem (obgleich etwas Hintergrundwissen zu Java notwendig ist). Das nachfolgende kleine Beispiel arbeitet mit zwei Wrapper-Klassen, um dort Informationen eines bestimmten Datentyps (im Beispiel int und float) unterzubringen. Die damit erzeugten Objekte werden einem Array zugewiesen, dass vom Typ eine Instanz der Klasse Number ist (der abstrakten Superklasse der beiden Wrapper-Klassen). Damit befinden sich in dem Array verschiedenen primitive Datentypen. Zwar in Objekte »eingepackt«, aber wie das Beispiel weiter zeigt, stehen Methoden bereit, die primitiven Werte wieder zu extrahieren.

```
class ArrayTest5 {
  public static void main(String args[]) {
    Integer b = new Integer(5);
    Float c = new Float("4.4f");
    Number a[] = {b,c};
    System.out.println(a[0].intValue());
    System.out.println(a[1].floatValue());
  }
}
```

Listing 31.5: Daten verschiedenen Typs in einem Array

Die Ausgabe wird zuerst der Ganzzahlwert 5 und dann der Gleitzahlwert 4.4 sein.

Es ist sogar in Java mit dieser Technik möglich, nicht-rechteckige Arrays zu erzeugen. Damit werden Verfahren wie Records oder Typedef-Konstrukte, wie sie in anderen Programmiersprachen vorkommen, überflüssig. Das nachfolgende Beispiel demonstriert so eine Technik.

```
class ArrayTest6{
  public static void main(String args[]) {
    int c[][]={
      {1,2,3},
      {5,7,11,13,17}
      };
    System.out.println("Groesse des Arrays c: " + c.length);
    System.out.println("Groesse des Arrays c[0]: " + c[0].length);
    System.out.println("Groesse des Arrays c[1]: " + c[1].length);
      System.out.println(
```

```
              "Zugriff auf den Wert von c[1][2]: " + c[1][2]);
  }
}
```

Listing 31.6: *Ein Array mit nicht-rechteckiger Form*

```
Eingabeaufforderung für JavaUebungen
C:\JavaUebungen\Kap32\Arrays>\jdk1.4\bin\java ArrayTest6
Groesse des Arrays c:  2
Groesse des Arrays c[0]: 3
Groesse des Arrays c[1]: 5
Zugriff auf den Wert von c[1][2]: 11

C:\JavaUebungen\Kap32\Arrays>
```

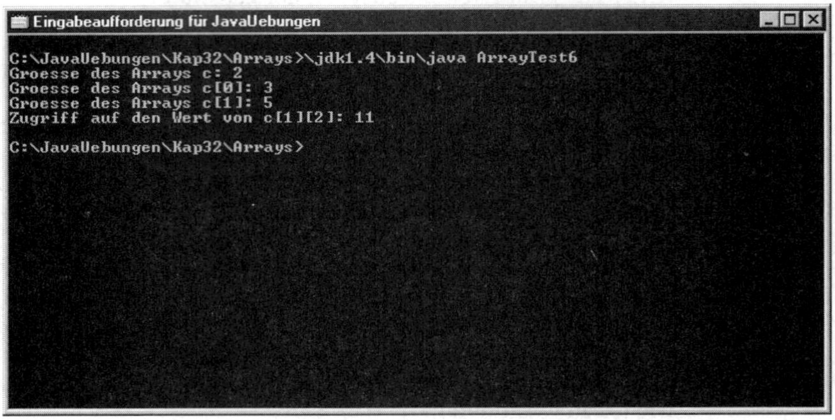

Bild 31.4: *Ein nicht-rechteckiges Array*

Da bald Weihnachten ist[3], zeichnen wir mit einem nicht-rechteckigen Array einen Tannenbaum. Dieser zeigt auch optisch, dass wir hier mit einem nicht-rechteckigen Array arbeiten.

```java
class ArrayTest7 {
  public static void main(String args[]){
    String tb[][]={
       {" ", " ", "*"},
       {" ", "*", "*", "*"},
       {"*", "*", "*", "*","*"},
       {" ", " ", "*"}
    };
    System.out.println(tb[0][0]+tb[0][1]+tb[0][2]);
    System.out.println(tb[1][0]+tb[1][1]+tb[1][2]+tb[1][3]);
    System.out.println(
     tb[2][0]+tb[2][1]+tb[2][2]+tb[2][3]+tb[2][4]);
    System.out.println(tb[3][0]+tb[3][1]+tb[3][2]);
  }
}
```

Listing 31.7: *Ein weiteres Array mit nicht-rechteckiger Form*

Das Beispiel zeichnet einen Tannenbaum auf den Bildschirm.

---

3 Zumindest deuten die Temperaturen darauf hin – es wird heute nach dem Wetterbericht höchstens 31 Grad ;-).

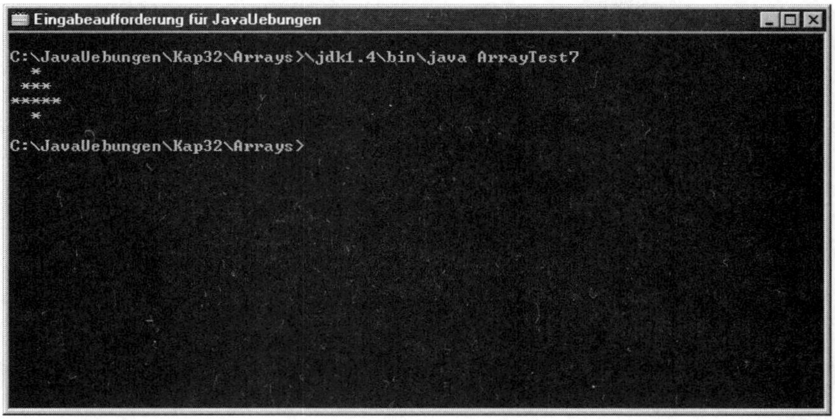

Bild 31.5: Ist er nicht schön?

31.6 Collections

Ein Spezialfall von Arrays sind so genannte Collections. Auch diese dienen dazu, Mengen von Daten aufzunehmen. Die Daten werden aber gekapselt abgelegt und es ist nur möglich, mit Hilfe vorgegebener Methoden darauf zuzugreifen. Ein wichtiger Spezialfall einer Collection ist eine Hashtabelle, die die Klasse `Hashtable` repräsentiert. Dies ist eine Collection, in der die Daten paarweise mit einer Referenzbeziehung gespeichert sind. Collections sind im Wesentlichen im Paket `java.util` untergebracht. Dort gibt es etwa die Klasse `Vector` als Java-Repräsentation einer linearen Liste oder das Interface Enumeration, das den sequenziellen Zugriff auf die Elemente eines Vektors mittels eines Iterators erlaubt. Für mehr Details zu Collections sei auf weiterführende Literatur verwiesen.

Applets versus Applikationen

Bisher haben wir uns bei Beispielen im Wesentlichen auf eigenständige Applikationen gestützt. Aber das heißt nicht, dass wir Applets bisher vollkommen außen vor gelassen haben. Sie waren immer dabei. Das soll bedeuten, nahezu alles, was wir bisher gemacht haben, kann unverändert auf Applets übertragen werden. Wir haben einfach noch nicht die Details behandelt, in denen man auf Unterschiede Rücksicht nehmen musste. In diesem Abschnitt des Buches wollen wir Applets in den Vordergrund stellen. Worin unterscheiden diese sich von normalen Applikationen? Was sind ihre Besonderheiten? Was stellen Applets an Leistungen bereit, die eine normale Applikation nicht bietet?

7

Die letzten Buchabschnitte begannen jeweils mit »Jetzt geht es ans Eingemachte«. Dieser nicht. Soll das bedeuten, dass es jetzt einfacher wird? Ja. In gewisser Hinsicht schon. Sie haben in der Tat die Grundlagen der Sprache Java und ihres Konzepts hinter sich. Da alle weiteren Schritte darauf aufbauen, muss jetzt nur noch in das stehende Gerüst das eingehängt werden, was neu hinzukommt. Wir sind – wenn man es etwas sportlicher ausdrücken möchte – bei der Kür angelangt. Oder wenn man es über ein Studium beschreiben will: Sie haben das Grundstudium jetzt abgeschlossen und nun steht das Hauptstudium bevor. Von der Vorgehensweise her sind wir jetzt an dem Punkt, an dem man auf vieles zugreift, was Ihnen von anderen (im Wesentlichen von Sun über das Java-Standard-API) bereitgestellt wird.

32 Unterschiede zwischen Java-Applikationen und Applets

Ein oft gemachter Fehler bei Java-Laien besteht darin, Java-Applikationen und Java-Applets gleichzusetzen. Sie besitzen zwar viele Gemeinsamkeiten, aber auch gravierende spezifische Unterschiede. Java-Applets sind im Wesentlichen dafür gedacht, im Rahmen des WWW zu laufen und dieses doch ziemlich eingeschränkte Medium mit dort fehlender Funktionalität aufzuwerten. Java-Applets können nur innerhalb eines Webbrowsers oder des Appletviewers ausgeführt werden, worin sich bereits ein offensichtlicher Unterschied zu eigenständigen Applikationen zeigt. Ein Applet muss dazu in einer HTML-Seite verankert werden, die dann in einem Browser verwendet wird. Dieser ruft dann seine virtuelle Maschine auf, um ein referenziertes Applet auszuführen. Eine entsprechende Referenz innerhalb einer HTML-Seite mit einem speziellen Tag – z.B. das <APPLET>-Tag – erledigt die Einbettung in die Webseite.

Da Java-Applets innerhalb eines Browsers laufen, haben sie direkten Zugang zu den meisten Fähigkeiten, die auch der Browser hat. Dazu zählen unter anderem Zugriffe auf Grafiken und Elemente der Benutzeroberfläche, aber auch Netzwerkfähigkeiten. Allerdings teilen Sie auch die Einschränkungen des Browsers. Oder genauer – sie werden durch den Browser beschränkt. Das beinhaltet beispielsweise die fehlenden Möglichkeiten, das Dateisystem des Rechners zu lesen und dort Schreibvorgänge durchzuführen. Es sei denn, der Anwender erlaubt es, indem die Sicherheitseinstellungen des Containers entsprechend gelockert werden. Weiter können Applets normalerweise nur zu dem Host Verbindung aufnehmen, von dem sie geladen wurden. Auch hierzu sind aber in den Einstellungen des Appletviewers bzw. des Browsers entsprechende Veränderungen möglich, die dann eine noch geringere, aber auch weitergehende Kommunikation erlauben.

Zwei weitere Einschränkungen von Applets gehen über diese Eigenschaften hinaus. Zum einen können Applets keine auf dem Client-System vorhandenen Programme starten, zum anderen keine nativen Programme und Bibliotheken der lokalen Plattform laden. Darüber hinaus müssen Java-Applets noch diverse weitere Sicherheitsregularien einhalten, was sicher ein Hauptgrund für ihren Erfolg im Web ist.[1] Applets ist auch die Unterbrechung der Ausführung des Java-Interpreters nicht erlaubt. Sie können also die Methode System.exit() nicht aufrufen. Als Anwender kann man sicher sein, dass Applets kaum einen Schaden anrichten können.

---

[1] Als schlimmsten Kontrast dazu kann man sich ActiveX-Controls ansehen, die gleichfalls in Webseiten integriert werden können, aber keinerlei (ernsthaften) Sicherheitsregularien unterworfen sind.

32.1 Die technischen Unterschiede

Eine eigenständig lauffähige Java-Applikation benötigt immer eine `main()`-Methode, deren Abarbeitung dem gesamten Lauf des Java-Programms entspricht. Beim Java-Applet ist es etwas anders. Ein Applet benötigt keine `main()`-Methode. Das bedeutet aber nicht, dass eine solche Methode verboten ist. Beim Start des Applets wird sie nur nicht automatisch verwendet. Sie muss manuell aufgerufen werden.

Jedes Applet muss von der Klasse `java.applet.Applet` abgeleitet werden und bekommt damit bereits zahlreiche nützliche Dinge vererbt. Etwa eine grafische Oberfläche und damit die Methode `paint()`, zahlreiche Methoden für die Interaktion mit dem Anwender und anderen Objekten – etwa über das Netzwerk – oder zahlreiche weitere Methoden, die ein Applet voll in eine Webseite und den Browser integrieren, ohne dass Sie auch nur eine Zeile eigenen Quelltext schreiben müssen. Jede Applet-Klasse wird mit folgender Syntax als Unterschrift erstellt:

```
public class <AppletName> extends java.applet.Applet
```

Java setzt übrigens für sinnvolle Verwendung voraus, dass eine Applet-Klasse als `public` deklariert wird. Die meisten Applets werden `java.applet.*` und `java.awt.*` importieren, damit Sie im Laufe des Quelltexts Schreibarbeit sparen.

Der Programmlauf eines Applets vollzieht sich in vier Schritten:

1. Schritt 1 ist das Initialisieren des Applets. Dies erledigt die Methode `public void init()`. Innerhalb dieser Methode können alle Schritte durchgeführt werden, die vor dem Anzeigen des Applets abgeschlossen sein sollen. Die Methode wird beim Laden des Applets automatisch aufgerufen und – falls sie von Ihnen nicht überschrieben wird – in der vererbten Grundversion abgearbeitet.

2. Nach der Initialisierung startet das Applet. Um bestimmte Schritte während dieser Phase durchzuführen, kann die Methode `public void start()` überschrieben werden. Diese Methode wird nach der Initialisierung automatisch aufgerufen, kann aber auch während des Lebens eines Applets mehrfach manuell oder automatisch erneut aufgerufen werden.

3. Das Stoppen des Applets ist das Gegenstück zum Starten des Applets und geht mit diesem Hand in Hand. Nur ein gestartetes Applet kann wieder gestoppt werden. Jedes gestoppte Applet kann wieder ohne Neuinitialisierung gestartet werden (es sei denn, es ist zerstört). Diese Methode wird beispielsweise automatisch aufgerufen, wenn ein Anwender den Anzeigebereich eines Applets in einer Webseite verlässt. Es läuft jedoch – quasi im Leerlauf – weiter und kann reaktiviert werden (etwa automatisch in dem Moment, in dem das Applet wieder im Browser angezeigt wird). Um ein Applet zu stoppen oder bestimmte Aktivitäten mit dem Stoppen eines Applets zu koppeln, kann die Methode `public void stop()` verwendet werden.

4. Der letzte Schritt im Leben eine Applets ist dessen Zerstören. Das bedeutet, dass das Applet eventuell laufende Threads beendet, Objekte freigibt und sonstige Aufräumarbeiten ausführt. Anschließend wird das das Applet repräsentierende Objekt aus dem Speicher des Rechners entfernt. Wenn der Appletviewer oder der Browser geschlossen wird, wird die Methode automatisch aufgerufen. Das Gleiche passiert, wenn eine neue Webseite geladen wird. Aber auch manuell kann ein Applet zerstört werden. Um bestimmte Aktionen mit der Zerstörung eines Applets zu koppeln, sollten Sie die Methode `public void destroy()` verwenden. Die allgemeinere `finalize()`-Methode ist hier nicht zu verwenden, da diese eher für ein einzelnes Objekt irgendeines Typs zum Aufräumen verwendet wird und vor allem, weil diese im Gegensatz zu der `destroy()`-Methode nicht immer beim Beenden von einem Browser oder dem Neuladen eines Applets automatisch ausgeführt wird.

Nachfolgend finden Sie eine Schablone für ein Applet, das sowohl alle hier genannten Methoden (leer) implementiert, aber auch als eigenständige Applikation gestartet werden kann. Letzteres bedeutet, es gibt eine `main()`-Methode, die automatisch aufgerufen wird, wenn man die Klasse über den Java-Interpreter aufruft. Von dort aus kann man die Methoden aufrufen, die beim Start eines Applets automatisch aufgerufen werden.

```java
public class Schablone extends java.applet.Applet {
  /** Das Applet initialisieren*/
  public void init() {
  }
  /** Das Applet starten*/
  public void start() {
  }
  /** Das Applet anhalten*/
  public void stop() {
  }
  /** Das Applet löschen*/
  public void destroy() {
  }
  /** main()-Methode*/
  public static void main(String[] args) {
    Schablone applet = new Schablone();
    applet.init();
    applet.start();
  }
}
```

Listing 32.1: *Eine Applet-Schablone, die auch als eigenständige Applikationsschablone genutzt werden kann*

Um das Applet auch in einer Webseite nutzen zu können, benötigen Sie eine HTML-Seite. Hier ist eine solche, die sich im gleichen Verzeichnis wie das Applet befinden muss (auf die Details gehen wir noch ein):

```
<HTML>
<BODY>
```

```
<APPLET
   code   = "Schablone.class"
   width  = "500"
   height = "300"
   >
</APPLET>
</BODY>
</HTML>
```

Listing 32.2: Die HTML-Seite zum Aufruf

33 HTML-Grundlagen

Java-Applets werden innerhalb von HTML-Seiten in Form von Referenzen eingebunden. Das ist für alle Elemente der Fall, die über reinen Klartext hinausgehen und im Rahmen von Webseiten genutzt werden sollen. Also neben Applets Dinge wie Grafiken, Animationen, ActiveX-Controls usw. Bevor wir die Grundlagen der Einbindung von Java-Applets in HTML-Seiten behandeln, müssen einige HTML-Fundamente aufgebaut werden. Nicht viel, denn das ist hier nicht das Thema, aber ganz ohne geht es nicht.

HTML ist die Abkürzung für »Hypertext Markup Language« und es ist eine Dokumentbeschreibungssprache aus Klartext, mit der die logischen Strukturen eines Dokuments plattformunabhängig beschrieben werden. Das World Wide Web besteht in seiner Grundstruktur aus HTML. HTML gibt als ein Dokumentenformat in Form von Klartext nur unverbindliche Empfehlungen an eine Darstellungs-Software (den Browser), wie eine bestimmte Dokumentenstruktur darzustellen und welche Funktionalität wie auszuführen ist, damit sie dem geplanten Layout und der vorgesehenen Funktionalität entspricht. Es gibt in reinem HTML keine absolute Darstellungsvorschrift, weswegen sich die grafische Darstellung von HTML-Seiten in verschiedenen Browsern oft erheblich unterscheiden kann (eine Folge der geplanten Plattformunabhängigkeit).

Hinter der Normung der Sprache HTML stand und steht auch heute noch das World Wide Web-Consortium (W3C – ursprünglich W3O – O für Organisation – genannt – http://www.w3.org).

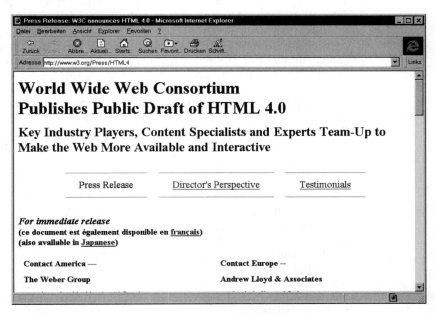

Bild 33.1: Die Seiten vom W3C

HTML liegt derzeit in der Version 4 vor. HTML ist viel einfacher als Programmiersprachen oder Scriptsprachen. Es gibt beispielsweise keinerlei Kontrollstrukturen in Form von Bedingungen, Sprüngen oder Schleifen. Es gibt auch keine Befehle im Sinne von Befehlswörtern, die eine Aktion auslösen. HTML beinhaltet in seiner aktuellen Version nur einige dahingehende Erweiterungen für den Aufruf von Scripts.

33.1 HTML-Grundstrukturen

Eine aus HTML aufgebaute Webseite beinhaltet nur zwei grundsätzlich zu unterscheidende Strukturen:

→ Steueranweisungen

→ Reiner Text

Steueranweisungen sind die HTML-Befehle. Alle HTML-Steueranweisungen werden in so genannte »Tags« geschrieben, die von spitzen Klammern – dem »Kleiner«- und dem »Größer«-Zeichen – begrenzt werden. Ein HTML-Tag sieht also von der Struktur her immer so aus:

```
<xyz>
```

Alles, was kein Tag ist (d.h., es ist nicht von einem »Kleiner«- und einem »Größer«-Zeichen eingeschlossen), wird in einer Webseite als reiner Text verstanden. Das ist nicht so trivial, wie es im ersten Moment klingt. Es hat fatale Auswirkungen. Ein großes Problem beim Interpreterkonzept (das ja zur Darstellung von HTML-Dokumenten zum Tragen kommt) ist das schnelle Veralten der Interpreter. Wenn in einer Interpretersprache ein oder mehrere neue Befehl(e) hinzugefügt werden, können die bis dahin entwickelten Interpreter diese Anweisung(en) noch nicht kennen und entsprechend nicht ausführen. Anwender, die ein Dokument mit solch neuen Anweisungen in einem davor veröffentlichten Interpreter laden, bekommen Schwierigkeiten. Da HTML über die Zeit immer weiter entwickelt und vor allem durch Browser-spezifische Zusatzanweisungen angereichert wurde, gibt es dementsprechend eine Vielzahl von Dialekten und kein Browser kann alle vollständig. Was soll aber geschehen, wenn ein Browser in einer HTML-Seite eine Anweisung findet, die er nicht versteht? Abstürzen, wie es normalerweise Windows-Programme tun?[1] Oder eine Fehlermeldung bringen, mit der üblicherweise kein Anwender etwas anfangen kann?

Es gibt noch eine dritte Lösung – ignorieren. Und das ist, obwohl es erst einmal nicht besonders positiv erscheinen mag, zumindest bei der Beschreibung von Dokumenten die beste der drei Varianten. Das Ignorieren von unbekannten Anweisungen durch den Browser basiert auf dem Prinzip der Fehlertoleranz, das zu den Eckdaten von HTML gehört. Dieses Prinzip veranlasst die Programme zur Auswertung von HTML-Dokumenten, bei der Interpretation so fehlertolerant wie irgend möglich zu sein. Der äußerst positive Effekt ist, dass dann auch syntaktisch unkorrekte Dokumente so weit wie möglich ausgewertet werden können. Soweit Browser korrekte

---

[1] ;-/. Java-Programme tun das in der Regel nicht :))).

HTML-Anweisungen vorfinden, werden diese Anweisungen ausgeführt und angezeigt. Falsche oder unvollständige Anweisungen werden ganz einfach ignoriert. Und alles, was sich außerhalb eines Tags befindet, wird als reiner Text im Anzeigebereich des Browsers dargestellt.

Das Prinzip der Fehlertoleranz ist unumgängliche Voraussetzung dafür, dass immer neue HTML-Anweisungen oder neue Technologien im Internet eingeführt werden können und dennoch die älteren Browser beim Laden solcher Webseiten nicht »abschmieren«. Was sie nicht kennen, wird einfach ignoriert. Der Rest wird dargestellt. Eine Abwärtskompatibilität der HTML-Dokumente ist also immer sichergestellt, auch wenn signifikante Informationen beim Anzeigen verloren gehen können. Dummerweise kann man bei Script- und Programmiersprachen nicht so tolerant verfahren, da viele Schritte aufeinander aufbauen.

Es gibt Tags, die zwingend einen Beginn- und einen Ende-Befehl benötigen. Beide zusammen bilden einen so genannten Container, der den Bereich für die Wirkung einer HTML-Anweisung festlegt. Etwa, von wo bis wo ein Text fett dargestellt werden soll. Bei Tags nennt man das Einleitungs- und Abschluss-Tag. Abschluss-Tags sind bis auf einen der öffnenden Klammer folgenden Slash (/) identisch mit dem Einleitungs-Tag. Das Abschluss-Tag zum Einleitungs-Tag `<xyz>` würde wie folgt aussehen:

`</xyz>`

Beispiele:

```
<i> ... </i>
<h6> ... </h6>
<center> ... </center>²
<div align="center"> ... </div>
<p> ... </p>
```

Andere Tags kommen in der strengen HTML-Syntax hingegen nur als Einleitungs-Tags vor. Beispielsweise ein Zeilenumbruch, der durch `<BR>` auch ohne Ende-Tag vollständig beschrieben ist.

Bei den HTML-Steueranweisungen spielt es im Gegensatz zu den Befehlsanweisungen vieler anderer Sprachen keine Rolle, ob sie groß- oder kleingeschrieben werden. Die Anweisung `<h4>` bewirkt das Gleiche wie `<H4>`. Auch eine unterschiedliche Groß- und Kleinschreibung im Einleitungs- und Abschluss-Tag oder sogar innerhalb einer Anweisung hat keine negativen Auswirkungen, erhöht jedoch nicht gerade die Lesbarkeit. Für die Zukunft steht aber zu erwarten, dass auch in HTML Groß- und Kleinschreibung relevant wird. Dann werden HTML-Anweisungen wahrscheinlich kleingeschrieben.

Viele Tags sind erst dann sinnvoll einzusetzen, wenn sie genauer spezifiziert werden (nicht jedes, denn ein Zeilenumbruch ist immer durch die Anweisung `<BR>` vollständig beschrieben). Dann gibt es Anweisungen, die mit oder ohne Parameter funktionieren. Etwa das `<BODY>`-Tag. Wenn Para-

---

[2] Das Tag `<center>` gilt offiziell als veraltet, wird aber von den meisten Profis als Optimierung von Quelltext dringend empfohlen. Gute HTML-Tools wie 1st-Page ersetzen entgegen den offiziellen Empfehlungen alle `<div align="center">` durch `<center>`.

meter angegeben werden, werden bestimmte Aspekte genauer spezifiziert. Fehlen sie, werden Grundwerte zum Einsatz kommen. Aber nicht alle Anweisungen sind so eindeutig oder flexibel. So gibt es beispielsweise die Steueranweisung <FONT>, mit der die Bedingungen für die Schrift angegeben werden. Aber ohne genauere Angaben ist die Anweisung sinnlos. Die Schriftgröße, die Schriftart oder die Schriftfarbe sind genauere Spezifikationen, die durch so genannte Parameter erfolgen. Diese werden bei Bedarf das einleitende Tag – durch Leerzeichen abgetrennt – erweitern. Dabei gibt es zwei Formen von Parametern:

1. Parameter mit einer Wertzuweisung
2. Parameter, die bereits einen Wert repräsentieren

Parameter mit einer Wertzuweisung bekommen über einen Zuweisungsoperator – dem Gleichheitszeichen (=) – den entsprechenden Wert zugeordnet. Dies kann ein Text oder eine Zahl sein oder aber auch andere Dinge (etwa eine Internet-Adresse). Meist werden die Werte in Hochkommata eingeschlossen, aber das ist nicht unbedingt notwendig. Ein Tag mit einem Parameter mit einer Wertzuweisung sieht schematisch so aus:

```
<Anweisung Parameter = Wert>
```

Beispiele:

```
<FONT color=red>
<IMG src="http://rjs.de/bilder/devil.gif">
```

Parameter, die bereits einen Wert repräsentieren, brauchen bloß durch ein Leerzeichen abgetrennt (!) in das Einleitungs-Tag geschrieben zu werden. Sie fungieren immer als Schalter. Wenn sie angegeben werden, wird eine Eigenschaft aktiviert, fehlen sie, ist die jeweilige Eigenschaft deaktiviert. Ein Tag mit einem Parameter, das bereits einen Wert repräsentiert, sieht schematisch so aus:

```
<Anweisung Parameter>
```

Beispiel:

```
<TABLE border>
```

Diese Anweisung setzt einen Tabellenrahmen.

Es wird in HTML immer nur das einleitende Tag durch Parameter erweitert. Beim beendenden Tag wird niemals ein Parameter angegeben!

Viele Befehle lassen sich über mehr als einen Parameter spezifizieren. Diese werden dann einfach durch Leerzeichen getrennt aufgelistet. Dabei spielt die Reihenfolge der Parameter keine Rolle.

Beispiele:

```
<BODY bgcolor=white text=red>
```

Das nachfolgende Beispiel bewirkt das analoge Resultat:

```
<BODY text=red bgcolor=white>
```

33.1.1 Das Grundgerüst einer Webseite

Da HTML eine äußerst fehlertolerante Beschreibungssprache ist, werden Webseiten selbst in Situationen, in denen in anderen Sprachen geschriebene Dokumente oder Programmstrukturen einen Fehler oder einen Programmabbruch auslösen würden, trotzdem oft noch brauchbare Resultate liefern. Reine HTML-Seiten haben (bis auf Sonderfälle) die Dateiendung htm, html oder shtml. Alleine diese lassen das Dokument zu einem HTML-Dokument werden. Für eine HTML-Seite gibt es jedoch dennoch wie für jedes andere Dokument oder jede andere Programmiersprache immer ein Grundgerüst und gewisse Grundregeln.

Eine korrekt aufgebaute HTML-Seite wird immer in die Anweisung

`<HTML>`

am Anfang und

`</HTML>`

am Ende eingeschlossen. Die beiden Anweisungen bilden immer das äußere Gerüst einer HTML-Seite. Davor dürfen höchstens Kommentarzeilen stehen, die natürlich auch überall im Inneren einer HTML-Seite verwendet werden können. Die Steuerzeichen für Kommentarzeilen sind ein Ausrufezeichen und zwei Striche am Anfang und zwei Striche am Ende des Tags. Jeder in diesem Tag stehende Text wird vom interpretierenden Browser als Kommentar betrachtet. Ein Kommentar kann über mehrere Zeilen gehen. Auch ein Kommentar-Tag muss von spitzen Klammern eingeschlossen werden, also sehen die Zeichenfolgen so aus:

`<!-- ... -->`

Beispiel:

`<!-- Generated by RJS -->`

Das weitere Grundgerüst einer HTML-Datei besteht grundsätzlich aus folgenden zwei Teilen:

→   dem (optionalen) Header (Kopf)

→   dem Body (Körper)

Nach der einleitenden HTML-Anweisung steht in einer Webseite normalerweise ein Header-Teil, das heißt ein Kopfteil, in dem die allgemeinen Hintergrundinformationen über eine Webseite notiert werden. Beispielsweise der Titel, der in die Zeichenketten

`<TITLE>`

und

`</TITLE>`

eingeschlossen wird. Im Header werden auch so genannte Meta-Informationen platziert. Etwa Copyright-Informationen und vor allem wichtige Angaben für Suchmaschinen. Dies erfolgt mittels des `<META>`-Tags, das auf verschiedenste Art und Weise verwendet werden kann. Oft finden Sie <META>-Tags in Verbindung mit den Attributen name und content. Über name wird eine Eigenschaft angegeben (etwa der Autor, Schlüsselwörter, über die die Webseite in einer Suchmaschine gefunden werden soll, oder eine Beschreibung der Webseite), über content der Wert dieser damit benannten Variablen. Diese beiden Informationen bilden zusammen ein Wertepaar, das auch nur in Verbindung Sinn macht.

Eine Meta-Information wird in der nächsten Zeit wahrscheinlich gewaltig an Bedeutung gewinnen (leider). Die Anweisung

```
<meta name="MSSmartTagsPreventParsing" content="TRUE">
```

Damit kann man verhindern, dass Besuchern mit dem Internet Explorer 6.0 in einer Webseite die so genannten Smart-Tags untergejubelt werden, mit denen Microsoft versucht, fremde Webseiten als Werbeträger für ihren Webdienst MSN und zur Darstellung eigener Zusatzinformationen zu missbrauchen. Die Smart-Tags sind eine Erfindung, die Microsoft im Rahmen seiner XP-Produkte eingeführt hat. Die Technik durchsucht unter anderem Dokumenteninhalte nach Schlüsselwörtern und Schlüsselstellen allgemein und belegt die gefundenen Begriffe mit Hyperlinks oder Zusatzfunktionen, die als Pop-up-Menüs aufgeblendet werden können. Dazu werden die entsprechenden Stellen im Dokument hervorgehoben. Im Rahmen des Internet Explorers 6.0 wurden in der Betaversion Webseiten entsprechend für relevante Schlüsselwörter mit Hyperlinks zu entsprechenden URLs generiert. Mit diesem Verfahren sind diverse Probleme verbunden:

→ Die generierten Links sind in der Regel grottenschlecht und falsch.

→ Die Information für die Links liefert MSN, was eine permanente Werbung für diesen Dienst bedeutet.

→ Die Webseite wird unzulässig verändert.

Die extrem wütenden Proteste im Web und angedrohten Klagen von Content-Anbietern haben Microsoft zwar veranlasst (Stand August 2001), diese Technik für den Internet Explorer 6 Final in der ersten Form wieder aufzugeben. Endgültig ist dieser Anschlag auf die freie Information bzw. des Rechts auf Unveränderlichkeit einer bereitgestellten Information leider noch nicht vom Tisch, denn Microsoft will die Technik überarbeiten und dann – wenn sich der erste Sturm gelegt hat – wieder präsentieren. So kann man sich als Webseiten-Ersteller nur über das oben genannte Meta-Tag wehren.

Grundsätzlich wird ein Header mit dem Tag

<HEAD>

begonnen und mit

</HEAD>

entsprechend wieder geschlossen.

Die eigentlichen Daten, die der WWW-Browser einem Anwender auf dem Bildschirm anzeigen soll, werden in den Body geschrieben. Die Tags <BODY> und </BODY> umschließen den Anzeigebereich einer Webseite. In dem Body ist der eigentliche Text mit Überschriften, Verweisen, Grafikreferenzen und auch die Referenz für Java-Applets zu notieren. Das vollständige Grundgerüst einer normalen HTML-Datei sieht also schematisch immer so aus.

```
<!-- Kommentar -->
<HTML>
  <HEAD>
    <TITLE>Titel</TITLE>
  </HEAD>
  <BODY>
    Überschriften, Text,
    Verweise, Grafiken, Java-Applet-Referenz  usw.
  </BODY>
</HTML>
```

Mehr zu HTML finden Sie in tabellarischer Form im Anhang. Kommen wir nun zu einem konkreten Referenztyp: der Java-Applet-Referenz (und da wollen wir ja eigentlich hin).

34 Die Krux mit der Einbindung von Applets

In diesem Kapitel werden wir uns mit der konkreten Einbindung von Java-Applets in HTML-Seiten beschäftigen. Dabei deutet die Überschrift zu diesem Kapitel schon an, dass das Thema nicht ganz so einfach ist. Es gibt diverse Methoden, die man zur Einbindung eines Applets in eine Webseite verwenden kann, und jede hat so ihre spezifischen Probleme. Insbesondere die Zusammenarbeit mit dem Java-Plug-In macht ziemliche Schwierigkeiten.

Ursprünglich gab es nur zwei konkurrierende Syntaxmethoden, um Java-Applets in einer HTML-Datei zu referenzieren. Die eine Syntax basiert auf einer Netscape-Entwicklung, die andere Syntax stammt von Sun selbst. Deren Browser HotJava in den frühen Versionen interpretierte diese Syntax. Die HotJava-Syntax (das Tag <APP>) wird mittlerweile aber nicht mehr unterstützt. Die Netscape-Syntax hatte sich erst einmal durchgesetzt. Sie beruht auf dem <APPLET>-Tag.

Leider haben sich aber in der Zwischenzeit zwei weitere Varianten ergeben, wie Sie ein Applet in eine Webseite integrieren können. Mit dem <EMBED>-Tag und dem <OBJECT>-Tag. Schauen wir uns die Details und die Probleme damit an.

34.1 Die <APPLET>-Syntax

Die Referenzierung eines Java-Applets mit dem <APPLET>-Tag ist die meistgenutzte Form. Fast alle Tools, die eine HTML-Schablone zur Einbindung von Applets generieren, verwenden dieses Tag.

34.1.1 Die einfachste Form

Die einfachste Form der Applet-Referenz (das heißt ohne irgendwelche Parameter und optionale Attribute) wird mit folgender HTML-Syntax in eine HTML-Seite eingebunden:

```
<APPLET
    CODE="[classelement]"
    WIDTH="[Wert]"
    HEIGHT="[Wert]">
</APPLET>
```

Die Werte bei den Parametern können mit oder ohne Hochkommata angegeben werden (etwas, was fast immer in HTML gilt – auch, wenn diverse Quellen behaupten, man müsste die Werte zwingend in Hochkommata setzen). Ganz wichtig ist, dass unbedingt das Abschluss-Tag gesetzt wird!

Die Parameter im Tag bedeuten Folgendes:

→ [classelement] ist die Applet-Klasse, also das Applet selbst. Die Klasse kann mit Namenerweiterung class oder auch ohne angegeben werden. Es geht beides!

→ WIDTH=[Wert] ist die Breite des Applets in Pixel.

→ HEIGHT=[Wert] ist die Höhe des Applets in Pixel.

WIDTH und HEIGHT bestimmen also die anfängliche Größe des Darstellungsbereichs des Applets. Diese Größenangabe hat nichts direkt mit der »echten« Größe des Applets zu tun. Also dem Bereich, den es zur Laufzeit braucht. Man muss deshalb aufpassen, dass das gesamte Applet sichtbar ist. Weiter sollte man beachten, dass es Methoden wie resize() bzw. setSize() gibt, die einem Anfänger suggerieren, er könne aus Java heraus die Größe eines Applets verändern. Dies ist Unsinn, denn ein Applet ist fest in eine Webseite integriert. Eine nachträgliche Veränderung des Anzeigebereichs eines Applets müsste die gesamte Seite verändern, was natürlich nicht möglich ist (der Appletviewer erlaubt diese Veränderung allerdings, denn dieser lässt alle HTML-Anweisungen weg und zeigt nur das reine Applet an). Größenänderungen aus Java heraus lassen sich nur auf freie Fenster (Folgefenster eines Applets oder eine eigenständige Applikation) anwenden.

Die Angabe der Breite und Höhe ist bei der Verwendung des Appletviewers zwingend, während beim Fehlen einer dieser Angaben in vielen Browsern das Applet dennoch mit Default-Werten angezeigt wird. Setzen Sie aber zur Sicherheit immer beide, denn diese Ergänzung kann nicht in allen Browsern garantiert werden und ist im Prinzip auch nicht sinnvoll, denn ein ungeübter Programmierer wird nicht auf seine Fehler aufmerksam gemacht.

Es folgt ein Beispiel für die Syntax zur Einbindung eines einfachen Java-Applets ohne weitere Angaben (nur die Breite und Höhe).

```
<APPLET CODE="HelloJavaApplet.class"
    WIDTH=150 HEIGHT=75>
</APPLET>
```

34.1.2 Optionale Ergänzungen

Die minimale Referenz eines Applets kann um diverse optionale Parameter ergänzt werden.

34.1.3 Angabe der Quelltext-Datei

Über die optionale Angabe SRC kann man innerhalb der Applet-Referenzierung zusätzlich die Source-Datei (die Datei mit der Kennung java) eines Java-Applets angeben. Diese wird jedoch im Prinzip nicht benötigt, um ein Applet in eine Webseite einzubauen oder zu starten, nur zur Dokumentation der Funktionalität und einer eventuellen Modifizierung des Applets.

Beispiel:

```
<APPLET CODE="HelloJavaApplet.class"
    SRC="HelloJavaApplet.java"
    WIDTH=100 HEIGHT=50>
</APPLET>
```

34.1.4 Pfadangaben

Wenn sich das Applet nicht im gleichen Verzeichnis wie die aufrufende HTML-Datei befindet, wird dieses über das zusätzliche Attribut CODEBASE bestimmt. Dies ist die Suchpfadangabe für das Applet – ein üblicher URL. Hier ein Beispiel für die Einbindung eines Java-Applets mit zusätzlicher Pfadangabe (relativ) auf das Unterverzeichnis classes.

Beispiel:

```
<APPLET CODEBASE="classes"
    CODE="HelloJavaApplet.class"
    WIDTH=100 HEIGHT=50>
</APPLET>
```

In diesem Beispiel wird die Position des Applets relativ zur Position des HTML-Dokuments angegeben. Ein Applet kann genauso gut mit einer absoluten Pfadangabe referenziert werden. Beispiel:

```
<APPLET CODEBASE="http://www.rjs.de"
    CODE="HelloJavaApplet.class"
    WIDTH=100 HEIGHT=50>
</APPLET>
```

Die Geschichte mit der Angabe CODEBASE bedarf einiger Anmerkungen. Es geht in Java nicht, dass das CODE-Attribut um eine Pfadangabe der herkömmlichen Art ergänzt und auf CODEBASE verzichtet wird. Die nachfolgende Referenz würde nicht (!) ein Applet in classes referenzieren.

```
<APPLET CODE="classes/HelloJavaApplet.class"
    WIDTH=100 HEIGHT=50>
</APPLET>
```

Sie erhalten eine ganze Reihe von Fehlermeldungen, die ungefähr so anfangen:

```
java.lang.NoClassDefFoundError: classes/HelloJavaApplet (wrong name:
HelloJavaApplet)
```

Pfadangaben gehören in das CODEBASE-Attribut (gewisse Sonderfälle außen vor). Damit sind Sie auf der sicheren Seite.

34.1.5 Die genaue Position des Applets in der Webseite

Die Position eines Applets auf der Seite ergibt sich zuallererst aus der Stelle, an der das <APPLET>-Tag in das HTML-Dokument eingefügt ist. Dabei kann ein Applet genau wie andere Objekte (etwa Überschriften oder Grafiken) innerhalb der Seite mit allen üblichen HTML-Spezifikationen von außen ausgerichtet werden. Ein Applet, das beispielsweise in die HTML-Zentrierungs-Tags <CENTER> und </CENTER> eingeschlossen ist, wird beim Anzeigen zentriert ausgegeben (zentriert wird der Anzeigebereich des Applets).

Beispiel:

```
<CENTER>
  <APPLET code="HelloJavaApplet.class" width="500" height="600">
  </APPLET>
</CENTER>
```

Zusätzlich lassen sich bei einem Applet noch Angaben über den Textfluss um das Applet herum machen, wie das nachfolgende Beispiel für die Einbindung eines Java-Applets mit Angaben zum Textfluss zeigt.

Beispiel:

```
<APPLET CODE="HelloJavaApplet.class"
    WIDTH=100 HEIGHT=50
    ALIGN=middle VSPACE=25 HSPACE=30>
</APPLET>
```

Dabei gibt es für die Angabe ALIGN, die die Ausrichtung von einem dem Applet folgenden Text angibt, folgende Werte:

→ LEFT: linksausgerichtet

→ RIGHT: rechtsausgerichtet

→ MIDDLE: zentriert in der horizontalen Ausrichtung am Applet.

Die Angabe VSPACE definiert den vertikalen Abstand zwischen Applet und Text oberhalb und unterhalb des Applets. HSPACE definiert den horizontalen Abstand links und rechts vom Applet.

34.2 Der Inhalt des <APPLET>-Containers

Eine Applet-Referenz ist immer ein Container. Es wurde ja schon darauf hingewiesen, dass das abschließende Tag unbedingt gesetzt werden muss! Bisher ist der Raum innerhalb des Containers jedoch leer gewesen.

34.2.1 Text als Container-Inhalt

Zwischen dem einleitenden Tag <APPLET> und dem abschließenden </APPLET>-Tag kann aber unter anderem beliebiger Text stehen. Dies nutzt man hauptsächlich dafür, in einem nicht Java-fähigen Browser deutlich zu machen, dass an dieser Stelle ein Java-Applet steht. So etwas gibt es wirklich noch. Und nicht zuletzt: Java-Ausführung lässt sich auch in modernen Browsern deaktivieren. Man macht sich bei dem Text zwischen den <APPLET>-Tags wie auch beispielsweise bei Grafiken oder der Frame-Technik das Prinzip der Fehlertoleranz zu Nutze. Wenn Browser unbekannte Tags – in diesem Fall das <APPLET>-Tag – finden, werden sie das Tag ignorieren und den nachstehenden Text als reinen ASCII-Text auf dem Bildschirm anzeigen. Java-fähige Browser (mit aktivierter Java-Option) sind so konzipiert, dass sie den Text zwischen ein- und abschließendem </APPLET>-Tag nicht anzeigen, sondern eben das Applet selbst.

Beispiel:

```
<APPLET code="HelloJavaApplet.class" width="500" height="600">
  Hier sollte ein Applet zu sehen sein.
</APPLET>
```

34.2.2 Die Parameter des <APPLET>-Tags

Wie man einer eigenständigen Applikation Parameter beim Aufruf mitgibt, haben wir gesehen. Man schreibt sie einfach mit Leerzeichen abgetrennt beim Aufruf hinter den Programmnamen. Das geht beim Applet nicht. Aber dafür kann man den <APPLET>-Container nutzen. Zwischen dem einleitenden Tag und dem abschließenden Tag </APPLET> können Sie gegebenenfalls benötigte Parameter, die dem Applet beim Aufruf übergeben werden, notieren.

Wir kommen in einem nachfolgenden Abschnitt zur Auswertung und Verwendung von Parametern im Source des Applets. Lassen Sie uns zuerst noch die HTML-Syntax für die Parameter beenden. Die Angabe von Parametern erfolgt einfach über Parameter-Tags – gegebenenfalls mehrere hintereinander. In diesem Fall spezifiziert jedes Parameter-Tag einen anderen Applet-Parameter. Sie sehen wie folgt aus:

`<PARAM name=[name] value=[wert]>`

In den Parameterangaben werden zwei Bezeichner verwendet:

→ name – der Name des Parameters

→ value – der Wert des angegebenen Parameters

Ein Beispiel für die Einbindung eines Java-Applets mit Parameter-Angaben:

```
<APPLET code="HelloApplet.class" width=450 height=550>
  <PARAM name=a value=15>
  <PARAM name=b value=30>
  <PARAM name=c value=45>
</APPLET>
```

Im gesamten <PARAM>-Tag kann man zwar Groß- und Kleinschreibung verwenden (es ist ja HTML), aber beim name- und value-Wert wird Groß- und Kleinschreibung eine Rolle spielen. Diese Werte werden ja an das Java-Applet übergeben und im Inneren ist pures Java relevant.

Abschließend soll besprochen werden, was für und was gegen die Applet-Referenzierung mit dem <APPLET>-Tag spricht.

Kontra:

→ Das Tag ist vom W3C als deprecated erklärt worden. Das will aber nicht viel bedeuten, denn viele als deprecated erklärte Tags werden unverändert weiter verwendet. Oft ist es sogar so, dass deren Verwendung statt der offiziellen Befehle von Profis gerade ausdrücklich empfohlen wird. Die Deklaration als deprecated ist ein zahnloser Papiertiger.[1]

---

1 Wie auch das W3C ;-).

→ Die Unterstützung der Java-Plug-Ins funktioniert mit diesem Tag in der Regel nicht. Wenn in einem Applet also Java-APIs verwendet werden, die von der virtuellen Maschine des Browsers nicht unterstützt werden, wird das Applet wahrscheinlich nicht laufen. Um es drastisch zu formulieren – ein mit diesem Tag referenziertes Applet sollte nur Techniken verwenden, die maximal auf Java 1.0.2 beruhen oder zumindest in allen potenziellen Zielbrowsern getestet werden. Mehr dazu folgt gleich mit einem (recht drastischen) Beispiel und bei der Behandlung des Java-Plug-Ins.

→ Zukünftige Versionen des Internet Explorers werden (nach aktuellsten Gerüchten) im Rahmen der .NET-Strategie von Microsoft Java in verschiedenen Situationen gezielt behindern.[2] So sollen neben der nicht mehr vorhandenen Unterstützung von Netscape-Plug-Ins auch explizit keine JVMs mehr mit dem Browser ausgeliefert werden. Bei dem ersten Besuch einer Webseite mit Java-Applets muss eine solche als ca. fünf Mbyte große Datei aus dem Netz nachgeladen werden. Da ist man mit dem <OBJECT>-Tag besser bedient.

Pro:

→ Das Tag ist einfach anzuwenden.

→ Das Tag wird von allen Java-fähigen Browsern verstanden – auch den älteren.

→ Es wird kein zusätzliches Plug-In benötigt.

→ Das Tag ist populär. Das soll Verschiedenes bedeuten. Einmal kennen es viele Anwender. Das führt dazu, dass jeder, der den Quelltext liest, leicht erkennen kann, dass hier ein Java-Applet referenziert wird. Die Konkurrenz-Tags machen das dem Laien nicht so deutlich. Diese suggerieren etwa im Fall des <OBJECT>-Tags eine Verbindung zu der umstrittenen ActiveX-Technologie und das kann zur Ablehnung durch den Anwender führen. Man »beschmutzt« eine extrem sichere Technologie wie Java, indem man sie mit so etwas Unsauberem anfasst. Die Popularität bedeutet aber auch, dass viele HTML-Tools dieses Tag automatisch verwenden, wenn ein Anwender ein Java-Applet einbindet.

Um die Probleme mit der fehlenden Unterstützung von Java-Techniken jenseits von Java 1.0 bei der Verwendung des <APPLET>-Tag richtig einschätzen zu können, soll ein winziges Beispiel gezeigt werden. Das nachfolgende Listing ist ein kleines Swing-Applet, das nichts weiter tun soll, als einen kleinen Text zu schreiben. (Swing ist nichts weiter als eine in Java 1.1 eingeführte Technik zur Generierung einer grafischen Benutzerschnittstelle, die die davor ausschließlich vorhandene Technik des so genannten AWT erweitert.)

```
import java.awt.*;
public class VersionsKonflikt extends javax.swing.JApplet {
    public void paint(Graphics g) {
```

---

[2] Wie auch das Windows-XP-Betriebssystem andere Techniken wie MP3 gezielt beeinträchtigen soll.

```
            g.drawString("Nix Besonderes", 50, 60 );
        }
    }
```
Listing 34.1: *Das ganz einfache Applet*

Die HTML-Datei zur Einbindung:

```
<HTML>
<BODY BGCOLOR="000000">
  <CENTER>
   <APPLET
    code   = "VersionsKonflikt.class"
    width  = "500"
    height = "300"
   >
   </APPLET>
  </CENTER>
</BODY>
</HTML>
```
Listing 34.2: *Die HTML-Datei mit dem <APPLET>-Tag*

Wenn Sie die HTML-Datei in den Internet Explorer 5.5 (Standard-Installation) laden, erhalten Sie nur einen leeren Anzeigebereich des Applets.

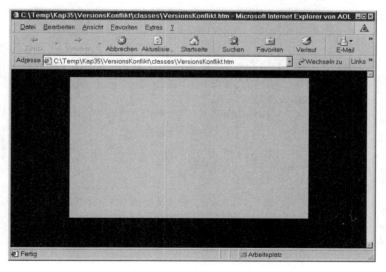

Bild 34.1: *Nur ein leerer Anzeigebereich – kein Hinweis auf das Problem*

Wenn aus irgendeinem Grund (etwa, wenn einer der vielen Abstürze unter Windows wieder was zerstört hat) der Internet Explorer seine virtuelle Maschine nicht finden kann oder wirklich keine installiert ist, erhalten Sie den Vorschlag, zwei Stunden ins Schwimmbad zu gehen und auf die Nachinstallation der Microsoft Virtual Machine zu warten (die angegebene Downloadzeit ist ein Witz).

Kapitel 34 · Die Krux mit der Einbindung von Applets

Bild 34.2: Bitte laden Sie ca. 5 Mbyte über das Internet, um die zwei Wörter zu sehen!! Und das in 6 Minuten – B. Gates bringt die Bytes persönlich vorbei, damit es schneller geht ;-)

Stimmen Sie dem Download und der Installation der Microsoft Virtual Machine nicht zu (wohlbemerkt, es sind auf meinem Rechner sechs andere virtuelle Maschinen von der Version 1.0 bis 1.4 installiert), wird das Applet nicht angezeigt.

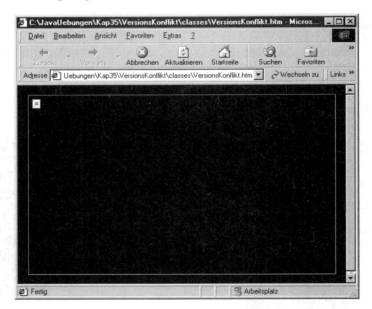

Bild 34.3: Nix gibt's. Zwar passiert in dem Applet nicht viel, aber das, was passiert, ist dem IE bereits suspekt

Der Netscape Navigator 4.7 ist aber auch nicht besser als der Internet Explorer. Er meldet gar eine Sicherheitsverletzung, wenn dieses harmlose Applet angezeigt werden soll. Hier gilt einfach, dass der Bauer nicht frisst, was er nicht kennt.

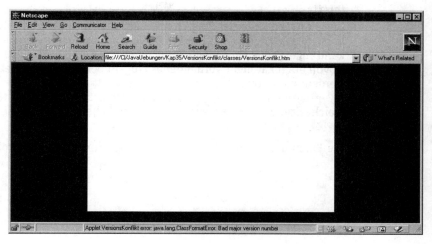

Bild 34.4: Der Netscape Navigator kriegt sich gar nicht mehr ein

Erst in der Version 6 kann der Navigator mit dem bisschen Pippifax umgehen, das in dem kleinen Applet passiert. Wahrlich keine überzeugende Vorstellung, die die Browser abgeben, wenn das <APPLET>-Tag in Verbindung mit Techniken verwendet wird, die jenseits von Java 1.0 angesiedelt sind.[3]

34.3 Die <EMBED>-Syntax

Das <EMBED>-Tag ist eine Netscape-Erweiterung von HTML 3.2 zur allgemeinen Einbindung von Multimedia-Elementen und auch Applets in eine Webseite. Es wird gelegentlich auch Java-Plug-In-Tag genannt. Die Verwendung sollte mit Vorsicht geschehen, da die Technik im Wesentlichen auf Netscape Browser ab der Version 4.x beschränkt ist (einige Ausprägungen des Tags werden aber auch in neueren Versionen des Internet Explorers verstanden). Java-Applets werden damit mit dem angegebenen Java-Plug-In von Sun gestartet. Wir wollen nur knapp auf die Technik hier eingehen.

Die allgemeine Syntax sieht so aus:

```
<EMBED type="[PlugIn]"
 pluginspage ="[URL]"
 code="[NameApplet].class"
 name="[NameApplet]"
 object="[serializedObjectOderJavaBean]"
 codebase="[VerzeichnisclassFile]"
 width="[Breite]"
 height="[Höhe]"
 align = [Ausrichtung]
 vspace = [Textfluss vertikal]
 hspace = [Textfluss horizontal] >
 ...
</EMBED>
```

---

3   Die einzig positive Ausnahme ist – wie in vielen Situationen – der Opera-Browser.

Über das Attribut `type` geben Sie den Typ des verwendeten Plug-In an. Diese Angabe kann das Plug-In noch genauer spezifizieren (etwa `"application/x-java-applet;version=1.2"`). Über die optionale Angabe `pluginspage` kann man eine Download-Möglichkeit in Form eines URL angegeben, wovon ein lokal nicht vorhandenes Plug-In bei Bedarf automatisch geladen werden kann (etwa `pluginspage="http://java.sun.com/products/plugin/1.3/plugin-install.html"`). Die Angaben `code` und `object` dürfen nicht gleichzeitig verwendet werden, die restlichen Attribute sind wie beim <APPLET>-Tag zu verstehen.

Die Einbindung von `HelloJavaApplet.class` funktioniert beispielsweise so:

```
<EMBED
    type="application/x-java-applet;version=1.3"
    CODE = "HelloJavaApplet.class"
    CODEBASE = "."
    NAME = "HelloJavaApplet"
    WIDTH = 400
    HEIGHT = 300
    ALIGN = middle
    VSPACE = 0
    HSPACE = 0
    pluginspage=
    "http://java.sun.com/products/plugin/1.3/plugin-install.html">
</EMBED>
```

Mit dieser Form der Einbindung gibt es leider diverse Probleme.

Kontra:

→ Das Tag ist vom W3C als deprecated erklärt worden. Das ist aber wie gesagt nur ein »Papier-Tiger«-Argument.

→ Das Tag ist mit seinen Parametern relativ komplex. Bei vielen »Hobby-Homepage-Bauern« wird das ein Problem.

→ Das Tag ist in dieser vollständigen Version auf neuere Navigator-Versionen und kompatible Browser beschränkt. Bei dem Navigator muss man dazu noch berücksichtigen, dass die Version 6.0 viele Inkompatibilitäten zu den Vorgängern aufwies. Zwar ist die Version 6.1 wieder besser geworden, aber es ist fraglich, ob man sich bei Netscape noch darauf verlassen kann, dass sie sich in Zukunft an ihre eigenen Standards halten. Man muss also auf jeden Fall zusätzlich ein weiteres Tag verwenden.

→ Ein Applet kann nicht dargestellt werden, wenn das angegebene Plug-In nicht zur Verfügung steht und gerade keine Online-Verbindung besteht, der Anwender kein extra Plug-In installieren möchte oder der Browser mit dem Plug-In nicht zurechtkommt.

→ Wenn das Java-Plug-In verwendet werden soll, muss beim Client eine passende, zusätzliche virtuelle Maschine vorhanden sein.

Pro:

→ Das Java-Plug-In wird unterstützt. Das bedeutet, ein Java-Applet kann theoretisch die gleichen APIs nutzen wie eine vollständige Java-Applikation. Das setzt aber voraus, dass auf der Client-Plattform eine passende virtuelle Maschine vorhanden ist.

34.4 Die <OBJECT>-Syntax

Das <OBJECT>-Tag ist das (!) neue Standard-Tag unter HTML 4 zum Einbinden von Applets und beliebigen Multimedia-Objekten in eine Webseite. Eingeführt wurde das Tag in der Grundform ursprünglich als Erweiterung des Internet Explorers 4.x für HTML 3.2. Die Syntax sieht schematisch so aus:

```
<OBJECT
    classid="[ActiveX-ControlId des Java-Plug-In]"
    codebase="[URL Java-Plug-In]"
    WIDTH = [Breite]
    HEIGHT = [Höhe]
    NAME = "[Name Applet]"
    ALIGN = [Ausrichtung]
    VSPACE = [vertikal Abstand]
    HSPACE = [horizontal Abstand] >
    <PARAM NAME = CODE VALUE = "[Applet-Name].class">
    <PARAM NAME = CODEBASE
    VALUE = "[Verzeichnis-Class-File]" >
    <PARAM NAME = NAME VALUE = "[Applet-Name]" >
    <PARAM NAME="type"
    VALUE="application/x-java-applet; version=1.3">
</OBJECT>
```

Der Wert des classID-Attributs ist die weltweit eindeutige ActiveX-ID für das Java-Plug-In
(immer classid="clsid:8AD9C840-044E-11D1-B3E9-00805F499D93"), die Sie setzen müssen, damit das <OBJECT>-Tag es im Browser aktiviert. Das codebase-Attribut wird dafür verwendet, das Java-Plug-In aus dem Netz zu laden, wenn es fehlt (etwa codebase="http://java.sun.com/products/plugin/1.3/jinstall-13-win32.cab#Version=1,3,0,0").

Verwechseln Sie nicht das codebase-Attribut des <OBJECT>-Tags mit dem Parameter codebase (<param name="codebase" value="[Verzeichnis-Class-File]">), der optional einen relativen URL zur Angabe des Ortes der Applet-Klasse spezifizieren kann.

Die Angabe <param name="JAVA_CODE"... ist eine Spezifizierung für den Fall, dass es Konflikte zwischen anderen Parametern der Form <param name="CODE"... gibt.

Das type-Parameter-Tag wird zum Laden des Plug-Ins verwendet. In der Regel ist das wieder eine Angabe wie <PARAM NAME="type" VALUE="application/x-java-applet; version=1.3">.

Für ein serialisiertes Objekt oder eine JavaBean wird das `type`-Parameter-Tag in der Regel so aussehen:

```
<param name="type" value="application/x-java-bean;version=1.1">
```

oder

```
<param name="type" value="application/x-java-bean">
```

Was spricht nun für und gegen den Einsatz dieses Tags?

Kontra:

→ Das Tag ist mit seinen Parametern relativ komplex. Davon werden viele Webseiten-Ersteller abgeschreckt. Allerdings können viele HTML-Tools das manuelle Erstellen abnehmen.

→ Das Tag ist auf neuere Internet-Explorer-Versionen und kompatible Browser beschränkt. Man muss also zusätzlich ein weiteres Tag verwenden.

→ Ein Applet kann nicht dargestellt werden, wenn das angegebene Plug-In nicht zur Verfügung steht und gerade keine Online-Verbindung besteht, der Anwender kein extra Plug-In installieren möchte oder der Browser mit dem Plug-In nicht zurechtkommt. Beachten Sie, dass das Plug-In zig Mbyte groß ist. Ich kann mir nicht vorstellen, dass auch nur ein Anwender in Deutschland mit seinen überhöhten Online-Gebühren und katastrophal langsamen Verbindungen auf den Download warten wird, wenn er nur schnell eine Webseite ansehen will.

→ Wenn das Java-Plug-In verwendet werden soll, muss beim Client eine passende, zusätzliche virtuelle Maschine vorhanden sein.

→ Das Tag arbeitet mit einer ActiveX-ID. ActiveX-bezogene Technik wird weder von allen Browsern im Internet unterstützt noch erlauben halbwegs sicherheitsbewusste Surfer deren Verwendung. Unnötigerweise wird eine absolut sichere Technologie wie Java mit dem wohl größten Sicherheitsrisiko im Web in Verbindung gebracht.

Pro:

→ Das Tag ist vom W3C zum Standard-Tag für die Referenzierung aller multimedialen Dateien aus einer Webseite heraus erklärt worden. Aber genau wie bei den als deprecated gekennzeichneten Tags ist das kein echtes Argument. Weder Anwender noch die meisten Browser-Hersteller kümmert das in irgendeiner Weise.

→ Das Java-Plug-In wird unterstützt. Das bedeutet, ein Java-Applet kann theoretisch die gleichen APIs nutzen wie eine vollständige Java-Applikation. Das setzt aber voraus, dass auf der Client-Plattform eine passende virtuelle Maschine vorhanden ist.

Um die potenziellen negativen Konsequenzen des `<OBJECT>`-Tags deutlich zu machen, wieder ein kleines Beispiel. Wenn Sie ein harmloses Applet (es kann auf Java 1.0 beschränkt sein) mit dem Tag referenzieren, die Datei dann beispielsweise in den Internet Explorer 5.5 laden (andere Browser als der Internet Explorer ignorieren das Tag ja meist sowieso) und dort ist eine virtuelle Maschine nicht richtig installiert[4], erhalten Sie diverse Fehlermeldungen, die in einer für den Anwender nichts sagenden Fehlermeldung gipfeln. Die Krönung ist, dass man unter Umständen aufgefordert wird, ein Dialogfenster zu bestätigen, wonach ein neues Browserfenster aufgeht und die Fehlerfolge erneut abläuft. Wenn man das mehrfach macht, hat man zig Browserfenster mit Fehlern offen.

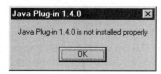

Bild 34.5: Ein Applet fordert über das <OBJECT>-Tag eine JVM 1.4 an und sie ist nicht vorhanden oder wird nicht gefunden

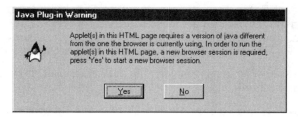

Bild 34.6: Eine Folgemeldung, die reiner Unsinn ist – bei Yes kommt erneut die erste Fehlermeldung – gefangen im JVM-Dschungel

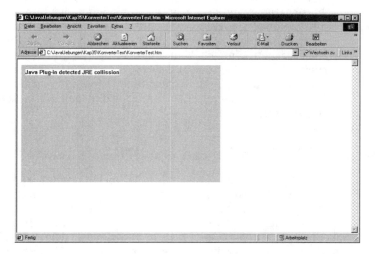

Bild 34.7: Ein falsches Tag kann die Funktion eines Applets vollkommen aushebeln – auch wenn das Applet nur Java 1.0 verwendet

---

4 Das kann tatsächlich sein, dass diese nicht da ist. Aber auch Optimierungstools der Registry unter Windows oder Abstürze von Windows können dazu führen, dass der Internet Explorer vorhandene virtuelle Maschinen nicht mehr findet (ich kann beides aus leidvoller Erfahrung bestätigen).

34.5 Welches Tag ist sinnvoll?

Da es für jede der drei beschriebenen Referenzmodelle Pro- und Kontra-Argumente gibt, muss jeder Anwender abwägen, was ihm am wichtigsten ist. Einige Aussagen können dabei aber als Leitschnur dienen:

→ Wenn das Applet möglichst große Verbreitung erhalten soll und keine Java-Technologie jenseits von Java 1.0.2 verwendet wird, ist das <APPLET>-Tag die einzig sinnvolle Wahl. Bei Applets ist es durchaus in vielen Fällen möglich, sich auf Java 1.0.2 zu beschränken.

Das einzig ernste Problem ist das Behandeln von Ereignissen, in denen man explizit nach dem Modell 1.0 programmieren muss (darauf gehen wir ein). Techniken wie Swing oder Java-2D müssen dann halt wegfallen und man zieht sich auf die Vorgängertechniken zurück. Das ist aber wie erwähnt im Fall von Applets weniger ein Problem als bei eigenständigen Applikationen.

→ Wird Java-Technologie verwendet, deren Unterstützung in den virtuellen Maschinen der Browser nicht sicher ist, sollte man mit dem <APPLET>-Tag die potenziellen Ziel-Browser testen. Läuft das Applet mit der <APPLET>-Referenz, sollte diese auf jeden Fall genommen werden.

→ Das <EMBED>-Tag ist als einziges Tag auf keinen Fall sinnvoll. Er verbindet die Nachteile des <APPLET>-Tags mit denen des <OBJECT>-Tags.

→ Verwendet man Technologie, die jenseits der virtuellen Maschinen der Ziel-Browser angesiedelt ist (also beispielsweise Swing, das Eventhandling 1.1, Java-2D usw.), kommt man um die Tags zum Aufruf des Java-Plug-Ins nicht herum. Mit allen Konsequenzen. In einem Intranet sind die negativen Auswirkungen zu minimieren. Im Internet sollte man sehr gut abwägen. Die bessere Alternative ist es sicher, wenn es irgend geht, bei Applets auf Java-APIs zu verzichten, die in Browsern Probleme machen können. Wenn Sie aber das Plug-In tatsächlich nutzen müssen, sollten Sie sowohl das <OBJECT>-Tag als auch das <EMBED>-Tag verwenden. Das müssen Sie aber nicht von Hand machen. Das JDK liefert seit der Version 1.3.1 standardmäßig den HTML-Konverter mit, den wir jetzt vorstellen.

34.6 Das Java-Plug-In und der HTML-Konverter

Wie schon mehrfach erwähnt und in Beispielen gezeigt, kann man in vielen Browsern nur voraussetzen, dass sie Java in der Version 1.0.2 unterstützen, wenn man das <APPLET>-Tag verwendet. Modernere Browser kommen zwar auch mit neueren Java-VMs an, aber Sie können sich nicht unbedingt darauf verlassen, dass die Browser mit dem 1.3-API oder sogar schon viel früher eingeführten Techniken wie Java2D oder Swing tatsächlich zurechtkommen. Ein ganz gravierendes Problem ist das Konzept zur Behandlung von Ereignissen, bei denen Sie auf das alte und nicht sonderlich brauchbare Modell 1.0 bei Applets angewiesen sind. Das Java-Plug-In ist nun eine Technologie, die erstmals mit dem JDK 1.3 bereitgestellt wurde und als Java-Plug-In für Browser fungiert, worüber Sie alle auf dem Rechner installierten Java-Laufzeitumgebungen nutzen können – nicht nur die vom Browser mitgelieferte. Mittels dieses Tools kann die Java-Laufzeitumgebung eines Browsers durch eine beliebige andere Java-Laufzeitumgebung ersetzt werden. Entweder durch den Anwender, der dieses Plug-In konfiguriert (*siehe Seite 63*) oder auch aus der Webseite heraus mit den entsprechenden Anweisungen beim Einbinden des Java-Applets, wie wir oben gesehen haben. Damit ist im Prinzip immer eine vollständig zu einer beliebigen JVM kompatible Laufzeitumgebung für Applets vorhanden. Leider funktioniert das Plug-In nicht bei allen Browsern, kann von Sicherheitsrestriktionen (etwa einer Firewall oder fehlenden Rechten auf dem Rechner) ausgehebelt werden, setzt entweder eine passende JVM beim Anwender voraus oder möchte diese gigantische Datei nachinstallieren (in Deutschland wie gesagt ein vollkommen illusorischer Vorgang) und ist mit dem <APPLET>-Tag nicht nutzbar. Alles in allem ist das Java-Plug-In in der Theorie eine sehr gute Sache, die in einem Elfenbeinturm bei abgehobenen Strategen gut funktioniert.[5] In der Praxis ist es gefährlich, sich darauf zu verlassen. Aber andererseits werden die Browser im Laufe der Zeit zwar selten besser, aber zumindest in Bezug auf die Java-Unterstützung leistungsfähiger[6] und die Problematik wird sich irgendwann auf eine kleine Gruppe von Anwendern beschränken. Die Verwendung des Java-Plug-Ins lässt sich aber auch dann nicht umgehen, wenn man unbedingt Java-Techniken verwenden muss, die eine neuere JVM voraussetzt. Dann müssen Sie auch die entsprechenden Tags verwenden.

Insbesondere die Syntax des <OBJECT>- oder <EMBED>-Tag ist nicht ganz trivial, wenn man sie ohne Tools notieren will. Das letztere Problem lässt sich aber über den von Sun vollständig in Java geschriebenen HTML-Konverter lösen, womit man aus einer Webseite mit dem <APPLET>-Tag eine solche mit <OBJECT>-Tag (für den Internet Explorer) bzw. <EMBED>-Tag (für den Netscape Navigator) macht (Default-Einstellung ist, das beide Versionen in die Webseite eingefügt werden). Sie brauchen einfach nur eine Referenz mit dem <APPLET>-Tag zu notieren – den Rest macht das Tool. Im JDK 1.3 war das Tool noch separat von der Sun-Plug-In-Homepage http://java.sun.com/products/plugin zu laden. Ab dem JDK 1.3.1 wird es automatisch mitinstalliert.

In der Version 1.3 entpacken Sie einfach die ZIP-Datei in ein leeres Verzeichnis auf Ihrem Rechner. Sie erhalten dort zwei Verzeichnisse. Im Verzeichnis classes befinden sich dann die eigentliche Java-Programmdatei HTMLConverter.class, die Sie mit dem java-Interpreter direkt starten können (java HTMLConverter) sowie eine Batch-Datei mit Namen HTMLConverter.bat, die das ein wenig vereinfacht.

Ab der Version 1.3.1 wird der Konverter als jar-Datei ausgeliefert und automatisch in das lib-Verzeichnis des JDK-Installationsverzeichnisses installiert. Die Batch-Datei finden Sie im bin-Verzeichnis.

---

5 ;-/
6 Es sei denn, Java soll aus marktpolitischen Gründen behindert werden – :-(

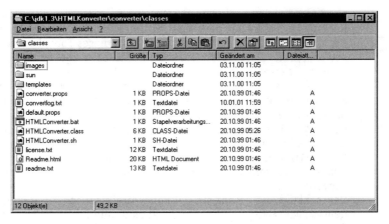

Bild 34.8: Der nachinstallierte Konverter im JDK 1.3

Bild 34.9: Ab dem JDK 1.3.1 wird der Konverter in das lib-*Verzeichnis automatisch mitinstalliert*

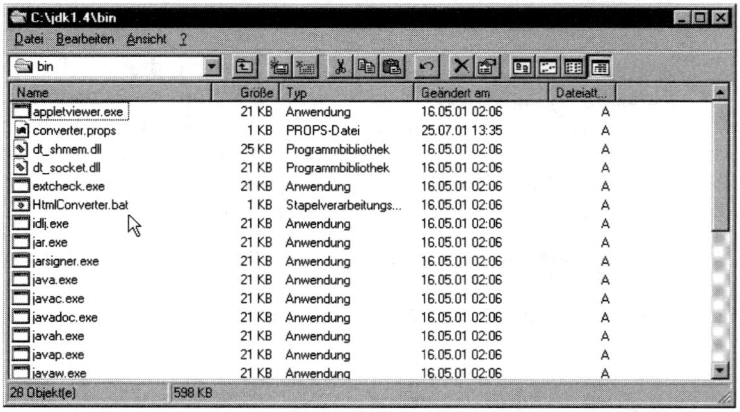

Bild 34.10: Die Batch-Datei HtmlConverter.bat *finden Sie im JDK 1.3.1 bzw. 1.4 im* bin-*Verzeichnis*

Die Arbeitsweise ist mit beiden Varianten ziemlich gleich. Wenn Sie das Tool gestartet haben, können Sie HTML-Dateien konvertieren und dabei diverse Konfigurationen vornehmen.

Spielen wir die Situation mit einem vollständigen Applet und dem Konverter des JDK 1.4 durch. Die HTML-Datei des nachfolgenden Beispiels bindet ein Applet mittels des <APPLET>-Tags in eine Webseite ein. Das Listing für das Applet sieht so aus (obwohl es für die eigentliche Konvertierung irrelevant ist):

```
import java.awt.*;
import java.applet.*;
public class KonverterTest extends Applet {
    public void paint(Graphics g) {
        g.drawString("Konvertertest", 50, 60 );
    }
}
```

Listing 34.3: Das Applet

Wichtiger ist die ursprüngliche HTML-Datei mit dem <APPLET>-Tag:

```
<HTML>
<BODY>
<APPLET
    code   = "KonverterTest.class"
    width  = "500"
    height = "300"
    >
</APPLET>
</BODY>
</HTML>
```

Listing 34.4: Einbindung von einem Applet mit dem <APPLET>-Tag

Wenden wir das Tool nun auf die HTML-Datei an. Dies geht so, wenn der Java-Interpreter und das Tool in den Standardverzeichnissen des JDK 1.4 vorhanden sind und Sie sich in dem Verzeichnis befinden, in dem sich die zu konvertierende HTML-Datei befindet:

```
\jdk1.4\bin\java -jar \jdk1.4\lib\htmlconverter.jar KonverterTest.htm
```

Das kommt dann bei der Beispielsdatei heraus:

```
<HTML>
<BODY>
<!--"CONVERTED_APPLET"-->
<!-- HTML CONVERTER -->
<OBJECT classid="clsid:CAFEEFAC-0014-0000-0000-ABCDEFFEDCBA"
WIDTH = "500" HEIGHT = "300"  codebase="http://java.sun.com/products/
plugin/1.4/jinstall-140-win32.cab#Version=1,4,0,0">
<PARAM NAME = CODE VALUE = "KonverterTest.class" >
<PARAM NAME="type" VALUE="application/x-java-applet;jpi-version=1.4">
<PARAM NAME="scriptable" VALUE="false">
```

```
<COMMENT>
<EMBED type="application/x-java-applet;jpi-version=1.4"  CODE =
"KonverterTest.class" WIDTH = "500" HEIGHT = "300"  scriptable=false
pluginspage=
"http://java.sun.com/products/plugin/1.4/plugin-install.html">
<NOEMBED>
</NOEMBED>
</EMBED>
</COMMENT>
</OBJECT>
<!--
<APPLET CODE = "KonverterTest.class" WIDTH = "500" HEIGHT = "300">
</APPLET>
-->
<!--"END_CONVERTED_APPLET"-->
</BODY>
</HTML>
```

Listing 34.5: Die konvertierte Webseite

Mit dieser Webseite läuft dann das Applet in den verschiedenen Browsern einwandfrei. Der Trick bei der Datei basiert darauf, über eine entsprechende HTML-Syntax die jeweilig inkompatiblen Tags vor dem Browser zu verstecken, der nicht damit klar kommt. Der Appletviewer kennt aber alle verwendeten HTML-Tags und wird das Applet deshalb zweimal öffnen.

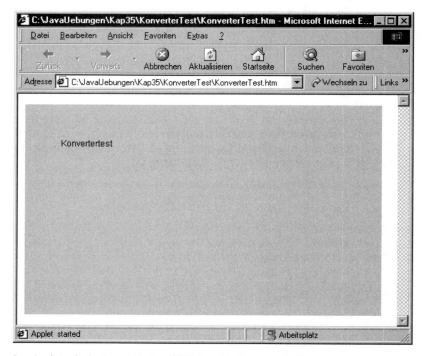

Bild 34.11: Das Applet mit der konvertierten HTML-Datei im Internet Explorer 5.5

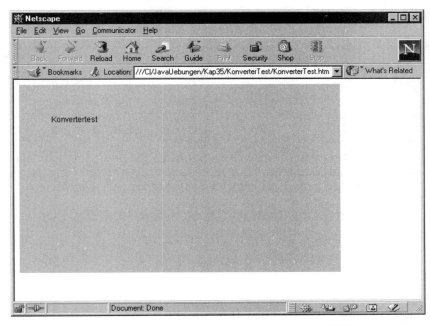

Bild 34.12: Der Netscape Navigator 4.7 sucht sich seinen Teil der konvertierten HTML-Datei und kommt auch mit dem Applet und der angegebenen JVM zurecht

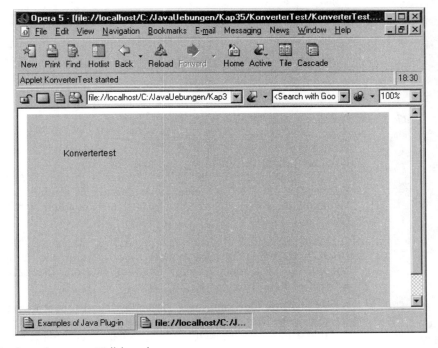

Bild 34.13: Opera kann es natürlich auch

Sie können auch eine grafische Oberfläche für den Konverter starten und darüber die Konvertierung vornehmen. Die Batch-Datei ist dazu der Schlüssel. Aber viel bringen tut das nicht, denn außer der Angabe von Backup-Optionen und für welche Browser konvertiert werden soll, gibt es da wenige Geheimnisse. Bei der Auswahl der zu konvertierenden Dateien ist zu beachten, dass beim Durchsuchen der Festplatte das Verzeichnis mit den zu konvertierenden Dateien nicht per Mausklick geöffnet werden darf. Das ist etwas ungewöhnlich. Dazu kommt, dass die grafische Oberfläche im JDK 1.3 (in der nachinstallierten Version) noch ohne Probleme funktioniert hat, während es ab dem JDK 1.3.1 zu teilweise recht seltsamen Reaktionen beim Aufruf kommen kann. Die Geschichte mit dem Konverter und dem Java-Plug-In ist insgesamt noch nicht so ganz ausgereift, aber mit dem Aufruf auf Befehlszeilenebene kann man gut leben.

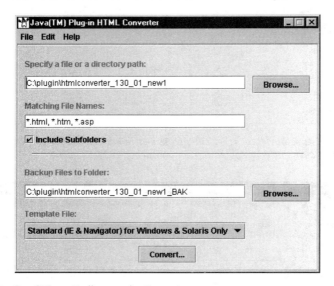

Bild 34.14: Das GUI zur Bedienung des Konverters

Mehr zur Arbeit mit dem HTML-Konverter finden Sie in der zugehörigen Dokumentation unter `./guide/plugin/developer_guide/html_converter_more.html`. Allerdings ist die Hilfe – zumindest in der Dokumentation der Betaversion des JDK 1.4 – ziemlich fehlerhaft. Es werden viele Details aus vergangenen Versionen mit denen aus der aktuellen Version vermischt (siehe Bild 34.15).

Zusammenfassend kann man sagen, dass es theoretisch möglich ist, in einem moderneren Browser Applets zu verwenden, die die gleichen APIs nutzen wie eine eigenständige Java-Applikation. Das setzt aber beim Anwender erhebliche Faktoren voraus:

→ Beim Anwender muss eine passende Java-Laufzeitumgebung vorhanden sein. Die Java-Umgebung, die vom Browser mitgeliefert wird, reicht in der Regel nicht aus. Entweder ist also die Laufzeitumgebung

Das Java-Plug-In und der HTML-Konverter

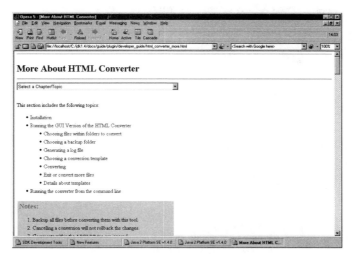

Bild 34.15: Hilfe zum HTML-Konverter

des Betriebssystems ausreichend oder er muss explizit eine Laufzeitumgebung nachinstalliert haben. Das kann man bei den meisten Anwendern definitiv nicht voraussetzen.

→ Beim Anwender darf nicht durch einen der üblichen Abstürze – gerade unter Windows – der Browser bzw. das Betriebssystem so zerschossen sein, dass die installierten JVMs nicht mehr erkannt werden. Das passiert leider sehr oft.

→ Beim Anwender muss das Java-Plug-In vorhanden sein oder zumindest bei Bedarf nachinstalliert werden können. Letzteres wird in professionell gemanagten Netzwerken mit Firewall und zentraler Verwaltung natürlich verhindert. Aber auch im Bereich der Stand-alone-Rechner verhindern viele fortgeschrittene Anwender diese Nachinstallation (Sicherheits- und Stabilitätsbedenken, unerwünschter Ressourcen-Verbrauch auf dem eigenen Rechner, unerwünschte Download-Kosten usw.).

→ Der Ersteller einer Webseite muss das veraltete und – im Vergleich zum <APPLET>-Tag – recht komplizierte <EMBED>-Tag zum Einbinden von Applets verwenden, wenn er den Navigator unterstützen will. Der Internet Explorer verlangt gar das <OBJECT>-Tag, das die meisten Anwender wegen seiner ActiveX-Verbindung generell nicht akzeptieren. Sollen beide Browser-Varianten unterstützt werden, müssen (wie in unserem Beispiel gezeigt) beide Varianten in einer Webseite notiert und getrennt werden. Und dann hat man ältere Browser und einige Browser von anderen Herstellern explizit ausgeschlossen.

In einem Intranet können die genannten Faktoren leicht vorausgesetzt werden, weshalb dort Java-Applets voll ausgereizt werden können. Im Internet wird es noch einige Zeit dauern, bis die Voraussetzungen akzeptabel sind.

35 Die interne Arbeitsweise eines Applets

Kommen wir nach der Einbindung eines Applets in eine Webseite wieder zu der internen Arbeitsweise eines Applets zurück. Erwähnt haben wir ja schon die Grundmethoden eines Applets, die automatisch bei den Standardvorgängen vom Laden bis zum Zerstören eines Applets ausgeführt werden.

Das ist aber nicht alles, was beim Lauf eines Applets vorkommen kann. Was passiert beispielsweise mit optionalen Parametern, die mit dem <PARAM>-Tag an das Applet weiter gereicht werden, oder wie kann man Bilder und Grafiken im Applet verwenden?

35.1 Die Applet-Klasse

Wie wir gesehen haben, muss jedes Applet der Applet-Klasse aus dem Paket java.applet abgeleitet werden. Die Applet-Klasse selbst wiederum erbt von einer ganzen Reihe anderer Klassen. Eine Klasse, die java.applet.Applet erweitert, kann auf java.lang.Object bzw. darin enthaltenen Methoden und Eigenschaften (das ist trivial), java.awt.Component, java.awt.Container und java.awt.Panel zurückgreifen.

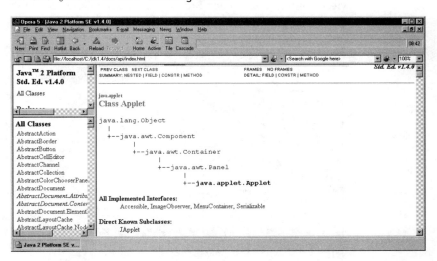

Bild 35.1: Die Vererbungshierarchie der Klasse Applet

Schauen wir uns die Applet-Klasse noch ein bisschen genauer an.

Die Methoden der Applet-Klasse ermöglichen Applets diverse Grundfunktionen. Sie erlauben Applets folgende Aktionen:

→ Parameter zu handhaben

→ Grafik zu handhaben

→ Bilder zu importieren

→ Sound-Clips zu importieren und abzuspielen

→ Mit dem Browser oder dem Appletviewer zu interagieren

→ Lebenszyklen des Applets zu verwalten

Wir wollen uns ein paar wichtige Methoden ansehen, die diese Vorgänge unterstützen. Dabei muss als Hinweis vorab geschickt werden, dass diese Vorstellung nur ein Schlaglicht auf die Möglichkeiten eines Applets werfen wird. Insbesondere werden nicht sämtliche Varianten der angesprochenen Methoden aufgeführt, sondern jeweils eine sinnvolle Version ausgewählt. Die vollständigen Fakten können Sie in der Online-Dokumentation leicht finden.

35.2 Ausgabe in einem Applet

Jedes Applet kann wie eine eigenständige Applikation System.out nutzen, um darüber Informationen auszugeben. Das macht aber selten Sinn (höchstens für Ausnahmen, Fehlermeldungen oder Hintergrundinformationen). Die Ausgabe erfolgt dann in der so genannten Java-Konsole des Browsers und die ist meist nicht sichtbar (was die Ausgabe an sich nicht stört – der Anwender sieht nur nichts). Sie muss bei Bedarf explizit aktiviert werden, was je nach Browser an verschiedenen Stellen durchzuführen ist.

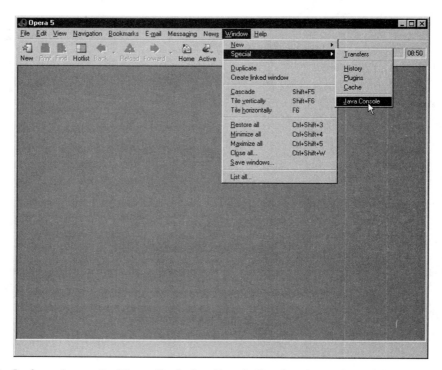

Bild 35.2: Im Opera-Browser 5.x können Sie die Java-Konsole über das Fenster-Menü aktivieren

Ausgabe in einem Applet

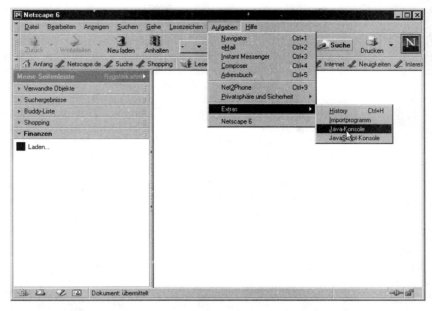

Bild 35.3: Im Navigator 6.x finden Sie die Java-Konsole unter Aufgaben *(was auch immer so ein Menü bezeichnen soll)*

Ein Applet wie das folgende schreibt also einfach in dieses Ausgabefenster.

```
import java.awt.*;
import java.applet.*;
public class Konsole extends Applet {
   public void init() {
       System.out.println("Das Applet startet....");
   }
}
```

Listing 35.1: Ein Applet, das Ausgaben in der Java-Konsole durchführt

Bild 35.4: Ausgabe in der Java-Konsole

Die Java-Konsole ist für Applets aber nicht der Ort, an dem in der Regel die Ausgabe erfolgen wird. Jedes Applet kann über seine Vererbungshierarchie auf eine grafische Oberfläche zurückgreifen und dort steht standardmäßig die Methode `public void paint(Graphics g)` bereit. Diese wird automatisch aufgerufen, wenn es notwendig ist (d.h. beim Starten des Applets, wenn das Applet zum Teil verdeckt wurde und wieder ein größerer Bereich angezeigt wird usw.), und darüber erfolgen alle Ausgaben, indem sie gezeichnet (nicht geschrieben) werden. Zeichnen bestimmt im Allgemeinen, wie ein Applet etwas auf dem Bildschirm ausgibt. Dies kann beliebig oft während eines Applet-Lebens vorkommen. Die Grafik-Ausgabe an sich ist ein so wichtiges Thema, dass wir das Thema nur anreißen wollen und sie dafür in einem eigenen Kapitel gründlich durchsprechen wollen. In den nachfolgenden Beispielen werden wir aber dennoch (natürlich) auf die Textausgabe auf der grafischen Oberfläche zurückgreifen und hier noch demonstrieren, wie in einem Applet Bilder importiert und verwendet werden können. Das ist in Applets durch ihre Vererbungshierarchie nämlich besonders einfach. Auch, wenn die Bilder über ein Netzwerk wie das Internet geladen werden. Dazu werden im Wesentlichen zwei Methoden verwendet.

Die Methode `public Image getImage(URL url, String name)` **lädt Bild-Dateien in ein Applet. Beispiel:**

```
Image bild1 = getImage(getCodeBase(), "bild.gif");
```

Das Beispiel lädt das Bild `bild.gif`. In unserem Beispiel verwenden wir die Methode `getCodeBase()` als Argument für die Ermittlung des URL, d.h., wir laden das Bild von der gleichen Stelle, an der sich auch die HTML-Datei befindet (gleich noch mehr dazu).

Als Bild können Sie jedes der unter Java erlaubten Formate (etwa GIF oder JPEG) verwenden. Das Thema Bildverarbeitung unter Java ist natürlich mit diesem kurzen Beispiel nicht erschöpft, sondern wird im Rahmen des Kapitels über Grafik und Animation ausführlich erläutert. Dort finden Sie dann auch nähere Erklärungen zu der Methode. Hier soll nur die prinzipielle Möglichkeit eines Applets zum Laden eines Bildes angesprochen werden.

Mit der Methode `public abstract boolean drawImage(Image img, int x, int y, ImageObserver observer)` **können Sie ein geladenes Bild anzeigen.**

Beispiel:

```
g.drawImage(meinBild, 50, 50, this);
```

Wir wollen ein kleines Applet erstellen, das ein Bild lädt und auf dem Bildschirm wieder ausgibt. Die folgende HTML-Datei dient zum Einbinden.

```
<HTML>
<BODY>
<APPLET
   code   = "Bilder.class"
   width  = "310"
   height = "300"
   >
</APPLET>
</BODY>
</HTML>
```

Listing 35.2: Die HTML-Datei

Das Applet sieht so aus:

```
import java.awt.Image;
import java.awt.Graphics;
public class Bilder extends java.applet.Applet {
  Image samImage;
  public void init() {
// ein Bild wird geladen
    samImage = getImage(getDocumentBase(), "b7.jpg");
  }
  public void paint(Graphics g) {
// Ausgabe des Bildes
    g.drawImage(samImage, 0, 0, this);
  }
}
```

Listing 35.3: *Ein Applet, das ein Bild lädt und ausgibt*

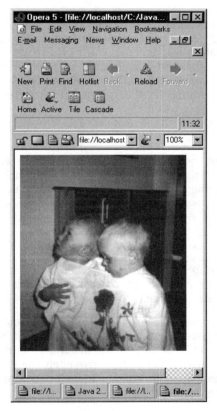

Bild 35.5: *Ein Bild in einem Applet*

Das Beispiel setzt natürlich voraus, dass die entsprechende Grafik vorhanden ist – es gibt keine entsprechende Fehlerbehandlungsroutine. In der init()-Methode wird die Grafik geladen und als Nächstes über die paint()-

Methode angezeigt. Mehr dazu finden Sie beim Abschnitt über Grafiken und gleich noch etwas bei den Applet-Spezialitäten.

35.3 Behandlung der Übergabewerte an ein Applet

Wie man einem Applet Parameter beim Aufruf mitgibt, haben wir gesehen. Man schreibt sie beispielsweise in den <APPLET>-Container. Die Angabe von Parametern erfolgt einfach über Parameter-Tags – gegebenenfalls mehrere hintereinander. In diesem Fall spezifiziert jedes Parameter-Tag einen anderen Applet-Parameter. Sie sehen wie folgt aus:

<PARAM name=[name] value=[wert]>

In den Parameterangaben werden zwei Bezeichner verwendet:

→ name – der Name des Parameters

→ value – der Wert des angegebenen Parameters

Im Applet selbst muss man diese Werte auslesen. Über die getParameter()-Methode können Sie auf jedes Argument (als String!) zugreifen, das unter HTML in der Applet-Referenz mit dem name-Wert spezifiziert wurde. Dieser Wert von name ist eine Zeichenkette, die in der getParameter()-Methode in den Klammern angegeben werden muss. Die Rückgabe der getParameter()-Methode ist der mit value in der HTML-Datei spezifizierte Wert.

Beispiel:

String parameter1 = getParameter("htmlParameterName")

Falls Sie einen Parameter spezifizieren, der in der HTML-Datei nicht angegeben wurde, gibt die getParameter()-Methode null zurück. Dies sollte man immer mit einer Abfrage auswerten und einen Standardwert einstellen.

Beispiel:

if (parameter1 == null) parameter1 = "Standardwert1"

Der im HTML-Parameter-Tag angegebene Name und der in der getParameter()-*Methode spezifizierte Name müssen absolut identisch sein, auch in Bezug auf Groß- und Kleinschreibung.*

Da die Rückgabe der getParameter()-Methode immer eine Zeichenkette ist, müssen alle Übergabeparameter eines Java-Applets in Form von Zeichenketten übergeben und dann im Source ebenso behandelt werden. Wenn Sie die Parameter in einem anderen Datentyp verwenden wollen, müssen Sie diese konvertieren. Wenn Sie z.B. einen Parameter in einen long-Wert umwandeln wollen, kann das so erfolgen:

long l = new Long(stringParameter).longValue()

Ein erstes, einfaches Beispiel zeigt die Verwendung.

Die HTML-Datei beinhaltet einen Übergabewert, der an das Applet übergeben wird:

```
<HTML>
<BODY>
<APPLET
   code   = "Parameter.class"
   width  = "500"
   height = "300"
   >
 <PARAM
   NAME = "param0"
   VALUE = "Das ist der Wert aus der HTML-Datei">
</APPLET>
</BODY>
</HTML>
```

Listing 35.4: *Die HTML-Datei mit Parameter*

```
import java.awt.*;
import java.applet.*;
public class Parameter extends Applet {
  String var0;
 /**Das Applet initialisieren*/
  public void init() {
      var0 = getParameter("param0");
  }
  public void paint(Graphics g) {
    g.drawString(var0, 50, 60 );
  }
}
```

Listing 35.5: *Ein Applet, das den Parameter aus der HTML-Datei weiterverarbeitet*

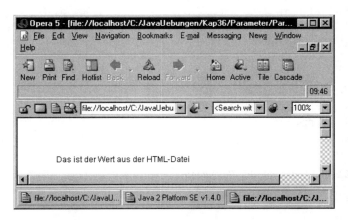

Bild 35.6: *Das kommt aus der HTML-Datei als Parameter*

Ein weiteres Beispiel werden wir gleich im Zusammenhang mit den Applet-Informationen durchspielen.

35.4 Applet-Informationen

Ein Applet kann allgemein Informationen über benötigte Parameter bereitstellen, die von anderen Java-Klassen oder aber auch einem Applet-Client dann beispielsweise ausgewertet werden können. Also den Namen der Übergabewerte, den jeweiligen Datentyp und eine Beschreibung. Über die Methode `public String[][] getParameterInfo()` wird ein Zeichenketten-Array zurückgegeben, in dem alle Parameter aufgelistet werden können, die das Applet benötigt. Diese Zeichenkette spezifiziert für jeden Parameter den Namen, den Typ und eine Beschreibung. Beispiel (mit zwei Parametern):

```
public String[][] getParameterInfo() {
 String[][] pinfo = {
   {"MeinPara1", "String", "Stringübergabewert"},
   {"MeinPara2", "int", "int-Übergabewert"}, };
  return pinfo;
}
```

In den gleichen Zusammenhang fällt die Methode `public String getAppletInfo()`. Mit dieser Methode kann man Angaben über das Applet machen. Etwa den Autor, die Version, das Erstellungsdatum usw. Auch diese Methode kann in einem Applet-Client abgefragt oder von anderen Klassen verwendet werden.

Das nachfolgende Beispiel verwendet drei Parameter. Dabei ist ein Wert nicht gesetzt, worauf im Applet entsprechend reagiert werden wird. Der eine Wert soll im Applet als numerischer Wert verwendet werden.

```
<HTML>
<BODY BGCOLOR="000000">
<APPLET
   code   = "AppletMitPara.class"
   width  = "500"
   height = "300"
   >
  <PARAM NAME = "eins" VALUE = "">
  <PARAM NAME = "zwei" VALUE = "Wert Parameter 2">
  <PARAM NAME = "drei" VALUE = "42">
</APPLET>
</BODY>
</HTML>
```

Listing 35.6: Die HTML-Datei mit drei Parametern – Parameter 1 setzt aber keinen Wert

```
import java.awt.*;
import java.awt.event.*;
import java.applet.*;
public class AppletMitPara extends Applet {
  String param1;
  String param2;
  int param3;
```

```java
/** Methode zum Holen der Parameterwerte und der optionalen
Vorbelegung */
public String holePara(String wert, String vorbeleg) {
 // Wenn Parameter vorhanden, hole Wert
 // Falls null, setze Defaultwert
  return
    (getParameter(wert) != null ? getParameter(wert) : vorbeleg);
}
/** Das Applet initialisieren und dort die Übergabewert holen */
public void init() {
    param1 = holePara("eins", "Nix da");
    param2 = holePara(
        "zwei", "Das kommt, wenn der Parameter 2 fehlt");
    param3 = Integer.parseInt(this.holePara("drei", "42"));
}
/**Applet-Information holen*/
public String getAppletInfo() {
   return "Die Methode kann fuer allgemeine Applet-Informationen
genutzt werden";
}
/**Parameter-Infos holen*/
public String[][] getParameterInfo() {
  String[][] pinfo =
    {
    {"eins", "String", "Der erste Parameter"},
    {"zwei", "String", "Der zweite Parameter - mit Vorgabewert"},
    {"drei", "int", "Der Parameter soll als int verwendet werden"},
    };
   return pinfo;
}
public void paint(Graphics g) {
  g.drawString("Das ist Übergabewert 1: " + param1, 50, 60 );
  g.drawString("Das ist Übergabewert 2: " + param2, 50, 80 );
  g.drawString("Das ist Übergabewert 3 nach einer Berechnung: "
     + (param3+5), 50, 100 );
 }
}
```

Listing 35.7: Das Applet wertet die Parameter aus der HTML-Datei aus und stellt Informationen über sich bereit

Wenn Sie das Applet starten, werden in der init()-Methode die in der HTML-Datei gesetzten Parameter ausgelesen. Dazu wird in dem Beispiel eine selbst definierte Methode holePara() verwendet, die zwei Übergabewerte besitzt. Der erste ist der Name des zu holenden Parameters, der zweite ein Default-Wert, der gesetzt wird, wenn es beim Holen eines Parameters Probleme gab (Rückgabe von null durch getParameter()). Im Fall des ersten Parameters im Beispiel wird ein Problem auftreten, denn der Wert des Parameters ist leer. Je nach Konstellation wird also der ausgelesene Wert oder der Default-Wert zurückgegeben und dann in der paint()-

Methode weiterverwendet. Beachten Sie, dass der dritte Wert in einen numerischen Wert konvertiert und arithmetisch weiterverwendet wird.

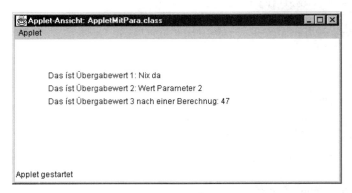

Bild 35.7: Die Ausgabe des Applets verwendet die Übergabe-Werte oder Default-Werte

Das Applet setzt zusätzlich diverse Hintergrundinformationen, die wie erwähnt in einem Applet-Client ausgewertet werden können. Etwa im Appletviewer, in dem Sie im `Applet`-Menü den Eintrag `Info...` finden.

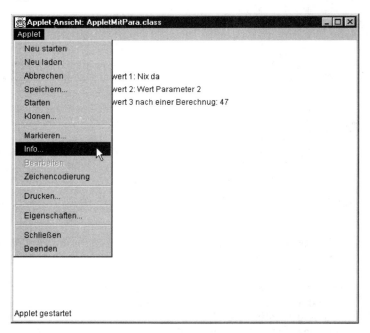

Bild 35.8: Zugriff auf die Hintergrundinformationen eines Applets im Appletviewer

Wenn Sie den Befehl auswählen, erhalten Sie die Angaben, die im Applet mit den entsprechenden Methoden gesetzt wurden.

Applet-Informationen

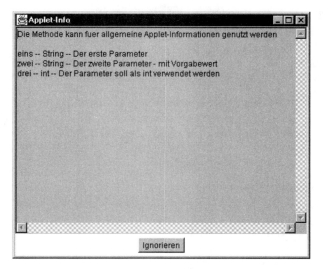

Bild 35.9: Die vollständigen Hintergrundinformationen des Applets

36 Applet-Spezialitäten

In diesem abschließenden Kapitel zu Applets sollen ein paar Applet-Spezialitäten behandelt werden. Im Wesentlichen dreht es sich darum, wie ein Applet mit seiner Umgebung Kontakt aufnimmt. Dabei ist mit Umgebung einerseits der Browser bzw. Appletviewer gemeint. Andererseits aber auch der Anwender und nicht zuletzt die Webseite, in die das Applet integriert ist. Darüber hinaus zählen Zugriffe auf ein Netzwerk ebenso dazu.

36.1 Größe eines Applets ändern

Grundsätzlich kann man die Größe eines grafischen Fensters aus Java heraus setzen. Das macht bei eigenständigen Applikationen viel Sinn. Die Methoden resize() und setSize() werden Sie aber auch in vielen Applets entdecken. Damit kann man die Größe eines Fensters und im Prinzip auch jedes Applets festlegen. Die Methoden public void resize(Dimension d) bzw. public void resize(int x, int y) legen beispielsweise die Größe eines Fensters bzw. des Anzeigebereichs des Applets fest. Dabei ist zu beachten, dass die äußeren Größenangaben der HTML-Datei die angezeigte Größe eines Applets beeinflussen, d.h., in einem Browser gelten die dort festgelegten Größenangaben. Diese Methode kann nicht bewirken, dass ein über HTML-Größenangaben festgelegtes Applet in einer Webseite innerhalb eines Browsers redimensioniert wird. Der Appletviewer hingegen reagiert dementsprechend mit einer Anpassung der Größe. Sinn macht die Methode aber vor allem, wenn ein eigenständiges Folgefenster aktiviert wird.

36.2 Die Position von Applet und Webseite

Grundsätzlich kann man aus einem Applet heraus den URL der aktuellen Position ermitteln. Ebenso den URL der Webseite, die das Applet referenziert. Das wird an den verschiedensten Stellen benötigt. Die Methode public URL getCodeBase() gibt ein URL-Objekt zurück, das die Position des Applets repräsentiert. Die Methode public URL getDocumentBase() funktioniert ähnlich, nur wird der URL des Verzeichnisses mit dem HTML-Dokument zurückgegeben.

36.3 Zugriff auf den Container und die Applet-Umgebung

Die Methoden getParameter() und getAppletInfo() waren ja bereits unter anderem dazu zu nutzen, auf den Container des Applets zuzugreifen (in Form der Bereitstellung von Informationen, die der Container nutzen kann). In den gleichen Zusammenhang fallen aber noch weitere Methoden. Direkt mit dem Applet-Client kommuniziert die Methode public void showStatus(String msg). Diese schreibt einen Text in die Statuszeile des Browsers. Allerdings kollidiert diese Methode in einigen Situationen mit Standardausgaben vom Browser und ist deshalb oft nicht sehr effektiv. Außerdem gehört sie zu den Java-Techniken, die unter Umständen Probleme machen.

```
import java.awt.*;
import java.applet.*;
public class StatusZeile extends Applet {
   public void paint(Graphics g) {
      g.drawString("Das steht im Anzeigebereich", 50, 60 );
      showStatus("Und das in der Statuszeile");
   }
}
```

Listing 36.1: Das Applet schreibt in die Statuszeile des Clientprogramms

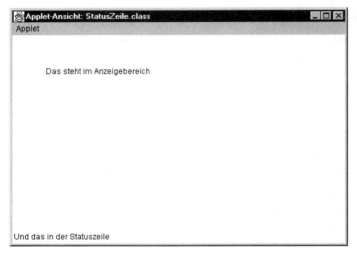

Bild 36.1: Ausgabe in der Statuszeile des Clientprogramms

Jedes Applet kann aber noch weiter gehend mit seiner Umgebung in Kontakt treten und auf sie reagieren. Dies ergibt sich in einfacher Form schon allein deshalb, weil es eine Ableitung der Klasse Applet ist. Die einfachsten (und grundlegendsten) Funktionalitäten eines Applets sind, dass es sich starten lässt und – hier kommt die Interaktion zur Laufzeit ins Spiel – vernünftig beenden lässt (es reagiert auf Schließbefehle des Fensters). Java besitzt dazu einen Mechanismus, durch den Applets in Schlüsselmomenten, in denen bestimmte Ereignisse eintreten, die Kontrolle übernehmen können. Die schon behandelten Methoden init(), start(), stop() und destroy() werden entsprechend aufgerufen, wenn das Applet geladen wird, mit der Ausführung beginnt, mit der Ausführung stoppt und zerstört wird. Wenn ein Applet zu einem dieser Schlüsselmomente etwas ausführen soll, dann müssen Sie nur die entsprechende Methode überschreiben, indem Sie Ihre eigene Implementierung davon in das Applet einbauen.

36.3.1 Reaktionen auf Benutzeraktionen

Interaktionen gehen jedoch selbstverständlich noch weiter. Ein etwas komplizierteres Applet wird entweder auf Button, Mausaktionen im Allgemeinen, Menübefehle oder Tastatureingaben reagieren (oft alles). Dies ist sicher nicht überraschend. So etwas nennt man ein Programm mit einer (sinnvollen) Anwenderschnittstelle. Java stellt Ihnen Methoden zur Verfügung, die das System bei bestimmten Ereignissen aufrufen kann. Wenn Sie irgendeine Aufgabe als Reaktion auf ein Ereignis erledigen wollen, müssen Sie nur die entsprechende Methode überschreiben. Wir werden auf diesen Zusammenhang bei der Behandlung des Eventhandlings in Java genauer eingehen. Dennoch sollen hier die wichtigsten Methoden genannt werden, die für die Interaktion mit dem Anwender bei einem Applet interessant sind.

Die meisten der nachfolgenden Methoden werden von Sun als »deprecated« bezeichnet. Wie aber schon verschiedentlich besprochen, müssen Sie sich bei Applets in vielen Fällen auf Java 1.0.x beschränken, was insbesondere die Verwendung des Event-Modells 1.0 erzwingt. Dieses unterscheidet sich erheblich von dem mittlerweile verwendeten Event-Modell 1.1. Die nachfolgenden Methoden gehören allesamt zum Event-Modell 1.0. Wir werden wie erwähnt im Abschnitt über die beiden Event-Modelle darauf noch näher eingehen und die beiden Modelle gegenüberstellen.

Zu den wichtigsten Interaktionen eines Applets (und natürlich eines gewöhnlichen Programms) zählt die Reaktion auf Mausereignisse. Dabei soll hier nicht die Auswertung von Buttons und Menü-Einträgen im Blickpunkt stehen, sondern die Reaktion auf Mausereignisse, die sich irgendwo im Bereich des Applets abspielen. Obwohl es nicht zwingend ist, beschränken wir uns auf die übliche linke Maustaste.

Es gibt sechs mögliche Mausereignisse:

→ Die Maustaste wird gedrückt

→ Die gedrückte Maustaste wird wieder losgelassen

→ Die Maus wird mit gedrückter Maustaste bewegt (Drag)

→ Die Maus wird mit losgelassener Maustaste bewegt

→ Der Mauszeiger verlässt den Bereich des Applets

→ Der Mauszeiger kommt (wieder) in den Bereich des Applets

Für jedes Ereignis stellt Java in dem alten Event-Modell eine Methode zur Verfügung, die zur `Applet`-Klasse gehört.

Über die Methode `public boolean mouseDown(Event evt, int x, int y)` können Sie Aktionen auslösen, wenn der Benutzer eine Maustaste drückt.

Dabei ist `Event` die Ereignisklasse, die die Informationen über das Ereignis enthält, und `x` und `y` sind die Koordinaten, bei denen die Maustaste gedrückt wurde.

Das Gegenstück zu der Methode `mouseDown()` ist die Methode `public boolean mouseUp(Event event, int x, int y)`, über die Sie Aktionen auslösen können, wenn der Benutzer eine Maustaste losgelassen hat. Die `mouseUp()`-Methode verwendet die gleichen Argumente wie `mouseDown()`.

Die Methode `public boolean mouseEnter(Event event, int x, int y)` wird jedes Mal dann aufgerufen, wenn der Mauszeiger in den Bereich des Applets bewegt wird. Die Maustaste muss nicht extra gedrückt werden, damit die Methode aufgerufen wird. Die Methode verwendet die gleichen Argumente wie die bereits beschriebenen.

Die Methode `public boolean mouseExit(Event event, int x, int y)` ist das Gegenstück zu `mouseEnter()` und wird jedes Mal dann aufgerufen, wenn der Mauspfeil aus den Bereich des Applets bewegt wird. Die Maustaste muss nicht extra gedrückt werden und es gelten wieder die üblichen Argumente.

Die Methode `public boolean mouseDrag(Event event, int x, int y)` wird jedes Mal dann aufgerufen, wenn die Maus mit gedrückter Taste im Bereich des Applets bewegt wird, und die Methode `public boolean mouseMove(Event event, int x, int y)` wird jedes Mal dann aufgerufen, wenn die Maus bewegt wird und keine Taste gedrückt ist. Es gelten wieder die üblichen Argumente.

Jedes Mal, wenn die Maustaste gedrückt wird, werden vor dem Aufrufen von `mouseDown()` *die Methoden* `mouseExit()` *und* `mouseEnter()` *aufgerufen. Das bedeutet, dass die Methode* `mouseEnter()` *keinen Code enthalten sollte, der bei der Aktion* `mouseDown()` *schaden kann.*

Mit Sicherheit zählen auch Tastaturereignisse zu den Grundereignissen der Interaktion zwischen einem Applet (und erst recht einer eigenständigen Applikation) und seiner Umwelt. Jedes Mal, wenn ein Anwender eine Taste auf der Tastatur drückt, kann dies ein Ereignis auslösen, das das Applet auswerten kann. Dabei unterscheidet man zwischen verschiedenen Typen von Tastaturereignissen.

→ Irgendeine Taste wird gedrückt. Die genaue Taste spielt keine Rolle.

→ Eine bestimmte Taste wird gedrückt und ausgewertet.

→ Eine so genannte Ergänzungstaste wird gedrückt.

Dennoch haben Tastaturereignisse sicher nicht die Bedeutung wie Mausereignisse, denn das WWW arbeitet ja möglichst selten mit der Tastatur.

Die Methode `public boolean keyDown(Event event, int key)` wird jedes Mal dann aufgerufen, wenn eine Taste gedrückt wird. Die durch die Methode `keyDown()` erfassten Tastenanschläge sind Ganzzahlen und werden über den Parameter `key` an die Methode übergeben. Die Ganzzahlen stellen den ASCII-Wert des gedrückten Zeichens dar. Es können sämtliche Tastenanschläge ausgewertet werden, die einen ASCII-Code besitzen.

Um die Ganzzahlen aus dem `key`-Parameter als Zeichen verwenden zu können, müssen sie per Casting in Zeichen umgewandelt werden. Die Syntax dafür ist beispielsweise

```
einZeichen = (char)key;
```

Wenn Sie den Parameter `key` nicht auswerten wollen, heißt dies, dass eine beliebige Taste gedrückt werden kann und alleine daraufhin eine Aktion erfolgt.

Wir werden im Lauf Ende des Kapitels ein Applet erstellen, das auf eine Aktion eines Anwenders reagiert.

36.3.2 Der AppletContext

Interaktionen betreffen jedoch auch die Plattform, unter der das Applet läuft (Zugriffe auf Ressourcen, soweit dies erlaubt ist), sowie Kontakte über Netzwerkverbindungen hinweg. Interaktion ist also ein recht weit gefasster Begriff. Schauen wir uns ein paar Methoden an, mit denen ein Applet auf seine Umwelt reagiert und darauf Einfluss nimmt.

Die zentrale Methode für die Interaktion eines Applets mit seiner Umgebung ist `public AppletContext getAppletContext()`. Diese gibt ein Objekt vom Typ `AppletContext` (eine Schnittstelle des `applet`-Pakets) zurück, das Sie dazu verwenden können, Informationen und Kontrolle über die Umgebung des Applets zu erlangen. `AppletContext`-Methoden ermöglichen Ihnen diverse Dinge:

→ welche Applets außer dem aktuellen noch auf derselben Seite laufen

→ Bilder und Sounds importieren

→ eine andere Webseite aus dem Applet heraus laden

→ den Kontext eines anderen Applets zu importieren und dessen Methoden aufzurufen

→ Meldungen an andere Applets weiterzugeben

Konkret haben Sie über ein Objekt dieses Typs folgende Methoden zur Verfügung:

→ `Applet getApplet(String name)`: **Suche und Rückgabe des angegebenen Applets in der Webseite**

→ `Enumeration getApplets()`: **Suche alle Applets in der Webseite**

→ `AudioClip getAudioClip(URL url)`: **Generiert einen Audioclip**

→ `Image getImage(URL url)`: **Gibt ein Image-Objekt zurück**

→ `InputStream getStream(String key)`: **Gibt einen mit dem angegebenen Schlüssel assoziierten Strom zurück**

→ `Iterator getStreamKeys()`: **Findet alle Schlüssel des Stroms in diesem Appletkontext**

→ `void setStream(String key, InputStream stream)`: **Assoziiert den angegebenen Strom mit dem spezifizierten Schlüssel in dem Applet-Kontext**

→ void showDocument(URL url): **Ersetzt die Webseite durch diejenige, die hier angegeben wird**

→ void showDocument(URL url, String target): **Ersetzt die Webseite in dem angegebenen Zielframe durch diejenige, die hier angegeben wird**

→ void showStatus(String status): **Anzeige des angegebenen Texts in der Statuszeile des Fensters**

Schauen wir uns einige der Methoden in der Praxis an.

36.3.3 Laden einer Webseite aus einem Applet heraus

Das folgende Beispiel lädt aus dem Applet heraus über einen AppletContext direkt eine neue Webseite. Dazu verwenden wir die showDocument()-Methode. Beachten Sie, dass wir dieser ein URL-Objekt übergeben müssen, das wir anonym innerhalb der Parameterklammern erzeugen. Dabei müssen wir eine Ausnahmebehandlung vornehmen. Auf die näheren Details dazu gehen wir noch ein. In dem Beispiel wird die Webseite Seite2.htm (eine reine HTML-Datei) geladen. Beachten Sie, dass wir bei dem Beispiel eine Methode verwenden, die zum Event-Modell 1.0 gehört. Damit wird darauf reagiert, wenn der Mauszeiger in den Bereich des Applets eindringt. In diesem Moment wird die dort angegebene Methode aufgerufen. Die Methode heißt public boolean mouseEnter(Event event, int x, int y).

```
<HTML>
<BODY BGCOLOR="000000">
<CENTER>
  <APPLET
   code   = "NeueSeite.class"
   width  = "500"
   height = "300"
   >
  </APPLET>
</CENTER>
</BODY>
</HTML>
```

Listing 36.2: Die Webseite mit dem Applet

```
import java.awt.*;
import java.applet.*;
import java.net.*;
public class NeueSeite extends Applet {
  Image samImage;
  public void init() {
// ein Bild wird geladen
    samImage = getImage(getDocumentBase(), "b8.jpg");
  }
  public void paint(Graphics g) {
    g.drawString(
```

```
        "Bewegen Sie den Mauszeiger in den Anzeigebereich des Applets",
        20, 20 );
  // Ausgabe des Bildes
      g.drawImage(samImage, 50, 30, this);
    }
    public boolean mouseEnter(Event event, int x, int y){
      try  {
        getAppletContext().showDocument(
        new URL(getDocumentBase(),"Seite2.htm"));
      }
      catch(Exception e)   {
        System.out.println(e.toString());
      }
      return true;
    }
  }
```

Listing 36.3: *Laden einer Webseite aus einem Applet heraus*

```
<html>
<body>
<h1>Die neue Webseite</h1>
<img src="b6.jpg">
</body>
</html>
```

Listing 36.4: *Die neu geladene Webseite*

36.3.4 Informationen über andere Applets in einer Seite

Grundsätzlich kann man aus einem Applet heraus auf Informationen über andere Applets in der gleichen Webseite zugreifen. Das nächste Beispiel gibt Informationen über andere in der Webseite geladenen Applets aus. In der nachfolgenden Webseite sind vier Applets geladen.

```
<HTML>
<BODY BGCOLOR="000000">
<CENTER>
  <APPLET
        code = "Bild3.class"
        width = "300"
        height = "350"
        name = "eins"
        >
  </APPLET>
  <APPLET
        code = "Bild1.class"
        width = "250"
        height = "350"
        name = "zwei"
        >
  </APPLET>
```

Kapitel 36 · Applet-Spezialitäten

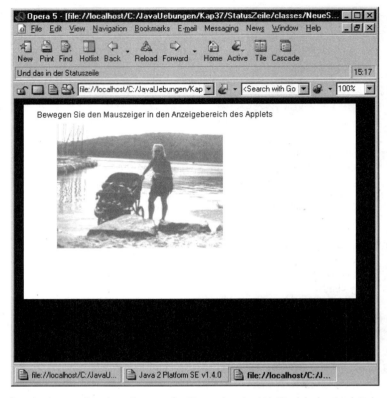

Bild 36.2: Das Applet reagiert darauf, wenn der Mauszeiger in den Bereich des Applets bewegt wird, und lädt die neue Webseite

```
<APPLET
    code = "Bild2.class"
    width = "250"
    height = "350"
    name = "drei"
    >
</APPLET>
<APPLET
    code = "AppletInWebseite.class"
    width = "700"
    height = "300"
    name = "vier"
    >
</APPLET>
</CENTER>
</BODY>
</HTML>
```

Listing 36.5: Eine Webseite mit vier Applets

Bild 36.3: Die neue Webseite ist aus dem Applet heraus geladen worden

Das vierte Applet greift mittels der Methoden getApplet() und getApplets().nextElement() auf die Applets der Webseite zu und gibt Informationen darüber aus. Beachten Sie, dass das eine Applet explizit eine Applet-Info setzt und das andere nicht.

```
import java.awt.*;
import java.applet.*;
public class AppletInWebseite extends Applet {
  public void paint(Graphics g) {
    g.drawString("CodeBase von eins: " +
    getAppletContext().getApplet("eins").getCodeBase().toString(),
      10,20);
    g.drawString("Die AppletInfo von eins: " +
    getAppletContext().getApplet("eins").getAppletInfo(),10,40);
    g.drawString("DocumentBase von zwei: " +
getAppletContext().getApplet("zwei").getDocumentBase().toString(),
      10,60);
    g.drawString("CodeBase von drei: " +
    getAppletContext().getApplet("drei").getAppletInfo(),10,80);
    g.drawString("getApplets().nextElement(): " +
```

```
            getAppletContext().getApplets().nextElement().toString(),10,100);
    }
}
```

Listing 36.6: Zugriff auf Interna des Nachbar-Applets in der Webseite

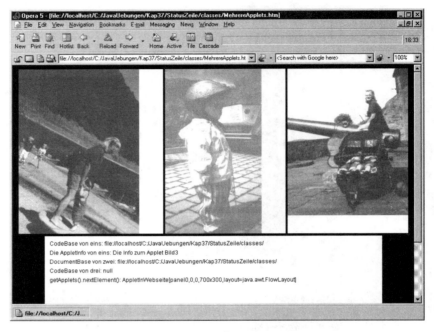

Bild 36.4: Mehrere Applets. Im vierten Applet werden Informationen über die anderen drei ausgegeben

Grafische Benutzeroberflächen in Java

Wir haben im Rahmen des Buches schon mehrfach grafische Benutzeroberflächen mit Java erstellt. Durch die Objekte von Java und das Prinzip der Vererbung fallen viele notwendige Aktionen einem Programmierer nahezu in den Schoß. Gerade bei Applets. Hier sollen nun die Grundlagen dessen besprochen werden, was sich hinter den dahinter liegenden Konzepten versteckt. Grundlage aller Dinge ist dabei das so genannte AWT (Abstract Window Toolkit). Darauf aufbauend gibt es eine Erweiterung, die sich Swing nennt und die wir dem AWT gegenüberstellen wollen.

37 Das AWT versus Swing

Das einleitende, rein theoretische und sehr knappe Kapitel soll erst einmal zur Klärung beitragen, was sich hinter den Schlagworten AWT und Swing verbirgt. Es geht allgemein um den Aufbau eines Benutzer-Interfaces.

Kommunikation mit dem Anwender erfolgt in halbwegs modernen Programmen über grafische Benutzerschnittstellen. Es gibt mittlerweile kaum noch ein Betriebssystem, das ohne solch eine grafische Oberfläche auskommt. Und natürlich müssen sich Applikationen in eine solche Betriebssystemumgebung einfügen. Sie müssen die Bedienelemente verwenden, die ein Anwender von anderen Programmen gewohnt ist. Schaltflächen, Menüs, Eingabefelder. All das macht ein grafisches User-Interface aus. In Java wurde (und wird) ein solches grafisches User-Interface hauptsächlich über ein eigenes Konzept realisiert, das AWT heißt. Das ist die Abkürzung für Abstract Window Toolkit (in einigen Quellen wird es auch Abstract Windowing Toolkit genannt).

37.1 Was ist das Abstract Window Toolkit?

Das AWT beinhaltet zur Kommunikation mit dem Anwender im Wesentlichen ein API, über das allgemeine Komponenten der Anwenderschnittstelle wie Buttons oder Menüs plattformunabhängig (!) genutzt werden können. Damit hat Java ein erhebliches Problem zu lösen. Eine grafische Benutzerschnittstelle kann ziemlich unterschiedlich aussehen und zu bedienen sein. Es kann sich um grundsätzlich verschiedene Konzepte handeln. Damit ist die Knacknuss, ein portierbares und plattformunabhängiges grafisches API zu entwickeln, das alle Konzepte berücksichtigt. Dazu kann man sich alle Plattformen, die unterstützt werden sollen, ansehen, die gemeinsamen Komponenten identifizieren und dann einen kleinsten gemeinsamen Nenner schaffen. Oder eine Vereinigungsmenge, in der alle relevanten Möglichkeiten der Basis-Oberflächen realisiert werden. Eine dritte Idee könnte sein, je nach relevanter Plattform die dort gültige Oberfläche zu verwenden. Der Anwender bekäme das gleiche »Look and Feel« wie Anwendungen, die das systemeigene bzw. native API verwenden.

Alle drei Ansätze haben Vor- und Nachteile. Die erste Idee ist relativ einfach und kann leicht auf allen Plattformen unterstützt werden, wird jedoch in der Leistungsfähigkeit erhebliche Einschränkungen gegenüber den jeweiligen Basis-Oberflächen der Plattformen zur Folge haben.

Die Vereinigungsmenge aller Möglichkeiten der Basis-Oberflächen in einem einzigen API (wie in Variante zwei) beinhaltet zwar keinerlei Einschränkungen der Leistungsfähigkeit, aber es kann zu Konflikten bei der zu wählenden Realisierung kommen (z.B. so wie in Windows oder wie in Linux?), das System wird sehr kompliziert und evtl. nicht auf allen Plattformen einwandfrei zu realisieren sein. Zudem wird es für den Anwender schwer durchschaubar (was sonst geht, funktioniert zwar, aber es gibt noch weitergehende, unbekannte Aktionen).

Die dritte Idee bringt für Anwender die wenigsten Umstellungen. Ein Anwender hätte in der Java-Oberfläche das gleiche »Look and Feel« wie in den gewohnten Anwendungen, die das systemeigene bzw. native API verwenden. Der Nachteil dieser Variante ist (und eigentlich ebenso der ersten beiden), dass sie nicht wirklich plattformunabhängig ist. Man kann nicht alle Oberflächen der EDV-Welt berücksichtigen und wie sollen Java-Programme auf Exoten-Plattformen aussehen? Wer wirklich plattformunabhängig sein will, muss ebenso dafür eine Lösung bereitstellen. Schlimmer noch ist, dass der dritte Ansatz gegenüber Neuerungen sehr unflexibel ist. Außerdem wird man abhängig von fremden Firmen. Wenn diese beschließen, eine Betriebssystemversion abzulösen und dort wieder einmal zig Veränderungen des API notwendig sind, muss das Java-API diese Veränderungen umgehend nachvollziehen.

Es gibt noch einen Denkansatz. Wie wäre es, sich alle Plattformen, die unterstützt werden sollen, anzusehen, die besten Komponenten zu identifizieren und dann diejenigen zu realisieren, die auf allen Plattformen Sinn machen und ein vollständiges API gewährleisten? Natürlich würde man sich bei einem solchen Ansatz nicht zu 100 % für ein bestehendes »Look and Feel« entscheiden, sondern ein eigenes »Look and Feel« erzeugen, das die besten Ideen aus den zugrunde liegenden Plattformen beinhaltet. Genau diesen Ansatz hatte Sun bei Java ursprünglich gewählt – ein allgemeingültiges API, mit dem es Ihnen ermöglicht werden soll, Java-Anwendungen weitgehend übergangslos in die unterschiedlichsten Umgebungen einzubetten – das AWT.

Diese vierte Lösung hat Sun jedoch nicht nur Lob eingebracht. Da das AWT von Java in der Version 1.0 relativ klein und allgemein gehalten wurde, konnten Java-Applikationen über das AWT (insbesondere am Anfang) nur eine Auswahl der unter Windows bekannten Elemente bieten. Das AWT hat aber in der Version 1.1 sehr weit reichende Erweiterungen erfahren, obwohl es immer noch eine eingeschränkte Funktionalität umfasst. Deshalb hat Sun als Ergänzung mit dem Swing-Konzept (eingeführt in Java 1.1, aber erst im JDK 1.2 in der nun aktuellen Form vollständig implementiert) eine Erweiterung des AWT geschaffen (s.u.).

Ein wichtiger und berechtigter Kritikpunkt am AWT 1.0 war das sehr starr ausgelegte Eventhandling (also die Reaktion auf Ereignisse). Es wurde ab der Version 1.1 völlig überarbeitet und damit wesentlich flexibler, sicherer und schneller. Das 1.1-Event-Modell wird im Swing-Konzept auf jeden Fall verwendet, kann aber auch im AWT nach der Version 1.0 Verwendung finden. Ein jedoch ebenfalls nicht zu unterschätzendes Problem des neueren Eventhandlings ist der gänzlich unterschiedliche Aufbau zum Modell 1.0 und Inkompatibilitäten in diversen Situationen – darauf gehen wir noch ein.

37.2 Was ist Swing?

So genial das AWT auch ist – marktpolitischer Druck, Ignoranz gegenüber den Fähigkeiten des AWT und auch echte Anforderungen an eine moderne Oberfläche führten dazu, dass dem AWT bereits im JDK 1.1 (als optionales

Zusatzpaket) eine Erweiterung mit Namen Swing beigestellt wurde. Swing implementiert einen neuen Satz von GUI-Komponenten mit anpassungsfähigem »Look and Feel«. Swing ist vollständig in 100 % purem Java implementiert und basiert auf dem JDK 1.1 Lightweight UI Framework. Das Aussehen und die Reaktionen von GUI-Komponenten passen sich auf Wunsch automatisch an jede unterstützte Betriebssystemplattform (Windows, Solaris, Macintosh) an. Sie schwingen (to swing) sozusagen zwischen den verschiedenen Welten hin und her (wenn Sie es wollen). Um dieses zu realisieren, gibt es in Swing den `UIManager`, der mit Methoden wie `setLookAndFeel()` oder `getSystemLookAndFeelClassName()` dafür sorgt. Swing ist jedoch definitiv keine Ablösung des AWTs. Beide Welten existieren parallel und können sogar vermischt werden (was aber nicht zu empfehlen ist).

Swing-Komponenten beinhalten vollständig die bisherigen AWT-Komponenten (Button, Scrollbar, Label etc.) plus einen Satz von Higher-Level-Komponenten (Baumansichten, Listboxen usw.).

37.2.1 Das Swing-API

Java 1.1 hat Swing wie gesagt eingeführt, aber Swing ist nicht gleich Swing. Die Swing-API-Referenz hat sich über die Entwicklung des Konzepts bis zu der Finalversion 1.2 des JDK erheblich verändert (danach ist es nur noch erweitert worden). Das gesamte API ist beim Wechsel von Java 1.1 zu Java 2 umstrukturiert und verlagert worden. Leider ist diese Umstrukturierung ziemlich chaotisch und schlecht dokumentiert erfolgt. Selbst die Beta-3-Version des JDK 1.2 hatte Swing noch so organisiert, wie es unter dem JDK 1.1 üblich war. Erst die kaum beachtete – letzte – Betaversion des JDK 1.2 veränderte dann die Struktur, was in der Entwicklerschaft zu ziemlichem Ungemach führte. Ab Java 2 befindet sich die gesamte Swing-Funktionalität in dem Hauptpaket `javax`.

37.3 Swing und AWT im Vergleich

Um es noch einmal zu betonen: Swing ist eine Erweiterung des AWT. Das bedeutet, viele Klassen, Methoden und Techniken des AWT sind unter Swing verbessert und erweitert worden. Dabei wurde bei Methoden vielfach der Name beibehalten (wenn die Methode in einer neuen Klasse verwendet wird) und/oder nur eine neue Methodenunterschrift eingeführt (Stichwort Polymorphismus). Oder bei einigen Klassen wurde nur ein neuer Konstruktor eingeführt. Im Allgemeinen wurden neue Klassen eingeführt, die bisherige Techniken unter dem gleichen Namen bereitstellen und/oder Techniken einführen, deren Bezeichner aus dem Vorgänger herleitbar ist. So basieren viele Swing-Klassen auf den gleichen Superklassen wie AWT-Klassen. Viele Swing-Klassen sind auch direkt aus alten AWT-Klassen abgeleitet. Diese – entweder direkte oder indirekte – Verwandtschaft dokumentiert sich oft im Namen. Viele Klassen bekommen bei verwandter Funktionalität einfach ein J vorangestellt. Aus Button unter dem AWT (die Klasse dient zum Erstellen einer Schaltfläche) wird beispielsweise JButton.

37.3.1 Einige Swing-Probleme

Swing erweitert wie gesagt das AWT erheblich. Die Verwendung von Swing beinhaltet aber auch einige Probleme. Dies betrifft insbesondere die Performance und den Ressourcenbedarf. Swing-Applikationen sind in der Regel langsamer als vergleichbare Anwendungen, die auf dem reinen AWT basieren. Sie benötigen auch mehr Ressourcen in Hinblick auf den Prozessor und den Hauptspeicher. Dazu kommen Berichte vergangener Java-Versionen, dass Swing-Applikationen die Speicherbereinigung durch den Garbage Collector nicht korrekt befolgt haben. Und nicht zuletzt sollten für Applets die im Buch schon mehrfach beschriebenen Probleme mit Java-Techniken jenseits vom JDK 1.0.2 beachtet werden. Grundsätzlich kann man festhalten, dass man – wenn es keine zwingenden Gründen gibt – mit dem AWT besser fährt. Didaktisch ist der Einstieg mit dem AWT auf jeden Fall besser.

38 Das AWT

Wir wollen nun mit dem AWT eine grafische Benutzerschnittstelle aufbauen. Das AWT besteht aus Komponenten und Containern, in denen die Komponenten integriert werden müssen, damit eine vollständige und sinnvolle Anwenderschnittstelle erstellt werden kann. Ein dritter bedeutender Bestandteil des AWT ist die Technik der Layoutmanager. Dazu stellt das AWT einen Mechanismus zur Verfügung, um auf Ereignisse reagieren zu können, die vom Anwender über Komponenten ausgelöst werden.

Das AWT basiert auf dem Grundkonzept, dass jedes Java-Fenster mehrere verschachtelte Ebenen besitzt, die aus Komponenten aufgebaut sind. Dies beginnt mit dem äußersten Fenster und endet mit dem kleinsten eigenständigen Bestandteil der Benutzeroberfläche. Diese Verschachtelung bildet eine Hierarchiestruktur. Die Klassen des AWT-Pakets sind so entwickelt worden, dass deren Struktur eine vollständige Benutzeroberfläche abbilden kann. Die Wurzel von fast allen AWT-Komponenten ist die Klasse Component aus dem Paket java.awt. Darin enthalten sind die grundlegenden Anzeige- und Eventhandling-Funktionalitäten.

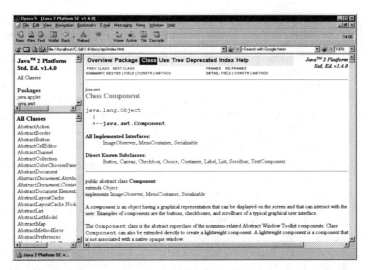

Bild 38.1: *Die Klasse* java.awt.Component *ist die Superklasse der meisten AWT-Komponenten*

38.0.1 Komponenten

Die Komponenten sind die Elemente, über die eine Interaktion mit dem Endanwender konkret realisiert wird. Sie kennen sie aus den unterschiedlichen grafischen Benutzerschnittstellen. Die von Anfang an vorhandenen Komponenten des AWT sind Folgende:

→ Schaltflächen (Button)

→ Labels

→ Kontrollkästchen (Checkbutton)

→ Optionsfelder (Radiobutton)

→ Listen

→ Auswahlfelder

→ Textfelder

→ Textbereiche

→ Menüs

→ Zeichenbereiche

→ Bildlaufleisten

Die hier aufgeführten Komponenten kann man nach ihrer Funktion in drei logische Bereiche unterteilen:

1. Komponenten der Benutzeroberfläche: Dazu zählen alle typischen Elemente einer Benutzeroberfläche (etwa Schaltflächen, Kontrollfelder, ...).

2. Zeichenbereiche: Dabei handelt es sich um die Fläche auf dem Bildschirm, auf der in der Regel Zeichnungen ausgegeben werden.

3. Fensterkomponenten: Dies sind alle Komponenten, die sich um den Aufbau und die Struktur der Fenster kümmern. Also Bildlaufleisten, Rahmen, Menüleisten und Dialogfelder. Diese Komponenten trennt man logisch von den Komponenten der Benutzeroberfläche, da sie logisch unabhängig von der integrierten Anwendung betätigt werden (das Verschieben von Fensterinhalt über Bildlaufleisten beispielsweise löst noch keine Aktion in der Applikation aus).

Grundsätzlich werden wir hier nicht alle Komponenten im Detail besprechen (können). Das ist aber auch nicht notwendig. Zum einen ist es heutzutage jedem Computeranwender klar, was eine bestimmte Komponente für eine Funktion hat. Oder muss Ihnen erklärt werden, was man mit einem Button, einem Menü oder einer Bildlaufleiste machen kann? Dies ist sicher nicht notwendig. Zum anderen langt es, wenn man eine Komponente jeden Typs genauer untersucht. Das AWT ist (zumindest ab der Variante 1.1) so konstruiert, dass man die dort realisierten Konzepte leicht auf verwandte Komponenten übertragen kann.

Ich möchte noch einen anderen Ansatz für Komponenten zeigen. Was sind Komponenten? Objekte![1] Aber keine gewöhnlichen Objekte, sondern solche, die definierten Regeln genügen. Eine AWT-Komponente hat wie jedes Objekt Eigenschaften. Diese werden aber immer die gleichen Regeln erfüllen. Manche können verändert werden, manche nicht. So hat ein Button eine Form, die unveränderlich ist. Aber die Beschriftung des Buttons, seine Farbe, seine Größe sind zu ändern. Interessant an Komponenten des AWT (ab dem 1.1-Konzept) ist, dass die meisten Eigenschaften privat sind. Sie

---

[1] Der übliche Hinweis: Es gibt nichts außer Objekten in Java.

sind von außen nicht sichtbar. Sie können aber dennoch abgefragt und geändert werden. Nur nicht, indem Sie über ein Objekt direkt auf eine Eigenschaft zugreifen. Stattdessen werden Methoden bereitgestellt, die den Zugriff gewährleisten. Das hat vielfältige Vorteile. Insbesondere kann man damit Werte filtern. Wenn Sie etwa eine Komponente hätten, die als Uhr fungieren soll, macht es keinen Sinn, wenn Sie die Stunden auf 25 setzen würden. Bei einem direkten Zugriff auf die Eigenschaft wäre so ein Filter nur mühsam zu realisieren. Wenn Sie jedoch über eine Methode zum Setzen der Stunden zugreifen, kann im Inneren eine Überprüfung auf erlaubte Werte greifen. Das gilt für alle die Fälle, in denen nur bestimmte Werte sinnvoll sind. Aber auch bei der Abfrage kann das sinnvoll sein. Es kann sein, dass – je nach Situation – nur bestimmte Informationen Sinn machen. Grundsätzlich werden im AWT die Methoden, die zum Setzen des Werts einer Komponente verwendet werden, mit

```
set
```

beginnen und die Methoden zum Abfragen mit

```
get
```

Beispiel:

```
setLabel("Text");
getLabel()
```

Man nennt solche Methoden auch »Getter-Methoden« und »Setter-Methoden«. Im AWT 1.0 war das Verfahren noch nicht so konsequent umgesetzt. Dort konnte man je nach Komponente unterschiedlich auf Eigenschaften zugreifen. Insgesamt machte das AWT 1.0 in vielen Details den Eindruck, nicht vollständig aufeinander abgestimmt zu sein. So, als wäre jede Komponente von einem anderen Team entwickelt worden und die hätten nur gelegentlich miteinander geredet. Zwar funktionierte das AWT 1.0 schon brauchbar, aber für Programmierer musste man zu viele Details und Unterschiede zwischen einzelnen Komponenten wissen. Das ist im AWT 1.1 und natürlich erst recht den Nachfolgern wie erwähnt extrem verbessert und vereinheitlicht geworden. Da – außer wenigen Sondersituationen, wie Applets, die gezielt auf Java 1.0.x ausgerichtet sein sollen – das AWT 1.0 kaum noch eine Rolle spielt, kann man auf diese »Kraut-und-Rüben-Technik« weitgehend verzichten.

Neben den Eigenschaften gibt es noch einen zweiten, ganz wichtigen Aspekt der Komponenten – die Methoden. Auch hier ist das nicht so trivial, wie es erscheint (Motto: Klar, dass Objekte auch Methoden haben können). Es gibt drei wichtige Kategorien von Methoden, die bei allen Komponenten zum Einsatz kommen. Da sind einmal diejenigen Methoden, über die die Eigenschaften geändert und abgefragt werden. Dann kommen die Methoden, die eine bestimmte Funktionalität bereitstellen. Die dritte Kategorie sind Methoden, die bestimmten Ereignissen zugeordnet sind. Hier berühren wir explizit das Ereignisbehandlungsmodell von Java, worauf wir noch genauer eingehen. Intuitiv ist aber sicher klar, dass ein Button für bestimmte Ereignisse benutzt werden kann. Jedem Anwender ist sicher klar, dass man mit der Maus auf einen Button klicken kann. Das ist seine – sozusagen »natürliche« – Standardfunktionalität. Jedem sinnvollen Ereignis wird von einer Komponente eine Struktur bereitgestellt, die automatisch ausgelöst wird, wenn man diese geeignet überschreibt. Das werden wir noch im Detail sehen.

38.1 Die AWT-Komponenten

Schauen wir uns nun in einer Übersicht die Komponenten an, die das AWT bereitstellt. Um es noch einmal zu betonen – wir können und werden dabei nicht alle Methoden und Eigenschaften der jeweiligen Komponenten behandeln (dafür haben wir nicht genug Platz im Buch) und es ist auch definitiv nicht notwendig. Einmal ist die Erstellung von AWT-Oberflächen ohne geeignete Tools in der Praxis vollkommen unsinnig und diese Tools stellen geeignete Hilfen bereit. Zum anderen sind die Grundvorgänge für die meisten Komponenten identisch und zu guter Letzt steht in der Online-Hilfe zum JDK, was Objekte der jeweiligen Klasse so alles leisten können.

38.1.1 Schaltflächen

Spielen wir nun die Arbeit mit einer Komponente des AWT anhand einer Schaltfläche (der wahrscheinlich wichtigsten Komponente) durch. Schaltflächen werden in Java ganz einfach als Instanz der Klasse java.awt.Button erzeugt. Es gibt dabei verschiedenen Konstruktoren, um etwa direkt eine Beschriftung mitzugeben oder mit leerer Beschriftung (Label genannt) einen Button zu erzeugen. Sie benötigen nur folgende Syntax:

```
Button [Buttonname] = new Button();
```

Beispiel:

```
Button meinButton = new Button();
```

Mit dieser Syntax wird eine Schaltfläche ohne Label (d.h. ohne eine Beschriftung innerhalb der Schaltfläche – etwa OK) erzeugt. Normalerweise benötigen Sie jedoch eine Schaltfläche, die ein Label besitzt. Wenn Sie nicht einen anderen Konstruktor verwenden, heißt das, Sie wollen die Eigenschaft Label verändern. Wenn Sie obige Überlegungen nachvollziehen, ist klar, dass die Methode setLabel() heißt, um nachträglich eine Beschriftung zu setzen.

Fertig sind Sie jedoch noch nicht. Die so erzeugte Schaltfläche muss noch in einen Container (gleich mehr dazu – hier soll das erst einmal ein Fenster mit grafischer Oberfläche sein) platziert werden und sollte normalerweise eine gewisse Funktionalität haben (Selbstzweck ist für einen Button meist nicht ausreichend).

Platzieren wir zuerst den Button in einem Container. Dies erfolgt bei allen Komponenten mit einer add()-Methode, von der es diverse Varianten gibt. Die einfache Syntax add(meinButton); reicht im einfachsten Fall aus (was das bedeutet, wird noch im Rahmen der Layoutmanager genauer verfolgt), um die eben erzeugte Schaltfläche dem Container hinzuzufügen.

Sie können also entweder zwei Schritte nacheinander ausführen:

```
Button meinButton = new Button("Alles klar!");
add(meinButton);
```

Alternativ funktioniert es ebenso in einer Zeile:

```
add(new Button("Alles klar!"));
```

Im zweiten Fall arbeiten wir mit einem anonymen Objekt. Bei der expliziten Benennung einer Variablen (zwei Schritte) kann das Objekt später noch über den Namen der Variablen beeinflusst werden.

Die bisherigen Beispiele zum AWT im Buch haben ja bereits mit Buttons gearbeitet, so dass wir hier auf ein einfaches Beispiel verzichten können.

Grundsätzlich kann zur Laufzeit eines Programms oder Applets die Bezeichnung eines Buttons (oder anderer verwandter Komponenten) geändert oder abgefragt werden. Gerade der Fall, in dem Sie eine Schaltfläche ohne Beschriftung erzeugen, ist prädestiniert, um die Bezeichnung eines Buttons zu ändern. Dazu dient (wie wir bereits wissen) die Methode `public void setLabel(String label)`.

Beispiel:

```
meinButton.setLabel("Doch nicht OK!");
```

Vollkommen analog können Sie die Bezeichnung für einen Button einlesen. Dazu gibt es die Methode `public String getLabel()`.

Beispiel:

```
String LabelvomButton = meinButton.getLabel();
```

Schaltflächen können (wie die meisten anderen Komponenten) zur Laufzeit aktiviert und deaktiviert werden. Dazu gibt es etwa die Methode `public void setEnabled(boolean b)`. **Wenn der Parameter** `true` **ist, ist eine Komponente aktiviert, sonst deaktiviert (also wieder nur eine Methode zum Ein- und Ausschalten eines Zustands). In diesem Zusammenhang ist auch die Methode** `public boolean isEnabled()` **zu sehen, mit der getestet werden kann, ob eine Komponente aktiviert ist oder nicht.**

Um noch mal vorzuwarnen – ein etwas umfangreicheres Thema ist die Reaktion der Applikation auf Ereignisse von Komponenten. Unsere bisherigen Beispiele haben dieses Verfahren schon gezeigt, aber das muss natürlich noch genauer erörtert werden. Wir haben an dieser Stelle das Dilemma, dass Schaltflächen (und natürlich ebenso die anderen Komponenten) in der Regel erst dann Sinn machen, wenn deren Betätigung etwas bewirkt. Dies soll im Rahmen des Abschnitts über die beiden Ereignismodelle noch detaillierter erfolgen. Wir wollen dennoch mit einigen Erklärungen vorarbeiten.

Die meisten Komponenten innerhalb einer AWT-Oberfläche der 1.0-Version besitzen eine `action()`-Methode, die aufgerufen wird, wenn bei einer Komponente eine Aktion ausgeführt wird. Bei einer Schaltfläche wird diese `action()`-Methode aufgerufen, wenn sie ausgelöst (angeklickt) wird.

An dieser Stelle soll noch einmal explizit darauf hingewiesen werden, dass die Methoden des Eventhandlings 1.0 (`action()`*, aber beispielsweise auch* `mouseDown()`*,* `mouseDrag()`*,* `mouseEnter()`*,* `mouseExit()`*,* `mouseMove()`*,* `mouseUp()`*) als deprecated gelten und nur dann zu verwenden sind, wenn man nach dem Event-Modell 1.0 programmiert.*

Wenn eine Aktion bei einer Komponente ausgeführt wird, ruft das AWT (Event-Modell 1.0) die `handleEvent()`-Methode auf. Dabei wird bei einer Schaltfläche ein Ereignis vom Typ `ACTION_EVENT` übergeben. Die Standard-`handleEvent()`-Methode ruft die `action()`-Methode bei der Komponente auf. Standardmäßig kann die Komponente selbst keine Aktion bearbeiten. Deshalb wird jedes Ereignis an die `handleEvent()`-Methode im Eltern-Container übergeben. Dort wird die `action()`-Methode dann aufgerufen und entweder bearbeitet oder vom nächsthöheren Container in der Hierarchie ignoriert. Eine Komponente signalisiert mit der Weitergabe des Wertes `true` aus der Ereignisbehandlungsmethode, dass sie das Ereignis bearbeitet hat. Der Wert `false` bedeutet bei der Ereignisbehandlungsmethode, dass die Komponente das Ereignis nicht verarbeiten konnte. In diesem Fall sollte das Ereignis dann in der Elternhierarchie weiter nach oben gegeben werden. Die Syntax der `action()`-Methode ist bei allen Komponenten identisch:

`public boolean action(Event ereignis, Object welcheAktion)`

→ `ereignis` steht für das Ereignis, das bei der Komponente aufgetreten ist

→ `welcheAktion` steht für das, was geschehen ist.

Bei Schaltflächen ist die Art der Aktion (`welcheAktion`) ganz einfach auszuwerten. Es ist das Label – die Beschriftung – der Schaltfläche, die ausgelöst worden ist. Der `ereignis`-Parameter enthält weitere Informationen, die für die Aktion spezifisch sind. Darunter fallen Informationen wie z.B. über die Komponente, bei der die Aktion aufgetreten ist (`event.target`), oder den Zeitpunkt, zu dem die Aktion geschehen ist (`event.when`).

Mit dem `instanceof`-Operator können Sie die `event.target`-Variable überprüfen, um sicherzustellen, dass die Aktion auch für das Objekt erfolgt, das gewünscht wird. Dazu kontrolliert man, dass `event.target instanceof Button` den Wert `true` ergibt.

Sie wissen nun, wie Sie einen Button erzeugen, und kennen die `action()`-Methode. Gehen wir ein konkretes Beispiel an. Dabei wollen wir die vorher erläuterten Methoden zum Setzen und Abfragen der Button-Beschriftung anwenden. Das Beispiel verändert die Beschriftung eines Buttons in einer `switch`-Anweisung. Im Detail passiert Folgendes:

1. Zuerst wird ein leerer Button erzeugt.
2. Danach wird er in dem Container platziert.
3. Schritt 3 weist dem Button eine Beschriftung zu.
4. Wenn die Schaltfläche gedrückt wird, wird die Methode `public boolean action(Event evt, Object welcheAktion)` **aufgerufen.**

5. Zuerst überprüft die Methode, ob die Aktion, die die action()-Methode ausgelöst hatte, auch von dem Button ausgelöst wurde.

6. Danach wird über die Informationen der Komponente, bei der die Aktion aufgetreten ist, (evt.target) eine neue Instanz des Buttons in der action()-Methode erzeugt, um darüber die Beschriftung ändern zu können. Dies ist zwingend, da sonst (in unserem Fall) nicht direkt auf die Beschriftung des Buttons über setLabel() zugegriffen werden kann.

7. Über die Angabe welcheAktion kann jedoch direkt die Beschriftung ausgewertet werden. Dies folgt im nächsten Schritt. Es ginge aber ebenso, mit getLabel() zu arbeiten. In diesem Fall kann man vollständig auf die Angabe welcheAktion verzichten. Stattdessen muss man diese Zeile verwenden:
String buttonBeschriftung = mBtnAction.getLabel();

8. Im letzten Schritt wird je nach aktueller Beschriftung die Beschriftung der Schaltfläche wechselweise umbenannt.

```java
import java.awt.*;
public class ButtonTest extends java.applet.Applet {
 public void init() {
  Button meinButton = new Button();
  add(meinButton);
  meinButton.setLabel("Alles klar!!");
 }
 public boolean action(Event evt, Object welcheAktion) {
  if (!(evt.target instanceof Button)) {
   return false;
  }
  Button mBtnAction = (Button)evt.target;
  String buttonBeschriftung = (String) welcheAktion;
  if (buttonBeschriftung == "Alles klar!!") {
   mBtnAction.setLabel("Doch nicht?");
  }
  else {
   mBtnAction.setLabel("Alles klar!!");
  }
  return true;
 }
}
```

Listing 38.1: *Ein Java-Programm, das auf Schaltflächen reagiert*

Bild 38.2: *Vor dem Klick*

Bild 38.3: Nach dem Klick

38.1.2 Labels

Ein Label bzw. eine Beschriftung ist die wohl einfachste Form einer Komponente in einer Benutzeroberfläche. Unwichtig ist sie dennoch beileibe nicht. Es handelt sich um Textketten, die ausschließlich dafür benutzt werden, um andere Komponenten zu beschriften.

Zwar besitzen alle Komponenten als Ableitung der Component-Klasse eine action()-Methode bzw. eine Ereignisbehandlung nach dem Event-Modell 1.1, aber da Beschriftungen normalerweise nur zum Anzeigen von Text verwendet werden, wird die Ereignisbehandlung eines Labels normalerweise niemals aufgerufen. Eine Ausnahme sind vielleicht MouseOver-Effekte, also die Reaktion darauf, wenn der Mauszeiger in das Gebiet eines Labels eindringt und es wieder verlässt.

Labels halten neben reinem Text Layoutangaben des jeweiligen Panels ein, müssen nicht jedes Mal nachgezeichnet werden, wenn das Panel neu gezeichnet wird und können sehr leicht ausgerichtet werden.

Wie bei fast allen Komponenten gibt es verschiedene Möglichkeiten, ein Label zu erstellen. Die einfachste Variante ist, ein leeres, linksausgerichtetes Label zu erzeugen. Dies funktioniert über den leeren Konstruktor Label() mit folgender Syntax:

```
Label [Label] = new Label()
```

Beispiel:

```
Label leeresLabel = new Label();
```

Ein leeres Label ist normalerweise kaum sonderlich dienlich, weil es einfach nichts zu sehen gibt. Dennoch kann es Sinn machen, wenn man zur Laufzeit das Label erst dynamisch füllen möchte. Dies funktioniert mit der **Methode** public void setText(String text). **Die Abfrage erfolgt wieder analog mit** public String getText().

Zur Beschriftung von Komponenten dienen allgemein entweder setText() oder setLabel(). Beachten Sie, dass für Labels setText() verwendet wird, während beispielsweise für Buttons setLabel() Anwendung findet.

Wenn Sie ein Label bereits vorher mit Text versehen wollen, gehen Sie wieder vor wie bei Schaltflächen – nur mit dem Konstruktor mit folgender Syntax:

```
Label [Labelvariable] = new Label([Text])
```

Beispiel:

```
Label meinLabel = new Label("Labeltext");
```

Der Text eines Labels kann links, rechts oder zentriert ausgerichtet sein. Sowohl zur Laufzeit mit der Methode `public void setAlignment(int alignment)`, wobei für die Ausrichtung `Label.LEFT`, `Label.RIGHT` und `Label.CENTER` verwendet werden können (auch diese Methode kann bei beliebigen Komponenten zum Einsatz kommen, in denen eine Beschriftung ausgerichtet werden kann) als auch bereits zur Designzeit. Dazu passend liefert `public int getAlignment()` die Ausrichtung wieder zurück. Die Ausrichtung kann auch direkt schon bei der Erzeugung angegeben werden. Der dritte Konstruktor `Label(String, int)` erzeugt ein Label mit einer Textkette und einer bestimmten Ausrichtung. Die verfügbaren Ausrichtungen sind wie bei der Ausrichtungsmethode `Label.LEFT`, `Label.RIGHT` und `Label.CENTER`. Dabei entsprechen die Konstanten den Integerwerten 0 (`Label.LEFT`), 1 (`Label.CENTER`) oder 2 (`Label.RIGHT`), die natürlich ebenfalls verwendet werden können. Die Sache sieht also beispielsweise so aus:

```
Label mLabel1 = new Label("Labeltext", Label.LEFT);
Label mLabel2 = new Label("Labeltext", Label.RIGHT);
Label mLabel3 = new Label("Labeltext", Label.CENTER);
```

Um Labels in einem Container zu platzieren, verwenden Sie wieder die add()-Methode.

Beispiele mit Labels folgen später noch.

38.1.3 Kontrollkästchen und Optionsfelder

Kontrollkästchen und Optionsfelder (Checkbutton/Checkbox und Radiobutton) sind jedem Anwender von grafischen Oberflächen bekannt. Sie sind sehr eng verwandt. Beide gleichen Buttons, mit der Einschränkung, dass sie nur auf »Ja« oder »Nein« gesetzt werden dürfen. Der entscheidende Unterschied zwischen Kontrollkästchen und Optionsfeldern ist der, dass Kontrollkästchen unabhängig von anderen Kontrollkästchen auf Ja oder Nein gesetzt werden können. Es können kein, ein oder mehrere Kontrollkästchen auf Ja gesetzt werden. Kontrollkästchen können auch alleine auftreten. Optionsfelder werden dahingegen immer mindestens paarweise verwendet und sind immer in einer Gruppe zusammengefasst, in der jeweils immer nur genau ein Button auf Ja geschaltet sein kann und muss.[2] Auf den meisten Plattformen werden Kontrollkästchen viereckig dargestellt, während Optionsfelder rund gezeigt werden.

Kontrollkästchen

Ein Kontrollkästchen hat zwei Bestandteile – ein Label zur Bezeichnung und einen Zustand. Das Label ist der Text, der neben dem Kontrollkästchen angezeigt wird, der Zustand ist eine boolesche Variable, die angibt, ob die Box angeschaltet wurde oder nicht. Standardmäßig ist die Box ausgeschal-

---

[2] Letzteres gilt zumindest bei solchen Programmen, die den allgemeinen Konventionen auf grafischen Oberflächen genügen sollen. Java erlaubt da eine Freiheit, die allgemein nicht genutzt wird (gleich mehr dazu).

tet und ihr Wert ist `false` oder `off`. Ausgewählte Optionen werden auch optisch so dargestellt.

Die Syntax zum Erzeugen eines Kontrollkästchens kann wieder mit verschiedenen Konstruktoren erfolgen. Sie können ein Kontrollkästchen ohne Label erzeugen, indem Sie den leeren Konstruktor `Checkbox()` verwenden.

Beispiel:

```
Checkbox meineCheckbox = new Checkbox();
```

Solche Objekte müssen Sie dann zur Laufzeit sinnvoll einstellen.

Um ein Kontrollkästchen direkt mit einer Beschriftung zu erstellen, können Sie den Konstruktor `Checkbox(String)` verwenden:

Beispiel:

```
Checkbox mCbox = new Checkbox("Selektier mich");
```

Die Variante drei mit dem Konstruktor `Checkbox(String, null, boolean)` erzeugt ein Kontrollkästchen, das je nach gesetzter booleschen Zustandsvariable vorselektiert (`true`) ist oder nicht (`false`). Das mittlere Argument ist bei Kontrollkästchen immer auf `null` zu setzen. Es dient als Platzhalter für ein Gruppenargument, das nur bei Radiobuttons auftritt.

Beispiel:

```
Checkbox meCheckbox = new Checkbox("Selektier mich ", null, true)
```

Kontrollkästchen müssen wie alle Komponenten nach der Erzeugung erst in einem Container platziert werden. Dazu dient wieder die `add()`-Methode. Sonst ist dabei nichts zu beachten.

Den Status von Kontrollkästchen kann man programmtechnisch leicht überprüfen und setzen. Mit der Methode `public boolean getState()` können Sie überprüfen, ob ein Kontrollkästchen angeklickt wurde.

Beispiel:

```
if (meineCheckbox.getState())
{
// Kontrollkästchen selektiert
}
else
{
// Kontrollkästchen nicht selektiert
}
```

Die Methode `public void setState(boolean state)` setzt den Status (`true` für gesetzt) und die bereits bekannte `getLabel()`-Methode fragt das Label des jeweiligen Kontrollkästchens ab.

Optionsfelder

Die Vorgehensweise zur Erstellung von Optionsfeldern unterscheidet sich etwas von der Erzeugung von Kontrollkästchen. Ein Kontrollkästchen hat nur zwei Bestandteile – ein Label zur Bezeichnung und einen Zustand.

Radiobuttons sind zwar nur ein Spezialfall der Kontrollkästchen, aber bei einem Optionsfeld muss noch zwingend eine Checkbox-Gruppe erstellt werden, in die Sie dann die Optionsfelder hinzufügen. Es gibt keine eigene Radiobutton-Klasse im AWT (in Swing schon).

Um Optionsfelder zu erstellen, legen Sie als ersten Schritt eine Instanz einer solchen Checkbox-Gruppe an. Dazu dient der Konstruktor CheckboxGroup(), der keinerlei Argumente besitzt.

Beispiel:

```
CheckboxGroup mCboxGruppe = new CheckboxGroup()
```

Wenn Sie eine Gruppe erzeugt haben, erstellen Sie die einzelnen zugehörigen Optionsfelder und fügen sie der Gruppe hinzu. Dies funktioniert im Wesentlichen wie bei Kontrollkästchen, nur wird jetzt auf jeden Fall der Konstruktor benötigt, in dem wir die Gruppe angeben können und müssen.

Beispiel:

```
Checkbox meineCheckbox =
   new Checkbox("Selektier mich ", mCboxGruppe, true)
```

Alternativ können Sie aber auch die Methode setCheckboxGroup() verwenden, wie wir es in dem nachfolgenden Beispiel tun. Um Optionsfelder in einem Container zu platzieren, wenden Sie dann einfach wieder die add()-Syntax an.

Eine wichtige Besonderheit von Radiobuttons unter Java ist, dass in Java alle (!) Buttons in einer Gruppe deselektiert sein können. Zumindest so lange, bis der erste Eintrag ausgewählt wurde. Wenn Sie bei der Erstellung der Radiobuttons sämtliche Objekte mit dem Parameter false erzeugen, wird keiner der Radiobuttons vorselektiert. Das widerspricht den allgemeinen Gestaltungsregeln von Radiobuttons. Diese besagen ja, dass genau ein Button jeder Gruppe selektiert ist. Die Geschichte ist nicht sonderlich problematisch. Sie müssen nur daran denken, sich selbst um eine Vorselektion zu kümmern.

Das nachfolgende Beispiel zeigt die Verwendung in einer vollständigen Anwendung mit Radiobuttons und Checkboxen.

```
import java.awt.*;
import java.awt.event.*;
public class CheckRadio extends Frame {
  Checkbox chbx1 = new Checkbox();
  CheckboxGroup chbxGroup1 = new CheckboxGroup();
  Checkbox chbx2 = new Checkbox();
  Checkbox chbx3 = new Checkbox();
  FlowLayout flowLayout1 = new FlowLayout();
  Label lbl1 = new Label();
  public CheckRadio() {
    chbx1.setBackground(Color.red);
    chbx1.setLabel("Farbwechsel");
    chbx1.addItemListener(new java.awt.event.ItemListener() {
      public void itemStateChanged(ItemEvent e) {
```

```
            chbx1_itemStateChanged(e);
          }
        });
        chbx2.setCheckboxGroup(chbxGroup1);
        chbx2.setLabel("Label sichtbar");
        chbx2.addItemListener(new java.awt.event.ItemListener() {
          public void itemStateChanged(ItemEvent e) {
            chbx2_itemStateChanged(e);
          }
        });
        chbx3.setCheckboxGroup(chbxGroup1);
        chbx3.setLabel("Label unsichtbar");
        chbx3.addItemListener(new java.awt.event.ItemListener() {
          public void itemStateChanged(ItemEvent e) {
            chbx3_itemStateChanged(e);
          }
        });
        this.setLayout(flowLayout1);
        lbl1.setText("Das ist die Vorbelegung des lbls");
        this.add(chbx1);
        this.add(chbx2);
        this.add(chbx3);
        this.add(lbl1);
    }
    public static void main(String[] args) {
      CheckRadio u = new CheckRadio();
      u.setSize(400,200);
      u.setVisible(true);
    }
    void chbx1_itemStateChanged(ItemEvent e) {
    if (chbx1.getState()) chbx1.setBackground(Color.cyan);
    else chbx1.setBackground(Color.red);
    }
    void chbx2_itemStateChanged(ItemEvent e) {
    lbl1.setVisible(true);
    }
    void chbx3_itemStateChanged(ItemEvent e) {
    lbl1.setVisible(false);
    }
}
```

Listing 38.2: Ein Java-Programm mit Radiobuttons und Kontrollkästchen

Wenn Sie das Kontrollkästchen anklicken, wird dessen Hintergrundfarbe geändert. Die Radiobuttons machen das Label sichtbar oder unsichtbar. Beachten Sie, dass kein Radiobutton beim Start selektiert ist.

Beachten Sie, dass das Programm wieder keinen Mechanismus zum Beenden besitzt. Sie können es auf Befehlszeilenebene mit CTRL + C *beenden.*

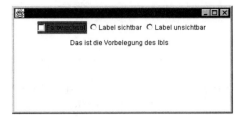

Bild 38.4: *Das Aussehen beim Start*

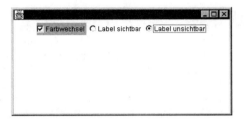

Bild 38.5: *Das Kontrollkästchen wurde selektiert und hat die Farbe gewechselt und das Label ist mit dem Radiobutton unsichtbar gemacht worden*

Das Beispiel sieht etwas komplizierter aus, weil hier ein explizites Eventhandling integriert ist (auf dessen Details gehen wir gleich ein). Wenn man das Beispiel rein auf die Komponenten reduziert, sieht das so aus:

```java
import java.awt.*;
public class CheckRadio extends Frame {
  Checkbox chbx1 = new Checkbox();
  CheckboxGroup chbxGroup1 = new CheckboxGroup();
  Checkbox chbx2 = new Checkbox();
  Checkbox chbx3 = new Checkbox();
  FlowLayout flowLayout1 = new FlowLayout();
  Label lbl1 = new Label();
  public CheckRadio() {
    chbx1.setBackground(Color.red);
    chbx1.setLabel("Farbwechsel");
    chbx2.setCheckboxGroup(chbxGroup1);
    chbx2.setLabel("Label sichtbar");
    chbx3.setCheckboxGroup(chbxGroup1);
    this.setLayout(flowLayout1);
    lbl1.setText("Das ist die Vorbelegung des lbls");
    this.add(chbx1);
    this.add(chbx2);
    this.add(chbx3);
    this.add(lbl1);
  }
  public static void main(String[] args) {
    CheckRadio u = new CheckRadio();
    u.setSize(400,200);
```

```
        u.setVisible(true);
    }
}
```

Listing 38.3: Das Java-Programm mit Radiobuttons und Kontrollkästchen ohne Eventhandling

Optionsfelder können genau wie Kontrollkästchen gesetzt und überprüft werden. Dazu gibt es diverse spezielle Methoden.

38.1.4 Auswahlmenüs und Listenfelder

Kommen wir nun zu einer etwas komplexeren Komponente einer Benutzeroberfläche – dem Auswahlmenü oder Auswahlfeld bzw. der Kombinationsliste oder einzeiligem Listenfeld, wie die Komponente oft auch genannt wird. Es handelt sich dabei um Pop-up- bzw. Pull-down-Menüs, die sich beim Anklicken öffnen und mehrere auszuwählende Optionen anzeigen, von denen dann eine Option ausgewählt werden kann. Eng verwandt dazu sind mehrzeilige Listenfelder, bei denen mehrere Einträge bereits sichtbar sind und die sich nicht mehr aufklappen lassen (nur bei Bedarf scrollen). Ein wesentlicher Unterschied bei der Auswahl der Einträge ist, dass einzeilige Listenfelder nur die Auswahl von einem Wert erlauben. Wenn mehr als eine Option gleichzeitig ausgewählt werden soll, müssen Listenfelder oder Kontrollkästchen verwendet und die entsprechende Eigenschaft gesetzt werden.

Einzeilige Listenfelder

Um ein Auswahlmenü zu erzeugen, wird eine Instanz der `Choice`-Klasse erstellt. Es gibt keine Optionen für den zugehörigen Konstruktor.

Beispiel:

```
Choice mAuswMenue = new Choice();
```

Dann muss das Objekt mit Einträgen gefüllt werden. Dazu benutzen Sie die `public void addItem(String item)`-Methode, um einzelne Optionen in der Reihenfolge hinzuzufügen, in der sie angezeigt werden sollen.

Beispiel:

```
mAuswMenue.addItem("RJS EDV");
```

Statt der Methode `addItem()` *können Sie in neueren Versionen des AWT auch einfach* `add()` *mit den gleichen Parametern verwenden, was Java logischer und einfacher macht.*

Erst dann wird das Auswahlmenü in einem Container platziert – wie üblich mit der `add()`-Methode.

Beispiel:

```
add(mAuswMenue);
```

Ein vollständiges Beispiel demonstriert die Anwendung:

```
import java.awt.*;
import java.awt.event.*;
```

```
public class AuswahlMenue extends Frame {
  BorderLayout bl = new BorderLayout();
  Label lbl1 = new Label();
  Choice chc = new Choice();
  public AuswahlMenue() {
    setLayout(bl);
    lbl1.setText("http://www.rjs.de");
    chc.addItem("RJS EDV");
    chc.addItem("Weingut St. Urban");
    chc.addItemListener(new java.awt.event.ItemListener() {
      public void itemStateChanged(ItemEvent e) {
        chc_itemStateChanged(e);
      }
    });
    add(chc, bl.NORTH);
    add(lbl1, bl.SOUTH);
  }
  public static void main(String[] args) {
    AuswahlMenue u = new AuswahlMenue();
    u.setSize(300,100);
    u.setVisible(true);
  }
  void chc_itemStateChanged(ItemEvent e) {
    if (chc.getSelectedIndex()==0) lbl1.setText("http://www.rjs.de");
    else lbl1.setText("http://www.weingutsturban.de");
  }
}
```

Listing 38.4: *Ein einzeiliges Listenfeld*

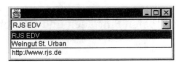

Bild 38.6: *Das aktivierte Auswahlmenü*

Bild 38.7: *Ein Klick auf einen Eintrag verändert den Text, der im Label unten angezeigt wird*

Sie können übrigens dynamisch mit dem Hinzufügen von Optionen zu einem bestehenden Menü fortfahren. Das bedeutet, dass auch nach dessen Erstellung und Platzierung im Container die Einträge verändert, reduziert oder erweitert werden können. Es gibt dabei zahlreiche interessante Methoden, mit denen Sie Auswahlmenüs beeinflussen und überprüfen können.

Beachten Sie, dass das Programm wieder keinen Mechanismus zum Beenden besitzt. Sie können es auf Befehlszeilenebene mit CTRL+C *beenden.*

Mehrzeilige Listenfelder

Mehrzeilige Listenfelder sind nahe Verwandte der Auswahlmenüs. Es gibt – wie schon angedeutet – jedoch einige wichtige Unterschiede. Mit den Elementen der List-Klasse erzeugen Sie keine Pop-up- bzw. Pull-down-Menüs, sondern permanent sichtbare Listen. Insbesondere können scrollbare Wertebereiche erzeugt werden. Sofern nicht alle Einträge direkt angezeigt werden können, wird automatisch eine Bildlaufleiste generiert.

Ein weiterer Unterschied zu Auswahlmenüs ist der, dass nicht nur eine von sich gegenseitig ausschließenden Optionen ausgewählt werden kann, sondern auch bei entsprechender Konfiguration mehrere Werte ausgewählt werden können (sofern sie sich nicht gegenseitig ausschließen). Ein Listenfeld lässt sich entsprechend konfigurieren.

Zum Erzeugen von Listenfeldern legen Sie eine Instanz der List-Klasse an und fügen danach die gewünschten Einträge hinzu. Die List-Klasse besitzt zwei Konstruktoren. Der Konstruktor List() erzeugt eine Liste, die – in der Grundeinstellung – keine Mehrfachauswahl erlaubt.

Beispiel:

```
List mLst = new List();
```

Der zweite Konstruktor List(int, boolean) erzeugt eine Liste, in der sowohl festgelegt werden kann, wie viele Listeneinträge im Listenfenster zu einem beliebigen Zeitpunkt sichtbar sind (der Integer-Wert), als auch, ob auch Mehrfachauswahlen erlaubt (der boolesche Wert auf true) oder verboten (der boolesche Wert auf false) sind. Machen wir uns das an zwei Beispielen kurz klar:

Eine Liste mit maximal zehn sichtbaren Einträgen und erlaubter Mehrfachauswahl:

```
List mLst = new List(10, true);
```

Eine Liste mit maximal fünf sichtbaren Einträgen ohne Mehrfachauswahl:

```
List mLst = new List(5, false);
```

Die Anzahl der maximal sichtbaren Einträge begrenzt jedoch nicht die Anzahl der maximal in der Liste erlaubten Einträge. Gibt es mehr Einträge, wird die Liste scrollbar dargestellt. Genauso wenig erzwingt sie, dass mindestens so viele Einträge enthalten sind. Wenn weniger Einträge vorhanden sind, bleibt ein Bereich einfach leer.

Wenn die Liste erzeugt wurde, können Sie mit der schon von Auswahlmenüs bekannten addItem()-Methode neue Einträge in diese hinzufügen.

Beispiel:

```
meineListe.addItem("RJS EDV");
```

Es ist ebenfalls möglich, Elemente an einer bestimmten Position in der Liste hinzuzufügen. Auch zur Laufzeit. Die Listenpositionen werden, von 0 beginnend, durchnummeriert. Wenn ein Element an der Position 0 hinzugefügt wird, ist es das erste in der Liste. Wenn es an der Position -1 eingefügt werden soll oder Sie eine Position auswählen, die höher ist als die in der Liste verfügbaren Positionen, wird das Element ans Ende der Liste gestellt.

Beispiel:

```
meineListe.addItem("RJS EDV ",0); // Einfügen an Position 0
meineListe.addItem("Weingut St. Urban",-1); // Am Ende einfügen
```

Die Methode `addItem()` gilt mittlerweile als deprecated und ist einfach durch `add()` mit den gleichen Parametern ersetzt worden. Funktionell tut sich das nichts, aber es ist eines der Details, in denen Java über die Zeit konsistenter geworden ist. Listenfelder werden wie immer mit der `add()`-Methode in einem Container platziert.

Beispiel:

```
add(mLst);
```

Bezüglich der Ereignisbehandlung im Event-Modell 1.0 muss festgehalten werden, dass die `List`-Klassen die `action()`-Methode nicht verwenden. Sie müssen dort auf die `handleEvent()`-Methode zurückgreifen. Im Rahmen des Event-Modells 1.1 erfolgt die Behandlung von Ereignissen – wie dort allgemein üblich – wieder über das vereinheitlichte Verfahren. Allgemein gilt, dass die Reaktion auf Aktionen über `addItemListener()` und dann das Ereignis `itemStateChanged()` erfolgt. Der konkret ausgewählte Eintrag in einer Liste kann über die Methode `getSelectedIndex()` als ein `int`-Wert abgefragt werden (Eintrag 1 liefert 0!).

Zur Vollständigkeit wieder ein kleines Beispiel.

```java
import java.awt.*;
import java.awt.event.*;
public class MehrFenster extends Frame {
  List lst = new List();
  Label lbl1 = new Label("http://www.rjs.de");
  public MehrFenster() {
      lst.addItemListener(new java.awt.event.ItemListener() {
      public void itemStateChanged(ItemEvent e) {
        lst_itemStateChanged(e);
      }
    });
    lst.add("RJS EDV");
    lst.add("Weingut St. Urban");
    this.add(lst, BorderLayout.NORTH);
    this.add(lbl1, BorderLayout.SOUTH);
  }
  public static void main(String[] args) {
    MehrFenster u = new MehrFenster();
    u.setSize(300,200);
```

```
        u.setVisible(true);
    }
    void lst_itemStateChanged(ItemEvent e) {
        if(lst.getSelectedIndex()==0) lbl1.setText("http://www.rjs.de");
        else lbl1.setText("http://www.weingutsturban.de");
    }
}
```
Listing 38.5: Ein mehrzeiliges Listenfeld

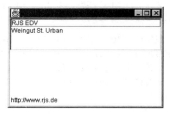

Bild 38.8: Ein Listenfeld mit zwei Einträgen

Bild 38.9: Der zweite Eintrag wurde angeklickt und das Label unten geändert

Die Bildlaufleisten und Schieber zum Scrollen des Inhaltes werden übrigens automatisch generiert und sind (wie gewohnt) nicht vorhanden, wenn weniger Inhalt anzuzeigen ist, als Platz zur Verfügung steht.

Um Listenfelder zu beeinflussen und zu überprüfen, stellt die List-Klasse zahlreiche Methoden bereit. Damit kann der Inhalt einer Liste manipuliert und verändert werden.

 Beachten Sie, dass das Programm wieder keinen Mechanismus zum Beenden besitzt. Sie können es auf Befehlszeilenebene mit CTRL+C *beenden.*

38.1.5 Textbereiche & Textfelder

Um Anwendern eine vernünftige Benutzeroberfläche zur Verfügung zu stellen, müssen Möglichkeiten zur Eingabe von freien Texten vorhanden sein. Das AWT verfügt deshalb über verschiedene Klassen, um Textdaten einzugeben – die Klasse TextField für die so genannten Textfelder und die Klasse TextArea für die Textbereiche.

Wesentlicher Unterschied zwischen beiden Elementen ist, dass Textbereiche Funktionalitäten zur Behandlung von größeren Textmengen zur Verfügung stellen. Textfelder begrenzen die Menge des einzugebenden Textes und können insbesondere nicht gescrollt werden. Sie eignen sich deshalb hauptsächlich für einzeilige Eingabefelder mit begrenzter Textmenge.

Dahingegen können in Textbereichen mehrere Zeilen verarbeiten werden und Textbereiche sind scrollbar. Dementsprechend haben sie normalerweise (Standard) Bildlaufleisten. Trotz der Unterschiede besitzen beide Klassen viele ähnliche Methoden, da sie beide aus der gemeinsamen Klasse TextComponent abgeleitet sind.

Das Erzeugen von Textbereichen und Textfeldern ist sehr ähnlich. Sie müssen für einen Textbereich nur die Anzahl der Spalten als auch der Reihen (Zeilen) angeben, um eine bestimmte Größe für einen Textbereich zu definieren. Wenden wir uns zunächst dem Textbereich zu.

Textbereiche

Zum Erstellen eines Textbereiches können Sie verschiedene Konstruktoren verwenden. Der leere Konstruktor erzeugt einen leeren Textbereich. Damit sind die Anzahl von Spalten und Zeilen erst einmal auf 0 festgelegt. Bevor dieser Textbereich in ein Panel eingefügt und dort angezeigt werden kann, muss die Anzahl von Spalten und Zeilen verändert werden. Dazu gibt es natürlich geeignete Methoden. Sie können ebenso einen Textbereich mit Text vorbelegen. Dazu dient der Konstruktor TextArea(String). Auch hier müssen Sie die genaue Größe des Textbereichs noch festlegen.

Am sinnvollsten ist meist der Konstruktor TextArea(int, int), der einen leeren Textbereich mit einer bereits festgelegten Anzahl von Spalten und Zeilen erzeugt. Sie können ebenso einen Textbereich mit einem Anfangstext und mit einer bereits festgelegten Anzahl von Spalten und Zeilen erzeugen. Dazu dient der Konstruktor TextArea(String, int, int).

Textfelder

Auch für Textfelder gibt es diverse Konstruktoren. Der leere Konstruktor TextField() ist wie immer die einfachste Möglichkeit, ein Textfeld zu erstellen. Dadurch wird wie im Fall der Textbereiche ein leeres Textfeld mit einer noch nicht spezifizierten Anzahl von Spalten (default 0) erzeugt. Zum Vorbelegen eines Textfeldes (mit einer noch nicht spezifizierten Anzahl von Spalten) dient der Konstruktor TextField(String). In der Regel ist es sinnvoll, die Anzahl von Spalten/Zeichen in dem Textfeld festzulegen. Das funktioniert mit dem Konstruktor TextField(int). Wie bei den Textbereichen kann man die Angabe der Größe mit einer Vorbelegung kombinieren. Dazu dient der Konstruktor Textfield(String, int).

Das Platzieren von Textbereichen und Textfeldern in einem Container funktioniert wie bei den meisten Komponenten mit der add()-Methode. Das ist so einfach, dass wir auf ein Beispiel verzichten wollen.

Textkomponenten lassen sich natürlich auch beeinflussen und überprüfen. Da sowohl Textbereiche als auch Textfelder von der abstrakten Klasse TextComponent erben, sind die meisten Methoden dieser Klasse in beiden

Textkomponenten anzuwenden. Dazu gibt es zahlreiche zusätzliche Methoden, die in beiden Typen gemeinsam vorkommen, sowie diverse spezielle Methoden.

Reaktionen auf Ereignisse in Textbereichen und Textfeldern zählen nicht zu den häufig ausgewerteten Events. Bis auf wenige Ausnahmen gilt, dass Textbereiche überhaupt keine eigenständige Reaktion auf Ereignisse zeigen sollten. Dies wird bei genauerer Überlegung klar. Wie verhalten sich Textbereiche auf den grafischen Oberflächen, die Sie kennen? Die Ereignisse, die Sie für TextArea- oder TextField-Objekte erzeugen können, wären Tastatur- und Mausereignisse. Bei Eingabe einer bestimmten Tastenkombination oder einem Klick auf den Textbereich würde eine Reaktion erzeugt. Ist Ihnen so ein Verhalten bekannt? Wahrscheinlich nicht, denn üblicherweise werden die Reaktionen mit einer Schaltfläche oder einem Menü für den Anwender gekoppelt sein. Erst diese lösen dann eine Reaktion aus. Falls sie aber doch eine Reaktion behandeln wollen, müssen Sie im Event-Modell 1.0 beachten, dass die TextArea-Klassen die action()-Methode nicht verwenden und Sie dort auf die handleEvent()-Methode zurückgreifen müssen.

38.1.6 Schieber & Bildlaufleisten

Die beiden AWT-Elemente Listen und Textbereiche besitzen standardmäßig die Eigenschaft, bei Bedarf nicht in den Anzeigebereich passenden Inhalt per Bildlaufleisten und Schieber zu scrollen. Die Bildlaufleisten und Schieber sind bereits in diese Elemente der Benutzeroberfläche integriert und werden nur dann zur Verfügung gestellt, wenn es notwendig ist. Sie können jedoch auch individuell einzelne Bildlaufleisten erstellen und mit diversen Komponenten koppeln. Die Scrollbar-Klasse, auf der diese Objekte basieren, besitzt eine Basisschnittstelle für den Bildlauf, der in verschiedenen Situationen verwendet werden kann.

Die Steuerelemente der Bildlaufleiste dienen zur Auswahl und Kontrolle eines Werts, der die gegenwärtige Position der Bildlaufleiste anzeigt. Dieser Positionswert kann zwischen einem Minimumwert und einen Maximumwert gesetzt werden.

Um diesen Positionswert zu ändern, können drei verschiedene Teile der Bildlaufleisten verwendet werden:

→ Die Positionsveränderung über die Pfeile an den beiden Enden der Bildlaufleiste aktualisiert die Position der Bildlaufleiste über eine feste Einheit in die eine oder andere Richtung. Meist ist als Standard eine Zeile eingestellt. Man nennt dies deshalb auch Zeilenaktualisierung und es handelt sich um eine relative Positionsveränderung von der aktuellen Position aus gesehen.

→ Die zweite Art der Positionsveränderung erfolgt über den Raum zwischen dem Schieber der Bildlaufleiste und dem Pfeil am jeweiligen Ende der Leiste. Wenn Sie dahin klicken, wird die Position um eine größere, feste Einheit (Standardeinstellung 10 Zeilen oder gelegentlich auch eine Seite – deshalb hin und wieder seitenweise Aktualisierung genannt) verändert. Auch hierbei handelt es sich um eine relative Positionsveränderung von der aktuellen Position aus gesehen.

→ Die dritte Art der Positionsveränderung ist eine absolute Positionsveränderung. Diese absolute Aktualisierung erfolgt über den Schieber (auch Schiebeknopf oder Bildlauffeld genannt), indem er in die eine oder andere Richtung gezogen wird. Sie haben keine Steuerungsmöglichkeit darüber, wie sich die Positionswerte bei einer absoluten Aktualisierung ändern. Sie können höchstens die Maximum- und Minimumwerte steuern.

Eine Bildlaufleiste kann nur sich selbst aktualisieren. Dies geschieht vollkommen automatisch und braucht von Ihnen nicht ausgelöst zu werden. Sie können bei Bedarf nur einen Minimumwert und einen Maximumwert festlegen. Eine Bildlaufleiste kann andererseits aber keine anderen Komponenten automatisch zum Scrollen veranlassen. Damit brauchen Sie auch keine Ereignisse der Bildlaufleiste zu verwalten, die eigentliche Funktionalität der Bildlaufleiste ist jedoch noch nicht gegeben. Wenn Sie möchten, dass über eine Bildlaufleiste der Bildinhalt eines Elements gescrollt (was ja meist der Sinn und Zweck einer Bildlaufleiste ist) oder der Wert des Bildlaufleiste anderweitig verwendet wird, müssen Sie über entsprechenden Code den Positionswert der Bildlaufleiste abfragen und entsprechend verwenden. Wir werden das in dem nachfolgenden Beispiel demonstrieren.

Zum Erzeugen von Bildlaufleisten stehen Ihnen drei Konstruktoren zur Verfügung. Der leere Konstruktor `Scrollbar()` ist die einfachste Variante und erzeugt eine einfache vertikale Bildlaufleiste. Die anfänglichen Minimum- und Maximumwerte sind (0, 0). Der zweite Konstruktor `Scrollbar(int)` lässt die Angabe zu, ob es sich um eine vertikale oder horizontale Bildlaufleiste handelt. Für das Argument (ein Integerwert), das die Ausrichtung bezeichnet, können Sie die Konstanten `Scrollbar.HORIZONTAL` oder `Scrollbar.VERTICAL` angeben. Es gibt aber selbstverständlich auch geeignete Methoden, die Orientierung zu setzen (wir werden das im Beispiel anwenden). Die anfänglichen Minimum- und Maximumwerte sind auch beim zweiten Konstruktor (0, 0).

Der Konstruktor `Scrollbar(int, int, int, int, int)` erzeugt eine Bildlaufleiste mit einer vordefinierten Ausrichtung, Position, Größe, Minimum- und Maximumwert. Das erste Argument ist die Ausrichtung der Bildlaufleiste und entspricht dem Argument des zweiten Konstruktors. Das zweite Argument ist der Anfangswert der Bildlaufleiste (also die Position des Schiebers) und sollte ein Wert zwischen Minimumwert (das vierte Argument) und Maximumwert (das fünfte Argument) der Bildlaufleiste sein. Das dritte Argument ist die Gesamtbreite oder -höhe der Bildlaufleiste (abhängig von ihrer Ausrichtung).

Beispiel:

```
Scrollbar mBldLste = new Scrollbar(Scrollbar.HORIZONTAL,0,10,0,100);
```

Auch neu erstellte Bildlaufleisten müssen vor ihrer Verwendung einem Container hinzugefügt werden, was in diesem Fall dem Element entspricht, das gescrollt werden soll. Dazu dient wie üblich die `add()`-Methode.

Die Scrollbar-Klasse stellt diverse Methoden zur Verfügung, mit denen die Werte von Bildlaufleisten überprüft und beeinflusst werden können.

Bezüglich der Ereignisbehandlung von Bildlaufleisten gibt es ein paar Feinheiten zu beachten. Die Scrollbar-Klasse verwendet im Event-Modell 1.0 – wie die List- und die TextArea-Klassen – die action()-Methode nicht. Sie müssen dort auf die handleEvent()-Methode zurückgreifen. Damit können Sie die Veränderung einer Bildlaufleiste überprüfen. Die Ereignisse werden wie üblich mit evt.id an die handleEvent()-Methode übergeben.

Das konkrete Ereignis ist oft gar nicht so von zentraler Bedeutung. In vielen Fällen genügt die Information, dass sich die Position der Bildlaufleiste verändert hat. Sie können dann einfach mit Hilfe der Methode public int getValue() die neue Position herausfinden.

Im Rahmen des Event-Modells 1.1 erfolgt die Behandlung von Ereignissen – wie dort allgemein üblich – wieder über das vereinheitlichte Verfahren. Allgemein gilt, dass eine Bildlaufleiste Adjustment-Ereignisse sendet. Die potenziellen Empfänger implementieren die Schnittstelle AdjustmentListener und registrieren sich über addAdjustmentListener. Im Allgemeinen wird dann auf das Ereignis adjustmentValueChanged reagiert. Nachfolgend finden Sie ein kleines Beispiel, das die Position von zwei Schiebern einer Bildlaufleiste in einem Label anzeigt. Beachten Sie, dass der Rückgabewert der Methode getValue() ein int-Wert ist, der über die Verknüpfung mit Strings konvertiert wird, damit die Methode setText() verwendet werden kann.

```
import java.awt.*;
import java.awt.event.*;
public class BildlaufLeisten extends Frame {
  Scrollbar scrb1 = new Scrollbar();
  Scrollbar scrb2 = new Scrollbar();
  Label lbl = new Label();
  public BildlaufLeisten() {
    scrb2.setOrientation(0);
    scrb2.addAdjustmentListener(new
      java.awt.event.AdjustmentListener() {
        public void adjustmentValueChanged(AdjustmentEvent e) {
          scrb2_adjustmentValueChanged(e);
        }
    });
    lbl.setText("Werte der Bildlaufleisten - horizontal:"
    + scrb1.getValue() + ", vertikal: " + scrb2.getValue());
    scrb1.addAdjustmentListener(new
      java.awt.event.AdjustmentListener() {
        public void adjustmentValueChanged(AdjustmentEvent e) {
          scrb1_adjustmentValueChanged(e);
        }
    });
    this.add(scrb2, BorderLayout.SOUTH);
    this.add(lbl, BorderLayout.CENTER);
    this.add(scrb1, BorderLayout.EAST);
  }
```

```
public static void main(String[] args) {
  BildlaufLeisten u = new BildlaufLeisten();
  u.setSize(400,200);
  u.setVisible(true);
}
void scrb1_adjustmentValueChanged(AdjustmentEvent e) {
 lbl.setText("Werte der Bildlaufleisten - horizontal:"
   + scrb2.getValue() + ", vertikal: " + scrb1.getValue());
 }
 void scrb2_adjustmentValueChanged(AdjustmentEvent e) {
  lbl.setText("Werte der Bildlaufleisten - horizontal:"
   + scrb2.getValue() + ", vertikal: " + scrb1.getValue());
  }
}
```

Listing 38.6: *Ein Java-Programm mit Bildlaufleisten*

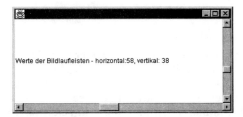

Bild 38.10: *Der Wert der Bildlaufleisten wird im Label ausgegeben*

Das AWT stellt seit dem JDK 1.1 neben einfachen Bildlaufleisten noch eine weitere Komponente zur Verfügung, die einen Container für automatisches horizontales und vertikales Scrollen darstellt – ScrollPane. Es handelt sich dabei um ein spezielles Panel, das sich in folgenden Details von einem gewöhnlichen Panel unterscheidet:

→ Es kann nur genau eine Komponente aufnehmen.

→ Es verwendet keinen Layoutmanager.

→ Es kann eine Ausgabefläche verwalten, die über den angezeigten Bereich hinausgeht (ein so genannter virtueller Ausgabebereich).

Gerade der dritte Punkt stellt die Funktionalität dar, die zum Scrollen benötigt wird. Wenn ein in einem ScrollPane-Objekt dargestellter Inhalt nicht vollständig angezeigt werden kann, werden automatisch Scrollbars eingeblendet.

Für die Erzeugung eines ScrollPane-Objekts gibt es einmal den leeren Konstruktor und einen Konstruktor mit einem int-Wert, in dem der int-Wert drei Zustände des ScrollPane-Objekts festlegen kann. Diese können auch wieder über Konstanten sprechender festgelegt werden.

Konstante	Beschreibung
ScrollPane.SCROLLBARS_AS_NEEDED	Wenn notwendig, werden Scrollbars angezeigt
ScrollPane.SCROLLBARS_NEVER	Niemals Scrollbars. Eine Verschiebung ist nur programmtechnisch möglich.
ScrollPane.SCROLLBARS_ALWAYS	Immer Scrollbars

Tabelle 38.1: ScrollPane-Konstanten

Das Hinzufügen eines ScrollPane-Objekts zu einem Container erfolgt wie üblich mit add(). Die Methode setSize() legt die sichtbare Größe des ScrollPane-Objekts fest (im Rahmen der Layouts des umgebenden Containers), die Größe des virtuellen Ausgabebereichs wird durch die enthaltene Komponente bestimmt.

38.1.7 Zeichenbereiche

Die meisten AWT-Komponenten bieten die Möglichkeit, darauf Zeichnenoperationen auszuführen oder Grafiken anzuzeigen. Zeichenbereiche sind jedoch AWT-Komponenten, die speziell nur zum Zeichnen da sind. Sie enthalten keine anderen Komponenten, akzeptieren demgegenüber jedoch Ereignisse. Außerdem lassen sich Animationen und Bilder in Zeichenbereichen darstellen. Insbesondere erlauben Zeichenbereiche, die Hintergrundfarbe zu beeinflussen. Die standardmäßig in allen Applets und AWT-Komponenten bereitstehende paint()-Methode zeichnet erst einmal nur in der aktuellen Hintergrundfarbe. Eine in einem Canvas-Objekt (Canvas bedeutet übersetzt Leinwand) überschriebene Methode hat da natürlich viel mehr Möglichkeiten.

Es stellt sich bezüglich des Begriffs "Zeichenbereich" für Canvas die Frage, ob "Zeichnenbereich" nicht richtig ist. In der deutschen Literatur findet man aber überwiegend den Ausdruck ohne das "n".

Zeichenbereiche werden erzeugt, indem Sie eine Instanz der Canvas-Klasse generieren oder eine Klasse von Canvas ableiten.

Beispiel:

Canvas mZchbrch= new Canvas();

Mittels der add()-Methode wird der neu erstellte Zeichenbereich wieder in einen Container eingefügt.

Beispiel:

add(mZchbrch);

Wir spielen das Verfahren in einem einfachen Beispiel durch. Dazu verwenden wir zwei Klassen. Die eine Klasse wird als Erweiterung von Canvas gebildet und lädt ein Bild aus einer relativen Pfadangabe. Wir verwenden die Methode public abstract Image getImage(String filename) aus der Klasse java.awt.Toolkit. Damit wir diese Methode anwenden können, benötigen wir allgemein bei Frames das Toolkit des Frames der Applikation. Dieses liefert die Methode public Toolkit getToolkit().

```java
import java.awt.*;
public class CanvasTest extends Frame {
  MeinZeichenbereich1 cv1 = new MeinZeichenbereich1();
  public CanvasTest() {
    add(cv1, BorderLayout.CENTER);
    setSize(500,400);
    show();
  }
  public static void main(String[] args) {
    new CanvasTest();
  }
}

class MeinZeichenbereich1 extends Canvas {
  Image  bild;
  public void paint(Graphics g) {
    bild = getToolkit().getImage("bild.jpg");
    g.drawImage(bild, 0, 0, this);
  }
}
```

Listing 38.7: Die Applikation implementiert den Zeichenbereich und gibt dort ein Bild aus

Bild 38.11: Der Zeichenbereich zeigt ein Bild

Beachten Sie, dass das Programm wieder keinen Mechanismus zum Beenden besitzt. Sie können es auf Befehlszeilenebene mit CTRL+C *beenden.*

38.1.8 Menüs

Da jedes Fenster/Frame eine eigene Menüleiste besitzen kann, müssen wir uns natürlich damit beschäftigen. Immerhin zählen Menüs in grafischen Oberflächen zu den wichtigsten Interaktionselementen und kein halbwegs professionelles Programm kann darauf verzichten. Jede Menüleiste in Java kann mehrere Menüs enthalten und dort jedes Menü wieder beliebige Einträge (halt so, wie man Menüs kennt). Das AWT enthält dafür die Klassen MenuBar, Menu und MenuItem.

Das Erzeugen von Menüleisten besteht aus zwei zentralen Schritten. Einmal muss eine Menüleiste erzeugt werden. Dazu kommt die Erzeugung der konkreten Einträge im Menü.

Das Erzeugen einer Menüleiste erfolgt, indem Sie mit dem Konstruktor MenuBar() eine Instanz der Klasse MenuBar erstellen.

Beispiel:

```
MenuBar mMlste = new MenuBar();
```

Um dann eine Menüleiste als Menü eines Fensters zu definieren, verwenden Sie die public void setMenuBar(MenuBar mb)-Methode.

Beispiel:

```
mFrm.setMenuBar(mMlste);
```

Bevor man eine Menüleiste sinnvoll verwenden kann, müssen Menü-Einträge erzeugt und dann dem Menü hinzugefügt werden. Anschließend müssen noch die einzelnen Menüs mit Einträgen gefüllt werden. Das Erzeugen eines Menü-Eintrags erfolgt mit dem Konstruktor Menu(String).

Beispiel:

```
Menu mMpkt = new Menu("Hilfe");
```

Um die Menü-Einträge in einer Menüleiste hinzuzufügen, wird wieder die add()-Methode verwendet.

Beispiel:

```
mMlste.add(mMpkt);
```

Selbstverständlich können Menü-Einträge zur Laufzeit aktivierbar (default) oder für den Anwender gesperrt gesetzt werden. Dazu gibt es die Methode setEnabled(). Diese kann auch bei allen anderen Komponenten eingesetzt werden, bei denen es Sinn macht.

Bei Menü-Einträgen benötigt man in vielen Fällen die Information, um welche Art von Eintrag es sich handelt – die so genannte Menü-Option. Java unterscheidet vier Optionsarten, die allesamt in ein Menü eingefügt werden können.

1. Instanzen der Klasse MenuItem. Dies sind die gewöhnlichen (regulären) Menü-Einträge.
2. Menüs mit eigenen Untermenüs.

3. Trennlinien.

4. Instanzen der Klasse CheckboxMenuItem. Damit werden umschaltbare (aus/an) Menü-Einträge erzeugt.

Reguläre Menü-Einträge werden mit dem Konstruktor der MenuItem-Klasse erzeugt und mit der add()-Methode eingefügt.

Beispiel:

```
mMenpkt.add(new MenuItem("Ende"));
```

Bild 38.12: *Reguläre Menü-Einträge*

Untermenüs werden hinzugefügt, indem eine neue Instanz von Menu erstellt und diese dann in das Obermenü eingefügt wird. Danach wird die Option in dieses Menü eingefügt.

Beispiel:

```
Menu uMenue = new Menu("Hintergrundfarbe");
mMenpkt.add(uMenue);
uMenue.add(new MenuItem("Rot"));
```

Bild 38.13: *Untermenüs*

Trennlinien (wie in dem letzten Screenshot sichtbar) bilden ein wichtiges Gestaltungsmittel, um Optionsgruppen optisch voneinander zu trennen. Mehr Funktionalität besitzen sie nicht und daher ist der Einbau sehr einfach gehalten. Genau genommen ist er identisch mit der Vorgehensweise bei regulären Menü-Einträgen. Sie verwenden nur das Argument - als Label. Dabei ist auffällig, dass sich der Trennstrich über die gesamte Breite des Menüs erstreckt, obwohl nur ein Zeichen – der Strich – als Argument verwendet wird (dies ist auch der deutliche Unterschied zu regulären Menü-Einträgen).

Beispiel:

```
MenuItem mTrln = new MenuItem("-");
mMpkt.add(mTrln);
```

Besser und logischer als die gerade beschriebene Technik ist aber die Methode addSeparator(), die in neueren AWT-Varianten zur Verfügung steht.

Umschaltbare Menü-Einträge werden mit der Klasse CheckboxMenuItem realisiert. Damit wird ein umschaltbarer Menü-Eintrag mit einem Kontrollzeichen erzeugt. Anklicken mit der Maus schaltet einen Eintrag an, erneutes

Anklicken wieder aus. Auch bei `CheckboxMenuItems` ist die Vorgehensweise analog zu regulären Menü-Einträgen (es handelt sich um eine Subklasse von `MenuItem`). Es wird nur deren Konstruktor – `CheckboxMenuItem(String)` – verwendet.

Beispiel:

```
CheckboxMenuItem mSchlter = new CheckboxMenuItem("An/Aus");
```

Anschließend wird der Eintrag wie üblich dem Menü mit der add()-Methode zugefügt.

Beispiel:

```
mMpkt.add(mSchlter);
```

Ein Menü macht (wie die meisten AWT-Komponenten) nur Sinn, wenn damit eine Aktion ausgelöst werden kann. Diese Aktion kann in dem Event-Modell 1.0 wie fast jede andere Aktion mit der action()-Methode behandelt werden. Sowohl reguläre Menüoptionen als auch `CheckboxMenuItem` besitzen eine Beschriftung, die als Argument bei der action()-Methode ausgewertet werden kann.

Beispiel:

```
public boolean action(Event evt, Object arg) {
  if (evt.target instanceof MenuItem) {
    String label = (String)arg;
    if (label.equals("Über das Programm")) {
// tue etwas Sinnvolles
    }
    else {
// tue etwas Sinnvolles
    }
}
```

Das Event-Modell 1.0 macht im Zusammenhang mit Menüs gelegentlich Probleme. Im Event-Modell 1.1 läuft die Reaktion auf die Auswahl von Menü-Einträgen – wie eigentlich immer im neueren Konzept – stabiler, einfacher und logischer ab. Es wird grundsätzlich über die Methode `public void actionPerformed(ActionEvent e)` gearbeitet, wie im folgenden Beispiel mit dem Eventhandling 1.1 demonstriert wird.

```
import java.awt.*;
import java.awt.event.*;
public class MenuTest extends Frame {
  Label lb1 = new Label();
  MenuBar mBr = new MenuBar();
  Menu menu1 = new Menu();
  Menu menu2 = new Menu();
  Menu menu3 = new Menu();
  Menu menu4 = new Menu();
  MenuItem mIt1 = new MenuItem();
  MenuItem mIt2 = new MenuItem();
  MenuItem mIt3 = new MenuItem();
```

```
MenuItem mIt4 = new MenuItem();
MenuItem mIt5 = new MenuItem();
MenuItem mIt6 = new MenuItem();
MenuItem mIt7 = new MenuItem();
MenuItem mIt8 = new MenuItem();
public MenuTest() {
  lbl.setAlignment(1);
  lbl.setFont(
 new java.awt.Font("Dialog", 0, 42));
  lbl.setText("Safety First");
  this.add(lbl,BorderLayout.CENTER);
  this.setMenuBar(mBr);
  menu1.setLabel("Datei");
  menu2.setLabel("Schrift");
  menu3.setLabel("Text");
  mIt1.setLabel("SF");
  mIt2.setLabel("Bembel");
  mIt3.setLabel("12");
  mIt4.setLabel("24");
  mIt5.setLabel("48");
  menu4.setLabel("Farbe");
  mIt6.setLabel("Rot");
  mIt7.setLabel("Blau");
  mIt8.setLabel("Ende");
  mIt8.addActionListener(new java.awt.event.ActionListener() {
    public void actionPerformed(ActionEvent e) {
      mIt8_actionPerformed(e);
    }
  });
  mIt7.addActionListener(new java.awt.event.ActionListener() {
    public void actionPerformed(ActionEvent e) {
      mIt7_actionPerformed(e);
    }
  });
  mIt6.addActionListener(new java.awt.event.ActionListener() {
    public void actionPerformed(ActionEvent e) {
      mIt6_actionPerformed(e);
    }
  });
  mIt5.addActionListener(new java.awt.event.ActionListener() {
    public void actionPerformed(ActionEvent e) {
      mIt5_actionPerformed(e);
    }
  });
  mIt4.addActionListener(new java.awt.event.ActionListener() {
    public void actionPerformed(ActionEvent e) {
      mIt4_actionPerformed(e);
    }
  });
  mIt3.addActionListener(new java.awt.event.ActionListener() {
```

```java
      public void actionPerformed(ActionEvent e) {
        mIt3_actionPerformed(e);
      }
    });
  mIt2.addActionListener(new java.awt.event.ActionListener() {
      public void actionPerformed(ActionEvent e) {
        mIt2_actionPerformed(e);
      }
    });
  mIt1.addActionListener(new java.awt.event.ActionListener() {
      public void actionPerformed(ActionEvent e) {
        mIt1_actionPerformed(e);
      }
    });
  mBr.add(menu1);
  mBr.add(menu2);
  mBr.add(menu3);
  menu3.add(mIt1);
  menu3.add(mIt2);
  menu2.add(mIt3);
  menu2.add(mIt4);
  menu2.add(mIt5);
  menu1.add(menu4);
  menu1.addSeparator();
  menu1.add(mIt8);
  menu4.add(mIt6);
  menu4.add(mIt7);
}
public static void main(String[] args) {
  MenuTest fM = new MenuTest();
  fM.setSize(300,300);
  fM.show();
}
void mIt8_actionPerformed(ActionEvent e) {
 System.exit(0);
}
void mIt6_actionPerformed(ActionEvent e) {
 lb1.setForeground(new Color(255,0,0));
}
void mIt7_actionPerformed(ActionEvent e) {
 lb1.setForeground(new Color(0,0,255));
}
void mIt3_actionPerformed(ActionEvent e) {
 lb1.setFont(new java.awt.Font("Dialog", 0, 12));
}
void mIt4_actionPerformed(ActionEvent e) {
 lb1.setFont(new java.awt.Font("Dialog", 0, 24));
}
void mIt5_actionPerformed(ActionEvent e) {
 lb1.setFont(new java.awt.Font("Dialog", 0, 48));
}
```

```
          void mIt1_actionPerformed(ActionEvent e) {
           lbl.setText("Safety First");
          }
          void mIt2_actionPerformed(ActionEvent e) {
           lbl.setText("Bembelmania");
          }
         }
```

Listing 38.8: Eine Applikation mit Menü und Eventhandling 1.1

Bild 38.14: Das Originalaussehen

Bild 38.15: Veränderung über das Menü

Das Beispiel verändert die Farbe der Labels, deren Schriftgröße und die Beschriftung. Außerdem kann das Programm beendet werden.

Pop-up-Menüs

Eine besondere Art von Menüs sind Pop-up-Menüs, die auf Grund eines Klicks mit der rechten Maustaste ein Kontextmenü bereitstellen. Sie basieren im AWT auf der Klasse PopupMenu und werden weitgehend analog den »normalen« Menüs erstellt. Etwa so, wie in dem nachfolgenden skizzierten Code (dabei werden auch umschaltbare Menü-Einträge verwendet):

```
Label label1 = new Label();
PopupMenu popM = new PopupMenu();
CheckboxMenuItem checkboxMenuItem1 = new CheckboxMenuItem();
CheckboxMenuItem checkboxMenuItem2 = new CheckboxMenuItem();
   checkboxMenuItem1.setLabel("Rot");
```

```
  checkboxMenuItem1.setState(true);
  checkboxMenuItem1.addActionListener(
    new java.awt.event.ActionListener() {
    public void actionPerformed(ActionEvent e) {
      checkboxMenuItem1_actionPerformed(e);
    }
  });
  checkboxMenuItem2.setLabel("Blau");
  checkboxMenuItem2.addActionListener(
    new java.awt.event.ActionListener() {
    public void actionPerformed(ActionEvent e) {
      checkboxMenuItem2_actionPerformed(e);
    }
  });
  this.add(label1, BorderLayout.CENTER);
  popM.add(checkboxMenuItem1);
  popM.add(checkboxMenuItem2);
}
void label1_mouseClicked(MouseEvent e) {
if(e.getModifiers()==Event.META_MASK)
popM.show(label1,e.getX(),e.getY());
}
void checkboxMenuItem1_actionPerformed(ActionEvent e) {
label1.setBackground(Color.red);
}
void checkboxMenuItem2_actionPerformed(ActionEvent e) {
label1.setBackground(Color.blue);
}
```

Beachten Sie die Stelle, an der die Position des Mauszeigers abgefragt wird. Von der Verwendung von Pop-up-Menüs möchte ich im AWT aber abraten, denn es gibt dort häufiger Probleme mit der Stabilität. In Swing funktionieren die Pop-up-Menüs besser und wir werden dort ein vollständiges Beispiel vorstellen.

38.2 Container

Eine ganz besondere Art von Komponenten sind Container. Es sind Ordnungsstrukturen für Gruppen von Komponenten, die gemeinsam verwaltet werden. Das mag jetzt erst einmal sehr abstrakt klingen, ist aber eigentlich ganz logisch. Eine Schaltfläche ohne ein Fenster, in dem sie integriert ist, macht wenig Sinn. Genauso wenig hat die Komponente »Bildlaufleiste« ohne ein Fenster, das über sie gescrollt werden kann, eine nützliche Funktion. Die Komponenten müssen mittels der Container in verwaltbaren Gruppen organisiert werden. In Java können nur die Komponenten im AWT verwendet werden, die dann auch in einem Container enthalten sind. Die Container im AWT sind:

→ Fenster (Windows)
→ Panels

→ Frames

→ Dialogfelder

Vielleicht erwarten Sie hier auch einen Applet-Container. Die `Applet`-Klasse ist eine Unterklasse der `Panel`-Klasse, weshalb sie nicht explizit erwähnt wird.

38.2.1 Frames bzw. Fenster

Frames sind voll funktionsfähige Fenstersegmente bzw. Fenster mit eigenem Titel und Icon, wie man sie unter einem grafischen User-Interface erwartet. Allgemein gilt, dass Sie mit der `Window`-Klasse des AWT grafische Fenster für Java-Applikationen erstellen können. Die `Window`-Klasse enthält grundlegende Eigenschaften für Fenster. In der Praxis wird jedoch selten die `Window`-Klasse direkt verwendet, sondern deren Subklassen `Frame` und `Dialog`. Da es sich um Subklassen handelt, können natürlich auch mit diesen Klassen voll funktionstüchtige Fenster erstellt werden. Sie haben nur noch weiter gehende Eigenschaften. Wir haben in allen bisherigen Java-Programmen mit grafischer Oberfläche ja auf `Frame` zurückgegriffen. Entweder, indem davon eine Subklasse gebildet oder ein Objekt der Klasse erzeugt wurde. Zum Erzeugen von Frames stehen Ihnen wieder verschiedene Konstruktoren zur Verfügung. Die einfachste Variante sieht so aus:

```
public Frame()
```

Sie können damit einen Frame erzeugen, der anfangs nicht sichtbar ist und keinen Titel hat. Beispiel:

```
Frame mFrame = new Frame();
```

Wenn Sie einen String als Parameter angeben, wird dieser als Titel des Frames verwendet:

```
public Frame(String title)
```

Beispiel:

```
Frame mFrame = new Frame("Titel des Frames");
```

Den Titel können Sie auch nachträglich mit der Methode `public void setTitle(String title)` ändern.

Beispiel:

```
meinFrame.setTitle("Neuer Titel");
```

Mit der Schwester-Methode `public String getTitle()` können Sie den Titel eines Frames einlesen.

Beispiel:

```
String frameTitel = meinFrame.getTitle();
```

Beide Konstruktoren zum Erzeugen von Frames haben diese unsichtbar gelassen. Damit sind die Frames bisher noch nicht zu gebrauchen. Frames müssen vor dem Gebrauch noch sichtbar gemacht werden. Am sinnvollsten wird ein Frame auch noch richtig dimensioniert.

Für Letzteres diente ursprünglich die Methode `public void resize(int width, int height)`. Das erste Argument gibt die Breite des Frames in Pixel an, das zweite Argument die Höhe in Pixel.

Beispiel:

`mFrame.resize(400, 200); // 400 Pixel breit und 200 hoch`

Diese Methode gibt es zwar immer noch, sie gilt aber schon lange als deprecated. Stattdessen verwendet man zur Dimensionierung von Frames die Methode `setSize()`, die es in zahlreichen Varianten gibt. Zwei der wichtigsten Varianten (Bestandteil der Klasse `Component`) sind folgende:

`public void setSize(Dimension d)`
`public void setSize(int width, int height)`

Im ersten Fall übergibt man ein Dimensions-Objekt als Parameter, der zweite Fall ist analog dem Fall mit der `resize()`-Methode.

Das Anzeigen des Frames erfolgt nun beispielsweise mit der Methode `public void show()`.

Beispiel:

`meinFrame.show();`

Diese Methode gilt aber auch als deprecated und soll durch `public void setVisible(boolean b)` ersetzt werden. Der Parameter ist ein `boolean` Wert. Ist er `true`, wird das Fenster angezeigt, ist er `false`, wird es versteckt. Damit benötigen Sie dann auch nur eine Methode, mit der Fenster angezeigt und wieder unsichtbar gemacht werden können. Die vorher zum Ausblenden von Fenstern verwendete Methode `public void hide()` kann also auch als deprecated abgelegt werden.

Wenn ein Fenster-Objekt angezeigt wird, ohne dass Sie vorher eine Größe festgelegt haben, wird nur ein Fenster mit Titelzeile, aber ohne einen Anzeigebereich geöffnet. Sie können das Fenster dann aber mit der Maus vergrößern.

Verstecken bzw. unsichtbar machen bedeutet nicht, dass ein `Frame`-Objekt damit zerstört worden ist. Wenn Sie ein `Frame`-Objekt endgültig beseitigen wollen, können Sie es mit der `public void dispose()`-Methode zerstören (die Methode gehört zu `Window`). Damit werden dann alle vom Frame belegten Ressourcen freigegeben.

Beispiel:

`meinFrame.dispose();`

Sofern ein Programm beendet werden soll, ist der Aufruf von `System.exit(int status);` **sinnvoller.**

Wenn Sie einen Frame anzeigen oder schließen wollen, ist es sinnvoll, vorher zu überprüfen, ob das Fenster bereits angezeigt wird. Dies können Sie mit der Methode `public boolean isShowing()` machen. Diese gibt einen booleschen Wert zurück, den Sie wie üblich auswerten können.

Beispiel:

```
if (!meinFrame.isShowing()) {
// tue etwas Sinnvolles
}
```

Auf explizite Beispiele zu Frames wollen wir hier verzichten. Wir haben die Technik schon an diversen Stellen verwendet und müssen in den folgenden Beispielen sowieso darauf zurückgreifen. Das wird auch schon bei den Dialogen der Fall sein.

38.2.2 Dialoge

Eng verwandt mit der Klasse Frame ist die Klasse Dialog. Unter einem Dialog versteht man in fast allen grafischen Benutzeroberflächen ein Pop-up-Fenster. So auch unter Java. Ein Dialogfenster verfügt über nicht so viele Funktionalitäten wie ein Frame. Dialoge werden im Wesentlichen für standardisierte Eingaben oder Meldungen eingesetzt.

Dialoge werden entweder »modal« oder »non-modal« erzeugt: Der Begriff »modal« bedeutet, dass das Dialogfeld andere Fenster blockiert, während es angezeigt wird.

Um ein allgemeines Dialogfeld zu erzeugen, stehen Ihnen im Wesentlichen zwei Konstruktoren zur Verfügung. Beide geben an, ob der Dialog zum Zeitpunkt der Erstellung modal oder non-modal ist. Dies kann nach der Erstellung nicht mehr geändert werden.

Der Konstruktor Dialog(Frame, boolean) **erzeugt ein Dialogfeld ohne Titel, das mit dem angegebenen Frame (das erste Argument) verbunden ist. Das zweite Argument gibt an, ob der Dialog modal (Wert** true) **oder non-modal (Wert** false) **ist.**

Beispiel:

```
Dialog meinDlg = new Dialog(meinFrame, true);
```

Der Konstruktor Dialog(Frame, String, boolean) **erzeugt ein Dialogfeld mit einem zusätzlichen Titel.**

Beispiel:

```
Dialog meinDlg = new Dialog(meinFr, "Stop"; false);
```

Grundsätzlich unterscheidet sich die Verwendung eines Dialogfensters nicht sonderlich von der eines Frames. Nur muss immer zuerst ein Rahmen da sein, um einen Dialog daran aufzuhängen. Ansonsten verhält sich ein Dialog wie ein gewöhnlicher Frame und hat die meisten Methoden mit der Frame-Klasse gemeinsam. Zusätzlich gibt die public boolean isModal()-Methode den Wert true aus, wenn der Dialog modal ist (andernfalls false).

Spielen wir ein Beispiel mit einem Dialog durch.

```
import java.awt.*;
import java.awt.event.*;
class MDialog extends Dialog {
  Button d = new Button();
```

```java
public MDialog(
 Frame frame, String title, boolean modal) {
  super(frame, title, modal);
  enableEvents(AWTEvent.WINDOW_EVENT_MASK);
    initial();
}
void initial() {
  d.setLabel("Schliessen");
  d.addActionListener(
 new java.awt.event.ActionListener() {
    public void actionPerformed(ActionEvent e) {
      d_actionPerformed(e);
    }
  });
  setLayout(new FlowLayout());
  add(d);
}
protected void processWindowEvent(WindowEvent e) {
  if (e.getID() == WindowEvent.WINDOW_CLOSING) {
   cancel();
  }
  super.processWindowEvent(e);
}
void cancel() {
  dispose();
}
void d_actionPerformed(ActionEvent e) {
  dispose();
 }
}

public class DialogTest extends Frame {
  Button b = new Button();
  Button c = new Button();
  MDialog dl = new MDialog(
   this,"Mein Dialog",true);
  public static void main(String[] args) {
   new DialogTest();
  }
  public DialogTest() {
      initial();
  }
  private void initial()  {
    b.setLabel("Ende");
    b.addActionListener(
   new java.awt.event.ActionListener() {
      public void actionPerformed(ActionEvent e) {
        b_actionPerformed(e);
      }
    });
```

```
      setLayout(new FlowLayout());
      setTitle("Mein Fenster");
      add(b);
      c.setLabel("Dialog öffnen");
      c.addActionListener(
       new java.awt.event.ActionListener() {
          public void actionPerformed(ActionEvent e) {
            c_actionPerformed(e);
          }
       });
      add(c);
      setSize(300,400);
      setVisible(true);
   }
   void b_actionPerformed(ActionEvent e) {
    System.exit(0);
   }
   void c_actionPerformed(ActionEvent e) {
    d1.setSize(200,100);
    d1.show();
   }
}
```

Listing 38.9: *Ein Java-Programm, über das ein Dialogfenster geöffnet werden kann*

Bild 38.16: *Ein Fenster mit aufgerufenem Dialogfenster*

Das Beispiel stellt ein Fenster mit zwei Buttons bereit. Der eine beendet wieder das Programm, der andere öffnet ein Dialogfenster. Dieses beinhaltet einen weiteren Button, der die dispose()-Methode aufruft und das Dialog-Objekt damit zerstört (ohne das Programm zu beenden).

 Neben den allgemeinen Dialogfenstern gibt es unter Java spezielle Dialoge, die für besondere Aufgaben vorbereitet sind. Sie stellen also eine Art Schablonen dar. Es gibt etwa für den Zugriff auf das Dateisystem eines Rechners

ein Dateidialogfenster. Dies ist im Prinzip systemunabhängig, kann sich jedoch optisch von Plattform zu Plattform unterscheiden.

38.2.3 Panels

Bei einem Panel handelt es sich um einen reinen Container, der keine sichtbaren Bestandteile besitzt. Es handelt sich insbesondere um kein eigenes Fenster. Einziger Zweck eines Panels ist es, Komponenten in einem Fenster anzuordnen. Es gibt also nur sehr wenig, was Sie mit einem Panel machen können, ohne es in einem anderen Container (etwa einem Applet) einzusetzen. Dennoch sind Panels äußerst wichtig, wie wir gleich sehen werden. Sie können verschachtelt werden. Sie erzeugen ein Panel mit folgender Syntax:

```
Panel [Panelname] = new Panel();
```

Beispiel:

```
Panel meinPanel = new Panel();
```

Da Panels wie erläutert kein eigenes Fenster besitzen, machen sie hauptsächlich Sinn innerhalb eines anderen Containers, der selbst eine sichtbare Oberflächenstruktur aufweist (zumindest in der letzten Ebene). Sie können ein Panel wie jede Komponente einem anderen Container mit der `public Component add(Component comp)`-Methode hinzufügen. Beispiel:

```
add(meinPanel);
```

Verschachteln von Panels

Panels können anderen Panels hinzugefügt werden. Das heißt, Sie können Panels verschachteln. Dies ist besonders deshalb wichtig, weil damit Programmierer eine (relative) Kontrolle über die Position und Größe von Komponenten zurück erlangen. Allgemein ist die Situation, dass die Layoutmanager das Layout eines Haupt-Panels festlegen (darauf kommen wir gleich) und in dessen Teilbereichen weitere Panels eingefügt werden, die dann die konkreten Komponenten (etwa Buttons, Labels etc.) enthalten. Verschachtelt werden Panels einfach, indem die `add()`-Methode des übergeordneten Panels aufgerufen wird.

Beispiel:

```
Panel hauptPanel, subPanel1, subPanel2;
subPanel1 = new Panel(); // 1. verschachteltes Panel
subPanel2 = new Panel(); // 2. verschachteltes Panel
hauptPanel = new Panel(); // Hauptpanel
hauptPanel.add(subPanel1); // Kind vom Hauptpanel
hauptPanel.add(subPanel2); // 2. Kind vom Hauptpanel
```

Panels lassen sich in beliebig viele Ebenen verschachteln, solange es Sinn macht.

In verschiedenen Beispielen im weiteren Verlauf des AWT-Kapitels werden wir Panels in der Praxis einsetzen und auch verschachtelte Panels verwenden.

38.3 Layoutmanager

Es wird Ihnen bei unseren bisherigen AWT-Experimenten aufgefallen sein, dass wir uns (scheinbar) überhaupt nicht um die genauen Positionen der AWT-Komponenten innerhalb der Container gekümmert haben. Sie waren einfach »irgendwo« auf der Oberfläche platziert worden. Vielleicht haben Sie auch einmal die Größe eines Applets oder Fensters verändert. Dann sind plötzlich AWT-Komponenten an ganz anderen Stellen aufgetaucht als bei der Originalgröße. Oder deren Größe war verändert.

Dieses Verhalten ist kein Zufall. Sie haben in dem AWT-Konzept nicht die Möglichkeit, genau anzugeben, wo sich eine Komponente befinden soll oder wie groß sie ist. Das wird alles automatisch im Hintergrund gehandhabt. Vielleicht sind Sie jetzt schockiert und denken, das wäre eine Schwäche von Java. Im Gegenteil – es ist eine der großen Stärken des Java-AWT-Konzepts. Auch wenn man sich erst einmal mit der Konzeption vertraut machen muss.

Schauen wir uns als Basis erst einmal andere Fensterkonzepte an. Dort geben Sie für die Komponenten der Benutzeroberfläche überwiegend exakte Koordinaten und Größen (meist in Pixel) an. Eine Koordinate für den Abstand vom oberen oder unteren Rand und eine Koordinate für den Abstand vom linken oder rechten Rand. Also ein hartcodiertes Koordinaten-Tupel. So, wie wir es in Java bei Grafikoperationen auch tun. Ebenso wird die Größe eines Elements exakt festgelegt. Ein Programmierer hat (scheinbar) vollständige Kontrolle über das Aussehen der Benutzeroberfläche. Aber diese (scheinbare) Kontrolle ist absoluter Quatsch. Die hartcodierten Angaben machen nur Sinn, wenn auf der Zielplattform einer Applikation die gleiche Bildschirmauflösung und Größe des Java-Fensters vorhanden ist. Was ist, wenn der Anwender nun eine andere Auflösung fährt? Eine feinere Auflösung ist vielleicht vom ästhetischen Standpunkt ein kleines Problem, gleichwohl noch kein Beinbruch. Eine geringere Auflösung hingegen kann dazu führen, dass einige Komponenten der Oberfläche gar nicht angezeigt werden und damit mit der Maus nicht auswählbar sind. Die Funktionalität kann massiv beeinträchtigt werden.

Bei solchen konventionellen Fensterkonzepten muss ein Programmierer sämtliche denkbaren Auflösungen berücksichtigen (zumindest diejenigen, die er unterstützen möchte), diese zur Laufzeit abfragen und für jede Maske eine individuelle Oberfläche für jede Auflösung generieren. Ein erheblicher Aufwand und dennoch immer noch keine befriedigende Lösung. Denn was ist, wenn der Anwender die Fenstergröße verändert (sofern kein Vollbild vorliegt)? Vergrößern ist wieder nur ein ästhetisches Problem, aber Verkleinern kann wieder zum Verdecken von Komponenten der Oberfläche führen. Nicht umsonst können die meisten Windows-Dialogfenster nicht in der Größe verändert werden.

Java löst diese Probleme auf eine äußerst intelligente Art und Weise. Das AWT-System kümmert sich weitgehend selbstständig um Größenanpassung und Positionierung der Komponenten auf der Oberfläche. Je nach Plattform und Bedingungen werden die Komponenten auf die Oberfläche optimal angepasst. Und – um es gleich vorweg zu schicken – wenn man

Container verschachtelt, hat man genügend Kontrolle über Position und Größe von Komponenten, ohne sich so weit festzulegen, dass eine veränderte Bedingung ein System so zur Unfähigkeit degradieren kann, wie es in konventionellen Konzepten der Fall ist. Die gesamte Technik, auf der dieses Superkonzept basiert, nennt sich Layoutmanager.

Damit können Sie das AWT anweisen, wo Ihre Komponenten im Verhältnis zu den anderen Komponenten stehen sollen. Ein Layoutmanager findet nach gewissen Regeln heraus, an welche Stelle die Komponenten am besten passen und ermittelt die beste Größe der Komponenten.

38.3.1 Layout-Regeln

Das genaue Aussehen einer AWT-Oberfläche wird von drei Aspekten festgelegt.

1. Der Plattform und den genauen Bedingungen dort.
2. Der Reihenfolge, in der die AWT-Komponenten in einem Container eingefügt werden.
3. Der Art des Layoutmanagers.

Über Punkt eins kann ein Programmierer keine Aussagen machen und muss es unter Java auch nicht. Darum geht es ja gerade.

Der zweite Punkt ist nahe liegend: wer zuerst kommt, malt zuerst. Das soll heißen, dass zuerst eingefügte Komponenten auch vorher angeordnet werden.

Richtig interessant ist die Art des Layoutmanagers. Das AWT beinhaltet fünf verschiedene Typen von Layoutmanagern, die die Oberfläche unterschiedlich anordnen:

→ FlowLayout

→ GridLayout

→ BorderLayout

→ CardLayout

→ GridBagLayout

Diese Layoutmanager können für jeden grafischen Container festgelegt werden. Insbesondere kann jedes Panel einen eigenen Layoutmanager verwenden. Dies ist besonders für verschachtelte Panels interessant.

Um einen Layoutmanager für einen grafischen Container zu erstellen, können Sie die Methode public void setLayout(LayoutMmanager mgr) **verwenden.**

Beispiel:
```
public void init() {
setLayout(new CardLayout());
}
```

Alternativ geht es auch so:

```
public void init() {
meinFlowLayout = new FlowLayout();
setLayout(meinFlowLayout);
}
```

Das Setzen eines Layoutmanagers in einer Initialisierungs-Methode (im Applet die init()-Methode und sonst der Konstruktor) ist nicht zwingend, jedoch meist angeraten, da dann die Anordnung der Komponenten von Anfang an auf den Layoutmanager ausgerichtet wird. Dies betrifft vor allem die Reihenfolge der Komponenten.

38.3.2 Die FlowLayout-Klasse

Der FlowLayout-Layoutmanager ist einer dem beiden wichtigsten Layoutmanager. Bei einem FlowLayout werden die Komponenten in der Reihenfolge, in der sie in den Container eingefügt werden, spaltenweise einfach von links nach rechts angeordnet, bis keine weiteren Komponenten mehr in eine Zeile passen. Dann geht es zur nächsten Zeile und analog weiter. Die Breite jeder Komponente ergibt sich aus dem Platz, den sie benötigt, um ihren Inhalt darzustellen. So wird ein Button mit der Beschriftung OK weniger Platz bekommen als ein Button mit der Beschriftung Abbruch. Die Höhe der Zeilen wird von der Höhe der Elemente, die in der Reihe platziert sind, bestimmt. Besonders interessant ist, dass die Veränderung der Größe eines Fensters dazu führen kann, dass Komponenten in die nächste Zeile verlagert oder nach oben geholt werden. Schauen wir uns einmal ein kleines Beispiel als vollständigen Quelltext an.

```
import java.awt.*;
import java.applet.*;
public class FlowLayoutTest  extends Applet {
  public void init() {
    setLayout(new FlowLayout());
    Button meinButton1 = new Button("Ko");
    add(meinButton1);
    Button meinButton2 = new Button("Ok");
    add(meinButton2);
    Button meinButton3 = new Button("Ganz viel Text");
    add(meinButton3);
  }
}
```

Listing 38.10: Ein Applet mit FlowLayout

Beachten Sie, dass die Elemente bei zu wenig Platz zwar im Appletviewer umgebrochen werden. Das funktioniert jedoch nicht in Browsern, bei denen die Applet-Größe fix ist!

Wenn wir die Reihenfolge, in der wir die Schaltflächen einfügen, im Quelltext umsortieren, wird auch das angezeigte Ergebnis abweichen.

Kapitel 38 · Das AWT

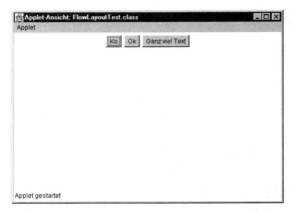

Bild 38.17: Die Originalanordnung – beachten Sie die unterschiedlichen Größen der Komponenten

Bild 38.18: Die dritte Komponente wurde in die nächste Zeile verschoben

Jeder Layoutmanager beinhaltet auch eine Ausrichtung. Die `FlowLayout`-Klasse versucht je nach Vorgabe, die Zeilen entweder links, rechts oder zentriert auszurichten. Die Standard-Ausrichtung für ein `FlowLayout` ist zentriert. Wenn die Ausrichtung verändert werden soll, kann das mit der Methode `setAlignment(int ausrichtung)` erfolgen (0 ist links, 1 zentriert und 2 rechts – dafür gibt es auch entsprechende Konstanten), aber auch schon bei der Erstellung durch einen passenden Konstruktor festgelegt werden.

 Der `FlowLayout`-Layoutmanager ist der Standard-Layoutmanager für alle Applets.

38.3.3 Die BorderLayout-Klasse

Das `BorderLayout` ist der zweitwichtigste Layoutmanager. Bei der `Border Layout`-Klasse handelt es sich um ein Rahmenlayout. Es ist das Standardlayout bei eigenständigen Applikationen mit grafischer Oberfläche unter Java. Die Komponenten werden dem Container nach geografischen Aspekten zugeordnet (wie bei einem Kompass). Es gibt fünf Gebiete, in denen eine Komponente platziert werden kann:

→ Zentrum (`Center`)

→ Nord (`North`)

→ Süd (`South`)

- → Ost (East)
- → West (West)

Wenn Sie unter dem `BorderLayout` dem Container Komponenten hinzufügen wollen, müssen Sie bei der `add()`-Methode einen dieser fünf Bereiche angeben.

Beispiel:

`this.add(meinButton, BorderLayout.CENTER);`

Die `add()`-Methode wird sowieso sehr oft in der Variante mit zwei Parametern verwendet. Auch beim `FlowLayout`. Dann wird nur der zweite Parameter mit dem Schlüsselwort `null` belegt. Wenn eine Komponente mit der `add()`-Methode ohne eine Positionsangabe in einem `BorderLayout` hinzugefügt wird, wird sie nicht angezeigt.

Beim `BorderLayout` kann in jedem Bereich nur eine Komponente platziert werden! Das ist jedoch keine Einschränkung der Funktionalität. Man muss nur mit verschachtelten Panels arbeiten.

Die fünf Bereiche werden wie auf einem Kompass angeordnet. Nord ist oben im Container, Ost rechts, Süd unten und West links im Container. Das Zentrum befindet sich in der Mitte.

Die einfachste Form der Erstellung eines `BorderLayouts` erfolgt über den leeren Konstruktor `BorderLayout()`.

Beispiel:

`setLayout(new BorderLayout());`

Diese ist meist auch sinnvoll, denn weitergehende Angaben wie das Setzen von Abständen usw. macht man in der Regel mit entsprechenden Methoden. Schauen wir uns auch dieses Layout in einem vollständigen Beispiel an.

```
import java.awt.*;
public class Border1 extends Frame {
  Border1(){
    setLayout(new BorderLayout());
    Button meinButton1 = new Button("Rot");
    add("North", meinButton1);
    Button meinButton2 = new Button("Blau");
    add("West", meinButton2);
    Button meinButton3 = new Button("Grün");
    add("South", meinButton3);
  }
  public static void main(String[] args) {
    Border1 u = new Border1();
    u.setSize(400,200);
    u.setVisible(true);
  }
}
```

Listing 38.11: Eine Applikation mit `BorderLayout`

Bild 38.19: Die drei Komponenten sind angeordnet, der Rest bleibt leer

Das nächste Beispiel arbeitet nun mit verschachtelten Panels. Sehr oft wird ein Borderlayout als oberste Anordnungsstruktur verwendet und darin FlowLayout. Das werden wir im nachfolgenden Beispiel verwenden:

```java
import java.awt.*;
public class Border2 extends Frame {
  BorderLayout borderLayout1 = new BorderLayout();
  Panel panel1 = new Panel();
  FlowLayout flowLayout1 = new FlowLayout();
  Button button1 = new Button();
  Button button2 = new Button();
  Button button3 = new Button();
  TextArea textArea1 = new TextArea();
  Panel panel2 = new Panel();
  FlowLayout flowLayout2 = new FlowLayout();
  Label label1 = new Label();
  Panel panel3 = new Panel();
  BorderLayout borderLayout2 = new BorderLayout();
  Label label2 = new Label();
  Label label3 = new Label();
  public Border2() {
    this.setLayout(borderLayout1);
    panel1.setLayout(flowLayout1);
    button1.setLabel("button1");
    button2.setLabel("button2");
    button3.setLabel("button3");
    panel2.setLayout(flowLayout2);
    label1.setText("Das Mega-Programm");
    panel3.setLayout(borderLayout2);
    label2.setText("label2");
    label3.setText("label3");
    this.add(panel1, BorderLayout.SOUTH);
    panel1.add(button1, null);
    panel1.add(button2, null);
    panel1.add(button3, null);
    this.add(textArea1, BorderLayout.CENTER);
    this.add(panel2, BorderLayout.NORTH);
    panel2.add(label1, null);
    this.add(panel3, BorderLayout.WEST);
    panel3.add(label2, BorderLayout.NORTH);
```

```
      panel3.add(label3, BorderLayout.SOUTH);
    }
    public static void main(String[] args) {
      Border2 u = new Border2();
      u.setSize(300,400);
      u.setVisible(true);
    }
}
```

Listing 38.12: Eine Applikation mit verschachteltem BorderLayout *und* FlowLayout

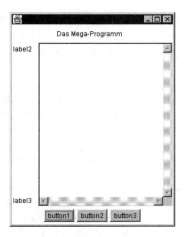

Bild 38.20: Verschachtelte Layouts

 Mit der BorderLayout*-Klasse können Sie wie erläutert nur maximal eine Komponente in einem Bereich hinzufügen. Es gibt jedoch keinen Fehler, wenn zwei Komponenten dem gleichen Bereich hinzugefügt werden. Es ist nur die zuletzt hinzugefügte zu sehen.*

38.3.4 Die GridLayout-Klasse

Bei diesem Layoutmanager wird ein Rasterlayout mit Zeilen und Spalten verwendet (eine Art virtuelle Tabellenstruktur). Ein Container wird wie ein Gitter mit gleich großen Teilen behandelt. Jede eingefügte Komponente wird in einer Zelle des Gitters platziert. Dabei ist wieder die Reihenfolge relevant, in der mit der add()-Methode eine Komponente hinzugefügt wurde. Die Anordnung beginnt immer oben links und geht dann wie bei FlowLayout von links nach rechts weiter.

Ein wesentlicher Unterschied zwischen dem GridLayout und dem FlowLayout ist, dass GridLayout jeder Komponente den gleichen Raum zur Verfügung stellt.

Die GridLayout-Klasse besitzt natürlich einen leeren Default-Konstruktor. Nur sollten Sie beachten, dass ein GridLayout einem Gitter entspricht. Das bedeutet, eine Anzahl von Zeilen oder Spalten muss irgendwie festgelegt werden. Wenn Sie mit dem leeren Default-Konstruktor arbeiten, können Sie nach Erzeugung der Objekts diese Angaben machen (mit der Methode set Columns(int spalten) zum Festlegen der Spaltenanzahl oder setRows(int reihen) für die Anzahl der Zeilen). Oft ist es jedoch sinnvoll, diese Festlegung bereits beim Erstellen eines GridLayout zu treffen. Das Format des dazu zu verwendenden GridLayout-Konstruktors ist GridLayout(int, int). Das erste Argument ist die Anzahl der Zeilen, das zweite Argument die Anzahl der Spalten.

Beispiel:

setLayout(new GridLayout(3, 4));

Dabei verhält sich der Layoutmanager wie folgt:

→ Die Angabe der Zeilenanzahl bewirkt die Berechnung der Anzahl der notwendigen Spalten, wenn Sie Komponenten einfügen. Sie sollten in diesem Fall 0 für die Spaltenzahl verwenden.

→ Die Angabe der Spaltenanzahl bewirkt die Berechnung der Anzahl der notwendigen Zeilen, wenn Sie Komponenten einfügen. Sie sollten in diesem Fall 0 für die Anzahl der Zeilen verwenden. Grundsätzlich wird das Setzen der Spaltenanzahl unter diversen Situationen nicht berücksichtigt.

→ Wenn Sie sowohl für die Anzahl der Zeilen als auch der Spalten von null verschiedene Werte angeben, werden nur die Angaben für die Zeilenzahl berücksichtigt. Die Anzahl der Spalten wird auf der Basis der Anzahl der Komponenten und der Zeilen berechnet – unabhängig davon, ob sie mit dem von Ihnen gesetzten Wert übereinstimmt oder nicht. GridLayout(5, 4) ist identisch mit GridLayout(5, 0) oder GridLayout(5, 2). Auch wenn sich auf Grund der Berechnung von Komponentenanzahl und Anzahl der Zeilen eine Spaltenanzahl ergibt.

```
import java.awt.*;
public class Grid extends Frame {
  GridLayout gridLayout1 = new GridLayout();
  Button button1 = new Button();
  Button button2 = new Button();
  Button button3 = new Button();
  Button button4 = new Button();
  Label label1 = new Label();
  public Grid() {
    button1.setLabel("button1");
    gridLayout1.setRows(2);
    this.setLayout(gridLayout1);
    button2.setLabel("button2");
    button3.setLabel("button3");
    button4.setLabel("button4");
    label1.setText("label1");
    this.add(button1, null);
    this.add(button4, null);
    this.add(button3, null);
    this.add(button2, null);
    this.add(label1, null);
  }
```

```
    public static void main(String[] args) {
      Grid u = new Grid();
      u.setSize(300,400);
      u.setVisible(true);
    }
  }
```

Listing 38.13: Eine Applikation mit GridLayout

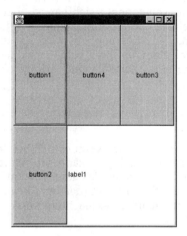

Bild 38.21: Zwei Zeilen werden gesetzt und fünf gleichgroße Komponenten eingefügt

38.3.5 Die GridBagLayout-Klasse und die GridBagConstraints-Klasse

Der GridBagLayout-Layoutmanager ist nicht ganz so bedeutend wie die bisher behandelten Layoutmanager. Ein Container wird wieder in ein Gitter mit gleich großen Zellen unterteilt. Die GridBagLayout-Klasse ähnelt der GridLayout-Klasse, ist aber viel flexibler (und damit leider etwas komplizierter). Der Unterschied zum GridLayout besteht einmal darin, dass nicht Sie, sondern der Layoutmanager über die Anzahl der Zeilen und Spalten entscheidet. Der andere wichtige Unterschied ist der, dass eine Komponente mehr als eine Zelle belegen kann. Damit wird bei geschickter Anwendung eine kleine Komponente nicht überflüssig viel Platz verschwenden, während ihre »große Schwester« zusammengestaucht wird.

Kommen wir nun zu den Details. Der gesamte Bereich, den eine Komponente einnimmt (unter Umständen mehrere Zellen), wird »display area« genannt.

Wir hatten schon festgehalten, dass nicht Sie, sondern der Layoutmanager über die Anzahl der Zeilen und Spalten entscheidet. Sie können jedoch eine grobe »Richtung« angeben, wie die Komponenten vom Layoutmanager angeordnet werden sollen. Dazu verwenden Sie eine eigene Klasse – die GridBagConstraints-Klasse. Bevor Sie einem Container eine Komponente hinzufügen, setzen Sie über verschiedene Variablen der Klasse die grobe Anordnung der Komponenten. Diese Variablen sind nicht ganz trivial und wir müssen dazu auf die Dokumentation verweisen.

38.3.6 Die CardLayout-Klasse

Kartenlayouts unterscheiden sich massiv von den bisher behandelten Layouts. Der wesentliche Unterschied besteht darin, dass von den eingefügten Komponenten immer nur eine Komponente sichtbar ist. Der CardLayout-Layoutmanager behandelt die dem Container hinzugefügten Komponenten wie einen Stapel von Karten. Jede Komponente wird auf einer eigenen Karte platziert, wobei wie bei einer Diashow immer maximal eine Karte angezeigt wird. Die Erstellung eines Kartenlayouts erfolgt über den Konstruktor CardLayout().

Beispiel:

```
setLayout(new CardLayout());
```

Hauptsächlich Sinn machen Kartenlayouts, wenn es sich bei den eingefügten Komponenten um Panels handelt. Damit kann pro »Karte« ein vollständiges, eigenes Layout definiert werden, das beim Vor- und Zurückblättern jeweils angezeigt wird. Da sich ein Panel (denken Sie an ein Fenster) aufteilen lässt, indem Panels ineinander geschachtelt werden, macht dieser Layoutmanager durchaus Sinn.

Nach Erstellung des CardLayouts fügen Sie mit einer speziellen Version der add()-Methode die Karten hinzu. Dabei wird jede Karte benannt. Das erste Argument dieser speziellen add()-Methode ist eine Zeichenkette, die den Namen der Karte bezeichnet. Die Ähnlichkeit zum BorderLayout ist zwar da, aber die Angabe des Argumentes hat eine andere Bedeutung. Wenn eine Karte mit der normalen add()-Methode (ohne eine Namensangabe) hinzugefügt wird, können Sie diese nicht so einfach über die in der CardLayout-Klasse definierte show()-Methode direkt ansprechen.

Beispiel:

```
Panel karte1 = new Panel();
add("Rot", karte1);
Panel karte2 = new Panel();
add("Gelb", karte2);
show(this, "Gelb");
```

Auch bei diesem Layout gibt es wieder eine modernere Version der add()-Methode, die das Gleiche bewirkt. Dabei wird als erstes Argument die einzufügende Komponente angegeben.

Beispiel:

```
add(Button1, "Button1");
```

Zum Anzeigen der »Karten« stehen Ihnen im CardLayout diverse Methoden zur Verfügung.

39 Das Eventhandling

Wir sind jetzt bereits an verschiedenen Stellen auf die Reaktionsmöglichkeiten unter Java eingegangen. Hier sollen noch einmal die wichtigsten Details zusammengefasst werden. Außerdem wird es Zeit, sich mit den beiden Event-Modellen von Java auseinander zu setzen und sie direkt gegenüberzustellen.

Java und das JDK bieten seit geraumer Zeit zwei verschiedene Modelle, wie auf Ereignisse durch den Anwender (etwa das Bedienen einer AWT-Komponente, aber auch die Betätigung einer beliebigen Taste) zu reagieren ist. Da gibt es einmal das Eventhandling, wie es in Java und dem JDK vor der Version 1.1 realisiert war. Das nachfolgende Eventhandling 1.1 ist in allen Folgeversionen aktuell. Die Reaktion auf Ereignisse hat sich in der JDK-Version 1.1 gegenüber seinem Vorgänger total verändert und nicht mehr viel mit diesem gemeinsam. Allerdings besitzen beide Konzepte noch ihre Existenzberechtigung. Das neue Konzept ist zwar in fast jeder Hinsicht besser, schneller und leistungsfähiger, aber für die weitere Verwendung des ersten Modells gibt es – wie wir bereits wissen – ein unschlagbares Argument – viele Browser unterstützen bis jetzt das neuere Eventhandling noch nicht (zumindest, wenn die Applets mit dem allgemein üblichen <APPLET>-Tag in eine Webseite eingebunden werden). Deshalb muss das ältere Eventhandling-Konzept für diejenigen Applets immer noch verwendet werden, die die Kompatibilität zu diesen Browsern sicherstellen müssen. Dabei gibt es auch keine großen Probleme, denn um die Abwärtskompatibilität sicherzustellen, unterstützt das neue JDK beide Verfahren. Sun rät allerdings explizit, die beiden Modelle nicht in einem Programm zu mischen.

39.1 Eventhandling 1.0

In traditionellen Programmen wird auf Aktionen eines Anwenders reagiert, indem potenzielle Eingaben von Maus und Tastatur in einer Schleife abgefragt werden, die kontinuierlich durchlaufen werden muss. Das Eventhandling-System von Java arbeitet – sowohl in der ersten als auch der neuen Variante – nach einem anderen Prinzip. Das Überwachen von Ereignissen ist ein permanent aktiver Hintergrundprozess, der zur Bearbeitung von Ereignissen Event-Methoden bereitstellt. Ereignisse sind – wie alles in Java – Objekte, die zu dem Zeitpunkt erzeugt werden, an dem eine bestimmte Situation eintritt. Dabei wird im AWT des JDK 1.0 mit so genannten Peer-Objekten gearbeitet, die direkt zwischen den Java-Objekten und der entsprechenden Benutzeroberfläche kommunizieren können. Diese werden nur dann aufgerufen, wenn auch tatsächlich ein Ereignis auftritt. Das gesamte Verfahren basiert auf der Klasse java.awt.Event. Die Event-Methoden bekommen von den Peer-Objekten eine Event-Instanz übergeben, in der alle Daten zum Ereignis gespeichert sind, z.B. die Ursprungsinstanz, die Koordinaten, die Zeit beim Auftreten des Ereignisses usw. Zu jedem Java-Oberflächenobjekt unter 1.0 gehört ein Peer-Objekt. Die Methoden der Peer-Objekte sind auf allen Betriebssystemen gleich, nur die Implementierung unterscheidet sich.

Verarbeitet werden die Ereignisobjekte im AWT 1.0 im Rahmen der `handle Event()`-Methode bzw. zugehöriger Hilfs-Eventmethoden (`mouseEnter()`, `keyDown()`, `action()` ...), die die jeweils zugeordneten speziellen Ereignisse verarbeiten. Allerdings verfügt das 1.0-Modell nur über ein einziges und allgemein einzusetzendes `Event`-Objekt (`java.awt.Event`), das sämtliche notwendigen Informationen zur Behandlung von Ereignissen enthält.

Die `handleEvent()`-Methode bedeutet also unter dem 1.0-Modell die allgemeinste Art, wie das AWT auf irgendwelche Ereignisse eingeht, die auf der Benutzeroberfläche stattfinden. Die Ereignisse werden innerhalb der `handleEvent()`-Methode interpretiert und dann gezielt passende Methoden aufgerufen. Wenn die in der `Event`-Klasse definierten Standard-Ereignisse eintreten, müssen Sie die `handleEvent()`-Methode überschreiben.

Die zentralen Aspekte des 1.0-Eventhandlings sehen also so aus: Wenn der Benutzer in einer GUI-Schnittstelle eine Eingabe vornimmt, wird vom System ein Objekt vom Typ `Event` erzeugt. Das `Event`-Objekt hat ein Feld `id`, in dem vermerkt ist, welche Art von Ereignis ausgelöst wurde. Abhängig von der Art des Ereignisses enthält das `Event`-Objekt noch weitere Informationen. Allgemein unterstützt das AWT 1.0 folgende Arten von Events:

→ Action-Events: die Betätigung eines Buttons, Auswahl aus einem Auswahlmenü oder Listenfeld, Wahl eines Menüpunktes, Eingabe in ein Textfeld

→ Keyboard-Events: die Eingabe über die Tastatur

→ Maus-Events: das Bewegen der Maus oder Drücken der Maustasten

→ List-Events: eine Selektion oder Deselektion eines Listen-Eintrages, aber nur bei Einfachklick mit der Maus

→ Scrolling-Events: Bewegen des Schiebers einer Scrollbar

→ Window-Events: Schließen eines Fensters oder Verändern der Größe

→ Weitere Events: beispielsweise den Eingabefokus erhalten oder verlieren etc.

Testen wir ein Beispiel explizit mit dem Event-Modell 1.0. Das Beispiel arbeitet explizit mit der `handleEvent()`-Methode und erlaubt das Beenden des Programms sowie, ein Label zu beschriften und wieder zu löschen.

```java
import java.awt.*;
public class Event10 extends Frame {
  static Button b1 = new Button("Schreibe");
  static Button b2 = new Button("Loesche");
  static Button b3 = new Button("Ende");
  static Label l1 = new Label();
  public static void main(String[] args) {
  Event10 fenster = new Event10();
  fenster.setLayout(new BorderLayout());
  fenster.add(b1,"West");
  fenster.add(b2,"East");
```

```
            fenster.add(b3,"South");
            fenster.add(l1,"Center");
            fenster.resize(300,300);
            fenster.show();
            }
            public boolean handleEvent(Event evt) {
            if (evt.id==Event.WINDOW_DESTROY) {
            System.exit(0); // eigentlicher Schliessbefehl
            }
            else if (evt.target instanceof Button)
            {
             String label = (String)evt.arg;
             if (label.equals("Ende"))
             {
              System.exit(0); // eigentlicher Schliessbefehl
              }
             else if (label.equals("Schreibe"))
             {
              this.l1.setText("Schreibe was in das Label");
             }
             else if (label.equals("Loesche"))
             {
              this.l1.setText("");
             }
            }
            return false;
            }
            }
```

Listing 39.1: *Eine Applikation mit Eventhandling 1.0 und* handleEvent()

Bild 39.1: *Reaktion mit Event 1.0*

Die Ausnahmen, die bei dem letzten Beispiel auf Systemebene ausgeworfen werden, können Sie ignorieren. Sie beeinträchtigen nicht die Funktionalität des Beispiels und sind unwesentlich für das, was mit dem Beispiel demonstriert werden soll.

39.2 Das Eventhandling 1.1

Das Event-Modell 1.1 hat mit dem Vorgängermodell nur noch wenig gemein. Wichtigste Änderung ist, dass es dort mehr als eine Ereignis-Klasse gibt. Unter dem alten Modell beruhte (wie wir gesehen haben) die gesamte Verarbeitung von Ereignissen auf der Klasse java.awt.Event. In dem neuen Ereignismodell erben alle Ereignis-Klassen von der Klasse java.util.EventObject. **AWT-Events erben von der Klasse** java.awt.AWTEvent. Für die letztgenannte Klasse (AWTEvent) stehen wiederum einige Subklassen zur Verfügung, die entweder einfache (Low-Level) oder höherwertige (semantische oder High-Level) Ereignisse abbilden.

→ Zu den Low-Level-Ereignissen zählt zum Beispiel die Klasse MouseEvent, die im neuen Modell für Mausaktivitäten zuständig ist.

→ Zu den High-Level-Ereignissen zählen ActionEvent oder ItemEvent, **die bei Statusänderungen von Elementen (etwa Selektion eines Menü-Eintrags oder einer Listbox) ausgelöst wird.**

Viel Funktionalität des Eventhandling 1.1 befindet sich in dem Paket java.awt.event. Da im neuen Modell mehrere Ereignis-Klassen vorhanden sind, müssen diese auch sinnvoll verwaltet werden. Die Ereignis-Klassen werden dazu in einer Baumhierarchie gruppiert. Die Einteilung erfolgt ausschließlich über die unterschiedlichen Ereignistypen. Der Typ des Objekts legt damit automatisch fest, welche Art von Ereignis vorliegt. Der Vorteil ist, dass eine Abfrage der ID-Nummer (wie bisher) nicht mehr notwendig ist. Die Ereignis-Klassen sind vollständig gekapselt und lassen damit keine unnötigen Informationen (etwa in Form von Instanzvariablen) nach außen durch.

Wenn Ereignisse entstehen, müssen diese auch irgendwie ausgewertet werden. Es sind ja reine Mitteilungs-Objekte, die erst mal nur da sind und erst nach einer Behandlung durch einen entsprechend aufgebauten Mechanismus eine Reaktion des Programms bewirken können. Das Ereignis-Objekt selbst ist noch keine Reaktion des Programms. Es muss zu einem Auswertungs-Objekt transportiert werden. Dies erfolgt im Event-Modell 1.1 über so genannte Delegierte. Das funktioniert so:

1. Ein Ereignis tritt bei einem Quellobjekt (event source) auf.
2. Das entstandene Ereignis-Objekt wird an ein Zuhörer-Objekt (einem so genannten Event-Listener) weitergeleitet.
3. Erst von dem Event-Listener wird über die konkrete Ereignis-Behandlung entschieden und die Reaktion auch ausgelöst.

In der Auflistung der Arbeitsschritte beim Delegationsmechanismus fällt auf, dass wir dort neben den bisher bekannten Objekten einen weiteren

Objekttyp benötigen, ein Listener-Objekt, das dem Ereignis-Prozess eindeutig zugeordnet ist. Dieses Objekt ist neu im 1.1-Event-Modell und von ganz zentraler Bedeutung. Die grundsätzliche Vorgehensweise, um Ereignisse in dem neuen Modell zu behandeln, ist immer wieder gleich.

Zuerst wird ein Objekt erzeugt, das ein Ereignis auswerfen kann (etwa ein Button). Danach erzeugt man einen dazu passenden Event-Listener (im Fall einer Schaltfläche ein ButtonListener, der auf ein Ereignis der Schaltfläche reagieren kann). Nach der Erzeugung wird das Listener-Objekt bei der Ereignisquelle registriert. Dazu gibt es immer eine passende Methode, die so aussieht:

add<Typ_des_Events>Listener

Das Schema ist immer gleich. An Stelle des in spitzen Klammern stehenden Typ_des_Events muss ein Listener einer bestimmten Art stehen (etwa addActionListener).

Ein Ereignis-auslösendes Objekt kann mehrere Listener – sogar des gleichen Typs – besitzen. Die Methode add<Typ_des_Events>Listener bewirkt eine sinnvolle Hintereinanderschaltung in einer geordneten Listenstruktur. Besonders betont werden sollte, dass eine jede Komponente eine Art »Hausereignis« besitzt. Also das Ereignis, was in den meisten Fällen zutreffen sollte. Etwa wird bei einem Button in fast allen Fällen ein Klick ausgelöst. Andere Ereignisse wie das Eindringen des Mauszeigers in das Gebiet des Buttons werden nur selten Verwendung finden. Der Methode addActionListener() ist dieses Standardereignis zugeordnet (unabhängig vom tatsächlich eingetretenen Typ) und deshalb wird sehr oft damit gearbeitet.

Wenn ein Ereignis eintritt, so wird es vom Quellobjekt an diejenigen Listener des entsprechenden Typs weitergeleitet, die registriert sind. Diese Technik wird von Sun als Multicast bezeichnet. Das Objekt, bei dem das Ereignis eintritt, überträgt dieses wie in einer Fernsehsendung an alle Zuschauer, die das TV-Gerät angeschaltet haben (was in unserem Zusammenhang bedeutet, die Listener sind registriert). Die von dem Ereignis betroffenen Listener können dann entsprechend reagieren.

Ein Event-Listener ist stets ein Objekt der grafischen Oberfläche oder eine eigene Klasse. Um auf die interessanten Ereignisse reagieren zu können, werden die entsprechenden Java-Schnittstellen implementiert. Das neue Java stellt dazu eine Hierarchie von abstrakten Event-Listener-Klassen zur Verfügung. In Analogie zu den bisherigen Ereignis-Klassen gibt es sowohl Low-Level-Schnittstellen für einfache Ereignisse als auch High-Level-Schnittstellen (semantisch) für komplexere Ereignisse. Es gibt für jede sinnvolle Reaktion auf einen spezifischen Ereignis-Typ in einer Event-Listener-Schnittstelle eine dazu passende Schnittstellendefinition.

Wenn man das Verhalten eines AWT-Objekts durch Bildung einer Subklasse erweitert, ergeben sich hinsichtlich der Ereignis-Verarbeitung grundsätzlich verschiedene denkbare Verfahrensweisen. Am sinnvollsten ist die Integration der Event-Listener-Schnittstelle in die Subklasse über eine Befehlszeile der Art implements <Event>ListenerInterface. Da allerdings dann auch alle dort definierten Methoden überschrieben werden müssen (auch wenn man sie nicht braucht), greift man meist auf spezialisierte Adapterklassen zurück, die für ein bestimmtes Ereignis ausgerichtet sind. Nur dieses jeweilige Ereignis muss behandelt werden – die nicht gewünschten Ereignismethoden sind leer überschrieben.

Eine eigenständige Java-Applikation beinhaltet einen Button. Dazu wird dann ein Action-Listener mit addActionListener(new Event11_button1_actionAdapter(this)) registriert. Die im Parameter verwendete Klasse Event11_button1_actionAdapter implementiert java.awt.event.ActionListener. Die entsprechend festgelegte Methode button1_actionPerformed (ActionEvent e) wird bei einem Klick auf den Button ausgelöst und schließt das Programm. Wir verwenden hier also einen Standard-Adapter für das Eventhandling.

```java
import java.awt.*;
import java.awt.event.*;
public class Event11 extends Frame {
  Button button1 = new Button();
  FlowLayout flowLayout1 = new FlowLayout();
  public Event11() {
    button1.setLabel("button1");
    button1.addActionListener(
      new Event11_button1_actionAdapter(this));
    this.setLayout(flowLayout1);
    this.add(button1, null);
  }
  public static void main(String[] args) {
    Event11 mF = new Event11();
    mF.setSize(200,100);
    mF.show();
  }
  void button1_actionPerformed(ActionEvent e) {
    System.exit(0);
  }
}

class Event11_button1_actionAdapter
    implements java.awt.event.ActionListener {
  Event11 adapt;
  Event11_button1_actionAdapter(Event11 adapt) {
    this.adapt = adapt;
  }
  public void actionPerformed(ActionEvent e) {
    adapt.button1_actionPerformed(e);
  }
}
```

Listing 39.2: Ein einfaches Beispiel mit Eventhandling 1.1 und Standard-Adapter

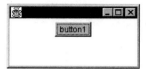

Bild 39.2: Die Reaktion auf den Button erfolgt mit einem Standard-Adapter

Beim Event-Modell 1.1 bietet sich die Verwendung von anonymen Klassen (*siehe Seite 198*) ideal an. Der Quelltext wird kompakter und besser lesbar. Insbesondere entfällt die Implementation der Event-Listener-Schnittstelle, und die Registrierung von verschiedenen Ereignismethoden erfolgt zentralisiert in einer Registrierungsmethode. Das wird das nachfolgende Beispiel zeigen, in dem für ein Label gleich vier Ereignisse verwendet werden. Es gibt ein Ereignis, wenn sich der Mauszeiger in den Anzeigebereich des Labels (das ist der ganze Bereich des Fensters in diesem Beispiel) bewegt (Textfarbe wird Rot), ein Ereignis, wenn der Mauszeiger den Anzeigebereich des Labels verlässt (Textfarbe wird Blau), ein Ereignis, wenn auf dem Label die Maustaste runtergedrückt wird (Text wird unsichtbar), und ein Ereignis, wenn die Maustaste losgelassen wird (Text wird sichtbar).

```java
import java.awt.*;
import java.awt.event.*;
public class Event11b extends Frame {
  Label lbl = new Label();
  public Event11b() {
    lbl.setAlignment(1);
    lbl.setText("Bewege die Maus auf das Label");
    lbl.addMouseListener(new java.awt.event.MouseAdapter() {
      public void mouseEntered(MouseEvent e) {
        lbl_mouseEntered(e);
      }
      public void mouseExited(MouseEvent e) {
        lbl_mouseExited(e);
      }
      public void mousePressed(MouseEvent e) {
        lbl_mousePressed(e);
      }
      public void mouseReleased(MouseEvent e) {
        lbl_mouseReleased(e);
      }
    });
    this.add(lbl, BorderLayout.CENTER);
  }
  public static void main(String[] args) {
    Event11b u = new Event11b();
    u.setSize(200,200);
    u.setVisible(true);
  }
  void lbl_mouseEntered(MouseEvent e) {
    lbl.setForeground(Color.red);
```

```
        }
        void lbl_mouseExited(MouseEvent e) {
          lbl.setForeground(Color.blue);
        }
        void lbl_mousePressed(MouseEvent e) {
          lbl.setVisible(false);
        }
        void lbl_mouseReleased(MouseEvent e) {
          lbl.setVisible(true);
        }
      }
```

Listing 39.3: Eine Applikation mit Eventhandling 1.1 und anonymem Adapter

Bild 39.3: Die Textfarbe wird auf Rot gesetzt

Bild 39.4: Drücken der Maustaste setzt das Label auf unsichtbar

40 Swing – eine AWT-Erweiterung

Wir wollen nun zu Swing kommen. Einer Technik, die explizit auf dem AWT aufbaut. Was die Motivation für Swing war, haben wir ja bereits ausgeführt. Jetzt wollen wir konkrete Swing-Applikationen erstellen. Nur muss bei Swing – mehr noch als beim AWT – darauf hingewiesen werden, dass wir nur schlaglichtartig das Thema beleuchten können. Wenn schon die vollständige Behandlung des AWT mit allen Klassen und deren Elementen ein Buch wie dieses füllen kann, würde Swing gleich mehrere davon benötigen. Swing bietet so viele Komponenten, dass wir nicht einmal alle auflisten werden. Die API-Dokumentation gibt aber bei Bedarf dazu mehr Informationen und glücklicherweise können wir viel vom AWT übertragen und müssen nicht noch mal von vorne beginnen. Die meisten Swing-Klassen sind mit den Klassen des konventionellen AWT stark verwandt. Die Klasse `JFrame` besitzt beispielsweise als direkter Nachkomme von `java.awt.Frame` auch sämtliche der dort besprochenen Methoden und Eigenschaften, aber natürlich auch zahlreiche Erweiterungen. Zwar lassen sich durchaus Details finden, bei denen Vorgänge geringfügig verändert wurden. Prinzipiell gilt aber das Gleiche, was auch in der Fahrschule gilt: Wenn man auf einem Auto den Führerschein gemacht hat, kann man mit etwas Umgewöhnung jeden anderen Wagen fahren. Wir stellen einmal eine exemplarische Erstellung einer Swing-Oberfläche vor.

1. Als ersten Schritt sollten (müssen, wenn Sie nicht im Quelltext jedes Mal voll qualifizierte Angaben machen wollen) Sie neben den bisher üblichen Paketen noch `javax.swing.*` und die sonst aus dem Swing-Konzept verwendeten Pakete am Anfang importieren. Dabei bitte nicht das Paket `java.awt.event.*` vergessen, denn Swing verwendet das Event-Modell 1.1.

2. Danach verwenden Sie einfach Swing-Komponenten statt der bisherigen Komponenten, um die Oberfläche zu gestalten. Also etwa `JPanel`, `JMenuBar`, `JMenu`, `JMenuItem`, `JButton` usw.

3. Die Verwendung des `new`-Operators erfolgt wie gehabt. Die Anordnung auf dem JPanel funktioniert ähnlich wie bisher. Sie ist nur in einigen Details erweitert worden. Swing stellt einige neuen Methoden und Layoutmanager bereit, die die Anordnung und das Aussehen erweitern. Dort steckt eine wesentliche Erweiterung der Gestaltungsmöglichkeiten. So erfolgt die Platzierung von Komponenten auf einem Container immer noch über die `add()`-Methode (wobei die ganz alte Variante mit nur einem Parameter unter Swing keine Verwendung mehr findet). Sie sollten allerdings bei sämtlichen Aktionen, die das Layout einer Oberfläche berühren, die dem Panel zugrunde liegende Gestaltung abfragen. Mit der Methode `public Container getContentPane()` bekommen Sie als Rückgabewert Informationen über das zugrunde liegende Layoutkonzept. Sie können, da ein Objekt vom Typ `JRootPane` zurückgegeben wird, direkt die `add()`-Methode auf die Methode per Punktnotation anwenden (`getContentPane().add()`). In der Dokumentation des jeweiligen Containers finden Sie die Details, auf die Sie achten müssen.

4. Die Erstellung von Funktionalitäten in Form von eigenen Klassen und Methoden ist im Grundsatz identisch (außer, dass Sie mehr Möglichkeiten als bisher haben).

Das war es eigentlich.

40.1 Swing und Applets

Swing lässt sich (im Prinzip) leicht in Verbindung mit Applets realisieren. Dabei wird die Java-Syntax kaum Probleme bereiten. Für die Grundvorgänge sind alle Komponenten weitgehend bekannt. Es ist immer nur ein J voranzustellen. Beachten Sie, dass die grundsätzlichen Dinge (Layoutmanager, Konstruktoren usw.) so gut wie identisch mit dem konventionellen Fall sind. Wichtigster Unterschied bei Swing ist, dass die Oberfläche betreffende Aktionen über die Methode getContentPane() »abgefedert« werden, damit das Layout sich auf die spezifischen Bedingungen der Plattform einstellen kann. Swing wird bei Applets dennoch Probleme machen, die von ganz anderer Seite herrühren. Die meisten Browser kommen erst dann mit Swing-Applets zurecht, wenn die – wie schon mehrfach erwähnt sehr kritische – Referenzierung über das <OBJECT>-Tag oder – im Fall des Navigators das <EMBED>-Tag – erfolgt und damit das Java-Plug-In verwendet wird. Bei älteren Browsern funktioniert aber auch das nicht.

Wir wollen dennoch ein Swing-Applet erstellen.

```
import java.awt.*;
import java.awt.event.*;
import java.applet.*;
import javax.swing.*;
public class SwingApplet1 extends JApplet {
  BorderLayout borderLayout1 = new BorderLayout();
  JPanel jPanel1 = new JPanel();
  FlowLayout flowLayout1 = new FlowLayout();
  JButton jButton1 = new JButton();
  JButton jButton2 = new JButton();
  JLabel jLabel1 = new JLabel();
  JLabel jLabel2 = new JLabel();
  /**Das Applet initialisieren*/
  public void init() {
    try {
      jbInit();
    }
    catch(Exception e) {
      e.printStackTrace();
    }
  }
  /**Initialisierung der Komponenten*/
  private void jbInit() throws Exception {
    this.setSize(new Dimension(400,300));
    this.getContentPane().setLayout(borderLayout1);
    jPanel1.setLayout(flowLayout1);
```

```java
      jButton1.setText("Hin");
      jButton1.addActionListener(new java.awt.event.ActionListener() {
        public void actionPerformed(ActionEvent e) {
          jButton1_actionPerformed(e);
        }
      });
      jButton2.setText("Weg");
      jButton2.addActionListener(new java.awt.event.ActionListener() {
        public void actionPerformed(ActionEvent e) {
          jButton2_actionPerformed(e);
        }
      });
      jLabel1.setFont(new java.awt.Font("SansSerif", 0, 42));
      jLabel1.setHorizontalAlignment(SwingConstants.CENTER);
      jLabel1.setText("Der Text ist heiss");
      jLabel2.setText("&");
      this.getContentPane().add(jPanel1, BorderLayout.NORTH);
      jPanel1.add(jButton1, null);
      jPanel1.add(jLabel2, null);
      jPanel1.add(jButton2, null);
      this.getContentPane().add(jLabel1, BorderLayout.CENTER);
   }
   void jButton1_actionPerformed(ActionEvent e) {
     jLabel1.setVisible(true);
   }
   void jButton2_actionPerformed(ActionEvent e) {
     jLabel1.setVisible(false);
   }
}
```

Listing 40.1: Ein Swing-Applet-Beispiel mit Interaktion durch Buttons

```
<HTML>
<BODY BGCOLOR="000000">
<CENTER>
  <APPLET
   code   = "SwingApplet1.class"
   width  = "500"
   height = "300"
   >
  </APPLET>
</CENTER>
</BODY>
</HTML>
```

Listing 40.2: Die HTML-Datei zur Referenzierung des Swing-Applets

Wenn Sie die HTML-Datei im Appletviewer laden, bekommen Sie ein Applet, das mit dem einen Button das Label unsichtbar und mit dem anderen Button wieder sichtbar macht.

Bild 40.1: *Der Text ist sichtbar*

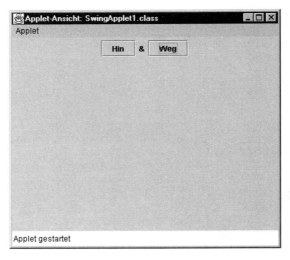

Bild 40.2: *Ein Klick, und der Text ist unsichtbar*

Wenn Sie die HTML-Datei nun aber in einen Browser laden, der noch keine neue JVM verwendet, bekommen Sie Probleme (siehe Bild 40.3).

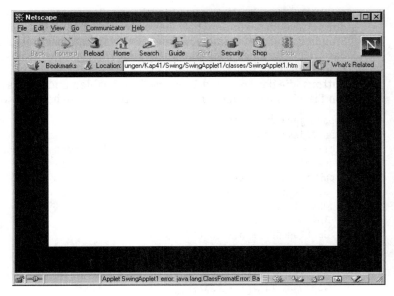

Bild 40.3: *Der Navigator 4.7 reagiert mit Problemen*

40.2 Swing und eigenständige Applikationen

Bei eigenständigen Applikationen entfallen die bei Applets unter Umständen auftretenden Probleme. Swing-Applikationen basieren in der Regel auf `JFrame` und werden sonst wie unter dem AWT gehandhabt. Wir haben beim Umschalten vom Look-and-Feel ja schon mit einer Swing-Applikation gearbeitet.

Im Grunde können Sie – wenn Sie die kleinen Details, die wir schon beschrieben haben, mit den Kenntnissen zum AWT zusammenbringen – ohne weitere Ausführungen Swing-Applikationen erstellen. Das betrifft zwar nicht die vollkommen neu in Swing hinzugekommenen Komponenten und Konzepte, aber die kann man bei Bedarf sukzessive aus der Online-Dokumentation und spezieller Literatur zu Swing erarbeiten.

40.3 Swing in der Praxis

Lassen Sie uns jetzt einige Swing-Beispiele durchspielen, um die Swing-Philosophie in der Praxis zu sehen. Dabei werden wir die im AWT-Kapitel behandelten Elemente direkt einsetzen.

40.3.1 Umschalten von Look-and-Feel

Um das Look-and-Feel von Swing-Applikationen zur Laufzeit umzuschalten, muss man einfach die `setLookAndFeel()`-Methode verwenden, wie wir es in dem folgenden Beispiel tun. Darüber wird der `UIManager` (eine Klasse zum Anpassen des Look-and-Feels) angewiesen, das Look-and-Feel entsprechend der der Methode übergebenen Parameter umzuschalten. Windows-Anwender können beispielsweise zwischen Motif, dem Windows-Standard und Metal wählen. Dabei sollte man unbedingt beachten, dass das Wechseln eines Look-and-Feels einige Exceptions auslösen kann. Wir fangen diese im nachfolgenden Beispiel ab. Das Beispiel beinhaltet nur drei Buttons, die das Look-and-Feel jeweils auswählen und dann setzen. Beachten Sie, dass das Programm auf Befehlszeilenebene beendet werden muss.

```java
import java.awt.event.*;
import javax.swing.*;
public class LookAndFeel extends JFrame implements ActionListener {
  JLabel lbl;
  public LookAndFeel() {
   super();
   JPanel jBPanel = new JPanel();
   lbl = new JLabel();
   JButton jB1 = new JButton("Metal");
   jB1.addActionListener(this);
   jBPanel.add(jB1);
   JButton jB2 = new JButton("Motif");
   jB2.addActionListener(this);
   jBPanel.add(jB2);
   JButton jB3 = new JButton("Windows");
   jB3.addActionListener(this);
   jBPanel.add(jB3);
   getContentPane().add("South", jBPanel);
   getContentPane().add("North", lbl);
  }
  public void actionPerformed(ActionEvent event) {
   String cmd = event.getActionCommand();
   try {
      // Look and Feel auswählen
    String laf = "unknown";
    if (cmd.equals("Metal")) {
     laf = "javax.swing.plaf.metal.MetalLookAndFeel";
     lbl.setText("Heavy Metal");
    }
    else if (cmd.equals("Motif")) {
     laf = "com.sun.java.swing.plaf.motif.MotifLookAndFeel";
     lbl.setText("Wer hatte ein Motif?");
    }
    else if (cmd.equals("Windows")) {
     laf = "com.sun.java.swing.plaf.windows.WindowsLookAndFeel";
     lbl.setText("Igitt");
    }
       //Look and Feel umschalten
    UIManager.setLookAndFeel(laf);
    SwingUtilities.updateComponentTreeUI(this);
   }
   catch (UnsupportedLookAndFeelException e) {
     System.err.println(e.toString());
```

```
      }
      catch (ClassNotFoundException e) {
        System.err.println(e.toString());
      }
      catch (InstantiationException e) {
        System.err.println(e.toString());
      }
      catch (IllegalAccessException e) {
        System.err.println(e.toString());
      }
    }
    public static void main(String[] args) {
      LookAndFeel frame = new LookAndFeel();
      frame.setSize(300,200);
      frame.setVisible(true);
    }
  }
```

Listing 40.3: Dynamisches Umschalten des Look-and-Feels

Bild 40.4: Windows-Look

Bild 40.5: Motif-Look

Bild 40.6: Metal-Look

Wir wollen auf das dynamische Umschalten des Look-and-Feels im Folgenden verzichten. Obwohl es offiziell ein Highlight von Swing ist, hat es nicht so eingeschlagen, wie man es sich wohl vorgestellt hat. Meist wird nur ein Aussehen festgelegt und das war es.

40.3.2 Eine Swing-Applikation mit verschiedenen Komponenten

Das nachfolgende Beispiel zeigt eine Swing-Applikation die verschiedene Komponenten integriert. Die meisten werden Sie vom AWT her kennen. Hier werden nur deren Swing-Vettern verwendet. Das Programm verwendet verschiedene Layoutmanager, spezielle Swing-Buttons (vom Typ JToggleButton), die so lange in einem gedrückten Status angezeigt werden, bis man sie erneut anklickt (für das Beispiel rein logisch nicht sinnvoll, aber die Technik soll demonstriert werden), ein Menü und ein Popup-Menü, sowie ein Label und ein Dialogfenster.

```
import java.awt.*;
import java.awt.event.*;
import javax.swing.*;
import javax.swing.border.*;
public class SwingDemo {
  boolean packFrame = false;
  /**Die Anwendung konstruieren*/
  public SwingDemo() {
    SwingFrame frm = new SwingFrame();
    // Frames überprüfen, die voreingestellte Größe haben
    // Frames packen, die nutzbare bevorzugte Größeninformationen
    // enthalten, z.B. aus ihrem Layout
    if (packFrame) {
      frm.pack();
    }
    else {
      frm.validate();
    }
    frm.setVisible(true);
  }
  /**main-Methode*/
  public static void main(String[] args) {
    try {
UIManager.setLookAndFeel(UIManager.getSystemLookAndFeelClassName());
    }
    catch(Exception e) {
      e.printStackTrace();
    }
    new SwingDemo();
  }
}
```

```java
class SwingFrame extends JFrame {
  JPanel contentPane;
  JMenuBar jMnBr = new JMenuBar();
  JMenu jMnF = new JMenu();
  JMenuItem jMnFExt = new JMenuItem();
  JMenu jMnHlp = new JMenu();
  JMenuItem jMnHlpAbout = new JMenuItem();
  JLabel stsBr = new JLabel();
  BorderLayout brderL = new BorderLayout();
  JPanel jPnl1 = new JPanel();
  GridLayout grdL = new GridLayout();
  JToggleButton jBtn2 = new JToggleButton();
  JToggleButton jBtn1 = new JToggleButton();
  JToggleButton jBtn3 = new JToggleButton();
  JToggleButton jBtn4 = new JToggleButton();
  JToggleButton jBtn5 = new JToggleButton();
  JPopupMenu jPMn = new JPopupMenu();
  JMenuItem jMnItm1 = new JMenuItem();
  JMenuItem jMnItm2 = new JMenuItem();
  JPanel jPnl2 = new JPanel();
  /**Den Frame konstruieren*/
  public SwingFrame() {
    enableEvents(AWTEvent.WINDOW_EVENT_MASK);
    try {
      initialisieren();
    }
    catch(Exception e) {
      e.printStackTrace();
    }
  }
  /**Initialisierung der Komponenten*/
  private void initialisieren() throws Exception {
        contentPane = (JPanel) this.getContentPane();
    contentPane.setLayout(brderL);
    this.setSize(new Dimension(400, 300));
    this.setTitle("Ein Swing-Demo");
    stsBr.setText(" ");
    jMnF.setText("Datei");
    jMnFExt.setText("Beenden");
    jMnFExt.addActionListener(new ActionListener() {
      public void actionPerformed(ActionEvent e) {
        jMnFExt_actionPerformed(e);
      }
    });
    jMnHlp.setText("Hilfe");
    jMnHlpAbout.setText("Info");
    jMnHlpAbout.addActionListener(new ActionListener() {
      public void actionPerformed(ActionEvent e) {
        jMnHlpAbout_actionPerformed(e);
      }
    });
```

```
jPnl1.setLayout(grdL);
jBtn2.setText("Ende");
jBtn2.addActionListener(new ActionListener() {
  public void actionPerformed(ActionEvent e) {
    jBtn2_actionPerformed(e);
  }
});
grdL.setRows(5);
jBtn1.setText("Farbe Statuszeile Gelb");
jBtn1.addActionListener(new ActionListener() {
  public void actionPerformed(ActionEvent e) {
    jBtn1_actionPerformed(e);
  }
});
jBtn3.setText("Farbe Statuszeile Grün");
jBtn3.addActionListener(new ActionListener() {
  public void actionPerformed(ActionEvent e) {
    jBtn3_actionPerformed(e);
  }
});
jBtn4.setText("Lösche Statuszeile");
jBtn4.addActionListener(new ActionListener() {
  public void actionPerformed(ActionEvent e) {
    jBtn4_actionPerformed(e);
  }
});
jBtn5.setText("Schreibe Statuszeile");
jBtn5.addActionListener(new ActionListener() {
  public void actionPerformed(ActionEvent e) {
    jBtn5_actionPerformed(e);
  }
});
jMnItm1.setText("Rot");
jMnItm1.addActionListener(new ActionListener() {
  public void actionPerformed(ActionEvent e) {
    jMnItm1_actionPerformed(e);
  }
});
jMnItm2.setText("Blau");
jMnItm2.addActionListener(new ActionListener() {
  public void actionPerformed(ActionEvent e) {
    jMnItm2_actionPerformed(e);
  }
});
contentPane.setBackground(Color.red);
jPnl2.addMouseListener(new java.awt.event.MouseAdapter() {
  public void mouseClicked(MouseEvent e) {
    jPnl2_mouseClicked(e);
  }
});
```

```
          jMnF.add(jMnFExt);
          jMnHlp.add(jMnHlpAbout);
          jMnBr.add(jMnF);
          jMnBr.add(jMnHlp);
          this.setJMenuBar(jMnBr);
          contentPane.add(stsBr, BorderLayout.SOUTH);
          contentPane.add(jPnl1, BorderLayout.WEST);
          jPnl1.add(jBtn2, null);
          jPnl1.add(jBtn1, null);
          jPnl1.add(jBtn3, null);
          jPnl1.add(jBtn4, null);
          jPnl1.add(jBtn5, null);
          contentPane.add(jPnl2, BorderLayout.CENTER);
          jPMn.add(jMnItm1);
          jPMn.add(jMnItm2);
        }
        /**Aktion Datei | Beenden durchgeführt*/
        public void jMnFExt_actionPerformed(ActionEvent e) {
          System.exit(0);
        }
        /**Aktion Hilfe | Info durchgeführt*/
        public void jMnHlpAbout_actionPerformed(ActionEvent e) {
          SwingFrame_Infodialog dlg = new SwingFrame_Infodialog(this);
          Dimension dlgSize = dlg.getPreferredSize();
          Dimension frmSize = getSize();
          Point loc = getLocation();
          dlg.setLocation((frmSize.width - dlgSize.width) / 2 + loc.x,
            (frmSize.height - dlgSize.height) / 2 + loc.y);
          dlg.setModal(true);
          dlg.show();
        }
      /**Überschrieben, so dass eine Beendigung beim Schließen des Fensters
      möglich ist.*/
        protected void processWindowEvent(WindowEvent e) {
          super.processWindowEvent(e);
          if (e.getID() == WindowEvent.WINDOW_CLOSING) {
            jMnFExt_actionPerformed(null);
          }
        }
        void jMnItm1_actionPerformed(ActionEvent e) {
          jPnl2.setBackground(Color.red);
        }
        void jMnItm2_actionPerformed(ActionEvent e) {
          jPnl2.setBackground(Color.blue);
        }
        void jPnl2_mouseClicked(MouseEvent e) {
          if(e.getModifiers()==Event.META_MASK){
          jPMn.show(jPnl2,e.getX(),e.getY());
          }
        }
```

```
  void jBtn2_actionPerformed(ActionEvent e) {
    System.exit(0);
  }
  void jBtn1_actionPerformed(ActionEvent e) {
    stsBr.setForeground(Color.yellow);
  }
  void jBtn3_actionPerformed(ActionEvent e) {
    stsBr.setForeground(Color.green);
  }
  void jBtn4_actionPerformed(ActionEvent e) {
    stsBr.setText(" ");
  }
  void jBtn5_actionPerformed(ActionEvent e) {
    stsBr.setText("Mir fällt nix ein");
  }
}

class SwingFrame_Infodialog extends JDialog implements ActionListener
{
  JPanel pnl1 = new JPanel();
  JPanel pnl2 = new JPanel();
  JPanel iPnl1 = new JPanel();
  JPanel iPnl2 = new JPanel();
  JPanel iPnl3 = new JPanel();
  JButton btn = new JButton();
  JLabel iLbl = new JLabel();
  JLabel lbl1 = new JLabel();
  JLabel lbl2 = new JLabel();
  JLabel lbl3 = new JLabel();
  JLabel lbl4 = new JLabel();
  BorderLayout brderL = new BorderLayout();
  BorderLayout brderL2 = new BorderLayout();
  FlowLayout flL1 = new FlowLayout();
  GridLayout grdL = new GridLayout();
  String product = "Das Supertolle Programm";
  String version = "11.6.7";
  String copyright = "Copyright (c) 2001";
  String comments = "Hier verewigt sich Willhem Türen";
  public SwingFrame_Infodialog(Frame parent) {
    super(parent);
    enableEvents(AWTEvent.WINDOW_EVENT_MASK);
    try {
      initialisieren();
    }
    catch(Exception e) {
      e.printStackTrace();
    }
    pack();
  }
  /**Initialisierung der Komponenten*/
```

```
      private void initialisieren() throws Exception   {
        this.setTitle("Info");
        setResizable(false);
        pnl1.setLayout(brderL);
        pnl2.setLayout(brderL2);
        iPnl1.setLayout(flL1);
        iPnl2.setLayout(flL1);
        iPnl2.setBorder(BorderFactory.createEmptyBorder(10, 10, 10, 10));
        grdL.setRows(4);
        grdL.setColumns(1);
        lbl1.setText(product);
        lbl2.setText(version);
        lbl3.setText(copyright);
        lbl4.setText(comments);
        iPnl3.setLayout(grdL);
        iPnl3.setBorder(BorderFactory.createEmptyBorder(10, 60, 10, 10));
        btn.setText("OK");
        btn.addActionListener(this);
        iPnl2.add(iLbl, null);
        pnl2.add(iPnl2, BorderLayout.WEST);
        this.getContentPane().add(pnl1, null);
        iPnl3.add(lbl1, null);
        iPnl3.add(lbl2, null);
        iPnl3.add(lbl3, null);
        iPnl3.add(lbl4, null);
        pnl2.add(iPnl3, BorderLayout.CENTER);
        iPnl1.add(btn, null);
        pnl1.add(iPnl1, BorderLayout.SOUTH);
        pnl1.add(pnl2, BorderLayout.NORTH);
      }
    /**Überschrieben, so dass eine Beendigung beim Schließen des Fensters
    möglich ist.*/
      protected void processWindowEvent(WindowEvent e) {
        if (e.getID() == WindowEvent.WINDOW_CLOSING) {
          cancel();
        }
        super.processWindowEvent(e);
      }
      /**Dialog schließen*/
      void cancel() {
        dispose();
      }
      /**Dialog bei Schalter-Ereignis schließen*/
      public void actionPerformed(ActionEvent e) {
        if (e.getSource() == btn) {
          cancel();
        }
      }
    }
```

Listing 40.4: Eine umfangreichere Swing-Applikation mit verschiedenen Komponenten

Wenn das Programm startet, sehen Sie ein BorderLayout, in dem im West-Bereich ein GridLayout zur Anordnung von fünf Buttons verwendet wird. Diese sind vom Typ JToggleButton und werden, wenn man sie anklickt, nicht automatisch wieder in den Grundzustand zurückversetzt, sondern erst, wenn man sie erneut anklickt. Mit dem Button wird ein Label im South-Bereich der Applikation geschrieben, gelöscht und in der Farbe verändert. Ein Button erlaubt die Beendigung des Programms, was aber auch über das Datei-Menü erfolgen kann.

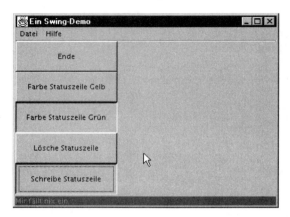

Bild 40.7: Die Swing-Buttons bleiben im gedrückten Zustand, bis man sie wieder anklickt

Wenn Sie auf dem freien Bereich des Applikation mit der rechten Maustaste klicken, erscheint ein Pop-up-Menü (das allerdings recht lange brauchen kann, bis es angezeigt wird). Damit kann die Farbe des freien Bereichs verändert werden.

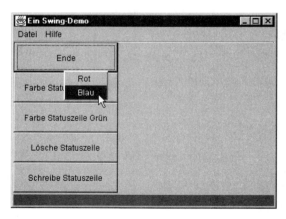

Bild 40.8: Ein Pop-up-Menü

Wenn Sie im Menü die Info aufrufen, wird ein neues Fenster als Dialog (vom Typ JDialog) angezeigt.

Bild 40.9: Das Infofenster wird mit Hilfe der Dialogklasse JDialog *realisiert und über den Menü-Eintrag* Hilfe *aufgerufen*

Wir werden Swing in einigen weiteren Beispielen einsetzen. Dort sehen Sie noch weitere Möglichkeiten dieser Technologie (*siehe auf den Seiten 168, 400 oder 590*).

Grafik und Animation unter Java

In diesem Abschnitt soll es um die grafischen Möglichkeiten von Java gehen. Das ist aber nicht mit dem Aufbau eines grafischen User-Interface zu verwechseln. Das wird wie gerade gesehen über das AWT und Swingrealisiert. Hier geht es darum, dass man in Java auf einer grafischen Oberfläche jenseits von AWT-Komponenten und -Containern Dinge ausgeben kann. Grafische Zeichnenoperationen im Allgemeinen. Aber auch hier ist man nicht vollständig vom AWT losgelöst, denn auf das Paket `java.awt` greift man als Basis zurück.

9

41 Zeichnen und Malen auf grafischen Oberflächen

Die meisten der schon von Anfang an vorhandenen und grundlegenden Grafikfähigkeiten von Java sind in der `Graphics`-Klasse untergebracht, die ein Bestandteil des Paketes `java.awt` ist. Andere finden Sie in der `Image`-Klasse, die ebenso zu diesem Paket gehört. Seit Java 1.2 gibt es noch zahlreiche weitere Pakete, die insbesondere für 2D-Java wichtig sind. Wir werden am Beginn des Kapitels die Grafikmöglichkeiten von Java ansprechen, die schon in der ersten Variante vorhanden waren. Dies sind grundlegende Grafikvorgänge, die auch die Basis für die neuen Grafiktechniken wie 2D-Java sind. Es gibt durchaus technische Gründe, zuerst die älteren Grafiktechniken durchzusprechen. Zum einen muss berücksichtigt werden, dass die neuen Grafikmöglichkeiten noch einige Zeit nicht in allen Darstellungsplattformen – insbesondere den Browsern – wiedergegeben werden können. Auch die prinzipiell in die Java-2-Plattform integrierte Lösung mit dem standardmäßig in die Plattform integrierten Java-Plug-In kann nicht immer eingesetzt werden. Die Version 1.0.x ist deshalb vielfach der kleinste gemeinsame Nenner, der von allen Java-fähigen Browsern verstanden werden sollte.

Es gibt aber auch didaktische Gründe für einen Start mit den alten Grafiktechniken. Es werden die grundlegenden Techniken zur Verwendung der Grafikmöglichkeiten von Java an Hand dieser einfachen Methoden leichter deutlich. Festhalten sollte man aber schon jetzt, dass es unter den neuen Techniken für sämtliche der Methoden, die das `java.awt.Graphics` nutzen, einen Ersatz gibt oder deren Anwendung sich direkt aus Techniken der Vorgängerwelt ableiten lässt.

Wir werden aus der Vielzahl von Grafikmethoden nur eine kleine Auswahl präsentieren können, die aber die wichtigsten Grundtechniken beschreiben sollten. Insbesondere sollten Sie beachten, dass es für viele der vorgestellten Methoden mehrere Varianten des gleichen Namens gibt, von denen wir dann nur eine ausgewählte Version präsentieren.

Wir kennen bereits einige Fähigkeiten zur Darstellung von Bildern und Text. Dazu kommen freilich noch reichlich weitere Möglichkeiten, die das Zeichnen von Zeilen, Gebilden, Bildern und Text in verschiedenen Schriften, Stilen und Farben ermöglichen.

41.1 Zeichnen, Update und neu zeichnen

Allgemeine Zeichnenvorgänge in Java erfolgen, indem eine beliebige Grafikmethode innerhalb einer Methode aufgerufen wird. Dies muss nicht zwingend die uns bereits bekannte `paint()`-Methode sein. Diese ist »nur« eine ganz besondere Methode, um bestimmte Grafik-Vorgänge auszulösen. Großer Vorteil dieser Methode ist, dass sie in jedem Applet und jeder Applikation mit grafischer Oberfläche auf Basis des AWT automatisch zur Verfügung steht und mit zahlreichen Mechanismen gekoppelt ist, die eine sinnvolle Verwaltung des Bildschirms gewährleisten. Diese Methode spart Ihnen auch, dass Sie sich selbst um die Beschaffung eines Grafikkontextes kümmern müssen. Zwar kann man das im allgemeinen Fall über die Syntax

```
Graphics mG = getGraphics();
```

machen und sich eine Instanz von `Graphics` erstellen, die zur Ausgabe verwendet wird. Sie können anschließend beispielsweise mit

```
mG.drawString("Dusereitsing", 10, 40);
```

auf sämtliche Grafikmethoden zugreifen. Die in der Klasse `Component` als `public Graphics getGraphics()` definierte Methode gibt den `Graphics`-Kontext der Komponente zurück, bzw. `null`, wenn die Komponente keinen aktuellen Grafikbezug hat.

Das ist jedoch recht umständlich und wird wie erläutert alles in der `paint()`-Methode elegant im Hintergrund erledigt. Deshalb werden die meisten Zeichnenoperationen in der `paint()`-Methode durchgeführt werden. Um die `paint()`-Methode aufzurufen, gibt es drei verschiedene Techniken. In jedem Fall wird damit die grafische Oberfläche neu gezeichnet:

1. Die Methode `public void paint(Graphics g)` wird direkt aufgerufen. Das passiert immer dann, wenn eine grafische Oberfläche neu gezeichnet werden muss. Dies ist immer beim ersten Aufruf des Applets bzw. Programms der Fall, aber auch jedes Mal dann, wenn das Fenster verschoben oder zwischenzeitlich von einem anderen Fenster überlagert wurde. Der `paint()`-Methode wird eine Instanz der `Graphics`-Klasse weitergegeben, die sie für das Zeichnen verschiedener Formen und Bilder verwenden kann.

2. Die Methode `public void repaint()` kann jederzeit aufgerufen werden, wann auch immer das Applet oder die grafische Oberfläche einer Applikation neu gezeichnet werden muss. Unabhängig von einem Standardereignis. Sie ist der Auslöser, der Java veranlasst, die `paint()`-Methode so bald wie möglich aufzurufen und neu zu zeichnen. Die Aussage »so bald wie möglich« weist bereits darauf hin, dass die `paint()`-Methode unter Umständen mit einer gewissen Verzögerung ausgeführt werden kann, wenn andere Ereignisse zuerst zu Ende geführt werden müssen. Die Verzögerung ist jedoch meist sehr gering.

3. Die Methode `public void update(Graphics g)` wird von `repaint()` aufgerufen. Die Standard-`update()`-Methode löscht den vollständigen Zeichenbereich des Applets bzw. der grafischen Oberfläche einer Applikation (oft ruft das den unangenehmen Flimmereffekt bei schnellen Bildsequenzen hervor) und ruft anschließend die `paint()`-Methode auf, die dann den gesamten grafischen Bereich vollständig neu zeichnet. Es ist also genau genommen so, dass nicht die `repaint()`-Methode direkt die `paint()`-Methode aufruft, sondern nur indirekt über die `update()`-Methode.

41.2 Verschiedene Grafiktechniken

Die Graphics-Klasse verfügt über verschiedene Arten von Methoden zum Zeichnen von Grafiken, unter anderem über die nun folgenden:

→ Methoden zum Zeichnen von Linien

→ Methoden zum Zeichnen von Kreisen und Ellipsen

→ Methoden zum Zeichnen von Bögen

→ Methoden zum Zeichnen von Rechtecken und Polygonen

→ Methoden zum Zeichnen von Bildern

→ Methoden zum Zeichnen von Text in verschiedenen Schriften, Farben und Schriftstilen

Wir werden uns natürlich nicht alle Methoden ansehen können. Stattdessen werden wir punktuelle Schwerpunkte setzen, um die grundlegenden Vorgänge zu besprechen.

41.2.1 Das Koordinatensystem

Grundlage jeder grafischen Ausgabe ist das Koordinatensystem, in dem mit zwei Werten ein Tupel spezifiziert wird, an dem eine bestimmte Ausgabe erfolgen soll. In dem in Java verwendeten Koordinatensystem lässt sich durch die Angabe von zwei Werten (so genannte Vektoren, die vom Ursprung des Koordinatensystems ausgehen) ein beliebiger Punkt in dem Koordinatensystem eindeutig festlegen. Dies sind ein x-Wert und ein y-Wert, wie man es meist aus dem Mathematikunterricht in der Schule kennt. Das in Java verwendete Koordinatensystem unterscheidet sich aber ein wenig von dem sonst oft verwendeten System. Die obere linke Ecke des Bildschirms (genauer: des Bildschirmbereichs eines Applets oder dem Fenster einer Applikation) wird mit (0, 0) – also dem Koordinatensystem-Ursprung – abgebildet (sonst ist es meist die untere linke Ecke). Dabei ist der x-Wert die Anzahl der Bildschirm-Pixel von links ausgehend, also in der Waagerechten, und y ist die Zahl der Pixel, von oben angefangen, also in der Senkrechten. Das Koordinaten-Tupel (42, 10) beschreibt z.B. einen Punkt, der 42 Pixel vom linken Rand des Bildschirmbereichs und 10 Pixel vom oberen Rand des Bildschirmbereichs entfernt ist.

Jede Grafik-Methode von Java verwendet irgendwelche Koordinatenangaben, denn es muss ja festgelegt werden, wo eine Ausgabe beginnt, und oft noch, bis wohin die Ausgabe erfolgen soll.

41.2.2 Linien und Rechtecke

Zu den einfachsten Techniken der Graphics-Klasse gehört das Zeichnen von Linien. Dies geschieht mit der Methode public abstract void drawLine(int x1, int y1, int x2, int y2). Sie hat zwei Koordinatenpaare:

→ Das Tupel (x1, y1), das den Anfangspunkt einer Linie bestimmt.

→ Das Tupel (x2, y2), das den Endpunkt einer Linie bestimmt.

Zwischen den beiden Tupeln wird eine Linie gezogen. Ebenfalls sehr einfach ist das Zeichnen von Rechtecken. Es gibt dazu die Methode public void drawRect(int x, int y, int width, int height). Sie verwendet wieder zwei Koordinaten-Tupel, die jedoch anders als die drawLine()-Tupel zu verstehen sind.

→ Das Tupel (x1, y1), das die linke obere Ecke eines Rechtecks bestimmt.

→ Das Tupel (widthx2, heighty2), das die Breite und die Höhe des Rechtecks festlegt.

Die drawRect()-Methode zeichnet nur die Umrandung einer Box. Wenn Sie einen gefüllten Kasten zeichnen wollen, können Sie die Methode public abstract void fillRect(int x, int y, int width, int height) verwenden, die die gleichen Parameter wie drawRect() verwendet.

Ganz wichtig ist die Möglichkeit, einen rechteckigen Bereich wieder löschen zu können. Sie können dazu mit der Methode public abstract void clearRect(int x, int y, int width, int height) arbeiten. Sie verwendet die gleichen Parameter wie drawRect().

```java
import java.awt.*;
import java.awt.event.*;
class LinieRecht extends Frame {
    public LinieRecht() {
        addWindowListener(new WindowAdapter() {
            public void windowClosing(WindowEvent e) {
                dispose();
                System.exit(0);
            }
        });
    }
    public static void main(String args[]) {
        System.out.println("Starting LinieRecht...");
        LinieRecht mainFrame = new LinieRecht();
        mainFrame.setSize(600, 700);
        mainFrame.setTitle("LinieRecht");
        mainFrame.setVisible(true);
    }
    public void paint(Graphics g) {
        g.drawLine(20,30,200,30);
        for(int i=0;i<100;i++)
            g.drawLine(40,40+i,140,140-i);
        for(int i=0;i<50;i++)
            g.drawLine(140,40+(2*i),240,140-(2*i));
        for(int i=0;i<25;i++)
            g.drawLine(240,40+(4*i),340,140-(4*i));
        for(int i=0;i<25;i++)
```

```
          g.drawLine(340+(4*i),40,440-(4*i),140);
        for(int i=0;i<10;i++)
          g.drawLine(40+(10*i),140,140,240-i);
        for(int i=0;i<50;i++)
          g.drawLine(140,140,240,240-(2*i));
        for(int i=0;i<25;i++)
          g.drawLine(240,140+(4*i),340,240);
        for(int i=0;i<25;i++)
          g.drawLine(340+(4*i),140+i,440,240);
        g.drawRect(10,350,100,20);
        for(int i=0;i<25;i++)
          g.drawRect(150+i,350+(3*i),20+i,20+(i*5));
        for(int i=0;i<25;i++)
          g.fillRect(300+(5*i),300+(3*i),20+(5*i),20+(i*8));
    }
}
```

Listing 41.1: Linien und Rechtecke

Bild 41.1: Verschiedene Effekte mit Linien und Rechtecken

41.2.3 Vielecke

Sehr interessant ist die Technik zum Zeichnen eines Polygons oder Vielecks. Darunter versteht man eine grafische Form mit einer nicht zwingend vorgebenden Anzahl von Ecken und Kanten und beliebigen Winkeln zwischen den Kanten. Die Summe der Winkel muss bei einem geschlossenen Vieleck immer 360 Grad sein und die letzte Linie muss in diesem Fall den Anfangspunkt der ersten Linie berühren. Ein Polygonzug kann aber auch offen sein. Dies bedeutet, dass der Endpunkt der letzten Linie nicht mit dem Anfangspunkt der ersten Linie übereinstimmt. In dem Fall kann (und wird meist) die Summe der Winkel von 360 Grad abweichen.

Ein Rechteck ist der Spezialfall eines geschlossenen Vierecks (sicher keine Überraschung), daneben fallen darunter Dreiecke, Fünfecke usw. Besonderheit ist bei Vielecken, dass im Regelfall keine Symmetrie zwischen den Kanten (wie etwa beim Rechteck oder Quadrat) herrscht. Um ein Vieleck zu zeichnen, können Sie die Methode `public abstract void drawPolygon (int[] xPoints, int[] yPoints, int nPoints)` verwenden. Die fehlende Symmetrie macht jedoch mehr Angaben über den Verlauf eines Vielecks notwendig, als es bei dem Spezialfall eines Rechtecks notwendig war. Sie können natürlich gefüllte Polygone zeichnen. Dazu dient die Methode `public abstract void fillPolygon(int[] xPoints, int[] yPoints, int nPoints)`, die in der Syntax wieder identisch mit der `drawPolygon()`-Methode ist. Beachten Sie jedoch bitte, dass bei der `fillPolygon()`-Methode nur geschlossene Polygone erzeugt werden, d.h., Anfangs- und Endpunkt sind identisch.

Sie können unter anderem mit Arrays arbeiten, um die x- und die y-Koordinaten der Punkte anzugeben. Die beiden Arrays müssen für die x- und y-Koordinaten gleich groß sein. Wenn dies nicht der Fall ist, kann nur ein n-Eck gezeichnet werden, dessen maximale Anzahl der Ecken dem Index des kleineren Arrays entspricht.

```java
import java.awt.*;
import java.awt.event.*;
class Polygone extends Frame {
// Definiere ein Array mit X-Koordinaten
 int xCoords1[] = { 10, 240, 160, 330, 10 };
// Definiere ein Array mit Y-Koordinaten
 int yCoords1[] = { 20, 40, 500, 600, 40 };
// Definiere ein Array mit X-Koordinaten
int xCoords2[] = { 100, 30, 400, 300, 10, 155, 42 };
// Definiere ein Array mit Y-Koordinaten
int yCoords2[] = { 100, 20, 500, 600, 70, 42, 42 };
int anzahlEcken = xCoords2.length;
    public Polygone() {
        addWindowListener(new WindowAdapter() {
            public void windowClosing(WindowEvent e) {
                dispose();
                System.exit(0);
            }
        });
```

```
            }
            public static void main(String args[]) {
                System.out.println("Starting Polygone...");
                Polygone mainFrame = new Polygone();
                mainFrame.setSize(600, 700);
                mainFrame.setTitle("Polygone");
                mainFrame.setVisible(true);
            }
            public void paint(Graphics g) {
              g.drawPolygon(xCoords1, yCoords1, 5);
            // Zeichne ein 7-Eck
                g.fillPolygon(xCoords2, yCoords2, anzahlEcken);
            }
        }
```

Listing 41.2: Polygone

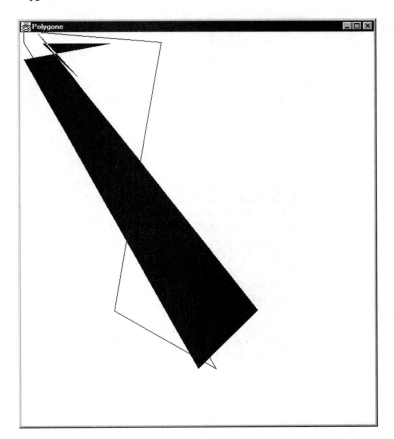

Bild 41.2: Polygone

41.2.4 Zeichnen von Kreisen und Ellipsen

Kreise und Ellipsen werden in Java mit ein und derselben Methode erstellt
– `public abstract void drawOval(int x, int y, int width, int height)`.
Diese besitzt die gleichen Koordinaten-Angaben wie die `drawRect()`-Methode, denn in ein Rechteck kann eindeutig eine Ellipse oder in jedem Fall in ein Quadrat eindeutig ein Kreis eingeschrieben werden. In der Mitte jeder Seite des Rechtecks bzw. Quadrats stößt das eingeschriebene runde Objekt in genau einem Punkt an die Linie des umgebenden rechteckigen Objekts. Sie geben also die Koordinaten der oberen linken Ecke dieses umschreibenden Rechtecks im ersten (x,y)-Tupel an die Methode weiter. Das zweite (x,y)-Tupel legt die Breite und die Höhe des umschreibenden Rechtecks und damit auch des Ovalkörpers fest. Wenn Breite und Höhe gleich sind, haben Sie einen Kreis.

Das Analogon für gefüllte Kreisen und Ellipsen ist die Methode `public abstract void fillOval(int x, int y, int width, int height)`.

```
import java.awt.*;
import java.awt.event.*;
class Kreise extends Frame {
    public Kreise() {
        addWindowListener(new WindowAdapter() {
            public void windowClosing(WindowEvent e) {
                dispose();
                System.exit(0);
            }
        });
    }
    public static void main(String args[]) {
        System.out.println("Starting Kreise...");
        Kreise mainFrame = new Kreise();
        mainFrame.setSize(600, 700);
        mainFrame.setTitle("Kreise");
        mainFrame.setVisible(true);
    }
    public void paint(Graphics g) {
        for(int i=1;i<100;i++)
            g.drawOval(i,i*2,5*i,3*i);
        g.fillOval(300,300,40,40);
        g.fillOval(300,400,40,80);
        g.fillOval(300,500,80,40);
    }
}
```

Listing 41.3: Kreise

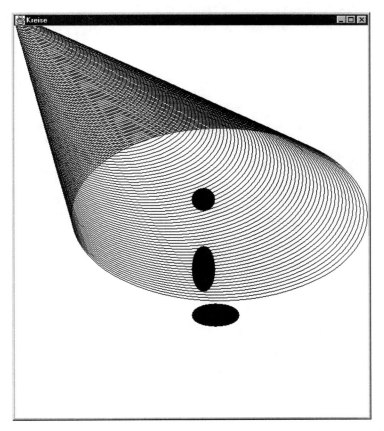

Bild 41.3: Kreise

42 Treiben wir es bunt – Farben unter Java

Java setzt in seinem ursprünglichen Konzept (wir werden noch das neue Konzept kennen lernen) sämtliche Farben aus so genannten Primärfarben des Lichts zusammen. Dies sind die Farben Rot, Grün und Blau. Man nennt dieses Farbmodell das RGB-Modell (Red-Green-Blue). Das bedeutet, dass Farben aus der Summe von rotem, grünem und blauem Licht zusammengesetzt werden.

Einige der üblichen Kombinationen sind:

→ Rot + Grün = Braun (oder Gelb, je nach Helligkeit)

→ Grün + Blau = Cyan

→ Rot + Blau = Magenta

Schwarz entsteht, wenn es kein Licht gibt, Weiß ist volle Ladung aller Primärfarben. Dies ist genau umgekehrt zu dem Pigment-basierendem Modell. Sie definieren eine Farbe im RGB-Modell, indem Sie angeben, wie viel rotes, grünes und blaues Licht in der Farbe enthalten ist. Sie können dies beispielsweise mit einer Zahl zwischen 0 und 255 oder mit Gleitkommazahlen zwischen 0.0 und 1.0.

42.1 Die Klasse Color

Um ein Objekt in einer bestimmten Farbe zeichnen und darstellen zu können, können Sie eine Instanz der Color-Klasse erzeugen. Dazu gibt es verschiedene Konstruktoren. Wir beschränken uns auf den Konstruktor public Color(int red, int green, int blue). Damit wird eine Farbe mit Rot-, Grün- und Blau-Werten zwischen 0 und 255 erzeugt. Eine Instanz einer Farbe erstellen Sie damit beispielsweise so:

```
Color meineFarbe = new Color(255, 192, 192);
```

Eine gängige Farbe können Sie noch schneller zur Verfügung haben, denn die Color-Klasse definiert verschiedene in Klassenvariablen gespeicherte Standardfarbobjekte, auf die Sie per Punktnotation zugreifen können.

Beispiele:

```
Color.white
Color.pink
```

Wenn Sie einmal eine Farbe erstellt haben oder ein Standardfarbobjekt verwenden wollen, können Sie die Zeichnenfarbe mit der Methode public abstract void setColor(Color c) setzen. Als Parameter geben Sie das gewünschte Farbobjekt an.

```
import java.awt.*;
import java.awt.event.*;
class Bunt extends Frame {
    public Bunt() {
```

```
            addWindowListener(new WindowAdapter() {
                public void windowClosing(WindowEvent e) {
                    dispose();
                    System.exit(0);
                }
            });
        }
        public static void main(String args[]) {
            System.out.println("Starting Bunt...");
            Bunt mainFrame = new Bunt();
            mainFrame.setSize(600, 700);
            mainFrame.setTitle("Bunt");
            mainFrame.setVisible(true);
        }
        public void paint(Graphics g) {
            g.setColor(Color.blue);
            g.fillOval(30,30,25,25);
            for(int i=1;i<10;i++){
                g.setColor(new Color(i*25,10,10));
                g.fillOval(10+(i*50),10+(i*10),40+(i*5),40+(i*5));
            }
            for(int i=1;i<10;i++){
                g.setColor(new Color(i*25,i*25,0));
                g.fillRect(30+(i*50),100+(i*10),40+(i*3),40+(i*8));
            }
            for(int i=1;i<12;i++){
                g.setColor(new Color(255,255,255-(i*20)));
                g.fillRect(650-(i*50),300+(i*10),80-(i*3),80-(i*4));
            }
            for(int i=1;i<20;i++){
                g.setColor(new Color(0,0,255-(10*i)));
                g.fillOval(10+(i*30),150+(i*25),30+(i*5),30+(i*2));
            }
        }
    }
```

Listing 42.1: Mach es bunt

Im JDK 1.4 (Stand Betaversion) gibt es eine interessante Anpassung an die normale Java-Syntax. Im JDK 1.3.1 und davor muss blue *kleingeschrieben werden. Im JDK 1.4 gibt es neu die Möglichkeit, diese Konstanten für die Farben – wie es auch mit der normalen Java-Syntax konform ist – großzuschreiben (also* Color.BLUE*). Wenn Sie allerdings diesen Quelltext mit einem älteren Compiler übersetzen wollen, erhalten Sie (natürlich) Fehler. Aber auch mit dem JDK-1.4-Compiler übersetzter Quelltext kann nicht mehr mit einem Interpreter bzw. Appletviewer der Vorgängerversion ausgeführt werden.*

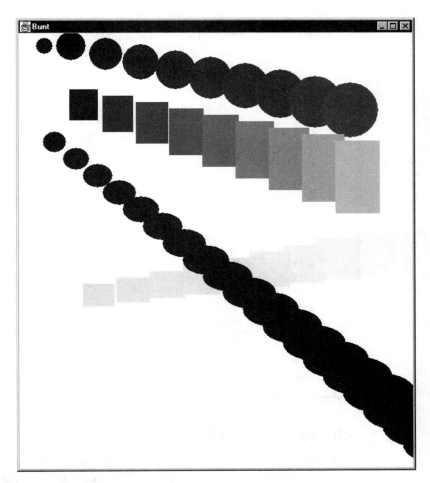

Bild 42.1: Verschiedene Farben

42.2 Hintergrundfarben und pauschale Vordergrundfarben

Normalerweise ist die Hintergrundfarbe eines Applets Weiß oder Dunkelgrau (je nach Einstellungen im Container). Sie können aber die Hintergrundfarbe eines Grafikkontextes individuell mittels der Methode public void setBackground(Color c) setzen.

Wenn Sie die Farbe für alle Zeichenobjekte innerhalb eines Applets oder einer Applikation mit grafischer Oberfläche pauschal vorbelegen wollen, können Sie die Methode public void setForeground(Color c) verwenden. Als Parameter geben Sie wieder das gewünschte Farbobjekt an.

```
import java.awt.*;
import java.awt.event.*;
class BackVorder extends Frame {
```

```java
public BackVorder() {
    addWindowListener(new WindowAdapter() {
        public void windowClosing(WindowEvent e) {
            dispose();
            System.exit(0);
        }
    });
}
public static void main(String args[]) {
    System.out.println("Starting BackVorder...");
    BackVorder mainFrame = new BackVorder();
    mainFrame.setSize(600, 700);
    mainFrame.setTitle("BackVorder");
    mainFrame.setVisible(true);
}
public void paint(Graphics g) {
    Color mFarbe = new Color(10, 50, 200);
    setBackground(mFarbe);
    setForeground(Color.yellow);
    g.fillRect(40,40,300,120);
    g.fillOval(300, 250,300,300);
    for(int i=1;i<10;i++){
        g.fillOval(600-(i*50),150+(i*10),40+(i*5),40+(i*5));
    }
}
}
```

Listing 42.2: Hintergrund- und pauschale Vordergrundfarbe (siehe Bild 42.2)

42.3 Abrufen von Farbinformationen

Natürlich können Sie in Java gesetzte Farben und Teilwerte davon abfragen. Dazu haben Sie u.a. die folgenden Methoden zur Verfügung:

→ Die Methode `public int getRed()` liefert den Rotanteil einer Farbe als `int`-Wert zurück.

→ Die Methode `public int getGreen()` liefert den Grünanteil einer Farbe als `int`-Wert zurück.

→ Die `public int getBlue()`-Methode liefert den Blauanteil einer Farbe als `int`-Wert zurück.

→ Die Methode `public static Color getColor(String nm)` ermittelt die aktuelle Grafikfarbe und gibt ein entsprechendes Farbobjekt zurück.

→ Die Methode `public Color getBackground()` ermittelt die aktuelle Hintergrundfarbe und gibt ein entsprechendes Farbobjekt zurück.

→ Die Methode `public Color getForeground()` ermittelt die aktuelle Vordergrundfarbe und gibt ein entsprechendes Farbobjekt zurück.

Bild 42.2: Global gesetzte Farben

43 Die Textausgabe auf grafischen Oberflächen

Die `Graphics`-Klasse enthält diverse Methoden, um Textzeichen und Zeichenketten sowie allgemeine Zeichen zu zeichnen. Wir kennen ja bereits die Methode `public abstract void drawString(String str, int x, int y)`. Die angegebene Zeichenkette wird an den per x- und y-Koordinaten angegebenen Anfangkoordinaten gezeichnet. Die Koordinaten definieren genau genommen den Beginn einer gedachten Grundlinie, auf der der darzustellende Text aufsitzt.

Diese Methode ist allerdings nur zur Ausgabe von Strings zu verwenden. Wenn primitive Datentypen ausgeben werden sollen, kann man damit nicht (direkt) arbeiten. Diese Datentypen werden in der Regel in Strings konvertiert (beispielsweise durch Verknüpfung mit einem String über + oder Anwendung von Wrappern). Für nur zwei Fälle stehen Schwester-Methoden bereit:

```
drawBytes(byte[], int, int, int, int)
drawChars(char[], int, int, int, int)
```

Der erste Parameter bezeichnet dabei eine Reihe von Zeichen/Byte. Der zweite Parameter – der `offset`-Parameter – bezieht sich auf die Position des ersten Zeichens oder Bytes in dem zu zeichnenden Datenfeld. Diese wird oft null sein, da Sie gewöhnlich vom Anfang des Datenbereiches aus zeichnen wollen. Der dritte Parameter ist eine Ganzzahl für die Position des letzten zu zeichnenden Zeichens. Parameter 4 und 5 sind die bekannten Anfangkoordinaten.

43.1 Erstellen von Fontobjekten

Bei der Textausgabe auf grafischen Oberflächen spielen die `Font`-Klasse und die `FontMetrics`-Klasse eine wichtige Rolle. Die `Font`-Klasse stellt bestimmte Fonts dar (Name, Stil, Punktgröße), während `FontMetrics` Informationen über den Font enthält wie die tatsächliche Höhe und Breite eines bestimmten Zeichens.

Um Text auf dem Bildschirm ausgeben zu können, ist ein sinnvoller Weg, dass Sie zuerst eine Instanz der Klasse `Font` erstellen. Fontobjekte stellen einen einzelnen Font dar. Fontnamen sind Zeichenketten, die die Familie der Schrift bezeichnen (Arial, TimesRoman, ...). Fontstile sind Konstanten, die in der `Font`-Klasse definiert sind und die Sie über die übliche Punktnotation ansprechen können. Die Punktgröße ist die Größe der betreffenden Schriftart entsprechend der im Schrifttyp enthaltenen Definition. Wenn Sie eine Schrift auswählen, müssen Sie die Punktgröße der Schrift angeben. Die Punktgröße ist ein Begriff aus dem Druckwesen, der sich auf die Größe der Schrift bezieht. Es gibt 100 Punkt pro Inch (dots per inch = dpi) bei einem Drucker, diese Größe gilt aber nicht zwangsläufig auch für den Bildschirm (Stichwort: verschiedene Bildschirmauflösungen). Ein typischer Punktgrößenwert für Drucktext ist 12 oder 14. Die Punktgröße zeigt nicht die Anzahl der Pixel in der Höhe oder der Breite an. Es handelt sich vielmehr um einen vergleichenden Begriff. Eine Punktgröße von 24 ist zweimal so groß wie die von 12. Um nun ein Fontobjekt zu erstellen, verwenden Sie die drei beschriebenen Fonteigenschaften als Argumente:

→ den Schriftnamen

→ die Schriftformatierung

→ die Punktgröße

Es gilt folgende Syntax:

```
Font f = new Font(<Fontname>,<Fontstil>,<Punktgröße>)
```

Sie können in Java aus einer Vielzahl verschiedener Schriften auswählen. Es handelt sich um die auf den meisten Plattformen unterstützten Zeichensätze.

Sie können, wie wir schon gesehen haben, nicht nur zwischen verschiedenen Schriften auswählen, Sie können ebenso mehrere Schriftformatierungen auswählen. Beispielsweise Font.PLAIN (normale Schrift), Font.BOLD (fette Schrift) und Font.ITALIC (kursive Schrift). Diese Formatierungen können auch kombiniert werden, so dass Sie eine Schrift fett und kursiv machen können: Font.BOLD + Font.ITALIC.

Die Konstanten repräsentieren so angeordnete int-*Werte, dass eine Addition einen neuen* int-*Wert ergibt, der eindeutig ist und sich nur aus dieser Kombination ergeben kann.*

Die folgende Deklaration erstellt eine Times-Roman-Schrift, die fett und kursiv ist und eine Punktgröße von 12 hat:

```
Font ft = new Font("TimesRoman", Font.BOLD + Font.ITALIC, 12);
```

Das explizite Setzen eines Schrifttyps erfolgt mit der folgenden Methode:

```
public abstract void setFont(Font ft)
```

Hier ist ein etwas umfangreicheres Beispiel:

```
import java.awt.*;
import java.awt.event.*;
class Fonts extends Frame {
   public Fonts() {
   addWindowListener(new WindowAdapter() {
      public void windowClosing(WindowEvent e) {
         dispose();
         System.exit(0);
      }
   });
   }
   public static void main(String args[]) {
      System.out.println("Starting Fonts...");
      Fonts mainFrame = new Fonts();
      mainFrame.setSize(550, 400);
```

```
            mainFrame.setTitle("Fonts");
            mainFrame.setVisible(true);
        }
        public void paint(Graphics g) {
         Font f[] = new Font[8];
         f[0] = new Font("TimesRoman", Font.PLAIN, 18);
         f[1] = new Font("TimesRoman", Font.BOLD, 16);
         f[2] = new Font("TimesRoman", Font.ITALIC, 14);
         f[3] = new Font("TimesRoman",
            Font.BOLD + Font.ITALIC, 18);
         f[4] = new Font("Arial", Font.PLAIN, 10);
         f[5] = new Font("Courier", Font.BOLD, 12);
         f[6] = new Font("Arial", Font.ITALIC, 34);
         f[7] = new Font("TimesRoman", Font.ITALIC, 20);
         for(int i=0;i<8;i++){
            g.setFont(f[i]);
            g.drawString(
              "Mir ham Hunger! Un Dorscht!!",15,50+(25*i));
            }
         }
        }
```

Listing 43.1: Verschiedene Fonts

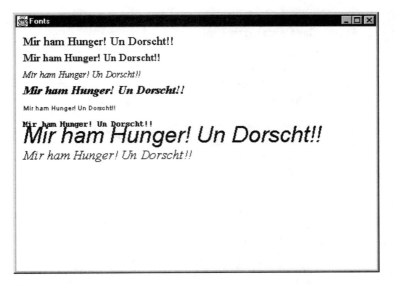

Bild 43.1: Verschiedene Fonts

43.2 Zur Verfügung stehende Fonts abfragen

Grundsätzlich ist es ein Problem, einfach eine Schriftart in einem Programm einzustellen und diese ist beim Anwender dann nicht vorhanden. Es zeichnet schlechte Webseiten[1] geradezu aus, dass dort ein bestimmter

Font gesetzt wird, ohne den die Seite katastrophal aussieht. Hat man unter HTML keine große Möglichkeit, die beim Anwender vorhandenen Fonts abzufragen, kann man das mit Java jedoch leicht machen. Bei Bedarf kann man mit der Methode `public abstract Font getFont()` ein Font-Objekt und vor allem mit einer speziellen Methode der Toolkit-Klasse die auf einem Computersystem zur Verfügung stehenden Fonts abfragen. Damit können Sie sicherstellen, dass Sie keine Fonts verwenden, die auf der Zielplattform nicht vorhanden sind. Für einen solchen Fall können Sie einen Default-Font setzen, der auf jeder Plattform zur Verfügung steht (etwa Courier). Die Methode `public abstract String[] getFontList()` **gibt ein Datenfeld zurück, das die Namen der verfügbaren Schriften enthält.**

Beispiel:

```
fontList = getToolkit().getFontList();
```

Es kann allerdings sein, dass diese Methode nicht ganz zuverlässig arbeitet. Außerdem sollten Sie beachten, dass die folgenden Fontnamen als deprecated gelten und durch die zweitgenannten ersetzt werden sollten:

→ TimesRoman **(neu** Serif**)**

→ Helvetica **(neu** SansSerif**)**

→ Courier **(neu** Monospaced**)**

Das nachfolgende Beispiel fragt die auf der Plattform vorhandenen und unter Java nutzbaren Fonts ab:

```
import java.awt.*;
import java.awt.event.*;
class FrageFonts extends Frame {
   String[] fontList;
   public FrageFonts() {
   addWindowListener(new WindowAdapter() {
      public void windowClosing(WindowEvent e) {
         dispose();
         System.exit(0);
      }
   });
   fontList = getToolkit().getFontList();
   }
   public static void main(String args[]) {
      System.out.println("Starting FrageFonts...");
      FrageFonts mainFrame = new FrageFonts();
      mainFrame.setSize(550, 400);
      mainFrame.setTitle("FrageFonts");
      mainFrame.setVisible(true);
   }
   public void paint(Graphics g) {
      g.drawString(
      "Es stehen "+ fontList.length + " Fonts zur Verfügung.",
```

---

1   Und miese HTML-Tools bzw. im HTML-Format speichernde Office-Programme.

```
            15,50);
        for(int i=0;i<fontList.length;i++)
            g.drawString(fontList[i].toString(),15,100+(i*50));
    }
}
```

Listing 43.2: Die verfügbaren Fonts

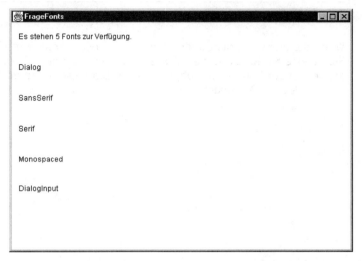

Bild 43.2: Die Fonts können auf der Plattform laut getFontList() *gesetzt werden*

43.3 Informationen über einen speziellen Font abfragen

Sie können bei Bedarf in Java über Fonts und Fontobjekte anhand einfacher Methoden Informationen abfragen, die auf alle Graphics- und Font-Objekte anzuwenden sind. Einige Methoden sollen hier dem Namen nach aufgelistet werden. Sie sind mit einer Ausnahme alle aus der Font-Klasse. Nur die bereits erwähnte Methode getFont() gehört zur Graphics-Klasse.

Methode	Beschreibung
getFont()	Ausgabe des gesetzten Fontobjekts
getName()	Ausgabe des Namens des Fonts als Zeichenkette
getSize()	Ausgabe der Größe des aktuellen Fonts als Ganzzahl
getStyle()	Der Stil des aktuellen Fonts als Ganzzahl 0 = normal 1 = fett 2 = kursiv 3 = fett + kursiv

Tabelle 43.1: Abfrage von Font-Details

isPlain()	Rückgabe true oder false, wenn der Fontstil normal ist oder nicht
isBold()	Rückgabe true oder false, wenn der Fontstil fett ist oder nicht
isItalic()	Rückgabe true oder false, wenn der Fontstil kursiv ist oder nicht

Tabelle 43.1: Abfrage von Font-Details

Wenn Sie mehr Informationen über den aktuellen Font wünschen, können Sie diverse Methoden in der Klasse FontMetrics nutzen. Dazu erstellen Sie am besten ein FontMetrics-Objekt und werten dieses dann mittels geeigneter FontMetrics-Methoden aus.

44 Bilder ausgeben

In Java ist es ein Leichtes, Bilder auszugeben. In Applets haben wir das ja schon mehrfach gemacht. Dabei besteht der Vorgang aus zwei getrennten Schritten:

→ dem Laden von Bildern

→ dem Ausgeben von Bildern

44.1 Laden von Bildern

Um ein Bild anzeigen zu können, müssen Sie sich zuerst das Bild von irgendwo holen. »Irgendwo« kann ein lokaler Rechner, aber ebenso das Netz sein. Dies wird nicht von der `Graphics`-Klasse erledigt, sondern beispielsweise mit der Methode `public Image getImage(URL url)`, die zur Klasse `java.awt.Toolkit` gehört. Wir haben diese Methode im Rahmen der Beispiele zur Applet-Erstellung verwendet. Jedem Applet steht sie über die Vererbungshierarchie automatisch zur Verfügung. Die Methode lädt ein Bild und erstellt automatisch eine Instanz der `Image`-Klasse. Um sie zu verwenden, brauchen Sie nur der Methode die Adresse (URL) des Bildes zu übergeben. Von dieser Methode gibt es diverse Varianten. Etwa mit einem Objekt vom Typ `URL` als Argument oder einem String, der das Bild spezifiziert. In der `Applet`-Klasse gibt es die Methode auch mit zwei Argumenten (ein Objekt vom Typ `URL` und eine Zeichenkette, die den Pfad oder Dateinamen des Bildes in Bezug zu einer Basis enthält). Gut geeignet zum Laden (oder genauer – Erstellen) eines Bildes ist auch die in der `Toolkit`-Klasse vorhandene Methode `public abstract Image createImage(URL url)`, die es auch wieder in verschiedenen Varianten gibt. Beachten sollten Sie aber, dass die Methoden von `java.awt.Toolkit` abstrakt sind und nicht direkt eingesetzt werden können. Mit der Methode `public static Toolkit getDefaultToolkit()` erhalten Sie aber ein Objekt vom Typ `Toolkit` und damit können Sie dann die Methoden anwenden.

Im Fall eines Applets entspricht die einfachere Variante mit einem Argument immer einer hartcodierten Pfadangabe auf das Bild und ist deshalb ziemlich unflexibel. Die Variante mit den zwei Argumenten lässt sich in Verbindung mit zwei weiteren Methoden der Applet-Klasse, die wir bereits kennen, äußerst anpassungsfähig einsetzen.

→ Die Methode `getDocumentBase()` zur Rückgabe eines Objekts vom Typ `URL`, die das Verzeichnis der HTML-Datei enthält, die das Applet eingebunden hat.

→ Die Methode `getCodeBase()` zur Rückgabe des URL des Applets.

Wir können nun `getImage()` zum Holen von Bildern sehr flexibel einsetzen.

Beispiele:

```
Image bild = getImage(getDocumentBase(), "Bild1.gif")
Image bild = getImage(getCodeBase(), "Bild2.gif")
Image bild = java.awt.Toolkit.getDefaultToolkit().createImage("b3.jpg");
```

Das erste Beispiel lädt das Bild aus dem Verzeichnis, in dem sich die HTML-Datei befindet, das zweite Beispiel sucht das Bild in dem Verzeichnis, in dem das Applet platziert ist. Das dritte Beispiel lädt die Grafik relativ zu der Position des Programms und verwendet createImage().

Kann Java eine angegebene Datei nicht finden, geben die Methoden den Wert null aus. Dies ist im Prinzip kein Problem, das Programm läuft weiter, es wird nur kein Bild angezeigt.

44.2 Anzeigen von Bildern

Die Graphics-Klasse ermöglicht es, Bilder mit der drawImage()-Methode darzustellen. Wir haben diese Methode schon verwendet. Auch drawImage() gibt es in mehreren Varianten. Etwa die folgenden beiden:

```
boolean drawImage(Image img, int x, int y, ImageObserver observer)
boolean drawImage(Image img, int x, int y, int width, int height, ImageObserver observer)
```

→ Der erste Parameter in beiden Varianten ist das Bild selbst.

→ Parameter 2 und 3 sind die Koordinatenangaben für die linke obere Ecke des Anzeigebereichs.

→ Der observer-Parameter hat die Aufgabe, zu beobachten, wann das Bild gezeichnet werden kann. Wenn Sie drawImage() innerhalb eines Applets oder einer Applikation mit grafischer Oberfläche aufrufen, können Sie dieses selbst als Observer (mit dem this-Operator) übergeben, da die Applet-Klasse die ImageObserver-Schnittstelle eingebaut hat. Dazu gleich noch etwas mehr.

→ Die Parameter width und height in der zweiten Variante dienen dazu, die Breite und die Höhe des Kastens festzulegen, in dem das Bild gezeichnet wird. Sind die Argumente für diese Größenangaben der Bildbox kleiner oder größer als das Bild selbst, wird das Bild automatisch skaliert, d.h., es wird an die Größe der Bildbox angepasst. Man kann diese Parameter zu einer bewussten Verzerrung von Bildern nutzen, um damit Effekte zu erzielen.

Beispiel:

```
g.drawImage(Bild1 ,10 , 10, this);
```

Erstellen wir ein vollständiges Programmbeispiel:

```
import java.awt.*;
import java.awt.event.*;
class Bilder extends Frame {
```

```
    Image bild1,bild2;
    public Bilder() {
       addWindowListener(new WindowAdapter() {
       public void windowClosing(WindowEvent e) {
          dispose();
          System.exit(0);
       }
       });
     // zwei Bilder werden geladen
       bild1 =
         java.awt.Toolkit.getDefaultToolkit().createImage("b3.jpg");
       bild2 = java.awt.Toolkit.getDefaultToolkit().getImage("b4.jpg");
    }
    public static void main(String args[]) {
      System.out.println("Starting Bilder...");
      Bilder mainFrame = new Bilder();
      mainFrame.setSize(600, 550);
      mainFrame.setTitle("Bilder");
      mainFrame.setVisible(true);
    }
    public void paint(Graphics g) {
  // Ausgabe der Bilder
    g.drawImage(bild1, 30, 20, this);
    g.drawImage(bild2, 250, 150, this);
    }
  }
```

Listing 44.1: Laden von Bildern über createImage() *und* getImage()

Bild 44.1: Zwei Bilder einfach auf den Grafikkontext gezeichnet

Wenn man Verzerrungen bei der Verwendung der zweiten Variante vermeiden möchte, stellt die `Image`-Klasse zwei Methoden zur Verfügung, die die tatsächliche Größe des zu ladenden Bildes herausfinden können. Damit kann man beispielsweise über einen prozentualen Wert der Breite und Höhe das Bild verkleinern oder vergrößern. Es handelt sich um die Methoden `public abstract int getWidth(ImageObserver observer)` und `public abstract int getHeight(ImageObserver observer)`, die in dieser Variante als Argument eine Instanz des Imageobservers (meist `this`) besitzen.

Bei animierten GIFs werden diese Methoden unter Umständen nicht zuverlässig sein, denn dort können sich einzelne Sequenzen in der Größe unterscheiden.

```java
import java.awt.*;
import java.awt.event.*;
class Bilder2 extends Frame {
  Image bild1,bild2,bild3;
  int hoeheBild3,breiteBild3;
  public Bilder2() {
    addWindowListener(new WindowAdapter() {
      public void windowClosing(WindowEvent e) {
        dispose();
        System.exit(0);
      }
    });
    // drei Bilder werden geladen
    bild1 = java.awt.Toolkit.getDefaultToolkit().createImage("b5.jpg");
    bild2 = java.awt.Toolkit.getDefaultToolkit().getImage("b6.jpg");
    bild3 = java.awt.Toolkit.getDefaultToolkit().getImage("b3.jpg");
  }
  public static void main(String args[]) {
    Bilder2 mainFrame = new Bilder2();
    mainFrame.setSize(600, 550);
    mainFrame.setTitle("Bilder2");
    mainFrame.setVisible(true);
  }
  public void paint(Graphics g) {
// Ausgabe der Bilder mit Verzerrung
    g.drawImage(bild1, 30, 20, 150,500,this);
    g.drawImage(bild2, 250, 150, 300,100,this);
// Abfrage der Höhe und Breite von Bild3
    hoeheBild3=bild3.getHeight(this);
    breiteBild3=bild3.getWidth(this);
    g.drawImage(bild3, 150, 350,
      (int)(breiteBild3/3),(int)(hoeheBild3/3),this);
  }
}
```

Listing 44.2: Größenänderungen, Verzerrungen und Überlagerungen

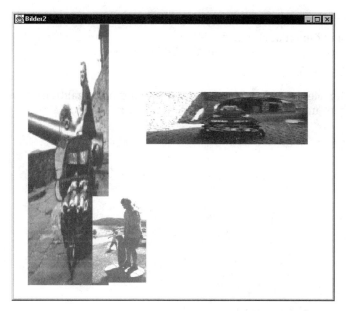

Bild 44.2: Größenveränderungen, Verzerrungen und Überlagerungen von Bildern

44.3 Der Imageobserver und der MediaTacker

Abschließend sollen noch einige Bemerkungen zum Imageobserver folgen, der in allen Beispielen hier mit `this` belegt wurde. Dieser hat allgemein die Aufgabe, zu beobachten, wann das Bild gezeichnet werden kann. Das ist dann relevant, wenn ein Bild nur sehr langsam geladen werden kann (etwa über das Internet). Um zu verhindern, dass begonnen wird, das Bild zu zeichnen, obwohl es möglicherweise noch nicht vollständig angekommen ist, steht die Hilfsklasse `MediaTracker` zur Verfügung, mit der Sie über

```
MediaTracker myTracker = new MediaTracker(this);
```

ein `MediaTracker`-Objekt erzeugen können. Wenn Sie dann ein Bild laden wollen, verwenden Sie den `getImage()`-Befehl. Beispielsweise:

```
Image myImage = getImage("Image1.gif");
```

Um den MediaTracker nun anzuweisen, das Bild zu beobachten, übergeben Sie dem MediaTracker das Bild über eine numerische ID. Diese ID kann für mehrere Bilder verwendet werden. Sie können so mit einer einzigen ID sehen, ob eine ganze Gruppe von Bildern zur Anzeige bereit ist. Im einfachsten Fall können Sie einem Bild die ID 0 geben:

```
myTracker.addImage(myImage, 0);
```

Damit ist das Bild dem MediaTracker zum Beobachten zugewiesen. Wenn Sie einmal begonnen haben, ein Bild zu suchen, können sie es laden und mit der Methode `public void waitForID(int id) throws InterruptedException` warten, bis es fertig geladen ist:

```
myTracker.waitForID(0);
```

Sie können auch mit der Methode `public void waitForAll() throws InterruptedException` auf alle Bilder warten:

```
myTracker.waitForAll();
```

Der MediaTracker bietet darüber hinaus noch zahlreiche weitere Techniken, um das Laden von Bildern im Griff zu haben.

45 Animationen

Unter einer Animation versteht man erst einmal nur ein Aneinanderreihen von sich verändernden Bildern. Oft werden diese so schnell angezeigt, dass für das menschliche Auge der Eindruck von Bewegung entsteht. Aber das ist nicht zwingend. Nur allgemein muss man festhalten, dass Animationen stark von der zeitlichen Abfolge von Bildsequenzen abhängen. Diese kann man in einem System wie Java nur vernünftig handhaben, wenn man explizit auf die Multithreading-Technologie zurückgreift. Wir werden deshalb auch erst dort praktische Beispiele zu echten Animationen durchspielen. Hier sollen nur die wesentlichen Schritte einer Animation unter Java skizziert werden.

Eine Animation umfasst in Java zwei wesentliche Schritte:

→ Aufbau eines Animationsrahmens

→ Abspielen der Animation

45.1 Aufbau eines Animationsrahmens

Hierunter ist alles das zu verstehen, was die Animation vorbereitet. Beispielsweise

→ Ermitteln der Größe des Ausgabebereichs

→ Farbeinstellungen

→ Positionieren der Animation

→ Erstellen oder Laden einzelner Animationsbilder

→ Aufbau von einzelnen Animationssequenzen

Außer dem letzten Punkt ist nichts dabei, was neu für uns ist. Und auch der letzte Punkt der Aufzählung lässt sich als das Zusammenfassen von einzelnen Bildern in Gruppen leicht erklären. Das Abspielen einer Animation ist jedoch wirklich neu und damit werden wir uns jetzt beschäftigen.

45.2 Abspielen einer Animation

Eine Animation kann ganz einfach aufgebaut sein. Im einfachsten Fall laden Sie ein animiertes GIF und geben es als gewöhnliches Bild aus. Java unterstützt das natürlich, aber ganz so einfach wollen wir hier nicht arbeiten. Wenn wir beispielsweise die Position eines Bildes in kleinen Schritten über den Ausgabebereich verschieben, haben wir bereits eine – zugegeben nicht sonderlich innovative – echte Animation auf Grund von Java-Aktionen. Wenn wir dabei zusätzlich die Größe noch (geringfügig, sonst wird es zu viel ruckeln) verändern (größer, wenn sich das Objekt auf den Betrachter hin bewegen soll, und kleiner, wenn sich das Objekt von dem Betrachter weg bewegen soll), wird die Sache schon etwas spannender. Ohne Multithreading ist das zwar nur begrenzt praktikabel, aber man kann zumindest ein kleines Testbeispiel durchspielen. Das Beispiel arbeitet zusätzlich mit einem animierten GIF, was für dieses kleine Beispiel ein gewisser Zusatzeffekt ist (neben der eigentlichen Animation erzwingt die Animation des GIFs den Aufruf der `paint()`-Methode – warum das sinnvoll ist, werden Sie sehen, wenn Sie das Beispiel laufen lassen).

```java
import java.awt.*;
import java.awt.event.*;
import java.awt.Image;
class Animation extends Frame {
 Image bild;
   public Animation() {
    addWindowListener(new WindowAdapter() {
       public void windowClosing(WindowEvent e) {
          dispose();
          System.exit(0);
       }
    });
       bild =
     java.awt.Toolkit.getDefaultToolkit().createImage("bild.gif");
   }
   public static void main(String args[]) {
      System.out.println("Starting Animation...");
      Animation mainFrame = new Animation();
      mainFrame.setSize(400, 400);
      mainFrame.setTitle("Animation");
      mainFrame.setVisible(true);
   }
 public void paint(Graphics g) {
  for (int i=0; i < 200; i++) {
    int bildbreite = bild.getWidth(this);
    int bildhoehe = bild.getHeight(this);
    int xpos = 10;   // Startposition X
    int ypos = 10;   // Startposition Y
     g.drawImage(bild, (int)(xpos + (i/2)) , (int)(ypos + (i/10)),
    (int)(bildbreite * (1 + (i/1000))),
    (int) (bildhoehe * (1 + (1/1000))), this);
   }
  }
 }
```

Listing 45.1: Eine einfachste Animation, obwohl das fast schon zu hoch gegriffen ist

Wenn Sie das Applet laufen lassen, werden Sie sehen, dass sich das Bild von links nach rechts über den Bildschirm bewegt. Allerdings werden Sie gleich bemerken, dass sich dabei ein paar Effekte einstellen, die wahrscheinlich so nicht gewünscht sind. Das Flimmern ist der geringste Nebeneffekt. Die gezogene Spur und die viel zu schnelle Verschiebung sind größere Probleme. Die Spur zu beseitigen geht über die `repaint()`-Methode.

Bild 45.1: Eine mehr oder weniger brauchbare Animation

Allerdings werden Sie beim Umbau des Programms schnell bemerken, dass der Aufruf der repaint()-Methode nirgends so richtig reinpasst. Die Lösung liegt auf der Hand. Wir müssen zum einen die for-Schleife abarbeiten lassen, zum anderen während jedes Schleifendurchgangs über die repaint()-Methode eine Ausgabe aufrufen. Das sind zwei Vorgänge, die quasi gleichzeitig ablaufen. Und wie nennt man so was? Multithreading. Wir haben hier eine klassische Anwendung von Multithreading. Im Prinzip ist jede Animation nur als Multithreading-Anwendung vernünftig zu konstruieren. Eine echte Animation kann aber kaum aus nur einem Bild bestehen, sondern basiert darauf, dass in einer zeitlich festgelegten Folge bestimmte sich verändernde Bilder angezeigt und das vorherige Bild weggenommen wird. Auch das erzwingt Multithreading. In dem Abschnitt dazu werden wir also auf Animationen zurückkommen *(siehe Seite 612 ff)*.

46 Java-2D

Wir wollen uns abschließend mit einigen Grafik-Erweiterungen von Java beschäftigen. Das Java-2D-API ist ein riesiger Satz von Klassen für erweiterte 2D-Grafik und die Bildbearbeitung. Es beinhaltet zahlreiche neue Stricharten (unterschiedliche Dicke, Endformen, Typen), Texte und Bilder. Das API unterstützt die allgemeine Bilderstellung und so genannte Alphachannel-Bilder, einen Satz von Klassen zur Unterstützung von exakten, einheitlichen Farbdefinitionen und -konvertierungen sowie zahlreiche anzeigeorientierte Bildoperatoren. Mit dem Java-2D-API sind Sie in der Lage, das gleiche Bildmodell sowohl für die Bildschirmausgabe als auch den Ausdruck zu verwenden. Dies ermöglicht nun auch unter Java WYSIWYG (What You See Is What You Get), d.h. die exakte Bildschirmanzeige dessen, was im Ausdruck zu sehen sein wird (Druckvorschau). Die zu dem Modell gehörenden Klassen werden als Ergänzung zu den bisherigen Klassen in den Paketen java.awt und java.awt.image gesehen.

Im Fall von Applets werden die Java-2D-Techniken in vielen Browsern nur unter Verwendung des Java-Plug-Ins oder gar nicht funktionieren (die üblichen Probleme mit Java-Techniken jenseits von Java 1.0.2). Der aktuelle Appletviewer kommt aber natürlich damit zurecht.

46.1 Java-2D-Grundlagen

Das Java-2D-API behandelt Formen, Text und Bilder und unterstützt einen einheitlichen Mechanismus für Bildveränderungen (etwa Rotation und Skalierung). Neben der Font- und Farbunterstützung kann man über das Java-2D-API so genannte Grafikprimitive (grafische Objekte wie ein Linienobjekt oder ein Kreisobjekt) kontrollieren, d.h., wie sie sich in einem 2D-Grafik-Kontext verhalten. Man kann spezifische Charakteristiken wie Höhe und Breite, Farbe, Füllmuster usw. angegeben, aber auch Überblendungen und ähnliche Effekte.

46.1.1 Der Koordinatenraum

Das Java-2D-API definiert zwei Koordinatensysteme:

→ den Anwender-Koordinatenraum

→ den Ausgabe-Koordinatenraum

Der Ursprung des Ausgabe-Koordinatenraums liegt in der oberen linken Ecke, wobei die x-Koordinate nach rechts zeigt und in diese Richtung gezählt wird. Die y-Koordinate wächst nach unten, hat also eine Orientierung von oben nach unten. Das ist analog zu dem bisherigen Koordinatensystem.

Alle grafischen Objekte werden jedoch so lange in einem Ausgabe-unabhängigen Anwender-Koordinatenraum beschrieben, bis sie auf einem Ausgabemedium wie dem Bildschirm oder dem Drucker ausgegeben werden.

Das Übersetzungskonzept eines `Graphics2D`-Objekts beinhaltet Transformationsmöglichkeiten, um das Objekt dann in den Ausgabe-Koordinatenraum zu konvertieren. Normalerweise wird die Standardtransformation eines Anwender-Koordinatenraums in einen Ausgabe-Koordinatenraum ohne Veränderung der Orientierung erfolgen.

46.2 Zeichnen unter dem Java-2D-API

Das Java-2D-API verwendet ein Zeichnenmodell, in dem jedes Komponentenobjekt eine `paint()`-Methode implementiert, die automatisch herangezogen wird, wenn irgendetwas zu zeichnen ist. Wenn dies geschieht, wird ein `Graphics`-Objekt weitergegeben, das genau weiß, wie in der Komponente zu zeichnen ist.

Die Techniken des Java-2D-API sind meist reine Erweiterungen und Ergänzungen der bisherigen Techniken und werden sich in der Regel nicht grundsätzlich verändern. Das Java-2D-API fügt einfach zusätzliche unterstützende Features zur Spezifizierung von Zeichenstilen, komplexen Formen und diverser Zeichnenprozesse hinzu. Um die weitergehenden Möglichkeiten zu nutzen, implementieren Sie die `paint()`-Methode wie gehabt, müssen aber zusätzlich den `Graphics`-Parameter in ein `Graphics2D`-Objekt casten. Dies geht beispielsweise so:

```
Graphics2D g2d = (Graphics2D) g;
```

Das ist aber nur die eine Seite der Medaille. Java-2D ist auf der anderen Seite so umfangreich geworden, dass man mit der genauen Behandlung locker das ganze Buch füllen könnte. Wir können hier nur ein kleines Schlaglicht auf ausgewählte Beispiele werfen.

Wir wollen als Erstes ein rotes Vieleck mittels des Java-2D-API zeichnen. Zentraler Angelpunkt ist dabei eine Klasse `GeneralPath`, über die ein Objekt konstruiert wird. Darüber wird ein Polygon definiert, indem ein Startpunkt gesetzt wird. Jeweils von der aktuellen Position aus wird dann eine Linie gezogen und von der letzten Ecke aus das Polygon geschlossen. Abschließend wird die Form gefüllt:

```
import java.awt.*;
import java.awt.event.*;
import java.awt.image.*;
import java.awt.geom.*;
class Java2D extends Frame {
  public Java2D() {
    addWindowListener(new WindowAdapter() {
      public void windowClosing(WindowEvent e) {
        dispose();
        System.exit(0);
      }
    });
  }
  public static void main(String args[]) {
    System.out.println("Starting Java2D...");
```

```
    Java2D mainFrame = new Java2D();
    mainFrame.setSize(400, 400);
    mainFrame.setTitle("Java2D");
    mainFrame.setVisible(true);
  }
  public void paint(Graphics g) {
// Graphics-Parameter in ein Graphics2D-Objekt
// casten, damit die Graphics2D-Funktionalitäten
// genutzt werden können.
    Graphics2D g2d = (Graphics2D) g;
    // 1. Spezifizieren der Attribute
    g2d.setColor(Color.red);
      // 2. Definieren der Form.
    // (Verwende Even-Odd-Regel)
    GeneralPath path = new GeneralPath(GeneralPath.WIND_EVEN_ODD);
// Startpunkt x, y
    path.moveTo(10.0f, 50.0f);
    // Ziehe Linie zur angegebenen Ecke
    path.lineTo(300.0f, 200.0f);
// Ziehe Linie von da weiter zur angegebenen Ecke
    path.lineTo(300.0f, 300.0f);
// Ziehe Linie von da weiter zur angegebenen Ecke
    path.lineTo(100.0f, 300.0f);
// Ziehe Linie von da weiter zur angegebenen Ecke
    path.lineTo(100.0f, 150.0f);
// Schließen der Form
    path.closePath();
    // 3. Füllen der Form
    g2d.fill(path);
  }
}
```

Listing 46.1: Ein rotes Vieleck in der 2D-Technik (siehe Bild 46.1)

Der Basisprozess zum Zeichnen des Polygons mit den Java-2D-API-Klassen ist fast identisch mit dem alten Konzpet, außer dass Sie beispielsweise die neue Java-2D-API-Klasse GeneralPath zum Definieren der Form verwenden. Sie ist ein Bestandteil des java.awt.geom-Pakets.

Aber Sie werden sich denken können, dass die neue Technik nicht nur das leistet, was man bisher schon hatte. Java-2D kann viel mehr, als man mit der alten Technik je konnte. Das Java-2D-API versetzt Sie in die Lage, die gleichen Mechanismen wie beim Zeichnen einer einfachen Form für viel komplexere Zeichnenoperationen zu verwenden. Zusätzlich gibt es, um die Erstellung von Standardformen wie Rechtecken, Ellipsen, Bögen und Kurven zu vereinfachen, diverse Klassen, die die Schnittstelle java.awt.Shape implementieren. So können Sie beispielsweise statt von GeneralPath vorgegebene Formen wie Rectangle2D.Double zum Definieren eines Rechtecks verwenden:

```
Rectangle2D.Double rect = new Rectangle2D.Double(300, 300, 200, 100);
```

Bild 46.1: Ein 2D-Vieleck

Der Ursprung des über das `Rectangle2D.Double`-Objekts konstruierten Rechtecks ist (300, 300), die obere linke Ecke des Rechtecks. Wenn Sie ein `Rectangle2D.Double`-Objekt konstruieren, das mit einer negativen Dimension arbeitet, wird ein leeres Rechteck mit der Größe (0,0) generiert. Mit der Methode `public abstract void draw(Shape s)` können Sie das so gebildete `Shape`-Objekt ausgeben. Schauen wir uns ein Beispiel mit verschiedenen geometrischen Formen (die Formen sind selbsterklärend oder werden sicher durch Betrachten des Screenshots klar) unter Java-2D an:

```java
import java.awt.*;
import java.awt.event.*;
import java.awt.image.*;
import java.awt.geom.*;
class Java2D2 extends Frame {
  public Java2D2() {
    addWindowListener(new WindowAdapter() {
      public void windowClosing(WindowEvent e) {
        dispose();
        System.exit(0);
      }
    });
  }
  public static void main(String args[]) {
   Java2D2 mainFrame = new Java2D2();
   mainFrame.setSize(400, 400);
   mainFrame.setTitle("Java2D - 2. Beispiel");
   mainFrame.setVisible(true);
  }
  public void paint(Graphics g) {
   Graphics2D g2d = (Graphics2D) g;
```

```
        g2d.setColor(Color.red);
        Rectangle2D.Double mRechtEck =
          new Rectangle2D.Double(10, 200, 200, 100);
        g2d.draw(mRechtEck);
        g2d.setColor(Color.blue);
        Ellipse2D.Double mEllip = new Ellipse2D.Double(50,100,400,100);
        g2d.draw(mEllip);
        Arc2D.Double mBogen1 =
          new Arc2D.Double(60, 40, 300, 300, 50.0,200.0,Arc2D.OPEN);
        g2d.draw(mBogen1);
        g2d.setColor(Color.cyan);
        Arc2D.Double mBogen2 =
          new Arc2D.Double(160, 40, 200, 100, 50.0,100.0,Arc2D.CHORD);
        g2d.draw(mBogen2);
        g2d.setColor(Color.yellow);
        Arc2D.Double mBogen3 =
          new Arc2D.Double(160, 120, 200, 100, 50.0,90.0,Arc2D.CHORD);
        g2d.fill(mBogen3);
      }
    }
```

Listing 46.2: Verschiedene vorgegebene 2D-Formen

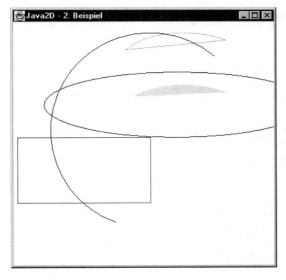

Bild 46.2: Verschiedene Formen in Java-2D

46.3 Transparenz

Eine der wichtigen Techniken unter Java-2D ist die Transparenz. Wenn Sie Bilder oder Formen überlagern, kann das unten liegende Objekt durchscheinen, wenn Sie geeignete Transparenzzustände einstellen. Das liegt daran, dass Objekte unter Java-2D weitergehende Informationen zu jedem

Pixel verwalten können. Dazu zählen auch Informationen über die Transparenz für jedes Pixel in einem Bild. Diese Informationen werden »Alphachannel« genannt und werden in Verbindung mit der aktuellen Komposition mit einem anderen Objekt verwendet, um Überblendeffekte mit der aktuellen Zeichnung zu realisieren. Die notwendige Technik, um diese Transparenz bzw. Übergangeffekte zu realisieren, basiert auf einem AlphaComposite-Objekt. Eine der wichtigsten und am meisten verwendeten Regeln in der AlphaComposite-Klasse ist SRC_OVER – die Angabe, wie Objekte durchscheinend angezeigt werden können. Wenn AlphaComposite.SRC_OVER verwendet wird, wird indiziert, wie die neue Farbe (source color) in die existierende Farbe (destination color) eingeblendet wird.

AlphaComposite-Objekte können mittels zusätzlichen Alpha-Werten angegeben werden, die die Transparenz von Objekten beim Zeichnen festlegen. Diese zusätzlichen Alpha-Werte werden mit den Alpha-Werten des Grafikobjekts kombiniert. Diese kombinierten Alpha-Werte legen fest, wie viel von der existierenden Farbe durch die neue Farbe hindurch angezeigt werden soll. Man kann das Durchscheinen vollständig unterbinden (alpha=1.0), oder auch die neue Farbe vollständig durchscheinen lassen (alpha=0.0). Werte dazwischen entsprechen den verschiedenen Abstufungen.

Das nachfolgende Beispiele verwendet diese Techniken:

```java
import java.awt.*;
import java.awt.event.*;
import java.awt.image.*;
import java.awt.geom.*;
class Transparenz extends Frame {
  public Transparenz() {
    addWindowListener(new WindowAdapter() {
      public void windowClosing(WindowEvent e) {
        dispose();
        System.exit(0);
      }
    });
  }
  public static void main(String args[]) {
    Transparenz mainFrame = new Transparenz();
    mainFrame.setSize(400, 400);
    mainFrame.setTitle("Java2D - Transparenz");
    mainFrame.setVisible(true);
  }
  public void paint(Graphics g) {
    Graphics2D g2d = (Graphics2D) g;
    g2d.setColor(Color.blue);
    Arc2D.Double mBogen1 =
      new Arc2D.Double(160, 120, 200, 100, 50.0,90.0,Arc2D.CHORD);
    g2d.fill(mBogen1);
    AlphaComposite comp1 =
      AlphaComposite.getInstance(AlphaComposite.SRC_OVER, 0.5f);
    g2d.setComposite(comp1); //setzen composite-Modus
```

```
            g2d.setColor(Color.yellow);
            Arc2D.Double mBogen2 =
              new Arc2D.Double(160, 120, 200, 100, 290.0,180.0,Arc2D.CHORD);
            g2d.fill(mBogen2);
            AlphaComposite comp2 =
              AlphaComposite.getInstance(AlphaComposite.SRC_OVER, 0.1f);
            g2d.setComposite(comp2); //setzen composite-Modus
            g2d.setColor(Color.green);
            Arc2D.Double mBogen3 =
              new Arc2D.Double(160, 120, 200, 100, 120.0,130.0,Arc2D.CHORD);
            g2d.fill(mBogen3);
            AlphaComposite comp3 =
              AlphaComposite.getInstance(AlphaComposite.SRC_OVER, 0.3f);
            g2d.setComposite(comp3); //setzen composite-Modus
            g2d.setColor(Color.red);
            Arc2D.Double mBogen4 =
              new Arc2D.Double(160, 120, 200, 100, 240.0,120.0,Arc2D.CHORD);
            g2d.fill(mBogen4);
         }
      }
```

Listing 46.3: Transparenzmodi

Bild 46.3: Transparente Überlagerungen von 2D-Objekten

Analysieren wir das Beispiel. Es wird mit gefüllten Bögen gearbeitet, die sich teilweise überlagern. Die Attribute zur Festlegung des Aussehens werden gesetzt, indem die Methode setColor() für die Farbe und die Methode setComposite() zur Spezifizierung der Transparenz verwendet werden. Dabei müssen Sie festlegen, wie die neuen Farben bei Überlagerungen mit bereits existierenden Farben zusammenspielen sollen. Dazu kreieren Sie ein `AlphaComposite`-Objekt. Um das neue Composite-Objekt zu setzen, verwenden Sie folgenden Source:

```
Graphics2D.setComposite.AlphaComposite comp =
  AlphaComposite.getInstance(AlphaComposite.SRC_OVER, 0.5f);
g2d.setComposite(comp);
```

46.4 Transformationen

Bevor ein Java-2D-API-Objekt gezeichnet wird, wird es meist über eine zu dem `Graphics2D`-Objekt gehörende Transformation manipuliert. Eine solche Transformation nimmt ein Objekt und transformiert es. Es kann damit an eine bestimmte Stelle positioniert oder gedreht werden. Aber auch Verzerrungen und Skalierung sind machbar. Die Standardtransformation, die in das Java-2D-API implementiert ist, ist die so genannte affine Transformation, die solche linearen Transformationen wie Translation, Rotation, Skalierung und Verzerrungen unterstützt. Diese Transformation ist auch die Grundlage für nahezu alle komplexeren Zeichnenoperationen im 2D-API. Die sonstige Technik für komplexere Zeichnenoperationen im 2D-API ist nahezu identisch mit einfachen Operationen. Dies ist eine der großen Stärken des 2D-API.

46.4.1 Transformation von 2D-Objekten

Das Java-2D-API unterstützt wie erläutert u.a. eine spezielle Transformationsklasse – `AffineTransform`. Der Begriff »Affine Transformation« stammt aus der Mathematik und bedeutet eine lineare Transformation auf einem Satz von grafischen Primitiven. Es werden immer gerade Linien in gerade Linien transformiert und parallele Linien gehen wieder in parallele Linien über. Verändert werden jedoch die Abstände zwischen den einzelnen Punkten und die Winkel zwischen nicht-parallelen Linien. Das stellt sicher, dass bei einer reinen Rotation (einer typischen affinen Transformation) das grafische Objekt nur gedreht und nicht deformiert wird.

Eine affine Transformation basiert immer auf einer zweidimensionalen Matrix, die in der `AffineTransform`-Klasse enthalten ist und die Sie niemals direkt aufrufen müssen (eine erhebliche Erleichterung gegenüber vielen anderen Programmiersprachen und auch dem bisherigen Java-Konzept). Sie müssen bloß die gewünschte Sequenz von Rotationen, Translationen, oder anderen Transformation auswählen und anwenden. Die mit dem `Graphics2D`-Objekt assoziierten Transformationen stehen in allen Formen, Texten und Bildern zur Verfügung, die Sie von dem Anwenderraum in den Ausgaberaum zeichnen (die meistverwendete Aktion).

Als Beispiel einer Transformation wollen wir nur die Techniken der Verschiebung und der Rotation durchspielen.

Das Schöne an der Verschiebung von Objekten ist, dass sie einfach an einem beliebigen Punkt erstellt werden. Bevor sie allerdings ausgegeben werden, werden sie mit der Verschiebung auf einen bestimmten Punkt gesetzt und erst da angezeigt. Die Technik ist einfach. Erster Schritt ist die

Erstellung der affinen Transformation und der zweite Schritt ist die Anwendung der Methode setToTranslation(), mit der ein Tupel in Form von x- und y-Koordinaten als Ziel der Transformation angegeben wird. Etwa so:

```
AffineTransform at = new AffineTransform();
at.setToTranslation(100.0, 150.0);
```

Die Rotation wird ebenso über die Erstellung einer Instanz der Klasse AffineTransform und Aufruf deren Methode setToRotation() zum Spezifizieren der Rotation um den angegebenen Grad entgegen des Uhrzeigersinns bewerkstelligt. Die Transformation wird dann mit der vorangehenden Transformation zusammengefügt, indem die Transformation des Graphics2D-Objekts (Translation auf (300,400)) wie folgt über die Methode transform() aufgerufen wird:

```
at.setToRotation(-Math.PI/4.0);
g2d.transform(at);
```

Die Effekte von aufeinander folgenden Rotationen sind kumulativ – (an)häufend, anwachsend. Dies bedeutet, dass jeder der aufeinander folgenden Transformationsaufrufe zu der aktuellen Position eine weitere Drehung entgegen des Uhrzeigersinns fortführt.

```
import java.awt.*;
import java.awt.event.*;
import java.awt.image.*;
import java.awt.geom.*;
class Rotation extends Frame {
  public Rotation() {
    addWindowListener(new WindowAdapter() {
      public void windowClosing(WindowEvent e) {
        dispose();
        System.exit(0);
      }
    });
  }
  public static void main(String args[]) {
    Rotation mainFrame = new Rotation();
    mainFrame.setSize(400, 400);
    mainFrame.setTitle("Java2D - Rotation");
    mainFrame.setVisible(true);
  }
  public void paint(Graphics g) {
    Graphics2D g2d = (Graphics2D) g;
    g2d.setColor(Color.blue);
    Rectangle2D.Double mRechtEck =
    new Rectangle2D.Double(0, 0, 200, 30);
      AffineTransform at = new AffineTransform();
    at.setToTranslation(100.0, 150.0);
    g2d.transform(at);
    g2d.fill(mRechtEck);
    // Rotatation um 45 Grad gegen den Uhrzeigersinn
```

```
            at.setToRotation(-Math.PI/4.0);
            g2d.transform(at);
            g2d.fill(mRechtEck);
        }
    }
```
Listing 46.4: Tranformationen

Bild 46.4: Zweimal das gleiche Rechteck-Objekt – das zweite Recheck ist um 45 Grad gedreht

Wir wollen noch ein etwas komplexeres Beispiel (mit Transparenz und verschiedenen Farben) durchspielen, das die Technik weiter verdeutlichen soll:

```
import java.awt.*;
import java.awt.event.*;
import java.awt.image.*;
import java.awt.geom.*;
class Rotation2 extends Frame {
  public Rotation2() {
      addWindowListener(new WindowAdapter() {
         public void windowClosing(WindowEvent e) {
            dispose();
            System.exit(0);
         }
      });
  }
  public static void main(String args[]) {
   Rotation2 mainFrame = new Rotation2();
   mainFrame.setSize(400, 400);
   mainFrame.setTitle("Java2D - Rotation 2");
   mainFrame.setVisible(true);
  }
```

```java
public void paint(Graphics g) {
  Graphics2D g2d = (Graphics2D) g;
  Rectangle2D.Double mRechtEck1 =
    new Rectangle2D.Double(0, 0, 120, 20);
  Rectangle2D.Double mRechtEck2 =
    new Rectangle2D.Double(0, 0, 80, 10);
  AffineTransform at = new AffineTransform();
  AlphaComposite comp =
    AlphaComposite.getInstance(AlphaComposite.SRC_OVER, 0.5f);
  g2d.setComposite(comp); //setzen composite-Modus
  at.setToTranslation(150.0, 150.0);
  g2d.transform(at);
  for(int i=1;i<=12;i++) {
    g2d.setColor(new Color(0,0,255-(i*20)));
    // Rotatation gegen den Uhrzeigersinn
    at.setToRotation(-Math.PI/i);
    g2d.transform(at);
    g2d.fill(mRechtEck1);
  }
  for(int i=1;i<=24;i++) {
    g2d.setColor(new Color((i*10),10,10));
    // Rotatation gegen den Uhrzeigersinn
    at.setToRotation(-Math.PI/i);
    g2d.transform(at);
    g2d.fill(mRechtEck2);
  }
 }
}
```

Listing 46.5: Tranformationen

Bild 46.5: Positionieren, drehen und transparent setzen

46.5 Text unter Java-2D

Auch im Bereich der Textbehandlung hat das neue Java-2D-API erhebliche Erweiterungen gebracht. Diese reichen von der einfachen Verwendung von Schriftarten bis zum professionellen Management von Zeichenlayouts und Schriftartenfeatures.

Im Wesentlichen wird über die neue Fontklasse des Java-2D-API gegenüber der existierenden Klasse zur Verwendung von verschiedenen Schriftarten eine bessere Kontrolle über Schriftarten gewährleistet. Es ist nun möglich, mehr Informationen über eine Schriftart, etwa den Bézier-Pfad von individuellen Zeichenformen, mit den Schriftarten zu verwalten. Die Java-2D-API-Fontklasse löst die alte Klasse vollständig ab, was bedeutet, dass sie natürlich all das kann, was diese auch konnte.

46.5.1 Text und Fonts unter 2D-Java

Jegliche Transformations- und Zeichnentechnik der Java-2D-API kann auf Textstrings angewendet werden. Dazu erhalten Sie zahlreiche Klassen für das Textlayout und feinabgestimmte Schriftkontrolle. Mit dem Java-2D-API erhalten Sie eine erweiterte Font-Klasse, die erheblich weiter gehende Möglichkeiten zur Kontrolle von Schriftarten bereitstellt als die originale Klasse (d.h. die Vorgängerversionen) zum Verwalten der Schriftart. Dazu zählen die Spezifikation von detaillierten Fontinformationen, sowie deren Zugriff.

Ein String wird durch die enthaltenen Zeichen festgelegt, aber es gibt natürlich noch andere Informationen über ihn – etwa die ausgewählte Schriftart. Diese Vereinigung des Zeichens selbst und seinem exakten Aussehen wird Glyph genannt. Wie auch immer, ein String lässt sich auf Ebene der einzelnen Zeichen manipulieren. Auf vielfältige Art und Weise:

→ Formatierung

→ Ausrichtung

→ Position

→ Schriftart

→ Metrik

→ Größe

→ Umriss

Jedes Font-Objekt unter Java-2D beinhaltet diese Attribute, die man direkt über die Methoden ansprechen kann, die von der Font-Klasse zur Verfügung gestellt werden. Die Font-Klasse erlaubt zusätzlich den Zugriff auf Metrik- und Umrissinformationen über die getGlyphMetrics() und getGlyphOutline()-Methoden. Die Form, die durch getGlyphOutline() zurückgegeben wird, ist skaliert, indem die Fontgröße und -transformation verwendet wird, aber reflektiert nicht die Transformation, die einem Graphics2D-Objekt zugeordnet ist.

46.5.2 Konkretes Zeichnen von Text

Die Technik zum Zeichnen von Text ist unter dem 2D-API identisch mit dem gleichen Prozess mittels der Verwendung eines GeneralPath-Objekts zum Definieren einer Form oder einer der Standardformen von Java-2D. Text kann wie jedes andere Grafikobjekt transformiert werden, transparent gesetzt und mit allen sonst unter Java-2D vorhandenen Techniken behandelt werden. Ansonsten sind alle bisherigen Ausführungen zum Zeichnen eines Textes nahezu unverändert, nur kreieren Sie ein Font-Objekt und verwenden es durch den Aufruf von Graphics2D.drawString().

```java
import java.awt.*;
import java.awt.event.*;
import java.awt.image.*;
import java.awt.geom.*;
class Text2D extends Frame {
  public Text2D() {
    addWindowListener(new WindowAdapter() {
        public void windowClosing(WindowEvent e) {
          dispose();
          System.exit(0);
        }
    });
  }
  public static void main(String args[]) {
      Text2D mainFrame = new Text2D();
      mainFrame.setSize(600, 600);
      mainFrame.setTitle("Java2D - Text2");
      mainFrame.setVisible(true);
  }
  public void paint(Graphics g) {
    Graphics2D g2d = (Graphics2D) g;
    Rectangle2D.Double mRechtEck =
        new Rectangle2D.Double(0, 0, 200, 150);
    AffineTransform at = new AffineTransform();
    AlphaComposite comp1 =
        AlphaComposite.getInstance(AlphaComposite.SRC_OVER, 0.5f);
    g2d.setComposite(comp1); //setzen composite-Modus
    at.setToTranslation(300.0, 300.0);
    g2d.transform(at);
    g2d.setColor(new Color(0,0,200));
        // Rotatation gegen den Uhrzeigersinn
    g2d.fill(mRechtEck);
    at.setToRotation(-Math.PI/3);
    g2d.transform(at);
    g2d.setColor(new Color(0,200,0));
        // Rotatation gegen den Uhrzeigersinn
    g2d.fill(mRechtEck);
    at.setToRotation(-Math.PI/3);
    g2d.transform(at);
    g2d.setColor(new Color(200,0,0));
        // Rotatation gegen den Uhrzeigersinn
    g2d.fill(mRechtEck);
```

```
    at.setToRotation(-Math.PI/3);
    g2d.transform(at);
    g2d.setColor(new Color(200,200,0));
        // Rotatation gegen den Uhrzeigersinn
    g2d.fill(mRechtEck);
    at.setToRotation(-Math.PI/3);
    g2d.transform(at);
    g2d.setColor(new Color(200,200,200));
        // Rotatation gegen den Uhrzeigersinn
    g2d.fill(mRechtEck);
    // eine 30 point-Version von Helvetica-BoldOblique - kursiv
    Font mFont = new Font("Helvetica-BoldOblique", Font.ITALIC, 30);
 // Anzeige von String in cyan
    g2d.setColor(Color.cyan);
    g2d.setFont(mFont);     // Setzen der Schriftart
// String ist undurchsichtig gezeichnet, daher
// wird es hier leicht transparent gesetzt
    g2d.setComposite(
        AlphaComposite.getInstance(AlphaComposite.SRC_OVER, 0.7f));
    at.setToRotation(-Math.PI/3.0);
    g2d.transform(at);
//    Text zeichnen
    g2d.drawString("Bring bitte den Eimer runter", 0, 0);
  }
}
```

Listing 46.6: Text wird wie andere Java-2D-Objekte gehandhabt

Bild 46.6: Ein gedrehter Text inmitten der Rechtecke

46.6 Bilder unter Java-2D

Zur Bildverarbeitung stehen Ihnen unter dem Java-2D-API alle Möglichkeiten der bisherigen Klassen in den Paketen `java.awt` und `java.awt.image` zur Verfügung. Zusätzlich gibt es eine Vielzahl neuer Klassen. Damit erhalten Sie eine erweiterte Kontrolle über Bilder. So können Sie in gleicher Weise Bilder kreieren, die über das RGB-Modell hinausgehen und absolut genaue Farbdefinitionen zur Reproduktion beinhalten. Darüber hinaus lassen sich nun Pixel direkt im Speicher verwalten. Wie alle anderen grafischen Elemente können auch Bilder mit einer Transformation behandelt werden, die dem Graphics2D-Objekt zugeordnet ist. Dies bedeutet, auch Bilder können skaliert, rotiert, verzerrt oder sonst wie transformiert werden. Darüber hinaus beinhalten Bilder ihre eigenen Farbinformationen.

46.6.1 Anzeige von Bildern unter Java-2D

Die Anzeige eines Bildes unter Java-2D ist unkompliziert und wie fast immer eine einfache Übertragung der bisherigen Technik. Wenn Sie ein Bild haben, rufen Sie einfach `Graphics2D.drawImage()` mit einer gewünschten Transformation auf. Dabei können Sie – je nach verwendetem Konstruktor – das Bild über das Netz mit einem URL laden oder auch lokal mit einer Pfadangabe als String wie in dem folgenden Beispiel:

```
import java.awt.*;
import java.awt.event.*;
import java.awt.image.*;
import java.awt.geom.*;
class Bild2D extends Frame {
   Image bild;
  public Bild2D() {
    addWindowListener(new WindowAdapter() {
       public void windowClosing(WindowEvent e) {
          dispose();
          System.exit(0);
       }
    });
    bild =
       java.awt.Toolkit.getDefaultToolkit().createImage("bild1.jpg");
  }
  public static void main(String args[]) {
   Bild2D mainFrame = new Bild2D();
   mainFrame.setSize(600, 600);
   mainFrame.setTitle("Java2D - Bilder");
   mainFrame.setVisible(true);
  }
  public void paint(Graphics g) {
    Graphics2D g2d = (Graphics2D) g;
    Rectangle2D.Double mRechtEck =
        new Rectangle2D.Double(0, 0, 400, 400);
    g2d.setColor(Color.yellow);
```

```
            AffineTransform at = new AffineTransform();
            AlphaComposite comp1 =
                AlphaComposite.getInstance(AlphaComposite.SRC_OVER, 0.3f);
            g2d.setComposite(comp1); //setzen composite-Modus
            at.setToTranslation(100.0, 450.0);
            g2d.transform(at);
                    // Rotatation gegen den Uhrzeigersinn
            at.setToRotation(-Math.PI/3);
            g2d.transform(at);
            g2d.fill(mRechtEck);
            at.setToTranslation(50.0, -50.0);
            g2d.transform(at);
                    // Rotatation mit dem Uhrzeigersinn
            at.setToRotation(Math.PI/5);
            g2d.transform(at);
            g2d.drawImage(bild,at,this);
        }
    }
```

Listing 46.7: Bilder werden wie andere Java-2D-Objekte gehandhabt

Bild 46.7: 2D-Bilder

46.7 Farbmanagement unter 2D-Java

Zur Verwaltung von Farben finden Sie in dem Java-2D-API viele Erweiterungen und vor allem Erleichterungen für die Anwendung. Zur Anzeige einer Form in einer bestimmten Farbe benötigen Sie einen Weg, um diese Farbe beschreiben zu können. Dazu gibt es eine Vielzahl von Wegen. Wir kennen bereits das RGB-Modell (Standard). Eine Alternative ist die Verwendung der Farben Cyan, Magenta, Gelb (yellow) und Schwarz (black) in dem CMYK-Konzept. Beide Modelle – RGB und CMYK – haben spezifische Vor- und Nachteile, auf die wir nicht genauer eingehen wollen, sind aber, und das ist wesentlich, weitgehend Ausgabe-unabhängig. Die verschiedenen Techniken zur Spezifizierung von Farben werden Farbraum genannt.

Das Java-2D-API referenziert auf das RGB- und das CMYK-Modell als Farbraum-Typen. Dies ist eine Erweiterung des bisherigen Modells, das nur das RGB-Modell nutzt.

Die Schlüssel-Farbmanagementklasse in dem Java-2D-API ist Color. Die Color-Klasse beschreibt eine Farbe als Zusammensetzung der beteiligten Farbkomponenten in dem speziellen Farbraum. Die Color-Klasse hat eine Vielzahl von Methoden und Konstruktoren, die den Standard-RGB-Farbraum (sRGB – Informationen dazu gibt es unter http://www.w3.org/pub/WWW/Graphics/Color/sRGB.html) unterstützen. sRGB ist der Default-Farbraum von Java-2D. In dem Java-2D-API werden auch viele Funktionalitäten, die bisher in anderen Klassen untergebracht wurden, in diese Klasse verlagert.

Eine wichtige Subklasse von Color ist ColorSpace. Sie besitzt u.a. Methoden zur Konvertierung von Farbkomponenenten in einen Farbraum.

46.8 Allgemeine Zeichnen-Regeln unter Java-2D

Zusammenfassend soll festgehalten werden, wie im Allgemeinen das Zeichnen mit den Java-2D-API-Klassen abläuft:

Der erste Schritt ist immer das Spezifizieren der notwendigen beschreibenden Attribute. Zusätzlich zu den Ihnen schon aus dem »klassischen« Fall bekannten Attributen wie feste Farbfüllungen stellen die Java-2D-Klassen Möglichkeiten für komplexere Füllungen (etwa Verläufe und Muster) zur Verfügung. Für diese komplexeren Füllungen können Sie die setPaint()-Methode verwenden.

Der zweite Schritt ist das Definieren einer Form, eines Textstrings oder eines Bildes. Das Java-2D-API behandelt Pfade bzw. Positionsangaben, Texte und Bilder gleichartig; sie können rotiert, skaliert, verzerrt und mit diversen Methoden zusammengesetzt werden. Das Shape-Interface definiert einen ganzen Satz von-Methoden zur Beschreibung von geometrischen Objekten. Das Java-2D-API unterstützt eine Vielzahl von Implementationen von Shape, die gemeinsame Formen wie Rechtecke, Bögen und Ellipsen definieren. GeneralPath ist eine Implementation des Shape-Interfaces, das Sie zur Definition von beliebigen, komplexen Formen verwenden können, indem Sie eine Kombination von Linien und quadratischen sowie kubischen Bézier-Kurven nutzen.

Schritt Drei ist das Festlegen des Aussehens des Objektes. Dazu können Sie eine der passenden `Graphics2D`-Methoden verwenden.

Ausnahmesituationen

Kommen wir nun zu einem der im ersten Moment vielleicht nicht spannendsten, aber auf jeden Fall wichtigsten Abschnitte von Java. Es geht um die Behandlung von Fehlersituationen im Allgemeinen und so genannte Ausnahmen im Speziellen.

Dabei muss man verschiedene Situationen unterscheiden:

1. Typografische Fehler beim Schreiben des Programms
2. Syntaktische Fehler beim Schreiben des Programms
3. Programmfehler zur Laufzeit, die auf logische Fehler im Programmaufbau zurückzuführen sind
4. Programmfehler zur Laufzeit, die auf äußere Umstände (Situationen, die erst zur Laufzeit entstehen, die Umgebung des Programms oder den Anwender) zurückzuführen sind

Die Bereinigungen der Punkte 1 bis 3 ist hauptsächlich das, was man unter Debugging versteht. Punkt 4 zählt teilweise ebenfalls dazu, sollte jedoch im Wesentlichen bereits vor der Entstehung eines Fehlers in separaten »Fangzäunen« aufgefangen werden – in der so genannten Ausnahmebehandlung.

47 Fehler finden in Java-Programmen

Der Begriff Debugging geht auf das englische Wort Bug zurück, was übersetzt »Wanze« bedeutet. Es gibt einige Anekdoten, warum die Fehlerbereinigung bei einem Programm Debugging genannt wird. Die bekannteste Anekdote hat zum Inhalt, dass in Zeiten seliger Röhrengroßrechner (Vierzigerjahre) ein Programmfehler die damaligen Entwickler zur Verzweiflung getrieben haben soll. Der Fehler zur Laufzeit war absolut unlogisch, da im Quelltext kein Fehler zu finden war. Die Lösung fand sich erst, als man den Rechner selbst auseinander schraubte und zwischen den Röhren eine tote Wanze fand, die mit ihrem Körper Schaltkreise störte.

Am besten ist es, Fehler von vornherein zu vermeiden. Dies geht durch sorgfältige Vorbereitung (Programmplanung, Bereitlegung von Nachschlagewerken und genügend Infomaterial, vernünftige Entwicklungswerkzeuge). Vor allem ist eine sorgfältige und konzentrierte Eingabe von Quelltext wichtig. Aber auch ein durchdachtes Konzept und genügend Programmier-Erfahrung werden die Anzahl der potenziellen Fehler in einem Programm bereits im Vorfeld reduzieren. Vernünftige Sicherungsmaßnahmen mit regelmäßigen Backups sollten selbstverständlich sein.

47.1 Fehler finden & beseitigen

Sogar Java-Programme können Fehler enthalten. Manche Fehler kann ein Programmierer sogar grundsätzlich nicht verhindern. Die Behandlung dieser Fehler werden wir gleich anschauen, zuerst wollen wir sie suchen. Wenn nun ein Fehler aufgetreten ist und sich der fehlerfreie Zustand nicht durch einfaches Laden eines Backups wiederherstellen lassen kann (oder soll, falls aufwendige Veränderungen stattgefunden haben), bleibt nur die Fehlerbeseitigung. Dabei stellt sich zuerst das Problem, den Fehler überhaupt zu lokalisieren. Dies ist der größte und wichtigste Teil dessen, was Debugging genannt wird – das Lokalisieren und Identifizieren eines Fehlers. Sie können mit oder ohne Hilfsmittel auf die Wanzenjagd gehen. Ein solches Hilfsmittel ist der Debugger. Er erlaubt eine tiefer gehende Analyse und komfortablere Suche im Quelltext. Die Arbeit mit einem Debugger lässt sich auf einige wesentliche Schritte zusammenfassen:

→ Einen Haltepunkt (Breakpoint) setzen. Das bedeutet, ein Programm an einer beliebigen Stelle zu unterbrechen, um dessen Zustand zu dieser Zeit zu analysieren.

→ Einen Ausdruck analysieren. Das bedeutet ein Hineinschauen in einen Ausdruck im Quelltext bzw. das Auswerten von internen Informationen allgemein.

→ Ein Programm in einzelnen Schritten oder Schrittgruppen durchlaufen (Steppen), was einen schrittweisen Programmablauf bedeutet, an dem man an jeder Stelle anhalten und das Programm analysieren kann.

→ Ein Programm bei bestimmten Bedingungen anhalten lassen.

Eine Fehlerlokalisierung ohne Debugger basiert auf der Auswertung der Compiler-Meldungen (falls da ein Fehler aufgetreten ist), dem aufmerksamen Lesen des Quelltextes, der Analyse des Resultates eines Programms zur Laufzeit oder Kontrollausgaben, die im endgültigen Source beseitigt werden. Gängige Praxis ist, vor einem vermuteten Fehler eine Bildschirmausgabe der »Wanze« (also etwa der Variablen, in der man die Fehlerursache vermutet) zu erzeugen.

In die gesamten Überlegungen sind jetzt aber nicht Programmfehler zur Laufzeit eingeschlossen, die auf äußere Umstände (Umgebung des Programms oder den Anwender) zurückzuführen sind. Zumindest nicht in Java. Diese Fehlerkonstellation kann durch verschiedene Dinge entstehen. Sie greifen etwa im Programm hartcodiert auf eine bestimmte Schriftart zu, die auf der Plattform des Anwenders nicht vorhanden ist. Oder das Programm lässt Bedienfehler durch den Anwender zu (etwa Speicherversuch auf ein Diskettenlaufwerk, obwohl keine Diskette eingelegt ist). Es handelt sich also um Fehler, die mehr auf konzeptioneller Seite zu suchen sind und weniger um technische Fehler. In der Literatur wird so etwas als Laufzeitfehler bezeichnet. Es handelt sich also um einen Fehler, den ein Compiler zum Zeitpunkt der Übersetzung nicht erkennen kann (etwa eine Division durch 0 zur Laufzeit) und auf den ein Programmierer unter Umständen nur bedingt Einfluss hat (etwa bei fehlender Diskette im Laufwerk). Einige Fehlerkonstellationen kann man recht gut umgehen, andere muss man zulassen, weil man darauf keinen Einfluss hat (fehlende Diskette), andere Laufzeitfehler gelten als nicht auffangbar (so genannte untrappable Errors oder oft auch nur als Errors bezeichnet), da sie durch die Hardware verursacht werden und nicht durch Software aufgefangen werden können. Auf jeden Fall sollten alle denkbaren und technisch auffangbaren Fehler irgendwie behandelt werden, denn in der Regel führt ein unbehandelter Laufzeitfehler zu einem Programmabsturz und dabei gehen die evtl. in dem Programm erfassten und noch nicht gespeicherten Daten verloren. Zumindest ist das neue Starten eines Programms lästig. Das Abfangen von Laufzeitfehlern in Java werden wir jetzt angehen – die Ausnahmebehandlung.

48 Was sind Ausnahmen?

Die Ausnahmebehandlung und auch die anderen Techniken zur Fehlerbehandlung in diesem Abschnitt betreffen ausschließlich die auffangbaren Laufzeitfehler (trappable Errors). Also Fehler, die bei der Übersetzung eines Programms nicht entdeckt werden können und erst unter bestimmten Konstellationen während der Laufzeit des Programms auftreten. Fehler, die durch höhere Gewalt ausgelöst werden (die bereits angesprochenen untrappable Errors), können naturbedingt nicht abgefangen werden.

Sie haben zwei grundsätzlich verschiedene Möglichkeiten zur Fehlerbehandlung:

→ die individuell programmierte Fehlerbehandlung

→ die von Java bereits zur Verfügung gestellte Fehlerbehandlung – die Ausnahmen

48.1 Die individuell programmierte Fehlerbehandlung

In vielen Programmiersprachen bleibt Ihnen zur Behandlung von Laufzeitfehlern kein anderer Weg, als jeden denkbaren Fehler an der Stelle zu behandeln, an der er auftreten kann. Also müssen Sie für diesen Fall vorsorgen. Dies kann mit den traditionellen Entscheidungsstrukturen (`while`, `do`, `if`) recht einfach erfolgen. Wir setzen die kritische Aktion – etwa die Division durch eine Variable, die den Wert 0 annehmen kann – in eine Art Schutzanzug, indem wir eine Entscheidungsstruktur vorschalten, die den Fehler erst gar nicht zulässt. Das kann so aussehen:

```
if (Teiler == 0)
{
// tue etwas, etwa eine Fehlermeldung mit anschließendem
// Sprung an eine unkritische Stelle oder setze die
// Variable auf einen unkritischen Wert (sofern sinnvoll)
// wie hier Teiler = 1;
}
a=b/Teiler;
```

Wir haben hier einfach den kritischen Kandidaten (den Divisor) für den potenziellen Fehlerfall auf einen unkritischen Wert gesetzt, aber bereits in den Kommentarzeilen angedeutet, dass eine Sprunganweisung ebenfalls sinnvoll wäre. Und nicht nur das – fast jede Fehlerbehandlungsroutine wird normalerweise als Sprungsanweisung konzipiert. Im Falle eines Fehlers soll an eine Stelle gesprungen werden, an der der Fehler behandelt wird. Wir haben aber absichtlich dies hier noch nicht in Java umgesetzt, da Java dafür einen Standardmechanismus zur Verfügung stellt, den wir gleich behandeln. Das Prinzip und die Struktur können Sie aber im Hinterkopf behalten.

Sie können auf diese Art und Weise jeden Fehler auffangen, den Sie als potenzielle Fehlerquelle erkennen. Und da haben wir den entscheidenden

Schwachpunkt – Sie müssen die potenzielle Fehlerquelle erkennen, was oft nahezu unmöglich ist. Gerade in komplexen Programmen können Sie nie alle kritischen Zusammenhänge (auch auf Grund von Verschachtelungen) überblicken. Es werden immer Fehlerquellen da sein, die an vorher kaum beachteten Stellen auftreten. Außerdem ist es sehr viel Arbeit, bei jeder Anweisung zu überlegen, ob da eine Gefahr lauert, und diese dann sicher abzufangen. Es ist sogar so, dass Sie in der überwiegenden Anzahl von Fehlern das Rad neu erfinden, denn es gibt sehr oft schon Standardmaßnahmen. Zu guter Letzt setzt diese Technik der Laufzeitfehlerbehandlung oft voraus, dass der Fehler selbst nicht eintritt, sondern vorher erkannt und umgebogen wird. Zwar kann man in Java diese Fehlerbehandlungstechnik durchaus verwenden und sie ist in Fällen wie in unserem Beispiel auch manchmal sinnvoll. Java stellt jedoch einen Mechanismus zur Verfügung, der viel mächtiger und dennoch mit weniger Aufwand verbunden ist – die Ausnahmenbehandlung. Sie erlaubt sowohl eine Fehlerbehandlung »vor Ort« als auch eine globale Fehlerbehandlung an einer zentralen Stelle im Programm, an die Ausnahmen »weitergereicht« werden. Dabei ist von besonderer Bedeutung, dass das Java-Konzept ein Programm bei einer solchen Ausnahmesituation dennoch stabil weiterlaufen lässt! Zumindest, wenn es einen weiteren sinnvollen Ablauf gibt.

48.2 Die Ausnahmenbehandlung von Java

Wir sind schon an verschiedenen Stellen darauf eingegangen, dass Java zur Behandlung von Fehlern (zumindest den auffangbaren) einen sehr mächtigen Mechanismus zur Verfügung stellt – die Ausnahmen oder Exceptions.

Mittels dieses Ausnahmekonzepts kann Java eines seiner Grundprinzipien – die maximale Sicherheit – gewährleisten. Eine Ausnahme ist eine Unterbrechung des normalen Programmablaufs auf Grund einer besonderen Situation, die eine isolierte und unverzügliche Behandlung notwendig macht. Der normale Programmablauf wird erst fortgesetzt, wenn diese Ausnahme behandelt wurde. Ein klassisches Beispiel, das eine solche Situation provoziert, ist der bereits angedeutete Versuch, auf ein Diskettenlaufwerk zuzugreifen, in dem keine Diskette eingelegt ist. Eine Java-Klasse, die diesen Mechanismus zur Verfügung stellt, sollte vor einem Zugriff auf ein Diskettenlaufwerk überprüfen, ob eine Diskette eingelegt ist, und andernfalls mit einer Ausnahme auf den Versuch reagieren. Diese Ausnahme gibt Informationen zurück, welcher Fehler genau vorliegt, und auf Grund dieser Information kann der Programmierer Gegenmaßnahmen ergreifen.

Eine Ausnahme ist in Java ein eigenes Objekt, das eine Instanz der Klasse Throwable oder einer seiner Unterklassen ist. Dies erlaubt es Programmierern, leicht eigene Ausnahmen zu definieren, indem einfach eine Unterklasse von der Klasse Throwable oder einer bereits vorhandenen Ausnahme abgeleitet wird. Eine so als Subklasse erstellte Ausnahmeklasse oder eine Standardausnahmeklasse wird von Methoden mit der Anweisung throw ausgeworfen. Das ist eine Sprunganweisung mit Rückgabewert – eben das Ausnahme-Objekt. Verwandt ist die Situation mit einer return-Ausweisung. Das Konzept ist aber mehr – eine Methode, die eine Ausnahme auswirft, muss dies dem Aufrufer der Methode in der Methodenunterschrift mitteilen. Dies geschieht mit dem Schlüsselwort throws, was nicht mit throw verwechselt werden darf. Dieses Java-eigene Verfahren zwingt den Programmierer dazu, alle möglichen Ausnahmen abzufangen. Flüchtigkeitsfehler werden so von vornherein verhindert.

Wenn Sie sich die Dokumentation der Standardpakete von Java ansehen, werden Sie erkennen, dass eine große Anzahl von Methoden dort mit throws gekennzeichnet sind. Sie werden diese Methoden nur dann verwenden können, wenn Sie diese Ausnahmen behandeln Darum geht es nun im nächsten Kapitel.

49 Ausnahmen behandeln

Da Java einen Mechanismus zur standardisierten Erzeugung von Ausnahmen bereitstellt, ist es nahe liegend, dass es auch einen standardisierten Mechanismus zu deren Auswertung und Behandlung besitzt. Man muss dabei zwei Szenarien unterscheiden.

49.0.1 Globales Exception-Handling

Java realisiert wie erwähnt das globale Handling von Ausnahmen über die Erweiterung einer Methodendeklaration um die throws-Anweisung zur Dokumentation und der throw-Anweisung zum konkreten Auswerfen.

Beispiel:

```
public class mKlasseEx {
  public void mMethEx () throws MeineException {
    ..
    throw new MeineException()
  }
}
```

Hiermit wird dem Compiler mitgeteilt, dass der in der Methode enthaltene Code eine Ausnahme (MeineException) erzeugen kann. Damit weiß der Compiler, dass die Methode gefährliche Dinge tun kann. Er wird entsprechend reagieren, d.h., er wird diese Methode nur übersetzen, wenn die ausgeworfene Ausnahme an geeigneter Stelle im Programm (was das bedeutet, folgt gleich) behandelt wird.

Diese Beschreibung der Gefahr ist eine Art Vertrag zwischen der Methode und demjenigen, der die Methode verwendet. Die Beschreibung enthält Angaben über die Datentypen der Argumente einer Methode und die allgemeine Semantik. Außerdem werden die gefährlichen Dinge, die bei der Methode auftreten können, spezifiziert. Als Anwender der Methode müssen Sie sich darauf verlassen, dass diese Angaben die Methode korrekt charakterisieren.

An Stellen, an denen Sie die Methode verwenden, können Sie die Ausnahmebedingungen dann explizit bezeichnen. Wenn Sie also bei einer Ihrer Methoden wissen, dass diese bestimmte Fehler- oder Ausnahmesituationen auslösen kann, müssen Sie diese entweder selbst abfangen (etwa wie wir oben durch eine Entscheidungsstruktur sichergestellt haben, dass ein Teiler nicht 0 werden kann, oder wie wir gleich in der expliziten Fehlerbehandlung durchgehen) oder eben potenziellen Aufrufern mittels der throws-Erweiterung diese Fehler- oder Ausnahmesituationen mitteilen.

Wenn nun in einer mit der throws-Erweiterung gekennzeichneten Methode eine Ausnahme auftritt, was passiert dann? In diesem Fall wird die aufrufende Methode nach einer Ausnahmebehandlungsmethode durchsucht (wie die aussieht, folgt gleich). Enthält die aufrufende Methode eine Ausnahmebehandlungsmethode, wird mit dieser die Ausnahme bearbeitet, ist dort keine Routine vorhanden, wird deren aufrufende Methode durchsucht und so fort. Das Spiel geht so lange weiter, bis eine Ausnahmebehandlungsmethode gefunden ist oder die oberste Ebene des Programms erreicht ist. Die Ausnahme wird von der Hierarchie-Ebene, in der sie aufgetreten ist, jeweils eine Hierarchie-Ebene weiter nach oben gereicht. Sofern sie nirgends aufgefangen wird, bricht der Java-Interpreter normalerweise die Ausführung des Programms ab. Dieses Weiterreichen der Behandlung über verschiedene Hierarchie-Ebenen erlaubt sowohl die unmittelbare Behandlung ganz nahe am Ort des Problems als auch eine entferntere Behandlung, wenn dies sinnvoll ist – etwa in einer Struktur, die mehrere potenzielle Probleme umgibt.

Natürlich müssen nicht alle denkbaren Fehler und Ausnahmen explizit aufgelistet werden. Die Klasse Throwable im Paket java.lang besitzt zwei große Subklassen (im gleichen Paket). Die Klassen Exception und Error. In den beiden Ausnahmeklassen sind die wichtigsten Ausnahmen und Fehler der Java-Laufzeitbibliothek bereits enthalten. Diese beiden Klassen bilden zwar zwei getrennte Hierarchien, werden aber ansonsten gleichwertig als Ausnahmen behandelt.

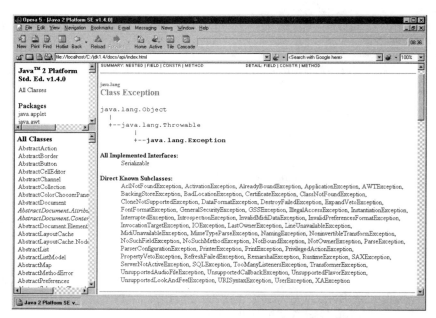

Bild 49.1: Die Dokumentation gibt Auskunft über die Beziehungen der diversen Ausnahmeklassen von Java

Die Ausnahmen der Klasse Error und ihrer Subklasse RuntimeError müssen Sie jedoch nicht extra abfangen oder dokumentieren. Dies geschieht automatisch, d.h., wenn keine Behandlung durch Sie erfolgt, wird die Ausnahme auf oberster Ebene behandelt und in der Systemausgabe erfolgt eine Meldung. In die Ausnahmentypen dieser Klassen fallen u.a. Situationen wie Speicherplatzmangel oder StackOverflowError, aber auch Array-Probleme oder mathematische Fehlersituationen. Wenn Sie sich die Dokumentation von Java anschauen, werden Sie dort Hunderte von Standardausnahmen entdecken. Sie sollten diese Standardproblemfälle auch nicht mehr explizit auflisten, denn damit zwingen Sie einen Aufrufer der Methode, diese irgendwie zu handhaben (was sonst automatisch über die Java-Umgebung behandelt wird).

Es gibt eigentlich nur fünf (zugegeben sehr allgemeine) Typen von Ausnahmen, die in einer throws-Klausel aufgelistet werden müssen. Man kann dies aus der Beschreibung der Klasse java.lang entnehmen. Es sind dies:

→ ClassNotFoundException
→ IllegalAccessException
→ InstantiationException
→ InterruptedException
→ NoSuchMethodException

Dazu kommen diverse weitere Ausnahmen, die aus den verschiedenen Java-Paketen kommen. Sie können zum Teil der Klasse Error oder ihrer Subklasse RuntimeError zugeordnet sein und müssen nicht extra abgefangen oder dokumentiert werden, zum Teil werden sie jedoch der Klasse Exception zugeordnet und müssen behandelt werden (z.B. die gesamten Ausnahmen von java.io).

49.1 Explizites Ausnahmen-Handling

Wenn Java schon einen so mächtigen Mechanismus zur Verfügung stellt, der Ausnahmen erzeugen und die Hierarchie nach oben weiterreichen lässt, so muss Java natürlich auch einen Mechanismus zur Verfügung stellen, um die geworfenen Ausnahme-Objekte zu behandeln. Entweder, Sie behandeln potenzielle Ausnahmen einer Methode direkt innerhalb der Methode selbst, oder Sie geben dem Aufrufer genügend Informationen, wie dieser die Ausnahmen behandeln kann. Gegebenfalls auch erst in der obersten Ebene der Hierarchie, wie gerade beschrieben wurde. In jedem Fall erfolgt die Behandlung mit der gleichen Struktur. In der Regel kapselt man eine Ausnahme-auswerfende Methode in eine umgebende try-catch-Struktur.

```
try {
// Innerhalb des try-Blocks werden diejenigen kritischen
// Aktionen durchgeführt, die Ausnahmen erzeugen können.
}
catch (Exception e) {
// Behandlung der Ausnahme
// Das Ausnahmeobjekt e wird behandelt
}
```

Kritische Aktionen in einem Java-Programm sollten immer innerhalb des try-Blocks durchgeführt werden. Falls Sie die Behandlung relativ weit oben in der Hierarchie durchführen, sollte dort die Methode stehen, die sich dann explizit um die Ausnahmebehandlung kümmert. Der Begriff

»try« sagt bereits sehr treffend, was dort passiert. Es wird versucht, den Code innerhalb des try-Blocks auszuführen. Wenn ein Problem auftauchen sollte (sprich, es wird eine Ausnahme ausgeworfen), wird dieses sofort entsprechend im passenden catch-Block gehandhabt und alle nachfolgenden Schritte im try-Block werden nicht mehr durchgeführt. Wenn also eine der Anweisungen innerhalb des try-Blocks ein Problem erzeugt, wird dieses durch die passende catch-Anweisung (falls vorhanden) aufgefangen und entsprechend behandelt (sofern die catch-Anweisung dafür die passende Behandlung enthält).

Am Ende eines try-Blocks können beliebig viele catch-Klauseln mit unterschiedlichen Ausnahmen (möglichst genau die Situation beschreibend) stehen. Sie werden einfach nacheinander notiert. Ein Verschachteln von try-catch-Strukturen ist auch möglich, wobei dann auch außerhalb angesiedelte catch-Blöcke im Inneren nicht explizit aufgefangene Exceptions auffangen können. Damit können unterschiedliche Arten von Ausnahmen auch verschiedenartig – und damit sehr qualifiziert – gehandhabt werden. Anstatt alle möglichen Ausnahmen explizit aufzulisten, die eventuell erzeugt werden könnten, können Sie auch einfach einen etwas allgemeineren Ausnahme-Typ auflisten (wie beispielsweise java.lang.Exception). Damit würde jede Ausnahme abgefangen, die aus java.lang.Exception abgeleitet wurde. Das lässt dann aber keine qualifizierte (d.h. der Situation genau angepasste) Reaktion zu.

Eine solche Ausnahmenbehandlung ist die sicherste Variante, weil die Methode selbst die potenziellen Ausnahmen behandelt. Wenn eine solche Ausnahme jedoch nicht direkt behandelt wird, wird sie nach oben in der Hierarchie der Methodenaufrufe weitergereicht.

Falls nirgendwo eine Behandlung erfolgt, wird sich letztendlich das System selbst der Ausnahme annehmen und entweder eine Fehlermeldung ausgeben und/oder das Programm beenden.

49.1.1 Der catch-Teil

Sie haben nun eine Ausnahme in einem catch-Teil aufgefangen. Dort erfolgt die eigentliche Behandlung der Ausnahme. Wir wissen bereits, dass der catch-Teil unter gewissen Umständen (nicht immer) optional ist und auch weggelassen werden kann. Genauso ist es möglich, mehrere catch-Anweisungen zu benutzen, die dann sequenziell überprüft werden, ob sie für die aufgetretene Ausnahme zuständig sind (wenn keine entsprechende catch-Anweisung gefunden wird, wird die Ausnahme an den nächsthöheren Programmblock weitergereicht). Aber was tun Sie damit konkret? Nun, das bleibt vollkommen Ihnen überlassen. Diese Aussage hilft Ihnen so nicht viel, soll aber deutlich machen, dass es Ihrem Konzept überlassen ist, eine Ausnahme so zu behandeln, wie es für das Programm sinnvoll erscheint. Wir werden unter anderem eine potenzielle Behandlung durchspielen – die Ausgabe einer Fehlermeldung. Und es muss noch erklärt werden, wie Sie überhaupt an die Ausnahme heran kommen. Schauen wir uns nochmals die Syntax einer beispielhaften catch-Klausel an:

```
catch (ArithmeticException m) {
...
}
```

In den runden Klammern nach dem Schlüsselwort `catch` steht ein Verweis auf den Typ der Exception, der in der betreffenden `catch`-Klausel behandelt werden soll. Sie können dort eine der unzähligen Standardausnahmen von Java verwenden oder auch selbst definierte Ausnahmen (dazu folgt umgehend mehr). Das Ausnahme-Objekt, das damit übergeben wird, besitzt einige Methoden, die Sie dann in der Behandlung nutzen können. Etwa die Methode `getMessage()`. Diese Methode gibt die Fehlermeldungen der Ausnahme zurück. Sie wird von der Klasse `Throwable` (der Superklasse aller Ausnahmen) definiert und ist daher in allen `Exception`-Objekten vorhanden. Wir nehmen unser Beispiel mit der potenziellen Division durch einen Wert 0 und packen es in eine `try-catch`-Struktur. Daran sieht man, wie so eine Ausnahme behandelt werden kann. Dabei seien `a`, `b` und `Teiler` irgendwelche `int`-Werte, die irgendwoher Werte zugewiesen bekommen:

```
try {
a=b/Teiler;
}
catch (ArithmeticException m) {
System.out.println("Fehler bei der Berechnung: " + m.getMessage());
}
```

Wenden wir diese Erkenntnisse jetzt einmal in einer konkreten Übung an. Geben Sie bitte Folgendes ein:

```
class Division {
  public static void main(String args[]) {
/*
Die Wahl zweier Integerwerte als Divisoren ist nur für ein Beispiel
zur Erzeugung einer Ausnahme sinnvoll. Sofern etwa der Zähler als
float vereinbart oder ein Casting wie ergebnis = (float)n/m;
durchgeführt wird, wird die hier gewünschte Ausnahme bei Division
durch 0 nicht mehr ausgelöst. Stattdessen kommt der Wert Infinity
zurück.
*/
    int n;
    int m;
    float ergebnis=0;
    try {
      Integer ueber1 = new Integer(args[0]);
      Integer ueber2 = new Integer(args[1]);
      n = ueber1.intValue();
      m = ueber2.intValue();
      try{
        ergebnis = n/m;
        System.out.println(
          "Das abgerundete Ergebnis der Division von " + n +
          " geteilt durch " + m + ": " + ergebnis);
```

```
                    }
           /* catch-Teil der try-catch-finally-Konstruktion */
                 catch (ArithmeticException meineEx) {
           /* Die Meldung verwendet eine Standardmethode des Ausnahme-Objektes
           */
           // - getMessage()
                    System.out.println("Achtung Division durch 0! " +
                    meineEx.getMessage());
                 }
              }
              catch (ArrayIndexOutOfBoundsException uebergabeEx) {
           // Keine zwei Übergabeparameter.
           // Beachten Sie, dass das konkrete Ausnahme-Objekt
           // in der Behandlung der
           // Ausnahme nicht verwendet wird.
                 System.out.println(
                    "Das Programm benoetigt zwei Uebergabeparameter.");
              }
              catch (NumberFormatException uebergabeEx) {
           // Keine numerischen Übergabeparameter
           // Beachten Sie, dass das konkrete Ausnahme-Objekt
           // in der Behandlung der
           // Ausnahme hier wieder verwendet wird.
                 System.out.println(
                    "Das Programm benoetigt zwei numerische Uebergabeparameter. "
                    + uebergabeEx.getMessage());
              }
              finally {
                 System.out.println("Bis bald.");
              }
              System.out.println("Das kommt auch noch");
           }
        }
```

Listing 49.1: Qualifiziertes Abfangen von Ausnahmen

Das Beispiel erfordert zwei Übergabeparameter, die jeweils einem Integer-Objekt zugewiesen und über die Methode intValue() dann als int-Werte verwendet werden. Wenn Sie als Teiler (der zweite Übergabeparameter) eine 0 übergeben, wird eine ArithmeticException ausgeworfen und im catch-Teil aufgefangen.

Fehlt ein Übergabewert, wird eine ArrayIndexOutOfBoundsException ausgeworfen und im entsprechenden catch-Teil behandelt.

Wird keine Ganzzahl als Übergabewert angegeben, wird eine NumberFormat Exception ausgeworfen und qualifiziert behandelt.

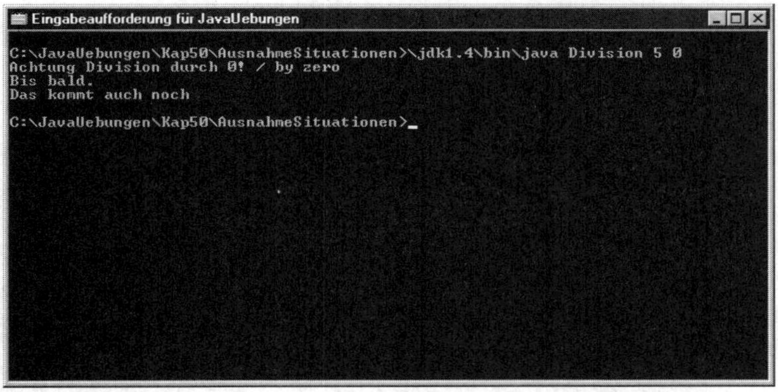

Bild 49.2: Division durch 0

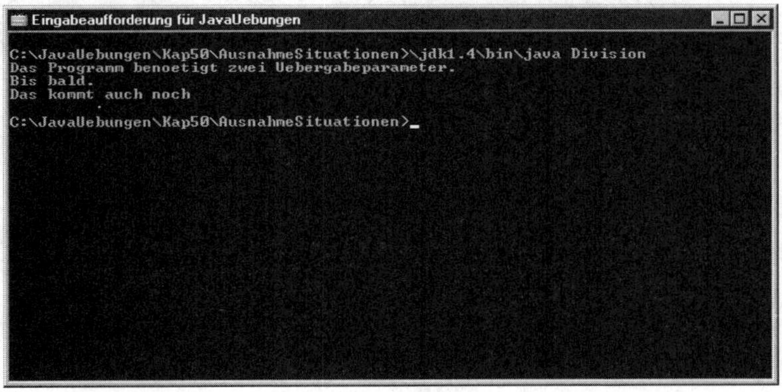

Bild 49.3: Zu wenig Übergabewerte

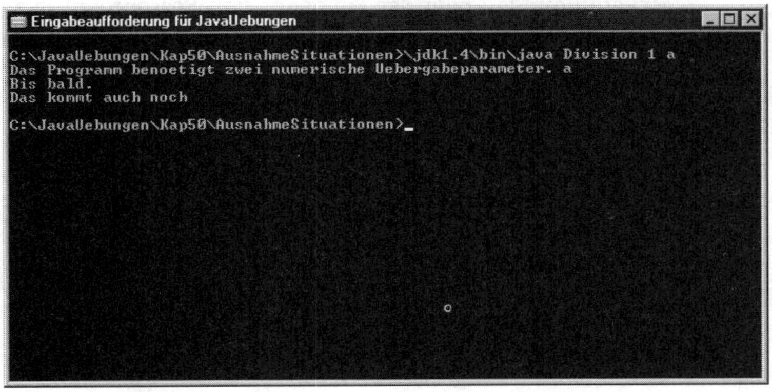

Bild 49.4: Ein nicht-numerischer Übergabewert

Ansonsten wird das Ergebnis der Division ausgegeben. Dabei sollte zur Kenntnis genommen werden, dass sowohl der Teil, der mit dem Schlüsselwort finally eingeleitet wird (bald mehr dazu), als auch der danach noch folgende Teil des Programms auf jeden Fall ausgeführt werden. Das zeigt deutlich, dass eine auftretende Ausnahme ein Programm nicht beendet (es sei denn, Sie programmieren es explizit) oder abstürzen lässt.

Bild 49.5: Saubere Berechnung

Beachten Sie bitte, dass wir bewusst zwei Integerwerte durcheinander teilen (auch kein Casting auf einen Nachkommatyp). Sofern Sie etwa den Zähler als float vereinbaren oder so etwas wie ergebnis = (float)n/m; durchführen, werden Sie die für unser Beispiel gewünschte Ausnahme bei Division durch 0 nicht mehr auslösen. Stattdessen kommt der Wert Infinity zurück.

49.1.2 Die finally-Klausel

Die finally-Anweisung erlaubt die Abwicklung wichtiger Abläufe (wie zum Beispiel das Schließen von Dateien, das saubere Unterbrechen von Netzwerkverbindungen oder das Freigeben von Ressourcen), bevor die Ausführung des gesamten try-catch-finally-Blocks unterbrochen wird. Dies kann dann so aussehen:

```
try {
//Hier stehen Anweisungen, wovon ein oder mehrere
// Ausnahmen werfen können
}
catch (ExceptionKlasse1 ausnahme1) {
// Behandlung der ersten Ausnahme mit Zugriff auf das
// per throws-Klausel erzeugte Ausnahme-Objekt ausnahme1
}
catch (ExceptionKlasse2 ausnahme2) {
//Behandlung der ersten Ausnahme mit Zugriff auf das
// per throws-Klausel erzeugte Ausnahme-Objekt ausnahme2
}
catch (ExceptionKlasse3 ausnahme3) {
// Behandlung der ersten Ausnahme mit Zugriff auf das
// per throws-Klausel erzeugte Ausnahme-Objekt ausnahme3
```

```
}
finally {
// Der hier stehende Code wird in jedem Fall
// ausgeführt. Dies ist unabhängig von potenziell
// auftretenden Ausnahmen
}
```

Wir haben die Technik im letzten Beispiel eingesetzt. Der Block finally ist aber optional und kann durchaus weggelassen werden. Unabhängig davon, ob innerhalb des try-Blocks eine Ausnahme auftritt oder nicht, werden die Anweisungen in dem Block finally ausgeführt. Tritt eine Ausnahme auf, so wird der jeweilige catch-Block ausgeführt und im Anschluss daran erst der Block hinter der finally-Anweisung.

Nun sollte aber aus dem letzten Beispiel aufgefallen sein, dass eine Ausnahme ein Programm in der Regel nicht abbricht und auch Anweisungen außerhalb der gesamten Struktur auf jeden Fall ausgeführt werden. Wozu dann die finally-Klausel? Könnte man nicht alle auf jeden Fall auszuführenden Anweisungen außerhalb der gesamten Struktur notieren? Oft ist das wirklich auch möglich. Es gibt jedoch einige Situationen, in denen man nicht so argumentieren kann. Wenn etwa innerhalb einer try-catch-Struktur eine Sprunganweisung wie break ausgelöst wird und damit eine umgebende Schleife verlassen werden soll, wird der finally-Block dennoch vorher ausgeführt – außerhalb der gesamten Struktur, jedoch noch innerhalb der Schleife notierter Quelltext allerdings nicht. Also hat diese Klausel immer dann ihre Bedeutung, wenn der Programmfluss umgeleitet wird und bestimmte Schritte vor der Umleitung unumgänglich sind.

50 Selbst definierte Ausnahmen

Java verfügt zwar in seinen Standardbibliotheken über unzählige vorgefertigte Ausnahmen für fast alle wichtigen Standardsituationen (etwa bei Dateioperationen auf Basis der IOException), gelegentlich ist es aber der Fall, dass ein Programm selbst definierte Ausnahmen benötigt. Eine sinnvolle Situation ist etwa, dass man auf Grund verschiedener Typen von Ausnahmen bestimmte Reaktionen steuern möchte (das machen wir in einem Beispiel). Um eine eigene Ausnahmeklasse zu erstellen, muss nur eine Unterklasse von Throwable oder eine ihrer Unterklassen wie Exception implementiert werden. Die Auslösung dieser selbst definierten Ausnahme erfolgt wie bei den Standardausnahmen über die throw-Anweisung und die Dokumentation mit throws.

Benutzerdefinierte Exceptions verfügen normalerweise (Konvention) über zwei Konstruktoren. Der eine Konstruktor erzeugt eine neue Instanz mit einer Fehlermeldung, der andere ohne Fehlermeldung. Schauen wir uns ein Beispiel an, das auf Basis von ArithmeticException eine eigene Ausnahme definiert:

```java
class MeineAusnahme extends ArithmeticException {
  MeineAusnahme(String msg){ // Konstruktor 1
    super(msg);
  }
  MeineAusnahme() {// Konstruktor 2
    super();
  }
}
```

Die – immer als erste Direktive notierte – Anweisung super() greift explizit auf den Konstruktor der Superklasse zu. Dazu können noch – falls notwendig – nachfolgend zusätzliche Schritte hinzugefügt werden.

Wenn diese Ausnahme nun mit der throws-Anweisung von einer Methode, die diese Ausnahme implementiert hat, ausgeworfen wird, kann diese in einem catch-Teil aufgefangen werden. Etwa so:

```java
catch (MeineAusnahme m) {
  System.out.println("Fehler bei der Berechnung: " + m.getMessage());
}
```

Wir wollen die benutzerdefinierten Ausnahmen in Verbindung mit der throw-Anweisung in zwei vollständigen Beispielen üben.

Das erste Beispiel fängt über eine selbst definierte Ausnahme den Start eines Programms ab. Das Programm darf nur gestartet werden, wenn als Übergabewert ein korrektes Passwort angegeben wird (dann gibt es die Lottozahlen der nächsten Woche aus – etwas Motivation muss sein ;-)). Andernfalls wird eine Ausnahme ausgeworfen und die im try-Block nachfolgenden Anweisungen werden nicht ausgeführt. Außerdem wird eine Standard-Ausnahme abgefangen (kein Übergabewert).

Kapitel 50 · Selbst definierte Ausnahmen

```java
class SDAusn extends Throwable {
  SDAusn(String msg) {
    super(msg);
  }
}

public class Passwort {
  static void pruefePW(String a) throws SDAusn {
    SDAusn m = new SDAusn(a);
    if (!a.equals("geheim")) {
      System.out.println("Nur mit Passwort");
      throw m;
    }
  }
  public static void main(String args[]){
    try {
      pruefePW(args[0]);
      System.out.println("Willkommen im geheimen Bereich");
    }
    catch (SDAusn meineEx) {
      System.out.println("Nix is: " + meineEx.getMessage());
    }
    catch(ArrayIndexOutOfBoundsException e) {
      System.out.println(
        "Bitte einen Uebergabewert an das Programm eingeben");
    }
  }
}
```

Listing 50.1: Verwendung von selbst definierten Ausnahmen

Bild 50.1: Korrekter Programmablauf mit richtigem Passwort

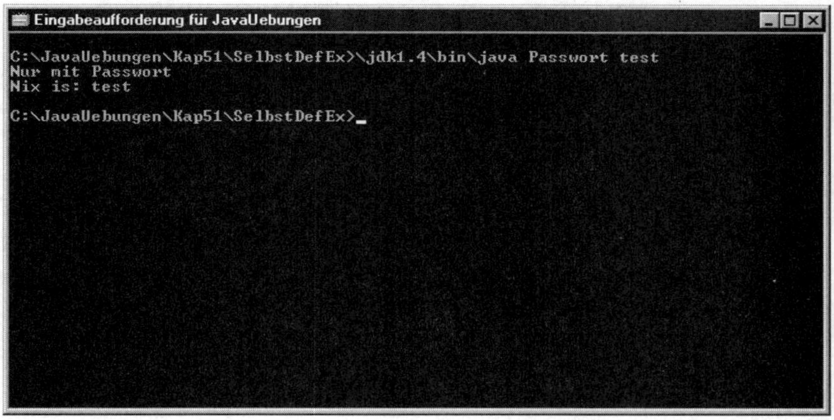

Selbst definierte Ausnahmen

```
C:\JavaUebungen\Kap51\SelbstDefEx>\jdk1.4\bin\java Passwort test
Nur mit Passwort
Nix is: test

C:\JavaUebungen\Kap51\SelbstDefEx>_
```

Bild 50.2: Passwort falsch

Testen Sie nun einmal, was passiert, wenn Sie die Methode ohne umgebendes `try`-Konstrukt mit passendem `catch`-Auffangblock verwenden wollen. Kommentieren Sie einfach das `try`-Schlüsselwort und den gesamten `catch`-Anteil aus. Der Compiler wird das Programm nicht übersetzen. Es kommt ein Fehler der Art:

```
Passwort.java:19: unreported exception SDAusn; must be caught or
declared to be thrown
 pruefePW(args[0]);
 ^
1 error
```

Grund ist, dass die Methode `pruefePW()` in der Deklaration eine Ausnahme der Klasse `SDAusn` per `throws` auflistet. Das bedeutet nicht mehr und nicht weniger, als dass diese bei der Verwendung der Methode unbedingt aufgefangen oder an eine höhere Ebene (hier nicht vorhanden) weitergereicht werden muss. Es genügt aber auch nicht, die Methode in einen `try`-Block zu packen und zu hoffen, die Ausnahme würde bis zur Systemebene durchgereicht. Konsequenz wäre folgende:

```
Passwort.java:18: 'try' without 'catch' or 'finally'
 try {
 ^
1 error
```

Wir arbeiten hier mit einer selbst definierten Ausnahme als Ableitung von `Throwable`. Ein `catch`-Block der Form

```
catch(Exception e){
}
```

funktioniert deshalb auch nicht, denn unsere selbst definierte Ausnahme ist ja direkt von `Throwable` abgeleitet. Es müsste schon so etwas sein:

```
catch(Throwable e){
}
```

Sinnvoll ist dies maximal allgemeine Abfangen aber selten, denn man möchte ja qualifiziert auf verschiedene Ausnahme reagieren.

Testen wir nun noch eine andere Form der Fehlverwendung. Lassen Sie einfach einmal die throws-Anweisung bei der Methodendeklaration weg (der Rest soll wieder in Ordnung sein). Auch das wird der Compiler nicht machen, denn wenn in einer Methode eine Ausnahme ausgeworfen wird, muss sie auch dokumentiert werden. Sie erhalten folgende Fehlermeldung:

```
Passwort.java:24: exception SDAusn is never thrown in body of
corresponding try statement
  catch (SDAusn meineEx) {
  ^
2 errors
```

Sie sehen also, dass das Exception-Konzept nicht nur ein Sicherungsverfahren ist, sondern auch Anwender einer Methode führen kann, so dass diese sinnvoll eingesetzt wird, ohne dass sie deren Aufbau überhaupt zu kennen brauchen. Umgekehrt kann eine Methode keine gefährlichen Dinge mit Ausnahmen tun, ohne es zu dokumentieren.

Erstellen Sie noch ein zweites Beispiel. Dabei werden wir nun auch den Einsatz von Ausnahmen im grafischen Umfeld zeigen (obwohl das keine echte Relevanz hat). Das auf Swing basierende Beispiel simuliert ein Auto mit Automatikgetriebe, in dem man die Geschwindigkeit ändern kann. Die Gangwechsel sollen automatisch bei bestimmten Geschwindigkeitsstufen erfolgen. Technisch werden sie in dem Moment ausgelöst werden, wenn eine entsprechende selbst definierte Ausnahme ausgeworfen wird. Dazu werden verschiedene Klassen verwendet. Drei Klassen (Gang1, Gang2 und Gang3) sind als Ableitung von Exception definiert. Sie tun eigentlich nicht viel, aber da sie explizit im catch-Teil identifiziert werden können, kann man darauf qualifiziert reagieren. Wir wollen das hier dazu nutzen, Radiobuttons (vom Typ JRadioButton) und eine Ausgabe auf Systemebene zu steuern, mit denen je nach Geschwindigkeit ein bestimmter Gang gewählt wird. Der Schieber (eine Swing-Komponente der Klasse Slider) aktualisiert automatisch zwei Geschwindigkeitsanzeigen, die mit einem Label (JLabel) als numerischem Wert und grafisch mit einer Swing-Komponente vom Typ ProgressBar dargestellt werden. Die Radiobuttons und eine Textausgabe auf Systemebene zeigen den gewählten Gang an.

```
import javax.swing.*;
public class Anwendung1 {
  boolean packFrame = false;
  /**Die Anwendung konstruieren*/
  public Anwendung1() {
    Frame1 frame = new Frame1();
    //Frames überprüfen, die voreingestellte Größe haben
    //Frames packen, die nutzbare bevorzugte Größeninformationen
    //enthalten, z.B. aus ihrem Layout
    if (packFrame) {
```

```
        frame.pack();
      }
      else {
        frame.validate();
      }
      frame.setVisible(true);
    }
    /**main()-Methode*/
    public static void main(String[] args) {
      try {

UIManager.setLookAndFeel(UIManager.getSystemLookAndFeelClassName());
      }
      catch(Exception e) {
        e.printStackTrace();
      }
      new Anwendung1();
    }
  }
```

Listing 50.2: Die Klasse, die die Applikation repräsentiert

```
import java.awt.*;
import java.awt.event.*;
import javax.swing.*;
import java.beans.*;
import javax.swing.event.*;
public class Frame1 extends JFrame {
  JPanel contentPane;
  BorderLayout borderLayout1 = new BorderLayout();
  JSlider jSlider1 = new JSlider();
  JProgressBar jProgressBar1 = new JProgressBar();
  JLabel jLabel1 = new JLabel();
  JPanel jPanel1 = new JPanel();
  JRadioButton jRadioButton1 = new JRadioButton();
  JRadioButton jRadioButton2 = new JRadioButton();
  JRadioButton jRadioButton3 = new JRadioButton();
  /**Den Frame konstruieren*/
  public Frame1() {
    enableEvents(AWTEvent.WINDOW_EVENT_MASK);
    try {
      jbInit();
    }
    catch(Exception e) {
      e.printStackTrace();
    }
  }
  /**Initialisierung der Komponenten*/
  private void jbInit() throws Exception  {
   contentPane = (JPanel) this.getContentPane();
   contentPane.setLayout(borderLayout1);
```

```java
            this.setSize(new Dimension(400, 300));
            this.setTitle("Frame-Titel");
            jSlider1.setOrientation(JSlider.VERTICAL);
            jSlider1.addChangeListener(new javax.swing.event.ChangeListener()
{
                public void stateChanged(ChangeEvent e) {
                   jSlider1_stateChanged(e);
                }
            });
            jSlider1.addPropertyChangeListener(
              new java.beans.PropertyChangeListener() {
                public void propertyChange(PropertyChangeEvent e) {
                   jSlider1_propertyChange(e);
                }
            });
            jProgressBar1.setOrientation(JProgressBar.VERTICAL);
            jProgressBar1.setValue(jSlider1.getValue());
            jLabel1.setHorizontalAlignment(SwingConstants.CENTER);
            jLabel1.setText((new Integer(jSlider1.getValue()).toString()));
            jRadioButton1.setSelected(true);
            jRadioButton1.setText("1. Gang");
            jRadioButton2.setText("2. Gang");
            jRadioButton3.setText("3. Gang");
            contentPane.add(jSlider1, BorderLayout.EAST);
            contentPane.add(jProgressBar1, BorderLayout.WEST);
            contentPane.add(jLabel1, BorderLayout.NORTH);
            contentPane.add(jPanel1, BorderLayout.CENTER);
            jPanel1.add(jRadioButton1, null);
            jPanel1.add(jRadioButton2, null);
            jPanel1.add(jRadioButton3, null);
     }
   }
/**Überschrieben, so dass eine Beendigung beim Schließen des Fensters
möglich ist.*/
   protected void processWindowEvent(WindowEvent e) {
     super.processWindowEvent(e);
     if (e.getID() == WindowEvent.WINDOW_CLOSING) {
       System.exit(0);
     }
   }
   void jSlider1_propertyChange(PropertyChangeEvent e) {
     jProgressBar1.setValue(jSlider1.getValue());
   }
   void jSlider1_stateChanged(ChangeEvent e) {
   try{
   speed();
   }
   catch(Gang1 g){
   jRadioButton1.setSelected(true);
   jRadioButton2.setSelected(false);
   jRadioButton3.setSelected(false);
```

```
            }
            catch(Gang2 g){
            jRadioButton2.setSelected(true);
            jRadioButton1.setSelected(false);
            jRadioButton3.setSelected(false);
            }
            catch(Gang3 g){
            jRadioButton3.setSelected(true);
            jRadioButton2.setSelected(false);
            jRadioButton1.setSelected(false);
            }
        }
            void speed() throws Gang1, Gang2, Gang3  {
              jProgressBar1.setValue(jSlider1.getValue());
              jLabel1.setText((new Integer(jSlider1.getValue()).toString()));
              if (jSlider1.getValue()>80) throw new Gang3();
              if (jSlider1.getValue()>40) throw new Gang2();
              if (jSlider1.getValue()<40) throw new Gang1();
            }
        }
```

Listing 50.3: Die Klasse, die die grafische Swing-Oberfläche realisiert

```
            public class Gang1 extends Exception{
              public Gang1() {
              System.out.println("Gang 1");
              }
            }
```

Listing 50.4: Selbst definierte Ausnahmeklasse Gang1

```
            public class Gang2 extends Exception{
              public Gang2() {
              System.out.println("Gang 2");
              }
            }
```

Listing 50.5: Selbst definierte Ausnahmeklasse Gang2

```
            public class Gang3 extends Exception{
              public Gang3() {
              System.out.println("Gang 3");
              }
            }
```

Listing 50.6: Selbstdefinierte Ausnahmeklasse Gang3

Das Ergebnis dieses Programms wird so aussehen:

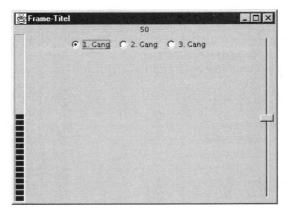

Bild 50.3: Das Programm startet und zeigt drei Radiobuttons, ein Label oben, einen Slider rechts und eine ProgressBar links an

Wenn Sie den Slider auf der rechten Seite verschieben, wird in der Systemausgabe permanent ausgegeben, welcher Gang gerade verwendet wird. Das Gleiche zeigen die Radiobuttons an. Wenn ein Grenzwert erreicht wird, wird eine der drei selbst definierten Exceptions ausgelöst, woraufhin in dem zugehörigen catch-Teil die jeweiligen Aktionen (die Simulation eines Gangwechsels) ausgelöst werden.

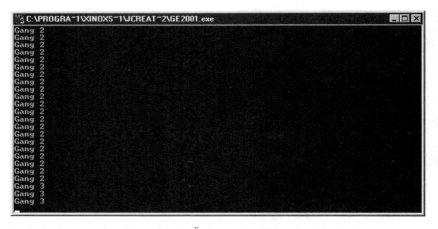

Bild 50.4: In der Systemausgabe wird nach jeder Änderung des Sliders der aktuelle Gang angezeigt

Die ProgressBar und das Label zeigen den Wert des Sliders (eine Simulation für die gefahrene Geschwindigkeit) an. Die Radiobuttons werden je nach Geschwindigkeit aktiviert.

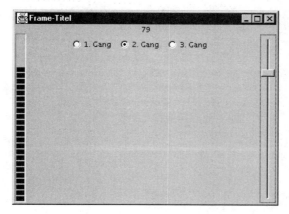

Bild 50.5: Per Exception wurde ein Gangwechsel ausgelöst und das Label und die ProgressBar zeigen die aktuelle Geschwindigkeit an

Multithreading

Im Rahmen moderner Programme ist es sehr oft notwendig, dass mehrere Prozesse parallel ablaufen. Wir haben das in Java beispielsweise immer, obwohl es kaum sichtbar ist. Es läuft im Hintergrund, aber neben dem normalen Programmablauf gibt es immer einen Hintergrundprozess, der sich permanent um die Speicherfreigabe kümmert (die Garbage Collection) und bei Bedarf einen Prozess, der permanent auf das Auftreten von Ereignissen wartet. Aber diese Anforderungen gehen noch viel weiter. Auch der »normale« Programmablauf kann in Einzelsequenzen unterteilt werden, die man einzeln unter Kontrolle halten möchte und/oder parallel zu anderen Prozessen ablaufen lassen möchte. Animationen sind ein Beispiel. All das wird in Java von dem so genannten Multithreading-Konzept erledigt, um das es in diesem abschließenden Abschnitt des Buches gehen soll.

11

Multithreading bedeutet im Wesentlichen, dass mehrere Aufgaben oder Prozesse quasi gleichzeitig ausgeführt werden können. Der Vorgang des Multithreading darf nicht mit Multitasking verwechselt werden. Ein Thread (übersetzt Faden, Faser oder am besten Zusammenhang) bedeutet nicht die quasi gleichzeitige Ausführung von mehreren Programmen wie beim Multitasking, sondern die gleichzeitige, parallele Ausführung von mehreren Schritten in einem Programm. Bei Java ist das Multithreading-Konzept voll integrierter Bestandteil der Philosophie. Zwar wurde Multithreading nicht für Java erfunden, aber intelligent weiterentwickelt. Insbesondere die Synchronisationsanweisungen für den Umgang mit Multithreading sind für Java optimiert worden und machen das Verfahren extrem sicher. Die Schlüsselwörter synchronized und threadsafe werden zum Markieren von Blöcken und Methoden benutzt, die eventuell vor gleichzeitiger Verwendung geschützt werden sollen (die Behandlung sprengt allerdings hier den Umfang des Buches).

Es gibt zwei Wege, wie Sie Teile Ihrer Anwendungen und Klassen in separaten Threads laufen lassen können. Einmal, indem Sie die Thread-Klasse erweitern oder indem Sie die Schnittstelle Runnable implementieren. Beide finden Sie im Paket java.lang. Damit stehen sowohl die Klasse als auch die Schnittstelle überall zur Verfügung.

51 Die Klasse Thread

Sie können eine Klasse als Thread lauffähig machen, indem Sie die Klasse `java.lang.Thread` erweitern. Dies gibt Ihnen durch die Vererbung direkten Zugriff auf alle `Thread`-Methoden.

Beispiel:

```
public class MeineThreadKlasse extends Thread
```

51.1 Threads laufen lassen

In einer explizit als Multithreading-Programm aufgebauten Applikation spielt die `main()`-Methode nicht mehr diese absolute Rolle, wie es in einer »normalen« Applikation der Fall ist. Der `main()`-Methode werden eine Art Assistenten-Methoden zur Seite gestellt. Die `main()`-Methode reduziert ihre Aufgabe darauf, diesen Assistenten-Methoden Aufgaben zur übertragen, was im Prinzip nur bedeutet, sie zu starten. Der Name der Methoden ergibt sich damit recht logisch – `start()`. In einer als Thread lauffähig gemachten Klasse müssen Sie die Methode

```
public void run()
```

überschreiben. Diese hat dann im Wesentlichen die Aufgabe, die in einer »normalen« Applikation `main()` erfüllt. Die Abarbeitung der `run()`-Methode ist der vollständige Lauf eines jeden Threads. Aus der so vorbereiteten Klasse erzeugen Sie dann mit einem der zahlreichen Konstruktoren (`Thread()`, `Thread(Runnable target)`, `Thread(Runnable target, String name)`, `Thread(String name)`, `Thread(ThreadGroup group, Runnable target)`, `Thread(ThreadGroup group, Runnable target, String name)`, `Thread(Thread group group, String name)`) ein `Thread`-Objekt, das man aus der Hauptapplikation mit `start()` starten kann. Die Methode wirft die Ausnahme vom Typ `IllegalThreadStateException` aus, wenn der Thread bereits läuft.

Die Methode `run()` *einer* `Thread`*-Subklasse sollte nie direkt aufgerufen werden. In diesem Fall wird das als normaler Methodenaufruf interpretiert und nicht als Start eines Threads.*

Schauen wir uns ein Beispiel an:

```
class ErsterThread extends Thread {
  public void run() {
    while(true) {
      System.out.println("Thread 1 ***");
    }
  }
}

class ZweiterThread extends Thread {
  public void run() {
    while(true) {
      System.out.println("***** Thread 2");
```

```
          }
        }
      }

      public class MultiThread {
        public static void main(String args[])  {
          ErsterThread p = new ErsterThread();
          ZweiterThread q = new ZweiterThread();
          p.start();
          q.start();
        }
      }
```

Listing 51.1: Eine Applikation mit zwei Threads

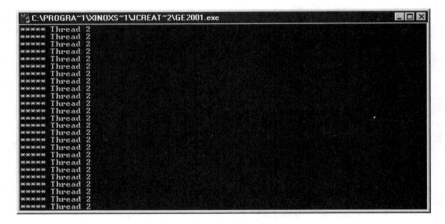

Bild 51.1: Listing 8.1: Abwechselnd arbeiten die beiden Threads

 Das Programm arbeitet mit zwei Endlosschleifen und lässt sich nur durch die Tastenkombination STRG+C in der Shell abbrechen.

In dem Beispiel arbeiten wir mit zwei Thread-fähig gemachten Klassen, die beide die run()-Methode überschreiben. Dort läuft jeweils eine Endlosschleife, in der eine Ausgabe erfolgt. In der eigentlichen Applikation erzeugen wir jeweils ein Objekt und starten dann die beiden Threads. Beachten Sie, dass damit die main()-Methode beendet ist und ein Nicht-Multithreading-Programm unmittelbar beendet werden würde. Insbesondere würde es aber auch gar nicht zum Aufruf von q.start() kommen, denn die erste Endlosschleife würde das verhindern. So aber werden sie sehen, dass beide Threads gestartet werden und die Ausgabe hin- und herwechselt (je nachdem, welcher Thread gerade die Ausgabe erzeugt).

51.2 Threads abbrechen

Ein Thread wird beendet, wenn das Ende seiner run()-Methode erreicht ist oder das umgebende Programm endet.

Es gibt aber auch die Möglichkeit, einen Thread über einen Stoppaufruf an sein Objekt zu beenden oder zumindest zu unterbrechen. Die mittlerweile als deprecated geltende Methode `stop()` kann das tun (wenngleich mit nicht vorhersagbarem Ausführungszeitpunkt). Testen wir die Methode:

```java
class DritterThread extends Thread {
  long erg;
  public void run() {
    while(true) {
      System.out.println(erg++);
    }
  }
}

class VierterThread extends Thread {
  DritterThread p = new DritterThread();
  public void run() {
    p.start();
    while(true) {
      if(p.erg>100) {
        p.stop();
        break;
      }
    }
  }
}

public class MultiThread2 {
  public static void main(String args[]) {
    VierterThread q = new VierterThread();
    q.start();
  }
}
```

Listing 51.2: Stoppen des ersten Threads mit `stop()`

Das Beispiel unterscheidet sich nur auf den ersten Blick nicht sonderlich von dem ersten. Es ist aber grundverschieden. Zwar arbeiten wir auch hier mit zwei Thread-fähigen Klassen, aber nur die erste beinhaltet eine Endlosschleife ohne interne Abbruchmöglichkeit. In der zweiten Klasse wird der Thread der ersten Klasse erzeugt und im Rahmen der `run()`-Methode gestartet (nicht im Hauptprogramm). Die zweite Thread-Klasse hat die Aufgabe, in einem eigenen, parallel laufenden Thread zu überwachen, wann der erste Thread abgebrochen werden soll. Im Rahmen der eigentlichen Applikation wird dann aus dieser zweiten Klasse ein Thread-Objekt erzeugt und nur dieses gestartet. Der erste Thread zählt wieder eine Variable hoch, der zweite Thread durchläuft permanent eine `if`-Schleife, in der kontrolliert wird, ob dieser Wert größer als 100 ist. In diesem Fall wird die `stop()`-Methode für den ersten (!) Thread ausgelöst und mit einem `break` die Endlosschleife des zweiten Threads beendet. Damit endet auch automatisch seine `run()`-Methode. Das Verfahren funktioniert soweit zuverlässig, nur wird Ihnen bei einem Test auffallen, dass die Zählvariable des ersten Threads beim Abbruch bedeutend größer als 100 sein kann und vor allem, dass der Wert bei jedem Test verschieden sein wird. Wie bereits angedeutet, hat man auf diese Art und Weise keine genaue Kontrolle über den Zeitpunkt des Abbruchs. Außerdem ist unter gewissen Umständen die gesamte Technik mit der stop()-Methode unsicher. Die Methode gilt deshalb als deprecated. Dennoch – für zahlreiche Anwendungen ist diese einfache Technik immer noch sinnvoll.

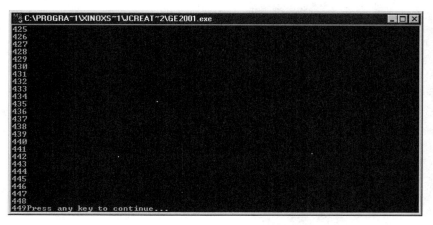

Bild 51.2: Gestoppt, aber lange hinter dem Zeitpunkt, als das Stoppsignal ausgelöst wurde

Es gibt aber mittlerweile eine bessere Variante, die wir in dem nachfolgenden, umgebauten Beispiel einsetzen wollen. Sie basiert auf den folgenden drei Methoden:

→ interrupt()

→ interrupted()

→ isInterrupted()

Diese Technik basiert auf einem Unterbrechungsstatus, der gesetzt werden kann und dann in Form von Botschaften an einen Thread weitergereicht wird. Dieser nimmt den Status ziemlich unmittelbar zur Kenntnis und man kann entsprechende Aktionen auslösen (natürlich erst, wenn der Thread wieder vom Prozessor die Zeitscheibe[1] bekommt). Die Methode public void interrupt() unterbricht den Thread, auf den sie angewendet wird. Über die Methode public static boolean interrupted() kann man testen, ob ein aktueller Thread unterbrochen wurde (falls ja, Rückgabe true). Der Aufruf der Methode löscht den Interrupted-Status von dem Thread, so dass ein zweiter Aufruf false zurückliefern wird (es sei denn, der Thread ist zwischenzeitlich erneut unterbrochen worden). Die Methode public boolean isInterrupted() testet ebenso, ob ein Thread unterbrochen wurde, nur wird der Interrupted-Status bei einem Aufruf unverändert gelassen.

---

[1] Das ist ein Verfahren, mit dem ein Prozessor seine Kapazität aufteilt

Bei allen drei Methoden sollte man beachten, dass man damit nur mit der Unterbrechung eines Threads agiert, ihn aber noch nicht explizit beendet. Darum muss man sich noch selbst kümmern. Der Unterbrechungsstatus ermöglicht jedoch auf einfache Weise, eine Abbruchanweisung im unterbrochenen Thread auszulösen. Etwa so wie in dem folgenden Beispiel:

```
class FuenfterThread extends Thread {
  long erg;
  public void run() {
    while(true) {
      System.out.println(erg++);
      if(isInterrupted()) {
        System.out.println("Erster Thread unterbrochen");
        break;
      }
    }
  }
}

class SechsterThread extends Thread {
  FuenfterThread p = new FuenfterThread();
  public void run() {
    p.start();
    while(true) {
      if(p.erg>100) {
        p.interrupt();
        break;
      }
    }
  }
}

public class MultiThread3 {
  public static void main(String args[]) {
    SechsterThread q = new SechsterThread();
    q.start();
  }
}
```

Listing 51.3: Threads stoppen auf andere Art

Von Interesse ist in dem Zusammenhang die Methode `public final boolean isAlive()`, mit der getestet werden kann, ob ein Thread beendet wurde. Falls er noch nicht beendet wurde, wird `true` zurückgegeben.

51.3 Threads pausieren lassen

Eine sehr interessante Methode ist `sleep()`, die es in zwei Versionen gibt:

```
static void sleep(long millis)
static void sleep(long millis, int nanos)
```

Damit kann man einen Thread für ein in Millisekunden und optional Nanosekunden angegebenes Zeitintervall »schlafen legen«. Diese Zeitangaben sind aber unter Umständen sehr ungenau und können von diversen Faktoren abhängen (Betriebssystem, Hardware, parallel laufende Programme etc.).

Die Methode wirft eine Ausnahme vom Typ `InterruptedException` aus und muss entsprechend in einen passenden `try-catch`-Block eingeschlossen werden.

Die Methode ist eine Klassenmethode und kann deshalb auch ohne konkretes `Thread`-Objekt angewandt werden. Das kann dazu verwendet werden, das Hauptprogramm (was ja selbst auch als eigener Thread zu verstehen ist) selbst eine gewisse Zeit pausieren zu lassen. Testen wir die Methode:

```java
import java.util.*;
class SiebterThread extends Thread {
  public void run() {
    while(true) {
      Date d = new Date();
      System.out.println("Das Datum und die Uhrzeit: " +
      d.toString());
      try {
        sleep(5000);
      }
      catch( InterruptedException e) {
        System.out.println(e.getMessage());
      }
    }
  }
}

class AchterThread extends Thread {
  public void run() {
    while(true) {
      Random d = new Random();
      System.out.println("Zufall: " + d.nextInt());
      try {
        sleep(1000);
      }
      catch( InterruptedException e) {
        System.out.println(e.getMessage());
      }
    }
  }
}

public class MultiThread4 {
  public static void main(String args[]) {
    SiebterThread q = new SiebterThread();
    AchterThread p = new AchterThread();
```

```
        q.start();
        p.start();
    }
}
```

Listing 51.4: *Threads schlafen legen*

```
C:\PROGRA~1\XINOXS~1\JCREAT~2\GE2001.exe
Zufall: -1955010670
Das Datum und die Uhrzeit: Tue Jul 31 22:14:11 CEST 2001
Zufall: -763828076
Zufall: -1147422729
Zufall: 29139407
Zufall: -454489960
Zufall: 749774097
Das Datum und die Uhrzeit: Tue Jul 31 22:14:16 CEST 2001
Zufall: 350789488
Zufall: -466017103
Zufall: -838838787
Zufall: 251924345
Zufall: -144367022
Das Datum und die Uhrzeit: Tue Jul 31 22:14:21 CEST 2001
Zufall: 1046430823
Zufall: 671685395
Zufall: 1851710271
Zufall: 1464652878
Zufall: 560508287
Das Datum und die Uhrzeit: Tue Jul 31 22:14:27 CEST 2001
Zufall: 176913633
Zufall: 1353475770
Zufall: 980654086
```

Bild 51.3: *Thread 1 arbeitet jede Sekunde und Thread 2 meldet sich alle fünf Sekunden*

Wir werden diese Technik zum Pausieren lassen eines Threads gleich noch einmal anwenden. Und zwar im Zusammenhang mit Animationen, die wir aber mit einem Applet und der Schnittstelle Runnable behandeln wollen.

In einem ähnlichen Zusammenhang wie sleep() ist die Methode public final void join() throws InterruptedException zu sehen. Es gibt aber eine zusätzliche Funktionalität. Damit können Sie gezielt eine angegebene Zeitspanne auf die Beendigung eines Threads warten. So etwas ist immer dann sinnvoll, wenn es zeitaufwendige Operationen gibt, die vor dem Aufruf einer Folgeoperation noch beendet werden müssen. Dieser zeitaufwendigen Operation wird sinnvollerweise ein eigener Thread zugeordnet. Die join()-Methode lässt sich auch als Alternative zu der sleep()-Methode verwenden und unterstützt wie diese eine Wartezeit in Millisekunden oder Millisekunden + Nanosekunden:

```
public final synchronized void join(long millis) throws
InterruptedException
public final synchronized void join(long millis, int nanos) throws
InterruptedException
```

Java stellt auch diverse Methoden bereit, mit denen man beispielsweise die Anzahl der laufenden Threads ermittelt werden kann (public static int activeCount()) oder deren Namen abfragen (public final String getName()) bzw. setzen (public final void setName(String name)) kann. Um Namen für Threads zu setzen, gibt es die Möglichkeit, diese im Konstruktor der Thread-Klasse als String anzugeben. Falls der Konstruktor mit leeren Klammern verwendet wird, wird ihm standardmäßig der Name

Thread-x zugewiesen, wobei x eine eindeutige Nummer für diesen Thread ist und ab 0 indiziert wird. Ganz wichtig ist auch die Methode zum Abfragen des derzeit ausgeführten Threads:

```
public static Thread currentThread()
```

Schauen wir uns die Methoden in einem praktischen Beispiel an:

```
class ThreadDetails extends Thread {
  long erg;
  public void run() {
    while(true) {
      erg++;
      System.out.println(getName());
      System.out.println(activeCount());
      System.out.println(currentThread());
      try {
        sleep(1000);
      }
      catch( InterruptedException e) {
        System.out.println(e.getMessage());
      }
    }
  }
}

public class MultiThread5 {
  public static void main(String args[]) {
    ThreadKlasse p = new ThreadKlasse();
    ThreadKlasse q = new ThreadKlasse();
    ThreadKlasse r = new ThreadKlasse();
    ThreadKlasse s = new ThreadKlasse();
    s.setName("Du sollst fortan Hein Bloed heissen");
    p.start();
    q.start();
    r.start();
    s.start();
  }
}
```

Listing 51.5: Vier Threads plus der Haupt-Thread und diverse Methoden zur Bestimmung der Situation

In dem Beispiel setzen wir explizit den Namen eines Threads. Innerhalb der run()-Methode geben wir die Namen des gerade aktiven Threads, die Anzahl aller laufenden Threads (immer konstant 5 in dem Beispiel – das Hauptprogramm zählt mit) und das gerade aktive Thread-Objekt aus.

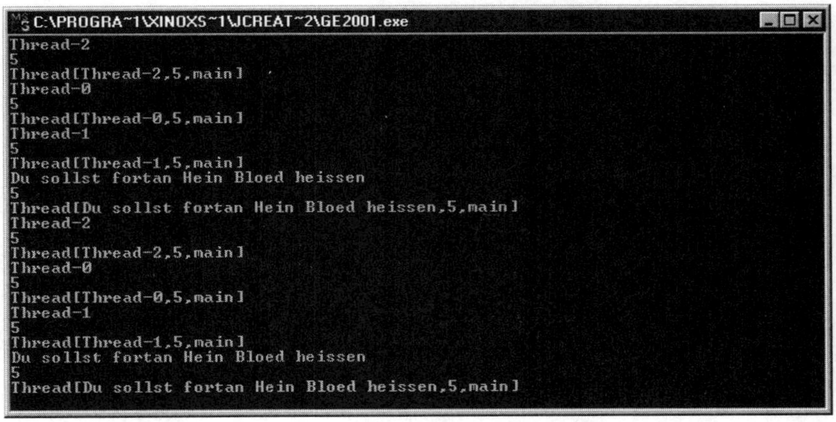

```
Thread-2
5
Thread[Thread-2,5,main]
Thread-0
5
Thread[Thread-0,5,main]
Thread-1
5
Thread[Thread-1,5,main]
Du sollst fortan Hein Bloed heissen
5
Thread[Du sollst fortan Hein Bloed heissen,5,main]
Thread-2
5
Thread[Thread-2,5,main]
Thread-0
5
Thread[Thread-0,5,main]
Thread-1
5
Thread[Thread-1,5,main]
Du sollst fortan Hein Bloed heissen
5
Thread[Du sollst fortan Hein Bloed heissen,5,main]
```

Bild 51.4: Anzahl der Threads sowie Standardnamen und selbst definierter Thread-Name

51.4 Die Priorität verändern

Threads bekommen vom System bestimmte Prioritäten zugewiesen, was gleichbedeutend mit der zur Verfügung gestellten Prozessorzeit ist. Die Default-Priorität (5) kann verändert werden und damit wird festgelegt, dass die höher priorisierten Threads schneller abgearbeitet werden. Dazu steht die Methode `public final void setPriority(int newPriority) throws IllegalArgumentException` zur Verfügung. Die Methode erlaubt es, die Priorität für einen Thread mit Werten zwischen 1 (niedrig) und 10 (hoch) festzulegen. Andere Angaben lösen die Ausnahme `IllegalArgument Exception` aus.

Die Partnermethode `public final int getPriority()` wird benutzt, um die aktuelle Priorität eines Threads zu ermitteln.

```java
class PriThread1 extends Thread {
  int erg;
  public void run() {
    System.out.println("Prioritaet von Thread 1: "
    + getPriority());
    while(erg < 1500000) {
      if((erg%150000)==0)
        System.out.println("Thread 1: " + erg + ", ");
      erg++;
    }
  }
}

class PriThread2 extends Thread {
  int erg;
  public void run() {
    System.out.println("\nPrioritaet von Thread 2: "
    + getPriority());
    while(erg < 1500000) {
```

```
            if((erg%150000)==0)
              System.out.println("Thread 2: " + erg + ", ");
            erg++;
          }
        }
      }

      public class MultiThread6 {
        public static void main(String args[]) {
          PriThread1 p = new PriThread1();
          PriThread2 q = new PriThread2();
          p.start();
          q.start();
        }
      }
```

Listing 51.6: Abfrage der (Default-)Priorität

```
Prioritaet von Thread 1: 5
Thread 1: 0,
Thread 1: 150000,
Thread 1: 300000,
Thread 1: 450000,
Prioritaet von Thread 2: 5
Thread 2: 0,
Thread 2: 150000,
Thread 2: 300000,
Thread 2: 450000,
Thread 2: 600000,
Thread 1: 600000,
Thread 1: 750000,
Thread 1: 900000,
Thread 1: 1050000,
Thread 2: 750000,
Thread 2: 900000,
Thread 2: 1050000,
Thread 2: 1200000,
Thread 1: 1200000,
Thread 1: 1350000,
Thread 2: 1350000,
Press any key to continue...
```

Bild 51.5: Zwei Threads mit gleicher Priorität

Das Beispiel zeigt, dass beide Threads die Default-Priorität 5 haben. Die hohen Zahlenangaben sind notwendig, um bei schnelleren Prozessoren überhaupt einen Wechsel der Threads auszulösen. Bei kleineren Zahlen würde erst der erste Thread vollständig abgearbeitet und dann der zweite.

Wenn das Beispiel geringfügig verändert wird, kann man die Reihenfolge der Abarbeitung beeinflussen:

```
class PriThread3 extends Thread {
  int erg;
  public void run() {
    System.out.println(
    "Anfangs-Prioritaet von Thread 1: "
    + getPriority());
    setPriority(4);
    System.out.println(
    "Neue Prioritaet von Thread 1: "
```

```
      + getPriority());
    while(erg < 1500000) {
       if((erg%150000)==0)
         System.out.println("Thread 1: " + erg + ", ");
       erg++;
    }
  }
}

class PriThread4 extends Thread {
  int erg;
  public void run() {
    System.out.println("\nPrioritaet von Thread 2: "
     + getPriority());
    while(erg < 1500000) {
       if((erg%150000)==0)
         System.out.println("Thread 2: " + erg + ", ");
       erg++;
    }
  }
}

public class MultiThread7 {
  public static void main(String args[]) {
    PriThread3 p = new PriThread3();
    PriThread4 q = new PriThread4();
    p.start();
    q.start();
  }
}
```

Listing 51.7: *Die Priorität eines Threads wird reduziert*

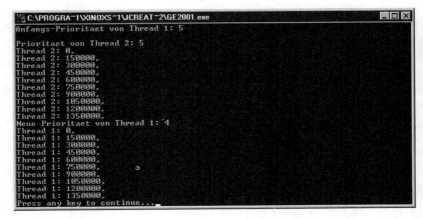

Bild 51.6: *Der erste Thread wird gestartet und dann unmittelbar der höher priorisierte zweite Thread abgearbeitet*

Die Reduzierung der Priorität des ersten Threads führt dazu, dass unmittelbar nach dessen Start die Zeitscheibe zum zweiten Thread weitergegeben wird, dieser abgearbeitet und erst dann mit dem ersten Thread weiter gemacht wird.

52 Die Schnittstelle Runnable

Wenn Sie eine Klasse in die Lage versetzen, Threads laufen zu lassen, werden Sie unter Umständen auch die Fähigkeiten einiger anderer Klassen erweitern wollen. Da Java keine Mehrfachvererbung unterstützt, können Sie für die Multithreading-Fähigkeit das Alternativkonzept der Schnittstellen verwenden. Sie implementieren einfach die Schnittstelle Runnable. Tatsächlich implementiert sogar die Klasse Thread selbst Runnable. Die Runnable-Schnittstelle besitzt nur eine Methode: run(). Jedes Mal wenn Sie in eine Klasse Runnable implementieren, werden Sie die run()-Methode in Ihrer Klasse überschreiben (müssen). Es ist dann die Methode, die all diejenige Arbeit erledigt, die ein oder mehrere Thread(s) tun sollen.

Beispiel:

```
public class DatumThread extends java.applet.Applet implements
Runnable
```

Grundsätzlich unterscheidet sich dabei die Vorgehensweise zwischen eigenständigen Applikationen und Applets nicht allzu stark. Um Applets Multithreading-fähig machen, ist hier nicht viel zu beachten, was nicht auch für beliebige Klassen gilt.

52.1 Ein Applet mit Runnable Multithreading-fähig machen

Ein Applet bzw. eine Applikation wird im Wesentlichen über vier Schritte Multithreading-fähig gemacht wird, wenn die Schnittstelle Runnable verwendet wird:

→ Erweitern der Unterschrift der Klasse um implements Runnable

→ Hinzufügen einer Instanzvariablen, der der Thread zugewiesen wird

→ Bei einem Applet, das selbst die Schnittstelle implementiert, wird die start()-Methode so reduziert, dass sie außer dem Start des Threads und einer ggf. notwendigen Erzeugung eines Thread-Objekts keinen weiteren Aufruf enthält. Wenn eine eigenständige Applikation die Schnittstelle implementiert, gilt das Gleiche für die main()-Methode.

→ Hinzufügen der run()-Methode, die den eigentlichen Code enthält, der den Thread ausführen soll.

Wir wollen hier mit Applets arbeiten und dabei zwei Varianten durchspielen. Einmal gibt es die Möglichkeit, dass die Applet-Klasse direkt die Schnittstelle implementiert. Daneben kann aber ein Applet diese Schnittstelle auch nicht direkt implementieren, sondern eine externe Klasse verwendet, die diese implementiert (wobei diese auch die Klasse Thread erweitern könnte):

```
import java.awt.*;
import java.applet.*;
```

```
import java.util.*;
class ThreadEins implements Runnable {
  Date d;
  public void run() {
    while(true) {
      d = new Date();
      System.out.println(d);
    }
  }
}

public class MultiThreadApplet extends Applet {
  Thread q;
  public void start() {
    ThreadEins p = new ThreadEins();
    q = new Thread(p);
    q.start();
  }
}
```

Listing 52.1: Verwendung einer mit Runnable *Multithreading-fähig gemachten Klasse in einem Applet*

Das Beispiel erzeugt eine Ausgabe in der DOS-Box (die jeweils aktuelle Zeit samt Datum), sobald die HTML-Seite, in der das Applet integriert ist, mit dem Appletviewer aufgerufen wird. Beachten Sie, dass der Thread-Konstruktor ein Objekt übergeben bekommt.

Das Beispiel ist sicher im Fall von Applets sehr konstruiert und wir wollen nun Multithreading-Applets erstellen, indem die Schnittstelle Runnable direkt in der Hauptklasse implementiert wird. Damit werden wir dann auch Animationen erstellen, die diesen Namen auch verdienen. Denn Animationen lassen sich – wie wir schon vorher festgehalten haben – fast nur sinnvoll realisieren, wenn man mit Multithreading arbeitet.

Machen wir also ein Applet für eine Animation Multithreading-fähig.

```
import java.awt.*;
import java.applet.*;
public class AnimationApplet1 extends Applet implements Runnable {
  Image bild;
  int bBreite=50;
  int bHoehe=37;
  int xpos = 10;   // Startposition X
  int ypos = 10;   // Startposition Y
  Thread mThread;
  public void init() {
// Bild laden
    bild = getImage(getCodeBase(), "smily.gif");
  }
  public void paint(Graphics g) {
    g.drawImage(bild, xpos, ypos ,bBreite,bHoehe, this);
  }
```

```
public void run() {
  for (int i=0; i < 500; i++) {
    xpos = (int)(xpos + (i/10));
    ypos=(int)(ypos + (i/20));
    bBreite = (int)(bBreite + (1 + (i/100)));
    bHoehe= (int) (bHoehe + (1 + (1/200)));
    repaint();
    pause(100-(int)(i/10));
  }
}
public void start() {
  if (mThread == null) {
    mThread = new Thread(this);
    mThread.start();
  }
}
public void stop() {
  if (mThread != null) {
    mThread.stop();
    mThread = null;
  }
}
void pause(int time) {
  try {
    Thread.sleep(time);
  }
  catch (InterruptedException e) {
  }
}
}
```

Listing 52.2: Die Animation kommt auf den Betrachter zu

Sie werden sehen, dass hier schon eine recht vernünftige Bewegung zu erkennen ist.

Bild 52.1: Das Smiley läuft von links oben nach rechts unten

Erweitern wir das Applet jetzt noch ein bisschen. Es sollen zwei Smileys animiert werden und geschlossene Bahnen zurücklegen. Die beiden Aktionen packen wir in eine Endlos-Schleife und haben damit eine permanent laufende Animation. Durch die Multithreading-Fähigkeit des Applets brauchen wir uns keine Sorgen zu machen, die Endlosschleifen nicht unterbrechen zu können (eigentlich bietet die Applet-Klasse schon genug Abbruchmöglichkeiten, aber wir wollen sauber arbeiten).

```java
import java.awt.*;
import java.applet.*;
public class AnimationApplet2 extends Applet implements Runnable {
 Image bild1, bild2;
 int i=0;
 int j=0;
 int bBreite1=50;
 int bHoehe1=37;
 int bBreite2=50;
 int bHoehe2=37;
 int xpos1 = 10;   // Startposition X1 - Smiley1
 int ypos1 = 10;   // Startposition Y1 - Smiley1
 int xpos2 = 500;  // Startposition X2 - Smiley2
 int ypos2 = 10;   // Startposition Y2 - Smiley2
 Thread mThread1;
 public void init() {
// Bilder laden
    bild1 = getImage(getCodeBase(), "smily.gif");
    bild2 = getImage(getCodeBase(), "smily2.gif");
   }
  public void paint(Graphics g) {
     g.drawImage(bild1, xpos1, ypos1 ,bBreite1,bHoehe1, this);
     g.drawImage(bild2, xpos2, ypos2 ,bBreite2,bHoehe2, this);
    }
   public void run() {
      while(true) {
      if(i<25) {
       xpos1 = xpos1 + i/3;
       ypos1= ypos1 + i/3;
       bBreite1 = bBreite1 + i/3;
       bHoehe1= bHoehe1 + i/3;
       }
      else{
      xpos1 = xpos1 - (i-25)/3;
      ypos1= ypos1 - (i-25)/3;
      bBreite1 = bBreite1 - (i-25)/3;
      bHoehe1= bHoehe1 - (i-25)/3;
      }
      if(i<49) i++;
      else {
       i=0;
       xpos1=10;
       ypos1=10;
```

```
          bBreite1=50;
          bHoehe1=37;
        }
        if(j<25){
          xpos2 = xpos2 - j/2;
          ypos2= ypos2 + j/2;
          bBreite2 = bBreite2 + j/3;
          bHoehe2= bHoehe2 + j/3;
        }
        else{
          xpos2 = xpos2 + (j-25)/2;
          ypos2= ypos2 - (j-25)/2;
          bBreite2 = bBreite2 - (j-25)/3;
          bHoehe2= bHoehe2 - (j-25)/3;
        }
        if(j<49) j++;
        else {
          j=0;
          xpos2=500;
          ypos2=10;
          bBreite2=50;
          bHoehe2=37;
        }
        try{
          Thread.sleep(100);
        }
        catch( InterruptedException e) {
          System.out.println(e.getMessage());
        }
        repaint();
      }
    }
    public void start() {
      if (mThread1 == null) {
        mThread1 = new Thread(this);
        mThread1.start();
      }
    }
  }
```

Listing 52.3: Eine Endlos-Animation mit zwei Grafiken

Beachten Sie, dass die gesamte Aktion nur einen Thread aufbaut, der beide Grafiken animiert. Im nächsten Abschnitt werden wir wieder auf die Klasse Thread direkt zurückgreifen und für verschiedene Grafiken unterschiedliche Threads verwenden. Zuerst soll aber noch einmal mit der Schnittstelle direkt gearbeitet werden.

Bild 52.2: Die Animation läuft endlos und beide Smileys bewegen sich auf einander zu und wieder auseinander

52.2 Animation mit Java-2D

Erstellen wir zuerst ein Beispiel, das aus unseren bisherigen Beispielen eine kleine Animation auf Basis von Java-2D zusammenfügt. Dabei arbeiten wir mit Transparenzmodi, Positionierungen, Rotationen und Verschiebungen.

```
import java.awt.*;
import java.applet.*;
import java.awt.image.*;
import java.awt.geom.*;
public class AnimationApplet2D extends java.applet.Applet
    implements Runnable {
 Image bild1, bild2;
 Thread MeinThread;
 int rotation1=1;
 int rotation2=1;
 double xpos = 10.0;
 double ypos = 10.0;
 AffineTransform at2;
 public void init() {
// Bild laden
    bild1 = getImage(getCodeBase(), "smily.gif");
    bild2 = getImage(getDocumentBase(),"smily2.gif");
```

```
      resize(600, 600);
      at2 = new AffineTransform();
    }
    public void paint(Graphics g) {
    Graphics2D g2d = (Graphics2D) g;
    Graphics2D g2d2 = (Graphics2D) g;
    AffineTransform at1 = new AffineTransform();
    at1.setToTranslation(50.0, 30.0);
    at1.rotate(Math.PI/rotation1);
    at2.setToTranslation(xpos, ypos);
    at2.rotate(Math.PI/rotation2);
    g2d.setComposite(
      AlphaComposite.getInstance(AlphaComposite.SRC_OVER, 0.5f));
    g2d2.setComposite(
      AlphaComposite.getInstance(AlphaComposite.SRC_OVER, 0.3f));
    g2d.drawImage(bild2, at1, this);
    g2d2.drawImage(bild1, at2, this);
     }
    public void run() {
     for (int i=0; i < 40; i++) {
       xpos = (double)(xpos + (i/4));
       ypos=(double)(ypos + (i/5));
       rotation1=(rotation1+1)%10;
       rotation2=(rotation2+1)%5;
       repaint();
       pause(200);
   }
 }
   public void start() {
     if (MeinThread == null) {
       MeinThread = new Thread(this);
       MeinThread.start();
   }
 }
   public void stop() {
     if (MeinThread != null) {
       MeinThread.stop();
       MeinThread = null;
   }
 }
  void pause(int time) {
   try {
    Thread.sleep(time);
     }
    catch (InterruptedException e) {
    }
   }
  }
```

Listing 52.4: Eine Multithreading-2D-Animation

Das Beispiel nutzt eine Animation von vorher, in der zwei Bilder (ohne Einschränkung ein GIF) verschoben werden. Dabei überstreichen sich die Bereiche der Bilder und werden per Java-2D positioniert, gedreht und transparent gesetzt (Verwendung der im Kapitel zu Java-2D besprochenen Techniken).

Bild 52.3: Die zwei Grafiken werden per Java-2D animiert

Das nächste Beispiel wird nun die Animation der beiden Grafiken jeweils in unterschiedliche Threads packen. Damit kann dann jedem Thread der Animation eine unterschiedliche Verhaltensweise zugeordnet werden. Wir wollen das dazu nutzen, dass die Threads unterschiedliche Schlafenszeiten einhalten. Beide Smileys werden am selben Punkt starten und auch sonst sind die Rahmenbedingungen gleich, nur der Thread mit der kürzeren Schlafenszeit wird schneller seine Grafik verschieben.

```java
import java.awt.*;
import java.applet.*;
import java.awt.image.*;
import java.awt.geom.*;
class Bild1   extends Thread{
 double xpos=50.0;
 double ypos=30.0;
 Image bild;
 public Bild1() {
   bild =
    java.awt.Toolkit.getDefaultToolkit().createImage("smily.gif");
 }
 public void run()  {
  while(true){
   xpos++;
   ypos++;
    try {
    Thread.sleep(200);
    }
    catch (InterruptedException e) {
    }
  }
 }
}
```

```java
            }
            class Bild2  extends Thread{
             double xpos=50.0;
             double ypos=30.0;
             Image bild;
             public Bild2() {
                bild =
                  java.awt.Toolkit.getDefaultToolkit().createImage("smily2.gif");
             }
             public void run()   {
              while(true){
                xpos++;
                ypos++;
                 try {
                 Thread.sleep(300);
                 }
                 catch (InterruptedException e) {
                 }
               }
              }
            }

            public class AnimationApplet2D2 extends Applet {
             Bild1 b1= new Bild1();
             Bild2 b2= new Bild2();;
             AffineTransform at1, at2;
             public void init() {
                 b2.start();
                 b1.start();
              }
             public void paint(Graphics g) {
              Graphics2D g2d = (Graphics2D) g;
              Graphics2D g2d2 = (Graphics2D) g;
              at1 = new AffineTransform();
              at2 = new AffineTransform();
              at1.setToTranslation(b1.xpos,b1.ypos);
              at2.setToTranslation(b2.xpos, b2.ypos);
              g2d.setComposite(
                AlphaComposite.getInstance(AlphaComposite.SRC_OVER, 0.5f));
              g2d2.setComposite(
                AlphaComposite.getInstance(AlphaComposite.SRC_OVER, 0.3f));
              g2d.drawImage(b1.bild, at1, this);
              g2d2.drawImage(b2.bild, at2, this);
              repaint();
              }
            }
```

Listing 52.5: Zwei Grafiken, die mit zwei Threads behandelt werden

Kapitel 52 · Die Schnittstelle Runnable

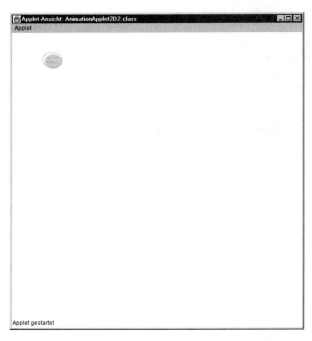

Bild 52.4: Beim Start sind die beiden Grafiken noch dicht beieinander

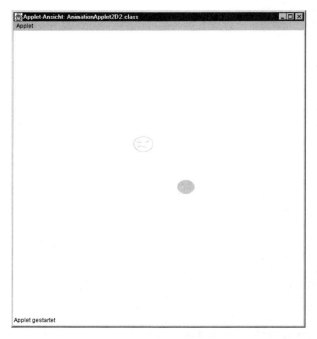

Bild 52.5: Nach einer gewissen Zeit hat das rote Smiley einen erheblichen Vorsprung erarbeitet – weniger Schlaf halt ;-)

53 Dämonen

Im Rahmen von Multithreading spielen so genannte Dämonen oder Daemon eine wichtige Rolle. Java-Threads können einem von zwei Typen angehören:

→ Benutzer-Threads

→ Dämon-Threads

Der Name Dämon-Thread bzw. Daemon-Thread stammt einigen Quellen zufolge aus der UNIX-Welt und könnte die Abkürzung für »Disk And Execution Monitor« sein. Linux-Anwender werden solche Dämonen entsprechend kennen. Darauf deutet ebenso die Aufgabe hin, für die Dämonen hauptsächlich verwendet werden.

Die Dämon-Threads haben einige Eigenschaften, die sie gegenüber Benutzer-Threads für manche Aufgaben priorisieren. Sie müssen sich beispielsweise niemals selbst darum kümmern, einen einmal gestarteten Dämon-Thread wieder zu stoppen. Wenn der Dämon das Ende seiner Aufgabe erreicht, wird er automatisch stoppen und sein Status wird deaktiviert.

Ein weiterer sehr wichtiger Unterschied (und der wahrscheinliche Grund für den Namen) zwischen Dämon-Threads und Benutzer-Threads ist der, dass Dämon-Threads die ganze Zeit laufen können. Wenn der Java-Interpreter feststellt, dass nur noch Dämon-Threads laufen, beendet er seine Ausführung, ohne sich darum zu kümmern, ob die Dämon-Threads fertig sind. Das ist sehr nützlich, da es gestattet, Threads zu starten, die Dinge wie Verwaltungsaufgaben, Beobachtung und Säuberungen im Hintergrund ausführen. Sie werden von alleine beseitigt, wenn nichts anderes mehr läuft. Normalerweise endet ein Java-Programm erst, wenn alle seine (normalen) Threads beendet sind. Die Daemon-Eigenschaft veranlasst die virtuelle Maschine von Java, diese Threads beim Überprüfen aller offenen Threads vor Beendigung eines Programms zu ignorieren.

Die Nützlichkeit dieser Dämonen-Technik war in früheren Java-Versionen weitgehend auf grafische Java-Anwendungen beschränkt, da per Standard einige der Basis-Threads nicht als Dämon definiert sind. Ab Java 2 haben Dämonen eine beträchtliche Erweiterung erfahren.

Zwei Methoden sind im Wesentlichen für den Dämonen-Status eines Threads zuständig. Dies sind:

```
public final boolean isDaemon()
public final void setDaemon(boolean on)
```

Die Methode `isDaemon()` wird benutzt, um den Status eines bestimmten Threads zu testen. Gelegentlich ist dies für ein als Thread laufendes Objekt nützlich, um festzustellen, ob es als Dämon oder als regulärer Thread läuft. Die Methode liefert `true` zurück, wenn der Thread ein Dämon ist und `false` im anderen Fall.

Die Methode `setDaemon(boolean)` wird benutzt, um den Dämon-Status eines Threads zu verändern. Um einen Thread zu einem Dämon zu machen, setzen Sie den Eingangswert auf `true`. Um wieder zurück zu einem Benutzer-Thread zu wechseln, setzen Sie den Wert auf `false`.

Wenn Sie in einem Dämon-Thread einen anderen Thread starten, wird auch dieser beendet, wenn der Dämon-Thread beseitigt wird (auch ein Benutzer-Thread).

Lassen Sie uns ein kleines Beispiel durchspielen, in dem ein Thread eine Endlosschleife enthält, die von einem zweiten Thread beobachtet und unterbrochen wird, wenn eine Zählvariable einen gewissen Wert überschreitet.

```java
class KeinDaemon extends Thread {
  long erg;
  public void run() {
    while(true)  {
// System.out.print(erg++);
      erg++;
      if(isInterrupted()) {
// KEIN ABBRUCH
        System.out.println("Thread p unterbrochen "
      + erg);
      }
    }
  }
}

class EinDaemon extends Thread {
  KeinDaemon p = new KeinDaemon();
  public void run() {
    System.out.println("Ist p Daemon? " + p.isDaemon());
    System.out.println("Ist aktiver Thread Daemon? "
    + this.isDaemon());
// p wird zum Daemon
    p.setDaemon(true);
    System.out.println("Ist p Daemon? " + p.isDaemon());
    p.start();
    while(true) {
      if(p.erg>50) {
        p.interrupt();
        break;
      }
    }
  }
}

public class Teuflisch {
  public static void main(String args[]) {
    EinDaemon q = new EinDaemon();
    q.setDaemon(false);
```

```
        q.start();
    }
}
```

Listing 53.1: Einsatz eines Daemon

In dem Beispiel wird der Thread p explizit als Daemon deklariert, der von dem Benutzer-Thread q aufgerufen wird. Irgendwann unterbricht q den Thread p. Dieser Thread p wird aber explizit nicht (!) beendet. Dafür aber der Benutzer-Thread q. Wenn p ein Benutzer-Thread wäre, müsste er auf jeden Fall noch explizit beendet werden. Da es sich jedoch um einen Daemon handelt, wird der Interpreter trotz aktivem Thread das Programm beenden (allerdings erst nach einigen nicht genau vorhersehbaren Zwischenschritten, wie die Ausgabe zeigt – darum geht es aber bei der Demonstration auch nicht).

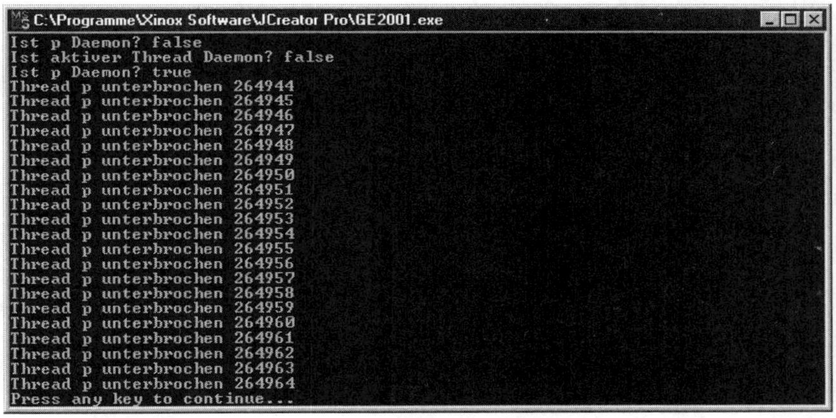

Bild 53.1: Der Dämon wird automatisch mit beendet

Drucken, Ein- und Ausgabe

Ein- und Ausgabeoperationen zählen zu den grundlegendsten Aktionen, die von einem Programm bewerkstelligt werden. Ob es nur um das Abspeichern und Wieder-Einlesen von Einstellungen geht oder gleich um ganze Dokumente von zig Seiten. Kaum ein Programm kommt noch ohne Ein- und Ausgabeoperationen aus.

Ein- und vor allem Ausgabe bedeutet oft, dass Daten aus einer Datei gelesen oder in eine Datei geschrieben werden. Innerhalb von Applets ist dies meist durch die Einstellungen des Containers grundsätzlich verboten.

In Java werden Ein- und Ausgabeoperationen mittels so genannter Datenströme realisiert. Der Begriff »Strom« geht auf Unix zurück – das Pipe-System. Unter einer Pipe versteht man einen nicht interpretierten Strom von Bytes. Er wird zur Kommunikation von Programmen untereinander bzw. von Programmen und Hardware-Schnittstellen verwendet.

Zum Thema »Ausgabe« zählt ebenfalls das Drucken unter Java. Dies war in den vergangenen Versionen von Java ein gewisses Problem. Unter dem SDK 2 mit dem JDK 1.3 ist die Programmierung von Druckoperationen jedoch relativ unkompliziert.

54 Allgemeines zur Ein- und Ausgabe in Java

In konventionellen Techniken ist die Ein- und Ausgabe ein recht kompliziertes Thema, denn ein Programmierer muss sehr viel von der Quelle zum Lesen oder dem Ziel zum Schreiben wissen. In Java nicht – der Strom weiß das selbst.[1] Ein Datenstrom in Java kann von jeder beliebigen Quelle kommen, d.h., der Ursprungsort spielt überhaupt keine Rolle. Ob Internet, lokaler Server oder lokaler Rechner, ist egal. Dies mag im ersten Moment als nicht sonderlich wichtig erscheinen, ist jedoch von entscheidender Bedeutung.

Das Thema selbst ist dennoch sogar in Java sehr abstrakt und umfangreich, denn Java bietet eine Vielzahl von unterschiedlichen Strömen, die wir hier nicht alle ansprechen wollen. Wir beschränken uns auf die wichtigsten Fälle, aber daraus lassen sich allgemein gültige Verfahren für die nicht behandelten Ströme ableiten. Unter Java basiert die Behandlung von Strömen im Wesentlichen auf zwei abstrakten Klassen:

→ InputStream
→ OutputStream

Die beiden Klassen gehören zu dem Paket java.io. Das Paket enthält eine große und hierarchisch gut durchstrukturierte Anzahl von Klassen und Schnittstellen zur Unterstützung von Ein- und Ausgabevorgängen in verschiedensten Versionen. Die meisten dieser Klassen leiten sich von den besagten abstrakten Klassen InputStream und OutputStream ab bzw. verwenden sie als Argumente. Es gibt aber auch Klassen, die nicht auf diese beiden abstrakten Klassen zurückgehen. Eine der wohl wichtigsten Nicht-Streamklassen ist die Klasse File, die Dateinamen und Verzeichnisnamen in einer plattformunabhängigen Weise verwaltet.

Da Ströme in Java (natürlich) Objekte sind, besitzen sie auch charakteristische Methoden. Zwar verfügen einige Ströme über ein paar spezielle Methoden, aber dennoch gibt es bestimmte Methoden, die in allen Strömen immer zur Verfügung stehen. Alle Methoden, die sich mit Eingabe- und Ausgabeoperationen beschäftigen, werden in der Regel eine IOException oder eine davon abgeleitete Ausnahme auswerfen und diese müssen entsprechend aufgefangen oder an eine übergeordnete Methode weitergegeben werden.

Wir werden zu der Ein- und Ausgabe unter Java – wie bei allen Themen – diverse Beispiele durchspielen. Nur wird in diesem Kapitel darauf verzichtet. Hier werden die allgemeinen Grundlagen erarbeitet, die dann im nächsten Kapitel mit Beispielen demonstriert werden.

---

1 Da haben wir wieder den Löwen, der seinen Käfig mitbringt ;-).

54.1 Die Klasse InputStream

Diese Klasse `InputStream` ist Basis für viele der wichtigsten Leseoperationen eines Byte-Stroms. Woher die Bytes kommen und wie sie befördert werden, spielt keine Rolle, sie müssen dem einlesenden Objekt nur zur Verfügung stehen.

Zum Einlesen von Bytes aus Datenströmen dient hauptsächlich die Methode `read()`, von der es diverse Variationen und spezialisierte Erweiterungen gibt. Die einfachste Form ist `public abstract int read() throws IOException`. Diese liest ein einzelnes Byte aus dem Eingabestrom und gibt es aus. Wenn der Strom das Dateiende erreicht, gibt diese Methode -1 aus. Die Rückgabe -1 bedeutet im Unterschied zu C nicht, dass ein Fehler eingetreten ist. Fehler beim Einlesen werden immer als `IOException` ausgeworfen.

Allen `read()`-Methoden ist gemeinsam, dass sie auf Beendigung aller angeforderten Eingaben warten. Deshalb packt man Eingabeoperationen in komplexeren Anwendungen auch meist in einen separaten Thread.

Wenn Sie mit der Verarbeitung eines Stroms fertig sind, sollten Sie ihn mit der Methode `public void close() throws IOException` wieder explizit schließen. Diese Vorgehensweise ist zwar nicht unbedingt zwingend, denn die meisten Ströme werden automatisch bei der Garbage Collection oder mit einer geeigneten `finalizer()`-Methode geschlossen. Es gibt aber einige Gründe, warum man es dennoch tun sollte. Es kann durchaus vorkommen, dass Sie den Strom wieder öffnen wollen, bevor die automatische Bereinigung stattgefunden hat, um daraus zu lesen. Außerdem ist in den meisten Betriebssystemen die Zahl der Dateien, die gleichzeitig geöffnet sein können, begrenzt. Am besten umschließt man einen Strom immer in einem `try-catch-finally`-Konstrukt und dort in den `finally`-Teil.

Beispiel:

```
InputStream datenStrom = methodeZumLesen ()
try {
...// versuchen, Daten zu lesen und zu verarbeiten
}
catch (...){
...
}
finally {
   datenStrom.close();
}
```

54.2 Die Klasse OutputStream

Anders als der Eingabestrom, der eine Datenquelle darstellt, ist der Ausgabestrom ein Empfänger für Daten. Man findet Ausgabeströme fast nur in Verbindung mit Eingabeströmen. Führt ein Eingabestrom eine Operation aus, wird die zugehörige umgekehrte Operation vom `OutputStream` durchgeführt. Mit dieser abstrakten Klasse können viele der wichtigsten Schreiboperationen eines Bytestroms verwirklicht werden. Die Identität der Bytes und wie sie befördert werden, spielt wie bei der abstrakten Klasse `InputStream` keine Rolle.

Die grundlegendste Methode eines `OutputStream`-Objekts ist die `write()`-Methode zum Erzeugen eines Ausgabestroms. Sie gibt es wie die `read()`-Methode in diversen Variationen und auch allen `write()`-Methoden ist wie den `read()`-Methoden gemeinsam, dass sie auf Beendigung des vollständigen Vorgangs (in diesem Fall des Schreibvorgangs) warten. Deshalb führt man auch Schreiboperationen meist im Rahmen eines Multithreading-Prozesses und dort in einem separaten Thread durch.

Die einfachste Version `public abstract void write(int b) throws IOException` schreibt ein einzelnes Zeichen in einen Ausgabestrom. Wenn Sie mit einem Strom fertig sind, sollten Sie genau wie bei Eingabeströmen auch die Ausgabeströme mit der Methode `public void close() throws IOException` wieder explizit schließen, was Sie so auch in den im Kapitel verwendeten Beispielen sehen.

Diese Vorgehensweise ist wieder nicht unbedingt zwingend, denn die meisten Ströme werden automatisch bei der Garbage Collection oder mit einer geeigneten `finalizer()`-Methode geschlossen. Es gelten jedoch die gleichen Gründe wie bei Eingabeströmen, warum man es dennoch tun sollte.

54.3 Gefilterte Ströme

Die Technik der gefilterten Eingabeströme bietet alle Methoden der normalen `InputStream`-Klasse. Eine der wichtigsten Eigenschaften von gefilterten Strömen ist die Möglichkeit des Anhängens von Strömen an das Ende eines anderen Stroms. Das bedeutet, dass die Ströme verschachtelt werden und der Filter (sinnvollerweise die äußere Verschachtelungsebene) nur die Daten des inneren Stroms durchlässt, die im Filter eingestellt sind.

Der einfache Eingabestrom hat zum Beispiel nur die `read()`-Methode zum Lesen von Bytes. Wenn Sie Zeichenketten und Zahlen lesen wollen, können Sie einen speziellen gefilterten Dateneingabestrom mit dem Eingabestrom verbinden. Damit haben Sie Methoden zur Verfügung, mit denen Sie Zeichenketten, ganze Zahlen und sogar Gleitkommazahlen lesen und sie nach Typ trennen können.

Die Klassen `FilterInputStream` und `FilterOutputStream` ermöglichen das Verknüpfen von Strömen. Allerdings stellen sie keine neuen Methoden bereit. Ihren Nutzen erzielen sie einfach daraus, dass sie mit einem anderen Strom verbunden sind. Die Konstruktoren für den `FilterInputStream` und `FilterOutputStream` haben deshalb `InputStream`- und `OutputStream`-Objekte als Parameter:

```
public FilterInputStream(InputStream in)
public FilterOutputStream(OutputStream out)
```

Da diese Klassen selbst Instanzen von `InputStream` und `OutputStream` sind, können Sie als Parameter für Konstruktoren anderer Filter dienen, was die Konstruktion langer Ketten von Ein- und Ausgabefiltern ermöglicht.

Beispiel:

```
meinEingabeStrom2 = new FilterInputStream(
  new FilterInputStream(meinEingabeStrom1));
```

Eine sehr wichtige Subklasse von `FilterInputStream` ist `BufferedInputStream`.

54.4 Datenströme

Die Filterklassen `DataInputStream` und `DataOutputStream` sind zwei der nützlichsten Filter des `java.io`-Paketes. Sie ermöglichen es, primitive Typen in Java auf maschinenunabhängige Art und Weise zu lesen und zu schreiben. Die Klassen `DataInputStream` und `DataOutputStream` kümmern sich selbstständig um die notwendigen Konvertierungen.

Alle Methoden dieser Klassen sind in zwei separaten Schnittstellen definiert, die sowohl von `DataInputStream` bzw. `DataOutputStream` als auch von einer weiteren Klasse des `java.io`-Pakets – `RandomAccessFile` – implementiert wird. Die Schnittstellen sind so allgemein, dass sie im Prinzip von jeder Klasse benutzt werden können. Es handelt sich um die `DataInput`-Schnittstelle bzw. `DataOutput`-Schnittstelle.

54.4.1 Die DataInput-Schnittstelle

Normalerweise bieten Byte-Ströme kein Format. Damit haben Sie Probleme, wenn Sie primitive Datentypen direkt einlesen wollen. Die Klasse `DataInputStream` implementiert deshalb eine `DataInput`-Schnittstelle, die Methoden zum Lesen von primitiven Datentypen in Java definiert. Zusätzlich gibt es noch ein paar weitere Methoden.

Die ausgeworfenen Ausnahmen sind vom Typ `IOException` oder `EOFException`. `IOException` gilt für alle `read()`-Methoden, `EOFException` bei fast allen (außer `readLine()`, `readUTF()` und `skipBytes()`). Zu `EOFException` gibt es noch eine nützliche Bemerkung: `EOFException` wird ausgeworfen, wenn das Ende des Stroms erreicht ist. Diese Ausnahme lässt sich überall da einsetzen, wo bisher auf -1 überprüft wurde. Damit können viele Sourcecodes übersichtlicher gestaltet werden. Wir werden die Ausnahme gleich in einem Beispiel einsetzen.

Die Schnittstelle `DataInput` stellt u.a. folgende Methoden zum Lesen primitiver Datentypen zur Verfügung:

→ `public boolean readBoolean()`
→ `public byte readByte()`
→ `public byte readUnsignedByte()`
→ `public char readChar()`
→ `public short readShort()`
→ `public short readUnsignedShort()`
→ `public int readInt()`
→ `public long readLong()`

→ `public float readFloat()`
→ `public double readDouble()`
→ `public String readUTF()`

Es fällt wahrscheinlich auf, dass die Methode zum Einlesen von Zeichenketten `readUTF()` heißt. »UTF« steht für »Unicode Transmission Format« und ist das spezielles Format zum Kodieren von 16-Bit-Unicode-Werten, was unter Java verwendet wird. ASCII-Code kann aber genauso damit gelesen werden.

Die beiden mit »Unsigned« bezeichneten Methoden arbeiten wie ihr Gegenstück ohne diesen Zusatz, können jedoch zu einer effizienteren Verwendung der Bits in einem Byte-Strom eingesetzt werden, wenn das Vorzeichen nicht von Interesse ist.

Wenn Sie Daten aus einer Textdatei lesen, wird meistens eine Zeile durch eine Zeilenschaltung begrenzt. Zum Lesen einer so begrenzten Zeile gibt es die Methode `public String readLine() throws IOException`. Sie liest in einer Zeile einer Textdatei, die durch \r, \n oder das Ende der Datei terminiert wird, wobei das \r, \n oder \r\n entfernt wird, bevor die Zeile als Zeichenkette wiedergegeben wird.

Wenn Sie versuchen, mit der normalen `read()`-Methode aus der `InputStream`-Klasse eine fixe Anzahl von Bytes in einem Datenfeld zu lesen, kann es vorkommen, dass Sie diese mehrmals aufrufen müssen. Dies hat in der Regel zur Folge, dass bereits eine Ausgabe beginnt, bevor alle angeforderten Bytes gelesen wurden. Denken Sie nur an den Datentransfer über ein Netzwerk wie das Internet. Wenn Sie das explizit nicht wünschen, hilft Ihnen die `readFully()`-Methode, die es in zwei Ausprägungen gibt. Diese wartet explizit auf alle Bytes, die Sie verlangt haben:

`public void readFully(byte[] buffer) throws IOException`
`public void readFully(byte[] buffer, int beginn, int länge) throws IOException`

Die Methode `public int skipBytes(int anzahlBytes)` erfüllt eine ähnliche Funktion wie die `readFully()`-Methode. Sie wartet, bis die gewünschte Anzahl Bytes übersprungen wurde, bevor sie zurückkehrt.

54.4.2 Die DataOutput-Schnittstelle

Die `DataOutput`-Schnittstelle ist das Gegenstück zu `DataInput`-Schnittstelle und definiert die Ausgabemethoden, die den Eingabemethoden entsprechen, die dort definiert wurden. Die als Gegenspieler zu den genannten Eingabemethoden fungierenden durch diese Schnittstelle definierten Methoden sind folgende (alle werfen eine `IOException` aus):

→ `public void writeBoolean(boolean b)`
→ `public void writeByte(int b)`
→ `public void writeChar(int c)`
→ `public void writeShort(int c)`

→ public void writeInt(int i)
→ public void writeLong(long l)
→ public void writeFloat(float f)
→ public void writeDouble(double d)
→ public void writeUTF(String s)

Die vorzeichenlosen Lesemethoden (Unsigned) haben kein direktes Gegenstück.

Durch die Verwendung der Methoden public void writeBytes(String s) throws IOException und public void writeChars(String s) throws IOException können Sie eine Zeichenkette als eine Reihe von Bytes oder Zeichen schreiben.

54.4.3 Die DataInputStream- und DataOutputStream-Klassen

Bei den Klassen DataInputStream und DataOutputStream handelt es sich einfach um Stromfilter, die die gerade behandelten DataInput- und DataOutput-Schnittstellen implementieren und damit deren Methoden zur Verwendung überschreiben. Ihre Konstruktoren sind typische Stromfilter-Konstruktoren, da sie einfach den zu filternden Strom als Parameter verwenden:

```
public DataInputStream(InputStream in)
public DataOutputStream(OutputStream out)
```

54.5 Die PrintStream-Klasse

Methoden der PrintStream-Klasse werden in Java permanent benutzt, ohne es direkt so zu bezeichnen. Der System.out-Strom ist beispielsweise eine Instanz von PrintStream. Die dazu gehörenden Methoden System.out.print() und System.out.println() kennen wir.

Die PrintStream-Klasse ermöglicht im Allgemeinen das Schreiben ausgebbarer Versionen verschiedener Objekte in einen Ausgabestrom. Dabei verwenden Sie die Variable out der System-Klasse. System.err gehört ebenfalls zu der PrintStream-Klasse, System.in ist ein InputStream.

Zu einem Beispiel mit dem Einlesen von Tastatureingaben über System.in *siehe Seite 90.*

Wenn Sie ein PrintStream-Objekt erstellen, müssen Sie es an einen bereits existierenden Ausgabestrom hängen, da es sich um einen FilterOutputStream handelt. Sie können einen optionalen Parameter zum automatischen Leeren angeben, der, falls true, den Strom automatisch dazu bringt, immer die flush()-Methode aufzurufen, wenn Sie eine neue Zeile ausgibt:

```
public PrintStream(OutputStream out)
public PrintStream(OutputStream out, boolean autoFlush)
```

Die Methode flush() wird genauso wie close() und write() in Print
Stream implementiert. Dazu gibt es eine Fülle von Möglichkeiten zur Ausgabe von Primitivtypen. Die PrintStream-Klasse besitzt für die Ausgabe
u.a. folgende Methoden:

- → `public void flush()`
- → `public void close()`
- → `public abstract void write(int b)`
- → `public void write(byte[] buffer, int beginn, int läaenge)`
- → `public void print(Object o)`
- → `public void print(String s)`
- → `public void print(char[] buffer)`
- → `public void print(boolean b)`
- → `public void print(char c)`
- → `public void print(int i)`
- → `public void print(long l)`
- → `public void print(float f)`
- → `public void print(double d)`
- → `public void println(Object o)`
- → `public void println(String s)`
- → `public void println(char[] buffer)`
- → `public void println(boolean b)`
- → `public void println(char c)`
- → `public void println(int i)`
- → `public void println(long l)`
- → `public void println(float f)`
- → `public void println(double d)`
- → `public void println()`

55 Dateizugriffe und andere Praxis mit Strömen

Eine der wichtigsten (und historisch ältesten) Anwendungen von Strömen ist das Anhängen von Strömen an Dateien im Dateisystem des Rechners. Dies dürfte auch die Ein- und Ausgabefunktionalität von Java sein, die die meisten Leser interessiert. Java stellt beispielsweise die File-Klasse dafür zur Verfügung. Sie kapselt Operationen in Bezug auf das Dateisystem. Darunter fallen die Auflistung des Inhalts von Verzeichnissen, die Erstellung von Verzeichnissen, das Löschen von Dateien oder deren Umbenennung. Abfragen von Datei-Informationen sind andere wichtigere Operationen.

55.1 Die File-Klasse

Ein File-Objekt kann sich normalerweise entweder auf eine Datei oder ein Verzeichnis beziehen. Es gibt aber auch Operationen, die sich nur entweder auf eine Datei oder ein Verzeichnis ausführen lassen.

Ein File-Objekt lässt sich auf drei verschiedene Arten erstellen:

→ public File(String pfad)
→ public File(String pfad, String datei)
→ public File(File verzeichnis, String datei)

Die erste Anweisung erstellt eine File-Instanz, die in pfad angegeben wurde. Die zweite Variante erstellte eine File-Instanz, die sich aus dem in datei angegebenen Dateinamen und dem in pfad angegebenen Pfad zusammensetzt. Nummer drei erstellt eine File-Instanz, die sich aus dem in datei angegebenen Dateinamen und dem in verzeichnis angegebenen Verzeichnis zusammensetzt.

55.1.1 Methoden von File

Die Klasse File stellt zahlreiche Methoden bereit, um den Umgang mit Dateien und Verzeichnissen aus Java heraus plattformunabhängig zu erlauben.

Überprüfung von Dateieigenschaften

In vielen Situationen ist es erst einmal wichtig zu klären, ob es sich bei dem Objekt um eine Datei oder ein Verzeichnis handelt. Sie können dies überprüfen mit public boolean isFile() und public boolean isDirectory().

Genauso wichtig ist die Überprüfung der Datei-Attribute. Insbesondere der Lese- und Schreiberlaubnis. Mit den Methoden public boolean canRead() und public boolean canWrite() können Sie ermitteln, ob Sie eine Datei oder ein Verzeichnis lesen dürfen und/oder ob Sie dort eine Schreiberlaubnis haben.

Ein anderes wichtiges Datei-Attribut können Sie mit der Methode `public long lastModified()` kontrollieren. Sie gibt eine Zahl aus, die anzeigt, wann die Datei oder das Verzeichnis zuletzt geändert wurde. Da sich der von der `lastModified()`-Methode ausgegebene Wert in unterschiedlichen Formaten darstellen kann, ist die Methode hauptsächlich zum relativen Vergleich zweier Dateien zu gebrauchen.

Pfad und Existenz überprüfen

Ein `File`-Objekt muss nach der Erstellung nicht unbedingt als Datei oder Verzeichnis physisch existieren. Es kann nur durch einen Dateinamen dargestellt werden. Die Methode `public boolean exists()` überprüft die physische Existenz einer Datei oder einer Verzeichnisses.

Ein `File`-Objekt kann mit einem Konstruktor so erstellt werden, dass es einen relativen Pfad verwendet. Mit der Methode `public boolean isAbsolute()` lässt sich herausfinden, ob ein gegebenes `File`-Objekt einen relativen oder absoluten Pfad verwendet. Natürlich lässt sich auch der Name und Pfad einer Datei oder eines Verzeichnisses ermitteln. Den Namen einer Datei oder eines Verzeichnisses ohne den davor stehenden Pfadnamen liefert die Methode `public String getName()` und den Pfad von dem Namen des Verzeichnisses, in dem das `File`-Objekt enthalten ist, kann mit `public String getParent()` ermittelt werden. Die Methode `public String getPath()` gibt den Namen des `File`-Objekts mit dem davor stehenden Pfadnamen aus, egal ob relativ oder absolut. Den absoluten Pfadnamen eines `File`-Objekts bekommen Sie mit `public String getAbsolutePath()`.

Konkrete Operationen auf Dateien und Verzeichnissen

Um eine Datei oder ein Verzeichnis umzubenennen, können Sie in der Methode `public boolean renameTo(File neuerName)` ein File-Objekt angeben, das den neuen Namen enthält. Die Methode gibt `true` zurück, wenn die Umbenennung erfolgreich war. Zum Löschen einer Datei können Sie die Methode `public boolean delete()` verwenden. Die Methode gibt `true` zurück, wenn die Beseitigung erfolgreich war. Ein Verzeichnis kann damit nicht gelöscht werden.

In Java kann man über die Methode `public boolean mkdir()` ein Verzeichnis erstellen. Die `mkdir()`-Methode behandelt das aktuelle `File`-Objekt wie einen Verzeichnisnamen und versucht, ein Verzeichnis für diesen Namen zu erstellen. Bei erfolgreicher Erstellung eines Verzeichnisses wird `true` ausgegeben. Die Methode `public boolean mkdirs()` ist eine spezielle Variante von der `mkdir()`-Methode. Im Unterschied zu dieser erstellt sie alle notwendigen Verzeichnisse für den im `File`-Objekt benannten Pfad. Wenn in der Pfadangabe also Verzeichnisnamen auftauchen, die noch nicht vorhanden sind, werden sie erstellt und das eigentliche Zielverzeichnis dann dort als Unterverzeichnis eingefügt. Bei erfolgreicher Erstellung eines Verzeichnisses oder einer gesamten Struktur wird `true` ausgegeben.

Den Inhalt eines Verzeichnisses kann man mit `public String[] list()` ausgeben. Die Methode liefert ein Array mit den Namen aller Dateien zurück, die in dem Verzeichnis enthalten sind. Sie können die `list()`-

Methode sehr gut mit einem Dateinamen-Filter verbinden, der Ihnen die Auswahl bestimmter Dateinamen ermöglicht. Das würde so erfolgen:

```
public String[] list(FilenameFilter filter)
```

Die Schnittstelle `FilenameFilter` hat nur eine einzige Methode, nämlich `public abstract boolean accept(File verzeichnis, String name)`, die true ausgibt, wenn der Liste ein Dateiname hinzugefügt werden soll.

Dateioperationen in der Praxis

Das Thema Datenströme und auch Dateioperationen im Speziellen musste bisher weitgehend ohne Praxis auskommen. Das wird jetzt geändert. Mit einigen grundlegenden Beispielen wollen wir uns Stromtechniken am Beispiel von Dateioperationen ansehen. Das folgende Programm liest die Namen aller Dateien des aktuellen Verzeichnisses aus. Dazu wird ein Dateiname-Filter implementiert, der nur Dateien zulässt, die als Parameter dem Programmaufruf mitgegeben werden. Das Ergebnis wird auf dem Bildschirm ausgegeben und funktioniert auf beliebigen Plattformen. Es handelt sich also um eine (vereinfachte) Nachprogrammierung des `dir`-Befehls (unter DOS) bzw. `dir` oder `ls` (unter Linux) – nur ist die Anwendung wie erwähnt auf jeder Plattform zu nutzen, auf der eine JVM bereitsteht (egal, welches Dateisystem zugrunde liegt). Das Programm kann mit einem oder zwei Übergabeparametern aufgerufen werden. Der erste Übergabewert legt fest, mit welcher Zeichenfolge die aufzulistenden Dateien beginnen müssen. Wenn ein zweiter Übergabewert angegeben wird, legt er die Dateiendung fest. Fehlt er, wird auf die Überprüfung der Dateierweiterung verzichtet und es werden alle Dateien ausgegeben, die mit der entsprechenden Zeichenfolge beginnen. Beachten Sie, dass das Programm keine (!) Wildcards unterstützt.

```java
import java.io.*;
class MeinFilter extends Object implements FilenameFilter {
  String dateiStamm, dateiErweiterung;
  boolean mitErweiterung;
  public boolean accept(File verzeichnis, String name) {
    if(mitErweiterung) {
      if(name.startsWith(dateiStamm) &&
        name.endsWith("." + dateiErweiterung)) {
        return true;
      }
      else return false;
    }
    else {
      if(name.startsWith(dateiStamm)){
        return true;
      }
      else return false;
    }
  }
}
public class ListDateien extends Object {
```

```java
    public static void main(String[] args) {
// Generiert eine File-Instanz für das
// aktuelle Verzeichnis
      File currDir = new File(".");
      MeinFilter fter = new MeinFilter();
      try{
        fter.dateiStamm=args[0];
        try{
          fter.dateiErweiterung=args[1];
          fter.mitErweiterung=true;
        }
        catch (ArrayIndexOutOfBoundsException uebergabeEx) {
// Nur ein Übergabeparameter.
// Es wird nur eine boolesche Variable auf false gesetzt
          fter.mitErweiterung=false;
        }
// Eine gefilterte List von den .java-Dateien
// im aktuellen Verzeichnis
        String[] gesuchteDateien = currDir.list(fter);
// Ausgabe des Inhalts von dem javaDat-Array
        for (int i=0; i < gesuchteDateien.length; i++) {
          System.out.println(gesuchteDateien[i]);
        }
      }
      catch (ArrayIndexOutOfBoundsException uebergabeEx) {
// Keine Übergabeparameter.
        System.out.println(
           "Das Programm benoetigt ein oder zwei Uebergabeparameter.");
      }
    }
}
```

Listing 55.1: Ausgabe aller Dateien mit dem angegebenen Beginn des Namens und optional einer festgelegten Kennung

Beachten Sie die trickreiche Verschachtelung der Ausnahmebehandlung. Wenn kein Übergabewert angegeben wird, wird die übliche ArrayIndexOutOfBoundsException ausgelöst, wenn auf den ersten Übergabewert zugegriffen wird. Der Programmfluss springt zur äußeren catch-Klausel und generiert die Fehlermeldung, dass das Programm ein oder zwei Übergabewerte braucht und das Programm endet.

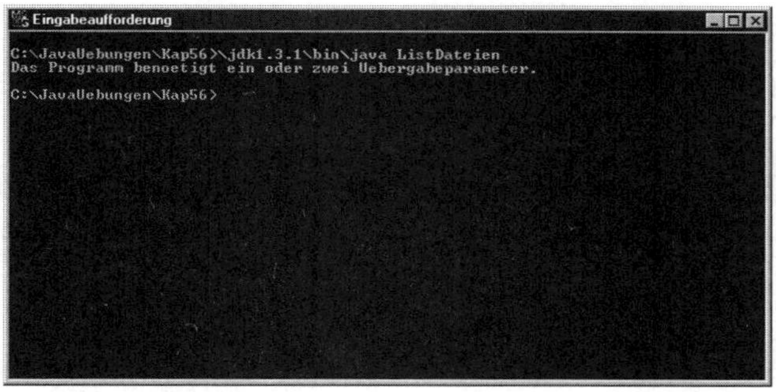

Bild 55.1: Keine Übergabewerte sind nicht erlaubt

Ist jedoch der erste Übergabewert vorhanden, wird in einem weiteren try-Block versucht, den zweiten Übergabewert auszulesen. Fehlt dieser, wird wieder eine ArrayIndexOutOfBoundsException ausgelöst, die an den inneren catch-Block weitergereicht wird. Dieser setzt nur eine boolean-Variable in der Klasse MeinFilter auf false (ohne diese Ausnahme wird sie auf true gesetzt) und ansonsten läuft das Programm weiter, indem die Filterklasse explizit verwendet wird. In der Filterklasse wird auf Grund der Anzahl der Übergabewerte entweder nur der Beginn des Dateistamms verwendet oder (bei zwei Parametern) auch die Dateiendung.

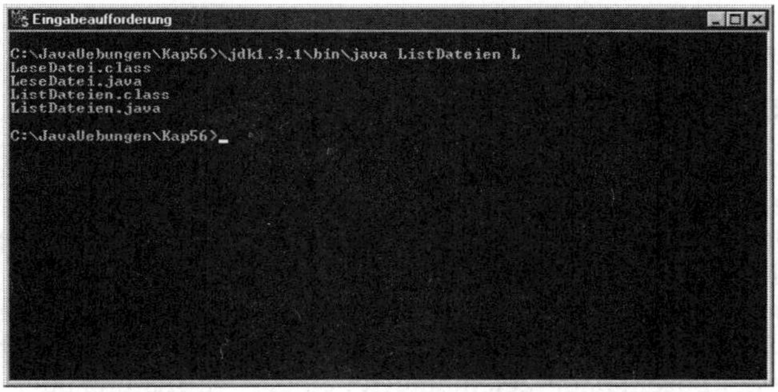

Bild 55.2: Bei nur einem Übergabewert keine Beachtung der Dateierweiterung

Bild 55.3: Bei zwei Übergabewerten wird die Dateierweiterung beachtet

Gerade Dateioperationen arbeiten sehr tief mit der Betriebssystemebene zusammen. Die Leistungsfähigkeit von Java und der virtuellen Maschine zeigt sich gerade hier, denn die Verhaltensweise des Programms ist auf allen Plattformen gleich.

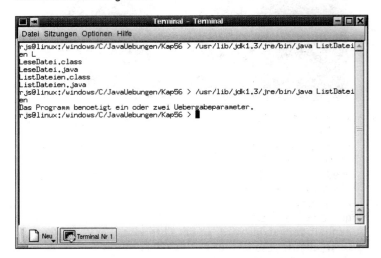

Bild 55.4: Unter Linux funktioniert das Programm vollkommen analog

55.2 Dateiströme – FileInputStream und FileOutputStream

Um mit Dateien unter Java umzugehen, gibt es nicht nur die File-Klasse. Insbesondere, wenn nicht auf dem Dateisystem des Betriebssystems gearbeitet werden soll, sondern der Inhalt von Dateien eine Rolle spielt, verwendet man die Dateiströme FileInputStream und FileOutputStream. Sie ermöglichen das Lesen und Schreiben von Dateien. Genau genommen werden Ströme an Dateien im Dateisystem angehängt. Dateiströme können aus einer Dateinamen-Zeichenkette, einer File-Instanz oder einem speziellen Datei-Beschreiber erstellt werden:

→ public FileInputStream(String dateiname)

→ public FileInputStream(File datei)

→ public FileInputStream(FileDescriptor dateibeschreiber)

→ public FileOutputStream(String dateiname)

→ public FileOutputStream(File datei)

→ public FileOutputStream(FileDescriptor dateibeschreiber)

Um einen Eingabestrom zu erstellen, können Sie so vorgehen:

InputStream meinEingabeStream = new FileInputStream("meineDatei");

Um einen Ausgabestrom zu erstellen, können Sie analog vorgehen:

OutputStream meinAusgabeStream = new FileOutputStream("meineDatei");

Verwenden wir einen `FileInputStream` in Verbindung mit einem `DataInputStream` gleich mit einem kleinen Beispiel. Das Beispiel ist recht einfach zu verstehen. Es handelt sich um ein Programm, das eine als Aufrufparameter an das Programm übergebene Datei ausliest und auf dem Bildschirm ausgibt. Also eine Nachprogrammierung des `type`-Befehls, wie er etwa unter DOS zur Verfügung steht, um den Inhalt von Dateien auf dem Bildschirm auszugeben. Beachten Sie aber, dass dieser Befehl absolut plattformunabhängig ist und das hebt das kleine Programm über alle Betriebssystemanweisungen heraus, die explizit nur dort funktionieren. Am Ende wird dann noch die Größe der Datei angezeigt.

```java
import java.io.*;
public class LeseDatei {
  int i;
  public void lese(String qDat) {
// Erstellen eines Eingabestroms
    try {
      DataInput quelle =
        new DataInputStream(new FileInputStream(qDat));
      while(true) {
// Einlesen eines byte aus der Quelle
        byte zeichen = quelle.readByte();
        System.out.print((char)zeichen);
        i++;
      }
    }
// Dateiende der Datei erreicht.
// Explizite Verwendung einer Exception um
// die while()-Schleife abzubrechen
    catch (EOFException e) {
      System.out.println("Lesen der Datei beendet.");
      System.out.println("Dateigroesse in Byte: " + i);
    }
// allgemeiner IO-Fehler
    catch (IOException e) {
      System.out.println(e.getMessage());
    }
  }
  public static void main(String[] args) {
    LeseDatei a = new LeseDatei();
    try {
      a.lese(args[0]);
    }
    catch(ArrayIndexOutOfBoundsException e) {
      System.out.println("Bitte eine Datei als Parameter angeben");
    }
  }
}
```

Listing 55.2: Lesen und Ausgeben einer Datei auf der Festplatte

Wenn man als einzulesende Datei den Quellcode des Programms selbst verwendet, wird das Ergebnis dieses Programms so aussehen:

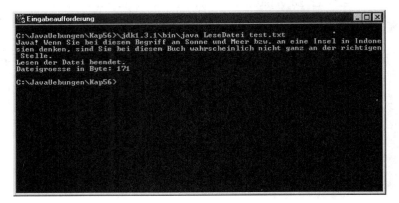

Bild 55.5: Die Ausgabe des Beispiels bei einer korrekt angegebenen Datei

Wie erwähnt – das Verfahren ist vollkommen unabhängig vom Betriebssystem.

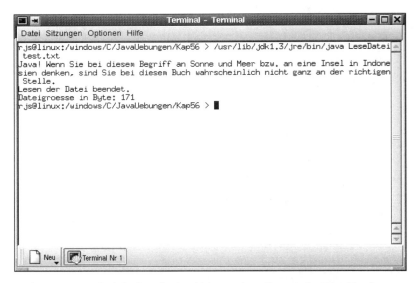

Bild 55.6: Auch unter Linux funktioniert die Geschichte – eben die typische Java-Plattformunabhängigkeit

Eine sehr interessante Betriebssystemalternative zu Windows oder Linux ist BeOS. Nicht, um Java-Programme zu erstellen, sondern auf Anwenderebene (es gibt kein JDK für BeOS). Zwar wird BeOS wahrscheinlich nicht über ein Nischendasein hinaus gelangen, aber diejenigen, die damit arbeiten, schätzen die Geschwindigkeit und Leistungsfähigkeit im Multimediabereich. Besonderes Merkmal von diesem aus UNIX entwickeltem Betriebssystem ist die Leistungsfähigkeit im effizienten Umgang mit Audio, Video, Bildern und

Internet. Dazu kommt, dass BeOS in weniger als 20 Sekunden bootet, Anwendungen schneller geladen und Anfragen schneller bearbeitet werden. Zusätzlich ist es Multiprozessor-fähig. Vor allem bietet BeOS eine schöne Java-Unterstützung in Form verschiedener JREs und Sie haben damit eine ideale Ergänzung für Tests von Java-Applikationen zur Verfügung. Das Betriebssystem wird seit dem Jahr 2000 häufiger kostenlos auf CDs in Computerzeitschriften beigelegt und ist natürlich auch aus dem Internet zu laden. Sie finden die kostenlose BeOS-Version unter http://www.be.com/ *bzw.* http://free.be.com*).*

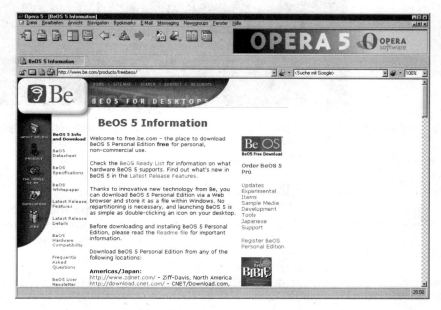

Bild 55.7: Hier gibt es die freie BeOS-Version

BeOS ist deshalb einen Test wert, da das Betriebssystem ohne Probleme aus Windows heraus (ohne Veränderung des Windows-Systems) gestartet werden kann. Damit können auch reine Windows-Anwender ohne Risiko damit experimentieren und sehen, was aus einem – scheinbar unter Windows viel zu langsam gewordenen – PC mit einem abgespeckten und effektiv programmiertem Betriebssystem noch herausgeholt werden kann.

Die Personal Edition beinhaltet ein Setup, das auf der Festplatte unter Windows nur eine ca. 520 Mbyte große Image-Datei anlegt, von der das Betriebssystem aus Windows heraus gestartet wird, ohne dass Windows selbst in seinen Systemparametern irgendwie verändert werden muss. Sie können also BeOS nach der Einrichtung dieser Image-Datei direkt per Doppelklick von Windows 95/98/ME aus aufrufen oder aber mit einer Boot-Diskette starten. Unter Windows NT und 2000 müssen Sie sogar eine Boot-Diskette verwenden. Aber auch aus Linux heraus kann BeOS gestartet werden. Dort befindet sich die erwähnte Image-Datei nach dem Setup im Ordner BeOS/Linux.

Wenn ein Parameter vergessen wird, erfolgt die entsprechende selbst erstellte Meldung in dem catch-Block. Wenn die Datei nicht gefunden wird, wird die Meldung vom System generiert.

Bild 55.8: *Wenn keine Datei angegeben wird, wird eine entsprechende Meldung angegeben. Wenn die Datei nicht gefunden wird, erscheint eine andere Meldung, die sogar vom System generiert wird*

55.2.1 Die Klasse FileDescriptor

Die FileDescriptor-Klasse enthält spezielle Informationen über eine geöffnete Datei. Sie erstellen ein Objekt vom Typ FileDescriptor niemals selbst, sondern beziehen es durch das Aufrufen der Methode public final FileDescriptor getFD() throws IOException aus einem geöffneten FileInputStream oder FileOutputStream. Im Allgemeinen gibt getFD() den Bezeichner der Datei aus, auf der der Strom basiert. Die FileDescriptor-Klasse enthält eine einzige Methode, nämlich public boolean valid(), die true wiedergibt, wenn ein Datei-Descriptor gültig ist. Die FileDescriptor-Klasse enthält ebenfalls statische Instanzvariablen für die Datei-Descriptoren für Standard-Eingabe, Standard-Ausgabe und Standard-Fehler:

→ public final static FileDescriptor in

→ public final static FileDescriptor out

→ public final static FileDescriptor err

55.2.2 Die RandomAccessFile-Klasse

Eine Random-Access-Datei ähnelt einem Eingabestrom in der Hinsicht, dass Sie Daten aus ihr lesen können. Gleichzeitig verhält sie sich aber auch wie ein Ausgabestrom, da man Daten in sie hineinschreiben kann (der Begriff Random Access bedeutet einen so genannten wahlfreien Zugriff). Der große Unterschied zwischen einer Random-Access-Datei und einer sequenziellen Access-Datei (was ein Strom eigentlich ist) liegt darin, dass Sie sofort zu jedem Abschnitt einer Random-Access-Datei gehen und dort lesen und schreiben können.

Wenn Sie eine Random-Access-Datei erstellen wollen, müssen Sie ihr einen Modus geben. Der Modus ist entweder `r` (read) oder `rw` (read-write). Wenn Sie eine Random-Access-Datei im `read-only`-Modus öffnen, können Sie wie üblich keine Daten in sie hineinschreiben. Es gibt keinen Write-only-Modus.

Konstruktoren für die `RandomAccessFile`-Klasse sind:

```
public RandomAccessFile(String filename, String mode)
    throws IOException
public RandomAccessFile(File file, String mode) throws IOException
```

Die `RandomAccessFile`-Klasse besitzt alle Methoden, die in den Schnittstellen `DataInput` und `DataOutput` verfügbar sind. Zusätzlich beinhaltet sie eine Methode `public void seek(long filePosition) throws IOException`, die es Ihnen ermöglicht, sofort an jede beliebige Position in der Datei zu springen. Sie können auch die aktuelle Dateiposition bestimmen, was recht nützlich ist, wenn Sie vorhaben an diese Dateiposition zurückzuspringen, indem Sie die Methode `public long getFilePointer() throws IOException` verwenden. Der Dateipositions-Wert, der in den Methoden `seek()` und `getFilePointer()` benutzt wird, ist die Anzahl der Bytes von Anfang bis zum Ende der Datei.

Ein plattformneutrales Kopierprogramm

Wir kommen zum nächsten praktischen Beispiel, das wieder einige der bis hierher erklärten Techniken in der Praxis zeigt. Das Programm liest die als ersten Parameter angegebene Datei aus und schreibt die Daten in die als zweiten Parameter angegebene Datei (mit Hilfe von `RandomAccessFile`). Dabei ist es gegen Fehlbedienung über eine Ausnahmebehandlung abgesichert. Es handelt sich also um eine Nachprogrammierung eines Kopierbefehls, der über das Lesen und Schreiben des Inhalts einer Datei arbeitet – allerdings wieder vollkommen plattformneutral!

```java
/*
Ein Kopierprogramm, das eine Datei Zeichen für Zeichen liest und dann
in eine Zieldatei schreibt.
*/
import java.io.*;
public class KopiereDatei {
/*
Die Kopiermethode. Als Übergabeargumente werden die Quelldatei und
die zu erstellende Zieldatei verwendet. Diese Parameter müssen beim
Aufruf angegeben werden. Das wird über das Exceptionhandling direkt
in der main()-Methode sichergestellt.
*/
  public static void kopiere(String quelldatei, String zieldatei)
      throws IOException {
// Erstellen eines Eingabestroms
// und eines Ausgabestroms über RandomAccessFile
    DataInput quelle = new RandomAccessFile(quelldatei,"r");
    DataOutput ziel = new RandomAccessFile(zieldatei,"rw");
    try {
```

```java
            while(true) {
  // Einlesen eines Char aus der Quelle
              char zeichen = quelle.readChar();
    // Schreibe in Zieldatei
              ziel.writeChar(zeichen);
            }
          }
  // Dateiende der Quelldatei erreicht.
          catch (EOFException e)  {
            System.out.println("Kopieren der Datei beendet.");
          }
          catch (IOException e) { // allgemeiner IO-Fehler
            System.out.println(e.getMessage());
          }
        }
      public static void main (String args[]) throws IOException {
  // Fange fehlende Übergabeparameter ab
          try {
            kopiere(args[0], args[1]);
          }
          catch (ArrayIndexOutOfBoundsException uebergabeEx) {
  // Keine Übergabeparameter.
            System.out.println(
              "Das Programm benoetigt zwei Uebergabeparameter.");
            System.out.println(
              "Sie muessen folgende Syntax eingeben:");
            System.out.println(
              "java KopiereDatei [Name der Quelldatei] [Name der
  Zieldatei]");
          }
        }
      }
```

Listing 55.3: Kopieren einer Datei mit RandomAccessFile

56 Drucken unter Java

Ein wesentlicher Ausgabevorgang ist natürlich das Drucken. Das ist aber unter Java gar nicht so unproblematisch. In Java 1.0 und dem JDK 1.0 ging es beispielsweise überhaupt nicht! Erst ab dem JDK 1.1 ist Drucken überhaupt möglich und erst das JDK 1.2 stellte ein richtig professionelles Druck-API bereit, das im Wesentlichen heute noch verwendet wird, zu der ersten Variante aber nicht mehr kompatibel ist. Schauen wir uns die beiden Welten an.

56.1 Drucken unter dem JDK 1.1

Wenn Sie unter dem JDK 1.1 drucken wollen, wird die Klasse java.awt.Toolkit und dort die Methode getPrintJob() Grundlage aller Aktionen sein. Die Methode gibt es in zwei Ausprägungen:

→ public abstract PrintJob getPrintJob(Frame frame, String jobtitle, Properties props)

→ public PrintJob getPrintJob(Frame frame, String jobtitle, JobAttributes jobAttributes, PageAttributes pageAttributes)

Das gesamte Verfahren ist im Prinzip relativ unkompliziert. Die Methode liefert ein Objekt des Typs PrintJob, das sämtliche Aktionen des Druckauftrags steuert. Zudem bedeutet der Aufruf dieser Methode das Öffnen eines plattformabhängigen Druckdialogs. Wenn der Anwender diesen bestätigt, wird der Druckauftrag durchgeführt. Bricht es ab, liefert die Methode den Wert null. Dieser Wert kann dann explizit verwendet werden.

Die Klasse PrintJob stellt einige Methoden bereit, die Sie für einen sinnvollen Druck benötigen.

→ **Die Methode** public abstract Graphics getGraphics() **liefert ein** Graphics-Objekt, das auf der nächsten Seite ausgegeben wird.

→ **Die Methode** public abstract Dimension getPageDimension() **gibt die Dimension von einer Seite in Pixel zurück. Die Auflösung einer Seite wird so gewählt, dass sie genauso wie die Bildschirmauflösung ist.**

→ **Die Methode** public abstract int getPageResolution() **gibt die Auflösung der Seite in Pixel per Inch zurück. Das hat aber nichts mit der Auflösung des Druckers zu tun.**

→ **Um in umgekehrter Reihenfolge zu drucken, gibt es die Methode** public abstract boolean lastPageFirst().

→ **Ganz wichtig ist die Methode** public abstract void end(), **womit jeder Druckauftrag beendet wird.**

Um nun die Druckausgabe in einem Programm zu platzieren, gibt es zwei sinnvolle Stellen. Sie können einmal eine eigene Methode erstellen, die die notwendigen Anweisungen integriert. Es gibt über die Klasse java.awt.Component die Methoden `public void print(Graphics g)` und `public void printAll (Graphicsg)`.

Die Methode `print()` druckt eine Komponente und `printAll()` eine Komponente samt den Subkomponenten. Meist ist es jedoch einfacher, die in der Regel auch für Bildschirmausgaben verwendete `paint()`-Methode zu gebrauchen (zumal die `print()`-Methoden diese implizit verwenden). Entweder so, dass gewisse Druckaufträge automatisch ausgelöst werden oder so, dass Sie ein `repaint()` aufrufen, wenn Sie drucken wollen. Gehen wir in die Praxis. Das nachfolgende Beispiel arbeitet zwar mit einer grafischen Oberfläche, benötigt aber dennoch einen Parameter auf Systemebene. Der Übergabeparameter ist die Datei, die gedruckt werden soll.

Drucken unter dem JDK 1.1 war immer noch nicht sonderlich komfortabel und zuverlässig. Das nachfolgende Beispiel soll nur die grundsätzlichen Vorgänge zeigen und müsste für eine Praxisfähigkeit noch diverse Optimierungen über sich ergehen lassen. Die `drawString()`-Methode zur Ausgabe von Text (wie sie im Beispiel verwendet wird) ist bei mehreren Zeilen natürlich nicht ideal, weil die Position jeder Zeile jeweils manuell berechnet werden müsste. Dazu kommt, dass die Methode so ausgibt, dass Text beim Ausdruck auf Papier spiegelverkehrt erfolgt. Dieser müsste zuerst noch invertiert werden, aber so kompliziert soll das Beispiel nicht werden (vor allem, weil ab dem JDK 1.2 die Probleme behoben sind und man in der Praxis eigentlich nur noch damit arbeitet). Ebenso muss beachtet werden, dass die Unterstützung der Drucker nicht überall sauber ist. Es kann sein, dass das ganze Blatt schwarz dargestellt wird (das kann man mit Reduktion der Intensität in den Griff bekommen).

```java
import java.io.*;
import java.awt.*;
import java.awt.event.*;
public class Druck1 extends Frame {
  String zuDrucken;
  public static void main(String[] args) {
    try {
      Druck1 wnd = new Druck1(args[0]);
    }
    catch (ArrayIndexOutOfBoundsException uebergabeEx) {
// Keine Übergabeparameter.
      System.out.println(
        "Das Programm benoetigt einen Uebergabeparameter.");
      System.out.println("Sie muessen folgende Syntax eingeben:");
      System.out.println("java Druck1 [Name der Quelldatei]");
    }
  }
  public Druck1(String datei) {
    super("Drucken im JDK 1.1");
    this.add(new Label(
      "Die Datei wird gedruckt"),BorderLayout.CENTER);
    addWindowListener(
      new WindowAdapter() {
        public void windowClosing(WindowEvent event) {
```

```
          System.exit(0);
        }
      }
    );
    zuDrucken=(new LeseDatei(datei)).dateiInhalt;
    setSize(400,400);
    setVisible(true);
  }
  public void paint(Graphics g) {
    PrintJob pjob = getToolkit().getPrintJob(this,"Testseite",null);
    if (pjob != null) {
      g = pjob.getGraphics();
      if (g != null) {
        g.setFont(new Font("TimesRoman",Font.PLAIN,11));
        g.drawString(zuDrucken,100,50);
        g.dispose();
      }
      pjob.end();
      System.exit(0);
    }
  }
}

class LeseDatei {
 String dateiInhalt="";
 int i;
 LeseDatei(String quelle){
  try {
   leseDruckDatei(quelle);
  }
  catch(IOException e){
   System.out.println("Allgemeiner IO-Fehler.");
  }
 }
 void leseDruckDatei(String quelldatei) throws IOException {
// Erstellen eines Eingabestroms
  try {
    DataInput quelle =
     new DataInputStream(new FileInputStream(quelldatei));
    while(true) {
// Einlesen eines byte aus der Quelle
     byte zeichen = quelle.readByte();
     i++;
     dateiInhalt=dateiInhalt + (char)zeichen;
    }
   }
// Dateiende der Datei erreicht.
// Explizite Verwendung einer Exception um
// die while()-Schleife abzubrechen
   catch (EOFException e) {
```

```
      System.out.println("Lesen der Datei beendet.");
     }
    // allgemeiner IO-Fehler
    catch (IOException e) {
     System.out.println(e.getMessage());
    }
   }
  }
```

Listing 56.1: Ein einfaches Druckprogramm für das Drucken unter dem JDK-1.1-Modell

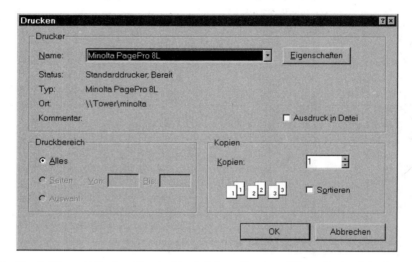

Bild 56.1: Ein plattformabhängiger Standarddruckdialog mit ausgewähltem Netzwerkdrucker

Das Programm ist bewusst auf die wesentlichen Aspekte reduziert. Beim Start wird einfach ein Frame geöffnet, die als Übergabewert angegebene Datei eingelesen (das erfolgt in der Klasse LeseDatei) und automatisch die paint()-Methode aufgerufen. Diese ruft getPrintJob() auf und erzeugt damit ein Objekt des Typs PrintJob sowie das Öffnen eines plattformabhängigen Druckdialogs. Wenn der Anwender diesen bestätigt, wird der Druckauftrag durchgeführt. Bricht err ab, liefert die Methode den Wert null und der Druck unterbleibt. Das Programm endet dann automatisch. Zur konkreten Ausgabe haben wir einfach mit der auch auf dem Bildschirm verwendbaren Methode drawString() mit statischen Positionsangaben gearbeitet. Von der eingelesenen Datei wird auch nur die erste Zeile ausgegeben (das passen wir in dem nachfolgenden Beispiel mit dem SDK 2 an). (siehe Bild 56.2)

Wenn übrigens keine Drucker in Ihrem Betriebssystem installiert sind, wird eine entsprechende Meldung generiert (siehe Bild 56.3).

Bild 56.2: Solange der Druck läuft, wird das Fenster angezeigt

Bild 56.3: Kein Standarddrucker installiert

56.2 Drucken unter dem SDK 2

Das Drucken unter dem SDK 2 – also ab dem JDK 1.2 – funktioniert über einen neuen Ansatz und ist vor allem viel leistungsfähiger und stabiler. Das Konzept basiert auf dem Paket java.awt.print. Dort gibt es einmal die Klasse PrinterJob. Trotz des ähnlichen Namens hat sie aber nicht die gleiche Bedeutung wie PrintJob. Sie ist nur für die Kontrolle des Drucks (Aufrufen von Dialogfenstern, Seitenkontrolle, Start des Drucks etc.) verantwortlich. Der eigentliche Ausdruck erfolgt über die Schnittstellen Printable, PrinterGraphics oder Pageable. Deren Methoden müssen bei Bedarf überschrieben werden. Dazu stellt das Paket noch die Klassen Book (Unterstützung verschiedener Seitenformate), PageFormat (Größe und Ausrichtung einer Seite) und Paper (physische Charakteristika des Papiers) zur Verfügung.

Die Klasse PrinterJob stellt eine ganze Reihe von Methoden zur Verfügung. Etwa die Methode public static PrinterJob getPrinterJob(), die ein Objekt vom Typ PrinterJob erstellt und zurückgibt. Über public abstract void setPageable(Pageable document) throws NullPointerException kann die Anzahl der Seiten und das Seitenformat gesetzt werden. Im SDK 2 stehen zwei Konfigurationsdialoge zur Verfügung (davor nur einer). Der eine lässt die Einstellung von der Anzahl Kopien, die auszudruckenden Seiten und des Druckers zu. Der andere kümmert sich um Seitenparameter. Die

Methoden `public abstract boolean printDialog()` **und** `public abstract PageFormat pageDialog(PageFormat page)` **erzeugen Dialoge zum Anpassen der Eigenschaften des Druckjobs und der Seitenformate. Die Methode** `public abstract void print() throws PrinterException` **druckt einen Satz von Seiten,** `public abstract void setCopies(int copies)` **gibt die Anzahl der Kopien an,** `public abstract int getCopies()` **fragt sie ab. Über** `public abstract void cancel()` **kann man einen Druckjob abbrechen und** `public abstract boolean isCancelled()` **kontrolliert diesen Status.**

Wenn nun konkret eine Druckaktion laufen soll, verwendet man beispielsweise die Schnittstelle `Printable` **und überschreibt die Methode** `public abstract void print() throws PrinterException`. **Von besonderem Interesse sind die in der Schnittstelle vorhandenen Konstanten** `PAGE_EXISTS` **und** `NO_SUCH_PAGE`, **auf die man in der** `print()`**-Methode abprüfen kann. Solange der Rückgabewert der Methode** `PAGE_EXISTS` **entspricht, wird immer wieder eine Seite gedruckt. Erst bei Übereinstimmung mit** `NO_SUCH_PAGE` **wird der Druckjob beendet.**

Schauen wir uns das Drucken im SDK 2 in der Praxis an. Dazu nehmen wir ein Beispiel, das wieder den aus einer Datei gelesenen Text samt einer Seitenzahl ausgibt (beachten Sie, dass wir dabei explizit die Klasse `LeseDatei` **aus dem letzen Beispiel verwenden – diese muss auf jeden Fall vorhanden sein). Die Seite wird zweimal ausgegeben. Beachten Sie, dass die** `print()`**-Methode Einstellungen des Konfigurationsdialogs und auch die Angaben über Kopien für die Seite berücksichtigt. Für den konkreten Ausdruck verwenden wir in der** `print()`**-Methode Casting eines** `Graphics`**-Objekts auf ein** `Graphics2D`**-Objekt. Damit haben wir dann auch die Möglichkeiten von Java-2D zum Drucken zur Verfügung, werden allerdings davon keinen besonderen Gebrauch machen.**

Der Inhalt der zu druckenden Datei wird in einen String eingelesen (das begrenzt dann auch die maximale Größe der zu druckenden Datei). Der Druck ist so aufgebaut, dass eine `while`**-Schleife immer eine Zeile mit 80 Zeichen ausdruckt. In der** `drawString()`**-Methode wird die Position der Zeile jeweils berechnet und aus dem Druckstring per** `substring()` **jeweils 80 Zeichen extrahiert und ausgedruckt. Der Beginn und das Ende der Extraktion wird jeweils berechnet. Die Methode** `substring()` **wirft eine Ausnahme vom Typ** `StringIndexOutOfBoundsException` **aus, wenn man mehr Zeichen zu extrahieren versucht, als von der Startposition aus noch zur Verfügung stehen. Um auch die letzten Zeichen noch auszudrucken, wird das in der** `catch`**-Klausel durchgeführt. Dort werden dann nicht konstant 80 Zeichen, sondern nur die noch bis zum Ende des Druckstrings vorhandenen Zeichen (Test mit** `druckText.length()`**) verarbeitet. Beachten Sie, dass in der Datei vorhandene Formatierungen, Zeilenumbrüche und ähnliche Steuerzeichen keine Rolle bei der Gestaltung des Drucks spielen!**

```
import java.awt.*;
import java.awt.print.*;
import java.io.*;
import java.awt.event.*;
public class Druck2 extends Frame implements Printable {
  // Konstanten
```

```java
         private static final int SKALIERFAKTOR = 4;
         // Variablen
         private PrinterJob pjob;
         private PageFormat seitenFormat;
         private String druckText;
         static Druck2 druckProgr;
         char[] druckArray;
          // Konstruktor
         public Druck2(String datei) {
          super("Drucken im SDK 2");
          this.pjob = PrinterJob.getPrinterJob();
          this.add(new Label("Die Datei wird gedruckt"),BorderLayout.CENTER);
          addWindowListener(
           new WindowAdapter() {
           public void windowClosing(WindowEvent event) {
            System.exit(0);
            }
           });
          druckText=(new LeseDatei(datei)).dateiInhalt;
          setSize(200,100);
          setVisible(true);
         }
         // Öffentliche Methoden
         public boolean setupPageFormat() {
          PageFormat defaultPF = pjob.defaultPage();
          this.seitenFormat = pjob.pageDialog(defaultPF);
          pjob.setPrintable(this, this.seitenFormat);
          return (this.seitenFormat != defaultPF);
         }
         public boolean setupJobOptions() {
          return pjob.printDialog();
         }
         public void drucke() throws PrinterException, IOException {
          pjob.print();
         }
         // Implementierung von Printable
         // Die Methode print() muss überschrieben
         // werden
         public int print(Graphics g, PageFormat pf, int page)
            throws PrinterException {
          int zeilen=0;
          int druckErgeb = PAGE_EXISTS;
         // Abbruch des Druckjobs, wenn Seitenzahl
         // > 1, d.h., zwei Seiten wurden gedruckt
          if(page>1) return NO_SUCH_PAGE;
          String line = null;
          Graphics2D g2 = (Graphics2D)g;
          g2.scale(1.0 / SKALIERFAKTOR, 1.0 / SKALIERFAKTOR);
          int ypos = (int)pf.getImageableY() * SKALIERFAKTOR;
          int xpos = ((int)pf.getImageableX() + 2) * SKALIERFAKTOR;
```

```java
    int yd = 12 * SKALIERFAKTOR;
    int ymax = ypos + (int)pf.getImageableHeight() * SKALIERFAKTOR -
yd;
   //Seitentitel ausgeben
    ypos += yd;
    g2.setColor(Color.black);
    g2.setFont(new Font("Monospaced", Font.ITALIC, 12 *
SKALIERFAKTOR));
    g.drawString("Seite " + (page + 1), xpos, ypos);
    try{
     while(true) {
      g.drawString(druckText.substring((zeilen*80),80+(zeilen*80)),
        xpos , ypos + 50+ (zeilen*50));
      zeilen++;
     }
    }
    catch(StringIndexOutOfBoundsException  e){
     g.drawString(druckText.substring((zeilen*80),druckText.length()),
        xpos , ypos + 50 + (zeilen*50));
     System.out.println("Ausdruck beendet");
    }
  // Erneuter Aufruf von print()
    return druckErgeb;
  }
  public static void main(String[] args) {
   try {
    druckProgr = new Druck2(args[0]);
   }
   catch (ArrayIndexOutOfBoundsException uebergabeEx) {
 // Keine Übergabeparameter.
     System.out.println(
       "Das Programm benoetigt einen Uebergabeparameter.");
     System.out.println("Sie muessen folgende Syntax eingeben:");
     System.out.println("java Druck2 [Name der Quelldatei]");
   }
    if (druckProgr.setupPageFormat()) {
     if (druckProgr.setupJobOptions()) {
      try {
       druckProgr.drucke();
      }
      catch (Exception e) {
       System.err.println(e.toString());
       System.exit(1);
      }
     System.exit(0);
     }
    }
  }
 }
```

Listing 56.2: Ein Druckprogramm für das Drucken unter dem SDK-2-Modell

Bild 56.4: Das Fenster zeigt, dass der Druck läuft

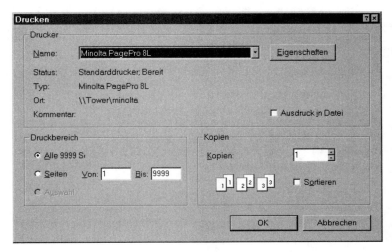

Bild 56.5: Ein plattformabhängiger Standarddruckdialog zur Einstellung der konkreten Seiten und der Kopien, sowie des Druckers

Bild 56.6: Ein plattformabhängiger Standarddialog zur Einstellung der Seiteneckdaten

Anhang

A Die Verzeichnisstruktur des JDK

Innerhalb des Installationsverzeichnisses des JDK wird von dem Setup-Programm eine Unterstruktur angelegt. Diese hat sich über die verschiedenen JDK-Versionen öfters verändert. Außerdem ist die genaue Verzeichnisstruktur davon abhängig, welche Optionen Sie bei der Installation angegeben haben und unter welcher Plattform Sie installieren. Sie werden bei einer Installation des JDK auf jeden Fall das Verzeichnis bin finden. In diesem Verzeichnis befinden sich (wie bei vielen Entwicklungsumgebungen anderer Sprachen) die JDK-Programme, also z.B. der Compiler, der Interpreter, ein Appletviewer, der Debugger, der Disassembler oder das Dokumentationstool. Dieses Verzeichnis ist immer vorhanden – es ist das JDK. Allerdings wird je nach Plattform das eine oder andere Programm spezifisch sein.

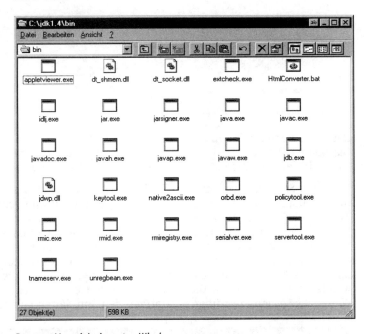

Bild A.1: Das bin-*Verzeichnis unter Windows*

In dem Verzeichnis lib befinden sich defaultmäßig Standard Java-Klassen des JDK. Unter Windows ist das im Wesentlichen in den alten Versionen des JDK die Datei classes.zip, ab dem JDK 1.2 (Final) sind es die Dateien tools.jar, jvm.lib und dt.jar. Die Datei tools.jar beinhaltet die Non-core-Klassen zur Unterstützung der Tools und Utilities im JDK und dt.jar (DesignTime-Archive) ist dafür da, über BeanInfo-Dateien interaktiven Entwicklungsumgebungen (IDEs) Informationen zur Verfügung zu stellen, wie sie die Java-Komponenten darstellen sollen und wie sie Entwickler dort für ihre Applikationen anpassen können. Die Datei jvm.lib ist eine Bibliothek für die virtuelle Maschine von Java.

Anhang A · Die Verzeichnisstruktur des JDK

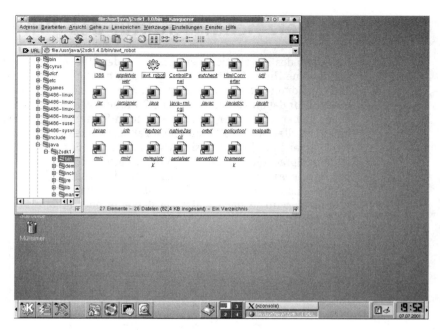

Bild A.2: Das bin-*Verzeichnis unter Linux*

Neu dazu kommen im JDK 1.3 die Dateien ir.idl, jawt.lib und orb.idl. Die beiden Dateien ir.idl und orb.idl dienen der Zusammenarbeit von Java mit der IDL-Sprache, jawt.lib mit dem AWT Native Interface.

Beachten Sie, dass zwar in den JDK-Versionen vor 1.2 in diesem Verzeichnis die Datei classes.zip zu finden war (sie gibt es wie schon erwähnt nicht mehr), aber in neueren JDK-Versionen nicht deren wesentlicher Ersatz rt.jar. Diese befindet sich an anderer Stelle innerhalb der Verzeichnisstruktur (im Unterverzeichnis jre). Im JDK 1.3.1 bzw. 1.4 kommt neu die Datei htmlconverter.jar dazu, die einen HTML-Konverter beinhaltet, mit dem <APPLET>-Referenzen in <OBJECT>- bzw. <EMBED>-Referenzen verwandelt werden können. Diesen Konverter gibt es zwar schon eine ganze Weile, aber er musste früher separat von den Sun-Seiten geladen werden.

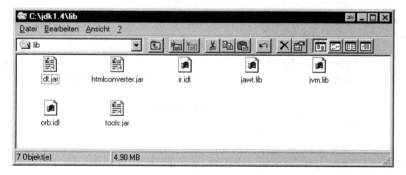

Bild A.3: Das lib-*Verzeichnis unter Windows*

Unter Linux unterscheidet sich das lib-Verzeichnis nur wenig.

Bild A.4: Das lib-*Verzeichnis unter Linux*

In dem optionalen Verzeichnis include finden Sie diverse Header-Dateien für die gemeinsame Verwendung von Java und C/C++. Außerdem gibt es dort unter Windows ein Unterverzeichnis win32 (unter Linux das Verzeichnis linux), das weitere Header-Dateien beinhaltet. Die C-Headerfiles in diesem Verzeichnis sind ausschließlich für die Unterstützung von Nativecode-Programmierung über das Java Native Interface und das Java Virtual Machine Debugger Interface gedacht.

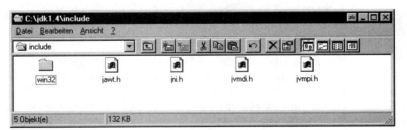

Bild A.5: Das include-*Verzeichnis unter Windows*

Ab dem JDK 1.2 (Final) gibt es optional das Verzeichnis include-old, in dem aus Gründen der Abwärtskompatibilität Headerfiles zur Unterstützung von Nativecode-Programmierung über ältere Schnittstellen zur Verfügung stehen. Diese Dateien gelten als deprecated (veraltet), werden nicht weiter unterstützt und stehen nicht auf allen Plattformen zur Verfügung. Im JDK 1.4 gibt es (wie bei der Installation schon angedeutet) diese Unterstützung nicht mehr und das Verzeichnis fehlt.

Anhang A · Die Verzeichnisstruktur des JDK

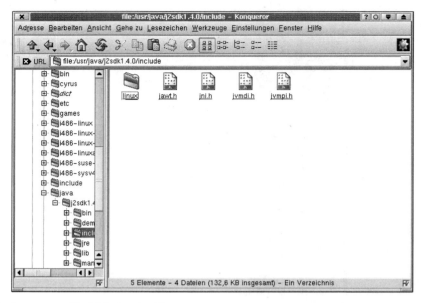

Bild A.6: Das include-*Verzeichnis unter Linux*

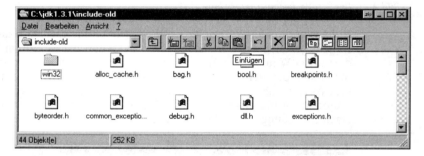

Bild A.7: Nur im JDK 1.2 und JDK 1.3 vorhanden – das Verzeichnis include-old

Das optionale demo-Verzeichnis beinhaltet Beispielprogramme. Es hat je nach Version einige unterschiedliche Unterverzeichnisse mit spezifischen Beispielen. Diese sind teilweise recht eindrucksvoll und zeigen die Leistungsfähigkeit von Java. Allerdings sind sie für Einsteiger kaum als didaktische Quelle zu nutzen – dazu sind die meisten Sachen zu komplex.

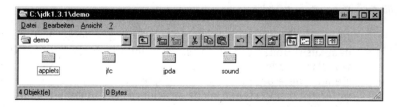

Bild A.8: Das demo-*Verzeichnis unter Windows für das JDK 1.3.1*

Bild A.9: Das demo-*Verzeichnis unter Windows für das JDK 1.4*

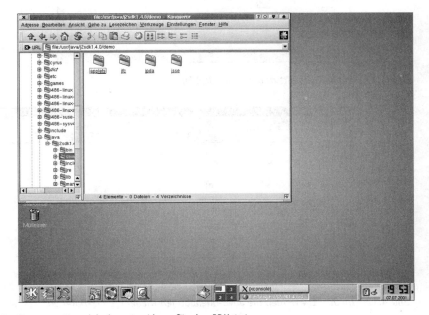

Bild A.10: Das demo-*Verzeichnis unter Linux für das JDK 1.4*

In der JDK-Version 1.1.x und den meisten Betaversionen des JDK 1.2 können Sie das Verzeichnis src mit installieren. Darin befinden sich dann die entkomprimierten Source-Dateien von Java selbst, die in diesen JDK-Versionen sonst nur im gepackten Zustand in der Datei SRC.ZIP vorhanden sind. Das Verzeichnis kann ab dem JDK nicht mehr bei der Installation angelegt werden und ist durch die Datei src.jar ersetzt worden, die sich im Hauptverzeichnis befindet.

Bemerkenswert ist, dass im JDK 1.4[1] von dem auf Java und das JDK optimierte JAR-Komprimierungsformat wieder auf das ZIP-Format umgeschwenkt wurde, das in der Anfangsphase von Java (vor Einführung des JAR-Formats) schon einmal verwendet wurde.

Das Verzeichnis jre beinhaltet die Laufzeitumgebung von Java, die sich je nach JDK-Version und Plattform wieder etwas unterscheiden kann. Das Verzeichnis beinhaltet aber auf jeden Fall die zwei Unterverzeichnisse bin und lib.

---

1 Zumindest in der Betaversion.

Anhang A · Die Verzeichnisstruktur des JDK

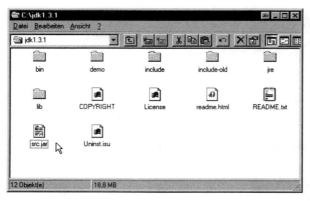

Bild A.11: Die Java-Quelltextdateien als JAR-File

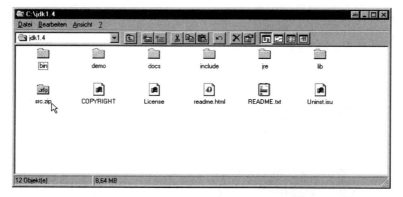

Bild A.12: Im JDK 1.4 werden die Java-Quelldateien wieder als ZIP-Datei ausgeliefert

Im Wesentlichen finden Sie die Datei rt.jar in lib und in bin diejenigen Programme, die zum Ausführen von Java-Applikationen notwendig sind (ohne Entwicklungstools).

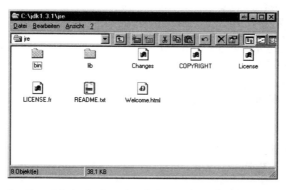

Bild A.13: Das Verzeichnis der Java-Laufzeitumgebung im JDK 1.3.1

Im JDK 1.4 kam eine interessante Neuerung (Java Web Start – wir gehen im folgenden Kapitel darauf ein) hinzu, deren Installationsdatei Sie nun auch in diesem Verzeichnis finden.

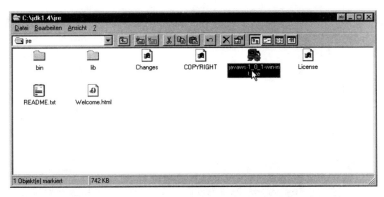

Bild A.14: Das ist neu im JDK 1.4 – die Installationsdatei für Java Web Start

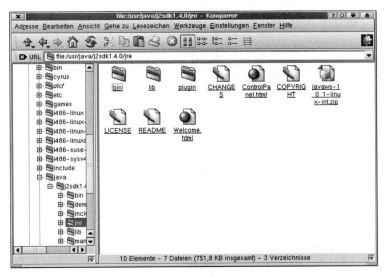

Bild A.15: Das jre-Verzeichnis unter Linux enthält ein Plug-In-Verzeichnis für Netscape-Browser in der Version 4.x und 6

B Die Neuerungen des JDK 1.4

Jede neue Version eines JDK brachte eine ganze Reihe von Veränderungen mit sich. Wie umfangreich diese Veränderungen waren, weicht je nach Release-Wechsel erheblich ab. Der Wechsel vom JDK 1.0 auf das 1.1 war gravierend, da diverse Konzepte (etwa das Eventhandling) massiv geändert wurden. Dazu kamen für jeden Java-Programmierer wichtige Neuerungen wie Swing. Java wuchs aus den Kinderschuhen und das machte diverse Änderungen notwendig. Aber auch der Wechsel vom JDK 1.1 auf das JDK 1.2 war mit sehr vielen gravierenden Veränderungen verbunden. So wurde etwa das Sicherheitskonzept vollständig geändert und Swing vollkommen umstrukturiert. Um diese vollständige Veränderung aller wesentlichen Strukturen deutlich zu machen, wurde das JDK 1.2 als Bestandteil des übergeordneten Begriffs SDK 2 publiziert. Der Wechsel vom JDK 1.1 auf das JDK 1.2 kann insgesamt als Paradebeispiel fungieren, wie unglücklich man so einen Wechsel vollziehen kann. Alle Betaversionen bis auf die letzte Version folgten weitgehend der Vorgängerphilosophie und dann wurde – fast heimlich – in der letzten Betaversion so ziemlich alles etwas Komplexere vollkommen umgeändert. Glücklicherweise war ab dem JDK 1.2 diese Umstrukturierung abgeschlossen und die weiteren Release-Wechsel sind nur noh als echte Erweiterungen zu sehen, die zudem weitgehend den Highend-Bereich betreffen. Der Umstieg vom JDK 1.2 auf das JDK 1.3 ging nahezu reibungslos und erst recht der Wechsel vom JDK 1.3 auf das JDK 1.4 wird von vielen Programmierern wahrscheinlich gar nicht groß zur Kenntnis genommen werden (müssen). Das ist auch gut, denn die Ausgereiftheit einer Technologie zeigt sich darin, wie harmonisch und kompatibel zu Abwärtsversionen ein Wechsel vollzogen werden kann. Entsprechend werden auch neben dem JDK 1.2 die Versionen 1.3 und 1.4 zum SDK 2 gezählt.

B.1 Die wichtigsten Neuerungen

Die Änderungen des JDK 1.4 gegenüber der Version 1.3 bestehen aus unzähligen Kleinigkeiten, die die meisten Programmierer kaum mitbekommen werden. Andere werden so harmonisch erfolgen, dass man sich keine großen Gedanken darum machen muss. Eine der üblichen Veränderungen bei einem Release-Wechsel in Java ist, dass die Performance optimiert wird. Auch dahingehend hat das neue Release zahlreiche Maßnahmen integriert, was man als Programmierer und vor allem Anwender wohlwollend zu Kenntnis nimmt, aber meist kaum große Gedanken notwendig macht. Die meisten der Maßnahmen betreffen die JVM selbst. So gibt es für die JVM in der neuen Version etwa 64-Bit-Unterstützung für die Solaris-SPARC-Plattformedition, einen Fehlerbehandlungsmechanismus und eine optimierte Speicherbereinigung. Für die meisten Programmierer könnte wichtig sein, dass die in anderen Versionen des Java 2 SDK noch vorhandene klassische JVM (ohne HotSpot-Optimierung, die mit dem JDK 1.3 eingeführt wurde) nicht mehr mitgeliefert wird. Darauf muss man unter Umständen reagieren. Ebenso auf die Tatsache, dass diverse Programme zur Unterstützung der Abwärtskompatibilität im JDK 1.4 nicht mehr vorhanden sein werden (alle mit old beginnenden Programme der Vorgängerversionen, die dort zur Unterstützung deren Vorgängerversionen vorhanden waren).

Eine weitere, im deutschen Sprachraum wahrscheinlich ziemlich beiläufig zur Kenntnis genommene Neuerung ist die Unterstützung von Unicode der Version 3.0. Insgesamt wurde die Unterstützung von Zeichen aus dem asiatischen Raum forciert.

Für die Unterstützung verschiedener virtueller Maschinen gibt es seit dem JDK 1.3 das Java-Plug-In. Dieses Java-Plug-In *(siehe auf den Seiten 63, 395ff und 408ff)* wurde überarbeitet. Das Java-Plug-In 1.4 bietet unter anderem Multiversionssupport, damit mehrere Versionen des JRE in derselben Umgebung laufen können. Dazu kommen Unterstützung des HTTPS-Protokolls durch die JSSE-Technologie (Java Secure Socket Extension) und dem DOM-Standard (Document Object Model). DOM ist ein von Microsoft initiiertes, theoretisches Modell, mit dem Objekte klassifiziert und von darauf zugreifender Software verwendet werden können.

Eine für fortgeschrittene Java-Anwendungen sehr wichtige Frage ist der Datenaustausch mit beliebigen anderen Technologien. Um mit diesen Applikationen eine standardisierte Schnittstelle aufbauen zu können, gibt es die Sprache XML (Extensible Markup Language). XML hat wie HTML seine Wurzeln bei SGML, ist aber eine so genannte Metasprache, mit deren Hilfe man eine eigene, neue Dokumentenbeschreibungssprache definieren kann. Das Java-API bietet Basisunterstützung für XML.

Aber nicht nur für den Aufbau standardisierter Schnittstellen zum Datenaustausch ist Java 2, v1.4 erweitert worden. Es gibt auch weitere neue I/O-APIs. Für Ein- und Ausgabe mit und ohne Netzwerk. Bei den Netzwerkzugriffen aus Java heraus ist besonders bemerkenswert, dass das neue IPv6-Protokoll in TCP- und UDP-basierenden (Unreliable Datagram Protocol) Applikationen unterstützt wird.

Das UDP-Protokoll wird in Java beispielsweise bei dem Datenaustausch mittels der so genannten Datagram-Sockets verwendet. Diese Kommunikation ist besonders schnell, denn ein Datagram-Paket wird einfach als eine Ansammlung von Bytes an ein empfangendes Programm gesendet. Das empfangende Programm wartet in der Regel einfach auf alles, was an einer bestimmten IP-Adresse und einem zugehörigen Port reinkommt. Die Übertragungssicherheit ist dann nicht über das Protokoll geregelt oder nicht so wichtig.

Auch in anderen weiterführenden Techniken wie RMI (Remote Method Invocation), Serialization, JNDI (Java Naming and Directory Interface), CORBA (Common Object Request Broker Architecture), Java IDL (Interface Definition Language) und RMI-IIOP (IIOP steht für »Internet InterORB Protocol«) haben sich wieder zahlreiche Dinge getan. Diese Technologien werden allesamt zur Unterstützung von so genannter verteilter Programmierung verwendet. Diese Änderungen sind aber nur für professionelle Programmierer interessant und man muss festhalten, dass bereits in den Vorgängerversionen die echten Erweiterungen stattgefunden haben. Mit dem JDK 1.4 kamen hauptsächlich Optimierungen und Erweiterungen dazu.

Exkurs

Grundlage der Kommunikation bei verteilter Programmierung bildet aus Sicht von Java RMI und CORBA, was den offiziellen Standard zur Kommunikation zwischen Objekten und Programmen darstellt. Als Erweiterung von RMI ist die RMI-IIOP-Technik und IDL für die Erstellung von CORBA-kompatiblen Schnittstellen zu sehen. RMI-IIOP ist eine in Java 2 neu eingeführte Technologie, die Java RMI und Java IDL verbindet und CORBA-kompatible Schnittstellen direkt in Java erstellen lässt. In dem SDK 2 verwendet Java IDL eine neue Version des Java-to-IDL-Compilers. Dieser Compiler unterstützt einen neuen CORBA-Standard. JNDI dient zur Angabe von Ressourcen (Verzeichnisse, Drucker etc.) über einen plattformunabhängigen Namen aus einer Java-Applikation heraus. Die JNDI-Architektur basiert auf einem eigenen API und einem SPI (Service Provider Interface). In der aktuellen Java-2-Plattform ist das Interface voll integriert. JNDI beinhaltet unter anderem Support für LDAP-v3-Erweiterungen sowie das »Lightweight Directory Access Protocol« (LDAP), den »CORBA Object Services Naming Service« (COS) und RMI. Die Object Serialization dient dazu, Objekte über ihre eigentliche Lebenszeit hinaus zu speichern und anschließend wieder seriell auslesen zu können.

Java ist eine der sichersten Technologien der EDV-Welt und erweitert sein Spektrum permanent. Natürlich hat sich im Bereich Sicherheit auch im JDK 1.4 wieder mal einiges getan. Die so genannte Java Cryptography Extension (JCE), Java Secure Socket Extension (JSSE) und Java Authentication and Authorization Service (JAAS) Securityfeatures sind in das Java-2-SDK, Standard Edition (J2SDK), v1.4 integriert. Dazu kommen noch diverse sehr spezielle neue Sicherheitsfeatures.

Die Java-2D-Technologie beinhaltet eine ganze Menge neuer Features, die beispielsweise die Performance optimieren, erweiterte Unterstützung von Hardware, neue Fonts und ein neues Druck-API bieten. Das Image I/O Framework unterstützt besseren Zugriff auf gespeicherte Bilder – auch über Netzwerkzugriffe.

Im Bereich des AWT und Swing behauptet Sun, dass eine Menge neuer Features hinzugefügt wurden, aber diese sind Optimierungen oder sehr spezielle Details. Wenn man es genauer betrachtet, hat sich nicht viel getan, was ein Beleg dafür ist, dass diese beiden Technologien ausgereift sind. Auch Drag&Drop wurde im Wesentlichen nur optimiert.

Kaum eine weiterführende Java-Applikation kommt heute noch ohne Datenbankunterstützung aus. In Version 1.0 von Java war noch keine Datenbankunterstützung implementiert, was sich ab der Version 1.1 änderte. Richtig professionell ist der Datenbankzugriff ab Java 2.0 über die JDBC-2.0-Schnittstelle (Java Database Connectivity). Diese wiederum greift über die standardisierte ODBC-Schnittstelle auf eine SQL-Datenbank zu. Die ODBC-Schnittstelle (Open Database Connectivity) stammt von Microsoft und basiert auf dem gleichen Konzept wie JDBC – dem X/Open SQL CLI (Call Level Interface). In dem Package `java.sql` und davon abgeleiteten Klassen steckt die wesentliche JDBC-Funktionalität von Java. Neu im JDK 1.4 ist das JDBC-3.0-API mit der Überarbeitung der Pakete `java.sql` und `javax.sql`.

Java stellt im SDK 2 die »Java Platform Debugger Architecture« (JPDA) zur Verfügung, die drei Schnittstellen bereitstellt, die von externen Debuggern in Entwicklungsumgebungen verwendet werden können. Das »Java Virtual Machine Debugger Interface« definiert die Dinge, die eine JVM zur Unterstützung bereitstellen muss. Das »Java Debug Wire Protocol« definiert die geforderten Formate und das »Java Debug Interface« die Informationen und Antworten auf User-Ebene. Zur weiteren Unterstützung von externen Debuggern bringt das JDK 1.4 eine neue Technologie mit, die HotSwap genannt wird. Eine weitere, echte Neuerung ist die Web-Start-Technologie, auf die wir nun separat eingehen wollen. Neu im JDK 1.4 ist das Schlüsselwort `assert`, das den Sprachkern erweitert.

Eine weitere, echte Neuerung ist die Web-Start-Technologie, auf die wir nun separat eingehen wollen.

B.2 Java Web Start

Neu im JDK 1.4 ist ein Feature enthalten, das Sun Java Web Start nennt. Sie finden auf der Oberfläche des Desktops nach der Installation ein entsprechendes Icon vor, aber auch im JDK-Installationsverzeichnis unter `jre` finden Sie die gepackte Setup-Datei.

Bild B.1: Das Icon für Java Web Start findet sich nach der Installation auf dem Desktop

Java Web Start ist eine neue Technologie zur Verbindungsaufnahme zwischen dem Computer des Anwenders und dem Internet, um Java-Anwendungen mit einem einzigen Mausklick zu aktivieren und dabei zu garantieren, dass immer die neueste Version ausgeführt wird. Ziel ist es, bei über das Internet bereitgestellten Anwendungen komplizierte Installations- oder Aktualisierungsprozeduren zu vermeiden. Diese sind über den Webbrowser relativ leicht automatisch zu installieren und anzuwenden. Durch den Webbrowser läuft der gesamte Prozess automatisch ab. Es gibt keine Komplikationen beim Download, beim Setup und bei den Konfigurationsschritten, und Sie arbeiten garantiert immer mit der neuesten Version. Java Web Start ist eine Lösung für den Einsatz von Anwendungen über das Internet. Die Verwendung von vollwertigen Anwendungen anstelle von HTML-basierten Clients kann viele Vorteile bringen:

→ Eine in hohem Maße interaktive Benutzeroberfläche, die mit herkömmlichen Anwendungen wie Textverarbeitung und Tabellenkalkulation vergleichbar ist.

→ Geringere Bandbreitenanforderungen. Eine Anwendung muss nicht unbedingt bei jedem Klick Daten mit dem Webserver austauschen und kann bereits heruntergeladene Informationen zwischenspeichern. Dadurch kann bei langsamen Verbindungen eine bessere Interaktivität gewährleistet werden.

→ Möglichkeit des Offline-Betriebs.

Als Kompromiss dieser Vorteile muss die Anwendung beim ersten Mal aus dem Internet geladen werden, um wichtige Daten auf Clientseite vorzuhalten. Java Web Start speichert alle heruntergeladenen Dateien lokal auf dem Computer.

Bei jedem Start fragt Java Web Start beim Webserver an, ob eine neue Version der Anwendung verfügbar ist und lädt und startet diese automatisch. So werden Anwendungen automatisch aktualisiert. Es gibt keinen komplizierten Aktualisierungsablauf.

Natürlich stellte sich bei einer solchen Verbindung von einem lokalen System mit fremden Applikationen und dem offenen Internet die Frage der Sicherheit, denn es wird auf dem lokalen Rechner lauffähiger Code installiert. Java Web Start setzt aber auf die Java-2-Plattform und ihrer umfassenden Sicherheitsarchitektur auf. Mit Java Web Start gestartete Anwendungen werden standardmäßig in einer eingeschränkten Umgebung ausgeführt (»Sandbox«), in der der Zugriff auf Dateien und das Netzwerk beschränkt ist. Beim Start von Anwendungen mit Java Web Start bleiben also Systemsicherheit und -integrität erhalten.

Wenn es notwendig ist, kann eine Anwendung den unbeschränkten Zugriff auf ein System anfordern. In diesem Fall zeigt Java Web Start beim ersten Start der Anwendung ein Dialogfeld »Sicherheitswarnung« an. Die Sicherheitswarnung enthält Informationen zum Ursprung, also den Hersteller, der die Anwendung entwickelt hat. Wenn Sie dem Hersteller vertrauen, wird die Anwendung gestartet. Ansonsten können Sie sie halt nicht verwenden. Die Information über den Ursprung der Anwendung basiert auf der Signatur mit einem digitalen Code.

Java Web Start läuft auf Windows 95/98/NT/2000, Solaris und Linux (RH 6.1/x86) ab der JRE 1.2.2 ff. Die Plattformanforderungen für die Verwendung von Java Web Start sind dieselben wie die für JRE-Implementierungen empfohlenen.

B.2.1 Installieren und Verwenden von Java Web Start

Die Installation von Java Web Start ist unkompliziert. Unter Linux kann eine Installationsshell verwendet werden, die den Vorgang ziemlich automatisiert.

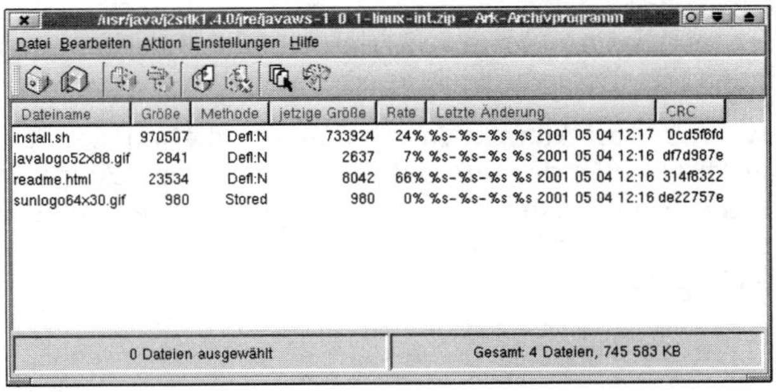

Bild B.2: Die Installationsshell unter Linux

Die Installation unter Windows ist noch unkomplizierter, denn es läuft alles ab wie beim JDK.

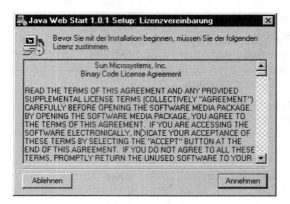

Bild B.3: Lizenzbedingungen für Java Web Start

Sie müssen Lizenzbedingungen akzeptieren und dann einen Ordner auswählen, in den das Feature installiert werden soll.

Bild B.4: Installationsverzeichnis von Web Start

Die Installation ist im Wesentlichen ein Extraktionsprozess.

Nach der Installation können Sie sich eine Readme-Datei anzeigen lassen. Dort finden Sie alles, was wichtig ist.

Mit Java Web Start können Anwendungen, die auf der Java-Technologie basieren, direkt über das Internet gestartet werden. Eine Anwendung kann durch Klicken auf einen Link in einem Webbrowser, unter Windows über ein Desktop-Symbol oder aus dem Startmenü oder über einen Webbrowser gestartet werden.

Bild B.5: Extrahieren von Web Start

Bild B.6: Anzeigen der Readme-Datei

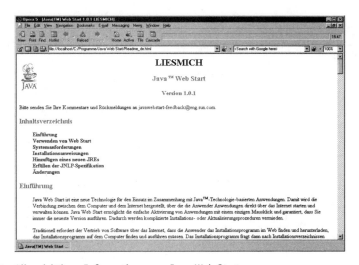

Bild B.7: Alle wichtigen Informationen zu Java Web Start

Eine Technologie wie Java Web Start macht in Ländern mit brauchbarer Internet-Anbindung sicher Sinn. In Internet-Entwicklungsländern wie Deutschland[1], wo die Datenübertragungsraten, die Kosten und auch die Selbstverständlichkeit des Mediums Internet auf einem bedauernswerten Level liegen, wird diese Technik wahrscheinlich nicht sonderlich einschlagen. Höchstens in Firmen und Organisationen, in denen ein Highspeed-Anschluss ans Internet existiert, lässt sich damit vernünftig arbeiten.

---

1   ;-/

C Download-Manager

Jeder abgebrochene Download ist wertlos, denn die meisten Programme, die einen Download nebenbei (also nicht als Hauptaufgabe) erledigen (vor allem Browser), müssen im Fall eines Abbruchs wieder ganz von vorne anfangen. Nur wenige Browser wie Opera beinhalten entsprechende Hilfsmittel zur Wiederaufnahme eines abgebrochenen Downloads. Deshalb ist man (zumindest in Windows) in der Regel auf ergänzende Tools angewiesen – so genannte Download-Manager. Gute Vertreter nehmen abgebrochene Downloads wieder auf, können Downloads splitten, Dateien von verschiedenen Servern gleichzeitig herunterladen, nach alternativen Servern suchen und so programmiert werden, dass sie sich nach zeitlichen Vorgaben ins Internet wählen und den Download automatisch starten. Das spart Geld (immer die günstigste Zeit) und Nerven. Einen Makel haben aber viele Download-Manager: Sie sind Spyware. Das heißt, sie spionieren die Daten auf Ihrem Rechner aus und geben sie, wenn Sie online sind, zu Vermarktungszwecken weiter. Glücklicherweise lassen sich mit geeigneten Gegenmaßen diese Spionageattacken verhindern. Etwa, indem Sie unter Windows in der Registry HKEY_CURRENT_USER\Software\Aureate und HKEY_LOCAL_MACHINE\SOFTWARE\Aureate löschen und die Dateien ADVERT.DLL und AMCIS.DLL umbenennen, falls sie im Windows-Systemordner vorhanden sind. Noch bequemer entfernt das Tool Ad-Aware (http://www.lavasoft.de) die Spionagefunktionalität aus den meisten Download-Managern. Meist laufen diese danach immer noch. Falls nicht, müssen Sie entweder das Ausspionieren Ihrer Privatsphäre akzeptieren (warum auch immer) oder Sie nehmen ein anderes Tool, bei dem diese Spionage nicht zwingend ist. Unter Linux sind Sie sowieso in der glücklichen Lage, dass dort diverse Tools für das Management von Downloads bereitstehen. Etwa das Kommandozeilen-Tool wget. Unter Windows gibt es u.a. diese Download-Manager:

→ GetRight: http://www.getright.com

→ Flashget: http://www.amazesoft.com

→ GoZilla: http://www.gozilla.com

→ Download Accelerator Pro 4.3: http://www.speedbit.com

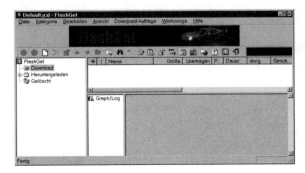

Bild C.1: Flashget

Anhang C · Download-Manager

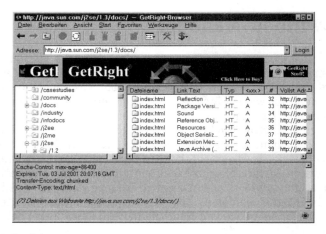

Bild C.2: Getright

Bild C.3: Der Konfigurationsdialog von Getright

D Die API-Spezifikation der Java-2-Plattform, Standard Edition, v 1.4.0

Nachfolgend finden Sie alle Pakete, die zum offiziellen API der Java-2-Plattform Standard Edition, v 1.4.0 gezählt werden:

→ java.applet
→ java.awt
→ java.awt.color
→ java.awt.datatransfer
→ java.awt.dnd
→ java.awt.event
→ java.awt.font
→ java.awt.geom
→ java.awt.im
→ java.awt.im.spi
→ java.awt.image
→ java.awt.image.renderable
→ java.awt.print
→ java.beans
→ java.beans.beancontext
→ java.io
→ java.lang
→ java.lang.ref
→ java.lang.reflect
→ java.math
→ java.net
→ java.nio
→ java.nio.channels
→ java.nio.channels.spi
→ java.nio.charset
→ java.nio.charset.spi
→ java.rmi
→ java.rmi.activation
→ java.rmi.dgc
→ java.rmi.registry
→ java.rmi.server
→ java.security
→ java.security.acl
→ java.security.cert

- → java.security.interfaces
- → java.security.spec
- → java.sql
- → java.text
- → java.util
- → java.util.jar
- → java.util.logging
- → java.util.prefs
- → java.util.regex
- → java.util.zip
- → javax.accessibility
- → javax.crypto
- → javax.crypto.interfaces
- → javax.crypto.spec
- → javax.imageio
- → javax.imageio.event
- → javax.imageio.metadata
- → javax.imageio.plugins.jpeg
- → javax.imageio.spi
- → javax.imageio.stream
- → javax.naming
- → javax.naming.directory
- → javax.naming.event
- → javax.naming.ldap
- → javax.naming.spi
- → javax.net
- → javax.net.ssl
- → javax.print
- → javax.print.attribute
- → javax.print.attribute.standard
- → javax.print.event
- → javax.rmi
- → javax.rmi.CORBA
- → javax.security.auth
- → javax.security.auth.callback
- → javax.security.auth.kerberos
- → javax.security.auth.login
- → javax.security.auth.spi
- → javax.security.auth.x500
- → javax.security.cert

- javax.sound.midi
- javax.sound.midi.spi
- javax.sound.sampled
- javax.sound.sampled.spi
- javax.sql
- javax.swing
- javax.swing.border
- javax.swing.colorchooser
- javax.swing.event
- javax.swing.filechooser
- javax.swing.plaf
- javax.swing.plaf.basic
- javax.swing.plaf.metal
- javax.swing.plaf.multi
- javax.swing.table
- javax.swing.text
- javax.swing.text.html
- javax.swing.text.html.parser
- javax.swing.text.rtf
- javax.swing.tree
- javax.swing.undo
- javax.transaction
- javax.transaction.xa
- javax.xml.parsers
- javax.xml.transform
- javax.xml.transform.dom
- javax.xml.transform.sax
- javax.xml.transform.stream
- org.ietf.jgss
- org.omg.CORBA
- org.omg.CORBA_2_3
- org.omg.CORBA_2_3.portable
- org.omg.CORBA.DynAnyPackage
- org.omg.CORBA.ORBPackage
- org.omg.CORBA.portable
- org.omg.CORBA.TypeCodePackage
- org.omg.CosNaming
- org.omg.CosNaming.NamingContextExtPackage
- org.omg.CosNaming.NamingContextPackage
- org.omg.Dynamic

- org.omg.DynamicAny
- org.omg.DynamicAny.DynAnyFactoryPackage
- org.omg.DynamicAny.DynAnyPackage
- org.omg.IOP
- org.omg.IOP.CodecFactoryPackage
- org.omg.IOP.CodecPackage
- org.omg.Messaging
- org.omg.PortableInterceptor
- org.omg.PortableInterceptor.ORBInitInfoPackage
- org.omg.PortableServer
- org.omg.PortableServer.CurrentPackage
- org.omg.PortableServer.POAManagerPackage
- org.omg.PortableServer.POAPackage
- org.omg.PortableServer.portable
- org.omg.PortableServer.ServantLocatorPackage
- org.omg.SendingContext
- org.omg.stub.java.rmi
- org.w3c.dom
- org.xml.sax
- org.xml.sax.ext
- org.xml.sax.helpers

Stichwortverzeichnis

!

<APPLET>
   Einbindung von Java-Applets 395
   Parameter 399
<BODY> 392
<EMBED>, Einbindung von Java-Applets 403
<HEAD> 392
<META> 391
<OBJECT>, Einbindung von Java-Applets 405
<PARAM> 399
<TITLE> 391
64-Bit-Unterstützung 667

A

abstract, Schlüsselwort 273
Abstract Window Toolkit 439
Abstrakte Klasse 273
Abstrakte Methode 273
accept(), Dateizugriff 637
action() 449, 494
actionPerformed() 498
Activation system daemon 136
Activation-Framework 136
Activator 63
activeCount(), Multithreading 605
Adapterklasse 272
add() 448
addActionListener() 497f.
addAdjustmentListener 466
addItem() 458
addItemListener() 461
Additionsoperator 295
addSeparator() 471
Ad-hoc-Typkonvertierung 328
adjustmentValueChanged 466
AffineTransform 558
AlphaComposite 556
Alpha-Werte, Java-2D 556
Animation 547
   Java-2D und Multithreading 616
   Multithreading 612
Anonyme Klasse 198
Anonymes Paket 253

Anonymous Classes 199
Anweisung 347
AnyJ 148
API-Spezifikation 156, 677
Applet 381
   Ausgabe 418
   Benutzeraktion 430
   Größe verändern 429
   Informationen über andere Applets der Webseite 435
   Initialisieren 384
   Laden einer Webseite 434
   Runnable verwenden 611
   Swing 502
   URL 429
   Verwenden von Parametern 422
   Zugriff auf Umgebung 429
AppletContext 433
Applet-Information 424
Applet-Klasse 417
Appletviewer 126
Archivierungsprogramm 132
Arithmetik, bitweise 299
Arithmetischer Operator 295
Arithmetischer Zuweisungsoperator 298
ARPANET 111
Array 369
   Deklaration 370
   dynamisches 374
   erstellen 371
   multidimensionales 375
   zugreifen 372
ArrayIndexOutOfBoundsException 582
   Arrays 373
Aufrufargumente, eigenständige Java-Applikation 89
Ausdruck 339
Ausdrucksanweisung 348
Ausgabe 627
Ausnahme 573
   Schnittstellen 272
   selbst definierte 587
Ausnahmenbehandlung 574
Auswahlanweisung 349
Auswahlmenü 458

AWT   439, 445
    Container   476
    Frames bzw. Fenster   477
    Komponente   448
AWTEvent   496

B

Bedingte Bewertung   313
Bedingungsoperator   312
Benutzeraktion, Applet   430
Benutzer-Thread   621
BeOS   642
Beschriftung, AWT   452
Bewertung, bedingte   313
Bewertungsreihenfolge   341
Bezeichner   284
    Namensregeln   196
Bezeichnete Anweisung   349
Bild
    anzeigen   542
    Java-2D   565
    laden   541
    Verwendung unter Java   541
Bildlaufleiste   464
bin, Verzeichnis   659
Binden   242
Bitweise Arithmetik   299
Bitweiser AND-Operator   299
Bitweiser Komplement-Operator   304
Bitweiser Operator   299
Bitweiser OR-Operator   302
Bitweiser Verschiebungsoperator   304
Bitweiser XOR-Operator   303
Bitweiser Zuweisungsoperator   306
Blockanweisung   347
Body, HTML   391
Book   651
Boolean, Wrapper   334
bootstrap Classpath   60
BorderLayout   486
Botschaft, Objekte   180
break-Anweisung   355, 363
Breakpoints   571
BufferedInputStream   630
Button   448
Byte, Wrapper   334
byteValue(), Wrapper   335

C

cancel(), Drucken   652
canRead(), Dateizugriff   635
Canvas   468
canWrite(), Dateizugriff   635
CardLayout   492
case, Schlüsselwort   352
Casting   327
Casting-Operator   313
catch, Schlüsselwort   580
char, Zeichenliterale   288
Character, Wrapper   334
Checkbox   454
CheckboxGroup   455
CheckboxMenuItem   471
Checkbutton   453
Choice   458
classes.zip   59, 659
ClassNotFoundException   579
CLASSPATH   59
clearRect()   522
close()
    Daten schreiben   629
    Datenquelle schließen   628
CMYK-Modell   567
Collection   379
Color   529
ColorSpace   567
Common Object Request Broker
    Architecture   668
compareTo(), Wrapper   335
Compiler   124
Component, AWT   445
Constructor   186
Container, AWT   476
continue-Anweisung   365
CORBA   136, 668
CORBA Object Services Naming Service   669
COS   669
createImage()   541

D

Dämon   621
Daemons   621
Datagram-Socket   668
DataInput   630
DataInputStream   630

DataOutput 630
DataOutputStream 630
Dateioperationen 637
Dateizugriff 635
Datenbankunterstützung 669
Datenfeld 369
   Deklaration 370
   dynamisches 374
   erstellen 371
   multidimensionales 375
   zugreifen 372
Datenkapselung 178
Datenstrom 626, 630
Datentyp 315
Debugger 131
Debugging 570
decode(), Wrapper 335
default, Schlüsselwort 352
Deklarationsanweisung 347
Dekrement-Operator 297
delete(), Dateizugriff 636
demo, Verzeichnis 662
Deprecated 160
deprecated 80
destroy(), Applets 385
Destruktor 277
Diagnose-Tool 134
Dialog 479
Dienstprotokoll 118
Disassembler 129
Disk And Execution Monitor 621
dispose() 478
Divisionsoperator 295
DNS 116
do-Anweisung 357
Document Object Model 668
Dokumentation 153
   Java 67
Dokumentations-Tool 131
DOM 668
Domain Name Server 116
Domain Name Service 116
Domain Name System 116
DOSKEY 85
DOT-Notation 180
Double
   Gleitpunktliteral 288
   Wrapper 334
doubleValue(), Wrapper 335
Download, JDK 29
Download-Manager 675

draw(), Java-2D 554
drawBytes() 535
drawChars() 535
drawImage() 542
   Applets 420
   Java-2D 565
drawLine() 521
drawOval() 526
drawPolygon() 524
drawRect() 522
drawString() 535
   Java-2D 563
Drucken 647
dt.jar 659
Duke 103
Dynamisches Binden 243

E

Early Binding 243
Eigene Dateien 73
Eigenschaft, Objekte 205
Einfachvererbung 219
Eingabe 627
Ellipse, Zeichnen 526
else-Anweisung 350
end(), Drucken 647
Endlosschleifen 357
EOFException 630
equals() 308
   Wrapper 335
Error 578
Event 494
event.target 450
event.when 450
Eventhandling 493
   Applets 431
Eventhandling 1.0 493
Eventhandling 1.1 496
Event-Listener 496
Exception 573, 578
   selbst definierte 587
exists(), Dateizugriff 636
EXKLUSIV-ODER 310
Explizite Typkonvertierung 330
extcheck 134
extends
   Schnittstelle 265
   Schüsselwort 221
Extensible Markup Language 668

F

Farben 529
Farbinformation, Abfragen 532
Farbmanagement, Java-2D 567
Fehler finden 571
Fehlermeldung, non-static 192
Fenster, AWT 477
Festlegungsoperator 313
File 635
FileDescriptor 644
FileInputStream 640
FileOutputStream 640
fillOval() 526
fillPolygon() 524
fillRect() 522
FilterInputStream 629
FilterOutputStream 629
final
    Anwendung bei Methoden 238
    Schlüsselwort 261
Finale Klasse 261
Finale Methode 261
Finale Variable 262
Finalisierung 278
finalize() 278
finally, Schlüsselwort 584
First Person 103
Float
    Gleitpunktliteral 288
    Wrapper 335
floatValue(), Wrapper 335
FlowLayout 485
flush() 633
Font 535
    Java-2D 562
FontMetrics 535
for-Anweisung 359
Forte 144
Frame 477
    AWT 477
Freundlicher Zugriffsmodus 256
friendly 257

G

Ganzzahlliteral 286
Garbage Collection 277
GeneralPath 552
Geschützter Zugriffsmodus 259
getAbsolutePath(), Dateizugriff 636
getAlignment() 453
getApplet() 433
    Applet 437
getAppletContext(), Applet 433
getAppletInfo(), Applet 424
getApplets() 433
    Applet 437
getAudioClip(), Applet 433
getBackground() 532
getBlue() 532
getCodeBase(), Applet 429
getColor() 532
getContentPane() 501
getCopies(), Drucken 652
getDefaultToolkit() 541
getDocumentBase(), Applet 429
getFD(), Dateizugriff 644
getFilePointer(), Dateizugriff 645
getFont() 538f.
getFontList() 538
getForeground() 532
getGlyphMetrics(), Java-2D 562
getGlyphOutline(), Java-2D 562
getGraphics() 520
    Drucken 647
getGreen() 532
getHeight() 544
getImage() 541
    Applet 420, 433
getInteger(), Wrapper 335
getMessage(), Ausnahmeobjekt 581
getName() 539
    Dateizugriff 636
    Multithreading 605
getPageDimension(), Drucken 647
getPageResolution(), Drucken 647
getParameter(), Applet 422
getParameterInfo(), Applet 424
getParent(), Dateizugriff 636
getPath(), Dateizugriff 636
getPrinterJob(), Drucken 651
getPrintJob(), Drucken 647
getPriority(), Multithreading 607
getRed() 532
getSelectedIndex() 461
getSize() 539
getState() 454
getStream(), Applet 433

getStreamKeys(), Applet 433
getStyle() 539
Getter-Methode 447
getValue() 466
getWidth() 544
GIF, animiertes 547
Gleichheitsoperator, logischer 309
Gleitpunktliteral 288
Gleitzahlliteral 288
goto, Schlüsselwort 363
Grafik 517
Graphics 519
Graphics2D 552
Green-Projekt 103
GridBagConstraints 491
GridBagLayout 491
GridLayout 489
Grundregeln, Java 79

H

Haltepunkt 571
handleEvent() 450, 494
Hardware-Voraussetzungen, Java 17
hashCode(), Wrapper 336
Header, HTML 391
Header-Generator 131
Hello world 80
Hintergrundfarbe 531
HotJava 104
HotJava-Syntax, Applet-Einbindung 395
HotSpot 27, 108, 127, 667
HotSwap 670
HTML 113, 387
HTMLConverter 409
htmlconverter.jar 660
HTML-Konverter 408
HTTPS 668
Hyper Text Markup Language 113

I

Identifier 284
IDL 136, 668
idlj 136
idltojava 136
if-Anweisung 350
IIOP 668
IllegalAccessException 579

IllegalArgumentException 607
IllegalThreadStateException,
   Multithreading 599
ImageObserver 542
Imageobserver 545
implements, Schlüsselwort 268
import, Schlüsselwort 247
include
   C 248
   Verzeichnis 661
include-old, Verzeichnis 661
Information Hiding 178
init(), Applets 384
Inkompatibilität, verschiedene JDK-
   Versionen 106
Inkrement-Operator 297
Innere Klasse 198
InputStream 628
Installation, JDK 39
Installationsverzeichnis
   JDK unter Linux 54
   JDK unter Windows 42
instanceof, praktisches Beispiel 450
instanceof-Operator 313
InstantiationException 579
Instanz 183
Instanzmethode 215
Instanzvariablen 191
int, Ganzzahlliterale 286
Integer, Wrapper 335
Integer-Literal 286
interface, Schlüsselwort 264
Interface Definition Language 668
Internet, Grundbegriffe 111
Internet Explorer 56
Internet InterORB Protocol 668
Internet Protocol 112
Interpreter 128
interrupt(), Multithreading 602
interrupted(), Multithreading 602
InterruptedException 579
   Multithreading 604
intValue(), Wrapper 336
IOException 627
IP 112
IP-Nummer 116
IPv6-Protokoll 668
ir.idl 660
isAbsolute(), Dateizugriff 636
isAlive(), Multithreading 603

685

isBold() 540
isCancelled(), Drucken 652
isDaemon(), Multithreading 621
isDirectory(), Dateizugriff 635
isEnabled() 449
isFile(), Dateizugriff 635
isInterrupted(), Multithreading 602
isItalic() 540
isModal() 479
isPlain() 540
isShowing() 478
itemStateChanged() 461
Iterationsanweisung 355

J

JAAS 669
jar 132
jarsigner 136
Java
   Dokumentation 67
   Geschichte 103
   Grundregeln 79
   Namensregeln 196
   offizielle Charakterisierung 25
   Sprachspezifikation 71
Java 2 Platform API Specification, Dokumentation 156
Java Archive Tool 132
Java Authentication and Authorization Service 669
Java Cryptography Extension 669
Java Database Connectivity 669
Java Debug Interface 670
Java Debug Wire Protocol 670
Java IDL 668
Java Naming and Directory Interface 668
Java Platform Debugger Architecture 670
Java RMI Activation System Daemon 136
Java Runtime Environment 63
Java Secure Socket Extension 668f.
Java Virtual Machine Debugger Interface 670
Java Web 670
Java Web Start 670
java.applet.Applet 417
java.awt.AWTEvent 496
java.awt.Button 448
java.awt.Component 445
java.awt.Event 494
java.awt.event 496

java.awt.geom 553
java.awt.Graphics 519
java.awt.image 551
java.io 627
java.lang.ClassNotFoundException 579
java.lang.Error 578
java.lang.Exception 578, 580
java.lang.IllegalAccessException 579
java.lang.InstantiationException 579
java.lang.InterruptedException 579
java.lang.NoSuchMethodException 579
java.lang.Thread 599
java.lang.Throwable 578
java.sql 669
java.util.EventObject 496
Java-2D 551
   Bild 565
   Farben 567
   Multithreadinganimation 616
   Textausgabe 562
   Transformation 558
   Transparenz 555
javac 124
javadoc 131, 163
javadoc-Kommentare 166
Java-Dokumentation 154
javah 131
javakey 136
Java-Konsole 418
Java-Laufzeitumgebung 63
javap 129
Java-Plug-In 63, 408
Java-Plug-In-Tag 403
javaw 128
javax.sql 669
jawt.lib 660
JBuilder 146
JButton 501
JCE 669
JCreator 139
jdb 131
JDBC 669
JDialog 514
JDK 121
   Basis-Tools 123
   Dokumentation 67
   Verzeichnisstruktur 659
JDK 1.4, Neuerungen 667
Jext 150
JFrame 501

JIT 27
JLabel 590
JMenu 501
JMenuBar 501
JMenuItem 501
JNDI 668
join(), Multithreading 605
JPanel 501
JPDA 670
JRadioButton 590
JRE 63
jre, Verzeichnis 660, 663
JRootpanel 501
JSSE 669
   Java-Plug-In 668
JToggleButton 508
Just-in-Time-Compiler 27
JVM, klassische Version 127
jvm.lib 659

K

Kanonische Übersetzung, Unicode 80
Kestrel 106
keyDown() 494
   Applet 432
keytool 136
Klasse 183
   abstrakte 273
   direkter Zugriff 189
   final 261
   innere 198
   Verwenden von fremden Klassen 194
   Zugriffslevel 253
Klassenbaum 218
Klassenmethode 215
Klassenvariablen 191
Komma-Operator 311
Kommentar 164
   HTML 391
Komponente, AWT 445
Konqueror, Linux 50
Konstante 262, 343
   Namenskonventionen 207
Konstruktor 186
   Erstellen 231
   Namenskonventionen 207
   Standardklassen von Java 234
Konstruktormethode 186
Kontrollkästchen 453

Koordinatensystem
   Grafikausgabe 521
   Java-2D 551
kpackage, Linux 52
Kreis, Zeichnen 526

L

Label 452
   Sprungadressen 363
lastModified(), Dateizugriff 636
lastPageFirst(), Drucken 647
Late Binding 243
Laufzeitumgebung 63
Layoutmanager 483
LDAP 669
LDAP-v3 669
Leere Anweisung 348
Leerzeichen 293
lib, Verzeichnis 659
Lightweight Directory Access Protocol 669
Linien, Zeichnen 521
Linken 243
Linux
   Installation des JDK 47
   Verzeichnis 661
List 460
list(), Dateizugriff 636
Listener 497
Listenfeld 458
Literal 286
Literale Initialisierung, Arrays 372
Logischer AND-Operator 310
Logischer NOT-Operator 310
Logischer OR-Operator 310
Lokale Variable 343
Long, Wrapper 335
long, Ganzzahlliterale 286
longValue(), Wrapper 336
Look-and-Feel, Swing 505

M

Malen 519
MediaTracker 545
Mehrfachvererbung 219
Member-Operator 313
Menu 470
MenuBar 470

Menü 470
MenuItem 470
Message, Objekte 180
Methode 205
    abstrakte 273
    final 261
    Parameter 211
    Rückgabewerte 211
    Schnittstellen 266
    selbst definieren 210
    Verwendung 207
Methodensignatur 211
Methodenunterschrift 211
Midnight Commander, Linux 48
MILNET 113
mkdir(), Dateizugriff 636
mkdirs(), Dateizugriff 636
Modulo-Operator 295f.
Mosaic 114
mouseDown(), Applet 431
mouseDrag(), Applet 432
mouseEnter() 494
    Applet 432, 434
mouseExit(), Applet 432
mouseMove(), Applet 432
mouseUp(), Applet 431
MSSmartTagsPreventParsing 392
Multiple Inheritance 219
Multiplikationsoperator 295
Multitasking 598
Multithreading 597

N

Nachricht, Objekte 180
Namensraum, Bezeichner 284
Namensregel 196
NaN 316
native2ascii 135
Netscape Navigator 58
NET-Strategie, Microsoft 400
Neuerungen, JDK 1.4 667
new, Java-Schlüsselwort 186
new-Operator 311
nextElement(), Applet 437
NoClassDefFoundError 245
NoSuchMethodException 579
Number, Wrapper 335
NumberFormatException 582

O

Oak 103
Object Application Kernel 103
Objekt 177
    Eigenschaften und Methoden 205
    Erzeugung 186
Objekteigenschaft
    selbst definieren 210
    Verwendung 207
Objektorientierung, Grundlagen 175
ODBC 669
Öffentlicher Zugriffsmodus 255
oldjava 128
oldjavac 126
oldjdb 131
Open Database Connectivity 669
Opera 55
Operator 295
    arithmetische 295
    bitweise 299
    Prioritäten 314
    relationale 307
Operatorassoziativität 339
Operatorvorrang 340
Optionsfeld 453
orb.idl 660
orbd 136
OutputStream 628
Overloading 229
Overriding 236

P

package, Schlüsselwort 249, 257
Packages 245
Pageable 651
pageDialog(), Drucken 652
PageFormat 651
paint() 519
    Applets 420
Paket 245
    anonym 253
Panel 482
    Verschachteln 482
Parameter
    Applet 422
    HTML 390
    Methoden 211

parseInt(), Wrapper 336
Pfadangaben 61
Pipe 626
Pointer 218
policytool 136
Polygon
    Java-2D 552
    Zeichnen 524
Polymorphismus 229
Pop-up-Menü 475
Port 118
Primitiver Datentyp 315
print()
    Drucken 648, 652
    PrintStream 633
Printable 651
printAll(), Drucken 648
printDialog(), Drucken 652
PrinterGraphics 651
PrinterJob 651
PrintJob 647
println(), PrintStream 633
PrintStream 632
Prinzip der Fehlertoleranz, HTML 388
private
    Anwendung bei Methoden 238
    Schlüsselwort 208, 259
private protected 260
Programm, Ablauf 185
Programmierung, prozedural 177
Programmparameter 89
ProgressBar 590
protected, Schlüsselwort 259
public, Schlüsselwort 255
Punktnotation 180
    Verschachtelung 209
Punkt-Operator 313

R

Radiobutton 453
RandomAccessFile 630, 645
read(), Daten einlesen 628
readBoolean() 630
readByte() 630
readChar() 630
readDouble() 631
readFloat() 631
readFully() 631
readInt() 630

readLine() 631
readLong() 630
readShort() 630
readUnsignedByte() 630
readUnsignedShort() 630
readUTF() 631
RealJ 142
Rechtecke, Zeichnen 522
Rectangle2D 553
Red Hat Linux 47
Relationaler Operator 307
Remote Method Invocation 668
Remote-Programm 136
renameTo(), Dateizugriff 636
repaint() 520
resize() 478
    Applet 396, 429
Rest-Operator 296
return(), Rückgabewerte 211
return-Anweisung 366
RGB-Modell 529
RMI 136, 668
rmid 136
RMI-IIOP 668
Rotation, Java-2D 558
RPM 47
rt.jar 664
Rückgabewert, Methoden 211
run(), Multithreading 599
Runnable 611
RuntimeError 578

S

Schaltfläche 448
Schieber 464
Schleifenlokale Variable 343
Schlüsselwort 285
Schnittstelle 263
    Ausnahmen 272
Schutzanweisung 367
Scrollbar 464
ScrollPanel 467
SDK 2 105
SDK Tool Documentation 156
seek(), Dateizugriff 645
Serial Version Command 136
Serialization 668
serialver 136
servertool 136

setAlignment() 453, 486
setBackground() 531
setColor() 529
   Java-2D 557
setColumns() 490
setComposite(), Java-2D 557
setCopies(), Drucken 652
setDaemon(), Multithreading 622
setEnabled() 449, 470
setFont() 536
setForeground() 531
setLabel() 448
setLayout() 484
setLookAndFeel() 505
setName(), Multithreading 605
setPageable(), Drucken 651
setPaint(), Java-2D 567
setPriority(), Multithreading 607
setRows() 490
setSize() 478
   Applet 396, 429
setStream(), Applet 433
Setter-Methode 447
setText() 452
setTitle() 477
setToRotation(), Java-2D 559
setToTranslation(), Java-2D 559
Setup, JDK 39
setVisible() 478
SGML 113
Shape 553f.
Short, Wrapper 335
Short-Circuit-Evaluation 310
shortValue(), Wrapper 336
showDocument(), Applet 434
showStatus(), Applet 429, 434
Sicherheitsprogramme 136
Sichtbarkeitslevel 255
Single Inheritance 219
skipBytes() 631
sleep(), Multithreading 603
Slider 590
Smart-Tag 392
Software-Voraussetzungen 19
Speichermanagement 277
Sprachspezifikation, Java 71
Sprunganweisung 363
src, Verzeichnis 663
src.jar 663
SRC.ZIP 663

StackOverflowError 578
Standard Generalized Markup Language 113
start()
   Applets 384
   Multithreading 599
static, Schlüsselwort 190
Statisches Binden 243
Steppen 571
Steueranweisung, HTML 388
stop()
   Applets 384
   Multithreading 601
StringIndexOutOfBoundsException 652
String-Verkettungs-Operator 313
Strom 626
   gefiltert 629
Subklasse 217
substring() 652
Subtraktionsoperator 295
Sun 23
super, Schlüsselwort 239
super() 241
Superklasse 217
Swing 442, 501
   Applets 502
   Applikationen 505
Swing-API 443
switch-Anweisung 352
Synchronisationsanweisung 366
synchronized 598
System.err 632
System.gc() 278
System.in 91, 632
System.out 632

T

Tags, HTML 114, 388
Tastatureingabe 90
Tastaturereignis, Applet 432
TCP 112, 668
TextArea 462
Textausgabe, grafische Oberfläche 535
Textbehandlung, Java-2D 562
Textbereich 462
TextComponent 463
Textfeld 462
TextField 462
this, Schlüsselwort 200

Thread 599
    Daemon 621
    pausieren 603
    Priorität 607
threadsafe 598
throw 587
    Schlüsselwort 577
Throwable 578
throw-Anweisung 366
throws 587
    Schlüsselwort 577
tnameserv 136
Token 283
tools.jar 659
Traditioneller Kommentar 165
transform(), Java-2D 559
Transformation, Java-2D 558
Transmission Control Protocol 112
Transparenz, Java-2D 555
Trappable Error 573
Trennzeichen 293
Triadischer Operator 312
try, Schlüsselwort 579
type import on demand 248
Type-Cast-Operator 313
Typenzwang 330
Typkonvertierung 327

U

UDP 668
Überdefinieren 236
Übergabewert
    Applet 422
    Aufruf eines Java-Programms 89
Überladen 229
Überlagern 236
Überschreiben 236
UIManager 443, 505
Unerreichbare Anweisung 367
Unicode 80, 289
    Version 3.0 668
Unicode Transmission Format 631
Uniform Resource Locator 117
Unix, Installation des JDK 47
unregbean 137
Unreliable Datagram Protocol 668

Untrappable Error 573
update() 520
URL 117
UTF 631

V

valid(), Dateizugriff 644
Variable 343
    finale 262
    lokale 343
    Schnittstellen 267
Vererbung 217
Vererbungshierarchie, Beispiel 222
Vergleichsoperator 306
    logischer 309
Verschiebung, Java-2D 558
Verteilte Programmierung 136, 668
Verzeichnisstruktur, JDK 659
Vieleck, Zeichnen 524
Void, Schlüsselwort 211
Vordergrundfarbe 531

W

waitForAll(), MediaTracker 546
waitForID(), MediaTracker 545
Webseite, Grundgerüst 391
while-Anweisung 356
Wiederholungsanweisung 355
win32, Verzeichnis 661
Window 477
Windows, Installation des JDK 40
Wrapper-Klasse 332
write(), Daten schreiben 629
writeBoolean() 631
writeByte() 631
writeBytes() 632
writeChar() 631
writeChars() 632
writeDouble() 632
writeFloat() 632
writeInt() 632
writeLong() 632
writeShort() 631
writeUTF() 632

X

X/Open SQL CLI 669
XML 668

Z

Zeichenbereich 468
Zeichenkettenliteral 291
Zeichenliteral 288
Zeichnen 519
Zugriffslevel 255
    Klassen 253
Zuweisungsoperator 298
Zweierkomplement 316

Sun Microsystems, Inc. Binary Code License Agreement

READ THE TERMS OF THIS AGREEMENT AND ANY PROVIDED SUPPLEMENTAL LICENSE TERMS (COLLECTIVELY «AGREEMENT») CAREFULLY BEFORE OPENING THE SOFTWARE MEDIA PACKAGE. BY OPENING THE SOFTWARE MEDIA PACKAGE, YOU AGREE TO THE TERMS OF THIS AGREEMENT. IF YOU ARE ACCESSING THE SOFTWARE

ELECTRONICALLY, INDICATE YOUR ACCEPTANCE OF THESE TERMS BY SELECTING THE «ACCEPT» BUTTON AT THE END OF THIS AGREEMENT. IF YOU DO NOT AGREE TO ALL THESE TERMS, PROMPTLY RETURN THE UNUSED SOFTWARE TO YOUR PLACE OF PURCHASE OR, IF THE SOFTWARE IS ACCESSED ELECTRONICALLY, SELECT THE "DECLINE" BUTTON AT THE END OF THIS AGREEMENT.

1. LICENSE TO USE. Sun grants you a non-exclusive and non-transferable license for the internal use only of the accompanying software and documentation and any error corrections provided by Sun (collectively «Software»), by the number of users and the class of computer hardware for which the corresponding fee has been paid.

2. RESTRICTIONS Software is confidential and copyrighted. Title to Software and all associated intellectual property rights is retained by Sun and/or its licensors. Except as specifically authorized in any Supplemental License Terms, you may not make copies of Software, other than a single copy of Software for archival purposes. Unless enforcement is prohibited by applicable law, you may not modify, decompile, or reverse engineer Software. You acknowledge that Software is not designed, licensed or intended for use in the design, construction, operation or maintenance of any nuclear facility. Sun disclaims any express or implied warranty of fitness for such uses. No right, title or interest in or to any trademark, service mark, logo or trade name of Sun or its licensors is granted under this Agreement.

3. LIMITED WARRANTY. Sun warrants to you that for a period of ninety (90) days from the date of purchase, as evidenced by a copy of the receipt, the media on which Software is furnished (if any) will be free of defects in materials and workmanship under normal use. Except for the foregoing, Software is provided «AS IS». Your exclusive remedy and Sun's entire liability under this limited warranty will be at Sun's option to replace Software media or refund the fee paid for Software.

4. DISCLAIMER OF WARRANTY. UNLESS SPECIFIED IN THIS AGREEMENT, ALL EXPRESS OR IMPLIED CONDITIONS, REPRESENTATIONS AND WARRANTIES, INCLUDING ANY IMPLIED WARRANTY OF MERCHANTABILITY, FITNESS FOR A PARTICULAR PURPOSE OR NON-INFRINGEMENT ARE DISCLAIMED, EXCEPT TO THE EXTENT THAT THESE DISCLAIMERS ARE HELD TO BE LEGALLY INVALID.

5. LIMITATION OF LIABILITY. TO THE EXTENT NOT PROHIBITED BY LAW, IN NO EVENT WILL SUN OR ITS LICENSORS BE LIABLE FOR ANY LOST REVENUE, PROFIT OR DATA, OR FOR SPECIAL, INDIRECT, CONSEQUENTIAL, INCIDENTAL OR PUNITIVE DAMAGES, HOWEVER CAUSED REGARDLESS OF THE THEORY OF

LIABILITY, ARISING OUT OF OR RELATED TO THE USE OF OR INABILITY TO USE SOFTWARE, EVEN IF SUN HAS BEEN ADVISED OF THE POSSIBILITY OF SUCH DAMAGES. In no event will Sun's liability to you, whether in contract, tort (including negligence), or otherwise, exceed the amount paid by you for Software under this Agreement. The foregoing limitations will apply even if the above stated warranty fails of its essential purpose.

6. Termination. This Agreement is effective until terminated. You may terminate this Agreement at any time by destroying all copies of Software. This Agreement will terminate immediately without notice from Sun if you fail to comply with any provision of this Agreement. Upon Termination, you must destroy all copies of Software.

7. Export Regulations. All Software and technical data delivered under this Agreement are subject to US export control laws and may be subject to export or import regulations in other countries. You agree to comply strictly with all such laws and regulations and acknowledge that you have the responsibility to obtain such licenses to export, re-export, or import as may be required after delivery to you.

8. U.S. Government Restricted Rights. If Software is being acquired by or on behalf of the U.S. Government or by a U.S. Government prime contractor or subcontractor (at any tier), then the Government's rights in Software and accompanying documentation will be only as set forth in this Agreement; this is in accordance with 48 CFR 227.7201 through 227.7202-4 (for Department of Defense (DOD) acquisitions) and with 48 CFR 2.101 and 12.212 (for non-DOD acquisitions).

9. Governing Law. Any action related to this Agreement will be governed by California law and controlling U.S. federal law. No choice of law rules of any jurisdiction will apply.

10. Severability. If any provision of this Agreement is held to be unenforceable, this Agreement will remain in effect with the provision omitted, unless omission would frustrate the intent of the parties, in which case this Agreement will immediately terminate.

11. Integration. This Agreement is the entire agreement between you and Sun relating to its subject matter. It supersedes all prior or contemporaneous oral or written communications, proposals, representations and warranties and prevails over any conflicting or additional terms of any quote, order, acknowledgment, or other communication between the parties relating to its subject matter during the term of this Agreement. No modification of this Agreement will be binding, unless in writing and signed by an authorized representative of each party.

For inquiries please contact:
Sun Microsystems, Inc.
901 San Antonio Road
Palo Alto, California 94303
U.S.A.

JAVA 2 SOFTWARE DEVELOPMENT KIT STANDARD EDITION VERSION 1.3 SUPPLEMENTAL LICENSE TERMS

These supplemental license terms («Supplemental Terms») add to or modify the terms of the Binary Code License Agreement (collectively, the «Agreement»). Capitalized terms not defined in these Supplemental Terms shall have the same meanings ascribed to them in the Agreement. These Supplemental Terms shall supersede any inconsistent or conflicting terms in the Agreement, or in any license contained within the Software.

1. Internal Use and Development License Grant. Subject to the terms and conditions of this Agreement, including, but not limited to, Section 2 (Redistributables) and Section 4 (Java Technology Restrictions) of these Supplemental Terms, Sun grants you a non-exclusive, non-transferable, limited license to reproduce the Software for internal use only for the sole purpose of development of your JavaTM applet and application ("Program"), provided that you do not

redistribute the Software in whole or in part, either separately or included with any Program.

2. Redistributables. In addition to the license granted in Paragraph 1 above, Sun grants you a non-exclusive, non-transferable, limited license to reproduce and distribute, only as part of your separate copy of JAVA(TM) 2 RUNTIME ENVIRONMENT STANDARD EDITION VERSION 1.3 software, those files specifically identified as redistributable in the JAVA(TM) 2 RUNTIME ENVIRONMENT STANDARD EDITION VERSION 1.3 "README" file (the «Redistributables») provided that: (a) you distribute the Redistributables complete and unmodified (unless otherwise specified in the applicable README file), and only bundled as part of the JavaTM applets and applications that you develop (the "Programs:); (b) you do not distribute additional software intended to supersede any component(s) of the Redistributables; (c) you do not remove or alter any proprietary legends or notices contained in or on the Redistributables; (d) you only distribute the Redistributables pursuant to a license agreement that protects ! Sun's interests consistent with the terms contained in the Agreement, and (e) you agree to defend and indemnify Sun and its licensors from and against any damages, costs, liabilities, settlement amounts and/or expenses (including attorneys' fees) incurred in connection with any claim, lawsuit or action by any third party that arises or results from the use or distribution of any and all Programs and/or Software.

3. Separate Distribution License Required. You understand and agree that you must first obtain a separate license from Sun prior to reproducing or modifying any portion of the Software other than as provided with respect to Redistributables in Paragraph 2 above.

4. Java Technology Restrictions. You may not modify the Java Platform Interface («JPI», identified as classes contained within the «java» package or any subpackages of the «java» package), by creating additional classes within the JPI or otherwise causing the addition to or modification of the classes in the JPI. In the event that you create an additional class and associated API(s) which (i) extends the functionality of a Java environ-

ment, and (ii) is exposed to third party software developers for the purpose of developing additional software which invokes such additional API, you must promptly publish broadly an accurate specification for such API for free use by all developers. You may not create, or authorize your licensees to create additional classes, interfaces, or subpackages that are in any way identified as «java», «javax», «sun» or similar convention as specified by Sun in any class file naming convention. Refer to the appropriate version of the Java Runtime Environment binary code license (currently located at http://www.java.sun.com/jdk/index.html) for the availability of runtime code which may be distributed with Java applets and applications.

5. Trademarks and Logos. You acknowledge and agree as between you and Sun that Sun owns the Java trademark and all Java-related trademarks, service marks, logos and other brand designations including the Coffee Cup logo and Duke logo («Java Marks»), and you agree to comply with the Sun Trademark and Logo Usage Requirements currently located at http://www.sun.com/policies/trademarks. Any use you make of the Java Marks inures to Sun's benefit.

6. Source Code. Software may contain source code that is provided solely for reference purposes pursuant to the terms of this Agreement.

7. Termination. Sun may terminate this Agreement immediately should any Software become, or in Sun's opinion be likely to become, the subject of a claim of infringement of a patent, trade secret, copyright or other intellectual property right.